# CATALOGUE

DES

# ACTES DE FRANÇOIS Ier

ACADÉMIE DES SCIENCES MORALES ET POLITIQUES

COLLECTION DES ORDONNANCES DES ROIS DE FRANCE



# CATALOGUE

DES

# ACTES DE FRANÇOIS Ier

## TOME PREMIER

1er JANVIER 1515 — 31 DÉCEMBRE 1530



PARIS

IMPRIMERIE NATIONALE

NOVEMBRE 1887

COLLECTION DES ORDONNANCES DES ROIS DE FRANCE.

# CATALOGUE

DES

# ACTES DE FRANÇOIS I^ER.

## 1515–1547.

1515. — Pâques, 8 avril. 1515.

1. Lettres du roi François I^er, annonçant son avènement au trône. Paris, 1^er janvier 1514. 1^er janvier.

*Arch. municip. d'Angers*, BB. 16, fol. 13.

2. Confirmation des officiers du Parlement de Paris dans leurs fonctions, avec un état nominatif desdits officiers. Paris, 2 janvier 1514. 2 janvier.

*Enreg. au Parlement de Paris, s. d. d'enregistrement. Arch. nat.*, X^1a 8611, fol. 1. 4 pages.

3. Confirmation des officiers de la Chambre des Comptes de Paris dans leurs offices, à l'occasion du joyeux avènement. Paris, 2 janvier 1514. 2 janvier.

*Enreg. à la Chambre des Comptes de Paris. Arch. nat.*, P. 2303, p. 1127. 3 pages 1/2.
IMP. *in-4° pièce. Arch. nat.* AD I. 15; AD IX. 119, 3 pages.
*Id.*, *Bibl. nat.*, 4° F. Paquets.

4. Confirmation des officiers de la Cour des Aides de Paris dans l'exercice de leurs charges. Paris, 2 janvier 1514. 2 janvier.

*Enreg. à la Cour des Aides. Copie collationnée du 21 janvier 1778, faite par ordre de la Cour des Aides. Arch. nat.*, Z^1a 526.

5. Confirmation des généraux maîtres et autres offi- 2 janvier.



IMPRIMERIE NATIONALE.

ciers de la Cour des Monnaies dans l'exercice de leurs charges. Paris, 2 janvier 1514. 1515.

*Enreg. à la Cour des Monnaies, le 27 février 1515. Arch. nat.*, Z[1b] 61, fol. 26 v° et Z[1b] 62, fol. 147. 2 pages.

6. Confirmation de l'office de maître enquêteur des Eaux et forêts de l'Île-de-France, de Champagne et de Brie, en faveur de Dreux Raguier. Paris, 2 janvier 1514. 2 janvier.

*Enreg. aux Eaux et forêts. Arch. nat.*, Z. 4573, fol. 126. 1 page.

7. Provisions de l'office de secrétaire des finances en faveur de Nicolas de Neufville. Paris, 2 janvier 1514. 2 janvier.

*Enreg. à la Chambre des Comptes de Paris, le 3 janvier suivant. Arch. nat.*, P. 2303, p. 663, et P. 2535, fol. 165. 2 pages.

8. Confirmation de Jean Bailly en son office de correcteur et rapporteur ordinaire des lettres de chancellerie. Paris, 3 janvier 1514. 3 janvier.

*Enreg. à la Chambre des Comptes de Paris. Arch. nat.*, P. 2303, p. 771. (*Anc. mém.* Z, fol. 60.) 2 pages.

9. Défense aux marchands indigènes et étrangers de transporter les blés et grains hors du duché de Guyenne et du royaume. Paris, 4 janvier 1514. 4 janvier.

*Enreg. au Parl. de Bordeaux, le 18 janvier 1514. Arch. de la Gironde, B. 30, fol. 40.* 1 page.
*Copie. Bibl. nat.*, ms. français 22371, fol. 268.

10. Don à Nicolas de Neufville de la bourse ordinaire qui appartenait au roi dans toutes ses chancelleries. Paris, 5 janvier 1514. 5 janvier.

IMP. A. Tassereau, *Histoire de la Chancellerie*, in-fol., t. I, p. 79.

11. Don fait par le roi à Michel, bâtard de Luppé, du revenu de la châtellenie de Loré et de la seigneurie de Janville en Beauce. Paris, 6 janvier 1514. 6 janvier.

*Enreg. à la Chambre des Comptes de Paris. Arch. nat.*, P. 2303, p. 673; P. 2535, fol. 169.

12. Provisions de l'office de chancelier de France, vacant par la mort de Jean de Ganay, en faveur 7 janvier.

d'Antoine Du Prat, premier président du Parlement de Paris. Paris, 7 janvier 1514. 1515.

*Enreg. au Parl. de Paris, le 15 janvier 1514.* *Arch. nat.*, X[1a] 8614, fol. 3. 1 page 1/2.

*Enreg. à la Chambre des Comptes de Paris, le 13 mars suivant. Arch. nat.*, P. 2303, p. 757, et P. 2535, fol. 171 v°. (*Ancien mémorial Z*, fol. 49.)

*Copie. Bibl. nat., Coll. Fontanieu*, vol. 162 (*à la date*).

13. Provisions de l'office de grand maître de France en faveur d'Artus Gouffier, sieur de Boisy. Paris, 7 janvier 1514. 7 janvier.

*Original. Bibl. nat.*, ms. français 8485, fol. 77.

*Copie. Bibl. nat., Coll. Fontanieu*, vol. 162 (*à la date*).

14. Provisions de l'office de lieutenant général et gouverneur du duché de Guyenne et pays de la Rochelle, pour Odet de Foix, seigneur de Lautrec, maréchal de France. Paris, 7 janvier 1514. 7 janvier.

*Enreg. au Parl. de Bordeaux, le 26 mars 1514.* *Arch. de la Gironde*, B. 30, fol. 59. 12 pages.

15. Confirmation des officiers du Parlement de Bourgogne, savoir : de Humbert de Villeneuve, premier président, Hugues Fournier, Charles de Mypont, Philippe Bouton, Jean Landrot, Guy de Salins et Jean Le Blond. Paris, 7 janvier 1514. 7 janvier.

IMP. Palliot, *Hist. généal. des comtes de Chamilly, de la maison de Bouton*, Lyon, 1671, in-fol., preuves, p. 88.

16. Confirmation des privilèges de la Chambre des Comptes de Dijon. Paris, 7 janvier 1514. 7 janvier.

*Enreg. à la Chambre des Comptes de Dijon, le 11 mai 1515. Arch. dép. de la Côte-d'Or*, B. 18, fol. 2 v°.

17. Confirmation de l'office de lieutenant général et gouverneur du duché de Bourgogne pour Louis de la Trémoïlle. Paris, 7 janvier 1514. 7 janvier.

*Enreg. à la Chambre des Comptes de Dijon, le 16 avril 1515. Arch. de la Côte-d'Or*, B. 18, fol. 1.

18. Don de l'amirauté de Guyenne à Louis de la Trémoïlle. Paris, 7 janvier 1514. 7 janvier.

*Original scellé appartenant à M. le duc de la Trémoïlle.*

19. Don de l'amirauté de Bretagne à Louis de la Trémoille. Paris, 7 janvier 1514. 1515. 7 janvier.

*Original appartenant à M. le duc de la Trémoille.*

20. Confirmation de l'office de lieutenant du roi en Bourgogne, en l'absence de M. de la Trémoille, pour M. d'Aumont. Paris, 7 janvier 1514. 7 janvier.

*Enreg. à la Chambre des Comptes de Dijon, le 8 août 1515. Arch. de la Côte-d'Or*, B. 18, fol. 3 v°.
*Enreg. au Parl. de Dijon, le 26 juin 1515. Arch. de la Côte-d'Or, Parl.*, Reg. I, fol. 138 v°.

21. Confirmation de M. d'Aumont dans son office de maréchal de Bourgogne. Paris, 7 janvier 1514. 7 janvier.

*Enreg. à la Chambre des Comptes de Dijon, le 8 août 1515. Arch. de la Côte-d'Or*, B. 18, fol. 4 v°.
*Enreg. au Parl. de Dijon, le 6 août 1515. Arch. de la Côte-d'Or, Parl.*, Reg. I, fol. 139 v°.

22. Confirmation de Jean Sapin dans l'office de receveur général de Bourgogne. Paris, 7 janvier 1514. 7 janvier.

*Enreg. à la Chambre des Comptes de Dijon, le 20 avril 1515. Arch. de la Côte-d'Or*, B. 18, fol. 3.

23. Confirmation des officiers du Parlement de Grenoble dans l'exercice de leurs offices. Paris, 7 janvier 1514. 7 janvier.

*Enreg. au Parlement de Grenoble, le 31 mars 1515. Arch. de l'Isère, Parl. de Grenoble*, B. 2333, fol. 20. 2 pages.

24. Confirmation des officiers de la Chambre des Comptes de Grenoble dans l'exercice de leurs offices. Paris, 7 janvier 1514. 7 janvier.

*Enreg. le 2 avril suivant, à la Chambre des Comptes de Grenoble. (Mentionné par* Blanchard, *Compilation chronologique des Ordonnances*, t. I, col. 421.)

25. Confirmation du Parlement de Toulouse, dont les présidents et conseillers auront à prêter serment, chacun d'eux en leurs noms et qualités, pour jouir pleinement et paisiblement de leurs états et offices. Paris, 7 janvier 1514. 7 janvier.

*Enreg. au Parl. de Toulouse. Arch. de la Haute-Garonne, Édits*, Reg. II, fol. 293 v°. 2 pages 1/2.

26. Confirmation de Charles de Rohan, comte de Guise, seigneur de Gié, dans sa charge de grand échanson de France. Paris, 7 janvier 1514. 1515. 7 janvier.

*Imp.* Dom Morice, *Hist. de Bretagne, Preuves*, t. III, col. 926.

27. Confirmation de protection et du privilège de l'office de gouverneur de Champagne et Brie accordés à Jean d'Albret, sire d'Orval, comte de Rethel, pour raison et en remerciement des bons services rendus au roi Louis XII. Paris, 7 janvier 1514. 7 janvier.

*Arch. municip. de Troyes*, Q. I, fol. 36-39.

28. Confirmation en faveur de François de Luxembourg de l'« office de plaquais, cheminage et vergage du cours de la Seine », de Paris à la mer, à condition de payer, chaque année, à la recette ordinaire de Rouen la somme de neuf cents livres et d'entretenir à ses frais les chemins de halage. Paris, 7 janvier 1514. 7 janvier.

*Enreg. à la Chambre des Comptes de Paris, le 23 février 1514. Arch. nat.*, P. 2535, fol. 168. (Copie de l'acte d'enregistrement.)

29. Confirmation et réception de Pierre Cholet en son office de garde et contrôleur général des mines d'or et d'argent du royaume. Paris, 7 janvier 1514. 7 janvier.

*Enreg. à la Chambre des Comptes de Paris, le 30 avril 1518, anc. mém. coté* AA, fol. 197. (*Mention d'inventaire. Arch. nat.*, PP, 136, p. 166.)

*Enreg. à la Cour des Monnaies. Arch. nat.*, $Z^{1b}$ 62, fol. 178 et 182 v°.

30. Lettres de confirmation de Guillaume Charlot en son office de clerc du Trésor. Paris, 7 janvier 1514. 7 janvier.

*Enreg. à la Chambre des Comptes de Paris, le 10 mars suivant, anc. mémorial coté* Z, fol. 14. (*Mention d'inventaire. Arch. nat.*, PP. 136, p. 166.)

31. Confirmation de l'office de contrôleur du grenier à sel de Vernon-sur-Seine, en faveur de Louis Forestier. Paris, 7 janvier 1514. 7 janvier.

*Original. Bibl. nationale*, ms. français 25720, fol. 1.

32. Provisions de l'office de président en la Chambre des Comptes de Paris, en faveur d'Hélie du Tillet, président des Comptes à Angoulême. Paris, 8 janvier 1514. 1515. 8 janvier.

*Enreg. à la Chambre des Comptes de Paris. Arch. nat.*, P. 2303, p. 669; et P. 2535, fol. 167. 2 pages.

33. Exemption de tous droits de port, de passage, aides, subsides et subventions quelconques, octroyée aux religieux Minimes de Nantes et à leurs fondés de pouvoir, pour toutes les provisions qu'ils feront venir pour leur consommation, suivant l'octroi à eux concédé par Charles VIII, en 1494. Paris, 8 janvier 1514. 8 janvier.

*Arch. de la Loire-Inférieure*, H. 320 (*Cartul. des Minimes*), fol. 9 et 10.

34. Règlement pour les privilèges des habitants de Vitry. Paris, 9 janvier 1514. 9 janvier.

*Enreg. à la Chambre des Comptes de Paris, anc. mém.* coté Z, fol. 11. (*Mentionné par Blanchard.*)

35. Prorogation pour quatre ans de la remise de l'impôt sur le sel accordée au chapitre de Senlis, impôt créé par lettres de Louis XII du 26 décembre 1506. Paris, 9 janvier 1514. 9 janvier.

*Arch. de l'Oise*, G. 2339. *Inv. du Chapitre de Senlis*, côte 28, art. 7, p. 250.

36. Confirmation pour François d'Allègre, chambellan du roi, de sa charge de grand maître enquêteur et général réformateur des Eaux et forêts du royaume. Paris, 10 janvier 1514. 10 janvier.

*Enreg. au Parl. de Paris, le 6 mars 1544. Arch. nat.*, X$^{1a}$ 8611, fol. 12. 1 page 1/4.

37. Commission à Morelet du Museau, argentier du roi, pour faire les dépenses et tenir le compte des funérailles de Louis XII. Paris, 10 janvier 1514. 10 janvier.

*Copie collationnée. Reg. des comptes des funérailles de Louis XII. Arch. nat.*, KK. 89, fol. 2 v°. 4 pages.

38. Provisions de l'office de clerc auditeur en la Chambre des Comptes de Paris, en faveur de 10 janvier.

Germain Teste, au lieu de feu Jean Prévost. Paris, 10 janvier 1514. 1515.

*Enreg. à la Chambre des Comptes de Paris, le 12 janvier suivant, anc. mémorial Z, fol. 5. (Mention d'inventaire, Arch. nat., PP. 136, p. 166.)*

39. Confirmation d'une concession d'octroi accordée par Louis XII (18 avril 1510) au chapitre de Troyes, pour la construction de la cathédrale. Paris, 10 janvier 1515. 10 janvier.

*Arch. départementales de l'Aube*, G. 2594, n° 6.

40. Restitution à Charles de Clèves, comte de Nevers, pour l'année courante, de tout le revenu et droit de gabelle des greniers à sel de Nevers, Decize, Saint-Saulge, Clamecy, Luzy, Moulins-lès-Engilbert, au comté de Nevers, Mersen, Vimeu et le Tréport, au comté d'Eu, ainsi qu'en avaient joui son père et ses prédécesseurs, comtes de Nevers. Ledit droit de gabelle avait été saisi par le roi Louis XII. Paris, 10 janvier 1514. 10 janvier.

*Copie collationnée du 15 décembre 1516. Chambre des Comptes du duché de Nevers. Arch. de la Nièvre*, B. 2.

41. Confirmation de l'établissement de trois foires par an en la ville de Brie-Comte-Robert. Paris, 11 janvier 1514. 11 janvier.

IMP. Doublet, *Hist. de Saint-Denis*, p. 1157.

42. Lettres d'autorisation de la bulle de Léon X en faveur de l'église de Saint-Cerneuf à Billom en Auvergne. Paris, 11 janvier 1514. 11 janvier.

IMP. Séguin, *Hœma-Christo-latrie*, Nantes, 1619, in-8°, p. 127.

43. Provisions de l'office de connétable de France en faveur de Charles, duc de Bourbon. Paris, 12 janvier 1514. 12 janvier.

*Copies d'après l'anc. mém. de la Chambre des Comptes de Paris coté* Z, fol. 70. *Arch. nat.*, P. 2535, fol. 175; P. 2551, fol. 58.

44. Confirmation des pouvoirs des présidents, conseillers, avocat et procureur du roi, greffiers, 12 janvier.

huissiers et receveurs du Parlement de Bordeaux. Paris, 12 janvier 1514. 1515.

*Enreg. au Parl. de Bordeaux, le 10 mars 1514. Arch. de la Gironde*, B. 30, fol. 55. 6 pages. *Copie. Bibl. nat.*, ms. fr. 22371, fol. 298.

45. Commission d'une compagnie de 50 lances fournies, donnée au s[r] de Châtillon. Paris, 12 janvier 1514. 12 janvier.

IMP. Du Bouchet, *Preuves pour l'histoire de la maison de Coligny*, 1662, p. 289.

46. Continuation et confirmation de l'office de juge-mage en la sénéchaussée d'Armagnac, en faveur d'Antoine Guinhard, licencié ès lois et bachelier en décret, juge-mage en ladite sénéchaussée. Paris, 12 janvier 1514. 12 janvier.

*Enreg. au Parl. de Toulouse, le 29 avril 1516. Arch. de la Haute-Garonne, Édits*, reg. II, fol. 300 v°. 1 page 1/2.

47. Don à Étienne Le Blanc, greffier de la Chambre des Comptes, d'un supplément de gages et de droits de douze sous parisis par jour. Paris, 12 janvier 1514. 12 janvier.

*Enreg. à la Chambre des Comptes de Paris, le 28 mars 1514. Arch. nat.*, P. 2303, p. 753.

48. Octroi aux consuls et habitants de Cahors du droit de souchet et autres droits d'aides, pendant huit ans, pour les réparations des ponts, portes, murailles, etc. Paris, 12 janvier 1514. 12 janvier.

*Arch. communales de Cahors*, CC. 18, n° 56.

49. Confirmation des privilèges des maire et habitants de la ville de Saint-Maixent. Paris, 12 janvier 1514. 12 janvier.

D'Orfeuille, *Table chronologique manuscrite d'édits... concernant le Poitou.* (*Mention.*)

50. Confirmation de l'office de sergent ordinaire en la prévôté de la Rochelle, en faveur de Bertrand Groselle. Paris, 12 janvier 1514. 12 janvier.

*Original. Bibl. nat.*, ms. fr. 25720, fol. 2.

51. Provisions en faveur de François Lefèvre de l'office d'avocat général en la Chambre des Comptes, 14 janvier.

au lieu de Jean de Harlus. Paris, 14 janvier 1514. 1515.

*Enreg. à la Chambre des Comptes de Paris, le 10 mars suivant, anc. mémorial Z, fol. 14. (Mention d'invent. Arch. nat., PP. 136, p. 166.)*

52. Déclaration en faveur du duc d'Alençon et de Marguerite d'Orléans, sa femme. Le roi leur accorde le privilège de créer un maître de chaque métier dans toutes les villes du royaume, et déclare que le duc d'Alençon jouira des prérogatives de *seconde personne de France*. Paris, 15 janvier 1514. 15 janvier.

*Orig. Arch. nat.*, K. 81, n° 9.
*Enreg. au Parl. de Paris, le 19 février 1514. Arch. nat.*, X[1a] 8611, fol. 3 v°. 1 page 1/4.
*Enreg. au Châtelet de Paris, Livre gris. Arch. nat.*, Y. 6[3], fol. 143 v°. 1 page.

53. Confirmation des officiers de la Chambre des Comptes de Bretagne. Paris, 15 janvier 1514. 15 janvier.

Imp. *Édits sur la Chambre des Comptes de Bretagne*, t. I, 1re partie, p. 6.

54. Confirmation du droit de franc salé en faveur des Chartreux du Mont-Saint-Louis, près Noyon. Paris, 15 janvier 1514. 15 janvier.

*Enreg. à la Chambre des Comptes de Paris. Arch. nat.*, P. 2303, p. 741. (*Anc. mémorial* Z, fol. 44.)

55. Confirmation de Barthélemy Laurencin dans son office de chambellan et conseiller du roi. Paris, 17 janvier 1514. 17 janvier.

*Original. Bibl. nat.*, ms. fr. 25720, fol. 3.

56. « Ordonnances sur les gens de guerre faites par le roi François Ier, à son avènement à la couronne. » La Ferté-sous-Jouarre, 20 janvier 1514. 20 janvier.

*Enreg. à la Chambre des Comptes de Grenoble. Arch. de l'Isère*, B. 2907, fol. 84. 20 pages.
Imp. *Bibl. nat., Inv. Réserve*, F. 851.
*Doubles, id.*, F. 913, F. 1537, F. 1822.

57. Permission donnée à la ville de Reims de continuer la levée du quatrième denier. Reims, 24 janvier 1514. 24 janvier.

*Arch. municip. de Reims, Octrois*, liasse 1, n° 7.

58. Provisions de l'office de conseiller clerc au Par- 26 janvier.


IMPRIMERIE NATIONALE.

lement de Paris, en faveur de Nicole Lecocq, au lieu d'Imbert de la Platière, nommé évêque de Nevers. Reims, 26 janvier 1514. 1515.

*Arch. nat., Reg. du Conseil du Parl.*, X[1a] 1517, fol. 68 v°. (*Mention.*)

59. Confirmation de l'exemption accordée à l'Hôtel-Dieu de Reims de ne payer aucun droit pour le vin de son cru vendu au détail. Cormicy, 27 janvier 1514. 27 janvier.

*Arch. de l'Hôtel-Dieu de Reims*, A, 2, liasse 4, n° 8.

60. Confirmation des privilèges accordés aux consuls et aux habitants de la ville d'Agen par Raymond, comte de Toulouse, en 1221, par Philippe de Valois, en 1340, par Charles V, en 1369, par Louis XII, en 1499. Paris, janvier 1514. Janvier.

*Arch. communales d'Agen*, AA, 16.

61. Confirmation des privilèges et franchises de la ville de Blaye. Paris, janvier 1514. Janvier.

*Original. Arch. municip. de Blaye*, cote AA, 4.
IMP. *Arch. hist. de la Gironde*, t. XII, p. 49.

62. Confirmation des lettres de Louis XII accordant exemption de toutes tailles et aides aux habitants de Blois. Janvier 1514. Janvier.

*Enreg. à la Chambre des Comptes de Paris*, anc. mémorial Z, fol. 6. (*Mention d'inventaire. Arch. nat.*, PP. 136, p. 166.)

*Enreg. à la Cour des Aides de Paris, le 24 janvier 1514. Mentionné dans le recueil Cromo*[1]. *Arch. nat.*, U. 665, fol. 208.

63. Confirmation des privilèges, coutumes, libertés et franchises des consuls, bourgeois et habitants de Cahors. Paris, janvier 1514. Janvier

*Arch. communales de Cahors*, AA, 5, n° 45. *Livre noir*, fol. 62 v°. *Livre nouveau*, t. III, p. 20.

[1] Le recueil Cromo est un inventaire des lettres patentes enregistrées à la Cour des Aides. Dressé par un conseiller, Cromo de Vassy, dont cet inventaire prit le nom, ce recueil fut offert, après l'incendie, à la cour, qui le fit déposer dans ses archives.

64. Confirmation des privilèges des habitants du Crotoy. Paris, janvier 1514. 1515. Janvier.

*Enreg. à la Chambre des Comptes de Paris, anc. mém. coté 2 A, fol. 75. (Mentionné par Blanchard.)*

65. Confirmation des privilèges des habitants de Dieppe. Paris, janvier 1514. Janvier.

*Enreg. à la Chambre des Comptes de Paris, anc. mém. coté Z, fol. 30. Arch. nat.*, P. 2303, p. 679.

66. Confirmation des libertés, franchises et exemptions accordées aux habitants de Libourne par les rois Charles VIII (1483) et Louis XII (juin 1498). Paris, janvier 1514. Janvier.

*Enreg. au Parl. de Bordeaux, le 26 mars 1514. Arch. de la Gironde*, B. 30, fol. 41. 25 pages, dont 21 pour les lettres de Charles VIII et de Louis XII.

*Arch. municip. de Libourne. Inv. de 1756*, cote 4 N. *Livre velu de Libourne.*

*Copie. Bibl. nat.*, ms. français 22371, fol. 303.

67. Confirmation des privilèges de la ville de Louviers. Paris, janvier 1514. Janvier.

*Vérifiée à la Chambre des Comptes de Paris, le 19 octobre 1515, et par les Généraux des finances, le 18 décembre 1515. (Reg. de la cour des Aides de Paris*, V, p. 272.) *Archives communales de Louviers*, AAI, n° XIV.

*Imp. Cartul. de la ville de Louviers*, t. III, p. 61.

68. Confirmation des privilèges des habitants de Montargis. Paris, janvier 1514. Janvier.

*Orig. Arch. municip. de Montargis*, AA. 2.

*Enreg. au Parl. de Paris, le 19 juin 1516. Arch. nat.*, X[1a] 8611, fol. 168. 2 pages.

Les 24 pages précédentes (fol. 156 à 167) sont occupées par les lettres des prédécesseurs de François Ier en faveur des habitants de Montargis.

*Cour des Aides. Arch. nat.*, Z[1a] 526. *Copie collationnée sur l'original existant dans les archives de la ville de Montargis, le 15 juillet 1776.*

69. Confirmation des privilèges, franchises et exemptions accordés aux habitants de Périgueux par le duc d'Anjou, par Charles V et par Louis XII. Paris, janvier 1514. Janvier.

*Original scellé du grand sceau royal en cire verte. Arch. municip. de Périgueux*, AA. 15.

*Enreg. à la Cour des Aides de Paris, le 20 juillet*

*1527. Mentionné dans le Recueil Cromo. Arch. nat.*, U. 665, fol. 248. 1515.

*Imp. Recueil de titres pour la cité de Périgueux*, Paris, 1775, p. 500.

70. Confirmation des privilèges des arbalétriers d'Amiens. Janvier 1514. Janvier.

*Enreg. à la Chambre des Comptes de Paris*, anc. *mém.* coté Z, fol. 41. (*Mentionné par Blanchard.*)

71. Lettres de garde gardienne en faveur du chapitre de Beauvais. Paris, janvier 1514. Janvier.

*Enreg. au Châtelet de Paris, le 14 juillet 1515. Arch. nat., Bannières*, Y. 8, fol. 173 v°. 4 pages.

72. Confirmation des privilèges accordés par saint Louis à l'abbesse et aux religieuses de l'abbaye Notre-Dame-la-Royale, dite de Maubuisson, près Pontoise. Paris, janvier 1514. Janvier

*Original scellé. Archives dép. de Seine-et-Oise.*

*Enreg. à la Chambre des Comptes de Paris, le 12 août 1517, anc. mémorial* 3 R, fol. 268. (*Mention d'inventaire. Arch. nat.*, PP. 136, p. 166.)

73. Mandement pour la levée d'un impôt extraordinaire de deux deniers obole tournois sur chaque minot ou quintal de sel vendu dans les généralités de Normandie et de Languedoc, pour la construction et la réparation de l'église cathédrale de Bourges. Compiègne, 2 février 1514. 2 février.

*Orig. Bibl. nat.*, ms. français 25720, fol. 4.

74. Déclaration sur les droits de la reine mère de délivrer les prisonniers, à sa première entrée dans chaque ville du royaume, et de créer un maître juré de chaque métier. Compiègne, 4 février 1514. 4 février.

*Enreg. au Parl. de Paris, le 12 mars 1514. Arch. nat.*, X[1a] 8611, fol. 11 v°. 1 page 1/3.

75. Don du duché d'Angoulême (voir ci-dessous, le n° 100) et des seigneuries de Civray, Saint-Maixent, etc., à Louise de Savoie, mère du roi. Compiègne, 4 février 1514. 4 février.

*Enreg. au Parl. de Paris, le 12 mars 1514. Arch. nat.*, X[1a] 8611, fol. 8. 3 pages 1/2.

*Enreg. à la Chambre des Comptes, le 16 mars, et à*

*la Cour des Aides, le 21 mars. Mention portée au recueil Cromo. Arch. nat.*, U. 665, fol. 209. — 1515.

*Copies collationnées du XVI^e siècle. Arch. nat., Suppl. du Trésor des Chartes*, J. 955, n° 14 et 15.

76. Don à la reine mère, duchesse d'Angoulême, du duché d'Anjou et des comtés du Maine et de Beaufort. Compiègne, 4 février 1514. — 4 février.

*Enreg. au Parl. de Paris, le 12 mars 1514. Arch. nat.*, X[1a] 8611, fol. 10. 3 pages.

*Enreg. à la Chambre des Comptes et à la Cour des Aides, le 21 mars 1514. Mention portée au recueil Cromo. Arch. nat.*, U. 665, fol. 209.

77. Pouvoirs donnés par le roi aux seigneurs chargés de traiter en son nom du mariage à conclure entre Renée de France, fille de Louis XII, et Charles, prince d'Espagne, archiduc d'Autriche. Compiègne, 5 février 1514. — 5 février.

*Enreg. à la Chambre des Comptes de Paris. Arch. nat.*, P. 2303, p. 934. 1 page 1/2.

*Double.* P. 2303, p. 988. 2 pages.

*Id.*, P. 2535, fol. 202.

78. Provisions de l'office de maître de la Chambre aux deniers du roi, en faveur de Sébastien de Mareau, notaire et secrétaire du roi. Compiègne, 5 février 1514. — 5 février.

*Copie collationnée. Reg. de comptes de l'hôtel de François I^er. Arch. nat.*, KK. 94, fol. 2. 3 pages.

79. Provisions, en faveur de Nicole Barbier, de l'office de contrôleur de la dépense ordinaire de l'hôtel du roi. Compiègne, 5 février 1514. — 5 février.

*Copie collationnée. Reg. de comptes de l'hôtel. Arch. nat.*, KK. 94, fol. 5 v°. 3 pages.

80. Confirmation de la commission donnée par le feu roi à Austremoine Faure, élu sur le fait des aides en Auvergne, de terminer le payement d'un million d'écus promis par le traité conclu, l'année précédente, entre Louis XII et Henri VIII, et de régler les pensions accordées à différents personnages d'Angleterre. Compiègne, 5 février 1514. — 5 février.

*Orig. Bibl. nat.*, ms. français 25720, fol. 5.

*Copie du XVI^e siècle. Arch. nat.*, KK. 349, fol. 7 v°. 3 pages.

81. Lettres de François Ier pour la convocation des états de Bourgogne, Mâconnais et pays adjacents, auxquels il demande un subside pour le payement des Suisses, la rançon des prisonniers faits au siège de Dijon, en 1513, la rançon de Jean de Rochefort, bailli de Dijon, et le remboursement des emprunts faits par Louis XII. Compiègne, 6 février 1514. — 1515. 6 février.

*Copie du temps collationnée à l'original. Arch. dép. de Saône-et-Loire*, C. 546, n° 6, états du Mâconnais, autrefois A. 2, n° 1.

82. Confirmation de l'office et charge du *grabeau* aux consuls de Lyon. Paris, 8 février 1514. — 8 février.

*Copie. Arch. municipales de Lyon, série* CC.

83. Rétablissement de la monnaie de Saint-Pourçain qui avait été supprimée par Louis XII. Paris, 13 février 1514. — 13 février.

*Enreg. à la Cour des Monnaies, le 27 avril 1515. Arch. nat.*, Z1b 62, fol. 149. 1 page.

84. Confirmation des dispenses de tailles et impôts et de l'octroi d'un droit sur la vente du vin, qui avait été accordé par Louis XII aux habitants de Puiseaux pour les aider à clore leur ville d'une enceinte fortifiée. Paris, 16 février 1514. — 16 février.

*Arch. nat.*, S. 2150.

85. Mandement pour l'enregistrement des bulles de Louis de Canossa, évêque de Tricarico (royaume de Naples), envoyé en France par le pape Léon X en qualité de légat *a latere*. Paris, 17 février 1514. — 17 février.

Le texte de la bulle est suivi de : *Datum Rome, tercio kal. Octobris* (29 septembre 1514).

*Enreg. au Parl. de Paris. Arch. nat.*, X1a 8611, fol. 21 v° et 25 v°. 9 pages pour la bulle et 2 pour les lettres patentes.

86. Provisions de la charge de lieutenant général et gouverneur des ville, prévôté et vicomté de Paris, de l'Île de France, du Soissonnais et du Valois, des bailliages de Senlis, Melun et Ver- — 18 février.

mandois, en faveur de Charles de Bourbon, duc de Vendôme. Paris, 18 février 1514. 1515.

*Enreg. au Parl. de Paris, le 6 mars 1514. Arch. nat.*, X[1a] 8611, fol. 5 v°. 3 pages 1/2.

87. Provisions de l'office de maître extraordinaire des comptes en faveur de Jean Harlus, maître des requêtes, aux mêmes droits que son prédécesseur Jean Raguier. Paris, 21 février 1514. 21 février.

*Enreg. à la Chambre des Comptes de Paris, le 10 mars 1514. Arch. nat.*, P. 2303, p. 71. (*Anc. mémorial Z*, fol. 53.)

88. Exemption aux gens d'église de la ville de Troyes du logement des gens de guerre en leurs maisons, conformément au privilège qui leur a été précédemment accordé par Charles VIII. Paris, 21 février 1514. 21 février.

*Arch. départ. de l'Aube*, G. 2618, liasse 3°.

89. Lettres ordonnant l'entérinement des statuts et ordonnances accordés en mai 1514 aux brasseurs de bière et de cervoise de la ville de Paris. Paris, 22 février 1514. 22 février.

*Enreg. au Châtelet de Paris, Livre Gris. Arch. nat.*, Y. 6[5], fol. 153. 1 page.
*Copie. Arch. de la Préfecture de police, Coll. Lamoignon*, t. V, fol. 667.

90. Lettres de garde gardienne en faveur de l'abbaye de Saint-Victor de Paris. Paris, 22 février 1514. 22 février.

*Enreg. au Châtelet de Paris, le 24 septembre 1515. Arch. nat., Châtelet, Bannières*, Y. 8, fol. 24 et 175 v°. 2 pages.

91. Confirmation du don fait anciennement aux religieuses de l'abbaye d'Hières de la dîme du pain qui se consomme à la cour, tant à Paris que dans la banlieue. Paris, 22 février 1514. 22 février.

*Enreg. à la Chambre des Comptes de Paris. Arch. nat.*, P. 2303, p. 687.

92. Exemption aux présidents et conseillers du Parlement de Dijon du logement des gens de guerre. Paris, 24 février 1514. 24 février.

*Enreg. au Parl. de Dijon. Arch. dép. de la Côte-d'Or, Parl.*, reg. IV, fol. 92 v°.

93. Confirmation des octrois ci-devant accordés à la ville de Troyes pour aider les habitants à la réparation urgente des fortifications. Paris, 24 février 1514. 1515. 24 février.

*Archives munic. de Troyes*, boîte 51, liasse 1re.

94. Confirmation de l'octroi de vingt deniers tournois par minot de sel, accordé aux habitants de Pontoise par les rois Charles VIII et Louis XII, pour en affecter le produit aux réparations des fortifications. Paris, 24 février 1514. 24 février.

*Vidimus du 5 avril suivant. Bibl. nat.*, ms. français 25720, fol. 7.

95. Exemption du droit de minage au profit des habitants de Montargis. Paris, 27 février 1514. 27 février.

*Archives munic. de Montargis*, AA. 4.

96. Lettres de décharge en faveur de François de Poncher, trésorier des guerres, de 300 livres tournois qui étaient dues à François Ier, comme capitaine de cent lances sous Louis XII, pour le dernier quartier de l'an 1514. Paris, 27 février 1514. 27 février.

*Orig. Bibl. nat.*, ms. français 20425, fol. 12.

97. Confirmation de l'exemption de toutes tailles et impositions en faveur des officiers de l'artillerie. Paris, 28 février 1514. 28 février.

*Enreg. à la Cour des Aides, le 22 avril 1518 après Pâques. Mentionné dans le recueil Cromo. Arch. nat.*, U. 665, fol. 218.

98. Confirmation des aides et impôts octroyés par Louis XII aux consuls et habitants d'Agen pour la reconstruction d'un pont sur la Garonne. Paris, 28 février 1514. 28 février.

*Enreg. au Parl. de Bordeaux, le 10 février 1515. Arch. de la Gironde*, B. 30, fol. 129. 6 pages.

99. Lettres patentes autorisant les habitants de Troyes, pour la sauvegarde, protection et fortification de leur ville, à prendre et lever, pendant neuf années, sur chaque muid de sel vendu et distri- 28 février.

bué dans les greniers à sel de Beaufort et d'Arcis-sur-Aube, villes ouvertes, la somme de quatre livres tournois, outre le droit du roi et celui du marchand. Paris, 28 février 1514. 1515.

*Arch. municipales de Troyes*, D. 45, fol. 5.

100. Érection du comté d'Angoulême en duché, et adjonction audit duché des châtellenies de Jarnac, de Châteauneuf, de Montignac et de Bassac. Compiègne, février 1514. Février.

*Enreg. au Parl. de Paris, le 12 mars 1514. Arch. nat.*, X[1a] 8611, fol. 7 v°. 1 page.

*Enreg. à la Chambre des Comptes de Paris, le 16 mars suivant. Arch. nat.*, P. 2303, p. 675, et P. 2535, fol. 170.

*Enreg. à la Cour des Aides, le 21 mars 1514. Mentionné dans le Recueil Cromo. Arch. nat.*, U. 665, fol. 209.

*Copie. Arch. nat.*, K. 81, n° 41.

101. Confirmation des privilèges du pays de Languedoc, ainsi que des libertés et autres conventions, édits, ordonnances, déclarations et provisions octroyés « en plusieurs et diverses fois par nos progéniteurs et prédécesseurs, pour l'entretenement, police et conservation de la chose publique ». Compiègne, février 1514. Février.

*Enreg. au Parl. de Toulouse, le 19 mai 1516. Arch. de la Haute-Garonne, Édits*, reg. II, fol. 301. 1 page 1/2.

*Expédition sur parchemin signée : Burnet. Arch. municipales de Toulouse*, carton 71.

102. Transaction passée entre le roi et Charles, duc d'Alençon, touchant le comté d'Armagnac. Compiègne, février 1514. Février.

*Enreg. au Grand Conseil, le 2 mars 1516.*

*Copie du XVIe siècle, à la Bibl. nat.*, ms. français 2996, fol. 4.

103. Confirmation des privilèges et franchises de la ville de Lyon. Compiègne, février 1514. Février.

*Enreg. à la Chambre des Comptes de Paris. Arch. nat.*, P. 2307, fol. 755.

*Copie. Arch. municipales de Lyon*, AA. 6, fol. 21, et AA. 151, fol. 17 v°.

IMP. *Recueil des privilèges des habitants de Lyon*, Lyon, 1649, p. 22.



IMPRIMERIE NATIONALE.

104. Confirmation des privilèges accordés aux marchands qui fréquentent les quatre grandes foires de Lyon. Compiègne, février 1514. — 1515. Février.

*Enreg. au Parl. de Paris, le 20 juillet 1560. Arch. nat.*, X[1a] 8623, fol. 192. 4 pages.
*Double*, X[1a] 8623, fol. 199. 1 page 1/2.
*Enreg. à la Chambre des Comptes de Paris. Arch. nat.*, P. 2307, p. 755. 2 pages 1/2.
IMP. *Privilèges des habitants de Lyon*, Lyon, 1649, p. 87.

105. Création de deux foires annuelles à Guignefort, au diocèse de Meaux. Compiègne, février 1514. Avec lettres de surannation du 7 octobre 1516. — Février.

*Enreg. au Châtelet de Paris, le 21 octobre 1516. Arch. nat., Châtelet, Bannières*, Y. 8, fol. 40. 2 pages.

106. Érection de la vicomté de Châtellerault en duché-pairie en faveur de François de Bourbon, vicomte de Châtellerault, seigneur de la Basse-Marche, et adjonction audit duché des châtellenies du Dorat, de Charroux, de Bellac et autres de la Basse-Marche. Paris, février 1514. — Février.

*Enreg. au Parl. de Paris, le 4 avril 1514. Arch. nat.*, X[1a] 8611, fol. 16 v°. 2 pages 1/2.
*Arch. communales de Poitiers*, C. 25.

107. Ordonnance portant création d'enquêteurs dans tous les sièges royaux, et règlement de leurs attributions. Paris, février 1514. — Février.

*Enreg. au Parl. de Paris, sauf modifications, le 4 avril 1514. Arch. nat.*, X[1a] 8611, fol. 17 v°. 4 pages.
*Enreg. au Parl. de Bordeaux, le 18 mai 1515. Arch. de la Gironde*, B. 30, fol. 67. 11 pages.
*Enreg. au Parl. de Toulouse, avec modifications restrictives, au registre secret, le 14 août 1516. Arch. de la Haute-Garonne, Édits*, reg. II, fol. 302 v°. 3 pages 1/2.
IMP. *Arch. nat., in-12*, pièce, ADI. 15.
*Id. Arch. de la Drôme*, B. 2.

108. Érection du comté de Vendôme en duché-pairie, — Février.

en faveur de Charles de Bourbon, comte de Vendôme. Paris, février 1514. 1515.

*Enreg. au Parl. de Paris, le 6 mars 1514. Arch. nat.*, X[1a] 8611, fol. 4 v°. 2 pages.
*Enreg. à la chambre des Comptes de Paris. Arch. nat.*, P. 2303, p. 1105. — *Id.*, P. 2535, fol. 212, 5 pages 1/2.
*Copie du XVIIIe siècle. Archives du Loiret, Duché de Vendôme*, A. 1624.

109. Confirmation et vidimus des lettres de privilèges accordées à l'ordre de Saint-Jean de Jérusalem par les rois Philippe de Valois, Jean le Bon, Charles V, Charles VI, Charles VII, Louis XI, Charles VIII et Louis XII. Paris, février 1514. Février.

*Enreg. au Parl. de Paris, le 20 mars 1514. Arch. nat.*, X[1a] 8611, fol. 13-16. 7 pages.
*Enreg. à la Cour des Aides de Paris, le 27 avril 1515. Mention portée au recueil Cromo. Arch. nat.*, U. 665, fol. 210.

110. Confirmation des privilèges de l'Université d'Angers, notamment de l'exemption de la taille et autres subsides. Février 1514. Février.

*Enreg. à la Cour des Aides de Paris, le 3 mars 1516. Mentionné dans le recueil Cromo. Arch. nat.*, U. 665, fol. 214.
Imp. *Privilèges de l'Université d'Angers*, in-4°. Angers, 1736.

111. Confirmation des lettres de Louis XII ratifiant les actes de ses prédécesseurs, Charles VIII et Louis XI, portant réunion du comté d'Auxerre à la couronne et institution d'un bailliage royal dans cette ville. Paris, février 1514. Février.

*Arch. de l'Yonne*, B. 1.
*Arch. municip. d'Auxerre.*

112. Confirmation des privilèges de la ville d'Auxonne et du droit de franc-fief conféré à ses magistrats. Paris, février 1514. Février.

*Enreg. à la Chambre des Comptes de Dijon, le 10 juillet suivant. Original aux Arch. municipales d'Auxonne.*
Imp. *Chartes de communes et d'affranchissement en Bourgogne*, II, 66.

113. Confirmation des privilèges des habitants d'Arles. Paris, février 1514. 1515. Février.

*Enreg. à la Chambre des Comptes d'Aix. Arch. des Bouches-du-Rhône*, B. 27 (*Turtur.*), fol. 298 v°.

114. Confirmation des privilèges des habitants de Beauvais. Paris, février 1514. Février.

*Enreg. au Parl. de Paris, le 5 mars 1572. Arch. nat*, $X^{1a}$ 8629, fol. 400. 2 pages.

115. Exemption de toutes tailles, impositions, emprunts et subsides extraordinaires en faveur des habitants de Cognac; confirmation de la commune octroyée par la duchesse d'Angoulême; et don au maire et au corps de ladite ville du droit de basse et moyenne justice. Paris, février 1514. Février.

*Enreg. au Parl. de Paris, sauf réserves en ce qui concerne la justice, le 4 avril 1514. Arch. nat.*, $X^{1a}$ 8611, fol. 20. 3 pages.

*Enreg. à la Chambre des Comptes de Paris. Arch. nat.*, P. 2303, p. 703.

*Enreg. à la Cour des Aides de Paris, le 30 avril 1515. Mention portée au recueil Cromo. Arch. nat.*, U. 665, fol. 210.

116. Confirmation des privilèges des habitants de la province du Dauphiné. Paris, février 1514. Février.

*Enreg. à la Chambre des Comptes de Grenoble. Arch. de l'Isère*, B. 3003, fol. 41. 87 pages.

117. Confirmation des privilèges octroyés à la ville de Nîmes par les rois de France, les comtes de Toulouse et les vicomtes de Nîmes. Paris, février 1514. Février.

*Extrait en forme, avec lettres d'attache du duc de Bourbon, lieutenant du roi en Languedoc. Arch. municip. de Nîmes*, AA, 1.

IMP. Ménard, *Hist. de Nîmes*, t. IV, *Preuves*, p. 94.

118. Confirmation des privilèges de la ville de Niort. Paris, février 1514. Février.

*Original. Arch. comm. de Niort*, B. 42.

*Copie. Bibl. de Poitiers, coll. dom Fonteneau*, t. XX, p. 304, *d'après les Archives de la ville de Niort.*

119. Lettres de naturalité en faveur de Catherine de Saint-Trivier, native de Dombes, femme de Philibert de Lugny, fils de Jean de Lugny, chevalier, bailli de Chalon. Paris, février 1514. 1515. Février.

*Enreg. à la Chambre des Comptes de Dijon, le 4 juillet 1516. Arch. de la Côte-d'Or*, B. 72, fol. 19.

120. Confirmation et vidimus des lettres de Charles VII (1441), Louis XI (1470), Charles VIII (1484) et Louis XII (1498), concernant les médecins et les chirurgiens. Février 1514. Février.

*Bibl. nat., mss. Moreau*, T. 1409, fol. 217. (*Mention.*)

Imp. *Recherches sur l'origine de la chirurgie en France*, p. 464.

C. Jourdain, *Index chronol. chartarum Universitatis*, in-fol. p. 323. (*Mention.*)

121. Confirmation des privilèges des habitants d'Abbeville. Février 1514. Février.

*Enreg. à la Chambre des Comptes de Paris, anc. mémorial* coté Z, fol. 244. (*Mentionné par Blanchard.*)

122. Confirmation des privilèges et franchises des habitants des Alluets-le-Roi, près Poissy. Février 1514. Février.

*Enreg. à la Cour des Aides de Paris, le 12 décembre 1515. Mentionné dans le recueil Cromo. Arch. nat.*, U. 665, fol. 212.

123. Confirmation des privilèges des habitants de Granville. Février 1514. Février.

*Enreg. à la Chambre des Comptes de Paris, anc. mém.* coté Z, fol. 25. (*Mentionné par Blanchard.*)

124. Confirmation des privilèges des habitants de Langres. Février 1514. Février.

*Enreg. à la Chambre des Comptes de Paris, anc. mémorial* coté Z, fol. 35. (*Mention d'inventaire. Arch. nat.*, PP. 136, p. 167.)

125. Confirmation des privilèges des habitants de Troyes. Février 1514. Février.

Voir au 1er avril 1542 (n. s.).

*Enreg. à la Chambre des Comptes de Paris, anc. mém.* coté Z, fol. 28. (*Mentionné par Blanchard.*)

126. Confirmation des privilèges des abbesse, religieuses et couvent de Notre-Dame d'Hières, ou Yerres, au diocèse de Paris. Février 1514. 1515. Février.

*Enreg. à la Chambre des Comptes de Paris*, anc. *mém.* coté Z, fol. 32.
*Original. Arch. départ. de Seine-et-Oise.*

127. Octroi aux habitants de Romorantin de l'aide du huitième denier sur le vin vendu dans la ville et dans la banlieue. Paris, 1er mars 1514. 1er mars.

(Cf. le n° 192 ci-dessous.)
*Original. Arch. municip. de Romorantin*, CC. 47.

128. Mandement aux généraux des finances et à Jean Lallemant, l'aîné, de convertir 2,000 livres tournois au payement des frais extraordinaires de la guerre, qui seront délivrées à Philibert Babou. Paris, 1er mars 1514. 1er mars.

*Orig. Bibl. nat.*, ms. français 25720, fol. 9.

129. Mandement pour le payement de 12,500 livres tournois à Séraphin du Tillet, trésorier et receveur général des finances sous Louis XII, pour ses gages et ceux des officiers de l'hôtel du roi, pour le dernier trimestre de l'année 1514. Paris, 2 mars 1514. 2 mars.

*Original. Bibl. nat.*, ms. fr. 25720, fol. 10.

130. Ordonnance soumettant tous les habitants de Dijon, sans distinction aucune, au guet, à la garde et à l'impôt pour la fortification. Paris, 2 mars 1514. 2 mars.

*Arch. munic. de Dijon*, série L.
Imp. *Chartes de communes et d'affranchissement en Bourgogne*, t. I, p. 133.

131. Confirmation de la permission accordée au consulat de Lyon de lever le dixième du vin vendu en détail dans la ville et les droits de barrage du pont du Rhône, pour en affecter le produit aux fortifications, réparations et autres affaires de la ville. Paris, 2 mars 1514. 2 mars.

*Original. Arch. municip. de Lyon*, série CC.
*Copie. Arch. dép. du Rhône, Chapitre métropolitain, Arm. Abram*, vol. 6, n° 25.
*Copie. Bibl. nat.*, ms. français 2702, fol. 21.

132. Confirmation d'une rente de deux muids de blé par an, à prendre sur la prévôté de Gonesse, en faveur des Filles-Dieu de Paris. Paris, 3 mars 1514. 1515. 3 mars.

*Enreg. à la Chambre des Comptes de Paris. Arch. nat.*, P. 2303, p. 747 (*anc. mémorial* Z, fol. 83).

133. Confirmation d'exemption de gabelles en faveur des Filles-Dieu de Paris. Paris, 3 mars 1514. 3 mars.

*Enreg. à la Chambre des Comptes de Paris. Arch. nat.*, P. 2303, fol. 825 (*anc. mémorial* Z, fol. 48).

134. Provisions de chevalier d'honneur du Parlement de Bourgogne, pour Jean de Courcelles, au lieu et place de Philippe Bouton, son oncle, qui résigne la charge en sa faveur. Paris, 5 mars 1514. 5 mars.

IMP. Palliot, *Hist. généal. des comtes de Chamilly*, 1671, in-fol., preuves, p. 88.

135. Confirmation des lettres d'abolition du sol pour livre sur les denrées vendues au détail dans la ville de Chartres, accordées aux habitants de cette ville par Louis XII, le 17 novembre 1513. Paris, 6 mars 1514. 6 mars.

*Enreg. à la Cour des Aides de Paris, le 24 avril 1516. Copie collationnée par ordre de la Cour des Aides, le 16 août 1779. Arch. nat.*, Z[1a] 526.

136. Lettres portant prorogation de la levée d'un écu d'or pour chaque queue de vin sortant du royaume, levée établie par Louis XII. Paris, 6 mars 1514. 6 mars.

*Enreg. à la Cour des Aides, le 14 mars 1514. Arch. nat., Recueil Cromo*, U. 665, fol. 209. (*Mention.*)

137. Pension de 2,280 livres octroyée au vice-chancelier de Bretagne, Jean Briçonnet. Paris, 7 mars 1514. 7 mars.

*Enreg. à la Chambre des Comptes de Bretagne. Arch. de la Loire-Inférieure*, B. *Mandements*, 1, fol. 251.

138. Lettres prorogeant pour quatre ans l'octroi de l'apetissement de la pinte de vin vendu en dé- 8 mars.

tail à Montargis et dans les faubourgs, ainsi que celui de 20 deniers tournois sur chaque minot de sel vendu au grenier à sel de la même ville, pour en appliquer le produit à réparer les fortifications. Paris, 8 mars 1514. 1515.

*Arch. munic. de Montargis*, CC. 11.

139. Confirmation des privilèges de la ville de Boulogne-sur-Mer. Paris, 11 mars 1514. 11 mars.

IMP. Ern. Deseille, *Le pays boulonnais* (1879), p. 187. (*Mention.*)

140. Prorogation pour six ans, en faveur de la ville de Laon, d'un octroi de deux sous parisis par minot de sel vendu au grenier de Laon, pour en appliquer le produit aux réparations des murailles de la ville. Paris, 11 mars 1514. 11 mars.

*Entérinement de ces lettres par les généraux des finances. Arch. de Laon*, AA. 19.

141. Confirmation des privilèges accordés aux Suisses établis dans le royaume. Paris, 12 mars 1514. 12 mars.

*Enreg. à la Chambre des Comptes de Paris, le 24 octobre 1516. Arch. nat.*, P. 2303, p. 1115. 3 pages 1/2.

*Copie collationnée par ordre de la Cour des Aides, le 12 février 1779. Arch. nat.*, Z[1a] 526.

142. Lettres de répit accordées à Philippe de Gueldres, duchesse de Lorraine, renouvelant le délai qu'elle avait obtenu de Louis XII pour faire les foi et hommages et rendre les aveux dus au roi par elle et ses enfants, jusqu'à la majorité de ceux-ci. Paris, 12 mars 1514. 12 mars.

*Orig. Bibl. nat.*, ms. français 22426, fol. 26.
*Copie. Bibl. nat.*, ms. français 22441, fol. 61.

143. Commission adressée à Jean de Selve, premier président du Parlement de Bordeaux et à Pierre de la Guiche, bailli de Lyon et de Mâcon, pour traiter de la paix et de différentes questions financières avec Henri VIII, roi d'Angleterre. Paris, 14 mars 1514. 12 mars.

IMP. Rymer, *Acta publica*, t. VI, part. I, p. 88, 89, 93 et 95. (*Quatre lettres différentes sur les divers points à traiter.*)

. Don de 2,000 livres tournois de rente au chapitre et aux chanoines de l'église Notre-Dame de Cléry. Paris, 16 mars 1514. — 1515. 16 mars.

*Enreg. à la Chambre des Comptes de Paris, le 18 avril 1515. Arch. nat.*, P. 2303, fol. 717.

. Règlement pour les appointements du chancelier de France, qui sont portés à 10,000 livres par an. Paris, 17 mars 1514. — 17 mars.

*Enreg. à la Chambre des Comptes de Paris, le 23 mars 1514, ancien mémorial* Z, fol. 49.
*Copie. Arch. nat.*, ADIX. 119, n° 61. 3 pages.

146. Don des revenus des bénéfices vacants en régale accordé aux trésoriers et chanoines de la Sainte-Chapelle. Paris, 18 mars 1514. — 18 mars.

*Anc. mém. de la Chambre des Comptes de Paris*, coté Z, fol. 229. (*Mentionné par Blanchard.*)

147. Confirmation des privilèges accordés par Louis XII (Valence, 11 août 1511) à l'église de Notre-Dame du Puy et à l'hôpital de cette ville. Paris, 20 mars 1514. — 20 mars.

*Copie authentique* (vers 1700). *Arch. hospitalières du Puy*, série A. 17. 6 pages 1/2.

148. Lettres patentes aux fins de faire payer les droits de finance pour les francs-fiefs et nouveaux acquêts par les gens d'église du comté de Poitou. Paris, 20 mars 1514. — 20 mars.

*Copie. Bibl. de Poitiers, coll. dom Fonteneau*, t. XIX, p. 653, *d'après les archives de l'abbaye de Montierneuf de Poitiers.*

149. Exemption du passage et du logement des troupes accordée à la ville et au couvent de Saint-Maximin, au diocèse d'Aix. Paris, 22 mars 1514. — 22 mars.

*Original. Arch. comm. de Saint-Maximin.*
*Enreg. à la Chambre des Comptes d'Aix, le 10 janvier 1518. Arch. des Bouches-du-Rhône*, B. 26 (*Magdal.*), fol. 215. 1 page.
IMP. L. Rostan, *Cartul. de la ville de Saint-Maximin*, Paris, Plon, 1862, in-4°, p. 143.

150. Traité d'alliance et de confédération entre Fran- — 23 mars.

çois Ier et Jean d'Albret, roi de Navarre. Paris, 23 mars 1514. 1515.

*Original. Arch. nat., Suppl. du Trésor des Chartes*, J. 917, n° 2.
*Copie. Bibl. nat., ms. Dupuy*, vol. 389, fol. 109.

Ratification par Catherine, reine de Navarre, femme de Jean.

*Original scellé. Arch. nat., Trésor des Chartes*, J. 619, n° 30.

151. Don au comte de Guise du droit de nomination aux offices royaux du grenier à sel de Guise. Paris, 23 mars 1514. 23 mars.

*Arch. nat., Chambre des Comptes de Paris*, P. 2303, p. 889. *Id.*, P. 2535, fol. 181. (*Anc. mém.* coté Z, fol. 104.) 2 pages.

152. Traité conclu entre François Ier et l'archiduc Charles d'Autriche, prince d'Espagne, touchant le projet de mariage de ce prince avec Renée de France, belle-sœur du roi, depuis duchesse de Ferrare. 24 mars.

Négociateurs :

1° Pour le roi de France : Antoine Du Prat, Jean d'Albret, comte de Rethel, Odet de Foix, seigneur de Lautrec, René, bâtard de Savoie, et Imbert de Batarnay, sieur du Bouchage ;

2° Pour l'archiduc : Henri, comte de Nassau, Michel de Croy, Michel de Pavie, doyen de Cambrai, Philippe d'Ales, Mercurin de Gattinara et Gilles Van den Damme, secrétaire de l'archiduc. Paris, 24 mars 1514.

Avec les ratifications de François Ier, Paris, 23 avril 1515, et de l'archiduc Charles, la Haye, 24 juin 1515, et autres pièces annexées.
*Originaux. Arch. nat., Trésor des Chartes*, J. 661, nos 1 à 3.
*Enreg. au Parl. de Paris, le 26 avril 1515. Arch. nat.*, X1a 8611, fol. 26 v°-37. 21 pages.
*Enreg. à la Chambre des Comptes de Paris, le 4 mai 1515. Arch. nat.*, P. 2303, p. 899. Double, p. 953. 45 pages.
*Enreg. à la Cour des Aides, le 5 mai 1515. Mention dans le recueil Cromo. Arch. nat.*, U. 665, fol. 212.
*Arch. municip. de Toulouse*. Copie, sous la date du

1er avril 1514, d'une ordonnance portant publication de la paix conclue avec le prince d'Espagne... (Mss. 153, p. 93.) 1515.

*Copie du XVIe siècle. Bibl. nat.*, ms. français 2935, fol. 1.

*Copie du XVIIe siècle. Arch. nat.*, P. 2535, fol. 187; P. 2579, fol. 125 v°. 30 pages.

Imp. Dumont, *Corps diplomatique*, in-fol., t. IV, 1re partie, p. 199.

F. Léonard, *Recueil de traitez de paix*, t. II, p. 117.

153. Permission à Philippe de Gueldres, veuve de René, duc de Lorraine, de nommer aux offices royaux établis dans la baronnie de Mayenne-la-Juhée. Paris, 24 mars 1514. 24 mars.

*Enreg. à la Chambre des Comptes de Paris, le 18 juillet 1515, anc. mémorial* coté Z, fol. 102. *(Mentionné par Blanchard.)*

154. Don à Jacques de la Trémoïlle, seigneur de Mauléon, de la jouissance de la forêt de Chœurs en Berry, sa vie durant. Paris, 26 mars 1514. 26 mars.

*Enreg. à la Chambre des Comptes de Paris, le 21 avril 1515. Arch. nat.*, P. 2303, p. 787 (*anc. mémorial* Z, fol. 66).

155. Création d'une troisième compagnie française d'archers de la garde, composée à l'origine de 30 archers, dont François Ier, avant d'être roi, était capitaine, formée de 10 archers tirés de la compagnie de Nançay et de 20 de la bande de Crussol. Raoul de Vernon en est nommé capitaine. Paris, 27 mars 1514. 27 mars.

Imp. *Bibl. nat.*, *coll. Cangé.*

156. Édit de révocation d'un certain nombre de péages établis sur la Loire, sans permission, depuis cent ans. Paris, 29 mars 1514 (1). 29 mars.

Imp. Fontanon, *Édits et ordonnances des rois de France*, in-fol., 1611, t. IV, p. 622.

Isambert, *Anc. lois françaises*, in-8°, t. XII, p. 43.

157. Confirmation des privilèges des archers de l'arc- 29 mars.

(1) Fontanon et, d'après lui, Isambert datent cet édit de «Paris, le 29 mars 1515 avant Pâques, et de nostre regne le premier», ce qui serait 1516 (n. s.). Mais en 1516 Pâques tomba le 23 mars, le roi ni la régente ne se trouvaient à Paris à la date du 29, et de plus, cette année était la seconde et non la première du règne. C'est pourquoi nous avons classé cet acte à l'année 1514 (a. s.).

à-main de la ville d'Amiens. Paris, 29 mars 1514. 1515.

*Enreg. à la Chambre des Comptes de Paris, le 23 mai 1515. Arch. nat.*, P. 2303, p. 861. (*Anc. mém.* Z, fol. 85.) 6 pages 1/2.

158. Lettres portant qu'Hélye du Tillet, vice-président, et Jean de Harlus, maître des comptes, jouiront des mêmes épices et droits que les autres officiers de la Chambre des Comptes du même ordre. Paris, 29 mars 1514. 29 mars.

*Enreg. à la Chambre des Comptes de Paris. Arch. nat.*, P. 2304, p. 153. 4 pages 1/2.

159. Don à François Dallais, premier médecin du roi, d'une somme de 6,000 livres tournois. Paris, 29 mars 1514. 29 mars.

*Orig. sur parchemin. Bibl. nat.*, ms. français 20593, fol. 43.

160. « Ordonnances faictes par le roy nostre sire Françoys premier de ce nom à l'encontre des jureurs et blasphemateurs du nom de Dieu. » Paris, 30 mars 1514. 30 mars.

*Imp. Bibl. nat., Inv. Réserve*, F. 1642.
*Double, ibid.*, F. 1822.
*Mentionné par* Delamare, *Traité de la police*, t. I, p. 516.

161. Acte passé entre les ambassadeurs de François Ier et ceux de Charles, prince d'Espagne, en conséquence du traité du 24 mars précédent, touchant les différends relatifs au royaume de Navarre. Paris, 31 mars 1514. 31 mars.

*Imp.* F. Léonard, *Recueil des traitez de paix*, t. II, p. 128.
Dumont, *Corps diplomatique*, t. IV, 1re partie, p. 203.

162. Confirmation des lettres de Louis XII accordant à l'archevêque de Bordeaux le droit de clore et de munir d'une enceinte le palais archiépiscopal et les cloîtres qui l'environnent, avec promesse au chapitre métropolitain que le roi subviendra aux frais de construction des grandes et des 31 mars.

petites orgues et de réparation de trois grandes arches et voûtes de la nef. Paris, 31 mars 1514. 1515.

*Original. Arch. de la Gironde, fonds Saint-André,* G. 271.

*Arch. municip. de Bordeaux, Livre des Privilèges.*

163. Création en toute ville, cité et forteresse du royaume, «èsquelles y a deniers communs, dons et octrois par nous et nos prédécesseurs donnés, à convertir ès reparations et fortifications des dites villes,» d'un contrôleur chargé de contrôler les officiers des villes et les contraindre d'employer lesdits deniers auxdites réparations et fortifications. Paris, mars 1514. Mars.

*Enreg. au Parl. de Paris, le 14 mai 1515. Arch. nat.*, X[1a] 8611, fol. 51 v°-53. 3 pages.

*Copie collationnée faite par ordre de la Cour des Aides. Arch. nat.*, Z[1a] 526.

*Enreg. au Parl. de Bordeaux, le 17 août 1515. Arch. de la Gironde*, B. 30, fol. 117. 6 pages.

*Enreg. au Parl. de Dijon, le 26 juillet 1515. Arch. de la Côte-d'Or. Parl.*, reg. I, fol. 134 v°.

*Enreg. au Parl. de Grenoble, le 3 décembre 1515. Arch. de l'Isère*, B. 2333, fol. 23. 3 pages.

*Enreg. au Parl. de Toulouse, avec limitations et restrictions mises au registre secret, le 14 août 1516. Arch. de la Haute-Garonne, Édits*, reg. II, fol. 304 v°. 3 pages.

*Enreg. une seconde fois, purement et simplement, en vertu de lettres de jussion, au même Parlement, le 1er décembre 1519. Id., Édits*, reg. III, fol. 64 v°.

*Copie. Arch. municipales de Troyes*, 33e boîte, 1re liasse.

*Copie aux États de Languedoc. Arch. de l'Hérault, Ordonnances et arrêts*, t. III, pièce 29. 6 pages.

*Copie. Bibl. nat.*, ms. français 22371, fol. 289.

IMP. *«Édit portant création d'un office de contrôleur.» Paris, A.-E.-P. Mettayer et Prévost, in-12, pièce. Arch. nat.*, ADI. 15. 14 pages.

*«Édit contenant rétablissement...» Paris, Frédéric Morel, imprimeur, in-12, pièce. Arch. nat.*, AD I. 15. 4 pages.

164. Confirmation des privilèges du duché de Bourgogne par le roi François Ier. Paris, mars 1514. Mars.

*Enreg. au Parl. de Dijon, le 16 juillet 1515*, reg. I, fol. 133. *Arch. de la Côte-d'Or.*

*Enreg. à la Chambre des Comptes de Dijon, le 17 juin*

*1534. Arch. de la Côte-d'Or*, reg. B. 18, fol. 320 v°. *Double*, reg. B. 72, fol. 16 v°. 1515.

*Orig. Arch. des États de Bourgogne, Id.*, C. 2971.

IMP. *dans le Recueil des édits et ordonn. des États*, I, 319.

165. Confirmation des privilèges accordés par les rois de France aux religieux Célestins de Paris. Paris, mars 1514. Mars.

*Enreg. au Parl. de Paris, le 27 mars 1544 (n. s.). Arch. nat.*, $X^{1a}$ 8614, fol. 99 v°. 2 pages 1/2.

*Enreg. à la Chambre des Comptes de Paris. Arch. nat.*, P. 2303, p. 733.

(Voir une autre *Confirmation du 9 mars 1544, n. s.*)

166. Déclaration confirmative des lettres patentes de Louis XI (Chartres, juin 1467), portant règlement pour les jurés maçons et charpentiers. Paris, mars 1514. Mars.

*Enreg. au Parl. de Paris, avec une confirmation de Henri II, le 23 mai 1558. Arch. nat.*, $X^{1a}$ 8621, fol. 468. 2 pages.

167. Confirmation des privilèges des prévôts, ouvriers et monnayeurs du serment de France. Paris, mars 1514. Mars.

*Enreg. au Parl. de Paris, le 28 juin 1515. Arch. nat.*, $X^{1a}$ 8611, fol. 72 v°. 1 page 1/2.

Les 15 pages précédentes (fol. 65-72) sont occupées par les vidimus des lettres des prédécesseurs de François I^er^ en faveur des ouvriers des monnaies.

*Copie collationnée dans les minutes d'ordonnances de la Cour des Monnaies. Arch. nat.*, $Z^{1b}$ 536.

168. Exemption des tailles en faveur des habitants d'Alençon. Paris, mars 1514. Mars.

*Enreg. à la Chambre des Comptes de Paris. Arch. nat.*, P. 2303, p. 683.

*Expédition notariée, sous la date de Paris, 23 mars 1514. Arch. de l'Orne, série E, ville d'Alençon.*

169. Confirmation des privilèges des maire, prévôt, échevins et habitants d'Amiens. Paris, mars 1514. Mars.

Lettres de relief d'adresse au Parlement pour la vérification de celles qui précèdent. Carrières, 20 juillet 1520.

*Enreg. au Parl. de Paris, s. d. Arch. nat.*, $X^{1a}$ 8611, fol. 322. 2 pages 1/2.

170. Confirmation des privilèges accordés aux maire, échevins et habitants d'Angers, avec vidimus des lettres de Charles VIII, données à Montargis, décembre 1484, et de Louis XII, données à Blois, le 6 février 1502 et le 5 avril 1513. Paris, mars 1514. 1515. Mars.

*Enreg. au Parl. de Paris, sauf modifications, le 26 avril 1515. Arch. nat.*, X$^{1a}$ 8611, fol. 37 v°-46. 19 pages.

*Enreg. à la Cour des Aides, le 8 juillet 1521. Arch. nat., mention du recueil Cromo*, U. 665, fol. 231.

*Enreg. à la Chambre des Comptes de Paris. Arch. nat.*, P. 2303, p. 857. 2 pages 1/3.

*Copie du temps. Arch. municip. d'Angers*, AA. 1.

Imp. *Recueil des privilèges de la ville d'Angers*, Angers, L. Ch. Barrière, 1748, in-4°, p. 54, 55.

171. Confirmation des privilèges de l'église d'Angers. Paris, mars 1514. Mars.

*Enreg. au Parl. de Paris, le 24 juillet 1515. Arch. nat.*, X$^{1a}$ 8611, fol. 113 v°. 1 page 1/2.

Les 30 pages précédentes sont occupées par le texte des lettres de Louis XII et de Charles VIII, contenant elles-mêmes des lettres de leurs prédécesseurs en faveur de l'église d'Angers, fol. 78 v° à 113.

172. Affranchissement des deux foires qui se tiennent chaque année à Angoulême, le 7 janvier et le 30 août. Paris, mars 1514. Mars.

*Enreg. au Parl. de Paris, le 2 avril 1550* (*n. s.*). *Arch. nat.*, X$^{1a}$ 8616, fol. 435. 1 page 1/2.

*Enreg. à la Chambre des Comptes de Paris. Arch. nat.*, P. 2306, p. 611. 3 pages.

173. Règlement pour les privilèges des habitants de Bayonne. Paris, mars 1514. Mars.

*Anc. mém. de la Chambre des Comptes de Paris*, coté Z, fol. 67. (*Mentionné par Blanchard.*)

174. Lettres de garde gardienne en faveur de l'abbaye de Saint-Paul, près Beauvais. Paris, mars 1514. Mars.

*Enreg. au Châtelet de Paris, le 21 mars 1514. Arch. nat., Châtelet, Bannières*, Y. 8, fol. 1. 5 pages.

175. Confirmation des privilèges des doyen, chanoines et chapitre de l'église cathédrale de Bordeaux. Paris, mars 1514. Mars.

*Anc. mém. de la Chambre des Comptes de Paris*, coté Z, fol. 45. (*Mentionné par Blanchard.*)

176. Confirmation avec vidimus des privilèges accordés à l'église cathédrale de Chartres par les rois Charles V, Charles VII, Louis XI, Charles VIII et Louis XII. Paris, mars 1514. 1515. Mars.

*Enreg. au Parl. de Paris, le 7 mai 1515. Arch. nat.*, X[1a] 8611, fol. 48 v°-51. 1 page 1/2, (fol. 51), lettres de François Ier. 6 pages pour les lettres de ses prédécesseurs, fol. 48-50.

177. Confirmation des privilèges accordés aux habitants de Fimes, en Champagne, par Thibaut, comte de Champagne, en janvier 1226, et par Philippe le Long, en mars 1316. Paris, mars 1514. Mars.

*Enreg. au Parl. de Paris, le 10 avril 1549 (n. s.). Arch. nat.*, X[1a] 8616, fol. 257. 1 page 1/3.

178. Institution de l'office de contrôleur des deniers levés pour les fortifications de Lyon. Paris, mars 1514. Mars.

*Copie. Arch. municipales de Lyon*, BB. 394, n° 1.

179. Lettres de garde gardienne en faveur du chapitre de Meaux. Paris, mars 1514. Mars.

*Enreg. au Châtelet de Paris, le 5 juillet 1515. Arch. nat., Châtelet, Bannières*, Y. 8, fol. 12 et 168 v°. 4 pages.

180. Confirmation des privilèges accordés par Louis XI aux habitants de Montélimar. Paris, mars 1514. Mars.

*Enreg. au Parl. de Grenoble, le 29 mars 1515. Arch. de l'Isère, Chambre des Comptes de Grenoble*, B. 2983, fol. 995. 4 pages.

181. Confirmation des privilèges de la ville de Montpellier. Paris, mars 1514. Mars.

*Copie. Arch. municipales de Montpellier*, BB. *Grand-Thalamus*, fol. 237.

182. Confirmation des privilèges des habitants d'Orléans. Paris, mars 1514. Mars.

*Enreg. au Parl. de Paris, le 8 mars 1547, avec une confirmation d'Henri II. Arch. nat.*, X[1a] 8616, fol. 89 v°. 1 page 1/2.
*Arch. municip. d'Orléans*, AA. 2.

183. Confirmation des privilèges des religieuses Filles-Dieu de Paris. Paris, mars 1514. 1515. Mars.

*Enreg. à la Chambre des Comptes de Paris, le 23 mai 1514 (sic). Arch. nat., P. 2303, p. 879. 7 pages. (Anc. mémorial Z, fol. 93.)*

184. Confirmation des privilèges des marguilliers lais de l'église Notre-Dame de Paris. Paris, mars 1514. Mars.

*Enreg. à la Cour des Aides, le 15 avril 1515 après Pâques. Arch. nat., recueil Cromo, U. 665, fol. 209. (Mention.)*

185. Confirmation des privilèges des chanoines de la Sainte-Chapelle du Palais, à Paris. Paris, mars 1514. Mars.

Lettres de surannation pour l'enregistrement de la dite confirmation. Paris, 8 avril 1518.

*Enreg. au Parl. de Paris, le 11 avril 1519 (n. s.). Arch. nat., X1a 8611, fol. 291. 2 pages.*

186. Confirmation des franchises et privilèges des maîtresses lingères sous la halle couverte de la lingerie, près le cimetière des Innocents, à Paris. Paris, mars 1514. Mars.

*Enreg. au Châtelet de Paris, le 1er juin 1532. Arch. nat., Châtelet, Bannières, Y. 9, fol. 9 v°. 2 pages. Enreg. au Parl. de Paris, le 18 janvier 1550 (n. s.). Archives nat., X1a 8616, fol. 352 v°. 1 page 1/2.*

187. Confirmation des privilèges accordés aux menestrels et joueurs d'instruments de la ville de Paris par Charles VI, Charles VII, Louis XI, Charles VIII et Louis XII. Paris, mars 1514. Mars.

*Enreg. au Châtelet de Paris, le 14 juin 1515. Arch. nat., Châtelet, Bannières, Y. 8, fol 7 v°. 9 pages. Copie. Préf. de police, coll. Lamoignon, t. V.*

188. Confirmation des privilèges, droits, exemptions, franchises et libertés accordés par les rois de France au chapitre de l'église cathédrale de Poitiers. Paris, mars 1514. Mars.

*Original et vidimus du 23 décembre 1520. Arch. de la Vienne, G. 156, C. 183.*



IMPRIMERIE NATIONALE.

189. Confirmation des privilèges des habitants de l'île de Ré. Paris, mars 1514. — 1515. Mars.

*Enreg. à la Chambre des Comptes de Paris. Arch. nat.*, P. 2303, p. 711. (*Anc. mém.* coté Z, fol. 36.)

190. Permission au chapitre de Reims d'acquérir pour quatre cents livres de rente, moitié en terres nobles, moitié en terres roturières, sans payer de droits d'amortissement. Paris, mars 1514. — Mars.

*Copie collat. du XVIII^e s. Arch. nat.*, K. 171, n° 1.

191. Confirmation des privilèges des habitants de la Rochelle, comprenant vidimus des lettres de Charles VIII du mois de décembre 1483. Paris, mars 1514. — Mars.

*Enreg. au Parl. de Paris, le 5 juillet 1515. Arch. nat.*, $X^{1a}$ 8611, fol. 73 v°-78. 10 pages.

*Enreg. de nouveau au Parl. de Paris, le 2 avril 1550* (*n. s.*). *Arch. nat.*, $X^{1a}$ 8616, fol. 434 v°. 2 pages.

192. Exemption des tailles en faveur des habitants de Romorantin. Paris, mars 1514. — Mars.

(Cf. avec le 1^er mars ci-dessus, n° 127.)

*Ancien mémorial de la Chambre des Comptes de Paris*, coté Z, fol. 15. (*Mentionné par Blanchard.*)

193. Confirmation et vidimus des anciens privilèges accordés aux abbé et religieux de Saint-Denis en France. Paris, mars 1514. — Mars.

*Enreg. au Parl. de Paris, le 30 mai 1516. Arch. nat.*, $X^{1a}$ 8611, fol. 133 à 144. 23 pages, dont 21 occupées par les lettres des prédécesseurs de François I^er.

*Idem*, $X^{1a}$ 8611, fol. 251 v°. 2 pages.

*Enreg. à la Chambre des Comptes de Paris. Arch. nat.*, P. 2304, p. 165. 68 pages.

*Enreg. à la Cour des Aides, le 27 avril 1515. Mention du recueil Cromo. Arch. nat.*, U. 665, fol. 210.

*Copie de 1516. Arch. nat.*, K. 81, n° 2.

194. Confirmation spéciale de la donation faite par Charles VI aux religieux de Saint-Denis de six étaux dans la boucherie de Beauvais, en compensation d'une somme de vingt mille livres provenant de la vente de quelques bijoux de leur trésor, donnée par eux audit roi Charles VI pour subvenir aux frais de la guerre. Paris, mars 1514. — Mars.

*Original. Arch. nat.*, K. 81, n° 1.

195. Confirmation des chartes de Charles le Chauve, de Saint-Louis et de Louis XII relatives aux exemptions de péage accordées à l'abbaye de Saint-Denis. Paris, mars 1514. 1515. Mars.

*Vidimus de 1520. Arch. nat.*, K. 81, n° 7.

196. Confirmation du privilège accordé par Louis XI aux religieux de Saint-Denis de ne payer aucun droit de sceau dans les chancelleries de France. Paris, mars 1514. Mars.

IMP. Doublet, *Hist. de Saint-Denis*, in-4°, 1625, p. 1160.

197. Confirmation des privilèges, franchises et libertés des habitants de Saint-Jean-d'Angely. Paris, mars 1514. Mars.

*Enreg. au Parl. de Bordeaux, le 21 février 1515. Arch. de la Gironde*, B. 30, fol. 157 v°. 4 pages.

198. Confirmation des privilèges des consuls et habitants de Saint-Léonard-de-Naillac. Paris, mars 1514. Mars.

*Anc. mém. de la Chambre des Comptes de Paris*, coté Z, fol. 93. (*Mentionnée par Blanchard.*)

199. Confirmation des privilèges des habitants de Sens. Paris, mars 1514. Mars.

*Anc. mém. de la Chambre des Comptes de Paris*, coté Z, fol. 54. (*Mentionnée par Blanchard.*)

200. Confirmation des privilèges de la ville de Toulouse. Paris, mars 1514. (Texte latin.) Mars.

*Archives municipales de Toulouse:*
1° *Expédition originale scellée sur parchemin*, carton 71;
2° *Expédition collationnée, signée de Moulins, Amboise, 21 juin 1515*, carton 71;
3° *Copie collationnée, signée Rivière, Paris, 3 août 1535*, ms. 4116. 10 pages;
4° *Copie pap., ms. 153*, p. 431;
5° *Copie pap., ms. 2550*, fol. 226 v°.

201. Confirmation des privilèges des maîtres ouvriers de drap d'or et d'argent de Tours. Paris, mars 1514. Mars.

*Anc. mém. de la Chambre des Comptes de Paris*, coté Z, fol. 54. (*Mentionnée par Blanchard.*)

202. Confirmation des privilèges et franchises des habitants de Verneuil. Paris, mars 1514. 1515. Mars.

*Original. Arch. communales de Verneuil (Eure).*

203. Acte notarié du serment prêté le 1er avril par François Ier, en l'église Notre-Dame de Paris, de marier sa belle-sœur, Renée de France, à l'archiduc Charles, prince d'Espagne. Paris, 1er avril 1514. Mars.

*Original. Arch. nat., Trésor des Chartes*, J. 661, n° 6.

204. Traité entre François Ier et Henri VIII, roi d'Angleterre, renouvelant et confirmant ceux qui avaient été conclus entre ledit Henri et Louis XII. Londres, 5 avril 1514. 5 avril.

*Original scellé. Arch. nat., Trésor des Chartes*, J. 650[a], n° 13.

*Imp.* Rymer, *Acta publica*, t. VI, part. I, p. 89, col. 2.

205. Autorisation donnée par François Ier, duc de Milan et seigneur de Gênes, à l'évêque de Mende, François de la Rovère, d'aller à Rome, « tant pour faire la visitation des corps saincts que autres ses affaires ». Paris, 6 avril 1514. 6 avril.

*Original. Archives dép. de la Lozère*, série G. 56.

206. Confirmation de tous les privilèges et immunités de la collégiale de Saint-Martin de Tours. Paris, avril 1514. Avril.

R. Mousnier, *Celeberrimæ S. Martini Turonensis ecclesiæ historia*, t. II, *Appendix*, p. CLXX, mss. 1294 et 1295 *de la Bibl. de Tours.* (*Mention.*)

207. Confirmation des privilèges des habitants du Crotoy. Paris, avril 1514. Avril.

*Anc. mém. de la Chambre des Comptes de Paris*, coté Z, fol. 65. (*Mentionnée par Blanchard.*)

208. Confirmation des privilèges accordés à la ville de Reims par les rois de France, et en particulier de l'affranchissement de ses foires. Paris, avril 1514. Avril.

*Enreg. à la Chambre des Comptes de Paris. Arch. nat.*, P. 2303, p. 773. (*Anc. memorial* Z, fol. 65.)

*Arch. municipales de Reims, matières diverses*, liasse 25, n° 8.

209\. Confirmation des privilèges du chapitre de Léré, au diocèse de Bourges, membre de celui de Saint-Martin de Tours. Paris, avril 1514. 1515. Avril.

*Vidimus du bailli de Tours. Arch. du Cher, chapitre de Léré, Varia*, l. 1.

210\. Confirmation des privilèges de la ville de Bergerac. Paris, avril 1514. Avril.

*Enreg. à la Cour des Aides, le 5 avril de la même année. Bibl. nat., coll. du Périgord*, vol. 48, fol. 48. (*Mention.*)

211\. Don fait par le roi à Antoine Du Prat, chancelier de France, de l'hôtel de Piennes, près les Augustins, à Paris. Paris, avril 1514 avant Pâques. Avril.

*Enreg. à la Chambre des Comptes de Paris, le 23 avril 1515. Arch. nat.*, P. 2535, fol. 172 v°, et P. 2579, fol. 100 v°. 3 pages.

212\. Confirmation des lettres de Louis XI (janvier 1474) portant don à perpétuité aux enfants de chœur de Notre-Dame de Paris, à la nomination des doyen et chanoines, d'une des bourses de grammaire du collège de Navarre. 1514[1]. 1515.

*Original scellé. Arch. nat., Trésor des Chartes*, J. 153, n° 23.

213\. Lettres portant exemption du logement des gens de guerre en faveur du chapitre de Saint-Quiriace de Provins. 1514. 1515.

*Copie. Bibl. communale de Provins*, n° 103, in-fol.

214\. Don à Étienne Burdelot de l'office de garde des mines d'argent du comté de Nivernais, vacant par le décès de Jean de Bèze. Paris, 13 avril 1515. 13 avril.

*Enreg. à la Cour des Monnaies, le 18 avril 1515. Arch. nat.*, $Z^{1b}$ 62, fol. 148 v°. 1 page.

215\. Confirmation des lettres du 6 juin 1475 qui accordent à la ville de Montpellier la faculté de lever un droit sur la viande de boucherie fraîche ou salée débitée dans cette ville. Paris, 13 avril 1515. 13 avril.

*Copie. Arch. municipales de Montpellier, BB. Grand Thalamus*, fol. 266 v°. 3 pages.

[1] Cet acte est un original scellé, et cependant le lieu, la date et le mois sont restés en blanc.

216. Mandement du roi aux généraux de ses finances de faire payer à Marie d'Angleterre, reine douairière de France, vingt mille écus d'or au soleil, pour remboursement des frais de son voyage en France. Paris, 14 avril 1515. — 1515. 14 avril.

*Original scellé. Arch. nat., Trésor des Chartes*, J. 650, n° 14.
*Copie du XVI<sup>e</sup> s. Arch. nat.*, KK. 349 (non foliotée).
*Copie du XVII<sup>e</sup> s. Bibl. nat., ms. de Brienne*, 36, fol. 141.

217. Mandements à Jean Lallemant, le jeune, receveur général des finances en Languedoc, Beaujolais, Forez et Lyonnais, de payer diverses sommes à Austremoine Faure, commis au règlement des pensions dues au roi d'Angleterre, suivant les conditions du traité de paix conclu avec ce prince, et à certains prélats, princes et seigneurs de son royaume. Paris, 14 avril 1515. — 14 avril.

*Original. Bibl. nat.*, ms. français, 20425, fol. 13, et 25720, fol. 12.

218. Défense aux gens de guerre de loger et de prendre des provisions chez les habitants des terres de Dammartin et de Longnes, appartenant à l'abbaye de Saint-Germain-des-Prés. Paris, 15 avril 1515. — 15 avril.

*Original. Arch. nat.*, K. 81, n° 4.

219. Lettres accordant aux prévôt des marchands et échevins de Paris la prolongation d'un octroi sur le vin et le sel vendus dans la ville et dans les faubourgs. Paris, 15 avril 1515. — 15 avril.

*Original. Arch. nat.*, K. 952, n° 20<sup>a</sup>.
*Enreg. à la Cour des Aides, le 19 juillet 1515.*
*Copie. Arch. nat., Cartulaire de Paris du XVI<sup>e</sup> siècle*, KK. 1012, fol. 16. 4 pages.

220. Exemption de tout impôt sur le vin vendu au détail accordée au roi de l'arbalète et de la coulevrine pendant l'année de sa royauté. Paris, 18 avril 1515. — 18 avril.

*Enreg. au Châtelet de Paris. Arch. nat., Livre rouge*, Y. 6<sup>5</sup>, fol. 86 v°. 2 pages.
*Enreg. à la Cour des Aides, le 11 mars 1518. Mention dans le recueil Cromo. Arch. nat.*, U. 665, fol. 222.

221. Provisions, en faveur d'Antoine Du Prat, de l'office de chancelier du duché de Bretagne, rempli précédemment par feu Philippe de Montauban. Paris, 18 avril 1515. 1515. 18 avril.

*Orig. Bibl. nat.*, ms. fr. 4658, fol. 10.

222. Mandement à Morelet du Museau, trésorier général des guerres, de solder les dépenses faites pour les funérailles du roi Louis XII et de payer à Pierre de Fontenay, docteur en théologie, curé de Saint-Paul à Paris, 50 livres tournois pour ses services. Paris, 19 avril 1515. 19 avril.

*Bibl. nat.*, ms. français 25720, fol. 13.
*Arch. nat.*, KK. 89, fol. 119 v° (*Mention.*)

223. Permission à Charles de Rohan, comte de Guise, de nommer aux offices royaux à la Ferté-Bernard. Paris, 20 avril 1515. 20 avril.

*Anc. mém. de la Chambre des Comptes de Paris*, coté Z, fol. 105. (*Mentionnée par Blanchard.*)

224. Lettres patentes portant qu'une crue de 5,730 livres 10 sols tournois sera imposée au pays de Lyonnais pour le payement des gens de guerre et autres affaires. Paris, 20 avril 1515. 20 avril.

*Copie. Bibl. nat.*, ms. fr., 2702, fol. 8 v°.

225. Ordonnance portant que les procès criminels seront jugés au Parlement de Bordeaux par sept présidents ou conseillers. Paris, 22 avril 1515. 22 avril.

*Enreg. au Parl. de Bordeaux, le 18 mai 1515.*
*Arch. de la Gironde*, B. 30, fol. 113. 6 pages.

226. Mandement aux Trésoriers de France de faire payer à Jean de Selve, premier président du Parlement de Bordeaux, les gages de cet office depuis le 23 février précédent, date de ses provisions, jusqu'au jour où il prendra possession de sa charge, en récompense des services rendus dans son ambassade en Angleterre. Paris, 22 avril 1515. 22 avril.

*Orig. Bibl. nat.*, ms. fr., 25720, fol. 14.

227. Ratification par François I^er^ du traité conclu le 31 mars précédent entre ses ambassadeurs et ceux de l'archiduc Charles, prince d'Espagne. Paris, 23 avril 1515. 23 avril.

Voir ci-dessus, 24 mars 1514, n° 152.

228. Commission à Bertrand de Sanon et à André Blanchard, officiers ordinaires de l'artillerie du roi, de lever en Lyonnais cent chevaux, vingt-trois charrettes et vingt-cinq pionniers. Paris, 23 avril 1515. 1515. 23 avril.

*Copie. Bibl. nat.*, ms. fr. 2702, fol. 3.

229. Mandement aux élus sur le fait des aides ordonnées pour la guerre en l'élection de Lyon de recevoir lesd. Bertrand de Sanon et André Blanchard et de faciliter leur mission. Paris, 23 avril 1515. 23 avril.

*Copie. Bibl. nat.*, ms. fr. 2702, fol. 3 v°.

230. Remise à François de Bordeaux des droits seigneuriaux dus au roi à cause de l'acquisition par lui faite de la baronnie de Coulonces, en la vicomté de Vire. Paris, 24 avril 1515. 24 avril.

*Enreg. à la Chambre des Comptes de Paris, le 26 mars 1517, anc. mémorial 2 A, fol. 166. (Mention d'inventaire, Arch. nat.*, PP. 136, p. 169.)

231. Continuation pour huit années de l'octroi accordé par Louis XII à la ville de Bourges de cent sous tournois à prélever sur chaque muid de sel vendu aux greniers de Bourges et de Dun-le-Roi. Paris, 24 avril 1515. 24 avril.

*Arch. de l'hôtel de ville de Bourges. Comptabilité*, CC. 206.

232. Pouvoirs donnés par François Ier au duc de Vendôme, aux évêques de Paris et de Tournay, à Jacques de Dinteville et Adrien de Hangest, ses chambellans, pour traiter du mariage projeté entre Charles d'Espagne et Renée de France. Melun, 27 avril 1515. 27 avril.

*Copie. Arch. nat.*, KK. 1407, fol. 281.

233. Mandement au vicomte de Polignac, au premier président, Pierre de Saint-André, à l'évêque de Nîmes et à Jacques Portier d'obtenir de la ville de Toulouse, avant le 1er janvier suivant, la somme de 6,000 livres tournois pour l'extraordinaire des guerres. Montereau-Fault-Yonne, 30 avril 1515. 30 avril.

*Expédition originale sur parchemin, signée :* de Neufville. *Archives municipales de Toulouse*, carton 71.

234. Lettres imposant 6,000 livres à la ville de Lyon pour la guerre avec les Suisses. Montereau-Fault-Yonne, 30 avril 1515. 1515. 30 avril.

*Original. Arch. municip. de Lyon*, CC. 372, n° 18.

235. Mandement aux habitants de Troyes de payer au roi une somme de 4,000 livres, à titre de don gracieux, pour payer les frais et dépenses occasionnés par un début de règne et par la suite des guerres entreprises sous le règne précédent. Montereau-Fault-Yonne, 30 avril 1515. 30 avril.

*Arch. municipales de Troyes*, Q. I, fol. 106-107.

236. Lettres de terrier accordées aux chanoines de la cathédrale Saint-Pierre de Troyes, seigneurs de Chigy, Fontaine, Courceaux, Massey, Orvilliers, Mesnil-Vallon, Saint-Georges de Bossenay et autres lieux, où ils exercent le droit de haute, moyenne et basse justice. Paris, 30 avril 1515. 30 avril.

*Arch. départementales de l'Aube*, G. 2761, n° 1.

237. Établissement de la chambre de la Tournelle criminelle au Parlement de Paris. Paris, avril 1515. Avril.

*Enreg. au Parl. de Paris, le 3 mai 1515. Arch. nat.*, X[1a] 8611, fol. 47. 2 pages 1/2.

238. Règlement pour les gages des officiers du Parlement de Paris. Paris, avril 1515. Avril.

*Anc. mém. de la Chambre des Comptes de Paris*, coté Z, fol. 111. (*Mentionné par Blanchard.*)

239. Confirmation des privilèges des prévôt des marchands, échevins, bourgeois et habitants de Paris, avec permission au Prévôt des marchands d'établir des prisons dans l'Hôtel de Ville. Paris, avril 1515. Avril.

*Enreg. au Parl. de Paris, le 13 août 1515. Arch. nat.*, X[1a] 8611, fol. 129-131. 5 pages.

Les 30 pages précédentes (fol. 114 v° à 129) sont occupées par les lettres de Louis XII, Charles VIII et autres prédécesseurs de François Ier en faveur de la ville de Paris.

*Enreg. à la Chambre des Comptes de Paris. Arch. nat.*, P. 2303, p. 839. 6 p. 1/2.

*Copie collationnée. Arch. nat.*, K. 952, n° 23.

*Copie du* XVIIIe *s. Arch. nat.*, ADIX. 119, n° 82.



IMPRIMERIE NATIONALE.

240. Confirmation des privilèges de l'Université de Paris. Paris, avril 1515. — 1515. Avril.

*Enreg. au Parl. de Paris, le 19 mars 1516 (n. s.). Arch. nat.*, X[1a] 8611, fol. 151. 3 pages.

*Enreg. au Châtelet de Paris, le 28 mai 1516. Arch. nat., Bannières*, Y. 8, fol. 31 v°. 3 pages.

*Enreg. à la Cour des Aides de Paris, le 19 décembre 1516. Copie collationnée, faite par ordre de la Cour des Aides, le 7 janvier 1778. Arch. nat.*, Z[1a] 526.

241. Confirmation des privilèges des 120 archers et 60 arbalétriers de la ville de Paris. Paris, avril 1515. — Avril.

*Enreg. au Parl. de Paris, le 15 mai 1515. Arch. nat.*, X[1a] 8611, fol. 63 v°. 3 pages.

Les 20 pages précédentes (fol. 53 v° à 63 v°) sont occupées par les *vidimus* des prédécesseurs de François Ier.

*Enreg. au Châtelet de Paris. Arch. nat., Bannières*, Y. 9, fol. 10. 3 pages.

242. Confirmation des privilèges accordés aux barbiers de Paris par Louis XI, en 1465, par Charles VIII, en 1493, et par Louis XII, en 1513. Paris, avril 1515. — Avril.

*Enreg. au Châtelet de Paris, le 4 février 1517. Arch. nat., Bannières*, Y. 8, fol. 56. 9 pages.

243. Confirmation des statuts et ordonnances concernant les maîtres pêcheurs à verges de la ville de Paris. Paris, avril 1515. — Avril.

*Enreg. au Parl. de Paris, le 2 juillet 1727. Arch. nat.*, X[1a] 8732, fol. 443 v°. 7 pages.

Imp. in-4°, *pièce. P. N. Lottin, imprimeur, rue Saint-Jacques, à la Vérité. Arch. nat.*, ADI. 15. 6 pages.

244. Lettres de garde gardienne pour les religieux de Saint-Lazare, à Paris. Paris, avril 1515. — Avril.

*Enreg. au Châtelet de Paris, le 14 avril 1515, après Pâques. Arch. nat., Châtelet, Bannières*, Y. 8, fol. 4. 2 pages.

245. Lettres de garde gardienne en faveur de l'abbaye du Val-de-Grâce (Val-Profond), à Paris. Paris, avril 1515. — Avril.

*Enreg. au Châtelet de Paris, le 15 janvier 1533. Arch. nat., Bannières du Châtelet*, Y. 9, fol. 26 v°. 4 pages.

246. Confirmation des privilèges des habitants des comtés de Provence et de Forcalquier et union desdits comtés au domaine de la couronne. Paris, avril 1515. — 1515. Avril.

*Imp.* Dumont, *Corps diplomatique*, t. IV, part. 1, p. 210, col. 1.
Noël Gaillard, *Remontrances de la noblesse de Provence au roi*, p. 128.

247. Confirmation des monnayeurs et officiers de la Monnaie d'Aix en Provence. Paris, avril 1515. — Avril.

*Enreg. à la Chambre des Comptes d'Aix, 1520. Arch. des Bouches-du-Rhône*, B. 26 (*Magdal.*), fol. 458 v°. 2 pages.

248. Confirmation des privilèges des archers et arbalétriers de la ville de Beauvais, semblables à ceux de Paris, Rouen et Amiens. Avril 1515. — Avril.

*Enreg. à la Cour des Aides de Paris, le 8 mars 1516 (n. s.). Mention dans le recueil Cromo, Arch. nat.*, U. 665, fol. 212.

249. Confirmation des privilèges des habitants de Bourges. Paris, avril 1515. — Avril.

*Copie de l'époque. Arch. nat., Supplément du Trésor des Chartes*, J. 749, n° 6.
*Imp.* La Thaumassière, *Hist. du Berry*, liv. III, ch. 20.

250. Règlement pour les privilèges des prieur, religieux et couvent de Bourg-Fontaine. Paris, avril 1515. — Avril.

*Imp.* R. Choppin, *Des droits des monastères*, in-fol., 1634, liv. II, tit. 2, n. 9. (*Mention.*)

251. Confirmation des privilèges des religieux et abbé de Chalis. Paris, avril 1515. — Avril.

*Imp.* R. Choppin, *Monastères*, liv. II, tit. 2, n. 3. (*Mention.*)

252. Confirmation des privilèges et exemptions des habitants de Créteil et de Maisons-sur-Seine, avec vidimus des lettres de 1381, 1513 et 1514. Paris, avril 1515. — Avril.

*Enreg. au Châtelet de Paris, le 14 juin 1520, après lettres de surannation du 12 juin 1520. Arch. nat., Châtelet, Bannières*, Y. 8, fol. 108 v°. 2 pages.

253. Règlement pour les privilèges des habitants du village de Montreuil. Paris, avril 1515. 1515. Avril.

*Visé dans des lettres de Henri III de juillet 1575; enreg. au Parl. de Paris, le 21 mars 1586. Arch. nat.*, $X^{1a}$ 8638, fol. 113.

254. Confirmation des privilèges accordés par les rois à l'église et à l'Hôtel-Dieu de la Saussaye, près Paris. Paris, avril 1515. Avril.

*Copie collationnée. Arch. dép. de Seine-et-Oise.*

255. Confirmation et vidimus des privilèges accordés par les rois Louis XI (janvier 1477), Charles VIII (février 1483) et Louis XII (octobre 1514), aux abbé, religieux et couvent de Saint-Julien de Tours. Paris, avril 1515. Avril.

*Enreg. au Parl. de Paris, le 12 janvier 1517. Arch. nat.*, $X^{1a}$ 8611, fol. 246 v°. 6 pages, dont 2 seulement pour les lettres de François Ier.

256. Lettres d'anoblissement en faveur de Pierre Berthonier, auditeur à la Chambre des Comptes. Bourges[1], avril 1515. Avril.

*Enreg. à la Cour des Aides de Paris. Mention dans le recueil Cromo, Arch. nat.*, U. 665, fol. 221.

257. Don de la justice haute, moyenne et basse de Cheverny, dans le Blésois, et des droits qui en dépendent, accordé à Raoul Hurault de Cheverny, général des finances. Paris, avril 1515. Avril.

*Enreg. à la Chambre des Comptes de Blois, le 30 avril 1515. Arch. nat.*, KK. 897, fol. 294.

258. Ratification du don fait à Florimond Robertet, seigneur de Bury, de la métairie de Charaman et des droits de quarts dudit lieu et de la Grangeneuve. Paris, avril 1515. Avril.

*Enreg. à la Chambre des Comptes de Blois, le 21 mai 1515. Arch. nat.*, KK. 897, fol. 295 v°.

259. Pouvoir de délivrer des lettres de rémission dans les limites de son gouvernement, octroyé au 3 mai.

[1] *Sic.* François Ier ne séjourna pas à Bourges au mois d'avril 1515. Il y a donc ici erreur, soit dans le nom du lieu, soit dans la date.

maréchal de Lautrec, lieutenant général dans le duché de Guyenne et le pays de la Rochelle. Grenoble[1], 3 mai 1515. 1515.

*Enreg. au Parl. de Bordeaux, s. d. Arch. de la Gironde*, B. 30, fol. 111. 4 pages.

260. Lettres portant confirmation du traité de paix conclu entre la France et Henri VIII, roi d'Angleterre. Montargis, 8 mai 1515. 8 mai.

IMP. Rymer, *Acta publica*, t. VI, part. 1, p. 98, col. 1.

261. Lettres d'obligation de François Ier pour les sommes qu'il s'est engagé par traité à payer à Henri VIII, roi d'Angleterre. Montargis, 8 mai 1515. 8 mai.

IMP. Rymer, *Acta publica*, t. VI, part. 1, p. 99, col. 2.

262. Confirmation des privilèges accordés précédemment aux gens d'église, clercs, manans, bourgeois et habitants de la ville de Troyes. Montargis, 8 mai 1515. 8 mai.

*Arch. municipales de Troyes*, AA. 18, 42e carton, 4e liasse.

263. Confirmation des privilèges des marchands des villes impériales d'Allemagne. Amboise, 14 mai 1515. 14 mai.

IMP. R. Choppin, *de Domanio Franciæ*, in-fol., 1634, l. I, tit. XI, n. 22. (*Mention.*)

264. Donation à Gabrielle de Bourbon, dame de la Trémoïlle, du revenu du grenier à sel de Sully-sur-Loire. Monpipeau, 21 mai 1515. 21 mai.

IMP. Le duc de la Trémoïlle, *Chartrier de Thouars*, in-fol., 1877, p. 44.

265. Autorisation à Thomas Leroy, docteur en décret, archidiacre de Plougastel (Bretagne), secrétaire apostolique, à Jacques Leroy, son frère, et à Raoul Leroy, son neveu, de posséder 22 mai.

[1] Le roi n'était pas à Grenoble à cette date; il ne passa dans cette ville qu'au mois d'août de cette année. Il y a certainement erreur dans l'indication soit du lieu, soit du mois.

et d'acquérir librement des maisons, terres et rentes nobles, jusqu'à concurrence de 200 livres pour le premier, et de 1,000 livres pour les seconds. Monpipeau, 22 mai 1515. | 1515.

*Enreg. à la Chambre des Comptes de Bretagne. Arch. de la Loire-Inférieure*, B. Mandements, vol. 1, fol. 159.

266. Lettres patentes déclarant que le prêt de 8,000 livres fait au roi par les officiers de la Chambre des Comptes de Paris, pour subvenir aux dépenses de la guerre, leur sera remboursé l'année suivante. Blois, 24 mai 1515. | 24 mai.

*Enreg. à la Chambre des Comptes de Paris, le 26 juin suivant, anc. mémorial Z*, fol. 92.
*Copie du XVIII^e s. Arch. nat.*, ADIX. 119, n° 86. 2 pages.

267. Commission pour l'exécution des lettres de Louis XII ordonnant des démolitions à faire dans la ville de Lyon. Blois, 24 mai 1515. | 24 mai.

*Original. Arch. municipales de Lyon*, série DD.

268. Mandement à Jean Lallemant, le jeune, de rembourser 1,500 livres tournois à Mᵉ Jean Cueillette, qui les avait prêtées pour subvenir aux dépenses de la guerre. Blois, 26 mai 1515. | 26 mai.

*Orig. Bibl. nat.*, ms. français 25720, fol. 16.

269. Défense au Parlement de Provence de s'immiscer dans la police des villes et villages de la province. Blois, 28 mai 1515. | 28 mai.

*Enreg. à la Chambre des Comptes de Provence, le 21 octobre 1516. Arch. des Bouches-du-Rhône*, B. 26 (*Magdal.*), fol. 105. 3 pages.

270. Lettres de garde gardienne en faveur de l'abbaye de Seine-Port, autrement dit de Barbeaux, près Melun. Ferrières, mai 1515. | Mai.

*Enreg. au Châtelet de Paris, le 15 mai 1515. Arch. nat., Châtelet, Bannières*, Y. 8, fol. 5 v°. 4 pages.

271. Confirmation des coutumes et privilèges des habitants de Lectoure. Montargis, mai 1515. | Mai.

*Original sur parchemin. Arch. communales de Lectoure*, série AA.

272. Confirmation de l'acte de pariage passé, en 1307, entre le roi Philippe le Bel et Guillaume Durand, évêque de Mende. Montargis, mai 1515. 1515. Mai.

*Arch. départementales de la Lozère*, série G. 749.

273. Vidimus et confirmation des lettres de garde gardienne accordées par Louis XII, en mars 1509, au prieuré de Saint-Martin-des-Champs de Paris. Montargis, mai 1515. Mai.

*Enreg. au Châtelet de Paris, le 21 juin 1515. Arch. nat., Châtelet, Bannières*, Y. 8, fol. 165. 7 pages. *Copie du XVII^e s. dans le Cartulaire de Saint-Martin-des-Champs. Arch. nat.*, LL. 1354, fol. 60 v°.

274. Confirmation des privilèges des habitants de Harfleur. Amboise, mai 1515. Mai.

*Anc. mém. de la Chambre des Comptes de Paris*, coté Z, fol. 249. (*Mentionné par Blanchard.*)

275. Confirmation des privilèges du couvent de la Sainte-Trinité de Vendôme. Amboise, mai 1515. Mai.

IMP. R. Choppin, *Monastères*, liv. II, tit. 2, n. 11. (*Mention.*)

276. Lettres de garde gardienne en faveur de l'abbaye de Saint-Antoine de Paris. Blois, mai 1515. Mai.

*Enreg. au Châtelet de Paris, le 6 mars 1516* (*n. s.*). *Arch. nat., Châtelet, Bannières*, Y. 8, fol. 25. 5 pages.

277. Confirmation des privilèges de la ville de Poitiers. Blois, mai 1515. Mai.

*Original. Arch. communales de Poitiers*, A. 35.

278. Confirmation et vidimus du don fait à Louis d'Ars par le roi Louis XII, au mois d'août 1514, des terre et château de Vaulhon et de la seigneurie de Sacierges. Blois, mai 1515. Mai.

*Enreg. au Parl. de Paris, le 14 avril 1516. Arch. nat.*, X^1a 8611, fol. 152 v°-154 v°. 5 pages, dont 4 pour le texte des lettres de Louis XII.

279. Lettres de garde gardienne octroyées à l'église d'Angers. Mai 1515. Mai.

*Orig. Arch. dép. de Maine-et-Loire.*
*Copie. Arch. départementales de la Mayenne*, série B. 2622, t. II, p. 183.

280. Confirmation des privilèges du chapitre de l'église cathédrale de la ville de Tours. Mai 1515. — 1515. Mai.

*Enreg. à la Chambre des Comptes de Paris, le 25 octobre 1591, anc. mémorial, 4 H, fol. 289. Arch. nat., PP. 136, inventaire, p. 172. (Mention.)*

281. Lettres d'évocation octroyées à frère Geoffroy d'Amboise, pour son procès touchant le prieuré de Souvigny. 1er juin 1515. — 1er juin.

*Arch. nat., Parl., reg. du Conseil, X1a 1517, fol. 187. (Mention.)*

282. Suppression de l'impôt établi par Louis XII, d'un écu par tonneau de vin sortant du royaume, en conséquence du traité de paix du 23 avril 1515. Blois, 3 juin 1515. — 3 juin.

*Enreg. à la Cour des Aides, le 20 juin 1515, et au Châtelet de Paris, le 21 juin 1515. Arch. nat., Châtelet, Bannières, Y. 8, fol. 163. 2 pages.*
*Idem. Recueil Cromo, U, 665, fol. 212. (Mention.)*

283. Mandement au lieutenant général du roi au pays de Lyonnais, au sénéchal et au juge-mage de Lyon de contraindre les habitants de Lyon qui prétendent exemption pour cause d'office ou de noblesse à payer leur quote-part de la somme de 6,000 livres tournois imposée à ladite ville. Blois, 4 juin 1515. — 4 juin.

*Copies, Arch. municipales de Lyon, CC. 126, fol. 1, et CC. 128.*
*Arch. municipales de Toulouse, copie signée Gontier, ms. 153, p. 317.*

284. Lettres touchant l'admission de l'Écosse dans le traité conclu avec Henri VIII, roi d'Angleterre. Amboise, 16 juin 1515. — 16 juin.

*IMP. Rymer, Acta publica, t. VI, part. 1, p. 103, col. 1.*

285. Déclaration portant défense de frapper aucunes monnaies d'or et d'argent, sauf dans les ateliers monétaires de Paris, Rouen, Lyon et Bayonne. Amboise, 19 juin 1515. — 19 juin.

*Enreg. à la Cour des Monnaies. Arch. nat., Z1b 61, fol. 31, et Z1b 62, fol. 149 v°. 1/2 page.*
*Minute sur parchemin, id., Z1b 536.*

286. Mandement aux généraux des monnaies de se transporter dans les monnaies du duché de Bourgogne, d'envoyer les boîtes fabriquées à Paris et de procéder à des enquêtes sur les abus et malversations au fait des monnaies. Amboise, 19 juin 1515. 1515. 19 juin.

*Enreg. à la Cour des Monnaies. Arch. nat.*, Z$^{1b}$ 62, fol. 149 v°. 1 page.

287. Lettres de garde gardienne en faveur des religieuses pénitentes de la ville de Paris. Amboise, 20 juin 1515. 20 juin.

*Enreg. au Châtelet de Paris, le 12 mai 1535. Arch. nat., Châtelet, Bannières*, Y. 9, fol. 51. 4 pages.

288. Déclaration portant que l'hôpital Saint-Nicolas de Troyes a été exempté de tous droits en raison de ce que, depuis les derniers amortissements, il n'a été acquis au profit dudit hôpital que vingt sous de rente à prendre sur certains héritages sis à Preize. Amboise, 23 juin 1515. 23 juin.

*Arch. départementales de l'Aube, fonds de l'hôpital Saint-Nicolas*, layette 37, cote G. 9.

289. Ordre de rembourser à Michel Leclerc, receveur de l'écurie du roi, la somme de 1,884 livres 4 deniers tournois qui lui restait due par Louis XII, depuis 1513. Amboise, 23 juin 1515. 23 juin.

*Orig. Bibl. nat.*, ms. français 25720, fol. 18.

290. Commission à Jean Vaillant de Guellis, conseiller au Grand Conseil, bailli de Dunois, pour la recherche des biens de Languedoc sujets au droit de franc-fief, acquis par gens d'église ou de main-morte et par non-nobles, avec instructions détaillées sur les règles à suivre. Amboise, 24 juin 1515. 24 juin.

*Copie. Arch. municipales de Toulouse, ms.* 153, p. 221 et 259. 13 pages.

291. Lettres du roi notifiant son départ pour l'Italie et la régence de la duchesse d'Angoulême, sa mère. Amboise, 26 juin 1515. 26 juin.

*Arch. municipales d'Angers*, BB. 16, fol. 24.


IMPRIMERIE NATIONALE.

292. Ratification du don fait par la reine Claude à François de Pontbriant, capitaine de Loches, d'un jardin sis à Blois. Amboise, 27 juin 1515. 1515. 27 juin.

*Enreg. à la Chambre des Comptes de Blois, le 9 août 1515. Arch. nat.*, KK. 897, fol. 299 v°.

293. Provisions de l'office de contrôleur des deniers communs de la ville de Troyes pour Guillaume Bienaimé. Amboise, 28 juin 1515. 28 juin.

*Archives municipales de Troyes*, boîte 33, liasse 1re.

294. Permission aux Carmélites des Couets, près Nantes, de transférer l'ancien couvent établi au Bondon, près Vannes, dans les terrains situés entre la rue Saint-Yves et l'étang Lévesque, près la même ville. Blois, juin 1515. Juin.

*Enreg. à la Chambre des Comptes de Bretagne. Arch. de la Loire-Inférieure*, B, *Mandements*, vol. 1, fol. 167, 168.

*Copie sur parchemin du 18 août 1515. Id., ibid.*, H. 381.

295. Règlement pour le payement des gages des officiers du Parlement qui font le service en la Tournelle criminelle. Amboise, juin 1515. Juin.

*Enreg. au Parl. de Paris, le 30 août 1515. Arch. nat.*, X1a 8611, fol. 145. 2 pages.

296. Confirmation des privilèges des arbalétriers de Beauvais. Amboise, juin 1515. Juin.

*Enreg. à la Chambre des Comptes de Paris, anc. mém.* coté Z, fol. 90. (*Mentionnée par Blanchard.*) (Cf. avril 1515, n° 248.)

297. Confirmation des privilèges des habitants d'Issoudun. Amboise, juin 1515. Juin.

IMP. R. Choppin, *de Domanio*, lib. III, tit. 20, n. 7. (*Mention.*)

298. Confirmation des privilèges des habitants de Lusignan. Amboise, juin 1515. Juin.

*Enreg. à la Chambre des Comptes de Paris. Anc. mém.* coté Z, fol. 90. (*Mentionnée par Blanchard.*)

299. Confirmation des privilèges des habitants de la ville du Mans. Amboise, juin 1515. Juin.

*Enreg. au Parl. de Paris, le 28 juin 1572. Arch. nat.*, X1a 8630, fol. 65. 2 pages.

300. Confirmation des privilèges des habitants de Montauban. Amboise, juin 1515. 1515. Juin.

*Enreg. à la sénéchaussée de Quercy, siège de Montauban, le 9 juin 1515; à la sénéchaussée de Toulouse, le 7 août 1515. Arch. de l'hôtel de ville de Montauban,* liasse A.

301. Confirmation des privilèges accordés aux habitants de Tours. Amboise, juin 1515. Juin.

*Enreg. à la Chambre des Comptes de Paris. Arch. nat.*, P. 2304, p. 233. 2 pages 2/3.

302. Confirmation des lettres de garde gardienne accordées à l'abbaye de Notre-Dame des Vaux-de-Cernay, aux XIVe et XVe siècles. Amboise, juin 1515. Juin.

*Enreg. au Châtelet de Paris, le 9 juillet 1515. Arch. nat., Châtelet, Bannières,* Y. 8, fol. 14 et 170. 8 pages.

303. Confirmation des fondations faites par Louis XII à l'abbaye de Saint-Denis, à la mort d'Anne de Bretagne. Amboise, juin 1515. Juin.

*Original scellé. Arch. nat.*, K. 81, n° 5³.

304. Confirmation de la fondation de 250 livres de rente consentie aux religieux de l'abbaye de Saint-Denis en France par la duchesse Anne, reine de France. Amboise, juin 1515. Juin.

*Enreg. à la Chambre des Comptes de Bretagne. Arch. de la Loire-Inférieure,* B. *Mandements*, I, fol. 168, 169.

305. Confirmation des privilèges de l'hôpital Saint-Jean-l'Évangéliste d'Angers. Amboise, juin 1515. Juin.

*Arch. de Maine-et-Loire*, H. *Supplément, Hôtel-Dieu d'Angers*, A 1, fol. 38.

306. Confirmation des privilèges de la chapelle de Saint-Jean-l'Évangéliste, fondée en l'hôtel royal des Montils-lès-Tours. Amboise, juin 1515. Juin.

IMP. R. Choppin, *Droits des monastères*, in-fol., 1634, liv. II, tit. II, n. 11. (*Mention.*)

307. Franchise d'impôts et de charges publiques octroyées à Olivier Le Mercier, de Brest, qui s'est distingué sur mer, sous le règne de la du- Juin.

chesse Anne et de Louis XII, sur le navire *la Cordelière*, et s'est noblement conduit pendant plus de vingt ans à leur service. Amboise, juin 1515 (texte latin). 1515.

*Enreg. à la Chambre des Comptes de Bretagne. Arch. de la Loire-Inférieure*, B. *Mandements*, I, fol. 161.

308. Confirmation du don fait par la reine Claude à Florimond Robertet, seigneur de Bury, du droit de censif de Charamont. Amboise, juin 1515. Juin.

*Enreg. à la Chambre des Comptes de Blois, le 16 octobre 1515. Arch. nat.*, KK. 897, fol. 301.

309. Confirmation de Jean, vicomte de Rohan, en possession des capitaineries de Dinan, du château de Léhon et du revenu de la recette de Dinan, y compris les rachats qu'il a reçus en don de Louis XII et de la duchesse Anne. Romorantin, 2 juillet 1515. 2 juillet.

*Enreg. à la Chambre des Comptes de Bretagne. Arch. de la Loire-Inférieure*, B. *Mandements*, I, fol. 162.

310. Mandement du roi « pour savoir et entendre la vraye valeur et revenu de tous les deniers communs que les villes lèvent et prennent chacun an ». Bourges, 5 juillet 1515. 5 juillet.

*Arch. municip. d'Angers*, BB. 16, fol. 27.

311. Lettres par lesquelles François Ier, partant pour le Milanais, confie à la duchesse d'Angoulême, sa mère, le gouvernement du royaume. Lyon, 15 juillet 1515. 15 juillet.

*Original. Arch. nat., Suppl. du Trésor des Chartes*, J. 1037, n° 7.

*Enreg. au Parl. de Paris, le 6 septembre 1515. Arch. nat.*, X1a 8611, fol. 146 v°. 4 pages.

*Autres de même date, enreg. le 19 décembre 1515. Idem*, fol. 148 v°. 5 pages.

*Enreg. à la Chambre des Comptes de Paris, le 6 septembre 1515. Arch. nat.*, P. 2303, p. 891. 7 pages.

*Enreg. au Parl. de Dijon, le 20 novembre 1515, sur un vidimus du 12 octobre. Arch. dép. de la Côte-d'Or, Parl.*, Ier registre, fol. 141.

*Enreg. au Parl. de Grenoble, le 25 novembre 1515.*

*Arch. de l'Isère, Chambre des Comptes de Grenoble*, B. 2907, fol. 88. 1515.

*Enreg. au Parl. de Bordeaux, le 10 décembre 1515. Arch. de la Gironde*, B. 30, fol. 121. 7 pages.

*Enreg. au Parl. de Toulouse, le 3 décembre 1515. Arch. de la Haute-Garonne, Édits*, Reg. II, fol. 297 v°. 4 pages.

*Copie du temps. Arch. nat.*, K. 81, n° 8.

*Autres copies. Bibl. nat.*, ms. français 22371, fol. 307; 25720, fol. 20.

312. Provisions de l'office de premier président au Parlement de Dijon pour Hugues Fournier, en remplacement d'Humbert de Villeneuve. Lyon, 15 juillet 1515. 15 juillet.

*Reçu le 6 août suivant. Arch. de la Côte-d'Or, Parl. de Dijon*, Reg. I, fol. 136.

313. Donation de la seigneurie et de la capitainerie du Gâvre, diocèse de Nantes, au vicomte Jean de Rohan, en récompense de ses services. Lyon, 15 juillet 1515. 15 juillet.

*Enreg. à la Chambre des Comptes de Bretagne. Arch. de la Loire-Inférieure*, B. *Mandements*, I, fol. 174.

314. Lettres du roi à la ville d'Angers, demandant un octroi de 1,500 livres pour le secourir « ès gros et quasi insupportables frais » qu'il a présentement. Lyon, 15 juillet 1515. 15 juillet.

*Arch. municip. d'Angers*, BB. 16, fol. 28.

315. Provisions de l'office de contrôleur des deniers communs de la ville d'Orléans en faveur de Jacques Bohier. Lyon, 15 juillet 1515. 15 juillet.

*Arch. municip. d'Orléans*, BB. 62.

316. Mandement aux gens des comptes de Bretagne de s'enquérir des franchises dont jouissent les paroisses des Marches de Poitou et de Bretagne, et de répartir sur elles les taxes de joyeux avènement qu'elles avaient coutume de payer à chaque nouveau duc. Lyon, 22 juillet 1515. 22 juillet.

*Enreg. à la Chambre des Comptes de Bretagne. Arch. de la Loire-Inférieure*, B. *Mandements*, I, fol. 171.

Commission aux élus de Poitou pour le même effet (même date).

317. Mandement à Jacques de Beaune, général des finances, de faire procéder à l'approvisionnement des greniers à sel de Languedoïl. Lyon, 23 juillet 1515. 1515. 23 juillet.

*Arch. nat., Cour des Aides, recueil Cromo*, U. 665, fol. 181. (*Mention.*)

318. Mandement spécial à Raoul Hurault, sieur de Cheverny, pour traiter avec des marchands de la fourniture des greniers à sel dans les généralités d'outre-Seine, Yonne, Bourgogne et Picardie. Lyon, 23 juillet 1515. 23 juillet.

*Copie collationnée par ordre de la Cour des Aides, le 5 mai 1779. Arch. nat.*, $Z^{1a}$ 526.

319. Défenses aux bailli de Macon et sénéchal de Lyon et à tous officiers royaux de procéder à la saisie du temporel du chapitre métropolitain. Lyon, 23 juillet 1515. 23 juillet.

*Original. Arch. départementales du Rhône, chapitre métropolitain*, Arm. Abel, vol. 22, n° 17.

320. Confirmation des privilèges de la cour du Parlement de Dijon. Lyon, 24 juillet 1515. 24 juillet.

*Enreg. au Parl. de Dijon. Arch. dép. de la Côte-d'Or, Parl.*, reg. IV, p. 89.

321. Mandement aux généraux des finances d'allouer sur les comptes de l'année précédente d'Austremoine Faure, commis au payement des pensions d'Angleterre, la somme de 525 livres par lui payée à l'archevêque d'York. Lyon, 24 juillet 1515. 24 juillet.

*Copie du* XVI^e^ *s. Arch. nat.*, KK. 394, fol. 5. 1 page.

322. Permission aux habitants de Rouen de lever un octroi de 8 sous tournois sur chaque poise de sel déchargé à Rouen ou passant sous le pont de ladite ville, et de 10 sous tournois sur chaque lest de hareng saur ou frais. Lyon, 26 juillet 1515. 26 juillet.

*Copie. Bibl. nat.*, ms. français 25720, fol. 21.

323. Commission du roi au maréchal de Rieux et autres personnages de se présenter à l'assemblée 26 juillet.

des états de Bretagne pour y demander, en son nom, un fouage et devoir d'impôt avec l'aide des villes et droits accoutumés, afin de subvenir aux frais de la conquête du duché de Milan. Lyon, 26 juillet 1515. 1515.

*Copie sur parchemin du 22 septembre 1516. Arch. municip. de Nantes*, AA. 19.

324. Provisions en faveur de Jean Baulac, clerc, écolier de l'Université de Toulouse, d'un bénéfice dépendant de l'église abbatiale de Saint-Sernin. Lyon, 26 juillet 1515. 26 juillet.

*Enreg. au Parl. de Toulouse. Arch. de la Haute-Garonne, Édits*, Reg. III, fol. 245. 1 page.

325. Déclaration en faveur de Charles de Bourbon, duc de Vendôme. Le pouvoir de nommer aux offices royaux de son duché de Vendôme lui est confirmé. Lyon, 28 juillet 1515. 28 juillet.

*Enreg. au Parl. de Paris, le 31 août 1515. Arch. nat.*, $X^{1a}$ 8611, fol. 146. 1 page.
*Enreg. à la Chambre des Comptes de Paris, le 13 septembre 1515. Ancien mémorial* Z, fol. 117.

326. Provisions de l'office de conseiller au Parlement de Rouen, en faveur de Jean de Serre, docteur en droit, à la place de Jean de Yberrolla, nommé au même office à la cour de Bordeaux. Lyon, 28 juillet 1515. 28 juillet.

*Orig. Bibl. nat.*, ms. français 25720, fol. 24.

327. Mandement à Louis Picot, président de la Cour des Aides, de prêter au roi la somme de mille livres tournois pour la défense du royaume. Lyon, 29 juillet 1515. 29 juillet.

*Original en papier. Archives de Dampierre (Aube).*
IMP. *Revue des Sociétés savantes*, 1864 (2e semestre), p. 431.

328. Confirmation des privilèges de l'Université de Bourges. Juillet 1515. Juillet.

*Enreg. à la Cour des Aides, le 22 février 1554. Mentionné dans le recueil Cromo. Arch. nat.*, U. 665, fol. 390.

329. Lettres de garde gardienne en faveur du prieuré de Sainte-Croix-de-la-Bretonnerie, à Paris. Lyon, juillet 1515. — 1515. Juillet.

*Enreg. au Châtelet de Paris, le 27 août 1515. Arch. nat., Châtelet, Bannières, Y. 8, fol. 18 v°. 2 pages.*

330. Confirmation des privilèges de l'abbaye de Sainte-Croix de Poitiers, avec vidimus des lettres royales antérieures. (Les lettres vidimées sont : 1° de Carloman, 20 février 884; 2° de Charles V, 29 mai 1377; 3° de Charles VII, 20 avril 1438; 4° de Louis XI, février 1461; 5° de Charles VIII, mars 1485; 6° de Louis XII, août 1498.) Lyon, juillet 1515. — Juillet.

*Enreg. au Parl. de Paris, demptis quibusdam que in presentibus legi minime potuerunt, le 6 juin 1545. Arch. nat., X[1a] 8615, fol. 129 et 135.*

*Copie du XVIe siècle. Arch. de la Vienne, fonds Sainte-Croix, l. 2.*

*Copie collat. du XVIIIe s. Arch. nat., K 184, n° 1.* (Voir ci-desssous, au 11 novembre 1544.)

331. Lettres de garde gardienne en faveur de l'abbaye de Port-Royal, au diocèse de Paris. Lyon, juillet 1515. — Juillet.

*Enreg. au Châtelet de Paris, le 6 novembre 1515. Arch. nat., Châtelet, Bannières, Y. 8, fol. 22. 3 pages.*

332. Confirmation de deux foires franches, de trois jours chaque, dans la ville de Tournus, à charge pour les habitants de payer le huitième du vin vendu au détail durant la foire. Juillet 1515. — Juillet.

*Enreg. à la Cour des Aides de Paris, le 13 février 1519. Mentionnée dans le recueil Cromo, Arch. nat.,* U. 665, fol. 225.

333. Lettres patentes pour la réunion des charges de commissaires examinateurs au siège présidial de Tours. Juillet 1515. — Juillet.

*Bibl. nat., Mss. Moreau,* T. 1395, fol. 354. (*Mention.*)

334. Confirmation du don précédemment fait à Guy de Forces, seigneur dudit lieu et de la Roche, de la tierce partie de la baillie de Forces et de — Juillet.

la moitié de celle de la Roche, en dédommagement de la partie de la ville de la Sauvetat de Caumont qui lui a été enlevée. Lyon, juillet 1515. 1515.

*Enreg. à la Chambre des Comptes de Paris. Arch. nat.*, P. 2304, p. 473. 3 pages 1/2.

335. Commission à Denis de Belvezer, s^r^ de la Bastide, et à Antoine Soret de se rendre dans les jugeries de Rivière et de Verdun et de procéder à la répartition et levée dans ces pays de leur part d'une somme de 2,900,000 livres imposée sur tout le royaume pour subvenir aux frais de guerre et spécialement aux dépenses de l'expédition du Milanais. Grenoble, 3 août 1515. 3 août.

*Orig. Bibl. nat.*, ms. français 25720, fol. 25.

336. Pouvoir à Louise de Savoie, duchesse d'Angoulème et d'Anjou, comtesse du Maine et de Beaufort, d'établir des commissaires pour procéder à la réformation et à la réduction du personnel des notaires dans les pays d'Anjou, du Maine et de Beaufort. Grenoble, 4 août 1515. 4 août.

*Arch. de la Sarthe. Procès-verbaux d'enquête pour la réduction du nombre des notaires du comté du Maine*, E. 234, fol. 1. 4 pages.

337. Lettres qui enjoignent aux commissaires des francs-fiefs de ne pas interrompre leur procédure à cause du temps des moissons ou pour toute autre cause, et de ne point demander des lettres de *pareatis*. Grenoble, 8 août 1515. 8 août.

*Copie. Arch. municipales de Toulouse*, ms. 153, p. 301.

338. Mandement pour la levée, une année à l'avance, des deniers destinés au payement des gens de guerre au pays de Lyonnais, et affectant à l'année 1515 les impositions de 1516 à cet effet. Grenoble, 8 août 1515. 8 août.

*Copie. Bibl. nat.*, ms. français 2702, fol. 9 v°.

339. Mandement aux généraux des finances de payer à Philibert Babou, contrôleur de l'argenterie, 11 août.



IMPRIMERIE NATIONALE.

une somme de 4,425 livres tournois immédiatement, pour les frais extraordinaires nécessités par la guerre. Embrun, 11 août 1515. 1515.

*Orig. Bibl. nat.*, ms. français 25720, fol. 26.

340. Mandement du roi pour la levée de 464 chevaux dans l'élection de Lyonnais et pays voisins. Lagnasco en Piémont, 17 août 1515. 17 août.

*Copie. Bibl. nat.*, ms. français 2702, fol. 3 v°.

341. Lettres de Louise de Savoie, régente, par lesquelles elle mande à l'évêque de Laon de faire dire des prières pour le succès de l'armée française. 18 août 1518. 15 18 août.

*Copie en forme. Arch. de l'Hôtel-Dieu de Laon*, C. I, 3.

342. Règlement touchant la reddition des comptes généraux de la ville et communauté de Lyon. Lyon, 20 août 1515. 20 août.

*Arch. municip. de Lyon*, AA. 151, fol. 46.

343. Permission à la duchesse de Bourbonnais et d'Auvergne de racheter de Gilbert Filhol les salines de Valduc, en Provence, l'achat ayant eu lieu à réméré. Lyon, 23 août 1515. 23 août.

*Enreg. à la Chambre des Comptes de Provence, le 4 novembre 1516. Arch. des Bouches-du-Rhône*, B. 26 (*Magdal.*), fol. 101. 1 page.

344. Règlement pour les offices de notaires du bailliage d'Amiens. 31 août 1515. 31 août.

*Mentionné par Blanchard.*

345. Confirmation des privilèges de la ville d'Antibes. Grenoble, août 1515. Août.

*Enreg. à la Chambre des Comptes de Provence. Arch. des Bouches-du-Rhône*, B. 25 (*Cygn.*), fol. 382, 1 page.

346. Confirmation des lettres du 4 janvier 1499 qui maintiennent la faculté de médecine de Montpellier dans ses anciens privilèges. Grenoble, août 1515. Août.

*Arch. départ. de l'Hérault*, B 341, fol. 170. 3 pages.

347. Confirmation des priviléges municipaux concédés par divers rois de France aux consuls et habitants de la ville du Puy. Grenoble, août 1515. | 1515. Août.

*Copie authentique (XVIe siècle) d'une expédition délivrée à Toulouse, en Parlement. Arch. communales du Puy,* série AA. 60. 49 pages.

Les lettres vidimées sont : 1° de Louis XII, Blois, mars 1498 (a. s.); 2° de Charles VIII, Tours, février 1483 (a. s.); 3° de Louis XI, Orléans, novembre 1466, et Amboise, juin 1470; 4° de Charles VII, Tours, 4 janvier 1448 (a. s.); 5° de Philippe de Valois, Paris, janvier 1343 (a. s.), et Bois de Vincennes, mars 1345 (a. s.); 6° de Charles V, Paris, 10 août 1374.

348. Lettres de garde gardienne pour l'abbaye de Saint-Magloire de Paris. Grenoble, août 1515. | Août.

*Enreg. au Châtelet de Paris, le 14 septembre 1515. Arch. nat., Châtelet, Bannières,* Y. 8, fol. 19 et 177 v°. 6 pages.

349. Lettres concédant aux Célestins d'Ambert, dans la forêt d'Orléans, le bois et l'étang de Lambertet, en échange d'une rente annuelle de 9 livres parisis qu'ils avaient droit de prendre sur l'abbaye de Saint-Mesmin de Micy. Amboise, août 1515. | Août.

*Original scellé. Archives du Loiret, série* H, *Célestins d'Ambert.*

350. Déclaration portant règlement pour les gages des officiers du Parlement de Paris qui servent à la Tournelle criminelle. 4 septembre 1515. | 4 septembre.

*Enreg. à la Chambre des Comptes de Paris, anc. mémorial* Z, fol. 111. *Arch. nat., inventaire* PP. 136, p. 176. (*Mention.*)

351. Traité de paix conclu avec les Suisses, sous la médiation de Charles, duc de Savoie, par Odet de Foix, seigneur de Lautrec, et René, bâtard de Savoie, négociateurs pour François Ier. Gallarate, 8 septembre 1515. | 8 septembre.

*Copie collat. du XVIIIe s. Arch. nat.,* K. 170, n° 38.

352. Mandement du roi aux trésoriers de ses finances de payer à Philibert Babou 25,000 livres tournois pour frais extraordinaires de guerre. Sainte-Brigitte, près Marignan, 16 septembre 1515. | 16 septembre.

*Orig. Bibl. nat.,* ms. français 20425, fol. 14.

353. Don de mille livres tournois sur la recette générale du Dauphiné à Honorat de Bonne, écuyer, seigneur de la Rochette, en Dauphiné, gouverneur du Château-Dauphin. Pavie, 27 septembre 1515. 1515. 27 septembre.

*Enreg. à la Chambre des Comptes de Grenoble. Arch. de l'Isère*, B. 2907, cah. 95. 4 pages.

354. Lettres de la reine mère, régente, qui confirme à l'Hôtel-Dieu d'Angers ses revenus de sel sur la prévôté de Nantes. Amboise, septembre 1515. Septembre.

*Original signé. Arch. de Maine-et-Loire*, H. Suppl. *Hôtel-Dieu*, A. 3, fol. 76.

355. Création de deux foires annuelles à Claye-Souilly, dans la Brie. Amboise, septembre 1515. Septembre.

*Enreg. au Châtelet de Paris, le 4 mars 1515. Arch. nat., Châtelet, Bannières*, Y. 8, fol. 29. 3 pages.

356. Lettres de garde gardienne en faveur de l'abbaye de Saint-Pierre de Lagny. Amboise, septembre 1515. Septembre.

*Enreg. au Châtelet de Paris, le 22 juin 1517. Arch. nat., Châtelet, Bannières*, Y. 8, fol. 51. 4 pages.

357. Création d'un maître de chaque métier dans toutes les villes du royaume où il y a maîtrise jurée, à l'occasion de la naissance de Louise de France, première fille du roi. Paris, 1er octobre 1515. 1er octobre.

Lettres de surannation y annexées. Amboise, 26 août 1516.

*Enreg. au Parl. de Paris, le 9 mars 1517* (n. s.). *Arch. nat.*, X1a 8611, fol. 203 v°. 2 pages 1/2.
*Id., Châtelet de Paris, Livre gris*, Y. 63, fol. 177 v°. 4 pages.

358. Mandement à Jehan Vaillant de Guellis de continuer sa procédure, sans tenir compte de l'opposition faite par le chapitre métropolitain, les états de la province et la ville de Toulouse, ni des arrêts rendus par le Parlement. Paris, 5 octobre 1515. 5 octobre.

*Copie collationnée, signée Roterel, 24 février 1515. Archives municipales de Toulouse* ms. 153, p. 306.

359. Lettres de la régente portant jussion à la Chambre des Comptes de procéder à l'enregistrement des lettres du roi confirmant les privilèges des habitants de Tours. Amboise, 7 octobre 1515. 1515. 7 octobre.

*Enreg. à la Chambre des Comptes de Paris. Arch. nat.*, P. 2304, p. 235. 4 pages.

360. Mandement du roi au trésorier général de Normandie, Jean Lallemant, de payer à Philibert Babou, contrôleur de l'argenterie, 25,000 livres tournois pour frais extraordinaires de guerre. Pavie, 7 octobre 1515. 7 octobre.

*Orig. Bibl. nat.*, ms. français 20425, fol. 15.

361. Traité de confédération et amitié perpétuelle entre le roi, le pape Léon X, la République de Florence, le duc d'Urbin et les princes de Médicis contre les Vénitiens et autres. Viterbe, 13 octobre 1515. 13 octobre.

*Original. Arch. nat.*, *Trésor des Chartes*, J. 576, n° 1.

IMP. Dumont, *Corps diplomatique*, t. IV, part. 1, p. 214.

362. Traité conclu entre François Ier et Maximilien Sforce, auquel le roi de France donne l'investiture du duché de Milan. Pavie, 14 octobre 1515. 14 octobre.

*Copie. Bibl. nat.*, ms. français 2846, fol. 131.

363. Confirmation par Louise de Savoie, régente, des privilèges de l'église de Sens. Amboise, 14 octobre 1515. 14 octobre.

*Enreg. au Parl. de Paris, le 31 juillet 1517. Arch. nat.*, X1a 8611, fol. 220 v°, 1 page 1/2.

(Voir 17 février 1517 n. s.).

364. Lettres enjoignant aux gens du Grand Conseil de casser les arrêts rendus par le Parlement de Toulouse au sujet de la compétition de Manaud de Martory et de Roger de Montaut à l'évêché de Tarbes, depuis que cette affaire avait été évoquée audit Grand Conseil. Milan, 15 octobre 1515. 15 octobre.

*Enreg. au Parl. de Toulouse. Arch. de la Haute-Garonne, Édits*, reg. II, fol. 295 v°.

365. Lettres de Louise de Savoie, régente, maintenant Guillaume Bienaimé dans l'exercice de son office et l'autorisant à toucher une pension plus élevée. Amboise, 16 octobre 1515. 1515. 16 octobre.

*Archives municip. de Troyes*, boîte 33, liasse 1^re^.

366. Mandement du roi au trésorier général des finances de Normandie de payer 1,340 livres tournois à Philibert Babou, contrôleur de l'argenterie, pour frais extraordinaires de guerre. Milan, 20 octobre 1515. 20 octobre.

*Orig. Bibl. nat.*, ms. français 20425, fol. 16.

367. Confirmation accordée par la duchesse d'Angoulême, régente, aux habitants de Saint-Jean-de-Luz de l'affranchissement des droits d'assise et d'issue, pour dix nouvelles années. Bléré, 21 octobre 1515. 21 octobre.

*Enreg. au Parl. de Bordeaux, le 3 juillet 1516. Arch. de la Gironde*, B. 30, fol. 166. 7 pages.

368. Privilège accordé par François I^er^ à sa mère, la duchesse d'Angoulême, de créer un maître de chaque métier dans toutes les villes du royaume. Mezières[1], 25 octobre 1515. 25 octobre.

*Vidimus du Prévôt de Paris, du 9 janvier 1516. Arch. nat.*, K. 81, n° 10.

369. Don à Louis de la Trémoille de la capitainerie du château de Vergy, en Bourgogne. Milan, 28 octobre 1515. 28 octobre.

*Original signé, appartenant à M. le duc de la Trémoille.*

370. Confirmation des officiers de la Chambre des Comptes de Paris octroyée par la régente. Hérisson, 31 octobre 1515. 31 octobre.

*Enreg. à la Chambre des Comptes de Paris, le 23 novembre suivant, anc. mémorial* Z, fol. 120. *Copie. Arch. nat.*, ADIX. 119, n° 73. 3 pages. Imp. *in-4° de 2 pages, id.* ADIX. 119, n° 94.

[1] Sans doute Mézières-en-Brenne (Indre), la régente se rendant de Bléré (Indre-et-Loire) à Lyon, en passant, le 31 octobre, par Hérisson (arr. de Montluçon, Allier). On remarquera la singularité de ces lettres données par François I^er^ en faveur de sa mère, datées non du lieu où se trouvait alors le roi, mais de celui où était la régente.

371. Confirmation des privilèges octroyés au chapitre de l'église de Bourges. Amboise, octobre 1515. — 1515. Octobre.

*Enreg. au Parl. de Paris, le 16 mars 1553* (n. s.), *avec une nouvelle confirmation de Henri II. Arch. nat.*, X[1a] 8618, fol. 70. 1 page 1/2.

372. Ordre de rembourser 1,500 livres tournois à Thomas Bohier, qui les avait prêtées au roi pour l'entretien de l'armée, pendant la conquête du Milanais. Vigevano, 6 novembre 1515. — 6 novembre.

*Orig. Bibl. nat.*, ms. français 25720, fol. 28.

373. Traité de paix et d'alliance entre François Ier et les cantons Suisses de Zurich, Lucerne, Unterwalden, Bâle, Fribourg, Soleure, Schaffouse, Appenzel, la Ligue grise, etc. Gênes, 7 novembre 1515. — 7 novembre.

*Orig. Arch. nat., Trésor des Chartes*, J. 724, n° 1.
*Copies du XVIe s. Bibl. nat.*, ms. français 2936, fol. 1, et 3035, fol. 113.
*Copie collat. du XVIIIe s. Arch. nat.*, K 170, n° 39.

374. Mandement aux maîtres rationaux de Provence d'enregistrer, sans le *placet* du Parlement, les lettres royaux (ci-dessus, 28 mai 1515) faisant défense à ce dernier de s'immiscer dans la police des villes et villages de Provence. Milan, 20 novembre 1515. — 20 novembre.

*Enreg. à la Chambre des Comptes d'Aix, le 21 octobre 1516. Arch. des Bouches-du-Rhône*, B. 26 (*Magdal.*), fol. 106. 2 pages.

375. Confirmation de l'union de l'abbaye de Lérins au Mont-Cassin et lettres de sauvegarde accordées par François Ier à tous les monastères de ladite congrégation. Milan, 20 novembre 1515. — 20 novembre.

*Arch. des Alpes-Maritimes*, H. 63.

376. Déclaration de la régente portant exemption, en faveur de l'université de Paris, des taxes imposées sur les bourgeois de la ville, nonobstant les termes de l'édit du roi, qui obligeait au payement desdites taxes toutes sortes de gens, exempts — 22 novembre.

et non exempts, privilégiés et non privilégiés. Lyon, 22 novembre 1515. 1515.

*Imp. Recueil des priviléges de l'Université de Paris*, p. 110. — C. Jourdain. *Index chronol. chartarum Universitatis*, in-fol., p. 323.

377. Confirmation par la reine mère, régente, des lettres patentes de Louis XII (Grenoble, 17 juin 1511) touchant les ports et la navigation de la rivière de Seine depuis Bar-sur-Seine jusqu'à Troyes, et exemption des obligations imposées aux habitants pour ce qui regarde le comté de Bar-sur-Seine. Lyon, 22 novembre 1515. 22 novembre.

*Arch. municip. de Troyes*, D. 53, fol. III-V.

378. Mandement à Jean Lallemant, receveur de Normandie, de payer 100 livres tournois, pour sa pension annuelle, à Jean de la Palu, sieur de Bressac. Milan, 30 novembre 1515. 30 novembre.

*Original. Bibl. nat.*, ms. français 25720, fol. 29.

379. Lettres qui confèrent à Julien de Médicis et à sa femme, Philiberte de Savoie, le rang de princes et ducs français, avec don du duché de Nemours, en considération de l'alliance nouvellement conclue entre François Ier et le pape Léon X. Milan, novembre 1515. Novembre.

(Voir au 12 novembre 1516.)

*Enreg. au Parl. de Paris*, sub modificationibus, *le 9 février 1517 (n. s.). Arch. nat.*, X1a 8611, fol. 186 v°. 3 pages.

*Enreg. à la Chambre des Comptes de Paris. Arch. nat.*, P. 2304, p. 77; *id.*, P. 2535, fol. 244 v°. 3 pages 1/2.

380. Don de la Valteline érigée en comté et de tous ses revenus et dépendances à Antoine Du Prat, chancelier de France. Milan, novembre 1515. Novembre.

*Original. Arch. nat., cah. paléographiques*, MM. 878, n° 21.

*Imp.* Le mis Du Prat, *Vie d'Antoine Du Prat*, in-8°, 1854, p. 427.

381. Lettres portant vente et engagement des château, terre et châtellenie de Tremblevif, dans le Novembre.

Blésois, au comte Wolfgang, capitaine de lansquenets. Milan, novembre 1515. 1515.

*Enreg. à la Chambre des Comptes de Blois, le 14 juillet 1516. Arch. nat.*, KK. 897, n° 304 v°.

382. Confirmation des privilèges des habitants de la ville de Beaucaire. Lyon, novembre 1516. Novembre.

Imp. *Recherches hist. et chronol. sur la ville de Beaucaire*, Avignon, 1718, p. 153.

383. Confirmation des privilèges accordés aux habitants de Villeneuve-Saint-André, près Avignon. Novembre 1515. Novembre.

*Bibl. nat., mss. Moreau*, t. 1386, p. 36. (*Mention.*)

384. Lettres de sauvegarde accordées à la collégiale de Montauban. Novembre 1515. Novembre.

*Arch. de l'Hôtel de ville de Montauban.*
Imp. F. Moulenq, *Documents hist. sur Tarn-et-Garonne* (1879), t. I, p. 368.

385. Lettres de garde-gardienne accordées par la duchesse d'Angoulême, régente, au chapitre de Senlis. Novembre 1515. Novembre.

Avec lettres d'entérinement données par le bailli de Senlis, le 9 juillet 1539.

*Arch. de l'Oise*, G. 2339, *Inv. du chapitre de Senlis*, cote 10, art. 6, p. 150.

386. Mandement de faire contribuer tous les habitants de Lyon, sauf les notaires et secrétaires du roi, à l'emprunt de 6,000 livres. Lyon, 1er décembre 1515. 1er décembre.

*Original. Arch. municip. de Lyon*, série CC.

387. Lettres de noblesse en faveur d'Aymé Hemar Harent, écuyer. 4 décembre 1515. 4 décembre.

*Citées dans un arrêt de la Cour des Aides du 6 juillet 1518. Arch. nat.*, Z1a 526.

388. Mandement au receveur des exploits et amendes de délivrer la somme de 500 livres pour les frais de la cour de Bordeaux, sans y comprendre les chandelles, feu et buvettes. 10 décembre 1515. 10 décembre.

*Bibl. nat.*, ms. français 22371, fol. 136 v°. (*Mention.*)

389. Mandement à Jacques Tahureau, lieutenant du sénéchal du Maine et commissaire député par la duchesse d'Angoulême pour opérer la réduction du nombre « effrené » des notaires du comté du Maine, tant royaux que seigneuriaux et ecclésiastiques. Lyon, 22 décembre 1515. — 1515. 22 décembre.

*Arch. de la Sarthe, Procès-verbaux d'enquête pour la réduction du nombre des notaires du comté du Maine*, E. 234, fol. 84 v°. 4 pages.

390. Don de mille livres tournois sur la recette générale du Dauphiné à Claude de Villars, capitaine des mortes-payes du château d'Exilles. Milan, 24 décembre 1515. — 24 décembre.

*Chambre des Comptes de Grenoble. Arch. de l'Isère*, B. 2907, cah. 93. 3 pages.

391. Lettres de Louise de Savoie, régente, portant que Bernard de la Borie, lai, pourvu d'un office de conseiller clerc au Parlement de Bordeaux, et Guy de Planis, clerc, pourvu d'un office de conseiller lai, échangeront leurs offices. Tarascon, 24 décembre 1515. — 24 décembre.

*Enreg. au Parl. de Bordeaux, le 11 janvier 1515. Arch. de la Gironde*, B. 30, fol. 125. 5 pages.

392. Exemption de 120 feux pendant neuf ans, accordée par la Régente à la ville de Tarascon, à la condition qu'elle en emploie le produit à construire et à réparer les digues du Rhône. Marseille, 26 décembre 1515. — 26 décembre.

*Enreg. à la Chambre des Comptes d'Aix, Arch. des Bouches-du-Rhône*, B. 25 (*Cygn.*), fol. 381. 2 pages.

393. Lettres portant que Jean de Selve, vice-chancelier du duché de Milan, conservera avec les droits et gages de cet office ceux de premier président du Parlement de Bordeaux. Milan, 28 décembre 1515. — 28 décembre.

*Orig. Bibl. nat.*, ms. français 25720, fol. 32.
*Enreg. au Parl. de Bordeaux, le 13 février 1517. Arch. de la Gironde*, B. 30, fol. 213. 7 pages.

394. Mandement à Séraphin du Tillet, notaire et secrétaire du roi, de payer 100 livres tournois, — 28 décembre.

pour gages du 4e trimestre de son office de valet tranchant, à Jean de la Roche-Aymon, nommé à la place de Jean de Mouy, décédé à la dernière bataille engagée en Milanais. Milan, 28 décembre 1515. 1515.

*Orig. Bibl. nat.*, ms. français 25720, fol. 31.

395. Pouvoir accordé à Charles, duc de Bourbon, connétable de France, de créer un maître de chaque métier dans toutes les villes du royaume. Milan, 30 décembre 1515. 30 décembre.

*Enreg. au Parl. de Paris, le 24 avril 1516. Arch. nat.*, Xla 8611, fol. 155 v°, 1 page.
*Enreg. au Parl. de Bordeaux, le 24 novembre 1516. Arch. de la Gironde*, B. 30, fol. 173, 3 pages.
*Enreg. au Parl. de Dijon. Arch. de la Côte-d'Or, Parl.*, reg. I, fol. 150 v°.
*Enreg. au Parl. de Toulouse, le 2 décembre 1516. Arch. de la Haute-Garonne, Edits*, reg. 3, fol. 1, 1 page 1/2.

396. Permission aux religieux de Saint-Antoine de Viennois, possesseurs des maisons de Clisson et de Carhaix, en Bretagne, de quêter dans toute l'étendue de ce duché. 31 décembre 1515. 31 décembre.

*Original. Arch. de la Vienne, Grand-Prieuré d'Aquitaine*, l. 1007.

397. Confirmation des privilèges accordés par les rois de France, depuis Charles VI, aux maîtres et ouvriers des mines du Nivernais, du Lyonnais et de toutes les autres mines du royaume. Lyon, décembre 1515. Décembre.

*Vérifiée le 27 février suivant par les Généraux des Finances.*
Imp. *Code Mathieu, Privilèges des mines et minières de France, an* XII, p. 3 et 40.

398. Lettres de Louise de Savoie, régente, érigeant en châtellenie les seigneuries de Polisy, Polisot et Buxeuil, au comté de Bar-sur-Seine, appartenant à Gaucher de Dinteville. Lyon, décembre 1515. Décembre.

*Enreg. à la Chambre des Comptes de Dijon, le 24 juillet 1516. Arch. de la Côte-d'Or*, reg. B. 72, fol. 22.
(Voir le 7 février 1517.)

1516. — Pâques, 23 mars.

399. Réduction des feux de Saint-Maximin, en Provence, de 46 à 26, accordée par la régente, durant son pèlerinage aux lieux où mourut sainte Madeleine et où sont ses reliques. La Sainte-Baume, près Saint-Maximin, 2 janvier 1515. 1516. 2 janvier.

*Enreg. à la Chambre des Comptes d'Aix, le 15 février suivant. Arch. des Bouches-du-Rhône*, B. 25 (*Cygn.*), fol. 328. 2 pages.

400. Confirmation par la régente des privilèges de la ville d'Arles, en ce qui concerne la vente des blés. Aix, 8 janvier 1515. 8 janvier.

*Enreg. à la Chambre des Comptes d'Aix, le 18 février suivant. Arch. des Bouches-du-Rhône*, B. 25 (*Cygn.*), fol. 335. 3 pages.

401. Nouvelle réduction de feux accordée par la régente à la ville d'Orgon, en Provence. Aix, 9 janvier 1515. 9 janvier.

*Enreg. à la Chambre des Comptes d'Aix. Arch. des Bouches-du-Rhône*, B. 25 (*Cygn.*), fol. 365 v°. 2 pages.

402. Don fait par Louise de Savoie, duchesse d'Angoulême, à son frère, René, bâtard de Savoie, comte de Villars, du comté de Beaufort-en-Vallée. Aix, 10 janvier 1515. 10 janvier.

*Enreg. au Parl. de Paris, le 7 juillet 1518. Arch. nat.*, X[1a] 8611, fol. 299. 5 pages.

403. Provisions des offices de visiteurs des drogues et médicaments en Provence, accordées par la régente à André Alasard, médecin, à Guillaume Lecat et à Jean Chaysse, apothicaires. Aix, 10 janvier 1515. 10 janvier.

*Enreg. à la Chambre des Comptes d'Aix, le 8 juin 1516. Arch. des Bouches-du-Rhône*, B. 25 (*Cygn.*), fol. 378 v°. 2 pages.

404. Prorogation décennale de la réduction du nombre des feux de la ville de Saint-Maximin, en Provence. Saint-Maximin, 21 janvier 1515. 1516, 21 janvier.

*Enreg. à la Chambre des Comptes d'Aix, le 15 février suivant. Arch. des Bouches-du-Rhône*, B. 25 (*Cygn.*), fol. 329. 2 pages.

405. Provisions de l'office de conseiller correcteur extraordinaire en la Chambre des Comptes de Paris pour Christophe du Refuge. Marseille, 26 janvier 1515. 26 janvier.

*Enreg. à la Chambre des Comptes de Paris, le 13 juin 1516, anc. mémorial* Z, fol. 208.
*Copie. Arch. nat.*, ADIX. 119, n° 78. 3 pages.

406. Exemption des péages, resve et autres impôts sur les vivres, en faveur du monastère royal de Notre-Dame-de-Nazareth, à Aix. Aix, 28 janvier 1515. 28 janvier.

*Enreg. à la Chambre des Comptes d'Aix, le 29 mars 1516. Arch. des Bouches-du-Rhône*, B. 25 (*Cygn.*), fol. 370. 2 pages.

407. Confirmation des privilèges de la ville de Berre, en Provence. Aix, janvier 1515. Janvier.

*Enreg. à la Chambre des Comptes d'Aix. Arch. des Bouches-du-Rhône*, B. 26 (*Magdal.*), fol. 26, 2 pages.

408. Création de foires et marché en faveur de la ville de Rians, en Provence. Aix, janvier 1515. Janvier.

*Enreg. à la Chambre des Comptes d'Aix, le 3 avril 1516. Arch. des Bouches-du-Rhône*, B. 25 (*Cygn.*), fol. 373. 2 pages.

409. Confirmation des privilèges des habitants de Riez, en Provence. Aix, janvier 1515. Janvier.

*Enreg. à la Chambre des Comptes d'Aix, le 19 février suivant. Arch. communales de Riez, expédition originale scellée*, cotée AA. 32.

410. Création de deux foires par an et d'un marché chaque semaine à Riez. Aix, janvier 1515. Janvier.

*Enreg. à la Chambre des Comptes d'Aix, le 19 février suivant. Arch. communales de Riez, expédition originale*, cotée AA. 33.
*Arch. des Bouches-du-Rhône*, B. 25 (*Cygn.*), fol. 332. 1 page.

411. Confirmation de privilèges et création d'une foire, le 29 septembre de chaque année, en faveur de la ville de Saint-Michel, en Provence. Aix, janvier 1515. 1516. Janvier.

*Enreg. à la Chambre des Comptes d'Aix, le 16 avril 1516. Arch. des Bouches-du-Rhône,* B. 26 (*Magdal.*), fol. 6. 2 pages.

412. Confirmation des privilèges accordés aux habitants de Sisteron par les comtes et comtesses de Forcalquier et de Provence, Guillaume de Sabran, Louis I$^{er}$, Jeanne, Louis II, Yolande, Isabelle et René. Aix, janvier 1515. Janvier.

*Expédition originale scellée. Arch. communales de Sisteron*, AA. 33.

413. Confirmation des privilèges du lieu de Lurs, en Provence. Marseille, janvier 1515. Janvier.

*Enreg. à la Chambre des Comptes d'Aix, le 25 janvier 1518. Arch. des Bouches-du-Rhône*, B. 26 (*Magdal.*), fol. 226. 3 pages.

414. Confirmation des privilèges de la ville de Saint-Maximin. Marseille, janvier 1515. Janvier.

*Enreg. à la Chambre des Comptes d'Aix. Arch. des Bouches-du-Rhône*, B. 26 (*Magdal.*), fol. 217. 2 pages.

IMP. L. Rostan, *Cartul. de la ville de Saint-Maximin*, *Paris*, *Plon*, 1862, in-4°, p. 146.

415. Ordonnance portant que les officiers royaux demeurant à Aix contribueront aux resves et autres impôts de cette ville. Avignon, 6 février 1515. 6 février.

*Enreg. à la Chambre des Comptes d'Aix. Arch. des Bouches-du-Rhône*, B. 26 (*Magdal.*), fol. 201. 1 page.

416. Lettres de sauvegarde concédées à la ville de Banon, en Provence, contre le seigneur du lieu. Avignon, 6 février 1515. 6 février.

*Enreg. à la Chambre des Comptes d'Aix, le 1$^{er}$ mars suivant. Arch. des Bouches-du-Rhône*, B. 25 (*Cygn.*), fol. 357. 1 page.

417. Ratification par François I$^{er}$ des lettres d'érection de la châtellenie de Polisy, données par 7 février.

la régente, en décembre 1515. Avignon, 7 février 1515. 1516.

*Enreg. à la Chambre des Comptes de Dijon. Arch. de la Côte-d'Or*, reg., B. 72, fol. 22.

(Voir ci-dessus, n° 398.)

418. Commission au sieur de la Martinière, président au Parlement de Paris, et à Jean Calvau, maître des requêtes, pour juger un différend survenu entre le Parlement et le sénéchal de Provence. Avignon, 9 février 1515. 9 février.

*Enreg. à la Chambre des Comptes d'Aix. Arch. des Bouches-du-Rhône*, B. 25 (*Cygn.*), fol. 340. 1 page.

419. Mandement à la Chambre des Comptes de Paris de recevoir et d'examiner les comptes d'un octroi sur le vin accordé à la ville de Paris, en remboursement d'une somme de vingt mille livres tournois par elle fournie au roi Louis XII. Paris (*sic*), 11 février 1515. 11 février.

*Original. Arch. nat.*, K. 952, n° 20[b].

420. Défense de transporter aucuns blés et grains hors du ressort de la prévôté de Paris et des bailliages de Chartres, de Senlis et de Vermandois. Vienne, 23 février 1515. 23 février.

*Enreg. au Châtelet de Paris, le 12 mars 1516* (n. s.). *Arch. nat., Châtelet, Bannières*, Y. 8, fol. 27 v°. 2 pages.

421. Mandement au Parlement de Dauphiné pour l'enregistrement des bulles et pouvoirs du cardinal Guillaume de Clermont, archevêque d'Auch, légat du pape à Avignon et dans les provinces de Vienne et d'Embrun. Vienne, 23 février 1515. 23 février.

*Enreg. au Parl. de Grenoble, le 15 mars suivant. Arch. de l'Isère*, B. 2333, cah. 28 v°.

IMP. *Preuves des libertez de l'Église Gallicane*, 3e partie, p. 122.

422. Affranchissement de trois feux et demi en faveur de la ville de Bayons, en Provence. Aix, 28 février 1515. 28 février.

*Enreg. à la Chambre des Comptes d'Aix. Arch. des Bouches-du-Rhône*, B. 25 (*Cygn.*), fol. 352. 2 pages.

423. Confirmation des privilèges de la ville de Beaumont, incorporée au domaine de Provence par la reine Jeanne. Avignon, février 1515. 1516. Février.

*Enreg. à la Chambre des Comptes d'Aix, le 10 juin 1516. Arch. des Bouches-du-Rhône*, B. 26 (*Magdal.*), fol. 54. 2 pages.

424. Confirmation des privilèges du château royal des Baux, en Provence. Tarascon, février 1515. Février.

*Enreg. à la Chambre des Comptes d'Aix, le 7 mai 1516. Arch. des Bouches-du-Rhône*, B. 26 (*Magdal.*), fol. 22. 2 pages.

425. Création de trois foires dans la ville de Beaumont, en Provence. Tarascon, février 1515. Février.

*Enreg. à la Chambre des Comptes d'Aix, le 10 juin 1516. Arch. des Bouches-du-Rhône*, B. 26 (*Magdal.*), fol. 55. 2 pages.

426. Confirmation des privilèges du lieu de Castellet-lès-Sausses, en Provence. Tarascon, février 1515. Février.

*Enreg. à la Chambre des Comptes d'Aix. Arch. des Bouches-du-Rhône*, B. 26 (*Magdal.*), fol. 158. 2 pages.

427. Confirmation des privilèges de la ville de Saint-Benoît, en Provence. Tarascon, février 1515. Février.

*Enreg. à la Chambre des Comptes d'Aix, le 10 mars 1515. Arch. des Bouches-du-Rhône*, B. 25 (*Cygn.*), fol. 364 v°. 2 pages.

428. Confirmation des privilèges des habitants d'Orléans, spécifiant les privilèges précédemment accordés par Louis XI (1483), Charles VIII (novembre 1485) et Louis XII. Lyon, 3 mars 1516. 3 mars.

*Arch. municipales d'Orléans*, AA. 2.

429. Don de 365 livres tournois pour réparer trois gros navires que Louis XII avait fait venir de Brest à Honfleur, lors de son projet de voyage en Écosse, et pour dédommager les mariniers des frais que ce voyage leur a causés. Lyon, 4 mars 1515. 4 mars.

*Orig. Bibl. nat.*, ms. français 25720, fol. 34.

430. Confirmation d'un octroi accordé par Louis XII à la ville de Cusset pour en employer le produit aux réparations des fortifications. Lyon, 10 mars 1515. 1516. 10 mars.

*Original. Arch. nat., Suppl. du Trésor des Chartes*, J. 832, n° 18.

431. Évocation au Grand Conseil d'un différend pendant au Parlement de Paris entre Martin Picard et Jean Richer, au sujet d'un office de maître des Comptes. Lyon, 10 mars 1515. 10 mars.

*Arch. nat., Parl.*, X^1a 1518, *reg. du Conseil*, fol. 136 v°. (*Mention.*)

432. Évocation au Grand Conseil du procès pendant entre Jean de Jussac et Robert Baffart, au sujet d'un office d'auditeur des Comptes à Blois. Lyon, 10 mars 1515. 10 mars.

*Arch. nat., Parl.*, X^1a 1518, *reg. du Conseil*, fol. 140. (*Mention.*)

433. Mandement à Henri Bohier, général des finances en Dauphiné, de remettre aux syndics de la ville de Suze, en Piémont, une somme de 2,000 livres tournois, pour les dédommager des pertes qu'ils avaient éprouvées depuis un an, par suite du passage des gens de guerre. Lyon, 11 mars 1515. 11 mars.

*Enreg. à la Chambre des Comptes de Grenoble. Arch. de l'Isère*, B. 2907, fol. 135.

434. Déclaration touchant l'équipollence des sels de salins et de mer pour la perception de la gabelle en Bourgogne. Lyon, 12 mars 1515. 12 mars.

*Enreg. à la Chambre des Comptes de Dijon, le 26 mars 1517. Arch. de la Côte-d'Or*, reg. B. 18, fol. 6.

435. Déclaration en faveur des marchands des villes impériales d'Allemagne qui trafiquent en France, portant qu'après chacune des foires de Lyon, ils jouiront de quinze jours de franchise. Lyon, 14 mars 1515. 14 mars.

*Vidimus daté de Lyon, novembre 1515. Bibl. nat.*, ms. fr. 2702, fol. 209 v°.
*Id., ms. Moreau*, t. 1399, fol. 270. (*Mention.*)

436. Provisions de l'office de sénéchal de Toulouse en faveur d'Antoine de Rochechouart, en remplacement de son père, démissionnaire. Lyon, 14 mars 1515. 1516. 14 mars.

*Enreg. au Parl. de Toulouse, le 30 juin 1517. Arch. de la Haute-Garonne, Édits*, reg. 3, fol. 9. 2 pages 1/2.

437. Permission aux administrateurs de l'Hôtel-Dieu de Paris de construire sur pilotis dans la rivière de Seine, pour agrandir cet établissement. Lyon, 14 mars 1515. 14 mars.

*Bibl. nat.*, mss. 500 Colbert, t. IV, fol. 58.

438. Exemption en faveur des 120 archers et 60 arbalétriers de Paris, du droit de huitième sur le vin de leur cru vendu en détail. Lyon, 17 mars 1515. 17 mars.

*Enreg. à la Cour des Aides, le 4 avril 1516. Mentionné dans le recueil Cromo. Arch. nat.*, U. 665, fol. 212.

439. Mandement à Jean Lallemant, receveur de Normandie, de payer 1,000 livres tournois aux trois poissonniers qui ont fourni l'hôtel du roi pendant le dernier voyage fait en Italie pour le recouvrement du Milanais. Lyon, 17 mars 1515. 17 mars.

*Orig. Bibl. nat.*, ms. français 25720, fol. 35.

440. Lettres portant que Jean de Harlus, conseiller maître extraordinaire en la Chambre des Comptes, jouira des droits d'épices comme les conseillers maîtres ordinaires. Lyon, 18 mars 1515. 18 mars.

*Enreg. à la Chambre des Comptes de Paris, le 10 avril 1516, anc. mémorial Z*, fol. 201. *Copie. Arch. nat.*, ADIX. 119, n° 80. 3 pages.

441. Permission au duc d'Alençon de tenir un échiquier à Alençon, et commission à quatre conseillers au Parlement de Paris, Jean Calvau, Louis de Longueil, Christophe Hennequin et Jean Prévost, pour y assister. Lyon, 20 mars 1515. 20 mars.

*Enreg. au Parl. de Paris. Arch. nat.*, X[1a] 1518, *reg. du Conseil*, fol. 183.

442. Déclaration portant que les appels interjetés au Parlement des sentences provisionnelles rendues par le conseil du duc d'Alençon, en attendant l'organisation de son échiquier, n'empêcheront pas la poursuite du principal devant cette dernière juridiction. Lyon, 20 mars 1515. 1516. 20 mars.

*Enreg. au Parl. de Paris. Arch. nat.*, X[1a] 1518, *reg. du Conseil*, fol. 182 v°.

443. Ordonnance en 92 articles, portant règlement général sur les Eaux et forêts, la chasse et la pêche. Lyon, mars 1515. Mars.

*Enreg. au Parl. de Paris, le 11 février 1516, sur lettres de jussion. Arch. nat.*, X[1a] 8611, fol. 189. 27 pages.

*Enreg. à la Chambre des Comptes de Paris, le 20 mars 1516. Arch. nat.*, P. 2304, p. 1. 60 pages.

*Enreg. aux Eaux et forêts (siège de la Table de marbre), le 9 février 1518. Arch. nat.*, Z. 4574, fol. 37. 84 pages.

*Enreg. au Parl. de Toulouse. Arch. de la Haute-Garonne, Édits*, reg. 3, fol. 48. 22 pages.

*Enreg. au Parl. de Rouen, sur l'ordre exprès du roi. Bibl. nat.*, mss. *Moreau*, t. 1401, p. 212. (*Mention.*)

Imp. *Bibl. nat.*, *Réserve*, F. 851. Doubles, F. 913 et 1822.

444. Confirmation des privilèges et libertés de Beaurepaire, en Dauphiné. Lyon, mars 1515. Mars.

*Enreg. à la Chambre des Comptes de Grenoble. Arch. de l'Isère*, B. 2960, fol. 420.

445. Confirmation des privilèges et franchises de la ville de Chalon-sur-Saône. Lyon, mars 1515. Mars.

*Arch. communales de Chalon*, AA. 18, 19.

446. Confirmation des lettres de garde-gardienne accordées par Louis XII à l'abbaye de Notre-Dame de Livry. Lyon, mars 1515. Mars.

*Enreg. au Châtelet de Paris, le 28 mai 1516. Arch. nat., Châtelet, Bannières*, Y. 8, fol. 30 v°. 2 pages.

447. Confirmation des libertés, privilèges et franchises accordés par Humbert, dauphin de Viennois (Beauvoir, 12 avril 1348), aux sacristain, cha- Mars

noines et chapitre de Saint-Barnard de Romans. Lyon, mars 1515. 1516.

*Copie sur parchemin, non signée, en 10 feuillets in-4°. Arch. de la Drôme, C. 229.*

*Autre copie, signée « Colombet », le 13 août 1591, 27 feuillets in-fol. Arch. de la Drôme, E.* 3745.

448. Confirmation des privilèges accordés par les rois Charles VIII et Louis XII à l'ordre de Saint-Antoine de Viennois. Lyon, mars 1515. Mars.

*Vidimus du 5 décembre 1516. Arch. de la Vienne, Grand Prieuré d'Aquitaine*, liasse 1007.

449. Confirmation des privilèges et franchises de la ville de Valence. Lyon, mars 1515. Mars.

*Enreg. à la Chambre des Comptes de Grenoble. Arch. de l'Isère*, B. 2987, cah. 129, 8 pages.

450. Confirmation du don fait par la reine Claude à Jean Cotereau, seigneur de Maintenon et de Vauperreux, d'un droit de censif à cher prix dans un faubourg de Blois. Lyon, mars 1515. Mars.

*Enreg. à la Chambre des Comptes de Blois. Arch. nat.*, KK. 897, fol. 303 v°.

451. Ordonnance portant que la sénéchaussée d'Armagnac ressortira de la cour du Parlement de Toulouse, ainsi qu'elle avait fait par ci-devant. Lyon, 28 mars 1516. 28 mars.

*Enreg. au Parl. de Toulouse, le 29 avril 1516. Arch. de la Haute-Garonne, Édits*, reg. 2. 1 page.

452. Commission à Guy Pignard, secrétaire du roi, pour procéder au bail et adjudication des greniers à sel dans la généralité d'Outre-Seine et Yonne, Picardie et Bourgogne, au lieu et place de Raoul Hurault de Cheverny, obligé d'accompagner le roi en Italie. 28 mars 1516, après Pâques. 28 mars.

*Enreg. à la Cour des Aides, le 18 juin 1516. Mentionné dans le recueil Cromo. Arch. nat.*, U. 665, fol. 213.

453. Lettres touchant une crue de taille imposée au pays de Lyonnais et payable au 1er juin 1516. Lyon, 30 mars 1516. 30 mars.

*Copie. Bibl. nat.*, ms. fr. 2702, fol. 1 v°.

454. Confirmation de l'exemption du droit de huitième accordée par Louise de Savoie, mère du roi, aux religieux de Fontaines-les-Blanches, près Amboise, pour le vin de leur cru qu'ils vendront aux pèlerins. 31 mars 1516. 1516. 31 mars.

*Mentionné dans le recueil Cromo (Cour des Aides). Arch. nat.*, U. 665, fol. 214.

455. Création de foires au lieu de Saint-Vincent-de-Miravail, en Provence. Lyon, mars 1516, après Pâques. Mars.

*Enreg. à la Chambre des Comptes d'Aix. Arch. des Bouches-du-Rhône*, B. 26 (*Magdal.*), fol. 57. 2 pages.

456. Pouvoirs donnés aux commissaires du roi de traiter avec les états de Languedoc au sujet des droits de franc-fief et nouveaux acquêts. Lyon, 8 avril 1516. 8 avril.

*Original aux États de Languedoc. Arch. de l'Hérault, ordonnances et arrêts*, t. III, *pièces*, n° 30.

457. Exemption des tailles pour six ans, en faveur des habitants du Villard-Saint-Pancrasse, en Dauphiné, comme compensation des dommages éprouvés par eux lors de la campagne du Milanais. Lyon, 9 avril 1516. 9 avril.

*Enreg. à la Chambre des Comptes de Grenoble, le 23 juin 1516. Arch. de l'Isère*, B. 2993, fol. 218. 5 pages.

458. Déclaration explicative de l'ordonnance portant création des contrôleurs des deniers communs, dons et octrois des villes de France. Lyon, 11 avril 1516. 11 avril.

*Enreg. au Parl. de Dijon, le 27 dudit mois. Arch. dép. de la Côte-d'Or, Parl.*, reg. I, fol. 147.

459. Commission pour affermer aux enchères les revenus du domaine de Dauphiné pour trois ans, afin de trouver les deniers nécessaires à la guerre. Lyon, 11 avril 1516. 11 avril.

*Original à la Chambre des Comptes de Grenoble. Arch. de l'Isère*, B. 3186.

460. Exemption des tailles pour six ans, en faveur des communautés du Briançonnais qui ont le plus souffert du passage des troupes. Lyon, 11 avril 1516. — 1516. 11 avril.

*Enreg. à la Chambre des Comptes de Grenoble, le 23 juin 1516. Arch. de l'Isère*, B. 2993, fol. 217. 6 pages.

461. Mandement aux généraux des finances de payer à Guillaume Gouffier, seigneur de Bonnivet, conseiller et chambellan du roi, la somme de 2,400 livres tournois, en remboursement d'un prêt fait au roi pour subvenir aux dépenses nécessaires pour résister aux entreprises de l'Empereur. Lyon, 11 avril 1516. — 11 avril.

*Orig. Bibl. nat.*, ms. français 25720, fol. 38.

462. Lettres adressées aux élus sur le fait des aides en Limousin, portant que le royaume ayant été imposé d'une crue de 600,000 livres tournois, le Limousin y a été taxé pour 8,335 livres 15 sous 10 deniers tournois, à cause des frais de guerre occasionnés par l'envoi et le séjour d'une armée considérable en Milanais. Lyon, 12 avril 1516. — 12 avril.

*Vidimus des élus du Limousin, en date du 1^er^ juillet 1516. Bibl. nat.*, ms. français 25720, fol. 44.

463. Règlement pour l'exécution d'une bulle du pape par laquelle l'abbaye de Saint-Honorat de Lérins a été réunie à la congrégation du Mont-Cassin. Lyon, 14 avril 1516. — 14 avril.

*Enreg. au Parl. d'Aix, le 20 septembre suivant. (Mentionné par Blanchard*[1]).

464. Lettres relatives aux conventions intervenues entre les commissaires du roi et les états de Languedoc au sujet des droits de franc-fief et nouveaux acquêts. Lyon, 18 avril 1516. — 18 avril.

*Original aux États de Languedoc. Arch. de l'Hérault, Ordonnances et arrêts*, t. III, n° 30.

[1] Blanchard porte cet acte en double au 14 avril 1515 et au 14 avril 1516. Cette dernière date est seule admissible, étant donné le lieu de séjour du roi.

465. Lettres portant que le prix du rachat convenu avec les états de Languedoc des droits de franc-fief et nouveaux acquêts, et qui s'élève à la somme de 16,663 livres, sera payé sans aucun retard. Lyon, 20 avril 1516. 1516. 20 avril.

*Original. Arch. municipales de Montpellier*, CC. *Francs-fiefs*.

466. Évocation au Grand Conseil d'un procès pendant entre Antoine de Crevant, abbé de Ferrières, et frère Hugues de Champdion, bénédictin, touchant l'abbaye de Saint-Calais. 26 avril 1516. 26 avril.

*Arch. nat., Parl. de Paris*, X[1a] 1518, *reg. du Conseil*, fol. 185 v°. (*Mention*.)

467. Lettres demandant à la ville d'Angers un don gracieux de 1,500 livres tournois. Lyon, 28 avril 1516. 28 avril.

*Arch. municipales d'Angers*, BB. 16, fol. 34.

468. Mandement à Jean Lallemant, le jeune, receveur de Languedoc, Forez et Lyonnais, de lever une aide de 5,000 livres tournois destinée à payer les frais de réparation des fortifications de Narbonne et autres places fortes du Languedoc. (Le lieu manque.) 28 avril 1516. 28 avril.

*Original. Bibl. nat.*, ms. français 25720, fol. 39.

469. Commission au premier président, Pierre de Saint-André, et au sénéchal de Toulouse, en cas de refus par la ville de la somme de 6,000 livres tournois à elle demandée, de procéder eux-mêmes, avec l'assistance de l'avocat et du procureur du roi, à la répartition de cet impôt sur tous les habitants, privilégiés et non privilégiés. Lyon, 29 avril 1516. 29 avril.

*Copie. Arch. municip. de Toulouse*, ms. 153, p. 315. Double, p. 321.

470. Confirmation des privilèges de l'ordre de Saint-Jean-de-Jérusalem dans le prieuré de Saint-Gilles. Lyon, 29 avril 1516. 29 avril.

*Enreg. à la Chambre des Comptes d'Aix. Arch. des Bouches-du-Rhône*, B. 26 (*Magdal.*), fol. 34 v°. 33 pages.

471. Confirmation des privilèges accordés aux maîtres des mines et forges de fer du royaume. Lyon, avril 1516. 1516. Avril.

*Enreg. à la Cour des Aides de Paris, le 22 novembre 1518. Copie collationnée, faite par ordre de la Cour des Aides, le 5 mars 1779. Arch. nat.*, Z[1a] 526.

472. Confirmation des privilèges, franchises et coutumes des habitants de Bourg-sur-Gironde. Lyon, avril 1516. Avril.

*Enreg. au Parl. de Bordeaux, le 24 mars 1516. Arch. de la Gironde*, B. 30, fol. 186. 15 pages.

473. Lettres de sauvegarde pour le couvent de Sainte-Madeleine, à Saint-Maximin, en Provence. Lyon, avril 1516. Avril.

*Enreg. à la Chambre des Comptes d'Aix, le 22 juin 1516. Arch. des Bouches-du-Rhône*, B. 26 (*Magdal.*), fol. 68. 2 pages.

*Enreg. au Parl. de Provence. Arch. de ladite cour, à Aix, reg. in-fol., papier, de 1026 feuillets*, fol. 345.

474. Permission de prendre pour armes un taureau d'or passant dans un champ de gueules, accordée à la ville de Nîmes. Lyon, avril 1516. Avril.

*Copie transcrite sur un registre de délibérations consulaires. Arch. municipales de Nîmes*, BB. 2.

Imp. Ménard, *Hist. de Nîmes*, t. IV, *Preuves*, p. 95.

475. Bail et adjudication des greniers à sel, pour dix ans, à Jean Barentin, l'aîné, marchand à Blois. 1er mai 1516. 1er mai.

*Enreg. à la Cour des Aides, le 3 mars 1516. Arch. nat., recueil Cromo*, U. 665, fol. 215. (*Mention.*)

476. Mandement aux généraux des finances de payer la solde de 5,000 hommes de guerre de pied, Gascons, Navarrais, aventuriers français et autres, qui ont servi dans les armées du roi en Milanais. Crémieu, 2 mai 1516. 2 mai.

*Original. Bibl. nat.*, ms. français 25720, fol. 40.

477. Confirmation des lettres de Louis XII, du 10 juin 1513, ordonnant la levée d'une aide de 16 deniers parisis, valant 20 deniers tournois, sur chaque minot de sel vendu à Mantes, pour les 7 mai.

réparations et fortifications de la ville. Crémieu, 7 mai 1516. 1516.

*Copie. Bibl. nat.*, ms. français 25720, fol. 42.

478. Règlement du nombre et des devoirs des notaires de l'Anjou. Crémieu, 14 mai 1516. 14 mai.

*Enreg. au Parl. de Paris, le 16 février 1517 (n. s.). Arch. nat.*, X[1a] 8611, fol. 202 v°. 2 pages 1/2.

479. Lettres ordonnant de bailler à ferme, pour quatre années, l'impôt du huitième sur le vin du plat pays de Lyonnais. Crémieu, 16 mai 1516. 16 mai.

*Copie. Bibl. nat.*, ms. français 2702, fol. 11.

480. Confirmation de l'exemption du droit de franc-fief accordée aux habitants de Toulouse par les prédécesseurs de François Ier. Crémieu, 17 mai 1516. 17 mai.

*Expédition originale en parchemin. Arch. municip. de Toulouse*, carton 71.

481. Mandement à Jean Lallemant, l'aîné, trésorier de l'extraordinaire des guerres, de payer à Louis d'Orléans, duc de Longueville, la somme de 1,600 livres tournois sur les 6,450 dont le roi lui a fait don, pour s'acquitter envers les banquiers de Lyon de pareille somme par lui empruntée pour la rançon du comte Pedro Navarro. Crémieu, 17 mai 1516. 17 mai.

*Original. Bibl. nat.*, ms. français 25720, fol. 43.

482. Mandement au général des finances de Bourgogne de faire payer à Philiberte de Luxembourg, princesse d'Orange, tutrice de son fils, Philibert de Chalon, sur le revenu des greniers à sel de Pouilly et d'Arnay-le-Duc, la somme de 25,000 livres qui lui est due pour parfaire la promesse de 50,000 livres faite par le roi Louis XII à son mari, en récompense de ses services. Crémieu, 18 mai 1516. 18 mai.

*Enreg. à la Chambre des Comptes de Bretagne. Arch. de la Loire-Inférieure*, B. *Mandements*, I, fol. 384.

483. Rétablissement de l'atelier monétaire de Crémieu. Crémieu, 23 mai 1516. 1516. 23 mai.

*Enreg. au Parl. de Grenoble, le 17 janvier 1517. Arch. de l'Isère, Chambre des Comptes de Grenoble,* B. 2830, fol. 186. 3 pages.

484. Donation à Robert d'Acigné des revenus du greffe, de la clergie, des papiers et sceaux ordinaires de la cour de Rennes, en récompense de ses services. Crémieu, 25 mai 1516. 25 mai.

*Enreg. à la Chambre des Comptes de Bretagne. Arch. de la Loire-Inférieure,* B. *Mandements,* I, fol. 187.

485. Commission à Guillaume d'Aurival, lieutenant lai du sénéchal de Toulouse, et à Pierre Bruni, docteur, en remplacement de Jehan Vaillant, pour enquérir et composer au sujet du droit de franc-fief avec la ville de Toulouse. Lyon, 27 mai 1516. 27 mai.

*Expédition originale en parchemin, signée de Neufville. Arch. municip. de Toulouse,* carton 71.

486. Mandement aux généraux des monnaies pour la fabrication de testons de dix sols tournois avec la vaisselle d'argent qui sera livrée à la Monnaie de Paris. Lyon, 28 mai 1516. 28 mai.

*Enreg. à la Cour des Monnaies. Arch. nat.,* $Z^{1b}$ 62, fol. 154, 1/2 page.

487. Confirmation des privilèges de la ville de Blaye (lettres de surannation). Lyon, mai 1516. Mai.

*Arch. municip. de Blaye,* anc. cote AA, 6.
IMP: *Arch. hist. de la Gironde,* t. XII, p. 49.

488. Confirmation des privilèges, franchises et libertés des habitants de Condom. Lyon, mai 1516. Mai.

*Original sur parchemin. Arch. municipales de Condom,* AA. 7.
*Enreg. au Parl. de Bordeaux, sauf restrictions, le 1er juillet 1516. Arch. de la Gironde,* B. 30, fol. 160. 4 pages.

489. Confirmation des privilèges des Chartreux de Notre-Dame-de-Vauvert lès Paris. Lyon, mai 1516. Mai.

Précédée des lettres octroyées à ce couvent par les prédécesseurs de François I^er^, Louis XI, Charles VIII et Louis XII, février 1476, mars 1482, juillet 1484 et juillet 1498. 1516.

*Enreg. au Parl. de Paris, le 16 mars 1517 (n. s.). Arch. nat.*, X^1a^ 8611, fol. 211, 1 page 1/2.
Les lettres de Louis XI, Charles VIII et Louis XII occupent les fol. 205-210.

490. Provisions de l'office de capitaine de la ville de Lyon en faveur de Jean de Sala, en remplacement de Claude Thomassin. La Verpillière, 5 juin 1516. 5 juin.

IMP. *Bref recueil de plusieurs titres et actes touchant l'ancienneté et pouvoir de l'office de capitaine de la ville de Lyon etc.*, Lyon, 1623, in-8°, p. 71. (*Bibl. nat.*, Lk$^7$, 4494).

491. Déclaration fixant le cours des écus d'or au soleil et au porc-épic, des écus à la couronne, et défendant le cours des testons de titre inférieur, frappés à Montferrat, Saluces et en Lorraine. Lyon, 3 juillet 1516. 3 juillet.

*Original sur parchemin. Minutes d'ordonnances de la Cour des Monnaies. Arch. nat.*, Z$^{1b}$ 536.

492. Rétablissement de la monnaie de Bourges. Lyon, 4 juillet 1516. 4 juillet.

*Enreg. à la Cour des Monnaies, le 27 juillet 1518. Arch. nat.*, Z$^{1b}$ 62, fol. 165 v°.

493. Mandement aux généraux des finances de payer à Secondin de Saint-Félix[1], baron de Montpezat, la somme de 200 livres tournois pour ses gages et son salaire d'avoir fait les montres et revues de plusieurs compagnies de gens de guerre dans les garnisons de Languedoc. Lyon, 4 juillet 1516. 4 juillet.

*Original. Bibl. nat.*, ms. français 25720, fol. 46.

494. Mandement aux généraux des finances de payer à Jean de Beaumont la somme de 100 livres tournois pour ses gages et son salaire d'avoir fait les 4 juillet.

montres et revues de plusieurs compagnies de gens de guerre dans les garnisons de Provence. Lyon, 4 juillet 1516. 1516.

*Original. Bibl. nat.*, ms. français 25720, fol. 45.

495. Confirmation par François Ier du don du comté de Beaufort-en-Vallée, fait par la duchesse d'Angoulême à René, bâtard de Savoie, comte de Villars. Lyon, 6 juillet 1516. 6 juillet.

*Enreg. au Parl. de Paris, le 7 juillet 1519. Arch. nat.*, X1a 8611, fol. 299. 2 pages.
(Voir ci-dessus, 10 janvier 1516, n. s.).

496. Octroi aux Prévôts des marchands et aux échevins de Paris d'un droit de six sous parisis par queue et de quatre sous parisis par muid de vin arrivant à Paris ou traversant seulement la ville, jusqu'au complet remboursement d'une somme de 20,000 livres prêtée au roi par les bourgeois de Paris. Lyon, 6 juillet 1516. 6 juillet.

*Arch. nat., Parl. de Paris*, X1a 1518, *reg. du Conseil*, fol. 254 v°. (*Mention très développée.*)

497. Lettres réglant le mode de payement des gages des officiers du Parlement de Toulouse, qui doré-navant seront payés de mois en mois. Lyon, 6 juillet 1516. 6 juillet.

*Enreg. au Parl. de Toulouse. Arch. de la Haute-Garonne, Édits*, reg. 2, fol. 302. 1 page.

498. Pouvoirs donnés par le roi aux seigneurs chargés de traiter en son nom du mariage à conclure entre S. M. Catholique et Louise de France. Lyon, 8 juillet 1516. 8 juillet.

*Enreg. à la Chambre des Comptes de Paris. Arch. nat.*, P. 2303, p. 1035. *Id.*, P. 2535, fol. 231. 5 pages.

499. Ordonnance portant qu'une crue de taille de 3,163 livres 3 sous 11 deniers sera imposée, l'année courante 1516, sur l'élection de Lyonnais, pour le payement des gens de guerre, en 1517, et autres affaires y spécifiées. Lyon, 8 juillet 1516. 8 juillet.

*Copie. Bibl. nat.*, ms. français 2702, fol. 12 v°.

500. Lettres de garde-gardienne pour l'abbaye de Faremoutiers en Brie. Lyon, 9 juillet 1516. 1516. 9 juillet.

*Enreg. au Châtelet de Paris, le 29 juillet 1516. Arch. nat., Châtelet, Bannières*, Y. 8, fol. 33 v°. 3 pages.

501. Lettres de garde-gardienne en faveur de l'abbaye de Notre-Dame de Jouarre. Lyon, juillet 1516. Juillet.

*Enreg. au Châtelet de Paris, le 29 juillet 1516. Arch. nat., Châtelet, Bannières*, Y. 8, fol. 34 v°. 3 pages.

502. Évocation des procès engagés au Parlement de Bordeaux au sujet d'excès et rebellions de certains habitants de la ville « sur le fait des fermes et aussi pour les offices de la jurade ». Châteauneuf, 5 août 1516. 5 août.

*Enreg. au Parl. de Bordeaux, s. d. Arch. de la Gironde*, B. 30, fol. 164. 3 pages.

503. Traité entre François Ier et Charles Ier, roi d'Espagne, portant promesse de mariage de Louise de France, fille aînée de François Ier, avec ledit Charles d'Espagne. Noyon, 13 août 1516. 13 août.

Ratifié par François Ier, à Amboise, le 29 septembre 1516, et par Charles d'Espagne, à Bruxelles, le 29 octobre suivant.

Avec les pouvoirs des négociateurs, les actes de garantie donnés par douze villes de France et autres pièces annexées.

*Originaux. Arch. nat., Trésor des Chartes*, J. 662, nos 1 à 14.

*Enreg. au Parl. de Paris, le 8 octobre. Arch. nat.*, X1a 8611, fol. 169 v°. 22 pages.

*Enreg. à la Chambre des Comptes de Paris. Arch. nat.*, P. 2303, p. 1000. 48 pages.

*Doubles, id.*, p. 1067, et P. 2535, fol. 215.

*Copie collationnée, extraite des registres de la Chambre des Comptes, le 4 août 1548. Arch. nat., Suppl. du Trésor des Chartes*, J. 893, n° 4.

*Autre copie du XVIe siècle. Bibl. nat.*, ms. français 2935, fol. 107.

504. Provisions de la capitainerie du Croisic en faveur de Jean de Robien, pannetier ordinaire de la reine. Le Plessis-lès-Tours, 17 août 1516. 17 août.

IMP. Dom Morice *Hist. de Bretagne*, Preuves, tome III, col. 942.

505. Concordat entre Léon X et François I^er^. — 1516. 18 août.

(Voir au 13 mai 1517, ci-dessous n° 658.) 91

506. Bulle de Léon X portant provisions de légat en France pour le cardinal de Luxembourg. Rome, le 15 des calendes de septembre 1516. — 18 août.

*Enreg. au Parl. de Paris, le 16 janvier 1516.* Arch. nat., X^1a^ 8611, fol. 180 v°.

*Enreg. au Parl. de Bordeaux, sauf réserves, le 3 mars 1516.* Arch. de la Gironde, B. 30, fol. 177. 16 pages.

(Voir au 8 novembre 1516, ci-dessous n° 551.)

507. Lettres de relief d'adresse au Parlement de Paris pour l'enregistrement de la déclaration du 1^er^ octobre 1515 (voir à cette date), concernant l'établissement d'un maître de chaque métier dans les villes du royaume, en faveur de la naissance de Louise de France. Amboise, 26 août 1516. — 26 août.

*Enreg. au Parl. de Paris, le 9 mars 1517 (n. s.)* Arch. nat., X^1a^ 8611, fol. 204 v°. 1 page.

508. Lettres relatives à l'imposition de 500 livres tournois faite par le maire et les échevins de Chalon, pour payer les frais des procès et des fortifications de cette ville, dont la répartition avait été interrompue par appel au Parlement de Dijon. 30 août 1516. — 30 août.

*Arch. communales de Chalon*, CC. 15.

509. Confirmation des droits de haute justice de la baronnie de Came et de la seigneurie de Monthory en faveur de Roger de Gramont, chambellan du roi. Amboise, août 1516. — Août.

*Enreg. au Parl. de Bordeaux, sauf modifications, le 15 décembre 1520.* Arch. de la Gironde, B. 30, fol. 316. 5 pages.

510. Création d'un marché hebdomadaire et de deux foires annuelles à Limours. Tours, août 1516. — Août.

*Enreg. au Châtelet de Paris, le 15 octobre 1516.* Arch. nat., Châtelet, Bannières, Y. 8, fol. 38 v°. 2 pages.

511. Confirmation des privilèges de l'abbé et des religieux de Grandmont, au diocèse de Limoges. Tours, août 1516. 1516. Août.

Lettres de surannation pour l'enregistrement des précédentes. Paris, 16 février 1516, et 15 mai 1521.

*Enreg. au Parl. de Paris, le 3 juin 1521. Arch. nat.*, $X^{1a}$ 8611, fol. 343 v°-345. 4 pages 1/2.

Les fol. 337 v°-343 v° (12 pages) sont occupés par les lettres de privilèges accordées à ladite abbaye par Charles VIII, 1487, Charles VII, janvier 1431, et autres, leurs prédécesseurs, en remontant jusqu'à Richard Ier, roi d'Angleterre, comte de Poitou, duc d'Aquitaine.

512. Ordonnance pour la levée, sur les sujets du roi en Dauphiné et en Valentinois, d'un décime destiné à aider le pape à guerroyer contre les infidèles et mettre hors de captivité les chrétiens de l'empire de Grèce. Amboise, 3 septembre 1516. 3 septembre.

*Original. Bibl. nat.*, ms. français, 25720, fol. 48.

513. Mandement aux généraux des finances de payer à Robert de la Marck, seigneur de Fleuranges, capitaine des Suisses, ses gages à partir du jour où il a succédé dans ces fonctions à Guillaume de la Marck, seigneur de Montbazon. Amboise, 4 septembre 1516. 4 septembre.

*Original. Bibl. nat.*, ms. français, 25720, fol. 50.

514. Lettres de la duchesse d'Angoulême, mère du roi, portant cession à titre d'échange à Jacques de Beaune, baron de Semblançay, de la prévôté de Neuvy. 6 septembre 1516. 6 septembre.

*Enreg. à la Chambre des Comptes de Paris, le 10 novembre 1517*, anc. *mémorial* 2 A, fol. 89. (*Mention dans les lettres de septembre 1516*, ci-dessous, n° 526.)

515. Provisions d'une place de religieux lai pour Roger Garnier en l'abbaye de Tiron au Perche. Bléré, 9 septembre 1516. 9 septembre.

IMP. Lucien Merlet, *Cartulaire de Tiron*, Chartres, 1883, t. II, p. 233.

516. Lettres de convocation des députés des villes à Paris, pour aviser au fait des monnaies. Bléré, 10 septembre 1516. — 1516. 10 septembre.

*Arch. municipales d'Angers*, BB. 16, fol. 61.

517. Bulle du pape Léon X pour la punition des clercs portant habits dissolus. Rome, 16 septembre 1516. — 16 septembre.

*Enreg. au Parl. de Bordeaux, s. d. Arch. de la Gironde*, B, 30 *bis*, fol. 244. 4 pages.

518. Commission à Antoine Bohier pour tenir le compte de ce qui reste à payer au roi d'Angleterre de la somme d'un million d'écus à lui promise par le traité de paix conclu entre ce prince et Louis XII, le 7 août 1514. Amboise, 17 septembre 1516. — 17 septembre.

*Copie du XVI^e siècle. Arch. nat.*, KK. 349 (non folioté).

519. Lettres portant que Sébastien de Mareau, maître de la Chambre aux deniers du roi, recevra chaque année une somme de 600 livres en dehors de ses gages. Amboise, 25 septembre 1516. — 25 septembre.

*Copie collationnée. Reg. des Comptes de l'Hôtel. Arch. nat.*, KK. 94, fol. 27. 2 pages.

520. Lettres de ratification du traité de mariage de Louise de France avec Charles d'Espagne. Amboise, 29 septembre 1516. — 29 septembre.

(Voir ci-dessus 13 août 1516, n° 503.)

521. Mandement aux généraux des finances de payer à Thomas Bohier, chevalier, seigneur de Saint-Cyr et de Chenonceau, conseiller du roi, la somme de 731 écus d'or soleil 10 sous tournois, pour ses services tant au duché de Milan qu'à l'intérieur du royaume. Amboise, 29 septembre 1516. — 29 septembre.

*Original. Bibl. nat.*, ms. français 25720, fol. 51.

522. Commission de l'office de trésorier de l'extraordinaire des guerres pour Lambert Megret, au — 30 septembre.

lieu de Philibert Babou. Amboise, 30 septembre 1516. 1516.

*Copie du XVI^e siècle. Bibl. nat.*, ms. français 4525, fol. 98 v°.

523. Confirmation des privilèges de l'abbaye de Beaulieu sous Loches. Au château des Roches-de-Saint-Quentin, septembre 1516. Septembre.

Avec les lettres de Charles V, janvier 1367, de Charles VI, 18 mars 1414, de Charles VII, août 1423, de Louis XI, septembre 1463, de Charles VIII, mai 1488, août 1493, 22 avril 1494, 21 avril 1497, et de Louis XII, 30 mai 1501.

*Enreg. au Parl. de Paris, le 23 mars 1547. Arch. nat.*, X^1a 8611, fol. 241. 1 page 1/2.

Les lettres des prédécesseurs de François I^er occupent les fol. 225 v°-241. 32 pages.

524. Lettres d'amortissement au profit de l'Hôtel-Dieu d'Orléans des biens donnés à cet établissement par Jacques Du Mont. Amboise, septembre 1516. Septembre.

*Enreg. au Parl. de Paris, à la suite de lettres de surannation, le 1^er mars 1577. Arch. nat.*, X^1a 8633, fol. 289. 3 pages 1/2.

525. Confirmation des privilèges octroyés aux habitants des baronnies de Labarthe et de Termes, et aux seigneurs d'Aure, Magnoac, Barousse et Nestes. Amboise, septembre 1516. Septembre.

*Enreg. au Parl. de Toulouse, le 2 mai 1521. Arch. de la Haute-Garonne, Édits*, reg. 3, fol. 83. 1 page.

526. Ratification de la transaction intervenue entre Louise, mère du roi, duchesse d'Angoulême et d'Anjou, comtesse du Maine, et Jacques de Beaune, baron de Semblançay, au sujet de la prévôté de Neuvy. Amboise, septembre 1516. Septembre.

*Enreg. à la Chambre des Comptes de Paris, le 10 novembre 1517. Arch. nat.*, P. 2304, p. 94. 5 pages 1/2.

(Voir ci-dessus le 6 septembre, n° 514.)

527. Lettres de surannation de l'édit de création de deux foires à Guignefort, en date de février 1515 (n. s.). Paris, 7 octobre 1516. 7 octobre.

*Enreg. au Châtelet de Paris, le 21 octobre suivant. Arch nat.*, *Bannières*, Y. 8, fol. 40.

528. Lettres de jussion adressées à la Chambre des Comptes pour lui ordonner de procéder à l'enregistrement des lettres patentes du 12 mars 1515 (n. s.), portant confirmation des privilèges des Suisses. Paris, 18 octobre 1516. — 1516. 18 octobre.

*Enreg. à la Chambre des Comptes de Paris. Arch. nat.*, P. 2303, p. 1119. 2 pages.

529. Provisions d'office de conseiller clerc au Parlement de Toulouse, octroyées à l'évêque de Nîmes, Michel Briçonnet, à la suite de la résignation dudit office faite par Jean d'Auriole, évêque de Montauban. Paris, 19 octobre 1516. — 19 octobre.

*Enreg. au Parl. de Toulouse, le 16 juin 1517. Arch. de la Haute-Garonne, Edits*, reg. 3, fol. 6. 1 page.

530. Confirmation des privilèges et exemptions du lieutenant général du bailli du Palais, qui était alors Barthélemy Séguier. Paris, 19 octobre 1516. — 19 octobre.

*Original. Arch. nat., suppl. du Trésor des Chartes*, J. 736, n° 12.

531. Donation aux Filles-Dieu de Paris, en continuation et renouvellement de don, de quatre amendes ordinaires de 60 livres parisis sur la recette des amendes du Parlement, durant cinq ans. Paris, 19 octobre 1516. — 19 octobre.

*Enreg. à la Chambre des Comptes de Paris, le 25 octobre 1516. Arch. nat.*, P. 2303, p. 1121. 4 pages 1/2.

532. Rétablissement de la Monnaie de la ville de Troyes, sous une caution de 10,000 livres tournois. Paris, 20 octobre 1516. — 20 octobre.

*Enreg. à la Cour des Monnaies. Arch. nat.*, $Z^{1b}$ 62, fol. 191. 2 pages.

533. Confirmation des lettres de Louis XII (Blois, le 9 avril 1513) concernant les privilèges des libraires, imprimeurs, enlumineurs, parcheminiers et autres suppôts de l'Université de Paris. Paris, 20 octobre 1561. — 20 octobre.

IMP. *Code d'Henri III*, Paris, Claude Collet, 1622, p. 352.

534. Provisions de l'office de vicomte et receveur ordinaire d'Auge, en faveur de Simon Teste. 27 octobre 1516. 1516. 27 octobre.

*Enreg. à la Chambre des Comptes de Paris, le 6 septembre 1517, anc. mémorial coté 2 A, fol. 145. Arch. nat., PP. 136, inventaire, p. 189. (Mention.)*

535. Évocation de toutes les instances et oppositions faites dans les Parlements de France touchant le payement du marc d'or établi sur les notaires, à raison de l'avènement du roi. Amboise, 31 octobre 1516. 31 octobre.

*Copie du 12 février 1516. Arch. municip. de Toulouse*, ms. 4116. 4 pages.

536. Lettres accordant à Guillaume de Montmorency l'office de concierge et garde de la tour et hôtel de Beauté-sur-Marne. Amboise, 31 octobre 1516. 31 octobre.

Imp. André Du Chesne, *Hist. de la maison de Montmorency*, t. II, *Preuves*, p. 262. (*Mention.*)

537. Lettres accordant à Guillaume de Montmorency l'office de capitaine du château de Vincennes, à la place du sieur de Graville. Amboise, 31 octobre 1516. 31 octobre.

Imp. André Du Chesne, *Hist. de la maison de Montmorency*, t. II, *Preuves*, p. 262. (*Mention.*)

538. Confirmation des privilèges de Notre-Dame de Paris. Paris, octobre 1516. Octobre.

*Projet d'expédition. Arch. nat.*, K. 81, n° 13.

539. Confirmation des statuts et privilèges des maîtres épiciers et apothicaires de Paris, avec *vidimus* des lettres de Louis XII (Bois de Vincennes, juin 1514). Paris, octobre 1516. Octobre.

*Enreg. au Parl. de Paris, le 26 novembre 1594. Arch. nat.*, X[1a] 8641, fol. 295. 5 pages.
*Double*, X[1a] 8642, fol. 106.

540. Confirmation des statuts et privilèges du métier de savetier de la ville de Paris. Paris, octobre 1516. Octobre.

*Arch. nat., Châtelet de Paris, Livre jaune grand*, Y. 6[5], fol. 15. 1 page.

541. Confirmation des privilèges des habitants de Chalon-sur-Saône. Paris, octobre 1516. 1516. Octobre.

(*Mentionné par Blanchard.*)

542. Confirmation des privilèges des habitants de Marennes et Aunay. Paris, octobre 1516. Octobre.

*Anc. mém. de la Chambre des Comptes de Paris* coté 2 A, fol. 79. (*Mentionné par Blanchard.*)

543. Confirmation des lettres de garde-gardienne accordées par Louis XII à l'abbaye du Pont-aux-Dames, près de Crécy. Paris, octobre 1516. Octobre.

*Enreg. au Châtelet de Paris, le 23 octobre 1516 Arch. nat., Châtelet, Bannières*, Y. 8, fol. 41 v°. 2 pages.

544. Lettres de garde-gardienne en faveur de l'abbaye de Saint-Vincent de Senlis. Paris, octobre 1516. Octobre.

*Original scellé. Arch. de l'Oise*, H. 523.

545. Amortissement de tous droits, cens, rentes et terres que les chanoines de Saint-Pierre de Troyes pourront acquérir, jusqu'à concurrence de 600 livres de rente. Paris, octobre 1516. Octobre.

*Arch. départementales de l'Aube*, G. 2605, n° 1.

546. Confirmation faite à David Faulcon, écuyer, du don de la baronnie et terre de Bazoches, assise au bailliage de Caen, en la vicomté de Falaise, moyennant la somme de 104 livres 10 sous. Paris, octobre 1516. Octobre

*Enreg. à la Chambre des Comptes de Paris. Arch. nat.*, P. 2304, p. 445. 9 pages.

547. Mandement aux généraux des finances de faire payer à Guillaume Briçonnet, évêque de Lodève, ambassadeur à Rome, 1,275 écus d'or au soleil pour les frais de son ambassade. Amboise, 4 novembre 1516. 4 novembre.

*Original. Arch. nat.*, K. 81, n° 14.

548. Lettres accordant à l'évêque de Luçon l'entrée au conseil du Parlement de Bordeaux avec voix délibérative. Amboise, 6 novembre 1516. 6 novembre.

*Enreg. au Parl. de Bordeaux, sauf modifications, le 26 novembre 1516. Arch. de la Gironde*, B. 30, fol. 175. 3 pages.

549. Déclaration portant que les exemptions, autorités, prééminences et franchises des officiers du Parlement de Dijon seront semblables à celles des conseillers et autres officiers du Parlement de Paris. Amboise, 7 novembre 1516. — 1516. 7 novembre.

*Enreg. au Parl. de Dijon, le 7 janvier 1516. Arch. dép. de la Côte-d'Or, Parl.*, 1er reg., fol. 153 v°.

550. Octroi à Jean Jourdain, maître des requêtes du roi catholique, de 400 écus d'or soleil pour son voyage jusqu'à Amboise, en compagnie de M. de Ravestein, ambassadeur chargé de traiter avec le roi de France des conditions de la paix. Amboise, 7 novembre 1516. — 7 novembre.

*Original. Bibl. nat.*, ms. français 25720, fol. 53.

551. Mandement du roi aux Parlements du royaume pour l'enregistrement de la bulle de Léon X nommant le cardinal de Luxembourg légat *a latere* en France. Amboise, 8 novembre 1516. — 8 novembre.

Précédé du texte de la bulle de Léon X, 15 des calendes de septembre 1516.
*Enreg. au Parl. de Paris, le 16 janvier 1516. Arch. nat.*, X1a 8611, fol. 180 v° et 183 v°. 5 pages.
*Enreg. au Parl. de Toulouse, le 14 août 1517. Arch. de la Haute-Garonne, Édits*, reg. 3, fol. 10 v°. *Texte latin et français.* 6 pages 1/2.
(Voir au 18 août 1516, ci-dessus, n° 506.)

552. Mandement du roi au Parlement pour l'enregistrement des lettres données à Milan, novembre 1515, nonobstant le décès de Julien de Médicis et le transfert des droits de celui-ci à sa femme, Philiberte de Savoie. Amboise, 12 novembre 1516. — 12 novembre.

*Enreg. au Parl. de Paris. Arch. nat.*, X1a 8611, fol. 188. 1 page 1/2.
(Voir novembre 1515, ci-dessus, n° 379.)

553. Provisions de l'office de clerc auditeur en la Chambre des Comptes en faveur de Jean Riveron, au lieu de Jean de Fontenay. 22 novembre 1516. — 22 novembre.

*Enreg. à la Chambre des Comptes de Paris, le 16 décembre 1516, anc. mémorial* Z, fol. 269. *Arch. nat.*, PP. 136, *inventaire*, p. 190. (*Mention.*)

554. Ordonnance portant règlement pour le cours des monnaies. Amboise, 27 novembre 1516. — 1516. 27 novembre.

*Enreg. à la Cour des Monnaies, le 30 décembre 1516. Arch. nat.*, $Z^{1b}$ 62, fol. 155, 163 v°. 2 pages.
*Original sur parchemin, id.*, $Z^{1b}$ 536.
*Enreg. au Châtelet de Paris. Arch. nat., Livre gris*, Y. $6^3$, fol. 112 v°. 2 pages.
*Enreg. au Parl. de Grenoble, le 27 décembre 1517. Arch. de l'Isère*, B. 2333, fol. 34. 2 pages.

555. Mandement aux généraux des finances de payer aux fermiers de la ferme du quatrième du vin vendu en détail à Argentan 200 livres tournois, pour les aider à se relever des pertes et dommages qu'ils ont eu à subir au cours de l'année précédente, par suite de la grande peste qui a sévi dans la ville et en a éloigné la plupart des habitants. Amboise, 29 novembre 1516. — 29 novembre.

*Original. Bibl. nat.*, ms. français 25720, fol. 54.

556. Traité de paix et d'alliance entre François Ier et les cantons Suisses de la grande et ancienne ligue de la Haute-Allemagne. Fribourg, 29 novembre 1516. — 29 novembre.

*Original. Arch. nat., Trésor des Chartes*, J. 724, n° 2.
*Copies du* XVIe *siècle. Bibl. nat.*, ms. français 2946, fol. 63, et 3033, fol. 85.
*Copie collationnée du* XVIIIe *siècle. Arch. nat.*, K. 170, n° 39.

557. Confirmation des privilèges des habitants de Fontenay-le-Comte, portant exemption de toutes tailles et subsides pour les échevins, pendant l'année de leur charge, et permission d'acquérir des fiefs dans le royaume sans payer aucun droit, etc. Amboise, novembre 1516. — Novembre.

Elles contiennent des lettres de Charles VIII de février 1483 et de mars 1484.

*Enreg. au Parl. de Paris, avec une nouvelle confirmation, donnée par François II, à Blois, janvier 1559, le 7 août 1581. Arch. nat.*, $X^{1a}$ 8635, fol. 416. 11 pages.
*Enreg. à la Chambre des Comptes de Paris, le 12 mai 1548. (Mention.)*

558. Lettres de don à Jacques de Genouilhac, grand maître de l'artillerie, d'une partie de l'hôtel de Saint-Pol, à Paris. Amboise, novembre 1516. — 1516. Novembre.

*Enreg. à la Chambre des Comptes de Paris. Arch. nat.*, P. 2535, fol. 236. 2 pages 1/2.
*Idem*, P. 2579, fol. 205 v°.

559. Traité conclu entre François Ier et l'empereur Maximilien, à Bruxelles, le 3 décembre 1516. — 3 décembre.

Avec les procurations des négociateurs, les actes de serment des deux princes et autres pièces annexées.

*Originaux. Arch. nat., Trésor des Chartes*, J. 663, nos 1 à 6.
*Copie du XVIe siècle. Bibl. nat.*, ms. français 2935, fol. 81.

560. Déclaration portant que toutes personnes, privilégiées ou non privilégiées, payeront dorénavant le droit de gabelle. Amboise, 4 décembre 1516. — 4 décembre.

*Enreg. à la Cour des Aides de Paris, le 19 décembre 1516. Copie collationnée par ordre de la Cour des Aides, le 5 mars 1779. Arch. nat.*, Z1a 526.
*Enreg. à la Chambre des Comptes de Dijon, le 19 décembre 1516. Arch. de la Côte-d'Or*, reg. B. 18, fol. 10.

561. Provisions de la charge de lieutenant du roi à Paris pour Jacques de Dinteville, durant l'absence du duc de Vendôme, gouverneur de ladite ville. Amboise, 4 décembre 1516. — 4 décembre.

*Enreg. au Parl. de Paris*, sub modificationibus, *le 19 janvier 1517 (n. s.). Arch. nat.*, X1a 8611, fol. 184 v°. 1 page 1/2.
(Voir au 18 mars 1520, n. s.)

562. Création d'une charge provisoire de maréchal de France pour Gaspard de Coligny, en attendant la première vacance. Amboise, 5 décembre 1516. — 5 décembre.

IMP. Le Féron, *Hist. des connétables de France, etc.*, in-fol., 3e partie, p. 94.
Du Bouchet, *Preuves pour l'histoire de la maison de Coligny*, p. 291.

563. Lettres relatives aux dons de sel faits aux officiers du roi et autres privilégiés pour le tri- — 5 décembre.

mestre d'octobre-décembre 1516, remboursables au plus tard le 15 mai suivant. Amboise, 5 décembre 1516. 1516.

*Arch. municipales de Troyes*, Q. I, fol. 35.

564. Provisions de l'office de bailli du pays de Labour en faveur de Jean de Saint-Pé, au lieu de Louis de Hurtebye, décédé. Amboise, 7 décembre 1516. 7 décembre.

*Enreg. au Parl. de Bordeaux, le 26 mars 1516, avant Pâques. Arch. de la Gironde*, B. 30, fol. 195, 2 pages 1/2.

565. Lettres par lesquelles François Ier s'engage à payer aux Suisses 500,000 écus d'or qu'il leur redoit, suivant les clauses du traité, à savoir 200,000 le 1er janvier 1517, 200,000 le 1er janvier 1518, et 100,000 le 1er janvier 1519, chaque payement devant être effectué à Berne, sans préjudice des pensions ordinaires. Amboise, 8 décembre 1515. 8 décembre.

*Enreg. à la Chambre des Comptes de Paris, le 23 juillet 1523. Copie. Arch. nat.*, P. 2551, fol. 286, et ADIX. 121, n° 55. 2 pages.

566. Commission à Louis de Canossa, légat en France, de donner au pape Léon X toutes les assurances de la part du roi, dont il réclamait l'aide, pour marcher contre les infidèles et défendre la chrétienté. Amboise, 10 décembre 1516. 10 décembre.

*Original. Bibl. nat.*, ms. français 25720, fol. 55.

567. Défense à tous marchands et bateliers qui conduisent du sel sur l'Isère, de le vendre en sac, sans l'avoir mesuré. Amboise, 10 décembre 1516. 10 décembre.

*Enreg. à la Chambre des Comptes de Grenoble, le 8 janvier 1517. Arch. de l'Isère, Chambre des Comptes*, B. 2908, cah. 323. 4 pages.

568. Lettres octroyant à la veuve et aux enfants de feu Raoul-Vernon, seigneur de Montreuil-Bonnin, pourvu de la charge de capitaine de soixante archers après la mort de Louis Le Roy, seigneur de Chauvigny, le montant des gages qui lui étaient 11 décembre.

dus, bien que les lettres d'office ne lui fussent pas encore parvenues au moment de son décès. Amboise, 11 décembre 1516. 1516.

*Original. Bibl. nat.*, ms. français 25720, fol. 56.

569. Déclaration portant que les conventions passées entre le roi de France et le roi d'Espagne, touchant les lettres de marque et de représailles, octroyées et expédiées contre les sujets, pays, terres et seigneuries du roi d'Espagne, sont suspendues pour deux ans, et invitation à ceux qui auront quelques difficultés avec les sujets du roi d'Espagne à se transporter à Fontarabie, devant les juges qui seront commis pour les régler. Amboise, 12 décembre 1516 (1). 12 décembre.

*Publ. à Paris par ordre du Parl., le 23 décembre 1516. Arch. nat.*, X[1a] 1519, *reg. du Conseil*, fol. 26 v°. (*Mention.*)

*Enreg. au Parl. de Toulouse, le 12 janvier 1517* (*n. s.*). *Arch. de la Haute-Garonne, Édits*, reg. 3, fol. 1 v°. 2 pages 1/2.

*Enreg. au Parl. de Dijon. Arch. de la Côte-d'Or*, Reg. 1, fol. 154 v°.

*Enreg. au Parl. de Bordeaux, le 10 janvier 1516. Arch. de la Gironde*, B. 30, fol. 197. 5 pages.

570. Cession à Jean Brinon, premier président du Parlement de Normandie, des droits de haute justice sur les terres de Villaines, de Beaulieu, Marolles, Villiers et Migneaulx, sises en la prévôté de Paris et sous-baillie de Poissy, à charge de 4 livres tournois de rente. Amboise, 17 décembre 1516. 17 décembre.

*Enreg. à la Chambre des Comptes de Paris. Arch. nat.*, P. 2304, p. 605. 3 pages.

571. Lettres notifiant aux prévôt des marchands et échevins de Paris que la capitale du royaume figure parmi les douze villes qui doivent garantir le traité de Noyon, conclu entre François Ier et le roi catholique pour le mariage de ce dernier avec la fille aînée du roi de France, et les invi- 20 décembre.

(1) Sur le registre du Parlement de Dijon, la date de cette déclaration est du 2 décembre.





IMPRIMERIE NATIONALE.

tant à donner les lettres de caution pour ce requises. Amboise, 20 décembre 1516. 1516.

*Original. Arch. nat.*, K. 952, n° 26.

572. Lettres notifiant aux maire, échevins, et habitants de Poitiers que leur ville figure parmi les douze qui doivent garantir l'exécution du traité de Noyon envers le roi d'Espagne, et les invitant à fournir leur caution écrite. Amboise, 20 décembre 1516. 20 décembre.

*Original scellé. Arch. municipales de Poitiers*, C. 25.

573. Lettres notifiant aux maire, échevins et habitants de Nantes que leur ville figure parmi les douze qui doivent garantir l'exécution du traité de Noyon envers le roi d'Espagne, et les invitant à fournir leur caution écrite. 20 décembre.

*Original. Arch. municipales de Nantes*, AA. 24.

574. Mandement au trésorier de l'épargne de payer, pour la façon de quatre colliers d'or donnés par le roi aux princes du sang, chevaliers de l'ordre, ce qui est dû à Guillaume de la Ville, orfèvre parisien. Amboise, 20 décembre 1516. 20 décembre.

*Original. Bibl. nat.*, ms. français 25720, fol. 57.

575. Lettres notifiant aux maire, échevins et habitants de Reims que leur ville est l'une des douze qui doivent garantir l'exécution du traité de Noyon envers le roi d'Espagne, et les invitant à fournir leur caution écrite. Amboise, 22 décembre 1516. 22 décembre.

Imp. Dom Marlot, *Hist. de l'église de Reims*, in-4°, *nouv. édit*, t. IV, p. 674.

576. Concession viagère à Jean d'Acigné, baron de Coëtmen, vicomte de Tonguedec et de Loyac, et à Gillette de Coëtmen, son épouse, dame d'honneur de la reine, de la terre et châtellenie de Saint-Aubin-du-Cormier, au diocèse de Rennes, y compris les forêts de Rennes et de Liffré. Amboise, 22 décembre 1516. 22 décembre.

Lettres de jussion relatives au même don.

Compiègne, 1er juin 1517, Amboise, 20 mars 1518 (n. s.), et Paris, 7 mars 1522. 1516.

*Enreg. à la Chambre des Comptes de Bretagne. Arch. de la Loire-Inférieure*, B. *Mandements*, I, fol. 271.

577. Don aux Célestins d'Ambert, en la forêt d'Orléans, de la coupe des bois de Lambertet, en considération de ce que le prieur et les religieux se sont chargés de deux grands obits à l'intention du roi et de la reine. Amboise, 23 décembre 1516. 23 décembre.

*Original. Arch. du Loiret*, série H, *Célestins d'Ambert.*

578. Lettres de don du duché de Valois en faveur de Jeanne d'Orléans, comtesse de Taillebourg, tante du roi, pour sa vie seulement, avec pouvoir de disposer des bénéfices et offices ordinaires, et droit de présentation aux offices royaux. Blois, 28 décembre 1516. 28 décembre.

*Original appartenant à M. le duc de la Trémoïlle.*
*Enreg. au Parl. de Paris*, sub modificationibus, *le 9 février 1517 (n. s.). Arch. nat.*, X1a 8611, fol. 185. 2 pages.
*Enreg. à la Chambre des Comptes de Paris, le 24 avril 1517. Arch. nat., inventaire* PP. 136, p. 191. (*Mention.*)

579. Suppression et abolition de la cour et sénéchaussée d'Armagnac, avec faculté accordée au duc d'Alençon, comte d'Armagnac, pair de France, et à Marguerite de France, sœur du roi et épouse dudit duc, d'avoir et instituer, au lieu de leurs juges d'appeaux et sénéchal d'Armagnac, lieutenant général et particulier, avocat et procureur et autres officiers nécessaires, par-devant lesquels ressortiront toutes les appellations. Amboise, décembre 1516. Décembre.

*Enreg. au Parl. de Toulouse, le 27 janvier 1517 (n. s.). Arch. de la Haute-Garonne, Édits*, reg. 3, fol. 3. 5 pages.

580. Lettres de don, en accroissement d'apanage, de la baronnie de Baugé, en faveur de Charles, duc Décembre.

d'Alençon, comte d'Armagnac, beau-frère du roi. Amboise, décembre 1516. 1516.

*Enreg. au Parl. de Paris, le 6 mai 1518. Arch. nat.*, X[1a] 8611, fol. 264 v°. 2 pages.
*Enreg. à la Chambre des Comptes de Paris. Arch. nat.*, P. 2304, p. 143. 5 pages.
*Id.*, P. 2535, fol. 261; ADIX. 120, n° 11.

581. Édit de création d'une Université à Angoulême. Amboise, décembre 1516. Décembre.

*Enreg. au Parl. de Paris, le 2 avril 1550 (n. s.). Arch. nat.*, X[1a] 8616, fol. 436. 3 pages.
*Enreg. à la Chambre des Comptes de Paris*, anc. *mémorial* 2 H, fol. 377. (*Mention.*)

582. Confirmation des privilèges et de l'anoblissement octroyés aux maire, échevins, conseillers et pairs de la ville d'Angoulême. Amboise, décembre 1516. Décembre.

*Enreg. au Parl. de Paris, le 2 avril 1550 (n. s.). Arch. nat.*, X[1a] 8616, fol. 437 v°. 3 pages.
*Enreg. à la Chambre des Comptes de Paris. Arch. nat.*, P. 2306, p. 615. 5 pages.

583. Confirmation des privilèges et franchises des maire, jurés, échevins, bourgeois et habitants de Saintes. Amboise, décembre 1516. Décembre.

IMP. D. Massiou, *Hist. de la Saintonge et de l'Aunis*, t. II, p. 415. (*Mention.*)

## 1517. — Pâques, 13 avril.

584. Don et remise de certains droits de relief, rachat, finances, etc., accordés à Charles de Tilly, sieur de Blaru, en récompense des services rendus par son père et par son oncle. Amboise, 1er janvier 1516. 1517. 1er janvier.

*Copie. Arch. dép. de Seine-et-Oise*, E. 3246.

585. Provisions de l'office de receveur général de Bourgogne pour Benigne Serre. Amboise, 2 janvier 1516. 2 janvier.

*Enreg. à la Chambre des Comptes de Dijon, le 28 avril 1517. Arch. de la Côte-d'Or*, B. 18, fol. 11.

586. Provisions de l'office de général des monnaies en Bourgogne pour Jacques Le Charron. Paris, 10 janvier 1516. — 1517. 10 janvier.

*Enreg. à la Chambre des Comptes de Dijon, le 8 février 1517. Arch. de la Côte-d'Or,* B. 18, fol. 15.

587. Ordonnance touchant la composition d'une commission chargée avec le Grand Conseil de juger les procès de l'évêque de Rieux, Pierre-Louis de Voltan. Paris, 27 janvier 1516. — 27 janvier.

*Original. Bibl. nat.*, ms. fr. 2977, fol. 9.

588. Règlement pour réunir au domaine du roi toutes les terres du Dauphiné aliénées par ses prédécesseurs, depuis Charles VII. Paris, 30 janvier 1516. — 30 janvier.

*Enreg. au Parl. de Grenoble. Arch. de l'Isère,* B. 2334, fol. 6 v°. 2 pages 1/2.

589. Privilèges généraux donnés en faveur des religieux mendiants et des religieuses de Sainte-Claire, pour leur franc-salé. Paris, 31 janvier 1516. — 31 janvier.

*Imp.* in-4° pièce. *Arch. nat.*, ADI. 16. 2 pages.

590. Confirmation des privilèges accordés aux habitants de la ville de Compiègne. Paris, janvier 1517. — Janvier.

*Enreg. à la Chambre des Comptes de Paris. Arch. nat.*, P. 2304, p. 61. 4 pages.

*Copie collationnée sur l'original, par ordre de la Cour des Aides de Paris, le 11 août 1776. Arch. nat.*, Z[1a] 526.

591. Confirmation des privilèges des chevaucheurs ordinaires de l'écurie du roi. Paris, janvier 1516. — Janvier.

*Copie. Bibl. nat.*, ms. fr. 2702, fol. 112 v°.

592. Prorogation pour dix ans, au profit des bourgeois de Nantes, de la concession du droit de méage du denier pour livre, du droit de pavage et de l'exemption des aides, tailles, fouages et autres subventions. Paris, 3 février 1516. — 3 février.

*Copie sur parchemin, du 22 avril 1517, après Pâques. Arch. municip. de Nantes,* AA. 5.

*Imp. Privilèges de la ville de Nantes,* Nantes, 1883, p. 87.

593. Don à Jeanne d'Orléans, duchesse de Valois, comtesse de Taillebourg, des revenus de tous les greniers à sel du duché de Valois. Paris, 6 février 1516. — 1517. 6 février.

*Original appartenant à M. le Duc de la Trémoille.*

594. Mandement au trésorier général des guerres de payer 200 livres tournois à Saladin d'Anglure, sieur de Bourlemont, capitaine de Montigny-le-Roi, pour ses gages d'une année. Paris, 6 février 1516. — 6 février.

*Original. Bibl. nat.*, ms. fr. 25720, fol. 60.

595. Lettres adressées à Claude, duchesse de Bretagne, reine de France, l'invitant à presser les bourgeois de Nantes de donner la garantie exigée par le traité de Noyon pour le mariage de Louise de France, sa fille, avec le roi d'Espagne. Paris, 7 février 1516. — 7 février.

*Original sur parchemin. Arch. municipales de Nantes*, AA. 24.

*Enreg. à la Chambre des Comptes de Bretagne. Arch. de la Loire-Inférieure, B. Mandements*, I, fol. 189.

596. Provisions de l'office de commissaire général pour la construction du Port de Grâce au pays de Caux, octroyées à l'amiral Bonnivet. Paris, 7 février 1516. — 7 février.

IMP. Borély, *Histoire de la ville du Havre*, t. Ier, p. 459.

597. Octroi de pensions diverses à Antoine de Rochechouart, sieur de Saint-Amand, à Jean de la Balue, à Jean Casperc, bailli de Montbéliard, à Claude de Montmorency, à Louis Disque et à Claude de Dinteville, pour les services qu'ils ont rendus au roi. Paris, 10 février 1516. — 10 février.

*Original. Bibl. nat.*, ms. fr. 25720, fol. 61.

598. Confirmation des lettres du 19 octobre précédent, relatives aux privilèges et exemptions du lieutenant général du bailli du Palais. Paris, 11 février 1516. — 11 février.

*Original. Arch. nat., suppl. du Trésor des Chartes*, J. 736, n° 12 *bis*.

599. Règlement pour le payement des gages des officiers de la Cour des Monnaies, payement qui devra s'effectuer sur leurs simples quittances. Paris, 11 février 1516. — 1517. 11 février.

*Enreg. à la Cour des Monnaies, le 11 septembre 1518. Arch. nat.*, $Z^{1b}$ 62, fol. 263 v°. 2 pages.

600. Lettres de surannation pour valider les lettres de maîtrise données par la duchesse d'Angoulême, qui n'avaient pas été envoyées aux intéressés dans l'année de leur émission. Paris, 12 février 1516. — 12 février.

*Original. Arch. nat.*, K. 81, n° 17.

601. Don à Guillaume Vipart, écuyer, homme d'armes de la compagnie du duc de Vendôme, des droits seigneuriaux dus au roi pour raison de la vente du fief de Plessis-Ermangart, dit le fief de Silly, mouvant de la vicomté d'Auge. 15 février 1516. — 15 février.

*Enreg. à la Chambre des Comptes de Paris, le 13 juin 1517. Arch. nat., invent.* PP. 136, p. 193. (*Mention.*)

602. Lettres de relief d'adresse au Parlement de Paris pour l'enregistrement de la confirmation des privilèges de l'abbaye de Grandmont (voir août 1516). Paris, 16 février 1516. — 16 février.

*Enreg. au Parl. de Paris, le 13 juin 1521. Arch. nat.*, $X^{1a}$ 8611, fol. 344 v°. 1 page.

603. Lettres de surannation pour l'enregistrement de la confirmation des privilèges de l'église de Sens, donnée le 14 octobre 1515 par Louise de Savoie. Paris, 17 février 1516. — 17 février.

*Enreg. au Parl. de Paris, le 31 juillet 1517. Arch. nat.*, $X^{1a}$ 8611, fol. 221. 1 page 1/2.
(Voir au 14 octobre 1515, ci-dessus n° 363.)

604. Mandement à Semblançay, bailli de Touraine, de délivrer à Mathurin de Baugé la somme de 4,244 livres 14 sous 8 deniers pour le radoub et ravitaillement de la nef *la Cordelière*, de Nantes. Paris, 17 février 1516. — 17 février.

*Original. Bibl. nat.*, ms. fr. 25720, fol. 62.

605. Ordonnance prohibant l'entrée dans le royaume des draps d'or, d'argent et de soie, et interdisant aux marchands la vente de ces draps sous peine de confiscation, avec faculté de vendre dans le délai de six mois les marchandises de cette nature aux églises et aux princes du sang. Paris, 18 février 1516. 1517. 18 février.

*Enreg. au Châtelet de Paris. Arch. nat., Livre gris*, Y. 6³, fol. 190. 2 pages.
*Enreg. à la Chambre des Comptes de Grenoble. Arch. de l'Isère*, B. 2907, fol. 98. 5 pages.

606. Confirmation et *vidimus* des privilèges accordés par les rois au Procureur du roi, aux examinateurs du Châtelet de Paris et aux clercs civil et criminel de la Prévôté. Paris, février 1516. Février.

Les lettres vidimées sont de :
1° Charles VIII, à Bourges, octobre 1485 ;
2° Charles VII, à Razilly, 19 octobre 1459 ;
3° Charles VI, à Paris, 14 juillet 1410 ;
4° Charles V, à Paris, janvier 1366 ;
5° Philippe VI, à l'abbaye de Notre-Dame-lès-Pontoise, 24 avril 1337.

*Enreg. à la Cour des Aides, le 28 mai 1517, à la Prévôté de Paris, le 26 août 1518, et au Parl., sous réserves, le 6 mars 1544 (n. s.).*
*Arch. nat., Parl. de Paris*, X¹ᵃ 8614, fol 115. 17 pages, dont 14 1/2 pour les *vidimus*.
*Idem. Châtelet de Paris, Bannières*, Y. 8, fol. 65. 15 pages.
(Voir 7 février 1543.)

607. Confirmation des privilèges des habitants de Thérouanne. Paris, février 1516. Février.

*Anc. mém. de la Chambre des Comptes de Paris* coté Z, fol. 287. *Arch. nat., invent.* PP, 136, p. 193. (*Mention.*)

608. Lettres d'amortissement, en faveur du chapitre de l'église de Reims, des fiefs, terres et seigneuries d'Écueil et de Bellay, vicomté de Blagny, Cormontreuil et partie de Chamery. Paris, février 1516. Février.

*Copie collat. du* XVIIIᵉ *siècle, Arch. nat.*, K. 171, nᵒˢ 1 et 70.

609. Mandement au Parlement de Paris et au bailli de Troyes d'autoriser l'acquisition d'un terrain dans les faubourgs de la ville de Troyes et la construction sur ce terrain d'un monastère pour les pauvres filles pénitentes de l'ordre de la Madeleine de ladite ville, avec amortissement de tous leurs biens. Paris, février 1516. — 1517. Février.

*Arch. dép. de l'Aube, fonds Saint-Abraham*, layette 113, cote CC. 3.

610. Permission à Gilles de Montredon d'établir un bac au lieu de Montrabert sur l'Aude, dans la sénéchaussée de Carcassonne. Février 1516. — Février.

*Enreg. à la Chambre des Comptes de Paris, le 12 mars 1518, anc. mém. 2 A, fol. 272. Arch. nat.*, invent. PP. 136, p. 193. (*Mention.*)

611. Règlement pour les droits de traites dus par les marchands de Bordeaux, Toulouse et autres villes. Paris, 1er mars 1516. — 1er mars.

*Enreg. au Parl. de Bordeaux, le 11 mai 1517. Arch. de la Gironde*, B. 30, fol. 207. 3 pages.

612. Règlement pour les privilèges des habitants de la Rochelle. Paris, 3 mars 1516. — 3 mars.

*Enreg. à la Chambre des Comptes de Paris, le 28 février 1519. Arch. nat.*, invent. PP. 136, p. 194. (*Mention.*)

613. Lettres de privilège pour trois ans accordées à Jean de Lagarde, libraire de Paris, pour l'impression des *Coutumes de France*. Paris, 4 mars 1516. — 4 mars.

Imp. *Les Grandes coutumes de France, petit in-folio, sans date.*
Isambert, *Anc. lois françaises*, t. XII, p. 103.

614. Lettres portant règlement au sujet de l'argent extrait des mines du royaume, que les maîtres des mines seront tenus de livrer entre les mains des maîtres particuliers des monnaies, à l'exclusion de tous autres. Paris, 6 mars 1516. — 6 mars.

*Enreg. à la Cour des Monnaies. Arch. nat.*, Z1b 62, fol. 168 v°. 2 pages.


IMPRIMERIE NATIONALE.

615. Institution de Jean Berthelot dans l'office de concierge du château de Nantes. Paris, 6 mars 1516. 1517. 6 mars.

*Enreg. à la Chambre des Comptes de Bretagne. Arch. de la Loire-Inférieure, B. Mandements, I, fol. 242.*

616. Lettres d'abolition octroyées par François Ier à Galéas Visconti, duc de Milan. Paris, 8 mars 1516. 8 mars.

*Texte latin. Copie collationnée de l'époque. Arch. nat., suppl. du Trésor des Chartes, J. 910, n° 9.*

617. Traité d'alliance entre François Ier, Maximilien, empereur, et Charles, roi d'Espagne, par lequel ces trois princes prennent l'engagement de se secourir mutuellement et d'armer en commun contre les Turcs. Cambray, 11 mars 1516. 11 mars.

Ratification de l'empereur et du roi catholique, le 14 mai 1517. Pouvoirs des ambassadeurs, actes de serment des trois souverains et autres pièces annexées.

*Originaux. Arch. nat., Trésor des chartes, J. 664*, nos 1 à 10.

618. Permission à Antoine Du Prat, chancelier de France, de prendre 300 marcs d'argent sur les cendrées provenant des mines du Nivernais. Bois de Vincennes, 19 mars 1516. 19 mars.

*Enreg. à la Cour des Monnaies, le 23 mars 1516. Arch. nat.*, Z1b 62, fol. 156 v°. 1/2 page.

619. Lettres accordant exemption des décimes aux religieuses de Montfleury, près Grenoble. Bois de Vincennes, 20 mars 1516. 20 mars.

*Enreg. au Parl. de Grenoble. Arch. de l'Isère*, B. 2951, fol. 207.

620. Révocation des dons et aliénations de portions et revenus du domaine de la couronne en Bourgogne, faits par le roi et ses prédécesseurs. Paris, 21 mars 1516. 21 mars.

*Enreg. au Parl. de Dijon, le 7 mai 1517. Arch. de la Côte-d'Or, Parl.*, reg. I, fol. 156 v°.
*Enreg. à la Chambre des Comptes de Dijon, le 8 mai 1517. Idem*, reg. B. 18, fol. 12.

621. Ordonnance portant règlement pour les ventes aux enchères et le martelage des bois dans les forêts de la couronne. Paris, 21 mars 1516. 1517. 21 mars.

*Enreg. en l'auditoire des Eaux et forêts du bailliage d'Orléans, le 4 avril 1516. Arch. nat., Eaux et forêts*, Z. 4574, fol. 60 v°. 6 pages.

Imp. *Bibl. nat., Inv. Réserve*, F. 851.

622. Règlement pour la réformation de la forêt d'Orléans. Paris, 21 mars 1516. 21 mars.

Imp. *Bibl. nat., Inv. Réserve*, F. 1822.

623. Rétablissement de la Monnaie de la ville de Saint-Lô. Paris, 21 mars 1516. 21 mars.

*Enreg. à la Cour des Monnaies. Arch. nat.*, $Z^{1b}$ 62, fol. 196 v°. 2 pages.

624. Rétablissement de la Monnaie de Saint-Pourçain. Paris, 21 mars 1516. 21 mars.

*Enreg. à la Cour des Monnaies, le 11 décembre 1518. Arch. nat.*, $Z^{1b}$ 62, fol. 170. 2 pages.

625. Lettres en faveur du sieur du Tillet, vice-président de la Chambre des Comptes, à l'effet d'assurer l'exécution des lettres patentes du 29 mars 1514 (voir plus haut, n° 158), qui concernaient ledit sieur du Tillet et Jean de Harlus et n'avaient été enregistrées qu'au profit de ce dernier. Paris, 21 mars 1516. 21 mars.

*Enreg. à la Chambre des Comptes de Paris. Arch. nat.*, P. 2304, p. 157. 2 pages 1/2.

626. Confirmation, *vidimus* et mandement pour l'enregistrement des bulles de Léon X (9 des calendes de juin, 24 mai 1516) touchant la réforme de l'abbaye de Fontevrault et des monastères qui en dépendent, donnés à la requête de l'abbesse, Renée de Bourbon. Paris, mars 1516. Mars.

*Enreg. au Parl. de Paris, le 2 septembre 1517. Arch. nat.*, $X^{1a}$ 8611, fol. 223 v°. 4 pages.

627. Confirmation des franchises, libertés et privilèges des habitants de la ville de Dijon. Paris, mars 1517. Mars.

*Arch. municip. de Dijon*, série B.

Imp. *Chartes de communes et d'affranchissement en Bourgogne*, I, 134.

628. Confirmation des privilèges de l'abbaye de Saint-Thierry de Reims. Paris, mars 1516. 1517. Mars.

*Arch. de Reims, fonds Saint-Thierry,* liasse 1, n° 13.

629. Lettres de naturalité pour Jean Mazelin, chirurgien et barbier, originaire du diocèse d'Aoste, en Savoie. Paris, mars 1516. Mars.

*Enreg. au Châtelet de Paris, le 6 juillet 1517. Arch. nat., Châtelet, Bannières,* Y. 8, fol. 53. 2 pages.

630. Lettres accordant à la ville de Draguignan un délai pour substituer les termes de consuls à ceux de syndics. Paris, 3 avril 1516. 3 avril.

*Enreg. à la Chambre des Comptes d'Aix, le 10 mars 1520. Arch. des Bouches-du-Rhône,* B. 27 (*Turtur.*), fol. 112. 1 page.

631. Lettres accordant aux conseillers de la ville de Lyon une prorogation de deux ans de l'octroi du dixième sur le vin vendu en détail et du barrage du pont du Rhône, pour en affecter le produit aux fortifications de la ville et aux réparations dud. pont. Saint-Maur-les-Fossés, 8 avril 1516. 8 avril.

*Original. Arch. municip. de Lyon,* série CC.
*Copie. Arch. du dép. du Rhône, Chapitre métropolitain, Arm. Abram,* vol. 6, n° 25.

632. Prorogation pour trois années de l'octroi concédé par un édit du roi (Paris, 10 janvier 1515, n° 39) au chapitre de la cathédrale de Troyes, pour la construction de ladite église. Saint-Maur-les-Fossés, 8 avril 1516. 8 avril.

*Arch. dép. de l'Aube,* G. 2594, n° 6.

633. Donation à Guillaume du Fay, chevalier, capitaine des châteaux de Dinan et de Léhon, diocèse de Saint-Malo, d'une pension annuelle de 100 livres sur les domaines de la seigneurie de Dinan; plus, des revenus des sceaux, papiers et tabellionnage de la cour de Dinan, pour en jouir sa vie durant, à titre gracieux. Saint-Maur-les-Fossés, 11 avril 1516. 11 avril.

*Enreg. à la Chambre des Comptes de Bretagne. Arch. de la Loire-Inférieure,* B. *Mandements,* I, fol. 193, 194.

634. Institution de Gilles Lainé, clerc des offices de l'Hôtel, dans la charge de receveur des fouages de l'évêché de Cornouailles. Saint-Maur-les-Fossés, 11 avril 1516. 1517. 11 avril.

*Enreg. à la Chambre des Comptes de Bretagne. Arch. de la Loire-Inférieure*, B. *Mandements*, I, fol. 197.

635. Confirmation des lettres de garde-gardienne accordées par Charles V, en 1366, à l'abbaye de Chelles. Saint-Maur, avril 1516. Avril.

*Enreg. au Châtelet, le 7 avril 1516, avant Pâques. Arch. nat., Châtelet, Bannières*, Y. 8, fol. 45 v°. 4 pages.

636. Lettres de privilèges en faveur des Cordeliers de la paroisse Saint-Loup, faubourg de Bayeux. 1516.

*Mentionnées dans un état des revenus du monastère. Arch. du Calvados*, C. 1501.

637. Mandement aux généraux conseillers sur le fait des finances de payer 2,000 livres tournois à Raymond Phélipeaux, commis par le roi à faire le payement des travaux et réparations du château de Blois. Saint-Maur-les-Fossés, 15 avril 1517. 15 avril.

*Original. Bibl. nat.*, ms. fr. 25720, fol. 66.

638. Lettres portant à 500 livres par an, au lieu de 400 livres, les gages de Nicole Barbier, contrôleur de la dépense et chambre aux deniers de l'Hôtel du roi. Saint-Maur-les-Fossés, 15 avril 1517, après Pâques. 15 avril.

*Copie collationnée. Reg. des comptes de l'Hôtel, Arch. nat.*, KK. 94, fol. 106. 1 page.

639. Don de 80 livres tournois par égale moitié à Antoine Dusable et à Antoine Dumont, pour leurs vacations comme gardes des forêts de Retz et de Cuise pour une année. Saint-Maur-les-Fossés, 19 avril 1517. 19 avril.

*Original. Bibl. nat.*, ms. fr. 25720, fol. 67.

640. Mandement aux généraux conseillers sur le fait des finances de délivrer à Antoine Bohier une somme de 15,500 livres tournois destinée aux paye- 22 avril.

ments des dettes contractées envers l'Angleterre, dont il a été chargé. Paris 22 avril 1517. 1517.

*Original. Bibl. nat.; ms. fr. 25720, fol. 69.*

641. Lettres en faveur de Philiberte de Savoie, veuve de Julien de Médicis. Outre le duché de Nemours, à elle donné au mois de novembre 1515 (n° 379), le roi lui cède tout le revenu des greniers à sel ainsi que les amendes et confiscations de Nemours et de Nogent. Paris, 24 avril 1517. 24 avril.

*Enreg. au Parl. de Paris, le 4 juin 1517. Arch. nat.*, X[1a] 8611, fol. 216. 4 pages.

642. Lettres enjoignant aux habitants d'Évreux de prélever sur les deniers communs de la ville une somme de 500 livres pour subvenir à la fortification des places frontières et des villes fortes. Paris, 24 avril 1517. 24 avril.

*Arch. municipales d'Évreux.*

643. Provisions de l'office de secrétaire du roi en faveur de Jean Grossier. Paris, 25 avril 1517. 25 avril.

*Enreg. à la Chambre des Comptes de Paris, le 22 juin 1517. Arch. nat., invent.* PP. 136, fol. 197. (*Mention.*)

644. Mandement au trésorier de l'extraordinaire des guerres de payer les archers et tous hommes d'armes de la compagnie du sieur de Fleuranges, en dédommagement des pertes qu'ils ont subies pendant la dernière guerre. Paris, 25 avril 1517. 25 avril.

*Original. Bibl. nat.*, ms. fr. 25720, fol. 72.

645. Permission au prévôt des marchands et aux échevins de Paris de lever pendant un an, à partir du 12 mars précédent, les aides sur le poisson de mer salé ayant cours pour la fortification de la ville, et de les attribuer aux dépenses faites et à faire pour l'entrée de la reine à Paris. Paris, 26 avril 1516. 26 avril.

*Enreg. au Parl. de Paris, le 4 mai 1517. Arch. nat.*, X[1a] 1519, *reg. du Conseil*, fol. 137 v°. (*Mention.*)

*Enreg. à la Chambre des Comptes de Paris, anc. mém.* coté AA, fol. 86. *Arch. nat., invent.* PP, 136, p. 137. (*Mention.*)

646. Donation à Odet de la Roque, chevalier, seigneur d'Estuer, l'un des cent gentilshommes de l'Hôtel du Roi, des revenus de la terre et seigneurie du Gâvre, diocèse de Nantes, pour en jouir sa vie durant, en récompense de ses services. Paris, 26 avril 1517. 1517. 26 avril.

*Enreg. à la Chambre des Comptes de Bretagne. Arch. de la Loire-Inférieure*, B. *Mandements*, I, fol. 192.

647. Confirmation des lettres de Louis XII concernant la vente et l'impôt du sel à Troyes. Paris, 27 avril 1517. 27 avril.

*Arch. municip. de Troyes*, AA. X, 17ᵉ carton, 2ᵉ liasse.

648. Révocation des dons, cessions, transports et aliénations faits par les rois, prédécesseurs de François Iᵉʳ, et par lui, de portions, membres et revenus du domaine de la couronne. Paris, 30 avril 1517. 30 avril.

*Enreg. au Parl. de Paris, le 7 mai 1517. Arch. nat.*, X¹ᵃ 8611, fol. 212. 3 pages.

*Enreg. à la Chambre des Comptes de Paris, le 10 mai 1517. Arch. nat.*, P. 2304, p. 65. 5 pages.

*Enreg. à la Cour des Aides, le 2 mai 1517. Copie collationnée. Arch. nat.*, Z¹ᵃ 526.

*Enreg. au Parl. de Bordeaux, le 16 mai 1517. Arch. de la Gironde*, B. 30, fol. 209. 6 pages.

*Enreg. au Parl. de Toulouse, le 22 juin 1517. Arch. de la Haute-Garonne, Édits*, reg. 3, fol. 6 vᵒ, 2 pages.

649. Lettres de naturalité pour Pierre Buysson, homme d'armes des ordonnances, né en Provence du temps du roi René. Paris, avril 1517. Avril.

*Copie collat. du* XVIIᵉ *siècle. Arch. nat.*, K. 170, nᵒ 40.

650. Lettres de garde-gardienne en faveur du prieuré de Saint-Maurice de Senlis. Paris, avril 1517. Avril.

*Original scellé. Arch. de l'Oise*, H. 838.

651. Mandement aux trésoriers généraux de payer une somme de 3,000 écus d'or donnée par François Iᵉʳ à Michel Gaillard, sieur de Longjumeau, qui avait épousé la sœur naturelle du roi. Paris, 1ᵉʳ mai 1517. 1ᵉʳ mai.

*Original. Bibl. nat.*, ms. fr. 20425, fol. 17.

652. Confirmation des lettres de Louis XI, Charles VIII et Louis XII portant don, en faveur d'Imbert de Batarnay, conseiller et chambellan du roi, des terres du Bouchage, d'Ornacieu et autres ayant appartenu à Gabriel de Roussillon, nonobstant l'édit de réunion au domaine de toutes les portions aliénées. Paris, 2 mai 1517. 1517. 2 mai.

*Copie du XVI^e siècle. Bibl. nat.*, ms. fr. 2965, fol. 89.

653. Lettres en faveur des habitants de Romorantin, pour faire allouer aux comptes de leur procureur certaines dépenses extraordinaires faites par eux depuis douze ans pour les murailles et le pavage de la ville, les entrées du roi et de la reine, etc. Paris, 3 mai 1517. 3 mai.

*Transcription contemporaine. Arch. municip. de Romorantin, Comptes de la ville*, reg. CC. 8, fol. 97.

654. Lettres portant que Jean Bordes jouira des gages de 6 sols par jour et 10 livres par an, pour droit de manteau, à dater du jour de son institution en l'office de secrétaire du Roi. 4 mai 1517. 4 mai.

*Enreg. à la Chambre des Comptes de Paris, le 15 mai 1517. Arch. nat., invent.* PP. 136, p. 198. (*Mention.*)

655. Déclaration portant interprétation et règlement pour l'exécution de l'édit de création des offices d'enquêteurs dans tous les sièges royaux (février 1515 n. s., voir le n° 107 ci-dessus). Paris, 6 mai 1517. 6 mai.

*Enreg. au Parl. de Paris, le 29 mai 1517. Arch. nat.*, X^1a 8611, fol. 213 v°. 2 pages 1/2.
*Enreg. à la Chambre des Comptes de Paris, le 4 juin 1517. Arch. nat.*, P. 2535, fol. 240 v°.
*Enreg. à la Chambre du Trésor, le 5 juin 1517.*
*Enreg. au Parl. de Bordeaux, le 16 juin 1517. Arch. de la Gironde.* B. 30, fol. 200. 4 pages.
*Enreg. au Parlement de Toulouse, le 22 juin 1517. Arch. de la Haute-Garonne, Édits*, reg. 3, fol. 8. 2 pages.
*Copie. Bibl. nat.*, ms. fr. 22371, fol. 336.
IMP. *Paris, F. Morel*, 1615, in-8° pièce. *Bibl. nat.*, 8° F. *Actes royaux* (cartons). — *Autre, in-12, pièce de 6 pages. Arch. nat.*, AD I, 16.

656. Mandement à Philibert Tissart, général des finances de Bretagne, de faire payer les gages du général des Monnaies en Bretagne sur le revenu des boîtes de toutes les monnaies, ou à leur défaut, sur les recettes ordinaires. Paris, 6 mai 1517. — 1517. 6 mai.

*Enreg. à la Chambre des Comptes de Bretagne. Arch. de la Loire-Inférieure, B. Mandements, I,* fol. 195.

657. Lettres portant que Jean Grossier jouira des gages de 6 sols par jour et 10 livres par an, pour droit de manteau, attribués à son office de secrétaire du roi. 7 mai 1517. — 7 mai.

*Enreg. à la Chambre des Comptes de Paris, le 22 juin 1517. Arch. nat., invent.* PP. 136, p. 198. (*Mention.*)

658. Ordonnance défendant jusqu'à nouvel ordre d'exporter des blés hors du royaume, afin d'en pourvoir les provinces qui en manqueraient. Saint-Denis, 11 mai 1517. — 11 mai.

*Copie. Bibl. nat.*, ms. fr. 20425, fol. 18.

659. Concordat entre le pape Léon X et François I^er^, Rome, le 14 des calendes de janvier 1516 (19 décembre 1516), et déclaration du roi à ce sujet. Paris, 13 mai 1517. — 13 mai.

*Original. Arch. nat., Suppl. du Trésor des Chartes,* J. 941 (*Musée des Arch.*, n° 565).
*Enreg. au Parl., de precepto Regis, reiteratis vicibus facto, in presentia domini de Trimolia, primi cambellani, ad hoc specialiter missi, le 22 mars 1518 (n. s.). Arch. nat.*, X^1a^ 8611, fol. 253-264. 21 pages.
*Enreg. au Parl. de Toulouse, le 10 mai 1518. Arch. de la Haute-Garonne, Édits*, reg. 3, fol. 20. Texte latin. 24 pages.
*Enreg. au Parl. de Bordeaux, le 31 mai 1518. Arch. de la Gironde*, B. 30, fol. 262. 48 pages.
*Enreg. au Parl. de Grenoble, le 7 septembre 1518. Arch. de l'Isère*, B. 2333, fol. 45. 19 pages.
IMP. *Plaquette du XVI^e^ siècle*, petit in-4°. *Arch. nat.*, ADI. 16.

660. Provisions et réception de Pierre Chevalier en l'office de greffier de la Chambre des Comptes, — 13 mai.

au lieu de Guillaume Badonvilliers. 13 mai 1517. 1517.

*Enreg. à la Chambre des Comptes de Paris, le 16 mai 1517, anc. mém.* 2 A, fol. 51. *Arch. nat., invent.* PP. 136, p. 198. (*Mention.*)

661. Confirmation de la donation du duché de Valois faite, le 28 décembre 1516 (nº 578), à Jeanne d'Orléans, comtesse de Taillebourg, nonobstant l'édit de révocation des aliénations du domaine. Paris, 15 mai 1517. 15 mai.

*Original scellé appartenant à M. le duc de la Trémoille.*

*Enreg. au Parl., sub modificationibus in verificatione priorum litterarum contentis, le 4 juin 1517. Arch. nat.*, X[1a] 8611, fol. 214 vº, 2 pages 1/2.

*Enreg. à la Chambre des Comptes de Paris, le 15 juin 1517. Arch. nat.*, P. 2304, p. 73, et P. 2535, fol. 243. 4 pages.

662. Lettres accordant à François de Montmirel, Nicole Viole et Christophe du Refuge, conseillers correcteurs en la Chambre des Comptes, tels et semblables droits de robe, de bûche et de Toussaint que ceux dont jouissent les conseillers maîtres en ladite chambre. Paris, 17 mai 1517. 17 mai.

*Enreg. à la Chambre des Comptes de Paris, le 24 mars 1518. Arch. nat.*, P. 2304, p. 331. 4 pages.

*Idem*, P. 2535, fol. 278.

Imp. in-4º, pièce de 4 pages. *Arch. nat.*, ADI. 16; ADIX. 120, nº 22.

663. Confirmation de la donation du duché de Nemours en faveur de Philiberte de Savoie, veuve de Julien de Médicis (voir nºs 379 et 641), nonobstant l'édit de révocation des aliénations du domaine, du 30 avril 1517. Paris, 18 mai 1517. 18 mai.

*Enreg. au Parl. de Paris, sauf les modifications visées à la vérification des lettres de don dudit duché, le 4 juin 1517. Arch. nat.*, X[1a] 8611, fol. 218. 4 pages.

*Enreg. à la Cour des Aides, le 10 juin 1517. Arch. nat., recueil Cromo*, U. 665, fol. 217.

664. Défense faite aux gens de guerre de loger et de prendre des provisions chez les habitants de Dammartin et de Longnes, dépendant de l'ab- 18 mai.

baye de Saint-Germain-des-Prés. Paris, 18 mai 1517. 1517.

*Original scellé. Arch. nat.*, K. 81, n° 20.

665. Provisions, en faveur de Jean Grolier, trésorier et receveur général des finances du duché de Milan, de l'office d'élu sur le fait des aides et tailles ordonnées pour la guerre en l'élection de Lyonnais, au lieu de Claude de Varey, panetier ordinaire de la reine. Paris, 18 mai 1517. 18 mai.

*Copie. Bibl. nat.*, ms. fr. 2702, fol. 14.

666. Mandement au receveur général des finances de Normandie de payer 80 livres tournois à Thomassin Le Blond, fermier du quart des menus boires à Évreux, à cause du préjudice que lui ont causé, pendant quatre mois, la peste et la suppression des marchés de la ville. Paris, 18 mai 1517. 18 mai.

*Original. Bibl. nat.*, ms. fr. 25720, fol. 76.

667. Lettres confirmatives des privilèges de la Provence, notamment en ce qui touche les monnaies, les finances et le droit. Paris, 19 mai 1517. 19 mai.

*Enreg. à la Chambre des Comptes d'Aix. Arch. des Bouches-du-Rhône*, B. 26 (*Magdal.*), fol. 206 v°. 5 pages.

668. Lettres relatives à la distribution et à l'expédition des procès au Parlement de Provence. Paris, 19 mai 1517. 19 mai.

*Enreg. à la Chambre des Comptes d'Aix, le 4 janvier 1518. Arch. des Bouches-du-Rhône*, B. 26 (*Magdal.*), fol. 212 v°. 2 pages.

669. Commission au sénéchal de Toulouse pour demander à la ville la somme de 4,000 livres tournois avant le 20 juin suivant, et contraindre au besoin les officiers et bourgeois principaux à procurer cette somme. Paris, 19 mai 1517. 19 mai.

*Copie. Arch. municip. de Toulouse*, ms. 153, p. 417.

670. Confirmation d'une bulle du pape, du 16 novembre 1516, relative aux privilèges de la 19 mai.

congrégation de Chezal-Benoît. Paris, 19 mai 1517. 1517.

*Enreg. au Grand Conseil, le 7 février 1518.*
Imp. R. Choppin, *de Dom.*, lib. II, tit. 10, n° 11, Paris, 1605, in-fol., p. 327. (*Mention.*)

671. Permission à l'abbaye de la Bénissons-Dieu de renouveler son papier terrier. Paris, 25 mai 1517. 25 mai.

*Arch. dép. de Saône-et-Loire, fonds de la Bénissons-Dieu, Terrier de Condé*, H. 378, fol. 1 v°.

672. Lettres de garde-gardienne en faveur de l'abbaye de Saint-Martin, près Pontoise. Paris, 26 mai 1517. 26 mai.

*Enreg. au Châtelet de Paris, le 28 juin 1517.*
*Arch. nat., Châtelet, Bannières*, Y. 8, fol. 49. 4 pages.

673. Mandement aux généraux conseillers sur le fait des finances de payer, suivant le désir formulé par la reine Anne, une somme de 200 livres tournois au couvent de Mallèvre, pour la pension et l'entretien de deux religieuses, Ysabeau Hamon et Jacqueline de Beauregard. Compiègne, 26 mai 1517. 26 mai.

*Original. Bibl. nat.*, ms. fr. 25720, fol. 77.

674. Concession aux religieux franciscains de Notre-Dame-de-Lyans du droit de prendre du bois mort dans la forêt de la Servette. Compiègne, 28 mai 1517. 28 mai.

*Enreg. au Parl. de Grenoble, le 9 juillet 1517.*
*Arch. de l'Isère*, B. 2951, cah. 207. 6 pages.

675. Confirmation des privilèges des sergents à verge du Châtelet de Paris, vidimant des lettres de Charles VI, 7 août 1406, et de Louis XII, juin 1514. Paris, mai 1517. Mai.

*Enreg. au Parl. de Paris, le 10 décembre 1517.*
*Arch. nat.*, X[1a] 8611, fol. 245 v°. 2 pages.
Les lettres de Charles VI et de Louis XII occupent 8 pages, fol. 242-245.
*Enreg. au Châtelet de Paris, le 27 janvier 1517.*
*Arch. nat., Châtelet, Livre rouge*, Y. 6[4], fol. 17 v°; *Bannières*, Y. 8, fol. 62 v°. 3 pages.
*Enreg. à la Cour des Aides, le 10 juillet 1518.*
*Arch. nat., mention dans le recueil Cromo*, U. 665, fol. 218.

676. Lettres patentes en faveur d'Antoine, duc de Lorraine et de Bar. Le Roi lui fait remise de l'hommage qu'il lui devait pour la seigneurie de Châtel-sur-Moselle. Paris, mai 1517. 1517. Mai.

Lettres de jussion pour l'enregistrement des précédentes. Angers, 29 juin 1518.

*Originaux scellés. Arch. nat., suppl. du Trésor des Chartes*, J. 933, n° 10.

*Enreg. au Parl. de Paris, de regis expresso mandato, pluribus et iteratis vicibus facto, le 7 septembre 1518. Arch. nat.*, X[1a] 8611, fol. 276. 6 pages.

*Enreg. à la Chambre des Comptes de Paris. Arch. nat.*, P. 2304, p. 253, et P. 2535, fol. 265. 6 pages.

677. Lettres de franchises et d'exemption de toute espèce de droits pour les draps et laines fabriqués à Tours. Paris, mai 1517. Mai.

*Enreg. au Parl. de Paris, le 6 avril 1566 (n. s.). Arch. nat.*, X[1a] 8626, fol. 98. 3 pages 1/2.

*Enreg. à la Chambre des Comptes de Paris, le 7 octobre 1517, anc. mém.* AA. fol. 80, et DD. 136, fol. 158. *Arch. nat., invent.* PP. 136, p. 198. (*Mention.*)

678. Érection de la terre de Fresnes-lès-Rungis en châtellenie, au profit d'Antoine Le Viste, président des Grands jours de Bretagne. Paris, mai 1517. Mai.

*Enreg. au Châtelet de Paris, le 28 mai 1517. Arch. nat., Châtelet, Livre rouge*, Y. 6[4], fol. 4; *Bannières*, Y. 8, fol. 47 v°. 3 pages.

679. Confirmation de la permission accordée par saint Louis aux religieuses de Longchamps d'acquérir dans les domaines du roi jusqu'à concurrence de trois cents livres de rente. Paris, mai 1517. Mai.

*Original scellé. Arch. nat.*, K. 81, n° 19.

680. Lettres de protection et de sauvegarde octroyées à l'abbaye de Notre-Dame-de-la-Victoire, près Senlis. Paris, mai 1517. Mai.

*Original. Arch. du dép. de l'Oise*, H. 746.

681. Lettres de noblesse en faveur de Simon Sigonneau, sieur de la Perdrillière. Paris, mai 1517. Mai.

*Enreg. à la Chambre des Comptes de Paris, le 12 juillet 1525 (19 juillet 1525), et à la Cour des Aides, le 26 mars 1526, avant Pâques.*

*Copie collationnée par ordre de la Cour des Aides, le 18 novembre 1778. Arch. nat.*, Z[1a] 526.

682. Permission à Louise Marnac, veuve de Jean Tallon, sieur de Rouvray, receveur des aides et tailles de Melun, de bâtir des ponts-levis et autres défenses nécessaires à la sûreté de sa maison de Rouvray, en considération des services rendus à Louis XII par son mari. Paris, mai 1517. — 1517. Mai.

*Original. Bibl. nat.*, ms. fr. 25720, fol. 78.

683. Ordonnance cassant et révoquant tous les dons et les pensions concédés à vie en Bretagne, sans avoir été couchés et inscrits sur l'état général des finances. Compiègne, 1er juin 1517. — 1er juin.

*Enreg. à la Chambre des Comptes de Bretagne. Arch. de la Loire-Inférieure*, B. *Mandements*, I, fol. 196.

684. Lettres précisant le caractère et les attributions du consulat accordé à la ville de Sisteron. Compiègne, 1er juin 1517. — 1er juin.

*Enreg. à la Chambre des Comptes d'Aix. Arch. des Bouches-du-Rhône*, B. 26 (*Magdal.*), fol. 450 v°. 2 pages.

685. Lettres de jussion à la Chambre des Comptes de Bretagne pour l'enregistrement du don viager de la châtellenie de Saint-Aubin-du-Cormier à Jean d'Acigné (22 décembre 1516). Compiègne, 1er juin 1517. — 1er juin.

*Enreg. à la Chambre des Comptes de Bretagne. Arch. de la Loire-Inférieure*, B. Mandements, I, fol. 273.

686. Lettres enjoignant aux commissaires des trois États de Provence de donner satisfaction aux doléances desdits États, particulièrement en ce qui touche la perception des péages. Compiègne, 4 juin 1517. — 4 juin.

*Enreg. à la Chambre des Comptes d'Aix. Arch. des Bouches-du-Rhône*, B. 26 (*Magdal.*), fol. 209 v°. 3 pages.

687. Défenses de publier dans le Dauphiné aucunes indulgences autres que celles du Jubilé accordé par le pape, et de lever d'autres deniers que — 4 juin.

ceux destinés à la croisade. Compiègne, 4 juin 1517. 1517.

*Original. Chambre des Comptes de Grenoble. Arch. de l'Isère*, B. 3278.

688. Ordre du roi de payer aux frères prêcheurs de Paris la somme de quatre mille livres que leur avait léguée, en 1364, Humbert, patriarche d'Alexandrie, dauphin de Viennois. Compiègne, 5 juin 1517. 5 juin.

*Original scellé. Arch. nat.*, K. 81, n° 21.

689. Confirmation des privilèges de l'abbaye de Corbie. Amiens, 7 juin 1517. 7 juin.

*Original. Arch. de la Somme, fonds Corbie, armoire I, liasse* 1, n° 7.

690. Évocation au Grand Conseil d'un procès pendant au Parlement de Paris au sujet de l'abbaye de Belleville, au diocèse de Lyon. Saint-Quentin, 10 juin 1517. 10 juin.

*Présentée au Parl. de Paris, le 17 juin 1517. Arch. nat.*, X[1a] 1519, *reg. du Conseil*, fol. 170 v°. (*Mention.*)

691. Lettres nommant Lyonnet Morel à l'office d'enquêteur et examinateur des bailliage et prévôté de Vitry-en-Perthois, par suite de la résignation du titulaire, Pierre Gombault. Paris (*sic*), 13 juin 1517. 13 juin.

*Copie du XVIe siècle. Bibl. nat.*, ms. fr. 5124, fol. 121.

692. Suppression de l'office de contrôleur des deniers communs, dons et octrois de la ville d'Amiens, qui avait été créé en faveur de Simon Clabault. Amiens, 20 juin 1517. 20 juin.

*Enreg. au Parl. de Paris, le 11 août 1517. Arch. nat.*, X[1a] 8611, fol. 221 v°. 3 pages.

693. Confirmation des privilèges des coulevriniers à main d'Abbeville. 23 juin 1517. 23 juin.

*Enreg. à la Chambre des Comptes de Paris, anc. mém. coté* AA, fol. 258. *Arch. nat., invent.* PP. 136, p. 199. (*Mention.*)

694. Confirmation des privilèges des arbalétriers d'Abbeville. 24 juin 1517. 1517. 24 juin.

*Enreg. à la Chambre des Comptes de Paris, anc. mém.* coté AA, fol. 108. *Arch. nat., invent.* PP. 136, p. 199. (*Mention.*)

695. Déclaration portant règlement sur la juridiction des élus et sur le fait des aides et gabelles. Montreuil, 30 juin 1517. 30 juin.

*Enreg. à la Cour des Aides de Paris, le 10 juillet 1517. Copie collationnée par ordre de la Cour des Aides, le 23 octobre 1778. Arch. nat.,* Z[1a] 526.

IMP. *Bibl. nat., Inv. Réserve,* F. 851, F. 913 et F. 1822.

696. Confirmation des statuts et privilèges des courtiers jurés de chevaux de la ville de Paris, avec *vidimus* des lettres de Louis XII de septembre 1514. Saint-Quentin, juin 1517. Juin.

Lettres de surannation du 8 octobre 1520.

*Enreg. au Châtelet de Paris, le 5 novembre 1520. Arch. nat., Châtelet, Bannières,* Y. 8, fol. 116. 3 pages.

697. Confirmation des privilèges et statuts du chapitre de l'église de Saint-Quentin en Vermandois. Amiens, juin 1517. Juin.

Lettres de surannation pour l'enregistrement des précédentes. Paris, 13 juin 1521.

*Enreg. au Parl. de Paris, le 17 juin 1521. Arch. nat.,* X[1a] 8611, fol. 346. 3 pages.

IMP. Colliette, *Mémoires pour l'histoire de Vermandois*, Cambray, 1772, t. III, p. 213.

698. Lettres de sauvegarde données en faveur du chapitre de Reims. Paris (*sic*), 6 juillet 1517. 6 juillet.

*Arch. de Reims, fonds du chapitre,* layette 40, liasse 101, n° 3.

699. Lettres portant imposition sur le Lyonnais de 25,770 livres 4 sols 5 deniers de la grande taille pour l'année 1518. Saint-Quentin, 10 juillet 1517. 10 juillet.

*Copie. Bibl. nat.,* ms. fr. 2702, fol. 30.

700. Lettres ordonnant la répartition sur les habitants de l'Auvergne de leur quote-part de la taille de 2,400,000 livres tournois imposée sur tout le 13 juillet.

royaume, pour les frais de la guerre contre l'Empereur et les Suisses. Abbeville, 13 juillet 1517. — 1517.

*Original. Arch. nat.*, K. 81, n° 24.

701. Mandement aux receveurs des aides et tailles du pays d'Angoumois de faire lever une somme de 2,551 livres 10 sous, à laquelle a été taxée leur élection, pour sa part des 2,400,000 livres tournois imposées pour arriver à la paix générale du royaume. Abbeville, 13 juillet 1517. — 13 juillet.

*Original. Bibl. nat.*, ms. fr. 25720, fol. 80.

702. Lettres contenant les instructions données aux commissaires royaux pour la tenue des États de Languedoc, convoqués au Saint-Esprit, le 20 août 1517. Abbeville, 13 juillet 1517. — 13 juillet.

*Copie aux États de Languedoc. Arch. de l'Hérault, Commissions pour la tenue des États.*

703. Lettres portant imposition d'une crue de taille de 28,847 livres 12 deniers sur l'élection de Lyonnais, pour l'année courante, dans le but de subvenir au payement des gens de guerre. Abbeville, 13 juillet 1517. — 13 juillet.

*Copie. Bibl. nat.*, ms. fr. 2702, fol. 17.

704. Lettres invitant les habitants de Laon à se cotiser pour une somme de 1,500 livres tournois, à titre de don gracieux au roi. 15 juillet 1517. — 15 juillet.

*Arch. municipales de Laon*, CC. 657.

705. Don du roi à la duchesse douairière de Longueville de 20,000 écus d'or au soleil, pour l'indemniser d'une rançon due et non payée par le comte Pedro Navarro au feu duc de Longueville. Dieppe, 22 juillet 1517. — 22 juillet.

*Original. Bibl. nat.*, ms. fr. 20383, fol. 5.

706. Lettres de convocation, pour le 20 août, des États du pays d'Agenais. Le roi désigne pour présider cette assemblée, qui se tiendra à Agen, Jean Chauvet, élu en l'élection du Forez, et Guillaume Cottereau, receveur des — 24 juillet.

tailles du Bas-Limousin. Dieppe, 24 juillet 1517. 1517.

*Original. Arch. communales d'Agen*, CC. 47. *Copie, id.*, BB. 23, fol. 230.

707. Ordonnance touchant la police et juridiction de l'amirauté et les privilèges de l'amiral de France, avec un article pour la répression de la piraterie. Abbeville, juillet 1517. Juillet.

*Présentée au Parl. de Paris, le 31 juillet 1517. Arch. nat.*, X[1a] 1519, *reg. du Conseil*, fol. 228. (*Mention.*)

IMP. *Bibl. nat., Inv. Réserve*, F. 618, F. 850 et F. 1822.

708. Édit de règlement pour les attributions et la juridiction de l'amirauté de Guyenne et de Bretagne, à la tête de laquelle était placé alors Louis de la Trémoïlle, comte de Guines. Abbeville, juillet 1517. Juillet.

*Enreg. au Parl. de Bordeaux (s. d.) Arch. de la Gironde*, B. 30, fol. 254. 15 pages.

709. Ordre aux généraux conseillers sur le fait des finances de payer à Jacques Villingier, sieur de Sainte-Croix, le quart de 50,000 écus, qu'il a mission d'aller de par le roi porter à l'Empereur, à compte sur la somme de 200,000 écus que devait payer la France à la seigneurie de Venise. . . [(1)], juillet 1517. Juillet.

*Original. Bibl. nat.*, ms. fr. 25720, fol. 82.

710. Lettres portant qu'il sera levé dans le Lyonnais 1,875 écus, l'équivalent ayant cours au lieu des impositions, pour l'année courante. Rouen, 14 août 1517. 14 août.

*Copie. Bibl. nat.*, ms. fr. 2702, fol. 18 v°.

711. Lettres de relief en cas d'appel, portant provision d'absolution pour les doyen et chapitre de Saint-Pierre de Troyes, seigneurs de Chigy, Fontaine, Courceaux, Massey, Orvilliers, Mes- 14 août.

[(1)] Le nom de lieu a été déchiré, et peut-être aussi le quantième du mois.

nil-Vallon, Saint-Georges-de-Bossenay et autres lieux. 14 août 1517. 1517.

*Arch. départementales de l'Aube*, G. 2761, liasse 4.

712. Pouvoirs et procuration donnés par François Ier à Charles, duc d'Alençon, pour traiter en son nom avec Jacques V, roi d'Écosse. Rouen, 15 août 1517. 15 août.

*Insérés dans le traité conclu entre ce prince et le roi d'Écosse, à Rouen, le 26 août 1517. Original. Arch. nat., Trésor des Chartes*, J. 678, n° 36; *et copie, id.*, n° 37.

*Copies. Bibl. nat.*, mss. fr. 2892, fol. 71, et 2938, fol 1.

713. Nouvelle prorogation pour quatre ans de la remise de l'impôt sur le sel accordée au chapitre de Senlis. Rouen, 15 août 1517. 15 août.

*Arch. de l'Oise*, G. 2339. *Inv. du chapitre de Senlis*, cote 28, art. 10, p. 251.

(Voir ci-dessus, 9 janvier 1514, n° 35.)

714. Confirmation du don précédemment fait aux Filles-Dieu de Paris de quatre setiers de sel à prendre, chaque année, au grenier de la ville de Paris. Rouen, 17 août 1517. 17 août.

*Enreg. à la Chambre des Comptes de Paris, le 9 septembre 1517. Arch. nat.*, P. 2304, p. 381. 6 p. 1/2.

715. Lettres ordonnant le désarmement des galères du roi à cause de la paix existant entre la France et tous les pays chrétiens. Rouen, 18 août 1517. 18 août.

*Enreg. à la Chambre des Comptes d'Aix, le 20 octobre 1517. Arch. des Bouches-du-Rhône*, B. 26 (*Magdal.*), fol. 186. 1 page.

716. Pouvoir accordé à Germaine de Foix, reine douairière d'Aragon, de disposer des offices royaux du duché de Beaufort, tant qu'elle le possédera. Rouen, 18 août 1517. 18 août.

*Enreg. au Parl. de Paris, le 14 février 1519* (*n. s.*). *Arch. nat.*, X1a 8611, fol. 286. 2 pages.

717. Commission au comte de Laval, à Jean Briçonnet, chancelier, et autres personnages de se présenter à l'assemblée des États de Bretagne, 18 août.

convoquée à Rennes, pour réclamer l'octroi d'un fouage en vue des dépenses à faire pour la maison du roi et le ravitaillement des places fortes. Rouen, 18 août 1517. 1517.

*Copie sur parchemin du 25 septembre 1517. Arch. municip. de Nantes*, AA. 19.

718. Confirmation de don aux Filles-Dieu de Paris de deux muids de blé à prendre par an sur la Prévôté de Gonesse ou sur le domaine de Paris, avec payement de 450 livres tournois et de six muids de blé d'arrérages. Rouen, 18 août 1517. 18 août.

*Enreg. à la Chambre des Comptes de Paris, le 17 mars 1517. Arch. nat.*, P. 2304, p. 137. 4 pages.

719. Mandement aux généraux conseillers sur le fait des finances de payer les gages dus aux archers et hommes d'armes de la compagnie du sieur de Fleuranges. Mauny, 21 août 1517. 21 août.

*Original. Bibl. nat.*, ms. fr. 25720, fol. 84.

720. Traité conclu par Charles, duc d'Alençon, au nom de François Ier, avec Jacques V, roi d'Écosse. Rouen, 26 août 1517. 26 août.

*Original. Arch. nat., Trésor des Chartes*, J. 678, n° 36.

*Copies. Id., ibid.*, n° 37. *Bibl. nat.*, mss. fr. 2892, fol. 71, et 2938, fol. 1.

721. Mandement au trésorier général de Normandie pour le payement d'un don de 10,000 livres fait par le roi au duc d'Albanie, gouverneur d'Écosse, pour l'aider à supporter ses charges dans ce pays et le récompenser des services rendus au roi et au royaume depuis deux ans. Mauny, 28 août 1517. 28 août.

*Original. Bibl. nat.*, ms. fr. 20425, fol. 20.

722. Provisions pour le bâtard de Vendôme de l'office de bailli et gouverneur du Valois, vacant par la résiliation simple dudit office faite par son dernier possesseur, Artus Gouffier. Pont-Saint-Ouen, 30 août 1517. 30 août.

*Original. Bibl. nat.*, ms. fr. 25720, fol. 85.

723. Don à Marguerite de Foix, marquise de Saluces, de la baronnie, terre et seigneurie de Lunel, en échange de laquelle baronnie ladite dame tiendra quitte le roi des 6,000 écus d'or qu'il lui devait. Rouen, août 1517. 1517. Août.

*Enreg. à la Chambre des Comptes de Paris. Arch. nat.*, P. 2304, p. 413, et P. 2535, fol. 281. 2 pages.

*Deux copies collationnées du* XVI*e siècle. Arch. nat., suppl. du Trésor des Chartes*, J. 885, n° 14, et J. 894, n° 1.

724. Don à Guillaume Gouffier, seigneur de Bonivet, amiral de France, des droits qui seront perçus au Havre-de-Grâce, en récompense des services qu'il a rendus au roi dans la construction du port, à la charge d'entretenir des lanternes aux tours. Mauny, près Rouen, août 1517. Août.

*Enreg. à la Chambre des Comptes de Paris. Copie, d'après l'ancien mémorial* BB, fol. 78. *Arch. nat.*, P. 2579, fol. 294 v°.

*Bibl. nat., mss. Moreau*, t. 1337, fol. 53. (*Mention.*)

725. Lettres de non-préjudice accordées à François Rat, receveur des boîtes des monnaies, se prétendant lésé par la déclaration du 6 mars 1516, relative au produit des mines d'argent. Évreux, 9 septembre 1517. 9 septembre.

*Enreg. à la Cour des Monnaies, le 24 octobre 1517. Arch. nat.*, Z1b 62, fol. 169. 2 pages.

726. Lettres portant que le bailli et les syndics de Saint-Maximin, en Provence, prendront désormais les titres de viguier et de consuls. Évreux, 11 septembre 1517. 11 septembre.

*Enreg. à la Chambre des Comptes d'Aix. Arch. des Bouches-du-Rhône*, B. 26 (*Magdal.*), fol. 220. 2 pages.

IMP. L. Rostan, *Cartul. de la ville de Saint-Maximin (Var)*, Paris, Plon, 1862, in-4°, p. 148.

727. Lettres à terrier obtenues par le chapitre de Saint-Hilaire-le-Grand de Poitiers et adressées aux baillis de Sens, Auxerre, Montargis, Touraine, Berry, aux sénéchaux de Poitou, Anjou, 22 septembre.

la Marche et Saintonge, au juge de Loudun et au gouverneur de la Rochelle. Paris (*sic*), 22 septembre 1517. 1517.

*Original. Arch. de la Vienne*, G. 503.

728. Lettres de jussion enjoignant aux gens de la Chambre des Comptes et autres justiciers et officiers de procéder à l'enregistrement des lettres accordées, en juin 1515, aux habitants de Tours en confirmation de leurs privilèges. Paris (*sic*), 23 septembre 1517. 23 septembre.

*Enreg. à la Chambre des Comptes de Paris. Arch. nat.*, P. 2304, p. 239. 3 pages.

729. Rétablissement de la Monnaie de Villefranche en Rouergue. Orbec, 24 septembre 1517. 24 septembre.

*Enreg. à la Cour des Monnaies, le 13 octobre 1517. Arch. nat.*, $Z^{1b}$ 62, fol. 164. 2 pages.

730. Don fait à René de Puyguion, seigneur de Bois-René, de l'office de sénéchal d'Agenais vacant par la mort de Rigault d'Oreille. Vimoutiers, 26 septembre 1517. 26 septembre.

*Original. Bibl. nat.*, ms. fr., nouv. acq., 3644, n° 1003.

731. Confirmation des statuts et ordonnances du métier de mégissier de la ville de Paris. Évreux, septembre 1517. Septembre.

*Enreg. au Châtelet de Paris, le 17 mars 1517. Arch. nat., Châtelet, Livre rouge*, Y. $6^4$, fol. 7. 15 pages.

*Copie. Arch. de la Préfecture de police, collection Lamoignon*, t. V, fol. 713.

732. Union du fief de Charentais à la baronnie de Semblançay. Septembre 1517. Septembre.

*Enreg. à la Chambre des Comptes de Paris, anc. mém.* coté AA, fol. 97. *Arch. nat., invent.* PP. 136, p. 202. (*Mention.*)

733. Confirmation des lettres de Louis XII du mois d'août 1498, accordant le privilège de franc-salé au chapitre de Notre-Dame de Paris. Argentan, 2 octobre 1517. 2 octobre.

*Copie collationnée par ordre de la Cour des Aides, le 7 août 1777. Arch. nat.*, $Z^{1a}$ 526.

*Enreg. à la Chambre des Comptes de Paris, le 20 février suivant. Arch. nat.*, P. 2535, fol. 254. (*Copie de l'acte d'enregistrement.*) 1517.

734. Lettres en faveur de Jean Dupré, secrétaire du roi, lui accordant la jouissance des gages et droits de manteaux attribués à son office. 2 octobre 1517. 2 octobre.

*Enreg. à la Chambre des Comptes de Paris, le 15 janvier 1517. Arch. nat., invent.* PP. 136, p. 203. (*Mention.*)

735. Lettres patentes relatives à la chambre des vacations du Parlement de Toulouse et au nombre des juges qui doivent expédier les procès civils et criminels. 4 octobre 1517. 4 octobre.

*Enreg. au Parl. de Toulouse, le 18 novembre 1517. Arch. de la Haute-Garonne, Édits*, reg. 3, fol. 17.

736. Confirmation des privilèges octroyés par les rois aux présidents, conseillers, greffiers, procureurs, avocats du roi et huissiers du Parlement de Toulouse, ensemble les lettres d'attache du sénéchal de Toulouse (17 novembre 1517), à la suite des mémoires donnés par la cour, le 7 août 1517, aux délégués qu'elle a envoyés vers le roi, et les réponses faites à chacun des articles desdits mémoires par le chancelier. Argentan, 6 octobre 1517. 6 octobre.

*Enreg. au Parl. de Toulouse. Arch. de la Haute-Garonne, Édits*, reg. 3, fol. 14. 5 pages.

737. Traité d'alliance de François Ier avec les états de Venise, renouvelant celui du 23 mars 1511, conclu entre Louis XII et le doge. 8 octobre 1517. 8 octobre.

Imp. Fr. Léonard, *Recueil des traités*, t. II, p. 154. Dumont, *Corps diplomatique*, t. IV, part. I, p. 263.

738. Exemption des tailles et du droit de franc-salé en faveur des habitants du Havre-de-Grâce. Argentan, 8 octobre 1517. 8 octobre.

Imp. St. de Merval, *Documents relatifs à la fondation du Havre*, Rouen, 1875, p. 257.

739. Confirmation de la vente et aliénation faite par 8 octobre.

le roi à Jean de Brandes de la châtellenie du Val de Ruel. Argentan, 8 octobre 1517. 1517.

*Enreg. à la Chambre des Comptes de Paris. Arch. nat.*, P. 2535, fol. 255; P. 2551, fol. 122 v°. 7 pages.

740. Lettres accordant à Jean Breton, secrétaire du roi, la jouissance des gages et droits de manteau attribués à son office. 8 octobre 1517. 8 octobre.

*Enreg. à la Chambre des Comptes de Paris, le 15 octobre 1517. Arch. nat., invent.* PP. 136, p. 203. (*Mention.*)

741. Lettres de commission au bailli de Vitry de faire une enquête sur l'objet de la demande faite par l'abbaye de Saint-Memmie, près Châlons-sur-Marne, de relever ses fourches patibulaires qui sont depuis longtemps abattues. 10 octobre 1517. 10 octobre.

*Arch. départementales de la Marne*, série F, *fonds de Saint-Memmie.*

742. Don du duché de Berry à Marguerite de France, duchesse d'Alençon, sœur du roi. Argentan, 11 octobre 1517. 11 octobre.

*Enreg. au Parl. de Paris, sous certaines réserves, le 4 février 1518 (n. s.). Arch. nat.*, X[1a] 8611, fol. 250. 3 pages 1/2.

*Enreg. à la Chambre des Comptes de Paris, le 6 février 1518 (n. s.). Arch. nat.*, P. 2304, p. 111; P. 2535, fol. 251. 6 pages 1/2.

*Enreg. à la Cour des Aides de Paris, le 10 février 1518 (n. s.). Arch. nat., mention dans le recueil Cromo*, U. 665, fol. 218.

Imp. Jean Chenu, *Recueil des antiquitez et privilèges de la ville de Bourges*, p. 182.

743. Provisions et réception de Jean Luillier en l'office de maître des comptes, au lieu et en survivance d'Eustache Luillier, son père. Argentan, 11 octobre 1517. 11 octobre.

*Enreg. à la Chambre des Comptes de Paris. Arch. nat.*, P. 2304, p. 105. 3 pages 1/2.

744. Provisions de l'office de lieutenant général en Bourgogne, en l'absence du gouverneur, M. de la Trémoïlle et de M. d'Aumont, en faveur de 3 novembre.

Georges de la Trémoïlle, sieur de Jonvelle, chambellan du roi. Moulins[1], 3 novembre 1517. 1517.

*Enreg. au Parl. de Dijon. Arch. de la Côte-d'Or*, Parl., reg. I, fol. 159 v°.

*Enreg. à la Chambre des Comptes de Dijon, le 23 janvier 1517. Arch. de la Côte-d'Or*, B. 18, fol. 14.

745. Évocation au Grand Conseil des procès touchant la réformation de l'abbaye d'Almenesches, au diocèse de Seez. 24 novembre 1517. 24 novembre.

*Présentée au Parl. de Paris, le 11 décembre 1517. Arch. nat.*, $X^{1a}$ 1520, *reg du Conseil*, fol. 19. (*Mention.*)

746. Confirmation des privilèges des habitants de l'île de Noirmoutiers. La Ferté-Bernard, novembre 1517. Novembre.

*Enreg. par les élus de Poitiers, le 28 décembre 1517.*

*Copie collationnée par ordre de la Cour des Aides, le 26 avril 1776. Arch. nat.*, $Z^{1a}$ 526.

747. Confirmation des privilèges accordés aux habitants de Puy-Guilhem en Périgord, par Édouard, roi d'Angleterre (Bordeaux, le 9 avril, l'an 15e de son règne) et par Charles VIII (Paris, août 1492). La Ferté-Bernard, novembre 1517. Novembre.

Mandement au Parlement de Bordeaux pour l'enregistrement des précédentes. 19 novembre 1537.

*Enreg. au Parl. de Bordeaux (s. d.). Arch. de la Gironde*, B. 30 *bis*, fol. 309 v°, 318 v°, 331 v°, 333 v°. 7 pages.

748. Confirmation des privilèges et de la juridiction de la Chambre des Comptes de Bretagne. Le Plessis-lès-Tours, novembre 1517. Novembre.

Imp. J.-A. de la Gibonays, *Recueil des édits, ordonnances, etc., concernant les fonctions ordinaires de la Chambre des Comptes de Bretagne*, Nantes, in-fol. 1721, t. I, 1re partie, p. 31.

[1] Moulins-la-Marche, arr. de Mortagne (Orne), ou Moulins-le-Carbonnel, arr. de Mamers (Sarthe).

749. Confirmation des privilèges de la ville de Talant. Tours, novembre 1517. — 1517. Novembre.

*Chambre des Comptes de Dijon, Cartulaire de Talant, aux Arch. de la Côte-d'Or.*
IMP. J. Garnier, *Chartes de communes et d'affranchissement en Bourgogne*, t. I, p. 508.

750. Rétablissement de la Monnaie de la ville de Tours. Tours, 3 décembre 1517. — 3 décembre.

*Enreg. à la Cour des Monnaies, le 23 avril 1518. Arch. nat.*, $Z^{1b}$ 61, fol. 52 et $Z^{1b}$ 62, fol. 166 v°. 1 page.

751. Confirmation de don à Roger de Grandmont, chambellan du roi, de la moitié des deniers de la coutume de 12 deniers tournois par livre établie à Bayonne, à Saint-Jean-de-Luz et à Cap-Breton, et de la moitié des 25 sols qui se lèvent auxdits lieux sur chaque pièce de vin, à la sortie. Le Plessis-lès-Tours, 3 décembre 1517. — 3 décembre.

*Enreg. à la Chambre des Comptes de Paris. Arch. nat.*, P. 2304, p. 133; P. 2535, fol. 260. 3 pages.

752. Déclaration portant que François de Pons a fait au roi les foi et hommages qu'il lui devait pour ses fiefs et possessions en Guyenne, Périgord, Saintonge et Poitou. Tours, 4 décembre 1517. — 4 décembre.

*Copie du temps. Arch. nat., suppl. du Trésor des Chartes*, J. 866, n° 6.

753. Confirmation du don de deux muids de sel fait à la collégiale de Saint-Martin de Tours par Charles VIII et Louis XII, avec prorogation pour dix ans. 4 décembre 1517. — 4 décembre.

*Enreg. à la Chambre des Comptes de Paris. Arch. nat., invent.* PP. 136, p. 205. (*Mention.*)
R. Mosnier, *Celeberrimæ S. Martini Turonensis ecclesiæ historia*, ms. à la Bibl. de Tours, t. II, app. p. CLXXI. (*Mention.*)

754. Déclaration portant que foi entière doit être accordée aux diplômes de Louis le Débonnaire et de l'empereur Othon III, bien que les sceaux d'or dont ils étaient scellés aient été détachés, — 4 décembre.

et qu'ils l'ont été en présence du roi. 4 décembre 1517. 1517.

*Copie. Bibl. nat., collect. Baluze, arm., III, paq. 2, nº 2, fol. 26.*

755. Déclaration de François Ier confirmative des privilèges et de l'anoblissement octroyés aux maire, échevins, pairs et conseillers d'Angoulême. Le Plessis-lès-Tours, 7 décembre 1517. 7 décembre.

*Enreg. au Parl. de Paris, le 2 avril 1550 (n. s.). Arch. nat.*, X[1a] 8616, fol. 439. 3 pages 1/4.
*Enreg. à la Chambre des Comptes de Paris. Arch. nat.*, P. 2306, p. 620. 6 pages.

756. Règlement pour les greniers à sel d'Anjou et du Maine. Amboise, 12 décembre 1517. 12 décembre.

*Enreg. à la Chambre des Comptes de Paris, anc. mém.* coté AA, fol. 114. *Arch. nat., invent.* PP. 136, p. 205. (*Mention.*)
*Copie. Arch. municip. d'Angers*, BB. 16, fol. 107.

757. Révocation de tous dons et aliénations du domaine de la couronne consentis depuis Charles VII, à la réserve des terres aliénées pour subvenir aux frais de la guerre. Amboise, 13 décembre 1517. 13 décembre.

*Enreg. au Parl. de Grenoble, le 29 janvier 1518. Arch. de l'Isère, Parl.*, B. 2333, fol. 42. 2 pages.

758. Don d'une somme de 8,000 livres tournois à Jacques du Fou, en récompense de ses services et à l'occasion du mariage d'une de ses filles. Amboise, 14 décembre 1517. 14 décembre.

*Original. Bibl. nat.*, ms. fr. 25720, fol. 93.

759. Lettres portant augmentation de la compagnie de cinquante lances de Gaspard de Coligny. Amboise, 16 décembre 1517. 16 décembre.

IMP. Du Bouchet, *Preuves pour l'histoire de la maison de Coligny*, 1662, p. 294.

760. Traité entre François Ier et le marquis de Brandebourg, touchant le mariage projeté entre ce dernier et Renée de France, fille de Louis XII. Amboise, 21 décembre 1517. 21 décembre.

*Copie du* XVIe *siècle. Arch. nat., suppl. du Trésor des Chartes*, J. 995, nº 10 *bis*.

761. Don à Nicolas de Mouy des droits de lods et ventes et autres devoirs seigneuriaux dus au roi à cause de la vente de la seigneurie de Noissy (?) au bailliage de Mortain. 30 décembre 1517. — 1517. 30 décembre.

*Enreg. à la Chambre des Comptes de Paris, le 15 février 1518, anc. mém. 2 A, fol. 256. Arch. nat., invent.* PP. 136, p. 205. (*Mention.*)

762. Provisions de l'office d'amiral de France en faveur de Guillaume Gouffier, seigneur de Bonnivet. Amboise, 31 décembre 1517 [1]. — 31 décembre.

IMP. Isambert, *Anc. lois françaises*, t. XII, p. 149. (*Mention.*)

763. Confirmation des privilèges accordés aux maire, échevins, bourgeois et habitants de Tours par les rois Louis XI, février 1461, Charles VIII, septembre 1483, et Louis XII, juillet 1498. Le Plessis-lès-Tours, décembre 1517. — Décembre.

*Enreg. au Parl. de Paris, sauf plusieurs modifications inscrites au dos de l'original, le 13 août 1518. Arch. nat.*, X[1a] 8611, fol. 274 v°. 3 pages 1/2. Voir aussi X[1a] 1520, fol. 311 v°.

Les lettres de Louis XI, Charles VIII et Louis XII occupent 16 pages, fol. 266 v°-276.

*Enreg. à la Chambre des Comptes de Paris, le 3 septembre 1518. Arch. nat.*, P. 2304, p. 241. 5 pages 1/4.

*Enreg. à la Cour des Aides, le 26 septembre 1518. Arch. nat., recueil Cromo*, U. 665, fol. 222. (*Mention.*)

764. Confirmation des privilèges et franchises de la ville de Flayosc, en Provence. Amboise, décembre 1517. — Décembre.

*Enreg. à la Chambre des Comptes d'Aix, le 25 janvier 1518. Arch. des Bouches-du-Rhône*, B. 26 (*Magdal.*), fol. 224 v°. 2 pages.

[1] Le P. Anselme, *Hist. généal. de la maison de France*, t. VII, p. 880, donne à ces lettres la même date du 31 décembre 1517. Nous ferons remarquer que cependant Bonnivet portait déjà le titre d'amiral de France le 7 février et au mois d'août précédents, comme on peut le voir ci-dessus, n°s 595 et 724. Ajoutons que son prédécesseur, l'amiral de Graville, était mort le 30 octobre 1516.

1518. — Pâques, 4 avril.

765. Remise de 200 livres tournois à Antoine Lasne, fermier du quart des menus boires à Vire, sur ce qui lui restait à payer pour l'année 1518, à cause du préjudice que lui a causé la disparition du marché et des juridictions de ladite ville, transportés à Coutances, durant tout le temps qu'a duré la peste. Amboise, 3 janvier 1517. 1518. 3 janvier.

*Original. Bibl. nat.*, ms. français 25720, fol. 96.

766. Relief de surannation pour l'enregistrement des lettres d'avril 1515 (n° 255), en faveur des abbé et religieux de Saint-Julien de Tours. Paris (*sic*), 7 janvier 1517. 7 janvier.

*Enreg. au Parl. de Paris, le 12 janvier suivant. Arch. nat.*, X[1a] 8611, fol. 249. 1 page.

767. Confirmation de la jouissance qu'ont les Célestins de Paris et des autres couvents de France de trois setiers de sel de franc-salé, par an, à prendre au plus prochain grenier à sel. Amboise, 8 janvier 1517. 8 janvier.

*Enreg. à la Chambre des Comptes de Paris, le 6 juin 1517. Arch. nat.*, P. 2304, p. 119. 4 pages.
Imp. P.-Louis Beurrier, *Antiquitez et privilèges du couvent des Célestins de Paris*, 1634, p. 262.

768. Octroi pour quatre ans aux habitants de la ville de Saulieu du droit de courtepinte levé sur ladite ville. Amboise, 13 janvier 1517. 13 janvier.

*Enreg. à la Chambre des Comptes de Dijon. Arch. de la Côte-d'Or*, reg. B. 20, fol. 16 et 18.
(Voir au 28 juin 1527 et au 16 novembre 1535.)

769. Lettres de *committimus* et de sauvegarde accordées à l'abbé et aux religieux de Vauluisant, leur monastère étant de fondation royale. Amboise, 14 janvier 1517. 14 janvier.

*Inventaire des titres de Vauluisant. Arch. de l'Yonne*, H. 678. (*Mention.*)

770. Lettres de jussion pour l'exécution des lettres en date du 17 décembre 1516 (n° 570), concernant Jean Brinon, premier président du Parlement de Normandie. Amboise, 17 janvier 1517. 1518. 17 janvier.

*Enreg. à la Chambre des Comptes de Paris. Arch. nat.*, P. 2304, p. 608. 3 pages 1/2.

771. Lettres portant que l'édit de création d'offices d'enquêteurs des procès dans les bailliages et sénéchaussées sera enregistré selon sa forme et teneur, nonobstant les restrictions et interprétations du Parlement de Toulouse. Amboise, 18 janvier 1517. 18 janvier.

*Enreg. au Parl. de Toulouse. Arch. de la Haute-Garonne, Edits*, reg. 3, fol. 62 v°.

772. Mandement allouant à Gilles Carré, receveur et payeur des gages des officiers du Conseil de Bretagne, une remise de 12 deniers pour livre sur les sommes qu'il versera. Amboise, 18 janvier 1517. 18 janvier.

*Enreg. à la Chambre des Comptes de Bretagne. Arch. de la Loire-Inférieure*, B. *Mandements*, I, fol. 261, 262.

773. Mandement de payer 6,000 livres à Dupuy Servain, capitaine de mer, demeurant à Marseille, pour les frais de deux voyages faits par lui et Prégent de Bidoux, prieur de Saint-Gilles, capitaine général des galères, avec plusieurs galions et un brigantin. Amboise, 22 janvier 1517. 22 janvier.

*Original. Arch. nat.*, K. 81, n° 25.
*Copie. Bibl. nat.*, coll. Fontanieu, vol. 167-168.

774. Lettres portant défenses aux gens de guerre d'entrer par bandes en Dauphiné, sans l'ordre exprès du roi ou de son lieutenant général, et permettant aux habitants du Dauphiné, des comtés de Valentinois et de Diois de leur résister au besoin par la force. Amboise, 22 janvier. 22 janvier.

Publiées par Charles, duc de Bourbon, à Moulins, le 2 mars 1518, et par Odet de Foix, gouverneur de Guyenne, lieutenant général en Italie, à Milan, le 4 juillet 1519. 1518.

*Copie sur 10 feuillets in-4°. Arch. de la Drôme*, E. 3666.

775. Ordre au trésorier de l'extraordinaire des guerres de délivrer 427 livres tournois et 270 livres tournois à deux hommes d'armes de la compagnie du duc d'Albanie, pour les services qu'ils ont rendus au roi. Amboise, 23 janvier 1517. 23 janvier.

*Original. Bibl. nat.*, ms. français 25720, fol. 97.

776. Mandement à un conseiller du roi (non nommé) de se rendre à Loudun et d'y publier devant les états du pays les coutumes du Loudunais. Amboise, 24 janvier 1517. 24 janvier.

IMP. Bourdot de Richebourg, *Nouveau coutumier général*, Paris, 1724, t. IV, p. 738.

777. Ordonnance et règlement pour les montres et revues de gens d'armes qui doivent avoir lieu en 1518. Amboise, 24 janvier 1517. 24 janvier.

*Expéditions orig. Bibl. nat.*, mss. français 2978, fol. 2, et 3087, fol. 1.

778. Ordre au trésorier des finances du royaume de mettre 2,500 livres à la disposition du sieur de Précy, grand maître, visiteur et réformateur des eaux et forêts de France, pour le bien qu'il accomplit dans la répression des abus en la réformation des eaux et forêts du duché d'Orléans. Amboise, 25 janvier 1517. 25 janvier.

*Original. Bibl. nat.*, ms. français 25720, fol. 99.

779. Commission du roi à Jacques de Beaune, chevalier, seigneur de Semblançay, pour exercer la charge d'intendant des finances ordinaires et extraordinaires. Amboise, 27 janvier 1517. 27 janvier.

*Enreg. à la Chambre des Comptes de Paris, Arch. nat.*, P. 2535, fol. 311.

*Copie. Bibl. nat., Coll. d'Anjou et de Touraine*, vol. 9, n° 4180.

780. Confirmation des privilèges et exemptions des officiers du bois de Vincennes et de la Sainte-Cha- Janvier.

pelle du bois de Vincennes. Amboise, janvier 1517. 1518.

*Enreg. à la Chambre des Comptes de Paris, le 9 juillet 1518, anc. mémorial* AA, fol. 173, *et au Châtelet de Paris, le 21 janvier 1519.*

*Arch. nat., Châtelet de Paris, Bannières*, Y. 8, fol. 93. 3 pages.

781. Provisions de l'office d'élu extraordinaire en Lyonnais pour Pierre Garbot, notaire et secrétaire du roi. Amboise, 8 février 1517. 8 février.

*Copie. Bibl. nat.*, ms. français 2702, fol. 26 v°.

782 Confirmation des coutumes et privilèges des consuls et des habitants de Castillonnès en Agenais. Amboise, 12 février 1517. 12 février.

*Cahier des privilèges de la ville et châtellenie de Castillonnès*, fol. A, cité d'après la *Notice hist. sur la ville de Castillonnès*, par J.-J. Oscar Bouissy, Villeneuve-sur-Lot, 1875, p. 63.

783. Lettre de réception de foi et hommage de Jean Durand, abbé de Jumièges, pour le temporel de son abbaye. Amboise, 23 février 1517. 23 février.

*Copie. Bibl. nat.*, ms. latin 5424, fol. 82.

784. Confirmation, en faveur des habitants de Bayonne, de la jouissance de moitié de la coutume de 12 deniers par livre sur toutes les marchandises vendues, tant en la ville que dans les ports de Saint-Jean-de-Luz et de Cap-Breton, et de moitié de 25 sous tournois par tonneau de vin, à eux ci-devant accordés pour être employés aux réparations, fortifications et affaires communes de la ville. 24 février 1517. 24 février.

*Enreg. à la Chambre des Comptes de Paris, le 10 mars 1517, anc. mémorial* 2 A, fol. 147. *Arch. nat., invent.* PP. 136, p. 207. (*Mention.*)

785. Commission au sénéchal de Poitou de saisir et de séquestrer tous les biens de la succession de feu Antoine de Montanaris, natif du royaume de Naples, qui était mort sans avoir obtenu de lettres de naturalité et de permission de tester. Amboise, 25 février 1517. 25 février.

*Original. Arch. de la Vienne*, D. 81.

786. Lettres d'évocation au Grand Conseil de tous les procès et matières en litige devant le Parlement touchant les francs-fiefs et nouveaux acquêts. Amboise, 26 février 1517. | 1518. 26 février.

*Arch. nat., Parlement de Paris*, X[1a] 1520, *reg. du Conseil*, fol. 138 v°. (*Mention.*)

787. Mandement à la Chambre des Comptes d'autoriser Jean Lallemant, trésorier et receveur général du Languedoc, à porter en dépenses dans ses comptes, afin de réparer un oubli fait par lui, une somme de 535 livres tournois qu'il avait reçue en 1510 et avait donnée au receveur de l'octroi de Narbonne. Amboise, 27 février 1517. | 27 février.

*Original. Bibl. nat.*, ms. français 25720, fol. 106.

788. Exemption du droit de franc-fief en faveur des chevaliers de Saint-Jean-de-Jérusalem. Amboise, 28 février 1517. | 28 février.

*Vidimus du 15 août 1518. Arch. de la Vienne, grand-prieuré d'Aquitaine*, liasse 984.

789. Confirmation des privilèges de la ville de Marmande en Agénais. Amboise, février 1517. | Février.

*Copie. Bibl. nat., Collect. Baluze*, t. XXV, p. 195.
IMP. Ph. Tamizey de Larroque, *Notice hist. sur la ville de Marmande*, Villeneuve-sur-Lot, 1872, p. 71. (*Mention.*)

790. Confirmation des privilèges octroyés aux habitants de Pontailler. Amboise, février 1517. | Février.

*Enreg. à la Chambre des Comptes de Dijon. Arch. de la Côte-d'Or*, B. 1279.
IMP. J. Garnier, *Chartes de communes et d'affranchissement en Bourgogne*, II, 305.

791. Confirmation des privilèges de la ville de Semur-en-Auxois par le roi François Ier. Amboise, février 1517. | Février.

*Original. Arch. municip. de Semur.*
IMP. J. Garnier, *Chartes de communes et d'affranchissement en Bourgogne*, II, 371.

792. Lettres portant attribution de 100 livres de gages à Jean Duplessis, capitaine de la ville et du châ- | 3 mars.



IMPRIMERIE NATIONALE.

teau de Saint-Jean-d'Angely, à prendre sur le receveur ordinaire de la sénéchaussée de Saintonge. 3 mars 1517. 1518.

*Enreg. à la Chambre des Comptes de Paris, le 27 avril 1518. Arch. nat., invent. PP.* 136, p. 208. (*Mention.*)

793. Relief de surannation pour l'enregistrement des lettres du 4 juillet 1516 (n° 492), accordant aux habitants de Bourges le rétablissement de leur Monnaie. Amboise, 8 mars 1517. 8 mars.

*Enreg. à la Cour des Monnaies, le 27 juillet 1518. Arch. nat.,* $Z^{1B}$ 62, fol. 166. 1 page.

794. Don à Jeanne d'Orléans, duchesse de Valois, comtesse de Taillebourg, de tous les deniers et droits qui restaient dus au roi sur le duché de Valois au moment où il le céda à ladite dame. Amboise, 10 mars 1517. 10 mars.

*Original scellé, appartenant à M. le duc de la Trémoïlle.*

795. Donation à Jacqueline d'Estouteville, veuve de Jean d'Estouteville, de la jouissance de moitié du revenu des greniers à sel de Bar-sur-Aube, Mussy-l'Évêque et Saint-Dizier. 12 mars 1517. 12 mars.

*Enreg. à la Chambre des Comptes de Paris, anc. mémorial* 2 C, fol. 18. *Arch. nat., invent.* PP. 136, p. 208. (*Mention.*)

(Voir ci-dessous, 6 décembre 1520, n° 1281.)

796. Provisions de l'office de prévôt de l'hôtel en faveur de Jean de la Roche-Aymon, au lieu de Jean de Fontanet. Blois, 15 mars 1517. 15 mars.

*Copie collationnée. Reg. des Comptes de la Prévôté de l'Hôtel. Arch. nat.,* KK. 97, fol. 2 v°. 3 pages.

797. Réception de foi et hommage par le roi de Christophe Bouton, écuyer, pour Charles Bouton, seigneur du Fay, son père, à cause de la seigneurie de Bojuhan, mouvant du duché de Bourgogne, en la vicomté d'Auxonne. Amboise, 16 mars 1517. 16 mars.

IMP. Palliot, *Histoire généal. des comtes de Chamilly, de la maison de Bouton,* 1671, preuves, p. 92.

798. Lettre de don à Jean Sureau, greffier civil du Parlement de Rouen, d'une pension annuelle de 240 livres à la charge par lui de fournir le greffe de parchemin, plumes, etc. 20 mars 1517. 1518. 20 mars.

*Enreg. à la Chambre des Comptes de Paris, le 4 juillet 1519, anc. mém.* 2 A, fol. 339. *Arch. nat., invent.* PP. 136, p. 208. (*Mention.*)

799. Lettres de jussion à la Chambre des Comptes de Bretagne, pour l'enregistrement du don viager de la châtellenie de Saint-Aubin-du-Cormier à Jean d'Acigné, 22 décembre 1516 (n° 576). Amboise, 20 mars 1517. 20 mars.

*Enreg. à la Chambre des Comptes de Bretagne. Arch. de la Loire-Inférieure*, B. *Mandements*, I, fol. 273 v°.

800. Révocation des congés et permissions accordés par le Parlement de Bordeaux et le lieutenant du sénéchal de Guyenne pour le transport des blés hors du royaume. Amboise, 21 mars 1517. 21 mars.

*Enreg. au Parl. de Bordeaux* (*s. d.*). *Arch. de la Gironde*, B. 30, fol. 220. 4 pages.

801. Mandement aux généraux des finances de passer à la décharge de Guillaume Prudhomme, receveur général de Normandie, une somme de 32,165 livres 7 sols 6 deniers tournois qui sera employée pendant l'année commençant le 1er janvier 1518 (n. s.), aux gages montures et états des cent cinq archers de la garde française sous la charge du sieur de Crussol, et payée à Nicolas Chartier, commis à tenir le compte desdits archers. Amboise, 27 mars 1517. 27 mars.

*Original. Bibl. nat.*, ms. français 25720, fol. 109.

802. Déclaration du roi portant règlement de ressort pour les justices des églises de fondation royale situées dans l'étendue du duché de Valois. Amboise, 29 mars 1517. 29 mars.

*Enreg. au Parl. de Paris, le 14 mai 1518. Arch. nat.*, X1a 8611, fol. 266. 1 page 1/3.
*Copie. Bibl. nat., Cabinet des titres, Nouveau d'Hozier*, dossier Gédoin, n° 3343.

803. Confirmation des privilèges du château et de la ville de Puymirol en Agénais. Amboise, mars 1517. 1518. Mars.

Enregistrée à la maison commune de Toulouse, le 5 décembre 1538, sur la requête des Consuls de la ville « du Grand Chasteau, *aliàs* Puymirol ».
*Copie, Arch. municip. de Toulouse*, ms. 153, p. 908.

804. Confirmation des privilèges des habitants de Villefranche en Rouergue. Amboise, mars 1517. Mars.

IMP. R. Choppin, *De domanio Franciæ*, in-fol, 1605, liv. III, tit. 20, n° 8. (*Mention.*)

805. Lettres de commission adressées à Jacques Olivier, premier président du Parlement de Paris, à Charles Guillart, président, et à Jean Brachet et Pierre Prudhomme, conseillers en la cour, leur ordonnant d'ouvrir une enquête au sujet des placards affichés dans Paris sous le nom de l'Université, faisant défense aux imprimeurs d'imprimer le concordat. Amboise, 4 avril 1518. 4 avril.

IMP. Du Boulay, *Hist. Univ.*, t. VI, p. 101.
Chevillier, *L'origine de l'imprimerie*, p. 355.
C. Jourdain, *Index chronol. chartarum Universitatis*, p. 325. (*Mention.*)

806. Déclaration du roi portant que sept d'entre les présidents et conseillers de la cour de Parlement de Toulouse vaqueront à l'expédition des procès criminels, nonobstant l'assemblée générale. Amboise, 8 avril 1518. 8 avril.

*Enreg. au Parl. de Toulouse. Arch. de la Haute-Garonne, Édits*, reg. 3, fol. 33 v°. 1 page.

807. Règlement pour l'exécution de deux bulles du pape Léon X, relatives à la valeur et à la collation des bénéfices. Amboise, 12 avril 1518. 12 avril.

IMP. Fontanon, *Édits et ordonnances*, in-folio, t. IV, p. 407.
Isambert, *Anc. lois franç.*, t. XII, p. 149.

808. Confirmation des privilèges de la ville de Seurre. Amboise, 14 avril 1518. 14 avril.

*Original. Arch. municip. de Seurre.*
IMP. J. Garnier, *Chartes de communes et d'affranchissement en Bourgogne*, II, 256.

809. Mandement au Parlement de Toulouse d'entériner les lettres de donation de la baronnie de Lunel à Marguerite de Foix, marquise de Saluces, d'août 1517 (nº 723). Amboise, 17 avril 1518. 1518. 17 avril.

*Copie collationnée. Arch. nat., suppl. du Trésor des Chartes*, J. 894, nº 2.

810. Lettres prorogeant pour huit ans la levée et la perception de l'octroi de 2 sols 6 deniers par chaque minot de sel qui sera vendu au grenier à sel de Troyes, pour la réparation des fortifications. Amboise, 20 avril 1518. 20 avril.

*Original. Arch. municipales de Troyes*, boîte 51, 1re liasse.

*Copie, id.*, D. 63, fol. 1.

811. Lettres concernant la délibération tenue par les habitants d'Angers sur le fait de la gabelle. Blois, 22 avril 1518. 22 avril.

*Arch. municipales d'Angers*, BB. 18, fol. 21.

812. Provisions de l'office de clerc en la Chambre des Comptes, en faveur de Guillaume Tertereau, au lieu de Pierre Bertonnier. 23 avril 1518. 23 avril.

*Enreg. à la Chambre des Comptes de Paris, le 7 mai 1518, ancien mémorial* 2 A, fol. 163. *Arch. nat., invent.* PP. 136, p. 209. (*Mention.*)

813. Lettres de subrogation, en faveur de P. Perreau, de l'office d'enquêteur dans le bailliage d'Orléans, vacant par la résignation de Jacques Groslot. Amboise, 24 avril 1518. 24 avril.

*Copie du XVIe siècle à la Bibl. nat.*, ms. français 5124, fol. 121.

814. Édit portant défenses aux recteur, membres et suppôts de l'Université de Paris de tenir des assemblées et de s'ingérer des affaires de l'État, sous peine de bannissement et de confiscation de biens. Amboise, 25 avril 1518. 25 avril.

*Original scellé. Arch. nat., suppl. du Trésor des Chartes*, J. 946, nº 3.

*Extraits des registres du Parlement mentionnant la présentation de cet édit à la cour, le 27 avril, et la décision prise le lendemain par le Parlement de ne point l'enregistrer. Arch. nat.*, X[1a] 1520, *reg. du Conseil*, fol. 171 et 172. 1518.

*Copie. Préfecture de Police*, collection Lamoignon, t. V, fol. 732.

IMP. Du Boulay, *Hist. Univ.*, t. VI, p. 104.

815. Lettres confirmant les défenses faites d'importer en France des draps de Cerdagne, Roussillon, Catalogne et autres provinces d'Espagne. Amboise, 27 avril 1518. 27 avril.

*Original aux États de Languedoc. Arch. de l'Hérault, Ordonnances et arrêts*, t. III, pièces, n° 31.

*Enreg. au Présidial de Nîmes, le 28 mai 1518.*

*Enreg. au Parlement de Toulouse, le 23 novembre 1518.*

816. Mandement de payer pour les fortifications de la ville de Térouenne 6,000 livres tournois sur les deniers des jubilés et des croisades accordés au roi par le pape. Amboise, 27 avril 1518. 27 avril.

*Original. Arch. nat.*, K. 81, n° 26.

817. Ordre au receveur général des finances de rembourser à Henri Bohier, chevalier, sieur de la Chapelle et de la Chesnaye, la somme de 6,303 livres tournois prêtée par lui au roi pour payer aux Suisses les pensions qui leur ont été promises par le dernier traité conclu avec eux. Amboise, 27 avril 1518. 27 avril.

*Original. Bibl. nat.*, ms. français 25720, fol. 111.

818. Évocation au Grand Conseil d'un procès pendant au Parlement au sujet de l'abbaye du Mont-Saint-Quentin, près Péronne. 30 avril 1518. 30 avril.

*Lettres présentées au Parlement de Paris, le 20 mai 1518. Arch. nat.*, X[1a] 1520, *reg. du Conseil*, fol. 197. (*Mention.*)

819. Homologation de la sentence rendue en la Prévôté de Paris, en confirmation des lettres de mai 1514, donnant aux habitants d'Étampes le droit d'avoir un hôtel de ville, un maire et quatre échevins élus pour traiter les affaires de la ville. Amboise, avril 1518 après Pâques. Avril.

*Enreg. au Châtelet de Paris, le 29 avril 1518. Arch. nat., Châtelet, Bannières*, Y. 8, fol 60 v°. 3 pages.

820. Confirmation des lettres de Louis, duc d'Anjou, concédant aux habitants de Caylus de ne pouvoir être assignés devant une autre juridiction que celle de Caylus, tant en matière civile que pour les délits commis dans le ressort de la châtellenie. Amboise, avril 1518. 1518. Avril.

*Arch. communales de Caylus*, AA. 5.

821. Remise faite à Henri Boyer des droits dus au roi sur la seigneurie de Castelnau, confisquée sur Jean Isalguier, et donnée audit Boyer. Avril 1518. Avril.

*Enreg. à la Chambre des Comptes de Paris, le 17 février 1518, ancien mémorial a A, fol. 265. Arch. nat., invent.* PP. 136, p. 209. *(Mention.)*

822. Don à Morelet du Museau, trésorier des guerres, argentier du feu roi, de 1,000 livres tournois à retenir sur les deniers qui lui ont été ordonnés pour régler les frais des obsèques de Louis XII. Amboise, 3 mai 1518. 3 mai.

*Original. Bibl. nat.*, ms. français 25720, fol. 113.
*Arch. nat.*, reg. KK. 89, *Comptes des funérailles de Louis XII*, p. 120. *(Mention.)*

823. Prorogation pour six ans de l'octroi accordé sur les aides aux prévôt des marchands et échevins de Paris pour les fortifications de la ville. Amboise, 5 mai 1518. 5 mai.

*Enreg. au Parl. de Paris, le 14 mars 1519 (n. s.), sauf modifications contenues dans l'arrêt du 12 mars. Arch. nat.*, X[1a] 8611, fol. 287 v°. 2 pages 1/2.

824. Lettres de jussion adressées à la Chambre des Comptes pour l'entérinement des lettres données à Paris, le 17 mai 1517 (n° 662), en faveur des sieurs François de Montmirel, Nicolas Viole et Christophe du Refuge. Amboise, 8 mai 1518. 8 mai.

*Enreg. à la Chambre des Comptes de Paris. Arch. nat.*, P. 2304 p. 335. 2 pages.
IMP. in-4° pièce. *Arch. nat.*, ADI. 16; ADIX. 120, n° 47. 1 page 1/2.

825. Ordre de payer les gages de quarante hommes commis par le roi à la garde des châteaux de Coiffy et de Montigny-le-Roi. Amboise, 11 mai 1518. 1518. 11 mai.

*Original.* Bibl. nat., ms. français 25720, fol. 114.

826. Don à Jacques de Rouy et à Pierre de Menetou, archers, des deniers revenant au roi pour cause d'absence dans la compagnie du maréchal de Chabannes. Amboise, 11 mai 1518. 12 mai.

*Original.* Bibl. nat., ms. français 25720, fol. 115.

827. Mandement aux généraux des Monnaies de faire restituer à la Chambre des Comptes de Dijon des boîtes des monnaies de cette ville emportées à Paris, contrairement aux privilèges du duché de Bourgogne. Amboise, 12 mai 1518. 12 mai.

*Enreg. à la Cour des Monnaies.* Arch. nat., Z1b 62, fol. 167. 1/2 page.

828. Mandement aux généraux des finances de payer à Jacques d'Estimauville 150 livres tournois pour sept voyages faits par ordre du roi, pour surveiller et activer les travaux de construction de la ville et du port du Havre-de-Grâce. Amboise, 13 mai 1518. 13 mai.

*Original.* Arch. nat., K. 81, n° 27.
Imp. S. de Merval, *Documents relatifs à la fondation du Havre*, Rouen, 1875, p. 115.

829. Donation à Pierre de Laval, chevalier, seigneur de Montafilant, de la terre et seigneurie de Dinan, diocèse de Saint-Malo, pour en jouir pendant dix ans, en récompense de son dévouement pendant la conquête du Milanais. Amboise, 15 mai 1518. 15 mai.

*Enreg. à la Chambre des Comptes de Bretagne.* Arch. de la Loire-Inférieure, B. Mandements, I, fol. 199.

830. Lettres d'exemption du passage et du logement des troupes en faveur de la ville et du couvent 16 mai.

de Saint-Maximin, en Provence. Amboise, 16 mai 1518. 1518.

*Enreg. à la Chambre des Comptes d'Aix. Arch. des Bouches-du-Rhône*, B. 27 (*Turtur.*), fol. 185 v°. 1 page.

*Extrait en forme aux Arch. communales de Saint-Maximin.*

IMP. L. Rostan, *Cartul. de la ville de Saint-Maximin*, Paris, Plon, 1862, in-4°, p. 152.

831. Mandement à la Chambre des Comptes d'accepter dans les comptes de dépenses de Denis Duval, ancien receveur des aides et tailles dans l'élection de Gisors, une somme de 134 livres 5 sols tournois, qu'il avait employée en 1514 à la réparation du château et des fortifications de cette ville. Amboise, 17 mai 1518. 17 mai.

*Original. Bibl. nat.*, ms. français 25720, fol. 116.

832. Ratification du traité conclu entre François Ier et Frédéric, héritier du royaume de Norwège, duc de Sleswig-Holstein, par lequel ledit Frédéric s'engage à fournir des vaisseaux et des troupes de terre au roi de France, en cas de guerre avec l'Angleterre ou toute autre puissance. Amboise, 19 mai 1518. 19 mai.

*Original. Arch. nat., suppl. du Trésor des Chartes*, J. 995, n° 2.

833. Évocation au Grand Conseil des procès en matière de francs-fiefs et de nouveaux acquêts dans les comtés d'Étampes, de Mantes, Dourdan et la Ferté-Alais. Amboise, 19 mai 1518. 19 mai.

*Présentée au Parlement de Paris, le 28 mai suivant. Arch. nat.*, X1a 1520, *reg. du Conseil*, fol. 212. (*Mention.*)

834. Don à Madeleine de Lestrac, comtesse douairière d'Entremonts et de Montbel, sa vie durant, de la terre de Fontenay-le-Comte, en Poitou. Amboise, 19 (*aliàs* 31) mai 1518. 31 mai.

*Enreg. à la Chambre des Comptes de Paris. Arch. nat.*, P. 2304, p. 161. 2 pages 1/2.

*Id.*, P. 2535, fol. 263.

835. Le roi déclare consentir à l'échange avec Gaucher de Dinteville, seigneur de Polisot, de la mairie et droits de justice dudit lieu contre une portion de la seigneurie d'Avirey et Singey, au comté de Bar-sur-Seine. Amboise, mai 1518. 1518. Mai.

*Enreg. à la Chambre des Comptes de Dijon, le 6 avril 1518. Arch. de la Côte-d'Or*, reg. B. 72, fol. 29.

836. Création de trois foires annuelles, de trois jours chacune, à la Ferté-sous-Jouarre. Amboise, mai 1518. Mai.

*Enreg. au Châtelet de Paris, le 11 août 1518. Arch. nat., Châtelet, Bannières*, Y. 8, fol. 64. 2 pages.

837. Confirmation et vidimus des lettres de garde-gardienne accordées par Charles VII, le 11 août 1455, à l'abbaye de Sainte-Geneviève de Paris. Amboise, mai 1518[1]. Mai.

*Original scellé. Arch. nat.*, K. 81, n° 27².
*Enreg. au Châtelet de Paris, le 1er février 1529 (n. s.). Arch. nat., Châtelet. Bannières*, Y. 8, fol. 243 v°. 2 pages.

838. Amortissement en faveur des Filles-Repenties de Toulouse, sous la règle de Saint-Augustin, des lieu et place où se trouve leur couvent. Amboise, mai 1518. Mai.

*Enreg. au Parl. de Toulouse. Arch. de la Haute-Garonne, Édits*, reg. 3, fol. 37. 2 pages.

839. Don de 37 livres 10 sous tournois au prieur de l'Hôtel-Dieu de la Madeleine de Rouen, pour l'aider à vivre et à se procurer le sel nécessaire à l'alimentation de ses pauvres malades. Angers, 12 juin 1518. 12 juin.

*Orig. Bibl. nat.*, ms. français 25720, fol. 117.

840. Ordre de payer à Barthélemy Robin, avocat général au Parlement, la somme de 273 livres tournois pour avoir rassemblé les pièces et suivi un procès touchant le comté de Lauraguais. Angers, 13 juin 1518. 13 juin.

*Copie. Bibl. nat., coll. Fontanieu*, vol. 167-168.

[1] Sur le registre du Châtelet l'indication du mois a été omise.

841. Provisions de l'office d'élu dans le Lyonnais, en faveur d'Antoine Grolier, à la place de Jean Grolier, son neveu, nommé trésorier et receveur général du duché de Milan. Angers, 22 juin 1518. 1518. 22 juin.

*Copie. Bibl. nat.*, ms. fr. 2702, fol. 27 v°.

842. Lettres de jussion enjoignant aux gens des Comptes de Bretagne d'enregistrer sans difficulté et sans retard la donation de la terre de Dinan en faveur de Pierre de Laval, seigneur de Montafilant. Angers, 23 juin 1518. 23 juin.

*Enreg. à la Chambre des Comptes de Bretagne. Arch. de la Loire-Inférieure*, B. *Mandements*, I, fol. 200.

843. Mandement à l'archevêque de Toulouse de mettre à exécution dans son diocèse la bulle du pape qui ordonne la levée de décimes pour faire la guerre aux Turcs. Angers, 25 juin 1518. 23 juin.

*Original. Arch. nat.*, K. 81, n° 28.
*Copie. Bibl. nat.*, *coll. Fontanieu*, vol. 167-168.

844. Déclaration relative au droit de gabelle et à la pénalité applicable aux faux-sauniers. Angers, 28 juin 1518. 28 juin.

*Enreg. à la Cour des Aides de Paris, le 29 juillet 1518. Mentionné dans le recueil Cromo, Arch. nat.*, U. 665, fol. 218.
IMP. in-4° pièce, *Arch. nat.*, AD I. 16.
Fontanon, *Édits et ordonn.*, t. IV, p. 1476.

845. Création de trois chambres à sel à Beaufort-en-Vallée, à Chemillé et à Champtocé, dépendant du grenier à sel d'Angers. Angers, 28 juin 1518. 28 juin.

*Enreg. à la Cour des Aides de Paris, le 29 juillet 1518. Mentionné dans le recueil Cromo, Arch. nat.*, U. 665, fol. 219.
*Enreg. à la Chambre des Comptes de Paris, anc. mém.* 2 A, fol. 199. *Arch. nat., invent.* PP. 136, p. 211. (*Mention.*)

846. Création de deux chambres à sel à Pouancé et à Saint-Denis d'Anjou, dépendant du grenier à sel de Château-Gonthier. Angers, 28 juin 1518. 28 juin.

*Enreg. à la Cour des Aides de Paris, le 29 juillet*

*1518. Mentionné dans le recueil Cromo. Arch. nat.*, U. 665, fol. 219. 1518.

*Enreg. à la Chambre des Comptes de Paris, anc. mém.* 2 A, fol. 203. *Arch. nat., invent.* PP. 136, p. 211. (*Mention.*)

847. Création de chambres à sel à Ballon, Loué, Sillé-le-Guillaume et Château-du-Loir, dépendant du grenier à sel du Mans. Angers, 28 juin 1518. 28 juin.

*Enreg. à la Cour des Aides de Paris, le 29 juillet 1518. Mentionné dans le recueil Cromo. Arch. nat.*, U. 665, fol. 220.

*Enreg. à la Chambre des Comptes de Paris, anc. mém.* 2 A, fol. 206. *Arch. nat., invent.* PP. 136, p. 211. (*Mention.*)

848. Création de chambres à sel à Baugé, le Lude et Parcé, dépendant du grenier à sel de la Flèche. Angers, 28 juin 1518. 28 juin.

*Enreg. à la Cour des Aides de Paris, le 29 juillet 1518. Mentionné dans le recueil Cromo. Arch. nat.*, U. 665, fol. 220.

*Enreg. à la Chambre des Comptes de Paris, anc. mém.* 2 A, fol. 201. *Arch. nat., invent.* PP. 136, p. 211. (*Mention.*)

849. Création de chambres à sel à Gorron et à Lassay, dépendant du grenier à sel de Mayenne-la-Juhée. Angers, 28 juin 1518. 28 juin.

*Enreg. à la Cour des Aides de Paris, le 29 juillet 1518. Mentionné dans le recueil Cromo. Arch. nat.*, U. 665, fol. 220.

*Enreg. à la Chambre des Comptes de Paris, anc. mém.* 2 A, fol. 208. *Arch. nat., invent.* PP. 136, p. 211. (*Mention.*)

850. Création d'une chambre à sel à Nogent-le-Rotrou, dépendant du grenier à sel de la Ferté-Bernard. Angers, 28 juin 1518. 28 juin.

*Enreg. à la Cour des Aides de Paris, le 29 juillet 1518. Mentionné dans le recueil Cromo. Arch. nat.*, U. 665, fol. 220.

*Enreg. à la Chambre des Comptes de Paris, anc. mém.* 2 A, fol. 205. *Arch. nat., invent.* PP. 136, p. 211. (*Mention.*)

851. Création d'une chambre à sel à Monseure, dépendant du grenier à sel de Laval. Angers, 28 juin 1518. — 1518. 28 juin.

*Enreg. à la Chambre des Comptes de Paris, anc. mém.* coté 2 A, fol. 210. *Arch. nat., invent.* PP. 136, p. 211. (*Mention.*)

852. Création d'une chambre à sel au May en Anjou, pour fournir les habitants des marches de Bretagne. Angers, 28 juin 1518. — 28 juin.

*Enreg. à la Cour des Aides de Paris, le 29 juillet 1518. Arch. nat., recueil Cromo*, U. 665, fol. 220. (*Mention.*)

*Enreg. à la Chambre des Comptes de Paris, anc. mém.* 2 A, fol. 212. *Arch. nat., invent.* PP. 136, p. 211. (*Mention.*)

853. Défense aux habitants de la marche commune de Bretagne de vendre ou d'acheter du sel ailleurs qu'aux greniers à ce ordonnés. Angers, 28 juin 1518. — 28 juin.

*Enreg. à la Cour des Aides de Paris, le 29 juillet 1518. Arch. nat., recueil Cromo*, U. 665, fol. 220. (*Mention.*)

*Enreg. à la Chambre des Comptes de Paris, anc. mém.* 2 A, fol. 214. *Arch. nat., invent.* PP. 136, p. 211. (*Mention.*)

854. Remboursement à Jean d'Ast, prévôt des maréchaux de France, des frais nécessités par ses voyages pour le roi vers le maréchal de la Palice, puis en Picardie, pour apporter des ordres aux garnisons, et au Maine et en Anjou, pour faire cesser des rébellions et des pillages. Angers, 28 juin 1518. — 28 juin.

*Original. Bibl. nat.*, ms. français 25720, fol. 118.

855. Relief d'adresse pour l'enregistrement des lettres de mai 1517 (n° 675), portant remise à Antoine, duc de Lorraine, des hommages de Châtel-sur-Moselle. Angers, 29 juin 1518. — 29 juin.

*Enreg. au Parl. de Paris, le 7 septembre 1518. Arch. nat.*, X$^{1a}$ 8611, fol. 276.

856. Lettres réclamant par manière de subvention aux habitants du Milanais une somme de 18,015 livres tournois, pour l'extraordinaire des guerres. Angers, 4 juillet 1518. 1518. 4 juillet.

*Original. Bibl. nat.*, ms. fr. 25720, fol. 119.

857. Déclaration et règlement de la juridiction appartenant au sénéchal de Provence ou à son lieutenant. Le Plessis-Macé, 10 juillet 1518. 10 juillet.

*Enreg. à la Chambre des Comptes d'Aix. Arch. des Bouches-du-Rhône*, B. 27 (*Turtur.*), fol. 16. 2 pages.

858. Don à Sébastien de Mareau, conseiller du roi, de 2,753 livres tournois pour ses voyages hors du royaume et les dépenses occasionnées par le mariage du duc d'Urbin. Le Verger, 16 juillet 1518. 16 juillet.

*Original. Bibl. nat.*, ms. français 25720, fol. 120.

859. Mandement aux élus du Lyonnais portant qu'ils devront lever, en l'année 1519, 22,924 livres 4 sous 5 deniers tournois, pour la part de cette province sur la somme de 2,400,000 livres imposée sur le royaume. Le Verger, 17 juillet 1518. 17 juillet.

*Copie. Bibl. nat.*, ms. fr. 2702, fol. 30.

860. Mandement pour la levée, pendant un an, sur la sénéchaussée des Lannes, de 7,477 livres 8 sous 6 deniers, pour la solde et l'entretien des gens de guerre. Le Verger, 17 juillet 1518. 17 juillet.

*Original. Arch. nat.*, K. 81, n° 29.

861. Déclaration rendue en faveur des épiciers de Paris pour réglementer l'exercice du métier d'apothicaire et le disjoindre de celui d'épicier, et visant des lettres patentes de 1516. Angers, 28 juillet 1518. 28 juillet.

*Enreg. au Châtelet de Paris, le 7 août 1518. Arch. nat., Châtelet, Bannières*, Y. 8, fol. 90 v°. 5 pages.

862. Donation au comte de Laval d'une somme de 4,660 livres sur diverses recettes de Bretagne, 28 juillet.

en récompense de plusieurs services. Angers, 28 juillet 1518. 1518.

*Enreg. à la Chambre des Comptes de Bretagne. Arch. de la Loire-Inférieure*, B. *Mandements*, I, fol. 217.

863. Évocation au Grand Conseil d'un procès pendant entre le s^r d'Entraigues et sa femme, d'une part, et Louis de Vendôme, vidame de Chartres, et son frère et sa sœur mineurs, pour décider lequel des Parlements de Paris ou de Rouen doit en prendre connaissance. Angers, 29 juillet 1518. 29 juillet.

*Présentée au Parlement de Paris, le 14 août 1518. Arch. nat.*, X^{1a} 1520, *reg. du Conseil*, fol. 309. (*Mention.*)

864. Pouvoirs donnés à Guillaume Gouffier, s^r de Bonnivet, à Étienne de Poncher, évêque de Paris, à François de Rochechouart, sénéchal de Toulouse, et à Nicolas de Neufville, de négocier un traité avec les commissaires nommés par le roi d'Angleterre. Angers, 31 juillet 1518. 31 juillet.

*Insérés à la suite du traité de Londres, 2 octobre 1518* (ci-dessous, n° 882).
Imp. Rymer, *Acta publica*, t. VI, part. 1, p. 142.
Dumont, *Corps diplomatique*, t. IV, part. 1, p. 279.

865. Pouvoirs donnés par François I^{er} aux mêmes ambassadeurs pour traiter avec l'Angleterre d'une ligue contre les Turcs. Angers, 31 juillet 1518. 31 juillet.

Imp. Rymer, *Acta publica*, t. VI, part. 1, p. 173, col. 1.

866. Pouvoirs donnés par François I^{er} à la reine, sa femme, de choisir, nommer et constituer un ou plusieurs ambassadeurs ou procureurs pour demander en mariage la fille du roi d'Angleterre pour le dauphin. Angers, 31 juillet 1518. 31 juillet.

Imp. Rymer, *Acta publica*, t. VI, part. 1, p. 143, col. 1.

867. Commission spéciale adressée à Guillaume Gouffier, s^r de Bonnivet, amiral de France, pour négocier le mariage du dauphin, fils de François I^{er}, 31 juillet.

avec la fille d'Henri VIII, roi d'Angleterre. Angers, 31 juillet 1518. 1518.

*Imp.* Rymer, *Acta publica*, t. VI, part. 1, p. 144, col. 1.

868. Pouvoirs spéciaux des ambassadeurs de François Ier, l'amiral Bonnivet, l'évêque de Paris, François de Rochechouart et Nicolas de Neufville, pour traiter avec l'Angleterre de la remise et délivrance au roi de France des villes de Tournay, Saint-Amand et Mortagne. Angers, 31 juillet 1518. 31 juillet.

*Imp.* Rymer, *Acta publica*, t. VI, part. 1, p. 144, col. 2.

869. Commission spéciale donnée à l'amiral de Bonnivet, à Étienne de Poncher, à François de Rochechouart et à Nicolas de Neufville pour traiter d'une entrevue entre François Ier et Henri VIII. Angers, 31 juillet 1518. 31 juillet.

*Imp.* Rymer, *Acta publica*, t. VI, part. 1, p. 145, col. 1.

870. Lettres portant don au cardinal d'York d'une pension annuelle de 12,000 livres tournois, payable à Londres ou à Calais. Angers, 31 juillet 1518. 31 juillet.

*Imp.* Rymer, *Acta publica*, t. VI, part. 1, p. 142, col. 1.

871. Cession et transport à Henry Bohier, seigneur de la Chapelle-Bellouin, général des finances, du droit de châtellenie que le roi possédait audit lieu, avec la justice des paroisses de Claunay, Maulay et le Bouchet. Le Verger, juillet 1518. Juillet.

*Enreg. à la Chambre des Comptes de Paris, le 18 janvier 1519, et au Parl. de Paris, sur mandement de Henri II, le 16 décembre 1557. Arch. nat.*, X1a 8621, fol. 253. 3 pages 1/2.

872. Confirmation de quatre foires franches par an et d'un marché hebdomadaire à Stains, en faveur de Jean Ruzé, seigneur de Stains. Juillet 1518. Juillet.

*Enreg. à la Cour des Aides de Paris, le 6 août 1518. Arch. nat.*, recueil *Cromo*, U. 665, fol. 221. (*Mention.*)

873. Confirmation des lettres patentes d'union de l'abbaye de Lérins à la congrégation du Mont-Cassin. 3 août 1518. 1518. 3 août.

*Arch. des Alpes-Maritimes*, H. 63.

874. Provisions d'un office de maître des requêtes de l'hôtel en faveur de Martin Fumée, fils d'Adam Fumée, seigneur des Roches, aussi maître des requêtes. Nantes, 8 août 1518. 8 août.

*Copie collationnée. Arch. nat., suppl. du Trésor des Chartes*, J. 1024, n° 60.

875. Évocation au Grand Conseil d'un procès pendant au Parlement de Paris entre Alain de Courseille, s^r de Lisle, et Nicolas Maillart, sergent à Rouen, pour décider si la connaissance en sera maintenue audit Parlement ou renvoyée à celui de Rouen. Nantes, 11 août 1518. 11 août.

*Présentée au Parlement de Paris, le 26 août 1518. Arch. nat.*, X^{1a} 1520, *reg. du Conseil*, fol. 332 v°. (*Mention.*)

876. Nomination de François Le Porc, écuyer tranchant de la reine, à la charge de connétable de Nantes. Nantes, 13 août 1518. 13 août.

*Copie du 21 août 1518. Arch. municip. de Nantes*, EE., *carton Connétable*.

877. Ajournement au Grand Conseil de tous les débiteurs du droit de franc-fief, gens d'église, non nobles ou nouveaux anoblis de la sénéchaussée de Toulouse, qui ne se sont pas acquittés envers le Trésor. Nantes, 13 août 1518. 13 août.

*Copie signée Lecesne. Archives municip. de Toulouse*, ms. 153, p. 467.
*Id., Arch. municip. d'Alby.*

878. Prorogation permettant aux religieux dominicains du couvent de Saint-Yves de Guérande, diocèse de Nantes, de jouir de cinquante-cinq «œillets» de marais salants qui leur avaient été concédés par la duchesse Anne de Bretagne en la saline de la Forêt, territoire de Guérande. Blain, 20 août 1518. 20 août.

*Original sur parchemin. Arch. de la Loire-Inférieure*, H. 296.



IMPRIMERIE NATIONALE.

879. Lettres portant défense à tous gens de guerre de loger à Nyons et d'y prendre des fourrages et des vivres, si ce n'est du consentement des habitants et en payant. Blain, 22 août 1518. 1518. 22 août.

*Deux copies sur parchemin, signées par notaires. Arch. de la Drôme*, E. 3026.

880. Défense à tous marchands, changeurs et orfèvres du Rouergue d'acheter ou vendre aucun billon ou cendrées ailleurs qu'en la Monnaie de Villefranche. Nantes, 27 août 1518. 27 août.

*Original sur parchemin dans les minutes d'ordonnances de la Cour des Monnaies. Arch. nat.*, $Z^{1b}$ 536.

881. Donation d'une somme de 8,000 livres à prendre sur la moitié du rachat appartenant à la couronne, sur la succession de feu Jean, vicomte de Rohan, afin de se conformer à l'exécution de ses volontés. Vannes, 5 septembre 1518. 5 septembre.

Lettres de jussion pour l'enregistrement de ladite donation. Paris, 8 février 1519 (*n. s.*).

*Enreg. à la Chambre des Comptes de Bretagne. Arch. de la Loire-Inférieure*, B. *Mandements*, I, fol. 208.

882. Traité de paix, d'alliance, ligue et confédération entre la France et l'Angleterre, dans lequel sont compris tous les princes, États, villes et communautés de la chrétienté en Europe. Londres, 2 octobre 1518. 2 octobre.

*Original scellé. Arch. nat., Trésor des Chartes*, J. $650^B$, n° 15.

*Copie. Bibl. nat.*, ms. fr. 2832, fol. 137-148.

IMP. Dumont, *Corps diplomatique*, t. IV, part. 1, p. 266.

Rymer, *Acta publica*, t. VI, part. 1, p. 147.

883. Traité entre les ambassadeurs de François I^er^ et ceux de Henri VIII, roi d'Angleterre, touchant le mariage de la princesse Marie d'Angleterre avec le dauphin, et la cession des villes de Tournay, Mortagne et Saint-Amand, faite à la France moyennant le payement de 600,000 couronnes d'or. Londres, 4 octobre 1518. 4 octobre.

*Original scellé. Arch. nat., Trésor des Chartes* J. $650^B$, n° 29.

IMP. Rymer, *Acta publica*, t. VI, part. 1, p. 151.

884. Traité touchant la délivrance par Henri VIII d'Angleterre au roi de France des villes de Tournay, Saint-Amand, Mortagne, etc. Londres, 4 octobre 1518. 1518. 4 octobre.

*Imp.* Rymer, *Acta publica*, t. VI, part. 1, p. 154, col. 2.

885. Autre traité entre les mêmes souverains pour la répression des pillages et de la piraterie. Londres, 4 octobre 1518. 4 octobre.

*Imp.* Rymer, *Acta publica*, t. VI, part. 1, p. 157, col. 2.

886. Confirmation des lettres de Charles VII, du 13 octobre 1441, accordant à l'hôpital des Quinze-Vingts de Paris exemption de tous droits et impôts sur le vin servant à la consommation dudit hôpital. 15 octobre 1518. 15 octobre.

*Original. Arch. des Quinze-Vingts*, n° 585.
*Enreg. à la Cour des Aides de Paris, le 15 décembre 1518. Arch. nat., copie collationnée faite par ordre de la Cour des Aides, le 5 mars 1779*, Z[1a] 526.
*Idem. Recueil Cromo*, U. 665, fol. 221. (*Mention.*)

887. Lettres contenant l'hommage fait au roi par Laurent Alleman, évêque de Grenoble, pour la temporalité de son diocèse. Baugé, 21 octobre 1518. 21 octobre.

*Arch. de l'Isère, Inv. de la Chambre des Comptes de Grenoble*, IV, fol. 1814.

888. Évocation au Grand Conseil d'un procès pendant entre Jean Bouglier, religieux de la Couture du Mans, appelant du senéchal du Maine, et le procureur du roi en ladite sénéchaussée, d'une part, et Jean Calvau, évêque de Senlis, abbé de la Couture, et le prieur claustral de ladite abbaye, d'autre part. 24 octobre 1518. 24 octobre.

*Présentée au Parlement de Paris, le 16 novembre 1518. Arch. nat.*, X[1a] 1521, *reg. du Conseil*, fol. 4. (*Mention.*)

889. Lettres contenant une bulle de Léon X (Rome, le 17 des calendes de juin 1518) relative à l'exécution du Concordat, et mandement du roi re- 25 octobre.

latif aux poursuites et à la punition des infracteurs. Baugé, 25 octobre 1518. 1518.

*Enreg au Parl de Bordeaux, le 1er avril 1518 avant Pâques. Arch. de la Gironde*, B. 30, fol. 234. 5 pages.

IMP. Fontanon, *Édits et ordonn.*, t. IV, p. 410.

Isambert, *Anc. lois franç.*, t. XII, p. 156.

890. Vidimus d'une bulle de Léon X portant prorogation du délai accordé à François Ier pour faire ratifier le Concordat par les évêques (Rome, le 6 des calendes de juillet 1518) et mandement pour son enregistrement. Baugé, 25 octobre 1518. 25 octobre.

*Enreg. au Parl. de Bordeaux, le 1er avril 1518 avant Pâques. Arch. de la Gironde*, B. 30, fol. 229.

*Double*, fol. 290. 4 pages 1/2.

IMP. Fontanon, *Édits et ordonn.*, t. IV, p. 410.

*Traité des libertés de l'église gallicane*..., édit. Lenglet du Fresnoy, Paris, 1715, t. II, p. 90.

Isambert, *Anc. lois franç.*, t. XII, p. 158.

891. Lettres contenant une bulle de Léon X (Rome, le 17 des calendes de juillet 1518) qui règle les délais dans lesquels il devra être pourvu aux bénéfices vacants, suivant les termes du Concordat, et mandement pour son enregistrement. Baugé, 25 octobre 1518. 25 octobre.

*Enreg. au Parl. de Bordeaux, le 1er avril 1518 avant Pâques. Arch. de la Gironde*, B. 30, fol. 231 v°.

*Double*, fol. 288. 5 pages.

*Enreg. au Parl. de Dijon, le 12 mars 1523. Arch. de la Côte-d'Or, Parl.*, reg. 1, fol. 212 v°.

IMP. Fontanon, *Édits et ordonn.*, t. IV, p. 409 (à la date du 24 octobre).

Girard, *Les offices de France*, augm. par Joly, t. I, p. 230.

*Code de Louis XIII*, t. I, p. 172.

Hardouin, *Conciles*, t. IX, col. 1887.

Isambert, *Anc. lois franç.*, t. XII, p. 154.

892. Lettres portant défense à l'archevêque de Lyon de transporter hors du royaume, sans permission, aucune somme d'or ou d'argent excédant la somme de 2,000 écus pour une fois. La Châtre, 28 octobre 1518. 28 octobre.

*Arch. du Rhône*, série G, *Armoire Cham*, vol. 12, n° 7.

893. Don de la somme destinée à parfaire le prix de la rançon de Prosper Colonna, prisonnier à Villefranche en Piémont, qui avait servi la France contre ses ennemis. Paris, 8 novembre 1518. — 1518. 8 novembre.

*Original. Bibl. nat.*, ms. fr. 25720, fol. 122.

894. Confirmation des statuts des maîtres épiciers et merciers de la ville et banlieue de Chartres. Chartres, 13 novembre 1518. — 13 novembre.

*Enreg. au Parl. de Paris, le 29 mai 1699, avec de nouvelles lettres de confirmation données par Louis XIV. Arch. nat.*, $X^{1a}$ 8693, fol. 231 v°. 6 pages.

895. Mandement à Jean de Poncher, trésorier des guerres, de payer de leurs gages divers hommes d'armes de la compagnie du bâtard de Savoie qui n'étaient pas présents aux montres, mais avaient un congé régulier. Paris, 18 novembre 1518. — 18 novembre.

*Original. Bibl. nat.*, ms. fr. 25720, fol. 124.

896. Don au comte de Guise de la terre et seigneurie de Sormery, confisquées sur Jean du Broullart, pour cause de forfaiture. Paris, 19 novembre 1518. — 19 novembre.

*Copie. Bibl. nat.*, ms. fr. 22441, fol. 56. (*Mention.*)

897. Lettres de provisions de l'office de bailli de Mantes en faveur de Guillaume de Moranvillier. 20 novembre 1518. — 20 novembre.

*Enreg. à la Chambre des Comptes de Paris, le 1<sup></sup>er décembre 1518*, anc. mém. 2 A, fol. 239. *Arch. nat.*, *invent.* PP. 136, p. 216. (*Mention.*)

898. Lettres de jussion enjoignant à la Chambre des Comptes de procéder à l'enregistrement des lettres par lesquelles le roi a donné à bail à Jacques de Genouilhac, grand maître et capitaine général de l'artillerie, une portion de l'hôtel de Saint-Paul, à Paris, moyennant un loyer annuel de 4,000 livres tournois. Paris, 22 novembre 1518. — 22 novembre.

*Enreg. à la Chambre des Comptes de Paris. Arch. nat.*, P. 2304, p. 261. 4 pages.
*Id.* P. 2535, fol. 270.
(Voir ci-dessus, novembre 1516, n° 558.)

899. Don à Louis de Vendôme, vidame de Chartres, des revenus et émoluments du tiers et danger sur les ventes de bois de la forêt de Halatte. 24 novembre 1518. — 1518. 24 novembre.

*Enreg. à la Chambre des Comptes de Paris, le 14 mars 1519, anc. mém.* 2 B, fol. 51. *Arch. nat., invent.* PP. 136, p. 216. (*Mention.*)

900. Ordre au trésorier de l'extraordinaire des guerres de payer 200 livres tournois à Jean Basset, chevalier, seigneur de Normanville, pour deux ans de ses gages de capitaine des nobles du bailliage de Caux, et autant à Jean de Bonneville, concierge du château de Rouen, pour l'entretien et la garde des harnais et des hallebardes. Paris, 24 novembre 1518. — 24 novembre.

*Original. Bibl. nat.*, ms. fr. 25720, fol. 125.

901. Mandement du roi pour informer contre les crimes et malversations de vie de l'évêque d'Angers. Paris, 29 novembre 1518. — 29 novembre.

*Arch. municipales d'Angers*, BB. 17, fol. 28.
Imp. C. Port, *Documents à la suite de l'Inventaire analytique des Archives*, p. 362.

902. Lettres en faveur des chanoines de la Sainte-Chapelle du château de Vincennes, portant mandement aux généraux des aides à Paris de vérifier le privilège de franc-salé accordé auxdits chanoines en 1364, et de leur en assurer la jouissance. 30 novembre 1518. — 30 novembre.

*Enreg. à la Chambre des Comptes de Paris, avec une confirmation du 28 juin 1643, le 14 juillet 1643, anc. mém.* 6 P, fol. 246. *Arch. nat., invent.* PP. 136, p. 216. (*Mention.*)

903. Lettres accordées à Jean de Castelnau, baron de Calmont d'Olt, en faveur des habitants de la ville d'Espalion, ses vassaux, portant établissement d'une foire le 22 janvier de chaque année, et d'un marché le vendredi de chaque semaine. Paris, novembre 1518. — Novembre.

*Arch. de l'Hôtel de ville d'Espalion.*

904. Confirmation de Gaspard de Coligny dans sa charge de maréchal de France, après la mort de Jean-Jacques Trivulce. Paris, 6 décembre 1518. — 1518. 6 décembre.

*Imp.* Du Bouchet, *Preuves pour l'histoire de la maison de Coligny*, 1662, p. 295.

Le Féron, *Hist. des Connétables*, etc., 3ᵉ part., p. 95.

905. Commission adressée à Gaspard de Coligny, maréchal de Châtillon, pour recevoir des Anglais les villes de Tournay, Saint-Amand, Mortagne et tout le pays de Tournésis, suivant le traité conclu avec Henri VIII. Paris, 6 décembre 1518. — 6 décembre.

*Imp.* Du Bouchet, *Preuves pour l'histoire de la maison de Coligny*, 1662, p. 296.

906. Lettres portant ordre d'établir des chaînes sur la Maine, pour empêcher le passage des faux-sauniers. Vincennes, 10 décembre 1518. — 10 décembre.

*Arch. municipales d'Angers*, BB. 17, fol. 31.

907. Ratification par François Iᵉʳ du traité d'alliance conclu par ses ambassadeurs avec le roi d'Angleterre, le 2 octobre précédent (nᵒ 882). Paris, 14 décembre 1518. — 14 décembre.

*Imp.* Rymer, *Acta publica*, t. VI, part. 1, p. 162, col. 2.

908. Lettres adressées aux maire et pairs de Beauvais, leur ordonnant de faire continuer les travaux de fortification de leur ville « qui est ville de frontière et l'une des clefs de nostre royaume ». Paris, 14 décembre 1518. — 14 décembre.

Copie. *Arch. communales de Beauvais*, BB. 13 (*Délibérations comm.*), fol. 4.

909. Lettres relatives à la dîme établie par le Pape pour faire la guerre aux Turcs. Paris, 14 décembre 1518. — 14 décembre.

*Arch. départ. de l'Aube*, G. 2614, liasse 12.

910. Nouvelles lettres de jussion pour lever les difficultés qu'éprouve Jean Brinon à obtenir l'enregistrement à la Chambre des Comptes des lettres — 14 décembre.

du 17 décembre 1516 (n° 570), données en sa faveur. Paris, 14 décembre 1518. 1518.

*Enreg. à la Chambre des Comptes de Paris, le 11 juillet 1521, moyennant certaine condition. Arch. nat.*, P. 2304, p. 611. 9 pages 1/2.

911. Ratification par François I^er^ du traité de mariage du dauphin, son fils aîné, avec la fille d'Henri VIII, roi d'Angleterre, conclu à Londres le 4 octobre précédent (n° 883). Paris, 16 décembre 1518. 16 décembre.

IMP. Rymer, *Acta publica*, t. VI, part. 1, p. 164, col. 1.

912. Ratification par François I^er^ du traité conclu, le 4 octobre précédent (n° 885), entre ses ambassadeurs et ceux du roi d'Angleterre pour la répression de la piraterie. Paris, 21 décembre 1518. 21 décembre.

IMP. Rymer, *Acta publica*, t. VI, part. 1, p. 168, col. 1.

913. Lettres ratifiant les promesses échangées à Londres, le 8 octobre précédent, entre les ambassadeurs de François I^er^ et ceux d'Henri VIII, touchant une entrevue des deux rois. Paris, 21 décembre 1518. 21 décembre.

IMP. Rymer, *Acta publica*, t. VI, part. 1, p. 169, col. 2.

914. Don à Alain, seigneur de Guengat, d'une somme de 3,600 livres tournois, à prendre sur les épaves d'un naufrage arrivé près de Penhors, sur la côte de Bretagne. Paris, 21 décembre 1518. 21 décembre.

*Mentionné dans des lettres de jussion du 17 février suivant, enreg. à la Chambre des Comptes de Bretagne. Arch. de la Loire-Inférieure*, B. *Mandements*, I, fol. 212.

(Voir ci-dessous, n° 954.)

915. Octroi à l'Hôtel-Dieu de Paris du droit de franc-salé pour deux muids et demi de sel. Paris, 22 décembre 1518. 22 décembre.

*Enreg. à la Cour des Aides de Paris, le 21 mars 1518. Copie collationnée de l'arrêt d'enregistrement, en date du 7 avril 1776, faite par ordre de la Cour des Aides. Arch. nat.*, Z^1a^ 526.

916. Don du roi à son chambellan ordinaire, François de Crussol, seigneur de Beaudisner, de 200 tonneaux de vin du cru de Grave et autres vignobles de Guyenne, qu'il pourra faire porter dans ses maisons de Beaudisner et de Châtillon-sur-Indre, avec franchise de tous droits. Paris, 24 décembre 1518. — 1518. 24 décembre.

*Original. Bibl. nat.*, ms. fr. 25720, fol. 127.

917. Confirmation des lettres de Louis XII, autorisant les habitants de Troyes à convertir l'argent pris sur la vente du sel aux réparations et emparements des murailles de la ville. Paris, 27 décembre 1518. — 27 décembre.

*Copies. Arch. municip. de Troyes*, D. 63, fol. 4, et boîte 51, liasse 1.

918. Confirmation des statuts de la confrérie des libraires jurés de l'Université de Paris, écrivains, enlumineurs, historieurs, parcheminiers et relieurs de livres. Paris, décembre 1518. — Décembre.

*Enreg. au Châtelet de Paris, le 10 janvier 1519. Arch. nat., Châtelet, Bannières*, Y. 8, fol. 72 v°. 4 pages.

919. Confirmation des privilèges du collège des notaires et secrétaires du roi, maison et couronne de France, et particulièrement de l'exemption des droits seigneuriaux en raison des terres mouvant du roi qu'ils possèdent. Paris, décembre 1518. — Décembre.

*Enreg. au Parl. de Paris, sans préjudice d'un procès pendant entre le procureur général et les impétrants, le 11 août 1519. Arch. nat.*, X[1a] 8611, fol. 311. 4 pages.

*Enreg. à la Chambre des Comptes de Paris, le 17 mars 1519. Arch. nat.*, P. 2304, p. 437. 8 pages.

*Id.* P. 2535, fol. 289; ADIX. 120, n° 52.

*Enreg. à la Chambre des Comptes de Grenoble. Arch. de l'Isère*, B. 2911, cah. 7. 10 pages.

IMP. (*s. l. n. d.*) in-4° pièce, *Arch. nat.*, ADI. 16, et *Bibl. nat.*, in-4° F (Paquets).

920. Création de deux foires annuelles à Longjumeau — Décembre.



IMPRIMERIE NATIONALE.

et concession de priviléges aux marchands. Paris, décembre 1518. 1518.

Avec lettres de surannation, du 17 septembre 1521.

*Enreg. au Châtelet de Paris, le 7 octobre 1521. Arch. nat., Châtelet, Bannières, Y. 8, fol. 137.* 2 pages.

921. Vidimus et confirmation des priviléges accordés à l'abbaye et aux religieux de Clairvaux par le roi Charles V, en mai 1376. Paris, décembre 1518. Décembre.

Lettres de surannation adressées au Parlement pour l'enregistrement de ladite confirmation. Paris, 17 février 1535.

*Enreg. au Parl. de Paris, le 7 mars 1536 (n. s.). Arch. nat.,* X[1a] 8612, fol. 394 v° et 398. 9 pages, dont 7 occupées par les lettres de Charles V.

*Copie collat. du XVIIIe siècle. Arch. nat.,* K. 171, n° 12.

922. Confirmation des priviléges de l'abbaye de Saint-Sulpice-lès-Bourges, avec vidimus des lettres de Louis VII (1168), de Charles VII (octobre 1455), de Louis XI (février 1466), et de Louis XII (octobre 1506), en faveur de ladite abbaye. Paris, décembre 1518. Décembre.

*Enreg. au Parl. de Paris, le 27 mars 1548 (n. s.). Arch. nat.,* X[1a] 8616, fol. 143 v°. 8 pages, dont 6 1/2 pour les actes vidimés.

923. Lettres de garde-gardienne en faveur de l'abbaye de Notre-Dame de Vauluisant, au diocèse de Sens. Paris, décembre 1518. Décembre.

Mandement au Parlement pour l'enregistrement desdites lettres. Paris, 23 février 1545.

*Enreg. au bailliage de Sens, le 16 décembre 1518, et au Parl. de Paris, le 16 mars 1546 (n. s.). Arch. nat.,* X[1a] 8615, fol. 339 v°. 7 pages 1/2.

*Idem,* fol. 343. 1 page 1/2.

*Arch. de l'Yonne,* H. 678 (*Inv. des titres de Vauluisant*).

924. Lettres d'exemption, en faveur des habitants de Joigny, de l'imposition de 12 deniers par livre Décembre.

sur les grains vendus en ladite ville. Paris, décembre 1518. 1518.

*Original. Arch. communales de Joigny.*
*Enreg. à la Chambre des Comptes de Paris, anc. mém.* coté 2 F, fol. 14. *Mentionné dans un arrêt d'enregistrement de ladite Chambre, du 13 juin 1529. Arch. nat.*, P. 2537, fol. 8.

925. Cession à Jean de Poncher, seigneur de Limours, trésorier des guerres, de la haute justice, du sceau aux contrats et du tabellionnage de la paroisse de Limours. Paris, décembre 1518. Décembre.

*Enreg. au Parl. de Paris, le 2 juin 1556. Arch. nat.*, X[1a] 8620, fol. 278. 3 pages.
*Enreg. à la Chambre des Comptes de Paris. Arch. nat.*, P. 2304, p. 698. 5 pages.

**1519.** — Pâques, le 24 avril.

1519.

926. Confirmation de l'édit de création des offices d'enquêteurs-examinateurs dans les bailliages, sénéchaussées et prévôtés du royaume. Paris, 4 janvier 1518. 4 janvier.

*Enreg. au Parl. de Bordeaux, le 25 février 1518. Arch. de la Gironde*, B. 30, fol. 224. 9 pages.

927. Déclaration portant que les conseillers au Parlement seront exempts du décime dernièrement imposé. Paris, 5 janvier 1518. 5 janvier.

*Enreg. au Parl. de Paris, le 31 janvier suivant. Arch. nat.*, X[1a] 8611, fol. 279. 1/2 page.

928. Règlement pour les gages des quatre présidents des enquêtes du Parlement. Paris, 5 janvier 1518. 5 janvier.

*Enreg. à la Chambre des Comptes de Paris, le 5 février suivant; anc. mém.* 2 A, fol. 361. *Copie de l'arrêt d'enregistrement. Arch. nat.*, ADIX. 120, n° 34.

929. Déclaration portant que les gages du chancelier Du Prat, successeur de Philippe de Montauban, 8 janvier.

chancelier de Bretagne, seront fixés à 4,000 livres par an, y compris la crue de 400 livres et les 1,200 livres d'émolument du sceau. Paris, 8 janvier 1518. 1519.

*Enreg. à la Chambre des Comptes de Bretagne. Arch. de la Loire-Inférieure*, B. *Mandements*, vol. I, fol. 226.

930. Mandement au clergé de permettre aux Quinze-Vingts de quêter dans le royaume et de faire publier les indulgences qu'ils ont obtenues du Pape. Paris, 11 janvier 1518. 11 janvier.

*Original. Arch. des Quinze-Vingts*, n° 56.

931. Commission donnée à Gaspard de Coligny, maréchal de France, de recevoir des mains des commissaires anglais les clefs de Tournay, Saint-Amand et Mortagne. Paris, 13 janvier 1518. 13 janvier.

*Imp.* Rymer, *Acta publica*, t. VI, part. 1, p. 174, col. 2.

932. Ordre aux généraux conseillers sur le fait des finances de payer à Roger de Hyeul, naguère archer sous le commandement du bâtard de Savoie, les gages qui lui sont dus. Paris, 15 janvier 1518. 15 janvier.

*Original.* ms. français 25720, fol. 129.

933. Donation à Louis de Rouville, chevalier, seigneur dudit lieu, de la terre appelée la Fieferme au Menuet, assise en la vicomté de Caudebec, généralité de Rouen. Paris, 18 janvier 1518. 18 janvier.

*Enreg. à la Chambre des Comptes de Paris, le 11 août 1519. Arch. nat.*, P. 2304, p. 279, 8 pages.

934. Lettres portant que l'augmentation de gages de 600 livres par an, accordée à Sébastien de Mareau, maître de la Chambre aux deniers du roi, par lettres du 25 septembre 1516, prendra date de l'avènement du roi et lui sera payée depuis le 1er janvier 1515. Paris, 21 janvier 1518. 21 janvier.

*Copie collationnée. Reg. des Comptes de l'Hôtel. Arch. nat.*, KK. 94, fol. 28. 3 pages.

935. Évocation au Grand Conseil d'un procès intenté par Ambroise Allegrain, veuve de Tristan de Fontaines, conseiller au Parlement, en qualité de tutrice de Michel de Champrond, contre Pierre Dauvet, maître des requêtes de l'Hôtel, et sa femme. Paris, 23 janvier 1518. — 1519. 23 janvier.

*Présentée au Parlement de Paris, le 8 février suivant. Arch. nat.*, X[1a] 1521, *reg. du Conseil*, fol. 82. (*Mention.*)

936. Confirmation d'exemption de tailles, aides et gabelles en faveur des habitants de la terre et seigneurie de Buxières. 24 janvier 1518. — 24 janvier.

*Enreg. à la Chambre des Comptes de Paris, le 31 janvier 1518, anc. mém.* 3 S, fol. 73. *Arch. nat., invent.* PP. 136, p. 218. (*Mention.*)

937. Lettres de jussion adressées à la Chambre des Comptes pour l'entérinement des lettres données à Paris, le 17 mai 1517 (n° 662), en faveur des sieurs François de Montmirel, Nicolas Viole et Christophe du Refuge. Paris, 24 janvier 1518. — 24 janvier.

*Enreg. à la Chambre des Comptes de Paris, le 24 mars 1518. Arch. nat.*, P. 2304, p. 337. 2 pages 1/3.
IMP. in-4° pièce. *Arch. nat.*, ADIX. 120, n° 35. 2 pages.

938. Lettres portant défense au Parlement de Paris de prendre connaissance d'un procès entre Jean Bouglier, religieux de l'abbaye de la Couture, appelant du sénéchal du Maine, et son abbé, Jean Calvau, évêque de Senlis, procès évoqué au Grand Conseil par lettres du 24 octobre précédent (n° 888). Paris, 29 janvier 1518. — 29 janvier.

*Présentées au Parlement de Paris, le 8 février 1518. Arch. nat.*, X[1a] 1521, *reg. du Conseil*, fol. 79 v°. (*Mention.*)

939. Édit portant règlement pour les eaux et forêts (30 articles). Paris, janvier 1518. — Janvier.

*Enreg. au Parl. de Paris, le 7 février suivant. Arch. nat.*, X[1a] 8611, fol. 279 v° à 286. 13 pages.
*Enreg. à la Chambre des Comptes de Paris, le 6 avril 1518. Arch. nat.*, P. 2304, p. 361. 27 pages.
*Enreg. au siège des Eaux et forêts, à Paris, le 9 février 1518. Arch. nat.*, Z. 4574, fol. 63 v°. 25 pages.
IMP. *Bibl. nat., Inv. Réserve*, F. 851, 913, 1822.

940. Édit de règlement sur le fait des eaux et forêts dans la province de Dauphiné. Paris, janvier 1518. 1519. Janvier.

*Enreg. à la Chambre des Comptes de Grenoble. Arch. de l'Isère*, B. 2910, cah. 26. 50 pages.

941. Confirmation des privilèges, notamment ceux de Charles VI (décembre 1402), accordés à la confrérie du mystère de la Passion et Résurrection, fondée en l'église de la Trinité, à Paris. Paris, janvier 1518. Janvier.

*Enreg. au Châtelet de Paris, le 1er mars 1518. Arch. nat., Châtelet, Bannières*, Y. 8, fol. 76 v°. 2 pages.

942. Confirmation des privilèges et exemptions de l'hôpital des Quinze-Vingts de Paris. Paris, janvier 1518. Janvier.

*Original. Arch. des Quinze-Vingts*, n° 483.

*Enreg. au Châtelet de Paris, le 6 septembre 1519. Arch. nat., Châtelet, Bannières*, Y. 8, fol. 87 v°. 1 page.

943. Lettres de don à l'église Saint-Pol, à Paris, de la partie de l'hôtel Saint-Pol qui avait été réservée sur la donation faite à Jacques Galyot de Genouilhac. Paris, janvier 1518. Janvier.

*Copie collationnée du 10 septembre 1541. Arch. nat.*, S. 3472.

IMP. *Mémoires de la Société de l'histoire de Paris et de l'Ile-de-France*, t. VI, 1879, p. 160.

944. Confirmation des privilèges de la ville de Guillaume, en Provence. Paris, janvier 1518. Janvier.

*Original. Arch. municipales de Guillaume (Alpes-Maritimes)*, AA I.

*Enreg. à la Chambre des Comptes d'Aix. Arch. des Bouches-du-Rhône*, B. 26 (*Magdal.*), fol. 443. 3 pages.

945. Lettres portant que Jean Cauchon, premier huissier du Parlement de Rouen, sera payé de l'amende de 60 livres que lui avait donnée le feu roi, par le receveur des exploits et amendes dudit Parlement. 7 février 1518. 7 février.

*Enreg. à la Chambre des Comptes de Paris, le 14 février 1518. Arch. nat., invent.* PP. 136 p. 219. (*Mention.*)

946. Lettres de garde-gardienne en faveur de l'abbaye de Saint-Pierre de Reuil, au diocèse de Meaux. Paris, 8 février 1518. 1519. 8 février.

*Enreg. au Châtelet de Paris, le 11 mars 1520. Arch. nat., Châtelet, Bannières*, Y. 8, fol. 125. 4 pages.

947. Lettres de jussion à la Chambre des Comptes de Bretagne pour l'enregistrement des lettres du 5 septembre précédent (n° 881), touchant la succession de Jean, vicomte de Rohan. Paris, 8 février 1518. 8 février.

*Enreg. à la Chambre des Comptes de Bretagne. Arch. de la Loire-Inférieure*, B. *Mandements*, I, fol. 209.

948. Mandement aux généraux des finances de faire rembourser par Jean Lallemant le jeune, receveur général de Languedoc, à Henri Bohier, général des finances, une somme de 2,056 livres 7 sols 9 deniers tournois, qu'il avait prêtée au roi et baillée, en janvier 1516, à Octavien Fourgouse (*sic*), gouverneur de Gênes, pour la conservation de ladite ville. Paris, 8 février 1518. 8 février.

*Original. Bibl. nat.*, ms. français 25720, fol. 131.

949. Pouvoirs donnés à la Chambre des Comptes pour procéder, avec le sieur Nicolas de Neufville, secrétaire des finances, à l'échange des maisons qu'il possède au faubourg de la Porte Saint-Honoré, près les fossés de la ville, sur le chemin allant de ladite porte au bois de Boulogne, contre le domaine royal de Chanteloup, près Châtres (auj. Arpajon). Paris, 12 février 1518. 12 février.

*Enreg. à la Chambre des Comptes de Paris. Arch. nat.*, P. 2304, p. 287, 6 pages.

*Copies. Arch. nat.*, P. 2535, fol. 273 v°; ADIX. 120, n° 38.

*Copie. Bibl. nat., coll. Fontanieu*, vol. 167-168.

950. Évocation au Conseil du roi du procès pendant au Parlement de Toulouse entre le seigneur de Lautrec, comte de Comminges, et les capitouls, à raison du barrage de la Garonne, à Muret. Paris, 13 février 1518. 13 février.

*Copie. Archives municip. de Toulouse*, ms. 153, p. 147.

951. Commission à Arnoul Ruzé, conseiller au Parlement de Paris, de faire mettre à exécution, dans les diocèses de Tours, d'Angers et du Mans, une bulle du Pape ordonnant une levée de décimes. Paris, 15 février 1518. 1519. 15 février.

*Imp.* Raoul Monsnyer, *Celeberrimæ S. Martini Turonensis ecclesiæ jura*, etc., Paris, 1663, in-8°, p. 148. (*Bibl. nat.*, Lk⁷ 9859.)

952. Nouvelle confirmation des priviléges et franchises de la ville de Guillaume, en Provence. Paris, 15 février 1518. 15 février.

*Enreg. à la Chambre des Comptes d'Aix. Arch. des Bouches-du-Rhône*, B. 26 (*Magdal.*), fol. 447. 5 pages.

953. Confirmation d'exemption de tailles et autres franchises accordées aux habitants de la terre et seigneurie de Capdenac. 16 février 1518. 16 février.

*Enreg. à la Chambre des Comptes de Paris, avec une nouvelle confirmation du 22 avril 1551, le 3 août 1551, anc. mém.* 2 Q, fol. 118. *Arch. nat., invent.* PP. 136, p. 219. (*Mention.*)

954. Lettres de jussion rappelant la donation faite à Alain, seigneur de Guengat, d'une somme de 3,600 livres tournois, Paris, 21 décembre 1518 (n° 914), à prendre sur les débris et épaves d'un naufrage arrivé près de Penhors, diocèse de Cornouaille, et ordonnant aux gens des comptes de Bretagne de procéder sans difficulté à l'enregistrement. Paris, 17 février 1518. 17 février.

*Enregistré à la Chambre des Comptes de Bretagne. Arch. de la Loire-Inférieure*, B. *Mandements*, I, fol. 212.

955. Commission au sieur de Montlor, chambellan, à François Dupré, valet de chambre du roi, et à Jean Nicolaï, premier président de la Chambre des Comptes, de demander aux États de Languedoc réunis au Puy la somme de 59,832 livres, quote-part taxée à cette province sur l'imposition de 300,000 livres ré- 20 février.

partie sur tout le royaume. Paris, 20 février 1518. 1519.

*Original. Bibl. nat.*, ms. français 25720, fol. 134.
*Copie. Bibl. nat., papiers de dom Pacotte*, ms. latin 9180, fol. 100.
*Copie. Arch. municipales de Montpellier*, série AA, *États de Languedoc.*

956. Mandement aux élus du Lyonnais pour la levée de 5,732 livres, quote-part attribuée à leur élection dans la répartition d'une imposition de 300,000 livres sur tout le royaume. Paris, 20 février 1518. 20 février.

*Copie. Bibl. nat.*, ms. français 2702, fol. 40 v°.

957. Mandement pour la répartition sur les habitants du Poitou de leur quote-part de la taxe de 600,000 livres imposée sur tout le royaume, pour le rachat de la ville de Tournay et les frais du mariage projeté entre le dauphin et la fille du roi d'Angleterre. Paris, 20 février 1518. 20 février.

*Original. Arch. nat.*, K. 81, n° 34.

958. Commission adressée au premier président, Pierre de Saint-André, au sénéchal de Toulouse et au secrétaire Simon Bertier pour demander à la ville de Toulouse la somme de 6,000 livres tournois, à payer avant la fin du mois de mars, à cause des grandes dépenses occasionnées par le recouvrement de la ville de Tournay. Paris, 20 février 1518. 20 février.

*Copie. Arch. municip. de Toulouse*, ms. 153, p. 159.

959. Lettres de garde-gardienne en faveur de l'abbaye de Saint-Martin-lès-Pontoise. Paris, 20 février 1518. 20 février.

*Enreg. au Châtelet de Paris, le 11 avril 1518 avant Pâques. Arch. nat., Châtelet, Bannières*, Y. 8, fol. 81 v°. 4 pages.

960. Aymar Nicolaï obtient la survivance et jouissance de l'office de premier président de la Chambre des Comptes de Paris dont Jean Ni- 23 février.



IMPRIMERIE NATIONALE.

colaï, son père, est pourvu. Paris, 23 février 1518. 1519.

*Enreg. à la Chambre des Comptes de Paris. Arch. nat.*, P. 2304, p. 271. 5 pages.
*Copies. Arch. nat.*, P. 2535, fol. 272; ADIX. 120, n° 39.
Imp. A. de Boislisle, *Les premiers présidents de la Chambre des Comptes*, in-4°, p. 9, n° 14, d'après une copie du XVIe siècle, sous la date du 26 février 1518.

961. Lettres de jussion à la Chambre des Comptes de Paris pour l'entérinement du don fait à Louis de Vendôme, vidame de Chartres, le 24 novembre 1518 (n° 899), des droits de tiers et danger dans la forêt de Halatte. 25 février 1518. 25 février.

*Enreg. à la Chambre des Comptes de Paris, le 12 mars 1519, anc. mémorial 2 B, fol. 52. Arch. nat.*, invent. PP. 136, p. 216. (*Mention.*)

962. Donation à Alain de Guengat, en récompense des services qu'il a rendus au roi dans son voyage en Bretagne, de tous les profits qui peuvent lui revenir sur un naufrage de hourque étrangère survenu près de Penhors, quelle que soit la valeur des objets (voir n° 954). Paris, 26 février 1518. 26 février.

*Enreg. à la Chambre des Comptes de Bretagne. Arch. de la Loire-Inférieure*, B. *Mandements*, I, fol. 210.

963. Assignation d'une somme de 2,000 livres tournois à prendre sur les gages des officiers du Parlement de Toulouse, qui consentent à prêter cette somme au roi pour couvrir les frais extraordinaires de ses guerres. Paris, 27 février 1518. 27 février.

*Enreg. au Parl. de Toulouse. Arch. de la Haute-Garonne*, *Édits*, reg. 3, fol. 41.

964. Mandement aux trésoriers de France leur ordonnant de rembourser aux commissaires chargés de la recette des revenus de l'évêché de Comminges la somme de 1,000 livres tournois qu'ils avaient prêtée au roi pour les besoins de la guerre. Paris, 27 février 1518. 27 février.

*Copie du XVIe siècle. Arch. nat.*, T. 353[1].

965. Don à François de Bourbon, comte de Saint-Pol, de la ville, châtellenie et seigneurie de Mortagne, près Tournay. Paris, février 1518. 1519. Février.

*Enreg. au Parl. de Paris, le 6 juin 1519. Arch. nat.*, X[1a] 8611, fol. 296. 2 pages.

966. Règlement pour le payement des droits qui appartiennent sur les amendes aux greffiers criminels, clercs de greffe et premier huissier du Parlement de Paris. Paris, février 1518. Février.

*Enreg. à la Chambre des Comptes de Paris, le 13 février, anc. mém.* coté 2 A, fol. 360. *Copie de l'arrêt d'enregistrement. Arch. nat.*, AD IX, 120, n° 37.

967. Confirmation des privilèges accordés aux Chartreux de Bourgfontaine, diocèse de Soissons, et notamment du droit de franc-salé. Paris, 2 mars 1518. 2 mars.

*Enreg. à la Chambre des Comptes de Paris, anc. mém.* AA, fol. 286.

*Copie collationnée faite par ordre de la Cour des Aides de Paris, le 25 novembre 1776. Arch. nat.*, Z[1a] 526.

968. Évocation au Grand Conseil d'un procès pendant au Parlement entre Guillaume Chocquier et Étienne Robert, au sujet de l'office de contrôleur du grenier à sel de Serqueux. 2 mars 1518. 2 mars.

*Présentée au Parlement de Paris, le 15 mars 1518. Arch. nat.*, X[1a] 1521, *reg. du Conseil*, fol. 115. (*Mention.*)

969. Don à Robert Gédoyn, conseiller du roi et secrétaire des finances, de la somme de 2,000 écus, en récompense de ses services. Paris, 3 mars 1518. 3 mars.

*Original. Arch. nat.*, K. 81, n° 35.

970. Ordre de payer à Jacques Gaillart, commissaire nommé pour faire l'assiette des tailles dans le pays des Lannes, toute la somme qu'il aurait dû partager avec Martin Bosserant, si celui-ci avait exécuté avec lui la commission qu'ils avaient en commun. Paris, 4 mars 1518. 4 mars.

*Copie. Bibl. nat., coll. Fontanieu*, vol. 167-168.

971. Évocation au Grand Conseil d'un appel interjeté au Parlement de Paris par Nicolas de Flaingues, praticien et procureur au siège de Ribemont, touchant les francs-fiefs et nouveaux acquêts. Paris, 4 mars 1518. 1519. 4 mars.

*Présentée au Parlement de Paris, le 11 mars suivant. Arch. nat.*, X[1a] 1521, *reg. du Conseil*, fol. 110 v°. (*Mention.*)

972. Confirmation de don aux Filles-Dieu de Paris de deux muids de blé à prendre, chaque année, sur la prévôté de Gonesse, avec payement de 450 livres d'arrérages. Au port de Neuilly, 13 mars 1518. 13 mars.

*Enreg. à la Chambre des Comptes de Paris, le 1er avril 1518 avant Pâques. Arch. nat.*, P. 2304, p. 319. 10 pages 1/2.

973. Provisions et réception de Gervais du Molinet en l'office de procureur général en la Chambre des Comptes, au lieu et en survivance de Guillaume du Molinet, son père. Au port de Neuilly, 13 mars 1518. 13 mars.

*Enreg. à la Chambre des Comptes de Paris. Arch. nat.*, P. 2304, p. 313. 4 pages.
*Autre copie, id.*, ADIX. 120, n° 43.

974. Pouvoir octroyé à la duchesse d'Angoulême d'instituer une Chambre des Comptes à Angoulême, dont seront justiciables tous les trésoriers, receveurs et officiers comptables de ladite duchesse, et spécialement le receveur général des traites et impositions d'Anjou et de Thouars. Paris, 14 mars 1518. 14 mars.

*Expéditions originales. Arch. nat.*, P. 1403[2], cote 112, et P. 1410[2], cote 42 *bis*.
*Enreg. au Parl. de Paris, le 1er juin 1519. Arch. nat.*, X[1a] 8611, fol. 294. 3 pages 1/2.

975. Lettres portant que l'édit de création des contrôleurs des deniers des fortifications sera enregistré selon sa forme et teneur, nonobstant les restrictions et interprétations du Parlement de Toulouse. Saint-Germain-en-Laye, 15 mars 1518. 15 mars.

*Enreg. au Parl. de Toulouse. Arch. de la Haute-Garonne, Édits*, reg. 3, fol. 63 v°.

976. Confirmation de l'exemption des tailles et aides et du droit de gabelle accordée aux Chartreux par Charles V, Charles VI, Charles VII, Louis XI, Charles VIII, Louis XII et François I^er^. 22 mars 1518. — 1519. 22 mars.

*Enreg. à la Cour des Aides de Paris, le 1^er^ mars 1520. Mentionné dans le recueil Cromo, Arch. nat.,* U. 665, fol. 230.

977. Bulle de Léon X portant provisions de légat *a latere* en France pour le cardinal de Boisy. Rome, le 10 des calendes d'avril 1518. — 23 mars.

Ampliation de pouvoirs pour le même. Rome, la veille des nones de juillet 1519.

*Sans date d'enregistrement. Arch. nat., Parl. de Paris,* X^1a^ 8611, fol. 304, 306. 7 pages.

*Enreg. au Parl. de Bordeaux. Arch. de la Gironde,* B. 30, fol. 296, 298. 7 pages.

978. Concession de jouissance à Étienne Le Blanc et à Pierre Chevalier, greffiers de la Chambre des Comptes de Paris, de 12 sols parisis par jour, comme leurs prédécesseurs. 23 mars 1518. — 23 mars.

*Enreg. à la Chambre des Comptes de Paris, le 7 juillet 1519. Arch. nat., invent.* PP. 136, p. 220. (*Mention.*)

979. Permission accordée aux sieurs du Bousquet et de Clausa, membres du Parlement de Toulouse, de faire écrire par leurs clercs les brevets des procès dans lesquels ils seront rapporteurs. Saint-Germain-en-Laye, 23 mars 1518. — 23 mars.

*Enreg. au Parl. de Toulouse. Arch. de la Haute-Garonne, Édits,* reg. 3, fol. 38 v°. 1 page.

980. Provisions et réception d'Étienne Robin en l'office de général des monnaies de Languedoc. 24 mars 1518. — 24 mars.

*Enreg. à la Chambre des Comptes de Paris, le 7 juillet 1519, anc. mém.* 2 A, fol. 334. *Arch. nat., invent.* PP. 136, p. 220. (*Mention.*)

981. Mandement à Guillaume Prudhomme de payer les sommes qui seront taxées par le seigneur — 27 mars.

du Chillou, vice-amiral de France, gouverneur du Havre-de-Grâce. Saint-Germain-en-Laye, 27 mars 1518. 1519.

*Imp.* S. de Merval, *Documents relatifs à la fondation du Havre*, Rouen, 1875, p. 170.

982. Remise en faveur des religieuses de Montfleury, en Dauphiné, de leur quote-part des décimes levés en vertu d'une bulle du Pape. Saint-Germain-en-Laye, 30 mars 1518. 30 mars.

*Copie. Bibl. nat., coll. Fontanieu*, vol. 167-168.

983. Confirmation des statuts et privilèges du métier de poulailler, à Paris. Paris, mars 1518. Mars.

*Enreg. au Châtelet de Paris, le 14 mars 1518. Arch. nat., Châtelet, Bannières*, Y. 8, fol. 78 v°. 1 page.

984. Création de trois foires annuelles et d'un marché hebdomadaire à Meudon. Paris, mars 1518. Mars.

*Enreg. au Châtelet de Paris, le 21 mars 1518. Arch. nat., Châtelet, Bannières*, Y. 8, fol. 79 v°. 2 pages.

985. Confirmation de l'échange fait entre le roi et le sieur de Neufville de Villeroy des maison et jardin des Tuileries à Paris, et de la terre et seigneurie de Chanteloup, près Châtres-sous-Montlhéry (Arpajon). Paris, mars 1518. Mars.

*Enreg. à la Chambre des Comptes de Paris, le 19 mars 1518. Copie. Arch. nat.*, ADIX. 120, n° 40. 5 pages.

986. Édit portant que les sentences et les autres actes émanant des lieutenants du bailli de Touraine porteront en tête le nom et le titre dudit bailli, comme s'ils émanaient de lui-même, ainsi qu'il avait été ordonné pour le Poitou et pour l'Anjou. Au port de Neuilly, mars 1518. Mars.

*Enreg. au Parl. de Paris, le 29 mars 1519 (n. s.). Arch. nat.*, X[1a] 8611, fol. 288 v°. 2 pages.
*Imp.* Girard, *Les offices de France*, augm. par Joly, t. II, p. 1831.

987. Lettres portant modification des dates assignées à la tenue des foires annuelles établies en 1481 à Yerres-le-Châtel, avec continuation d'un marché hebdomadaire. Saint-Germain-en-Laye, mars 1518. 1519. Mars.

Avec lettres de surannation, d'août 1520.

*Enreg. au Châtelet de Paris, le 4 août 1520.* *Arch. nat., Châtelet, Bannières*, Y. 8, fol. 110 v°. 4 pages.

988. Érection du Roannais en duché-pairie en faveur d'Artus Gouffier, sieur de Boisy, comte d'Étampes, grand maître de France. Saint-Germain-en-Laye, 3 avril 1518 avant Pâques [1]. 3 avril.

*Copie. Arch. nat.*, reg. KK. 595, fol. 569.
*Imp.* Le P. Anselme, *Hist. généal. de la maison royale de France*, t. V, p. 293.

989. Lettres par lesquelles le roi accorde au comte d'Isenbourg une pension annuelle de 2,000 livres tournois, en échange de la promesse que celui-ci lui a faite de lui fournir des troupes et de le servir envers et contre tous. Saint-Germain-en-Laye, 4 avril 1518. 4 avril.

*Original. Arch. nat., suppl. du Trésor des Chartes*, J. 995, n° 19.

990. Autorisation de réouverture de la Monnaie de la Rochelle, à la charge d'une caution de 10,000 livres tournois à fournir par les officiers de cette Monnaie. Saint-Germain-en-Laye, 5 avril 1518. 5 avril.

*Enreg. à la Cour des Monnaies, le 8 avril 1518.* *Arch. nat.*, $Z^{1b}$ 62, fol. 171 v°. 2 pages.

991. Ordonnance portant règlement, en 13 articles, sur la traite d'Anjou et le trépas de la Loire, pour les vins et autres marchandises transportés d'Anjou au duché de Bretagne ou hors du 6 avril.

[1] Ces lettres ne furent point enregistrées, Artus Gouffier étant mort un mois après les avoir obtenues.

royaume. Saint-Germain-en-Laye, 6 avril 1518 avant Pâques. 1519.

*Enreg. à la Cour des Aides de Paris, le 13 avril 1518 avant Pâques. Simple mention. Arch. nat.*, $Z^{1a}$ 526.
*Copie collationnée. Arch. nat., suppl. du Trésor des Chartes*, J. 747, n° 1.
IMP. *Code Henri III*, Paris, Claude Collet, 1622, fol. 528.
*Idem*, in-12 pièce, *aux Arch. nat.*, ADI. 16. 12 pages.
*Autre* (*s. l. n. d.*) in-8° pièce, *à la Bibl. nat.*, 8° F. Actes royaux (Cartons).

992. Continuation de l'octroi de 20 deniers tournois sur chaque minot de sel vendu au grenier à sel de Montargis, en faveur des habitants de ladite ville, et pour les aider à réparer leurs fortications. Saint-Germain-en-Laye, 6 avril 1518. 6 avril.

*Original. Arch. municipales de Montargis*, CC. 11.

993. Lettres concédant aux généraux des finances et autres officiers de la Cour des Aides de Paris droits de livrées, jetons et autres menus droits prélevés sur les amendes, analogues à ceux des officiers de la Chambre des Comptes. Saint-Germain-en-Laye, 7 avril 1518 avant Pâques. 7 avril.

*Enreg. à la Chambre des Comptes de Paris, le 25 mai 1519, anc. mém.* 2 A, fol. 331. *Arch. nat., invent.* PP. 136, p. 209. (*Mention.*)
*Copie collationnée faite par ordre de la Cour des Aides, le 5 mars 1779. Arch. nat.*, $Z^{1a}$ 526.
*Autre copie. Arch. nat.*, ADIX. 120, n° 46.

994. Dispense accordée, sur la requête des États de Provence, aux maîtres des monnaies de ce pays de transporter leurs boîtes à Paris pour en opérer la vérification, et leur accordant le privilège de les faire examiner sur place. Saint-Germain-en-Laye, 7 avril 1518 avant Pâques. 7 avril.

*Enreg. à la Cour des Monnaies. Arch. nat.*, $Z^{1b}$ 62, fol. 173 v°. 1 page.

995. Don à Louis de Clèves des créations de maîtres jurés de chaque métier dans toutes les villes du 8 avril.

royaume, faites à l'occasion de la naissance du second fils du roi. Saint-Germain-en-Laye, 8 avril 1518. 1519.

*Enreg. au Parl. de Paris, le 10 mai 1519. Arch. nat.*, $X^{1a}$ 8611, fol. 290 v°. 1 page.

996. Relief de surannation pour l'enregistrement des lettres de mars 1514 (n° 185), concernant les privilèges de la Sainte-Chapelle de Paris. Saint-Germain-en-Laye, 8 avril 1518. 8 avril.

*Enreg. au Parl. de Paris, le 11 avril 1518 avant Pâques, et le 8 juillet 1546. Arch. nat.*, $X^{1a}$ 8611, fol. 291.

997. Autorisation de réouverture de la Monnaie de Bordeaux, à la charge pour les officiers de cette Monnaie de fournir une caution de 10,000 livres tournois. Saint-Germain-en-Laye, 16 avril 1518 avant Pâques. 16 avril.

*Enreg. à la Cour des Monnaies, le 15 avril 1518 avant Pâques. Arch. nat.*, $Z^{1b}$ 62, fol. 172 v°. 2 pages.

998. Institution de maître Guillaume Loaisel, seigneur de la Touraudaie, en un office d'auditeur à la Chambre des Comptes de Bretagne. Saint-Germain-en-Laye, 18 avril 1518 avant Pâques. 18 avril.

*Enreg. à la Chambre des Comptes de Bretagne. Arch. de la Loire-Inférieure*, B. *Mandements*, I, fol. 259.

999. Commission donnée au bailli d'Amiens d'informer *de commodo vel incommodo* sur la demande faite par le chapitre de Notre-Dame d'Amiens de faire tenir ses audiences de la juridiction de la Barge tous les huit jours. Saint-Germain-en-Laye, 19 avril 1518 avant Pâques. 19 avril.

*Original. Arch. de la Somme, fonds du chapitre d'Amiens*, armoire 2, liasse 6, n° 7.

1000. Confirmation des privilèges des merciers de Paris. Saint-Germain-en-Laye, avril 1518 avant Pâques. Avril.

*Enreg. au Châtelet de Paris, le 13 mars 1519. Arch. nat., Châtelet, Livre rouge*, Y. $6^{4}$, fol. 43; *Bannières*, Y. 8, fol. 102. 2 pages.



IMPRIMERIE NATIONALE.

1001. Confirmation des priviléges des habitants de la ville de Saint-Symphorien-d'Ozon. Saint-Germain-en-Laye, avril 1518 avant Pâques. 1519. Avril.

*Enreg. à la Chambre des Comptes de Grenoble, le 12 juillet 1519. Arch. de l'Isère,* B. 2968, fol. 838 v°. 4 pages.

1002. Lettres de légitimation accordées à Jean de Naves, licencié ès droits. Saint-Germain-en-Laye, avril 1518 avant Pâques. Avril.

*Copie. Arch. départ. de l'Hérault,* B. 341, fol. 98. 3 pages.

1003. Lettres de garde-gardienne en faveur de l'abbaye de Saint-Cyr. Carrières, avril 1518 avant Pâques. Avril.

*Enreg. au Châtelet de Paris. Arch. nat., Bannières,* Y. 8, fol. 155. 3 pages.

1004. Confirmation des priviléges de noblesse accordés aux maire et échevins de la ville de Tours, nonobstant les modifications de la Chambre des Comptes et de la Cour des Aides. Saint-Germain-en-Laye, 27 avril 1519. 27 avril.

*Enreg. à la Chambre des Comptes de Paris, le 24 mai 1519. Arch. nat.,* P. 2304, p. 299. 12 pages 1/2.

*Enreg. à la Cour des Aides de Paris, le 16 juin 1519. Arch. nat., recueil Cromo,* U. 665, fol. 224. *(Mention.)*

1005. Déclaration portant commission et règlement pour l'aliénation du domaine de la couronne, jusqu'à concurrence de 268,000 livres tournois. Saint-Germain-en-Laye, 1er mai 1519. 1er mai.

*Enreg. au Parl. de Paris, sauf réserve en ce qui touche les places fortes et frontières, le 19 mai 1519. Arch. nat.,* X1a 8611, fol. 292. 4 pages.

*Enreg. à la Cour des Aides de Paris, le 20 mai 1519. Arch. nat., recueil Cromo,* U. 665, fol. 222. *(Mention.)*

*Enreg. à la Chambre des Comptes de Paris, le 23 mai 1519, ancien mém. AA, fol. 298. Arch. nat., invent.* PP. 136, p. 222. *(Mention.)*

*Enreg. au Parl. de Dijon, le 7 juin 1519. Arch. de la Côte-d'Or, Parl.,* reg. 1, fol. 164 v°.

*Enreg. à la Chambre des Comptes de Dijon. Ibid.,* reg. B. 72, fol. 33 v°.

1006. Mandement pour aliéner le domaine du roi en Dauphiné jusqu'à concurrence de 6,000 livres de revenu. Saint-Germain-en-Laye, 1er mai 1519. 1519. 1er mai.

*Enreg. à la Chambre des Comptes de Grenoble. Original aux Arch. de l'Isère*, B. 3186.

1007. Commission à l'évêque d'Avranches et autres, pour l'aliénation de partie du domaine du roi en Normandie. Saint-Germain-en-Laye, 1er mai 1519. 1er mai.

*Enreg. à la Chambre des Comptes de Paris. Arch. nat., invent.* PP. 136, p. 222. *(Mention.)*

1008. Commission à l'évêque d'Avranches et autres, pour l'aliénation du domaine et des rentes sur les aides et gabelles dans les bailliages de Gisors et d'Évreux, jusqu'à la somme de 12,000 livres. Saint-Germain-en-Laye, 1er mai 1519. 1er mai.

*Enreg. à la Chambre des Comptes de Paris. Arch. nat., invent.* PP. 136, p. 222. *(Mention.)*

1009. Mandement du roi à ses officiers de Picardie de vendre ou engager, avec faculté de rachat perpétuel, les domaines, aides, impositions et gabelles de cette province, dont ils trouveront le plus tôt de l'argent. Saint-Germain-en-Laye, 1er mai 1519. 1er mai.

*Original. Bibl. nat.*, ms. français 3057, fol. 231.
*Copie. Bibl. nat., coll. Fontanieu*, vol. 167-168.

1010. Délaissement du comté de Guines à M. de Rambures, sa vie durant, du consentement de son beau-père, M. de Piennes, lieutenant général du roi en Picardie. Saint-Germain-en-Laye, 1er mai 1519. 1er mai.

*Enreg. à la Chambre des Comptes de Paris. Arch. nat.*, P. 2304, p. 409. 3 pages 1/4.

1011. Lettres portant que Jean et Aymar Nicolaï jouiront conjointement des gages et droits attribués à l'office de premier président de la Chambre des Comptes. Saint-Germain-en-Laye, 1er mai 1519. 1er mai.

*Enreg. à la Chambre des Comptes de Paris, le 7 juin 1519.*
*Copie. Arch. nat.*, ADIX. 120, n° 57. 3 pages.

1012. Création de deux offices de généraux à la Cour des Aides de Rouen, en outre des deux qui existaient déjà, et augmentation des gages des conseillers de ladite cour. Saint-Germain en-Laye, 1er mai 1519. 1519. 1er mai.

*Copie d'après le registre de la Cour des Aides de Rouen. Bibl. nat., mss. Moreau, t.* 1284, fol. 55.

1013. Lettres ordonnant la levée de l'impôt du brai sur les grains moulus pour les boissons à Tournay, jusqu'au payement de la somme de 23,000 livres tournois que la ville devait au roi de France, pour l'avance qu'il en avait faite à Henri VIII, à qui elle était due. Saint-Germain-en-Laye, 1er mai 1519. 1er mai.

A ces lettres est annexé l'acte d'entérinement auquel il fut procédé, malgré l'opposition du corps des brasseurs, par le lieutenant général du bailli de Tournay, le 7 juin 1519.

*Original scellé. Arch. de la ville de Tournay.*

1014. Mandement au bailli de Tournay et du Tournaisis, lui enjoignant de tenir la main à ce que les consuls et les habitants de Tournay ne fussent pas inquiétés à cause des rentes et hypothèques que les sujets français avaient sur le corps de la commune de ladite ville, les arrérages de ces rentes et hypothèques, pour la période où Tournay appartint à Henri VIII, ayant été employés à des travaux de défense, de l'assentiment de ce souverain, et le roi de France par suite tenant la ville quitte des sommes dues aux créanciers. Saint-Germain-en-Laye, 1er mai 1519. 1er mai.

*Original scellé. Arch. de la ville de Tournay.*

1015. Lettres portant que, pour donner plus d'autorité aux actes émanés des notaires et tabellions du bailliage de Touraine, ils seront désormais passés sous le nom et intitulé du bailli. Saint-Germain-en-Laye, 3 mai 1519. 3 mai.

Ampliation de l'édit de mars 1518 (nº 986).

*Enreg. au Parl. de Paris, le 6 mai 1519. Arch. nat.*, X1a 8611, fol. 289 vº. 1 page 1/2.

1016. Bulle de Léon X approuvant les statuts dressés pour la réformation du prieuré conventuel de Saint-Samson d'Orléans, de l'ordre de Saint-Augustin. Rome, la veille des nones de mai 1519. 1519. 6 mai.

Lettres d'attache portant ratification de ladite bulle par le roi. Saint-Aignan, décembre 1519.

*Enreg. au Parl. de Paris, le 8 mai 1520. Arch. nat.*, X[1a] 8611, fol. 316. 8 pages.

1017. Lettres accordant à François de Montmirel, Nicolas Viole et Christophe du Refuge les droits de robe, de buche et de Toussaint attribués aux conseillers correcteurs de la Chambre des Comptes de Paris. Saint-Germain-en-Laye, 6 mai 1519. 6 mai.

*Enreg. à la Chambre des Comptes de Paris, le 8 juin 1519. Arch. nat.*, P. 2304, p. 347. 5 pages.
*Double. Ibid.*, p. 349. 7 pages.
IMP. in-4° pièces, *Arch. nat.*, ADI. 16; ADIX. 120, n° 58. 3 pages.

1018. Déclaration touchant l'entretènement de l'autorité et de la juridiction de la Chambre des Comptes de Dijon. Saint-Germain-en-Laye, 7 mai 1519. 7 mai.

*Enreg. au Parl. de Dijon, le 27 juin 1519. Arch. de la Côte-d'Or, Parl.*, reg. 1, fol. 169.
*Enreg. à la Chambre des Comptes de Dijon, le 1er juillet suivant. Arch. de la Côte-d'Or*, reg. B. 18, fol. 23, et reg. B. 84, fol. 23.

1019. Exemption des logements militaires en faveur des officiers de la Chambre des Comptes de Dijon. Saint-Germain-en-Laye, 7 mai 1519. 7 mai.

*Enreg. à la Chambre des Comptes de Dijon, le 8 août 1526. Arch. de la Côte-d'Or*, reg. B. 18, fol. 25 v°.

1020. Mandement pour le remboursement à Thomas Bohier d'une somme de 18,992 livres 10 sols tournois qu'il avait prêtée au roi. Saint-Germain-en-Laye, 8 mai 1519. 8 mai.

*Copie. Bibl. nat., coll. Fontanieu*, vol. 167-168.

1021. Lettres conférant aux électeurs de Trèves et de Brandebourg la qualité de plénipotentiaires à l'effet de promettre la reconnaissance des privilèges de l'Empire, dans le cas où François I$^{er}$ serait élu roi des Romains. Saint-Germain-en-Laye, 12 mai 1519. 1519. 12 mai.

*Texte latin, original. Arch. nat., suppl. du Trésor des Chartes*, J. 952, n° 17.

IMP. *Musée des Arch. nat.*, in-4°, 1872, p. 326, n° 571.

1022. Lettres semblables en faveur d'Albert, archevêque de Mayence, électeur du Saint-Empire romain. Saint-Germain-en-Laye, 12 mai 1519. 12 mai.

*Original. Arch. nat., suppl. du Trésor des Chartes*, J. 995, n$^{os}$ 22, 23.

1023. Lettres d'engagement du roi envers Louis, comte palatin du Rhin, duc de Bavière, électeur et prince de l'Empire, pour l'exécution, s'il obtient sa voix et est élu roi des Romains, des promesses qui ont été faites à ce prince par ses ambassadeurs. Saint-Germain-en-Laye, 15 mai 1519. 15 mai.

*Original scellé. Arch. nat., suppl. du Trésor des Chartes*, J. 952, n° 19.

1024. Déclaration portant que Jean Groslier a payé, d'après les ordres qu'il avait reçus, la somme de 5,925 livres 5 sols tournois aux habitants de la cité et du diocèse de Milan. Saint-Germain-en-Laye, 16 mai 1519. 16 mai.

*Original. Bibl. nat.*, ms. français 25720, n° 139.

1025. Lettres attribuant à la reine Claude le pouvoir de régir et gouverner le comté d'Étampes, de disposer de ses revenus et de nommer aux charges et bénéfices. Saint-Germain-en-Laye, 17 mai 1519. 17 mai.

*Original. Arch. de la Loire-Inférieure*, E. 19.

1026. Exemption, en faveur du chapitre de Reims, du logement des troupes, excepté en temps de guerre et de péril imminent. Saint-Germain-en-Laye, 18 mai 1519. 18 mai.

*Arch. de Reims, fonds du Chapitre*, layette 41, liasse 103, n° 8.

1027. Lettres ordonnant, eu égard à la pénurie de numéraire, la fabrication pendant deux mois, dans les Monnaies de Paris et de Lyon, d'écus au soleil et de gros testons d'un poids et titre déterminés. Saint-Germain-en-Laye, 18 mai 1519. 1519. 18 mai.

*Enreg. à la Cour des Monnaies, Arch. nat.*, $Z^{1b}$ 62, fol. 174. 2 pages.

1028. Traité de mariage de Renée de France avec Joachim, marquis de Brandebourg. Saint-Germain-en-Laye, 20 mai 1519. 20 mai.

*Original scellé. Arch. nat., Trésor des Chartes*, J. 246, n° 124.

1029. Promesse de François Ier à l'archevêque de Trèves et à l'électeur de Brandebourg de leur fournir les fonds pour payer l'escorte qui doit les accompagner à l'élection de l'empereur. Saint-Germain-en-Laye, 23 mai 1519. 23 mai.

*Original scellé. Arch. nat., suppl. du Trésor des Chartes*, J. 952, n° 20.

1030. Commission adressée à Jean d'Albret, comte de Dreux, gouverneur de Champagne, à Guillaume Gouffier, sieur de Bonnivet, amiral de France, et à Charles Guillart, président au Parlement, pour traiter, au nom du roi, avec les électeurs de l'empire, au sujet des promesses qu'il leur avait faites pour le cas où il serait élu empereur. Saint-Germain-en-Laye, 28 mai 1519[1]. 28 mai.

*Original scellé. Arch. nat., suppl. du Trésor des Chartes*, J. 952, n° 21.

1031. Édit de création de douze nouveaux conseillers Mai.

[1] Il existe, sous la cote J. 952, n° 6, un autre acte scellé de même teneur, daté d'avril 1518 avant Pâques, dont le nom de lieu et le quantième sont restés en blanc. Le même carton contient encore un certain nombre de pièces, projets ou minutes, sans aucune date, qui doivent se rapporter à l'année 1519, et ont trait aux négociations engagées par François Ier pour son élection à l'empire.

au Châtelet de Paris, outre les douze anciens. Saint-Germain-en-Laye, mai 1519. 1519.

*Présenté au Parlement de Paris, le 3 juin 1519. Arch. nat.*, X[1a] 1521, *reg. du Conseil*, fol. 207 v°. (*Mention.*)

1032. Édit de création d'une chambre criminelle au Parlement de Bordeaux, d'un nouvel office de président et de huit nouveaux conseillers lais. Saint-Germain-en-Laye, mai 1519. Mai.

*Enreg. au Parl. de Bordeaux, le 25 juin 1519. Arch. de la Gironde*, B. 30, fol. 236. 6 pages.

A la suite sont enregistrées les délibérations du Parlement pour la constitution de la nouvelle chambre et la réception de ses membres.

1033. Création au Parlement de Toulouse de huit conseillers lais et d'un président, outre le nombre ordinaire, pour former une nouvelle chambre qui jugera les procès criminels. Saint-Germain-en-Laye, mai 1519. Mai.

*Enreg. au Parl. de Toulouse, le 3 juin 1519. Arch. de la Haute-Garonne, Édits*, reg. 3, fol. 39. 2 pages.

1034. Création de vingt-quatre conseillers en la cour du sénéchal de Toulouse; six conseillers en la cour du juge d'appeaux; quatre conseillers en la cour du juge ordinaire; quatre conseillers en celle du viguier; douze conseillers en la cour du sénéchal de Carcassonne; quatre conseillers en celle du viguier et du juge ordinaire de cette ville; vingt-quatre conseillers en la cour du sénéchal de Beaucaire; six conseillers en celle du viguier et du juge ordinaire dudit lieu; six conseillers en la cour du gouverneur de Montpellier, et de plusieurs conseillers en celles des baillis et juges du Puy, du Vivarais et du Gévaudan. Saint-Germain-en-Laye, mai 1519. Mai.

*Enreg. au Parl. de Toulouse, le 5 juin 1519. Arch. de la Haute-Garonne, Édits*, reg. 3, fol. 40. 3 pages.

1035. Vente, avec faculté de rachat, à René, bâtard de Savoie, oncle du roi, du comté de Beaufort- Mai.

en-Vallée, dont la reine mère lui avait d'abord donné la jouissance, sa vie durant. Saint-Germain-en-Laye, mai 1519. 1519.

*Enreg. au Parl. de Paris, le 21 juin 1519. Arch. nat.*, X[1a] 8611, fol. 297. 3 pages.

*Idem, enreg. de nouveau, le 7 juillet 1557*, X[1a] 8621, fol. 214 v°. 4 pages.

*Enreg. à la Chambre des Comptes de Paris, le 21 juin 1519. Mentions d'inventaires. Arch. nat.*, PP. 136 et ADIX. 126, n° 56.

1036. Confirmation des privilèges des habitants de Lectoure, avec confirmations antérieures, datées de 1498 (l'union de Lectoure à la couronne fut faite par le roi Louis XI) et de juin 1501, suivant les lettres données à Lyon par Louis XII. Saint-Germain-en-Laye, mai 1519. Mai.

*Original sur parchemin. Arch. communales de Lectoure, série AA.*

*Enreg. au Parl. de Toulouse, le 16 mai 1534. Arch. de la Haute-Garonne, Édits*, reg. 4, fol. 12. 5 pages 1/2.

1037. Mandement du roi enjoignant aux échevins de Romorantin de mettre sur pied et de tenir prêts les chevaux destinés à conduire l'artillerie royale. Mai 1519. Mai.

*Copie authentique du* XVIII*e siècle. Arch. municip. de Romorantin*, EE. 1.

1038. Permission à Jean de Poncher, seigneur de Limours, trésorier des guerres, de faire ajouter à ses fourches patibulaires de Limours un pilier, outre les deux qu'il avait droit d'y avoir. Saint-Germain-en-Laye, mai 1519. Mai.

*Enreg. au Parl. de Paris, le 2 juin 1556. Arch. nat.*, X[1a] 8620, fol. 280 v°. 1 page 1/2.

1039. Déclaration du roi portant qu'il a toujours tenu et réputé Laurent de Médicis, sa fille, ses parents, alliés et confédérés capables d'acquérir des biens et de recueillir des successions dans le royaume, et l'exemptant du droit d'aubaine, Mai.



IMPRIMERIE NATIONALE.

à l'occasion de son mariage avec Madeleine de Boulogne. Saint-Germain-en-Laye, mai 1519. 1519.

*Vérifiée à la Chambre des Comptes, le 6 août 1519.*
*Copie. Bibl. nat., coll. Dupuy*, vol. 486, fol. 1.
IMP. Baluze, *Hist. généal. de la maison d'Auvergne*, t. II, p. 695.

1040. Lettres autorisant Nicolas de Doxio, de Gênes, chanoine d'Embrun, à acquérir et posséder librement, en France, tel bénéfice de 400 écus de revenus au maximum qui lui a été ou lui sera canoniquement conféré. Saint-Germain-en-Laye, mai 1519. Mai.

*Enreg. au Parlement de Provence, avec une annexe du 12 février 1536. Archives de ladite Cour, à Aix*, reg. in-fol., papier de 1,026 feuillets, fol. 618.

1041. Exemption de toutes tailles, aides, subsides et charges de ville au chambrier lai et aux dix sergents francs de l'église Notre-Dame de Paris, en confirmation des privilèges accordés par Jean le Bon, Charles VII, Louis XI, Charles VIII et Louis XII. Carrières, mai 1519. Mai.

*Original scellé. Arch. nat.*, K. 81, n° 37.
*Enreg. à la Cour des Aides, le 28 juin 1527. Mentionné dans le recueil Cromo, Arch. nat.*, U. 665, fol. 248-249.

1042. Don, cession et transport du comté de Guines à Jean de Rambures, échanson ordinaire du roi. Saint-Germain-en-Laye, 1er juin 1519. 1er juin.

*Enreg. à la Chambre des Comptes de Paris. Arch. nat.*, P. 2535, fol. 279 v°, 3 pages.
(Voir ci-dessus le n° 1010.)

1043. Don à Albert Pio, comte de Carpi, d'une pension annuelle de 10,000 livres tournois et d'une charge de capitaine de cent lances. Saint-Germain-en-Laye, 1er juin 1519. 1er juin.

*Copie du XVIe siècle. Bibl. nat.*, ms. français 20502, fol. 119.

1044. Attribution à Taupier et à Lasnier de la connaissance en première instance des matières concernant les traites et imposition foraine d'An- 5 juin.

jou, vicomté de Thouars et de Beaumont, et en dernier ressort à la Cour des Aides. 5 juin 1519. 1519.

*Enreg. à la Cour des Aides de Paris, le 2 juillet 1519. Mentionné dans le recueil Cromo. Arch. nat., U. 665, fol. 224.*

1045. Déclaration portant règlement pour les officiers comptables. Saint-Germain-en-Laye, 8 juin 1519. 8 juin.

*Enreg. à la Chambre des Comptes de Paris, anc. mém. coté 2 A, fol. 345. (Mentionné par Isambert.)*

1046. Confirmation d'un marché passé par le bâtard de Savoie et Semblançay avec Raphaël Roustain, pour équiper deux galères. Saint-Germain-en-Laye, 13 juin 1519. 13 juin.

*Enreg. à la Chambre des Comptes de Grenoble. Arch. de l'Isère,* B. 2910, cah. 57.

1047. Lettres adressées au conseil de Marseille relativement à l'armement de galères et de galéasses. Saint-Germain-en-Laye, 13 juin 1519. 13 juin.

*Enreg. à la Chambre des Comptes d'Aix, le 7 juillet 1519. Arch. des Bouches-du-Rhône,* B. 26 (*Magdal.*), fol. 400. 2 pages.

1048. Prorogation pour six ans octroyée aux bourgeois de Vitré, diocèse de Rennes, d'une exemption de tailles, impositions, emprunts, aides et subsides, pour les récompenser de leur fidélité à la couronne. Saint-Germain-en-Laye, 14 juin 1519. 14 juin.

*Enreg. à la Chambre des Comptes de Bretagne. Arch. de la Loire-Inférieure,* B. *Mandements,* I, fol. 215.

1049. Donation aux religieuses carmélites du couvent des Couëts de Bouguenais, au diocèse de Nantes, du profit de tous les achats, sous-rachats, lods et ventes qui écherront dans le ressort des recettes ordinaires de l'évêché de Vannes pendant l'espace de quatre ans, pour les aider à finir le couvent de Nazareth, 15 juin.

qu'elles ont fondé près la ville de Vannes. 1519.
Saint-Germain-en-Laye, 15 juin 1519.

*Enreg. à la Chambre des Comptes de Bretagne. Arch. de la Loire-Inférieure*, B. *Mandements*, I, fol. 213.

*Copie du 16 décembre 1519, signée Parajan. Arch. de la Loire-Inférieure*, E. 85.

1050. Pouvoirs de Jean d'Albret, comte de Dreux, gouverneur de Champagne, de l'amiral Bonnivet et de Charles Guillart, président au Parlement, nommés ambassadeurs du roi près du nouvel empereur, pour conclure avec lui un traité d'alliance. Melun, 26 juin 1519. 26 juin.

*Original scellé. Arch. nat., suppl. du Trésor des Chartes*, J. 952, n° 23.

1051. Déclaration portant que la vente du comté de Beaufort-en-Vallée, avec faculté de rachat, faite récemment à René, bâtard de Savoie, comte de Villars, ne pourra préjudicier au don qui lui en avait été fait, pour sa vie, par la duchesse d'Angoulême, et que le retrait ou rachat ne devra s'exercer qu'après la mort du dernier survivant dudit comte de Villars et de son fils, Claude de Savoie. Fontainebleau, 28 juin 1519. 28 juin.

*Enreg. au Parl. de Paris, le 7 juillet 1519. Arch. nat.*, X[1a] 8611, fol. 301 v°. 3 pages.

1052. Confirmation des privilèges des habitants de Fontenay-sous-Bois, près Vincennes. Carrières, juin 1519. Juin.

*Enreg. au Châtelet de Paris, le 21 juin 1519. Arch. nat., Châtelet, Bannières*, Y. 8, fol. 84. 3 pages.

1053. Confirmation des privilèges de la ville de Sauveterre de Guyenne. Carrières, juin 1519. Juin.

*Arch. municip. de Sauveterre.*
*Imp. Arch. hist. de la Gironde*, t. X, p. 196.

1054. Mandement aux généraux maîtres des monnaies de tenir quittes les maîtres des mines de Chitry et autres mines du Nivernais de la quantité de 500 marcs d'argent, prise par le roi et livrée à 8 juillet.

ses orfèvres pour fabriquer de la vaisselle tant pour sa maison que pour celle de sa mère et du dauphin. Saint-Germain-en-Laye, 8 juillet 1519. 1519.

*Enreg. à la Cour des Monnaies. Arch. nat.*, $Z^{1b}$ 62, fol. 174 v°. 1/2 page.

1055. Mandement au Parlement de Paris et au bailli de Troyes de procéder à l'exécution, entérinement et vérification des lettres patentes de février 1517, relatives aux filles pénitentes de Troyes, «ce qui n'a pu avoir lieu, obstant empeschemens survenuz à l'occasion de la grande peste et mortalité qui ont eu cours en nostre ville de Troyes». Paris, 8 juillet 1519. 8 juillet.

*Arch. dép. de l'Aube, fonds Saint Abraham* (non numéroté).

1056. Édit portant règlement pour les chambres des vacations instituées près les Parlements de Paris, de Toulouse, de Bordeaux et de Rouen, et ordonnant une session annuelle des Grands jours dans le ressort du Parlement de Paris. Saint-Germain-en-Laye, 12 juillet 1519. 12 juillet.

*Enreg. au Parl. de Paris, le 29 novembre 1519. Arch. nat.*, $X^{1a}$ 8611, fol. 309. 3 pages 1/2.

*Enreg. au Châtelet de Paris. Arch. nat., Livre rouge*, Y. $6^4$, fol. 31. 2 pages.

*Enreg. au Parl. de Bordeaux, le 23 décembre 1519. Arch. de la Gironde*, B. 30, fol. 306. 7 pages.

*Enreg. au Parl. de Toulouse. Arch. de la Haute-Garonne, Édits*, reg. 3, fol. 73. 3 pages.

*Copie collationnée de l'époque. Arch. nat., suppl. du Trésor des Chartes*, J. 964.

*Copie. Bibl. nat.*, ms. français 22371, fol. 384.

*Bibl. de la ville de Troyes*, ms. 1290, p. 504.

IMP. pièces, *à la Bibl. nat., Inv. Réserve*, F. 851, F. 913 et F. 1822.

1057. Lettres ordonnant de laisser Philibert de Chalon, prince d'Orange, jouir paisiblement des droits de souveraineté qu'il avait dans sa principauté avant la mainmise du roi. Saint-Germain-en-Laye, 14 juillet 1519. 14 juillet.

IMP. Jos. de la Pise, *Tableau de l'hist. des princes et principauté d'Orange*, la Haye, 1638, p. 156. (*Bibl. nat.*, Lk⁷ 5867.)

1058. Concession à Jean de Gramont du droit de haute et moyenne justice en sa seigneurie de Monthory, pays de Soule. Saint-Germain-en-Laye, 14 juillet 1519. 1519. 14 juillet.

*Enreg. au Parl. de Bordeaux, sauf modifications, le 15 décembre 1520. Arch. de la Gironde*, B. 30, fol. 312. 6 pages.

1059. Évocation au Grand Conseil d'un procès porté au Parlement de Paris en appel de la Prévôté de l'Hôtel, entre Jean de Loubières et Lyonnet de Lartigue. Saint-Germain-en-Laye, 14 juillet 1519. 14 juillet.

*Présentée au Parlement de Paris, le 29 juillet 1519. Arch. nat.*, X[1a] 1521, *reg. du Conseil*, fol. 269 v°. (*Mention.*)

1060. Ordonnance pour la fabrication dans les Monnaies du royaume d'écus d'or au soleil, de grands blancs à la couronne, de grands blancs de dix deniers tournois pièce, de poids et titre déterminés. Saint-Germain-en-Laye, 21 juillet 1519. 21 juillet.

*Original sur parchemin, minutes d'ordonnances de la Cour des Monnaies. Arch. nat.*, Z[1b] 536.

*Enreg. à la Cour des Monnaies. Arch. nat.*, Z[1b] 62, fol. 176. 2 pages.

*Enreg. à la Chambre des Comptes de Grenoble. Arch. de l'Isère*, B. 2830, fol. 210. 6 pages 1/2.

1061. Évocation au Grand Conseil d'une cause d'appel entre Nicole Thibault, procureur du roi au siège de Senlis, appelant de l'institution faite par le bailli de Senlis d'André Fournier, en l'office de procureur du roi à Pontoise, d'une part, et ledit André Fournier, d'autre. Saint-Germain-en-Laye, 21 juillet 1519. 21 juillet.

*Présentée au Parlement de Paris, le 27 juillet 1519. Arch. nat.*, X[1a] 1521, *reg. du Conseil*, fol. 266 v°. (*Mention.*)

1062. Concession au sénéchal de Provence des droits royaux d'épaves, forfaitures et des confiscations de navires dans l'étendue de son ressort. Saint-Germain-en-Laye, 24 juillet 1519. 24 juillet.

*Enreg. à la Chambre des Comptes d'Aix. Arch. des Bouches-du-Rhône*, B. 26 (*Magdal.*), fol. 441. 2 pages.

1063. Lettres concernant la tenue des comptes des terres et seigneuries de l'ancienne maison d'Armagnac, accordées par le roi à sa sœur Marguerite et au duc d'Alençon. Ils seront désormais tenus en trois expéditions : 1° pour les archives desdites terres; 2° pour la Chambre des Comptes de Paris; 3° pour les Trésoriers de France. Paris, 27 juillet 1519. — 1519. 27 juillet.

*Copie collationnée à l'original par un secrétaire du roi au Parl. de Toulouse. Arch. de Tarn-et-Garonne, fonds de la seigneurie de Caussade.*

1064. Lettres accordant des droits de jetons d'argent aux officiers de la Cour des Aides de Paris, analogues à ceux des officiers de la Chambre des Comptes. Paris, 30 juillet 1519. — 30 juillet.

*Enreg. à la Cour des Aides, le 13 décembre 1521. Copie collationnée faite par ordre de la Cour des Aides, le 21 janvier 1778. Arch. nat., Z[1a] 526.*

1065. Ratification, nonobstant toutes ordonnances à ce contraires, du don fait à David Faulcon de la baronnie et terre de Bazoches. Saint-Germain-en-Laye, juillet 1519. — Juillet.

*Enreg. à la Chambre des Comptes de Paris, le 13 mars 1519. Arch. nat., P. 2304, p. 453.* 15 pages.

1066. Confirmation des statuts et ordonnances du métier de cordier à Paris, avec vidimus de lettres d'août 1484. Paris, juillet 1519. — Juillet.

*Enreg. au Châtelet de Paris, le 23 janvier 1519. Arch. nat., Châtelet, Bannières, Y. 8, fol. 161.* 3 pages.

1067. Exemption du guet en faveur des chanoines de l'église de Troyes. Paris, juillet 1519. — Juillet.

*Original. Arch. dép. de l'Aube, G. 2618, liasse 6. Enreg. au Parl. de Paris, le 9 septembre 1561. Arch. nat., X[1a] 8624, fol. 124.* 1 page.

1068. Exemption d'aides, de tailles, d'emprunts, de dons et devoirs de cloison, octroyée au roi des arbalétriers de la bourgade du Conquet, des paroisses de Plomoguer, de Plougonvelin, Locrist et Trebabu, au diocèse de Léon, pour en jouir durant l'année de sa royauté, afin d'exci- — Juillet.

ter les habitants du pays exposé aux incursions de l'ennemi à se former au maniement de l'arc et de l'arbalète. Paris, juillet 1519. 1519.

*Enreg. à la Chambre des Comptes de Bretagne. Arch. de la Loire-Inférieure*, B *Mandements*, I, fol. 219.

1069. Confirmation des privilèges des manants et habitants de la ville de Cherbourg. Juillet 1519. Juillet.

*Enreg. à la Chambre des Comptes de Paris, anc. mém.* coté 2 B, fol. 23. *Arch. nat., invent.* PP. 136, p. 224. (*Mention.*)

1070. Provisions de l'office de conseiller clerc au Parlement de Paris en faveur de François Dixmes et sur la résignation faite à son profit par Louis Juvenel des Ursins. Corbeil, 9 août 1519. 9 août.

*Présentées au Parlement de Paris, le 17 août, puis le 14 novembre 1519. Arch. nat., reg. du Conseil*, X[1a] 1521, fol. 293 v°, et X[1a] 1522, fol. 1 v°. (*Mentions.*)

1071. Lettres de convocation et de règlement pour les Grands jours qui devaient être tenus à Poitiers. Corbeil, 10 août 1519. 10 août.

*Enreg. au Parl. de Paris, le 11 août 1519. Arch. nat.*, X[1a] 8611, fol. 303, 2 pages.

*Copie. Arch. municip. de Troyes*, BB. V, 18e carton, 7e liasse.

1072. Lettres de privilèges en faveur du chapitre de l'église collégiale de Saint-Georges de Chalon-sur-Saône. Corbeil, 11 août 1519. 11 août.

*Arch. départ. de Saône-et-Loire.*

1073. Lettres ordonnant la construction d'un hôpital pour les pestiférés et les personnes attaquées de maladies contagieuses (hôpital de la Charité). Corbeil, 13 août 1519. 13 août.

*Copie. Arch. nat.*, K. 81, n° 42.

1074. Lettres en faveur d'Antoinette de Polignac, veuve de Geoffroy de la Tour, seigneur de Montgascon, enjoignant à la femme et aux enfants de son frère, Arnaud, vicomte de Poli- 13 août.

gnac, de lui payer 5,000 livres tournois restant dues de sa dot, sur peine de saisie de leurs terres de Saint-Paulien et de Beaumont, en Auvergne. Paris (*sic*), 13 août 1519[1]. 1519.

*Original. Arch. nat.*, R² 29.

1075. Lettres ordonnant aux officiers royaux de Toulouse d'aider, si besoin est, les juges ecclésiastiques à obtenir des Frères mineurs de ladite ville qu'ils se soumettent à l'ordonnance de réformation publiée à Rome dans un chapitre général et reconnaissent l'autorité du provincial. Paris (*sic*), 13 août 1519. 13 août.

*Copie. Bibl. nat.*, ms. français 2831, fol. 125, et 3911, fol. 64.

1076. Lettres de jussion pour l'exécution des lettres en date de Melun, 29 mars 1509, relatives aux Sœurs grises hospitalières de Saint-Nicolas de Melun. Fontainebleau, 19 août 1519. 19 août.

Avec l'attache de la Chambre des Comptes, du 12 août 1528.

*Enreg. à la Chambre des Comptes de Paris. Arch. nat.*, P. 2305, p. 197. 3 pages.

1077. Prorogation, jusqu'au 10 novembre, des Grands jours de Poitou, Anjou, Maine, Touraine, Angoumois, Loudunois, la Rochelle et la Marche, qui devaient se tenir à Poitiers, du 12 septembre au 31 octobre 1519. Saint-Mathurin de Larchant, 21 août 1519. 21 août.

*Enreg. au Parl. de Paris, le 7 septembre 1519. Arch. nat.*, X¹ᵃ 8611, fol. 308 v°. 1 page.

1078. Lettres déclarant que Louis, cardinal de Bourbon, a prêté au roi le serment de fidélité qu'il devait comme abbé de Saint-Cierge. Saint-Mathurin de Larchant, 21 août 1519. 21 août.

IMP. Dupuy, *Preuves des libertés de l'église gallicane*, 3ᵉ édit., Paris, 1651, t. I, 2ᵉ partie, p. 125.

[1] La date, d'abord laissée en blanc, a été remplie postérieurement.

1079. Lettres patentes confirmatives des bulles de légat *a latere* données par Léon X, le 23 mars 1518 (n° 977), en faveur du cardinal de Boisy. Blois, 29 août 1519. 1519. 29 août.

*Enreg. au Parl. de Paris, sans date. Arch. nat.*, X[1a] 8611, fol. 308. 1 page 1/2.

*Enreg. au Parl. de Bordeaux, sans date. Arch. de la Gironde*, B. 30, fol. 303. 2 pages.

*Enreg. au Parl. de Toulouse, sans date. Arch. de la Haute-Garonne, Edits*, reg. 3, fol. 59. 6 pages.

1080. Mandement aux gouverneurs de l'Hôtel-Dieu de Paris de tenir les comptes des dépenses faites ou à faire dans la construction de l'hôpital de la Charité, ou de nommer pour cela les receveurs et contrôleurs nécessaires. Corbeil, ... (1) août 1519. Août.

*Original. Bibl. nat.*, ms. français 25720, n° 140.

1081. Confirmation des statuts des teinturiers de Bourges. Paris, août 1519. Août.

*Arch. de l'Hôtel de ville de Bourges, Arts et Métiers*, HH. 27.

1082. Lettres ordonnant aux généraux conseillers ordonnés sur le fait des finances de faire payer à François de la Brosse, homme d'armes chargé de la garde du château de Cherbourg, les gages qui lui sont dus pour les mois de juillet 1518 à juin 1519. Il n'avait pas assisté aux diverses montres et revues parce que le sieur de Bois-René, capitaine dudit château, l'avait employé à d'autres affaires. Blois, 5 septembre 1519. 5 septembre.

*Original. Bibl. nat.*, ms. français 25720, n° 141.

1083. Commission à François de Pontbriant, maître d'hôtel du roi, d'ordonner toutes les dépenses qu'il y aura à faire pour l'achèvement de la construction du château de Chambord. Blois, 6 septembre 1519. 6 septembre.

*Original. Bibl. nat.*, ms. français 25720, fol. 142.

(1) La partie du parchemin qui devait porter la date du jour est déchirée.

1084. Commission au sire de Châteaubriant et à divers seigneurs pour se présenter aux États de Bretagne et solliciter au nom du roi l'octroi d'un fouage. Blois, 7 septembre 1519. 1519. 7 septembre.

*Copie du 27 septembre 1519. Arch. municip. de Nantes*, AA. 19.

1085. Confirmation des lettres de Louis XI du 17 septembre 1461, de février 1476 et de mars 1482, accordant l'exemption du droit de gabelle aux Chartreux de Vauvert et commettant leurs causes aux requêtes du Palais, au lieu du Châtelet. Blois, 7 septembre 1519. 7 septembre.

*Enreg. à la Cour des Aides de Paris, le 30 janvier 1521. Mentionné dans le recueil Cromo, Arch. nat.*, U. 665, fol. 233.

1086. Don aux Chartreux de Vauvert, près Paris, de quatre setiers de sel à prendre chaque année sur les gabelles. Blois, 11 septembre 1519. 11 septembre.

*Enreg. à la Chambre des Comptes de Paris, le 17 septembre 1519. Arch. nat.*, P. 2304, p. 293. 6 pages.

1087. Lettres de prorogation du droit de revision accordé au sénéchal de Provence, en cas d'appel des arrêts du Parlement d'Aix. Blois, 11 septembre 1519. 11 septembre.

*Enreg. à la Chambre des Comptes d'Aix. Arch. des Bouches-du-Rhône*, B. 27 (*Turtur.*), fol. 15 v°. 1 page.

1088. Mandement au Parlement de Toulouse de faire une enquête sommaire sur l'opposition de l'archevêque, du chapitre métropolitain, du recteur de la Dalbade et des Frères prêcheurs à l'exécution des lettres de mai précédent, autorisant la construction d'un couvent de Dominicains dans la maison de l'Inquisition, près le château Narbonnais. Blois, 13 septembre 1519. 13 septembre.

*Copie collationnée, signée Mandinelli. Arch. municip. de Toulouse*, carton 71.

1089. Ordonnance portant que des élus, receveurs, procureurs et greffiers des aides et octrois 21 septembre.

seront établis au pays de Rouergue, haut et bas, comté de Rodez, Quercy, dans les jugeries de Rivière et Verdun, Agenais, Condomois, Comminges, Armagnac. 21 septembre 1519. 1519.

*Arch. communales de Gourdon*, CC. 3.

1090. Mandement aux élus du Lyonnais portant qu'ils auront à payer, en divers termes, 22,924 livres 4 sous 5 deniers pour la quote-part de leur élection de l'impôt de 2,400,000 livres qui doit être levé sur tout le royaume. Blois, 26 septembre 1519. 26 septembre.

*Copie. Bibl. nat.*, ms. français 2702, fol. 43.

1091. Mandement à Jacques Charmolue de payer à Frédéric Cataigne, lieutenant de la garde française, 1,750 livres tournois pour gages et pensions, ainsi que pour plusieurs voyages qu'il a faits auprès du pape de par le roi. Blois, 26 septembre 1519. 26 septembre.

*Original. Bibl. nat.*, ms. français 25720, fol. 144.

1092. Confirmation des privilèges accordés par les rois à l'abbaye de Longchamp. Blois, septembre 1519. Septembre.

*Original et copies. Arch. nat.*, K. 81, n° 38.

1093. Lettres de licence permettant à Bernardin de Médine, marchand espagnol, de se livrer au commerce en Bretagne et en France, où bon lui semblera, de posséder ou d'acquérir des biens et immeubles, et d'en disposer par testament ou autrement, sans courir les risques du droit d'aubaine. Blois, septembre 1519. Septembre.

*Enreg. à la Chambre des Comptes de Bretagne. Arch. de la Loire-Inférieure*, B. *Mandements*, I, fol. 220.

1094. Lettres de licence permettant à Jacques de la Roche, dit Savoie, palefrenier de la reine, de se livrer au commerce en Bretagne et en France, où bon lui semblera, de posséder et d'acquérir Septembre.

des biens meubles et immeubles, et d'en disposer par testament ou autrement, sans courir les risques du droit d'aubaine. Blois, septembre 1519. 1519.

*Enreg. à la Chambre des Comptes de Bretagne. Arch. de la Loire-Inférieure*, B. *Mandements*, I, fol. 231.

1095. Commission touchant les francs-fiefs, adressée à Nicolas de Ganay et à Nicolas Bigot, conseillers ordinaires des Grands jours de Berry, et à Martin Chambellan, procureur du roi et de la duchesse de Berry, à Bourges. Blois, 1er octobre 1519. 1er octobre.

*Arch. du Cher, Bureau des finances de Bourges*, reg. C. 813, fol. 133.

1096. Exemption accordée aux secrétaires du roi de tous droits de gabelle pour le sel nécessaire à leur provision. Blois, 3 octobre 1519. 3 octobre.

*Original scellé et copies collationnées du* XVIe *siècle. Arch. nat.*, V² 3, nos 1124, 1125, 1126 (*fonds des Secrétaires du roi*).

*Enreg. à la Chambre des Comptes de Paris, le 11 janvier 1519. Arch. nat.*, P. 2304, p. 423. 4 pages.

*Id.*, P. 2535, fol. 285; ADIX, 120, no 64.

*Enreg. à la Cour des Aides de Paris, le 2 juillet 1520. Copie collationnée par ordre de la Cour, le 5 mars 1779. Arch. nat.*, Z1a 526.

*Enreg. à la Chambre des Comptes de Grenoble. Arch. de l'Isère*, B. 2911, cah. 7. 5 pages 1/2.

1097. Mandement portant défense d'inquiéter la ville de Tournay à raison des arrérages des rentes et hypothèques dus à des sujets français pendant la domination anglaise. Blois, 3 octobre 1519. 3 octobre.

*Original scellé. Arch. de la ville de Tournay.*
(Voir ci-dessus, 1er mai 1519, no 1014.)

1098. Mandement aux élus du Lyonnais de faire crier la ferme des aides de leur élection et de la bailler au plus offrant et dernier enchérisseur. Amboise, 19 octobre 1519. 19 octobre.

*Copie. Bibl. nat.*, ms. français 2702, fol. 44 v°.

1099. Lettres obtenues par le commandeur de l'Ile-Bouchard à l'encontre du seigneur châtelain de la Guerche, qui prétendait exercer sa juridiction sur la terre de Tantan, tenue nûment du roi en franche aumône. Poitiers (*sic*), 19 octobre 1519. — 1519. 19 octobre.

*Original. Arch. de la Vienne, Grand-Prieuré d'Aquitaine*, liasse 660.

1100. Provisions de la charge de gouverneur du Dauphiné pour Guillaume Gouffier, seigneur de Bonnivet, amiral de France. Amboise, 22 octobre 1519. — 22 octobre.

*Enreg. au Parl. de Grenoble, le 16 décembre 1519. Arch. de l'Isère*, B. 2333, fol. 66 v°. 1 page 1/2.

1101. Révocation du *placet* accordé au cardinal de Clermont, archevêque d'Auch, légat d'Avignon. Amboise, 30 octobre 1519. — 30 octobre.

*Enreg. au Parl. de Grenoble, le 15 décembre 1519. Arch. de l'Isère, Parl.*, B. 2333, fol. 63 v°. 1/2 page.

1102. Lettres de *placet* accordées au cardinal de Boisy, nommé par le pape légat *a latere* en France et en Dauphiné. Amboise, 31 octobre 1519. — 31 octobre.

*Enreg. au Parl. de Grenoble, le 15 décembre 1519. Arch. de l'Isère, Parl.*, B. 2333, fol. 62 v°. 1 page.

1103. Légitimation de Jean Gauderé, originaire de Bretagne, né de Jean Gauderé et d'Alise Cordeau, non mariés, et remise de toute taxe de réhabilitation. Blois, octobre 1519. — Octobre.

*Enreg. à la Chambre des Comptes de Bretagne. Arch. de la Loire-Inférieure*, B. *Mandements*, I, fol. 214.

1104. Création et établissement de six conseillers en la cour du viguier et juge de Béziers. Amboise, octobre 1519. — Octobre.

*Enreg. au Parl. de Toulouse, le 12 mars 1519. Arch. de la Haute-Garonne, Édits*, reg. 3, fol. 67. 2 pages 1/2.

1105. Lettres enjoignant au Parlement de Toulouse de vérifier et entériner les édits de création d'en- — 3 novembre.

quêteurs des procès et de contrôleurs des deniers des fortifications, et cassant les modifications et restrictions faites à ces édits par le même Parlement. Amboise, 3 novembre 1519. 1519.

*Enreg. au Parl. de Toulouse. Arch. de la Haute-Garonne, Édits, reg. 3, fol. 62.*

1106. Commission à Gilles Carré, receveur des fouages de l'évêché de Saint-Malo, d'une remise de 6 deniers pour livre sur ses recettes. Amboise, 8 novembre 1519. 8 novembre.

*Enreg. à la Chambre des Comptes de Bretagne. Arch. de la Loire-Inférieure, B. Mandements, I,* fol. 270.

1107. Évocation au Grand Conseil d'un procès pendant au Parlement de Paris entre Guillemette du Refuge, veuve de Jean Potart, et Jean Potart, écuyer, son fils, d'une part, et Antoine Robert, notaire et secrétaire du roi, greffier criminel du Parlement. Blois, 11 novembre 1519. 11 novembre.

*Présentée au Parlement de Paris, les 25 novembre et 2 décembre 1519. Arch. nat., X[1a] 1522, reg. du Conseil,* fol. 5 v° et 6 v°. (*Mentions.*)

1108. Lettres ordonnant la production par les maîtres particuliers des Eaux et forêts de tous titres relatifs aux baux, enchères et ventes des terres et bois des forêts, et une enquête générale sur les abus, vols et empiétements commis dans les forêts, pour procéder à leur réformation générale. Blois, 15 novembre 1519. 15 novembre.

*Enreg. à la Table de marbre, siège des Eaux et forêts. Arch. nat.,* Z. 4576, fol. 216, et Z. 4585, fol. 16 v°. 4 pages.

1109. Provisions de l'office de grand chambellan de France en faveur de Claude d'Orléans, duc de Longueville, âgé de onze ans, au lieu de son père Louis d'Orléans, décédé. Blois, 16 novembre 1519. 16 novembre.

IMP. Godefroy, *Hist. de Charles VII,* in-fol., p. 830.

1110. Ordonnance réglementant la profession d'hôtelier et tavernier, ainsi que le prix des vivres et denrées, dont le tarif sera donné tous les trois mois par les juges des lieux. Blois, 21 novembre 1519. 1519. 21 novembre.

*Expédition originale en parchemin, signée Robertet. Arch. municip. de Toulouse*, carton 71; ms. 153, p. 475.

*Enreg. au Châtelet de Paris, le 10 décembre 1519. Arch. nat., Châtelet, Livre rouge*, Y. 6[4], fol. 32 v°; *Bannières*, Y. 8, fol. 88. 5 pages.

*Copie. Bibl. de la ville de Troyes, ms. 1290*, p. 509-515.

IMP. pièces, *à la Bibl. nat., Inv. Réservé*, F. 851, F. 913 et F. 1822.

Rebuffe, *Édits et ordonnances*, p. 1066.

Fontanon, *Ordonnances*, t. I, p. 928.

Girard, *Offices de France*, augm. par Joly, t. II, p. 1914.

Isambert, *Anciennes lois franç.*, t. XII, p. 108.

1111. Mandement et lettres de jussion aux gens des comptes de Bretagne de mettre à exécution le don de 4,660 livres tournois sur les recettes de Ploërmel, de Vannes, de Rennes et de Guingamp, consenti en faveur du comte de Laval. Blois, 21 novembre 1519. 21 novembre.

*Enreg. à la Chambre des Comptes de Bretagne. Arch. de la Loire-Inférieure*, B. *Mandements*, I, fol. 216.

1112. Mandement au prévôt de Paris d'entériner les lettres accordées, le 16 février 1515, n. s. (n° 84), aux habitants de Puiseaux, nonobstant surannation. Paris (*sic*), 22 novembre 1519. 22 novembre.

*Original. Arch. nat.*, S. 2150.

1113. Autorisation accordée à Jacques de Genouilhac, sieur de Montrichard et d'Assier, maître de l'artillerie, d'amener à Cognac, malgré les privilèges de la ville de Bordeaux, le vin qu'il a récolté à Bordeaux et à Assier, et dont il veut faire présent au roi et aux principaux seigneurs de la cour. Blois, 27 novembre 1519. 27 novembre.

*Original. Bibl. nat.*, ms. français 25720, fol. 147.

1114. Lettres de garde-gardienne en faveur des religieuses de l'abbaye de Notre-Dame de la Charité d'Angers. Blois, novembre 1519. | 1519. Novembre.

*Enreg. au Parl. de Paris, le 8 juillet 1572. Arch. nat.*, $X^{1a}$ 8630, fol. 46 v°. 5 pages.

1115. Confirmation des privilèges de l'église d'Évreux. Blois, novembre 1519. | Novembre.

*Arch. municipales d'Évreux.*

1116. Confirmation de la permission accordée par la reine Claude à Silvain Godé de bâtir deux moulins à bac sur la Loire, à Saint-Dyé, dans le Blésois. Blois, novembre 1519. | Novembre.

*Enreg. à la Chambre des Comptes de Blois. Arch. nat.*, KK. 897, fol. 307.

1117. Confirmation pour Jean de la Chesnaye, vicomte de Carentan, et pour ses descendants, de la jouissance des terres et seigneuries du Castera et de Pradère, en la sénéchaussée de Toulouse, engagées par le roi. Novembre 1519. | Novembre.

*Enreg. à la Chambre des Comptes de Paris, anc. mém.* 2 B, fol. 200. *Arch. nat., invent.* PP. 136, p. 228. (*Mention.*)

1118. Mandement au chapitre métropolitain de Saint-Étienne de Bourges de députer au roi deux chanoines pour s'entendre sur la nomination du successeur du cardinal archevêque Boyer, récemment décédé. Blois, 2 décembre 1519. | 2 décembre.

*Arch. du Cher, Chapitre de Saint-Étienne, liasse des lettres des rois et reines*, 56.

1119. Exemption d'aides valable pour six ans, octroyée aux habitants de Dol, pour les aider à se relever des pertes et infortunes qu'ils ont éprouvées par suite des guerres, de la peste et de la disette. Blois, 2 décembre 1519. | 2 décembre.

*Enreg. à la Chambre des Comptes de Bretagne. Arch. de la Loire-Inférieure*, B. *Mandements*, I, fol. 227.

1120. Mandement et règlement pour l'exécution d'une bulle du pape Léon X contre les abbés de Cî- | 5 décembre.



IMPRIMERIE NATIONALE.

teaux, Pontigny, Clairvaux et Morimond, qui avaient usurpé le droit de nomination à certaines abbayes de religieuses, droit qui appartenait au roi, comme le reconnaît ladite bulle. Amboise, 5 décembre 1519. 1519.

*Imp.* Fr. Pinsson, *Traité singulier des régales*, Paris, 1688, t. II, *Invent. des Indults*, p. 914.

1121. Provisions, en faveur de Jacques de Seurre, de l'office de receveur et payeur des gages du Prévôt de l'Hôtel et de ses officiers et archers. Blois, 8 décembre 1519. 8 décembre.

*Copie collationnée. Reg. des Comptes de la Prévôté de l'Hôtel. Arch. nat.*, KK. 97, fol. 6. 2 pages.

1122. Ouverture d'un crédit aux receveurs des exploits et amendes du Parlement de Bordeaux, pour l'éclairage, le chauffage et la buvette de la cour. Blois, 10 décembre 1519. 10 décembre.

*Enreg. au Parl. de Bordeaux, sans date. Arch. de la Gironde*, B. 30, fol. 136. 2 pages.

1123. Lettres confirmant celles du 27 décembre 1518 et déterminant expressément les conditions dans lesquelles le droit perçu sur chaque muid de sel vendu pourra être attribué à l'œuvre des fortifications de la ville de Troyes. Blois, 10 décembre 1519. 10 décembre.

*Arch. municipales de Troyes*, D. 63, fol. 9-12.

1124. Provisions de l'état et office de lieutenant général du roi et gouverneur des ville, prévôté et vicomté de Paris, de l'Île-de-France, du Soissonnais, du Valois et des bailliages de Senlis, Melun et Vermandois, en faveur du comte de Saint-Pol, au lieu du duc de Vendôme, nommé lieutenant général et gouverneur de Picardie. Cheverny, 16 décembre 1519. 16 décembre.

*Enreg. au Parl. de Paris, sauf réserve, le 4 avril 1520 (n. s.). Arch. nat.*, X[1a] 8611, fol. 313. 3 pages 1/2.

1125. Permission à Jacques de Genouilhac, seigneur de Capdenac, d'ouvrir et d'exploiter des mines d'or, d'argent, de plomb, de cuivre et autres 29 décembre.

métaux dans l'étendue de sa seigneurie de Capdenac, à condition de faire porter à la monnaie la plus voisine l'or et l'argent provenant de ces mines. Châtellerault, 29 décembre 1519. 1519.

*Enreg. à la Cour des Monnaies, février 1519. Arch. nat.*, $Z^{1b}$ 62, fol. 177 v°, 1 page.

1126. Ratification de la bulle de Léon X pour la réformation du prieuré de Saint-Samson d'Orléans. Saint-Aignan-sur-Cher, décembre 1519. Décembre.

*Enreg. au Parl. de Paris, le 8 mai 1520. Arch. nat.*, $X^{1a}$ 8611, fol. 316.
(Voir ci-dessus, au 6 mai 1519, n° 1016.)

**1520.** — Pâques le 8 avril.

1127. Mandement aux receveurs généraux des finances de payer 7,619 livres 6 sous tournois dans la généralité de Languedoc, et 16,000 livres dans la généralité d'Outre-Seine, pour les frais de vénerie et de fauconnerie du roi. Poitiers, 8 janvier 1519. 1520. 8 janvier.

*Original. Bibl. nat.*, ms. français 25720, fol. 148.

1128. Mandement au Parlement de Paris de déléguer quatre de ses conseillers pour aller siéger à l'échiquier du duché d'Alençon. Poitiers, 9 janvier 1519. 9 janvier.

*Enreg. au Parl. de Paris, le 10 mars suivant. Arch. nat.*, $X^{1a}$ 1522, *reg. du Conseil*, fol. 112. 1/2 page.

1129. Déclaration portant que les justiciables du duc d'Alençon pourront porter leurs causes devant l'échiquier d'Alençon, nonobstant les appellations relevées au Parlement des jugements provisionnels rendus dans lesdites causes, en attendant la séance dudit échiquier. Poitiers, 9 janvier 1519. 9 janvier.

*Enreg. au Parl. de Paris, le 10 mars suivant. Arch. nat.*, $X^{1a}$ 1522, *reg. du Conseil*, fol. 112. 1 page.

1130. Commission adressée au cardinal d'York par François Ier pour régler la forme, l'époque et le lieu de l'entrevue projetée entre ce prince et Henri VIII. Château de Lusignan, 10 janvier 1519. 1520. 10 janvier.

*Imp.* Rymer, *Acta publica*, t. VI, part. 1, p. 174, col. 1.

1131. Don fait à Ferrando de Sahagund et à ses associés, Diego Perez de Soria, Bernardin de Castello, marchands espagnols, de la moitié de la cargaison de deux navires chargés de marchandises de grande valeur qui sont venus échouer sur la côte bretonne et qui ont été saisis par les officiers du roi à raison du droit de bris. Cognac, 27 janvier 1519. 27 janvier.

*Enreg. à la Chambre des Comptes de Bretagne. Arch. de la Loire-Inférieure*, B. *Mandements*, I, fol. 222.

1132. Lettres d'union à la vicomté de Tours d'une belle maison et du fief de Bezay, sis dans ladite ville, et du fief de la Croisillière avec ses dépendances, données en faveur de Jacques de Beaune de Semblançay. Poitiers, janvier 1519. Janvier.

*Enreg. à la Chambre des Comptes de Paris, le 8 août 1520. Copie d'après l'anc. mém.* BB, fol. 84. *Arch. nat.*, P. 2579, fol. 296. 5 pages.
*Copie de l'acte d'enregistrement. Id.*, P. 2535, fol. 295 v°.

1133. Lettres de garde-gardienne pour le chapitre de Notre-Dame-la-Grande de Poitiers. Poitiers, janvier 1519. Janvier.

*Original scellé. Arch. de la Vienne*, G. 1089.

1134. Don fait par le roi à David Faulcon de la baronnie, terre et seigneurie de Basoches, moyennant une rente de 140 livres 17 sous parisis. Poitiers, janvier 1519. Janvier.

*Enreg. à la Chambre des Comptes de Paris. Arch. nat.*, P. 2535, fol. 292 v°. 6 pages.

1135. Commission à Jacques Ragueneau pour tenir compte et faire les payements des navires et 7 février.

vaisseaux entretenus en la marine du Levant. Cognac, 7 février 1519. 1520.

*Imp.* in-4° pièce, *Arch. nat.*, ADI, 16, 1 page.

1136. Déclaration portant règlement pour l'administration de la justice et l'abréviation des procès au bailliage de Touraine. Saint-Jean-d'Angely, 12 février 1519. 12 février.

*Imp.* Tours, J. Richart, in-8°, 1536. Relié à la suite du *Coutumier de Touraine*, *Bibl. nat.*, *Inv. Réserve*, F. 1882.

1137. Lettres portant augmentation de gages en faveur d'Antoine Fromont, lieutenant du Prévôt de l'Hôtel. Saint-Jean-d'Angely, 13 février 1519. 13 février.

*Copie collationnée. Reg. des Comptes de la Prévôté de l'Hôtel. Arch. nat.*, KK, 97, fol. 9, 2 pages.

1138. Lettres de provisions de Pierre Le Roy de Bacqueville en l'office de vicomte de Gisors. 20 février 1519. 20 février.

*Enreg. à la Chambre des Comptes de Paris, le 10 mai 1520, anc. mém.* 2 B, fol. 56, *Arch. nat.*, *invent.* PP, 136, p. 231. (*Mention.*)

1139. Exemption d'aides octroyée, pour quatre ans, aux habitants de la ville de la Guerche, diocèse de Rennes, à titre de prorogation d'autre concession faite à Paris, le 27 novembre 1514, pour six ans. Cognac, 22 février 1519. 22 février.

*Enreg. à la Chambre des Comptes de Bretagne. Arch. de la Loire-Inférieure*, B. *Mandements*, I, fol. 230.

1140. Commission à Guillaume de Seigne, trésorier et receveur général de l'artillerie, pour payer les dépenses faites pour la fabrication à Tours et le transport en Picardie des tentes et pavillons de toile et de soie qui doivent servir pour la prochaine entrevue entre François I^er et le roi d'Angleterre. Cognac, 22 février 1519. 22 février.

*Copie. Bibl. nat.*, ms. français 10383, fol. 2.

1141. Nouvelle commission de François I^er au cardinal d'York pour régler les préparatifs de l'entre- 23 février.

vue projetée entre les rois de France et d'Angleterre. Cognac, 23 février 1519. 1520.

*Imp.* Rymer, *Acta publica*, t. VI, part. 1, p. 175, col. 2.

1142. Lettres adressées au bailli de Saint-Pierre-le-Moustier pour la publication de l'édit qui ordonne à tous les possesseurs de biens nobles, mouvant du roi dans l'étendue de son bailliage, d'en faire déclaration et de produire leurs titres d'amortissement pour les nouveaux acquêts. 23 février 1519. 23 février.

*Copie collationnée. Arch. du Cher, fonds de l'abbaye de Saint-Sulpice-lès-Bourges. Prieuré de Saint-Aignan*, l. 2, c. 10.

1143. Commission adressée au bailli d'Amiens pour faire maintenir et garder le chapitre d'Amiens dans son droit de juridiction spirituelle sur les abbayes de Saint-Martin-aux-Jumeaux et de Saint-Acheul. Paris (*sic*), 24 février 1519. 24 février.

*Copie du 27 janvier 1698. Arch. de la Somme, fonds du chapitre d'Amiens*, armoire 1, liasse 19, n° 6.

1144. Déclaration portant qu'à l'avenir il ne sera procédé à aucun démembrement du domaine de la couronne, si ce n'est en cas d'aliénation causée pour urgentes affaires; mais que pour cette fois le sieur de Maugiron jouira de la terre de Beauvoir-de-Marc, conformément aux lettres particulières à lui accordées. Cognac, 25 février 1519. 25 février.

*Enreg. au Parl. de Grenoble, le 3 mars suivant. Arch. de l'Isère, Chambre des Comptes de Grenoble*, B. 3049, fol. 914. 13 pages.

1145. Déclaration interprétative du Concordat en ce qui concerne les gradués et la collation des bénéfices dans le ressort du Parlement de Bordeaux. Cognac, 26 février 1519. 26 février.

*Enreg. au Parl. de Bordeaux, le 13 mars 1519. Arch. de la Gironde*, B. 30, fol. 302 (la suite aux fol. 301 et 300), 302-300, inversion. 5 pages.

1146. Commission à Cybard Couillaud, juge des exempts du duché d'Angoulême, et à Jean Gallet, pour faire une enquête sur les malversations imputées aux prévôt des marchands, échevins et autres officiers de la ville de Paris, dans la répartition et levée d'une cotisation de 15,000 livres tournois récemment accordée au roi par les bourgeois de cette ville. Cognac, 26 février 1519. — 1520. 26 février.

*Copie insérée dans le procès-verbal d'enquête des deux commissaires, en date du 13 avril 1520 et jours suivants. Arch. nat.*, K. 953, n° 1.

1147. Confirmation et vidimus des lettres de Philippe de Valois, de juillet 1331, de Charles V, de décembre 1372, de Charles VII, de janvier 1422, de Louis XI, du 16 février 1461, août 1469, de Charles VIII, janvier 1483, et de Louis XII, juillet 1498, accordant privilèges de noblesse aux maire et échevins de Saint-Jean-d'Angely, et exemption de tailles et gabelles aux habitants. Février 1519. — Février.

*Enreg. à la Cour des Aides, le 15 novembre 1520. Mentionné dans le recueil Cromo. Arch. nat.*, U. 665, fol. 226.

1148. Lettres mandant au vice-chancelier de Bretagne de faire délivrer à Guillaume Guéguen, chevalier, principal héritier de l'évêque de Nantes, Guillaume Guéguen, vice-chancelier de Bretagne, trois coffres demeurés après le décès de ce prélat, contenant des lettres et papiers appartenant à ses héritiers, lesquels avaient été portés au Trésor des chartes de Bretagne. Février 1519. — Février.

*Original en parchemin. Arch. de la Loire-Inférieure*, E. 237.

*Inv. du Trésor des Chartes de Bretagne dressé en 1622*, fol. 375. *Arch. des Côtes-du-Nord*, série E. 36.

1149. Création, sur la demande de l'abbé d'Evron au Maine, d'un marché hebdomadaire et de quatre — Février.

foires par an dans cette ville. Cognac, février 1519. 1520.

*Original. Bibl. nat.*, ms. français, nouv[les] acq[ons], 3450, n° 78.

1150. Commission à Jean Briçonnet, président en la Chambre des Comptes, et à Pierre Duval, chanoine de l'église de Paris, pour la réformation des Hôtels-Dieu, hôpitaux et maladreries du diocèse de Paris. 1er mars 1519. 1er mars.

*Copie collationnée du 7 août 1520. Arch. des Quinze-Vingts*, n° 1061.

1151. Mandement au trésorier de l'épargne de délivrer 6,000 livres tournois pour le fait de la construction et édifice du Havre-de-Grâce. Cognac, 4 mars 1519. 4 mars.

*Original. Bibl. nat.*, ms. français 25720, fol. 150.

1152. Lettres adressées aux généraux des finances, confirmant pour huit ans les consuls de Montpellier dans leur privilège de fournir le grenier à sel de cette ville et d'en percevoir les revenus. Cognac, 6 mars 1519. 6 mars.

*Copie. Arch. municipales de Montpellier*, BB, *Grand Thalamus*, fol. 269. 2 pages.

1153. Provisions de l'office de receveur du domaine de la vicomté de Carentan, pour Aignan Cailly. 6 mars 1519. 6 mars.

*Enreg. à la Chambre des Comptes de Paris, le 18 mai 1520, anc. mém.* 2 B, fol. 66 v°. *Arch. nat., invent.* PP. 136, p. 232. (*Mention.*)

1154. Lettres portant augmentation de 500 livres tournois de gages pour Guillaume Prudhomme, receveur général des finances en Normandie. 6 mars 1519. 6 mars.

*Enreg. à la Chambre des Comptes de Paris, le 12 mai 1520, anc. mém.* 2 B, fol. 66 v°. *Arch. nat., invent.* PP. 136, p. 232. (*Mention.*)

1155. Lettres portant permission de publier dans tout le royaume les indulgences accordées par le pape Léon X. Cognac, 7 mars 1519. 7 mars.

*Original. Arch. nat.*, K. 81, n° 40.

1156. Déclaration portant que les gens des Comptes et trésoriers de France à Paris seront exempts du droit de gabelle de tout le sel nécessaire pour la provision de leurs maisons. Cognac, 7 mars 1519. — 1520. 7 mars.

*Enreg. à la Chambre des Comptes de Paris, le 20 avril 1519. Arch. nat.*, P. 2535, fol. 288. 2 pages.

1157. Lettres adressées au Parlement de Paris, portant défense à cette cour de prendre connaissance de l'appel interjeté d'un jugement de la Chambre des Comptes par les généraux maîtres des monnaies. Cognac, 7 mars 1519. — 7 mars.

*Enreg. à la Chambre des Comptes de Paris. Arch. nat.*, P. 2304, p. 427. (*Anc. mém.* BB, fol. 20.)

1158. Commission à Roger Barme, président, à François de Loynes et à Jean Papillon, conseillers au Parlement de Paris, pour revoir et examiner les comptes de dix années (1498-1507) d'Antoine Demay, alors commis du trésorier et receveur ordinaire de Toulouse, et pour instruire et juger son procès. Cognac, 9 mars 1519. — 9 mars.

*Présentée au Parl. de Paris, le 24 mars suivant. Arch. nat.*, X[1a] 1522, *reg. du Conseil*, fol. 131. (*Mention.*)

1159. Confirmation des provisions de la charge de lieutenant au gouvernement de la ville de Paris, en faveur de Jacques de Dinteville, seigneur des Chênets. Angoulême, 18 mars 1519. — 18 mars.

*Enreg. au Parl. de Paris, le 2 mai 1520. Arch. nat.*, X[1a] 8611, fol. 315 v°. 1 page.
*Acte d'enregistrement. Arch. nat.*, X[1a] 1522, *reg. du Conseil*, fol. 171 v°.
*Copie. Bibl. nat., Coll. de Brienne*, vol. 259, p. 245.
(Voir au 4 décembre 1516, n° 561.)

1160. Mandement à Guillaume Prudhomme, receveur général de Normandie, de payer 57,000 livres tournois à Antoine Bohier, commis au payement de la dette au roi d'Angleterre, pour la — 18 mars.



IMPRIMERIE NATIONALE.

reddition de la ville de Tournay et du pays de Tournaisis. Angoulême, 18 mars 1519. 1520.

*Original. Bibl. nat.*, ms. français 25720, fol. 151.

1161. Mandement à tous les officiers du royaume de faire annoncer la canonisation de saint François-de-Paule et la célébration de sa fête le 2 avril. Angoulême, 19 mars 1519. 19 mars.

IMP. Hilarion de Coste, *Le portrait de S. François de Paule*, Paris, 1655, 1 vol. in-4°, *Preuves*, p. 477.

1162. Confirmation des conventions préliminaires pour l'entrevue décidée entre les rois de France et d'Angleterre. Châtellerault, 26 mars 1519. 26 mars.

IMP. Rymer, *Acta publica*, t. VI, part. 1, p. 180, col. 1.

1163. Déclaration sur l'observance des lettres données par le feu roi Charles VIII, en accroissant de quatre le nombre des conseillers du Parlement de Bourgogne, portant que les deniers provenant du sel ne seront employés qu'au payement desdits conseillers. Châtellerault, 26 mars 1519. 26 mars.

*Enreg. à la Chambre des Comptes de Dijon, le 21 juin 1520. Arch. de la Côte-d'Or*, reg. B. 18, fol. 29 v°.
*Enreg. au Parl. de Dijon, id.*, reg. I, fol. 182.
IMP. *Recueil des édits et ordonnances des États de Bourgogne*, t. I, p. 325.

1164. Édit portant permission aux officiers de la Chambre des Comptes et aux trésoriers de France à Paris de prendre du sel pour la provision de leurs maisons sans payer aucun droit de gabelle. Cognac, mars 1519. Mars.

*Enreg. à la Chambre des Comptes de Paris, le 24 avril 1520, après Pâques. Arch. nat., mémoriaux*, P. 2304, p. 435. 2 pages.
*Copie faite par ordre de la Cour des Aides, le 19 janvier 1779. Arch. nat.*, Z[1a] 526.
IMP. in-4°, pièce, *Arch. nat.*, ADI, 16; ADIX, 120, n° 53. 2 pages.
A. de la Gibonays, *Recueil des édits, ordonnances, etc., concernant la Chambre des Comptes de Bretagne*, Nantes, 1721, 2 vol. in-fol., t. II, p. 62.

1165. Accroissement de priviléges en faveur des habitants de la Rochelle. Pouvoir leur est octroyé de racheter désormais et d'amortir les rentes, hypothèques et autres devoirs dus à des personnes ecclésiastiques sur les maisons et terrains compris dans l'enceinte de leurs murs. Cognac, mars 1519. 1520. Mars.

Confirmation des précédentes, Dijon, 8 janvier 1533.

Mandement au Parlement de les enregistrer. Compiègne, 11 avril 1534.

Lettres de jussion pour ledit enregistrement. Paris, 6 août 1534.

*Enreg. au Parlement de Paris, le 7 septembre 1534.* *Arch. nat.*, $X^{1a}$ 8612, fol. 329 r° et v°, 330 v° et 331 v°. 6 pages.

1166. Mandement au Parlement de Dijon, lui enjoignant, à l'occasion d'un débat entre les États du duché et la Chambre des Comptes sur la fourniture du sel, de maintenir et de faire observer les priviléges du pays. Blois, 4 avril 1519. 4 avril.

*Original Arch. des États. Arch. de la Côte-d'Or*, C. 2971.

Imp. *Recueil des édits et ordonnances des États de Bourgogne*, I, 330.

1167. Commission à Jean de Sains pour aller à Strasbourg assurer le gouverneur et les habitants de l'amitié du roi et leur déclarer qu'il n'aide en aucune façon ceux qui font la guerre aux villes de l'empire. Paris (*sic*), 7 avril 1519. 7 avril.

Imp. L. Laguille, *Histoire de la province d'Alsace*, Strasbourg, 1727, in-fol., *Preuves*, p. 119.

1168. Ordonnance concernant les priviléges des présidents, vice-présidents et maîtres des comptes, trésoriers de France, généraux et secrétaires des finances. Blois, avril 1519 avant Pâques. Avril.

*Enreg. à la Chambre des Comptes de Paris. Arch. nat.*, P. 2304, p. 389. 20 pages.

*Copie collationnée faite par ordre de la Cour des Aides, le 20 janvier 1779. Arch. nat.*, $Z^{1a}$ 526.

*Arch. de l'Isère, Chambre des Comptes de Grenoble*, B. 3293. (*Expédition originale.*)

*Enreg. à la Chambre des Comptes de Montpellier.*

*Arch. de l'Hérault*, B. 341, fol. 65 et 68 v°. 6 pages. 1520.

Imp. In-4°, pièce, *Arch. nat.*, ADI. 16; ADIX. 120, n° 55. 11 pages.

*Id. Bibl. nat.*, in-4° F (Paquets).

*Id.* Grenoble, imp. de A. Fremon (s. d.), in-fol. pièce, *Bibl. nat.*, f° F. *Actes royaux* (Cartons).

1169. **Déclaration maintenant dans le droit de franc salé les généraux des finances de Normandie et leurs veuves. Avril 1519.** Avril.

*Bibl. nat., Mss. Moreau*, t. 1419, fol. 124.

1170. **Provisions en faveur d'Anne de Montmorency, seigneur de la Rochepot, de l'état et office de premier valet de chambre du roi. Blois, 8 avril 1520.** 8 avril.

Imp. André Du Chesne, *Histoire de la maison de Montmorency*, t. II, *Preuves*, p. 270. (*Mention.*)

1171. **Évocation au Grand Conseil d'un procès pendant au Parlement de Paris entre Mᵉ Pierre Marie et frère Jean Baille, touchant la possession de l'abbaye de Joyenval. 11 avril 1520.** 11 avril.

*Présentée au Parl. de Paris, le 17 avril suivant. Arch. nat.*, X¹ᵃ 1522, *reg. du Conseil*, fol. 158 v°. (*Mention.*)

1172. **Mandement au Parlement de Paris pour l'exécution des lettres de privilèges des épiciers et apothicaires de Paris. Blois, 12 avril 1520 après Pâques.** 12 avril.

*Enreg. au Parl. de Paris, le 26 novembre 1594. Arch. nat.*, X¹ᵃ 8641, fol. 294. 2 page 1/2.

*Double*, X¹ᵃ 8642, fol. 105.

1173. **Lettres octroyant à Jean d'Aplaincourt, chevalier, 20 écus pour avoir été à Noyon récemment et avoir conduit la compagnie du comte de Guise de cette ville à Montiérender en Champagne, où elle devait désormais tenir sa garnison. Blois, 12 avril 1520.** [12 avril.

*Original. Bibl. nat.*, ms. français 25720, fol. 152.

1174. **Donation des seigneuries d'Auray et de Quiberon, diocèse de Vannes, faite par le roi à** 13 avril.

son maître d'hôtel, Bertrand Le Voyer, seigneur de la Court, pour le récompenser des services rendus au feu roi et à lui, particulièrement à la garde du château de Brest. Blois, 13 avril 1520. 1520.

*Enreg. à la Chambre des Comptes de Bretagne. Arch. de la Loire-Inférieure*, B. *Mandements*, I, fol. 228, 229.
IMP. Dom Morice, *Hist. de Bretagne*, in-fol., *Preuves*, t. III, col. 949.

1175. Déclaration portant qu'en cas de décès du second ou du troisième président au Parlement de Bordeaux, le troisième sera promu à la place du second, et le quatrième à la place du troisième, suivant l'ordre adopté au Parlement de Paris. Blois, 16 avril 1520. 16 avril.

*Enreg. au Parl. de Bordeaux, le 26 juin 1520. Arch. de la Gironde*, B. 30, fol. 328. 2 pages 1/2.
*Double*, B. 30 *bis*, fol. 1. 2 pages.

1176. Ordonnance fixant à sept le nombre des conseillers nécessaires pour procéder au jugement de certains procès (matières déterminées), au Parlement de Bordeaux. Blois, 16 avril 1520. 16 avril.

*Enreg. au Parl. de Bordeaux, le 3 mai 1520. Arch. de la Gironde*, B. 30, fol. 310. 2 pages 1/2.
*Copie. Bibl. nat.*, ms. français 22371, fol. 389.

1177. Lettres de surannation pour l'enregistrement d'une déclaration de mars 1519, n. s. (n° 987) relative aux foires d'Yerres-le-Châtel. Paris, 27 avril 1520. 27 avril.

*Enreg. au Châtelet de Paris, le 4 août 1520. Arch. nat., Châtelet, Bannières*, Y. 8, fol. 112 v°. 1 page 1/2.

1178. Confirmation des privilèges de la ville de Bordeaux, en ce qui concerne le commerce des vins. Blois, avril 1520. Avril.

*Enreg. au Parl. de Bordeaux, le 7 mai 1520. Arch. de la Gironde*, B. 30, fol. 324. 7 pages.

1179. Règlement pour les maîtres jurés raquetiers de la ville de Paris. Châteaubriant (*sic*), avril 1520. 1520. Avril.

*Mentionné par* Blanchard, *Compilation chronologique des ordonnances*, t. I, col. 452.

1180. Commission à la Chambre des Comptes de Paris d'examiner et de vérifier, avec certains membres du Parlement, les privilèges de la ville de la Rochelle. Paris, 4 mai 1520. 4 mai.

*Copie. Bibl. nat.*, coll. Dupuy, vol. 147, fol. 232.

1181. Confirmation de la donation faite par Jeanne de Hochberg, duchesse de Longueville, à ses enfants, des biens qu'elle possédait en Bourgogne, savoir : les seigneuries de Seurre, Saint-Georges, Louhans, Mervans, Sainte-Croix, Montpont, Chagny, Époisses, Montcenis, Salmaise, Montbard et Villaines-en-Duesmois. Paris, 6 mai 1520. 6 mai.

*Enreg. à la Chambre des Comptes de Dijon, le 26 juin suivant. Arch. de la Côte-d'Or*, B. 18, fol. 179 v°.

L'acte de donation, du 1er janvier 1519, est enregistré au Parlement de Dijon. Arch. de la Côte-d'Or, reg. I, fol. 178.

1182. Commission de lieutenant du roi au duché de Guyenne pour Bertrand d'Estissac, en l'absence du maréchal de Lautrec, lieutenant général et gouverneur. Paris, 8 mai 1520. 8 mai.

*Enreg. au Parl. de Bordeaux, le 31 mai 1520. Arch. de la Gironde*, B. 30, fol. 330. 4 pages.

1183. Mandement à Jean Ruzé, receveur général d'Outre-Seine, de faire lever décharge sur Jean Godet, receveur des tailles, et de lui rembourser les sommes qu'il a payées pour le roi à Jacques de Brenouville, capitaine de la ville de Châlons, et à tous ceux qui se sont occupés de l'assiette des vivres et munitions des gens de guerre en cette élection. Paris, 9 mai 1520. 9 mai.

*Original. Bibl. nat.*, ms. français 25720, fol. 154.

1184. Lettres adressées au bailli de Tournay, en vertu desquelles, sur la plainte des prévôt et jurés de ladite ville, et pour remédier aux procès et à la diminution du trafic des marchandises qui en résultaient, il est fait défense aux habitants de Tournay d'acheter des rentes sur les communautés des villes voisines, sous peine de confiscation desdites rentes. Paris, 9 mai 1520. 1520. 9 mai.

*Original scellé. Arch. de la ville de Tournay.*

1185. Ordonnance pour la tenue des Grands jours d'Auvergne, Bourbonnais, Nivernais, Forez, Beaujolais, Lyonnais, bailliages de Saint-Pierre-le-Moutier, de Montferrand et des montagnes d'Auvergne, de Combraille et de la Marche, en la ville de Montferrand, du 1er septembre au 31 octobre 1520. Paris, 12 mai 1520. 12 mai.

*Enreg. au Parl. de Paris, le 17 juillet 1520. Arch. nat.*, $X^{1a}$ 8611, fol. 320. 2 pages.

1186. Lettres données à la suite de l'enquête faite par Cybard Couillaud et Jean Gallet (ci-dessus, 26 février 1520, n. s. nº 1146), déclarant que les accusations portées contre les prevôt des marchands et échevins et autres officiers de la ville de Paris sont fausses, et permettant à ceux-ci de poursuivre en diffamation leurs détracteurs. Montreuil, 24 mai 1520. 24 mai.

*Original. Arch. nat.*, K. 953, nº 1b.

1187. Provisions de l'office de maître des comptes en faveur de Jean de Sallat. Montreuil, 26 mai 1520. 26 mai.

*Enreg. à la Chambre des Comptes de Paris. Arch. nat.*, P. 2304, p. 488. 2 pages.

1188. Provisions de l'office de vicomte et receveur ordinaire de Bayeux, en faveur d'Émery Deleau. 26 mai 1520. 26 mai.

*Enreg. à la Chambre des Comptes de Paris, le 22 septembre 1520, anc. mém.* 2 B, fol. 70. *Arch. nat., invent.* PP. 136, p. 234. (*Mention.*)

1189. Mandement adressé aux prévôt des marchands et échevins de Paris de faire curer et rendre navigables le Sevin, la Vanne, le Morin, l'Ourcq et autres rivières en amont et en aval de Paris. Montreuil, 27 mai 1520. 1520. 27 mai.

*Original. Arch. nat.*, K. 953, n° 2[b].

1190. Confirmation de l'acte d'affranchissement de la mainmorte accordé, le 23 février 1520, aux habitants d'Origny, Bellenod, Vaux et la Montagne par François et Antoine de Chandio, frères, seigneurs du lieu. Paris, mai 1520. Mai.

*Enreg. à la Chambre des Comptes de Dijon, le 22 décembre 1520. Arch. de la Côte-d'Or*, reg. B. 72, fol. 38 v°.

Imp. J. Garnier, *Chartes de communes et d'affranchissement en Bourgogne*, III, 22.

1191. Edit relatif à la navigation et au transport des marchandises sur la rivière de Seine. Montreuil, mai 1520. Mai.

*Original. Arch. nat.*, K. 953, n° 2[d].

*Enreg. au Parl. de Paris, sauf réserves, le 10 janvier 1521* (n. s.). *Arch. nat.*, X[1a] 8611, fol. 332 v°. 6 pages.

*Copie. Arch. de la Préfecture de police, Collection Lamoignon*, t. V, p. 775 à 789.

*Bibl. nat., mss. Moreau*, t. 1401, fol. 212. (*Mention.*)

1192. Provisions en faveur de Louis Mitte, seigneur de Chevrières, de l'office de sénéchal de Lyon, vacant par la mort de Pierre de Tordes. Dijon, 3 juin 1520. 3 juin.

*Réception au Parl. de Paris, le 6 septembre 1522. Arch. nat.*, X[1a] 1524, *reg. du Conseil*, fol. 391. (*Mention.*)

1193. Traité entre François Ier et Henri VIII, roi d'Angleterre, par lequel celui-ci s'engage à donner sa fille unique en mariage au dauphin de France. Confirmé, le 6 juin 1520, par François Ier à Ardres, et par Henri VIII à Guines. 6 juin.

*Expédition non scellée. Arch. nat., Trésor des Chartes*, J. 651[4], n° 1.

Imp. Rymer, *Acta publica*, t. VI, part. 1, p. 185, col. 1.

Dumont, *Corps diplomatique*, t. IV, part. 1, p. 312, col. 2.

1194. Mandement au sénéchal de Lyon de contraindre Amé Bulliand à accepter la charge d'échevin. Ardres, 6 juin 1520. 1520. 6 juin.

*Original. Arch. municip. de Lyon*, BB. 380.

1195. Lettres de surannation pour l'enregistrement de la confirmation des privilèges des habitants de Créteil et de Maisons-sur-Seine, données en avril 1515 (n° 252). Paris (*sic*), 12 juin 1520. 12 juin.

*Enreg. au Châtelet de Paris. Arch. nat., Bannières*, Y. 8, fol. 110. 1 page.

1196. Lettres portant que les amendes adjugées par le Parlement de Toulouse au roi devront être payées, nonobstant tout don fait ou à faire par Sa Majesté. Ardres, 13 juin 1520. 13 juin.

*Enreg. au Parl. de Toulouse. Arch. de la Haute-Garonne, Édits*, reg. 3, fol. 73. 1 page.

1197. Commission adressée à Jean de Calvimont, président, et à François Cadenet, conseiller au Parlement de Bordeaux, à l'effet d'aller à Bayonne et à Fontarabie s'aboucher avec les envoyés du roi d'Espagne et s'informer des déprédations faites par les sujets des deux rois les uns contre les autres, pour en faire justice. Ardres, 14 juin 1520. 14 juin.

*Original. Arch. nat., suppl. du Trésor des Chartes*, J. 916, n° 2.

1198. Lettres de jussion adressées à la Chambre des Comptes pour l'entérinement des lettres de don de diverses parties des baillies de Forces et de la Roche délivrées à Guy de Forces, en juillet 1515. Saint-Germain-en-Laye, 18 juillet 1520. 18 juillet.

*Enreg. à la Chambre des Comptes de Paris, le 13 août 1520. Arch. nat.*, P. 2304, p. 476. 5 pages 1/2.

1199. Relief de surannation pour l'enregistrement de celles du mois de mars 1514 (n° 169), par lesquelles les privilèges de la ville d'Amiens sont confirmés. Carrières, 20 juillet 1520. 20 juillet.

*Enreg. au Parl. de Paris, sans date. Arch. nat.*, $X^{1a}$ 8611, fol. 322 v°.



IMPRIMERIE NATIONALE.

1200. Lettres d'ampliation de l'ordonnance relative aux Grands jours de Montferrand, déclarant que le bailliage de Mâconnais sera compris dans leur ressort. Saint-Germain-en-Laye, 21 juillet 1520. 1520. 21 juillet.

*Enreg. au Parl. de Paris, le 8 août 1520. Arch. nat.*, X[1a] 8611, fol. 321 v°. 1 page.

1201. Rétablissement de la Monnaie de Villeneuve-Saint-André. Saint-Germain-en-Laye, 21 juillet 1520. 21 juillet.

*Enreg. à la Cour des Monnaies, le 28 août 1520. Arch. nat.*, Z[1b] 62, fol. 201 v°. 1 page.

1202. Mandement à Guillaume Prudhomme de payer à Geoffroy Duval, bourgeois et marchand de Rouen, 73 livres 9 sous 9 deniers, à titre d'indemnité pour ses frais de transport de Rouen à Boulogne et à Ardres de cent barriques de vin du cru d'Alby et des environs, qui ont été offertes au roi par le cardinal de Boisy, légat en France. Saint-Germain-en-Laye, 21 juillet 1520. 21 juillet.

*Original. Bibl. nat.*, ms. français 25720, fol. 155.

1203. Évocation au Grand Conseil d'un procès pendant au Parlement de Paris, touchant les foires et marchés de Ver, institués par le roi Louis XII. Saint-Germain-en-Laye, 22 juillet 1520. 22 juillet.

*Présentée au Parl. de Paris, le 27 juillet suivant. Arch. nat.*, X[1a] 1522, *reg. du Conseil*, fol. 265 v°. (*Mention.*)

1204. Permission octroyée aux élus de Lyonnais de faire construire pour leur usage dans la maison du roi appelée *Roanne*, à Lyon, une chambre et un auditoire. Saint-Germain-en-Laye, 23 juillet 1520. 23 juillet.

*Copie. Bibl. nat.*, ms. français 2702, fol. 51.

1205. Édit de création de quarante offices de notaires et tabellions royaux à Bordeaux et dans la 24 juillet.

sénéchaussée de Guyenne. Saint-Germain-en-Laye, 24 juillet 1520. 1520.

*Enreg. au Parl. de Bordeaux, sauf modifications, le 6 mai 1521. Arch. de la Gironde*, B. 30, fol. 334. 4 pages 1/2.

*Copie collationnée à Bordeaux, le 31 mars 1534. Arch. nat., suppl. du Trésor des Chartes*, J. 963, n° 14.

1206. Lettres relatives au différend entre les maisons d'Albret, d'Estouteville et autres, touchant le comté de Dreux. 24 juillet 1520. 24 juillet.

Imp. *Dict. des titres originaux pour les fiefs, le domaine du roi, etc., ou inventaire du cabinet du chevalier Blondeau de Charnage, ci-devant lieutenant d'infanterie*, Paris, 1774, in-12, p. 90. (*Mention.*)

1207. Confirmation des privilèges et statuts accordés par Louis XII aux porteurs de grains des halles et à la confrérie de Notre-Dame et Saint-Louis, en l'église Saint-Eustache. Carrières, juillet 1520. Juillet.

*Enreg. au Châtelet de Paris, le 17 août 1520. Arch. nat., Châtelet, Livre rouge*, Y. 6[4], fol. 50 v°, et *Livre jaune grand*, Y. 6[5], fol. 13 v°, 1 page.

1208. Pouvoir donné à Charles de Rohan, seigneur de Gié, comte de Guise, de nommer aux offices royaux établis dans les châtellenies de la Ferté-Bernard et de Joinville. Juillet 1520. Juillet.

*Enreg. à la Chambre des Comptes de Paris, anc. mém.* 2 B, fol. 81. *Arch. nat., invent.* PP. 136, p. 236. (*Mention.*)

1209. Mandement au Parlement, lui interdisant de prendre connaissance d'un appel d'un arrêt de la Chambre des Comptes interjeté par les habitants de la Rochelle. La Meilleraye, 2 août 1520. 2 août.

*Enreg. à la Chambre des Comptes de Paris. Arch. nat.*, P. 2304, p. 469.

*Bibl. nat., manuscrits Moreau*, t. 1397, fol. 15. (*Mention.*)

1210. Lettres portant augmentation du fief de la vicomté 3 août.

de Tours en faveur de Jean de Beaune, seigneur de Semblançay. 3 août 1520. 1520.

*Enreg. à la Chambre des Comptes de Paris. Arch. nat.*, P. 2304, p. 493.
*Copie. Bibl. nat.*, *collection dom Housseau*, t. IX, n° 4246 *bis*.
Imp. *Mémoires de la Société archéol. de Touraine*, t. XIV, p. 491.

1211. Commission donnée à Roger Barme, président, et Nicolas Brachet, conseiller au Parlement de Paris, à l'effet de rédiger par écrit, publier et autoriser les coutumes du pays et duché de Bourbonnais. Mauny, 7 août 1520. 7 août.

Imp. *Les coustumes du pays et duché de Bourbonnoys, impr. à Paris par Anthoine Couteau, pour Galliot Dupré, le 10 avril 1524*, petit in-4° gothique, fol. 61. *Bibliothèque de M. Aug. Chassaing, juge au Puy.*
Ch. Bourdot de Richebourg, *Nouveau coutumier général*, t. III, p. 1283.

1212. Permission aux habitants de la ville de Rouen de lever un impôt sur tout minot de sel vendu dans les greniers à sel de ladite ville ou passant sur la Seine, au port de Rouen. Rouen, 10 août 1520. 10 août.

*Original. Bibl. nat.*, ms. français 25720, fol. 156.

1213. Provisions de l'office de maître des comptes ordinaire, vacant par la mort de Charles de Canlers, en faveur de Claude Delacroix, sieur de Plancy. Rouen, 10 août 1520. 10 août.

*Enreg. à la Chambre des Comptes de Paris. Arch. nat.*, P 2304, p. 679. 2 pages.

1214. Remboursement à Antoine de Conflans, écuyer, des dépenses qu'il a faites pour le roi pendant le temps qu'il a été chargé de conduire la reine mère en pays étranger. Saint-Germain-en-Laye, 11 août 1520. 11 août.

*Original. Bibl. nat.*, ms. français 25720, fol. 157.

1215. Mandement au Parlement de Bordeaux pour juger le procès pendant en cette cour entre 15 août.

Bertrand d'Estissac et Bertrand de Lustrac, et commission à divers officiers des Parlements de Paris et de Toulouse pour siéger à la cour de Bordeaux dans cette affaire. Saint-Germain-en-Laye, 15 août 1520. 1520.

*Enreg. au Parl. de Bordeaux, le 7 septembre 1520. Arch. de la Gironde*, B 30, fol. 332. 2 pages. *Copie. Bibl. nat.*, ms. français 22371, fol. 403.

1216. Mandement aux élus sur le fait des aides ordonnées pour la guerre au pays et élection de Poitou de lever sur cette élection la somme de 180,655 livres 6 sous 2 deniers tournois, plus l'équivalent, 2,370 livres pour les frais et 1,932 livres pour le payement du prévôt et de ses archers. Saint-Germain-en-Laye, 15 août 1520. 15 août.

IMP. Thibaudeau, *Abrégé de l'hist. du Poitou*, 1re édit., t. III, p. 477.

1217. Déclaration portant que la part de l'élection de Lyonnais dans la somme à percevoir pour la taille de l'année 1521 sera de 25,908 livres 4 sous 5 deniers tournois. Saint-Germain-en-Laye, 15 août 1520. 15 août.

*Copie. Bibl. nat.*, ms. français 2702, fol. 44 v°.

1218. Mandement au bailli de Troyes lui ordonnant de lever sur les habitants de cette ville un subside de 3,500 livres tournois à prendre sur les deniers communs. Saint-Germain-en-Laye, 15 août 1520. 15 août.

*Arch. municipales de Troyes*, BB. I, 2e carton, 1re liasse.

1219. Règlement pour l'exécution des lettres du mois de juillet 1519 (n° 1069), concernant les privilèges des habitants de la ville de Cherbourg. 20 août 1520. 20 août.

*Enreg. à la Chambre des Comptes de Paris, anc. mém.* 2 B, fol. 101. *Arch. nat., invent.* PP. 136, p. 237. (*Mention.*)

1220. Mandement aux receveurs généraux sur le fait des finances de payer à Louis d'Enzen et à Pierre Mangot 1,143 livres 8 sous 9 deniers, à titre d'indemnité pour la façon de l'orfèvrerie destinée aux hocquetons des capitaines et archers écossais et français. Saint-Germain-en-Laye, 20 août 1520. 1520. 20 août.

*Original. Bibl. nat.*, ms. français 25720, fol. 158.

1221. Suppression des offices d'élus, greffiers et receveurs des diocèses de Languedoc, créés par édit du 5 mai 1519. Saint-Germain-en-Laye, 22 août 1520. 22 août.

*Imp. Arch. de la Haute-Garonne, Lois municip. et économiques du Languedoc*, t. IV, p. 251, Montpellier, 1786, in-4°.

1222. Provisions et réception de Jean Billon, secrétaire du roi, en l'office nouvellement créé de maître clerc en la Chambre des Comptes. Saint-Germain-en-Laye, 23 août 1520. 23 août.

*Enreg. à la Chambre des Comptes de Paris. Arch. nat.*, P. 2304, p. 503. 3 pages 1/2.

1223. Provisions et réception de Simon Teste en l'office nouvellement créé de correcteur des comptes. Saint-Germain-en-Laye, 23 août 1520. 23 août.

*Enreg. à la Chambre des Comptes de Paris. Arch. nat.*, P. 2304, p. 509. 4 pages.

1224. Provisions de l'un des quatre offices de clerc nouvellement créés en la Chambre des Comptes, en faveur de Claude de la Cloche. Saint-Germain-en-Laye, 23 août 1520. 23 août.

*Enreg. à la Chambre des Comptes de Paris. Arch. nat.*, P. 2304, p. 517. 5 pages.

1225. Provisions de l'un des quatre offices de clerc nouvellement créés en la Chambre des Comptes, en faveur de Pierre Regnault. Saint-Germain-en-Laye, 23 août 1520. 23 août.

*Enreg. à la Chambre des Comptes de Paris. Arch. nat.*, P. 2304, p. 577. 4 pages 1/2.

1226. Provisions de l'office nouvellement créé de garde des livres, comptes, papiers et registres de la Chambre des Comptes, en faveur de Jean Lecomte. Saint-Germain-en-Laye, 23 août 1520. 1520. 23 août.

*Enreg. à la Chambre des Comptes de Paris. Arch. nat.*, P. 2304, p. 659. 2 pages 1/2.

1227. Provisions, en faveur de Guy Le Pellé, de l'office de clerc-auditeur nouvellement créé en la Chambre des Comptes. Saint-Germain-en-Laye, 23 août 1520. 23 août.

*Enreg. à la Chambre des Comptes de Paris. Arch. nat.*, P. 2304, p. 789. 3 pages 1/2.
*Copie, Arch. nat.*, ADIX, 120, n° 76. 3 pages.

1228. Provisions de l'office de maître clerc ordinaire des comptes en faveur de Claude de Hacqueville, au lieu et place de Jean Vivien. Saint-Germain-en-Laye, 28 août 1520. 28 août.

*Enreg. à la Chambre des Comptes de Paris. Arch. nat.*, P. 2304, p. 695, 2 pages 1/2.

1229. Évocation au Grand Conseil du différend soulevé entre le procureur général de la Cour des Aides de Paris et le procureur général de la Cour des Aides de Normandie, au sujet d'un meurtre commis sur la personne du sieur Labbé par les gens du duc de Nevers, à la suscitation de Jean Landry, grenetier du Tréport. 28 août 1520. 28 août.

*Mentionnée dans le recueil Cromo (Cour des Aides). Arch. nat.*, U. 665, fol. 226.

1230. Provisions de l'office de bailli de Cotentin en faveur d'Antoine Bohier. 29 août 1520. 29 août.

*Enreg. à la Chambre des Comptes de Paris, le 16 novembre 1520, anc. mém.* 2 B, fol 198. *Arch. nat., invent.* PP. 136, p. 238. (*Mention.*)

1231. Lettres d'affranchissement et d'exemption et autres privilèges accordés aux habitants du Port-de-Grâce (le Havre). Port-de-Grâce, août 1520. Août.

*Enreg. à la Chambre des Comptes de Paris, le*

*6 septembre 1521, anc. mém.* coté 2 B, fol. 256. 1520.
*Copie, Arch. nat.*, ADIX. 120, n° 73. 6 pages.

*Enreg. à la Cour des Aides de Normandie, le 12 avril 1522. Arch. de la Seine-Inférieure, Ier vol. des Mémoriaux*, fol. 26 v°. 8 pages.

Imp. S. de Merval, *Documents relatifs à la fondation du Havre*, Rouen, 1875, p. 265.

1232. Confirmation des privilèges accordés à l'Université d'Orléans par les papes et les rois de France. Carrières, août 1520. Août.

*Copie collationnée du XVIe siècle. Arch. du Loiret, Université, série D.*

1233. Lettres portant permission aux échevins d'Orléans de faire construire, sur le front du marché de la Porte-Renard, dix étaux de boucherie et huit étassons. Saint-Germain-en-Laye, août 1520. Août.

*Copie notariée de 1607. Arch. du Loiret, Apanages, châtellenie d'Orléans*, A. 666.

1234. Édit portant création en la Chambre des Comptes de Paris d'un président, d'un maître clerc, d'un correcteur, de quatre clercs et auditeurs et d'un garde des comptes et registres. Saint-Germain-en-Laye, août 1520. Août.

*Enreg. à la Chambre des Comptes de Paris, le 4 octobre 1520. Arch. nat.*, P. 2304, p. 495. 7 pages.
*Id.*, P. 2535, fol. 301 v°.

*Copie. Bibl. nat.*, ms. français 6760, fol. 17.

Imp. In-4°, pièce, *Arch. nat.*, ADI. 16, et ADIX. 120, n° 72. 5 pages.

*Ordonnances, édits, déclarations, etc., concernant l'autorité et la juridiction de la Chambre des Comptes*, Paris, 1726, t. I, p. 169.

1235. Confirmation des privilèges de l'église du Dorat. Paris, août 1520. Août.

*Enreg. au Parl. de Paris, avec une confirmation nouvelle donnée par Henri II, en décembre 1547, et sur mandement de ce prince, le 24 mars 1552* (n. s.), *Arch. nat.*, X1a 8617, fol. 366. 2 pages.

1236. Érection de la terre et seigneurie de Chauvigny Août.

en châtellenie, en faveur de Louis Le Roy, seigneur de Chauvigny. Août 1520. 1520.

*Enreg. à la Chambre des Comptes de Paris, anc. mém., 2 B, fol. 382. Arch. nat., invent.* PP, 136, p. 237. (*Mention.*)

1237. Ordonnance portant envoi de commissaires pour recevoir les déclarations des francs-fiefs et nouveaux acquêts possédés par les gens d'église et de mainmorte et les communautés religieuses. Saint-Germain-en-Laye, 6 septembre 1520. (Avec instructions aux commissaires.) 6 septembre.

*Enreg. au Châtelet de Paris. Arch. nat., Châtelet, Livre rouge*, Y. 6[4], fol. 62. 6 pages.

*Enreg. à la Chambre des Comptes de Grenoble. Arch. de l'Isère*, B. 2907, fol. 101 v°.

IMP. In-4°, pièce, *à la Bibl. nat., inv. Réserve*, F. 1822.

Fontanon, *Édits et ordonnances*, t. II, p. 433.

*Recueil des règlements concernant les droits d'amortissements, etc.*, t. I, Paris, V[ve] Saugrain et Pierre Prault, imp., quai de Gesvres, M DCCXXIX.

1238. Commission au sénéchal d'Armagnac, ou à son lieutenant, pour faire la recherche des fiefs acquis par les non nobles, gens d'église et autres gens de mainmorte. Saint-Germain-en-Laye, 6 septembre 1520. 6 septembre.

*Original. Arch. de la Haute-Marne, Chapitre de Langres*, série G, carton 15.

1239. Commission au bailli de Chartres de faire donner par les gens d'église et de mainmorte déclaration de leurs biens, et sur leur refus, de les faire saisir et mettre sous la main du roi. Saint-Germain-en-Laye, 6 septembre 1520. 6 septembre

IMP. *Recueil des règlements concernant les amortissements, francs-fiefs, nouveaux acquêts, etc.* Paris, Saugrain et Prault, imp., 1729, t. I, p. 32.

1240. Mandement au gouverneur de Montpellier, lui ordonnant de reprendre la recherche des acquisitions faites sans permission ni amortissement par les gens de mainmorte, et d'en faire le rapport. Saint-Germain-en-Laye, 6 septembre 1520. 6 septembre.

*Original. Arch. municipales de Montpellier*, CC. *Francs-fiefs.*

*Copie. Bibl. nat.*, ms. lat. 9180, fol. 105.



IMPRIMERIE NATIONALE.

1241. Lettres statuant sur la réparation et l'entretien des ponts et chaussées et passages au moyen des deniers provenant des péages et leudes établis à ces fins. Saint-Germain, 10 septembre 1520. 1520. 10 septembre.

*Enreg. au Parl. de Toulouse, le 29 février 1520. Arch. de la Haute-Garonne, Edits, reg.* 3, fol. 82. 1 page.

*Arch. municipales d'Albi.*

*Vidimus du juge royal d'Albi, du 3 septembre 1521. Arch. municipales de Montpellier, CC. Leudes et péages.*

*Copie aux États de Languedoc. Arch. de l'Hérault, Ordonnances et arrêts*, t. III, pièce 31.

1242. Commission du roi à Anne de Montmorency pour la garde des bois et forêts de Halatte et de Carnelle. Paris, 18 septembre 1520. 18 septembre.

IMP. André Du Chesne, *Hist. de la maison de Montmorency*, t. II, p. 270. (*Mention.*)

1243. Confirmation et renouvellement pour quatre ans des dispenses et privilèges précédemment accordés aux habitants de Puiseaux. Paris, 21 septembre 1520. 21 septembre.

*Original. Arch. nat.*, S. 2150.

(*Voir 16 février 1515 (n. s.) et 22 novembre 1519, n°s 84 et 1112.*)

1244. Lettres portant vente par le roi et sa mère à Philippe Chabot, seigneur de Brion, des quatre cinquièmes de la terre et châtellenie de Châteauneuf-sur-Charente. Saint-Germain-en-Laye, septembre 1520. Septembre.

*Extrait collationné des registres de la Chambre des Comptes de Paris, le 26 octobre 1556. Arch. nat., suppl. du Trésor des Chartes*, J. 955, n° 16.

1245. Lettres de ratification : 1° du règlement donné à l'abbaye de Ferrières, au diocèse de Sens, par Étienne Gentils, prieur de Saint-Martin-des-Champs, visiteur général et réformateur, commis par le pape, le 26 août 1520; 2° de la confirmation audit règlement par le cardinal de Boisy, légat, en date du 30 août 1520; Septembre.

3° des statuts et articles dressés pour la réformation de ladite abbaye, au mois de septembre suivant. Saint-Germain-en-Laye, septembre 1520. 1520.

*Enreg. au Parl. de Paris, le 5 février 1521. Arch. nat.*, X[1a] 8611, fol. 327-334. En tout 14 pages 1/2.

1246. Déclaration en faveur des religieuses du couvent de Notre-Dame de Bellomer, au diocèse de Chartres, pour leur assurer le payement à perpétuité de 30 livres de rente, dix-sept setiers de pois, dix-sept setiers de fèves et autres droits. Saint-Germain-en-Laye, septembre 1520. Septembre.

*Enreg. à la Chambre des Comptes de Paris, le 13 février 1545. Arch. nat.*, P. 2307, p. 855. 13 pages.

1247. Lettres de naturalité en faveur de Claude de Saint-Julien, sieur de Baleure, homme d'armes des ordonnances, natif du comté de Bourgogne. Saint-Germain-en-Laye, septembre 1520. Septembre.

*Enreg. à la Chambre des Comptes de Dijon, le 6 juin 1521. Arch. de la Côte-d'Or*, B. 72, fol. 92.

1248. Confirmation des privilèges des soixante notaires au Châtelet de Paris. Paris, septembre 1520. Septembre.

*Enreg. au Châtelet de Paris, le 4 décembre 1520. Arch. nat., Châtelet, Bannières*, Y. 8, fol. 119. 1 page.

Imp. François Langloix, *Traité des droits, privilèges et fonctions des notaires au Châtelet de Paris*, Paris, 1738, in-4°, *Preuves*, p. 20.

1249. Confirmation des privilèges de l'église collégiale de Saint-Hilaire-le-Grand, à Poitiers. Septembre 1520. Septembre.

*Copie notariée du 7 août 1536, d'après l'enregistrement fait au greffe de la sénéchaussée de Poitou, le 7 décembre 1520. Arch. départementales de la Vienne*, G. 1015.

1250. Provisions de l'office de conseiller au Parlement de Paris en faveur de François Crespin, au lieu d'André Porte. 2 octobre 1520. 2 octobre.

*Réception au Parl., le 21 novembre 1520. Arch. nat.*, X[1a] 1523, *reg. du Conseil*, fol. 4 v°. (*Mention.*)

1251. Confirmation et accroissement des franchises de gabelle de la ville d'Arles. Paris, 5 octobre 1520. — 1520. 5 octobre.

*Enreg. à la Chambre des Comptes d'Aix, le 10 octobre 1527. Arch. des Bouches-du-Rhône*, B. 28 (*Paris*), fol. 217. 2 pages.

1252. Confirmation des privilèges accordés à l'abbaye de Marchiennes. Paris, 6 octobre 1520. — 6 octobre.

*Copie. Bibl. nat.*, coll. Moreau, t. 262, fol. 23.

1253. Confirmation des statuts et privilèges des vingt-quatre courtiers de chevaux jurés de la ville de Paris, octroyés en juin 1517 (n° 696), et non enregistrés. Paris 8 octobre 1520. — 8 octobre.

*Enreg. au Châtelet de Paris, Arch. nat., Châtelet, Livre rouge*, Y. 6[4], fol. 54. 1 page.

1254. Lettres interdisant absolument toutes assemblées et danses publiques aux jours de fêtes, dans les villes où elles avaient donné lieu à des désordres, et ordonnant d'exercer des poursuites à cet égard. Paris, 8 octobre 1520. — 8 octobre.

*Enreg. au Châtelet de Paris, le 15 mai 1521. Arch. nat., Châtelet, Bannières*, Y. 8, fol. 127 v°. 2 pages.

1255. Lettres touchant un différend entre le Parlement et la Chambre des Comptes de Paris au sujet de certaines appellations. Paris, 8 octobre 1520. — 8 octobre.

*Présentées au Parlement de Paris le 10 octobre suivant. Arch. nat.*, X[1a] 1522, *reg. du Conseil*, fol. 326 v°. (*Mention.*)

*Id., ibid., le 11 janvier 1521* (n. s.), X[1a] 1523, fol. 30.

1256. Confirmation du mandement adressé au bailli de Troyes, le 15 août 1520, avec explication donnée aux habitants de cette ville que l'argent demandé est nécessaire pour payer les Suisses et autres gens de guerre au service de la France. Paris, 8 octobre 1520. — 8 octobre.

*Arch. municipales de Troyes*, BB. I, 2[e] carton, 1re liasse.

1257. Amortissement, au profit de l'Hôtel-Dieu de Laon, d'immeubles sis à Pontavert, provenant des époux Jouvelet. Paris, 13 octobre 1520. 1520. 13 octobre.

*Copie du XVIII^e siècle. Arch. de l'Hôtel-Dieu de Laon*, B. 46[b].

1258. Commission à Roger Barme, président au Parlement, à Jean Nicolaï, premier président de la Chambre des Comptes, et à divers autres officiers, pour procéder à l'examen des sommes dues à raison de l'amortissement des biens des gens d'église. Fontainebleau, 15 octobre 1520. 15 octobre.

*Enreg. à la Chambre des Comptes de Paris, le 7 mai 1521. Arch. nat.*, P. 2304, p. 557. 9 pages.

*Copies collationnées du XVIII^e siècle. Arch. nat.*, K. 170, n^os 41-45.

*Copie du XVIII^e siècle. Arch. de Reims, fonds du Chapitre*, layette 63, liasse 187, n° 1.

*Bibl. nat., mss. Moreau*, t. 1397, fol. 16, et t. 1419, fol. 125. (*Mentions.*)

IMP. In-4°, pièce. *Arch. nat.*, ADIX, 120, n° 80. 6 pages.

*Recueil des règlements concernant les amortissements, francs-fiefs et nouveaux acquêts, etc.*, Paris, 1729, t. I, p. 38.

1259. Règlement pour l'exploitation des mines du royaume et confirmation des privilèges accordés aux maîtres, ouvriers et mineurs. Fontainebleau, 17 octobre 1520. 17 octobre.

*Enreg. à la Cour des Monnaies. Arch. nat.*, Z^1b 62, fol. 183 v°. 2 pages 1/2.

*Enreg. au Châtelet de Paris, le 12 septembre 1521. Arch. nat., Châtelet, Bannières*, Y. 8, fol. 130 v°. 6 pages.

*Enreg. à la Chambre des Comptes de Grenoble. Arch. de l'Isère*, B. 2909, cah. 9. 16 pages.

*Enreg. en la sénéchaussée de Lyon (au papier rouge), le 12 novembre 1520.*

1260. Lettres portant abolition des élus d'Agenais, mentionnées pour avoir été lues aussitôt après leur réception dans l'assemblée de la jurade d'Agen, tenue le 21 octobre 1520. 21 octobre.

*Arch. communales d'Agen*, reg. BB. 23, fol. 288 v°.

1261. Évocation au Grand Conseil d'un procès pendant au Parlement de Paris au sujet de certaines terres et bois appelés les Hayes de Brie, au bailliage de Melun, entre Geoffroy et Michel de Bèze et Louis de Bricheteau. Blois, 22 octobre 1520. 1520. 22 octobre.

*Présentée au Parl. de Paris, le 5 février 1521* (n. s.). *Arch. nat.*, X[1a] 1523, *reg. du Conseil*, fol. 71. (*Mention*.)

1262. Lettres qui accordent à Simon Teste, correcteur des comptes, la jouissance annuelle de 165 livres de droits de robe, bûche et Toussaint, à dater du jour de sa réception. Blois, 30 octobre 1520. 30 octobre.

*Enreg. à la Chambre des Comptes de Paris. Arch. nat.*, P. 2304, p. 593. 2 pages.
IMP. In-4°, pièce. *Arch. nat.*, ADI, 16; ADIX. 120, n° 81. 2 pages.

1263. Lettres par lesquelles le roi délaisse à Hélène de Genlis, veuve de Claude Gouffier, sieur de Boisy, en échange de diverses sommes qu'il lui doit, les terres et seigneuries de Montmorillon et de Sézanne, les halles et droits de hallage, paneterie, poissonnerie, etc., de la ville de Niort, et la coutume de la mine et péage sur la Loire, au duché d'Orléans. Paris, octobre 1520. Octobre.

*Enreg. à la Chambre des Comptes de Paris. Arch. nat.*, P. 2304, p. 1367. 8 pages.
*Idem*, P. 2580, fol. 251 v°.
*Opposition du Parl. de Paris, le 30 janvier 1521. Arch. nat.*, X[1a] 1523, *reg. du Conseil*, fol. 56 v°.

1264. Confirmation des privilèges accordés par les rois de France aux monastères de Chartreux. Paris, octobre 1520. Octobre.

Lettres d'attache relevant une irrégularité des précédentes (elles n'étaient point signées d'un secrétaire du roi), et ordonnant au Parlement de les vérifier et de les enregistrer. Paris, 21 décembre 1520.

*Enreg. au Parl. de Paris, le 22 février 1522* (n. s.). *Arch. nat.*, X[1a] 8611, fol. 369, 370. 2 pages.
Les fol. 363-369 (12 pages) sont occupés par les

lettres de Charles VI, Charles VII, Louis XI et Charles VIII, des 7 février 1382, septembre 1446, novembre 1461, 31 octobre 1465, juillet 1484, etc. 1520.

1265. Lettres de garde-gardienne accordées à l'abbaye de Saint-Victor de Paris. Paris, octobre 1520. Octobre.

*Original. Arch. nat.*, K. 82, n° 6.

1266. Création de quatre foires par an à Villepreux près Marly-le-Roy. Paris, octobre 1520. Octobre.

Avec lettres de surannation du 25 mai 1524.

*Enreg. au Châtelet de Paris, le 18 juillet 1524. Arch. nat., Châtelet, Bannières*, Y. 8, fol. 201. 3 pages.

1267. Création de deux foires annuelles et d'un marché hebdomadaire à Nantouillet. Neuville, octobre 1520. Octobre.

*Enreg. au Châtelet de Paris, le 28 septembre 1521. Arch. nat., Châtelet, Bannières*, Y. 8, fol. 136. 2 pages.

1268. Lettres portant que la foire de la quinzaine de Pâques à Saint-Maximin en Provence se tiendra désormais non plus le dimanche, mais les lundi, mardi et mercredi suivants. Blois, octobre 1520. Octobre.

Imp. L. Rostan, *Cartul. de la ville de Saint-Maximin*, Paris, Plon, 1862, in-4°, p. 155.

1269. Mandement aux généraux conseillers sur le fait des finances de rembourser à Mérault de la Haye 61 livres pour son voyage de Sommières à Toulouse, à l'effet de contrôler le procès-verbal de réception des bénéfices de la province de Narbonne, et pour un autre voyage de Sommières à Amboise, où le roi attendait la réponse. Amboise, 10 novembre 1520. 10 novembre.

*Original. Bibl. nat.*, ms. français 25720, fol. 159.

1270. Confirmation du don fait au chapitre de Langres par Marguerite de France, comtesse de Flandre, d'Artois et de Bourgogne, de dix charges de sel à prendre chaque année à Salins. Amboise, 12 novembre 1520. 12 novembre.

*Original. Arch. de la Haute-Marne, chapitre de Langres*, série G, carton 114.

1271. Prorogation de la décharge de 40 livres tournois accordée par le roi aux habitants de Pradelles-Cabardès, en la sénéchaussée de Carcassonne, limitrophe de la frontière de Roussillon, sur les 80 livres qu'ils doivent payer chaque année à la recette de Carcassonne. Amboise, 14 novembre 1520. 1520. 14 novembre.

*Original. Arch. nat.*, ms. français 25720, fol. 160.

1272. Mandement aux généraux conseillers sur le fait des finances de bailler aux religieuses du couvent de Notre-Dame d'Yerres 1,000 livres tournois d'aumône pour les aider à parachever la construction d'un dortoir et d'autres bâtiments. Amboise, 16 novembre 1520. 16 novembre.

*Original. Arch. nat.*, ms. français 25720, fol. 161.

1273. Lettres portant remise en faveur du sieur Saint-Germain de la somme de 300 livres d'amende à laquelle il avait été condamné envers le roi par arrêt du Parlement de Rouen. 21 novembre 1520. 21 novembre.

*Enreg. à la Chambre des Comptes de Paris, le 21 janvier suivant. Arch. nat.*, *invent.* PP. 136, p. 241. (*Mention.*)

1274. Lettres fixant le droit de gabelle dans le Maine et l'Anjou. 21 novembre 1520. 21 novembre.

*Enreg. à la Cour des Aides de Paris, le 16 janvier 1521* (n. s.). *Mentionné dans le recueil Cromo. Arch. nat.*, U. 665, fol. 229.

1275. Établissement d'une chambre à sel à Neuville, dépendant du grenier à sel de Tours. 21 novembre 1520. 21 novembre.

*Enreg. à la Cour des Aides de Paris, le 20 décembre 1521. Mentionné dans le recueil Cromo. Arch. nat.*, U. 665, fol. 227.

1276. Lettres de survivance octroyées à Jean de Dinteville de l'office de bailli de Troyes tenu par son père, Gaucher de Dinteville. Blois, 28 novembre 1520. 28 novembre.

*Enreg. au Parl. de Paris, le 5 janvier 1521* (n. s.), *Arrêt d'enregistrement, Arch. nat.*, X[1a] 1523, *reg. du Conseil*, fol. 33.

1277. Confirmation des privilèges, droits et libertés de l'ordre de Prémontré. Amboise, novembre 1520. — 1520. Novembre.

*Enreg. au Grand Conseil, le 8 novembre 1526. Arch. nat.*, $V^5$ 1045. 1/2 page.

1278. Lettres adressées aux maire, échevins et habitants de Tours, touchant l'accroissement de leur ville, avec permission d'y enclore les faubourgs et certains lieux déterminés. Amboise, novembre 1520. — Novembre.

*Présentées au Parl. de Paris, le 23 novembre 1521. Arch. nat.*, $X^{1a}$ 1524, *reg. du Conseil*, fol. 9. (*Mention.*)

1279. Don à Jacques de Beaune, seigneur de Semblançay, des anciennes murailles, boulevards, tours, fossés et terrains contigus de la ville de Tours. Amboise, novembre 1520. — Novembre.

*Présenté au Parl. de Paris, le 23 novembre 1521. Arch. nat.*, $X^{1a}$ 1524, *reg. du Conseil*, fol. 9. (*Mention.*)

1280. Déclaration portant établissement d'une chambre à sel au lieu et bourgade de Mortagne, et des offices dont elle doit être composée. Blois, 3 décembre 1520. — 3 décembre.

*Enreg. à la Chambre des Comptes de Paris, anc. mém.* coté 2 C, fol. 275. *Arch. nat., invent.* PP. 136, p. 242. (*Mention.*)

1281. Confirmation du don fait, le 12 mars 1517 (n° 795), à Jacqueline d'Estouteville, veuve de Jean d'Estouteville, de la jouissance de la moitié des revenus et émoluments de la terre de Bar-sur-Aube et du grenier à sel dudit lieu, et de ceux de Mussy-l'Évêque et de Saint-Dizier, de même qu'en avait joui feu Antoine de Croy, comte de Porcien. Blois, 6 décembre 1520. — 6 décembre.

*Enreg. à la Chambre des Comptes de Paris. Arch. nat.*, P. 2304, p. 719. 9 pages 1/2.
*Id.*, P. 2535, fol. 367.

1282. Octroi d'une aide sur le vin vendu en détail dans la ville de la Ferté-sous-Jouarre, pendant — 11 décembre.

quatre ans, dont le produit sera consacré à l'entretien des remparts. Blois, 11 décembre 1520. 1520.

Avec lettres de relief d'adresse du 5 février 1522.

*Enreg. au Châtelet de Paris, le 23 janvier 1523. Arch. nat., Châtelet, Bannières*, Y. 8, fol. 186 v°. 3 pages.

1283. Exemption du droit de gabelle en faveur des officiers du Parlement de Paris, pour le sel nécessaire à leur consommation et à celle de leur maison. Blois, 12 décembre 1520. 12 décembre.

*Enreg. au Parl. de Paris, sans date. Arch. nat.*, X[1a] 8611, fol. 326 v°, 2 pages 1/2.

*Enreg. à la Chambre des Comptes de Paris, le 22 décembre 1520. Arch. nat.*, P. 2304, p. 567. 4 pages.

*Doubles. Ibid.*, p. 589; P. 2535, fol. 349, et ADIX, 120, n° 84, 3 pages 1/4.

*IMP.* E. Girard, *Les offices de France*, augm. par Jac. Joly, in-fol., t. I, *add.*, p. 74.

1284. Lettres déterminant les paroisses qui auront à prendre leur sel au grenier du Havre-de-Grâce. Blois, 15 décembre 1520. 15 décembre.

*Enreg. à la Cour des Aides de Normandie, le 22 décembre 1520. Arch. de la Seine-Inférieure, Mémoriaux*, 2° vol., fol. 3. 6 pages.

1285. Ordonnance portant règlement de compétence entre le Parlement et la Chambre des Comptes de Paris. Blois, 15 décembre 1520. 15 décembre.

*Recueil des chartes de la Chambre des Comptes de Bretagne. Arch. de la Loire-Inférieure*, 2° vol., fol. 46-49.

(Voyez ci-dessous le n° 1289.)

1286. Provisions de l'office de conseiller-évêque au Parlement de Toulouse en faveur de Philippe de Lévis, évêque de Mirepoix. Pullay (?), 19 décembre 1520. 19 décembre.

Il est reçu et prête serment au Parlement de Toulouse, le 28 janvier 1520.

*Enreg. au Parl. de Toulouse. Arch. de la Haute-Garonne, Édits*, reg. 3, fol. 81. 2 pages.

1287. Lettres augmentant de 3,913 livres 7 sous 4 deniers tournois la part que l'élection de Lyonnais devait payer pour la taille de l'année 1521. Blois, 27 décembre 1520. 1520. 27 décembre.

*Copie. Bibl. nat.*, ms. français 2702, fol. 46 v°.

1288. Mandement au bailli de Coutances de recevoir les droits de régale dans ledit diocèse depuis le jour de la mort de l'évêque Bernard Divitius, cardinal Bibiena. Paris, 31 décembre 1520. 31 décembre.

*Original. Bibl. nat.*, ms. français 25720, fol. 163.

1289. Déclaration portant règlement pour les appellations des jugements rendus par la Chambre des Comptes et décidant dans quels cas elles seront portées au Parlement. Blois, décembre 1520. Décembre.

*Enreg. à la Chambre des Comptes de Paris, le 15 décembre 1520. Arch. nat., mémoriaux*, P. 2304, p. 525. 8 pages.

*Id.*, P. 2535, fol. 305 v°, et P. 2579, fol. 314 v°.

*Copie collationnée faite par ordre de la Cour des Aides, le 18 février 1778. Arch. nat.*, Z¹ᵃ 526.

*Enreg. au Parl. de Paris*, de expresso mandato regis, iteratis vicibus facto, *le 12 avril 1521. Arch. nat.*, X¹ᵃ 8611, fol. 325. 5 pages.

*Enreg. au Parl. de Dijon, le 13 mars 1520. Arch. de la Côte-d'Or, Parl.*, reg. IV, fol. 46.

*Enreg. à la Chambre des Comptes de Dijon, le 15 décembre 1520. Arch. de la Côte-d'Or*, reg. B. 18, fol. 38; reg. B. 20, fol. 25 et 166; reg. B. 84, fol. 34 v°.

*Vidimus. Arch. dép. du Rhône, Chapitre métropolitain. Arm. Abram*, vol. 10, n° 1.

Imp. In-4°, pièce. *Arch. nat.*, ADI. 16; ADIX. 120, n° 82. 6 pages.

Paris, Impr. royale, 1726, in-4°, pièce, *à la Bibl. nat.*, 4° F. *Paquets (double). Autre (s. l. n. d.), Bibl. nat., Inv. Réserve*, 930.

*Ordonnances, édits, déclarations, etc., concernant l'autorité et la juridiction de la Chambre des Comptes de Paris*, 1726, t. I, p. 174.

1290. Lettres de sauvegarde accordées à l'abbaye de Saint-Germain-des-Prés et committimus de ses causes aux Requêtes du Palais. Blois, décembre 1520. Décembre.

*Original scellé. Arch. nat.*, K. 82, n° 8.

1291. Confirmation et vidimus des privilèges accordés par les rois de France à la ville de Toulouse. Blois, décembre 1520. 1520. Décembre.

*Original. Arch. nat., suppl. du Trésor des Chartes,* J. 894, n° 5.

1292. Confirmation du don de 160 livres sur la rente générale de Bretagne, en faveur des religieuses de la Madeleine-lès-Orléans, ordre de Fontevrault. Blois, décembre 1520. Décembre.

*Original scellé. Arch. du Loiret, série H, fonds de la Madeleine.*

**1521. — Pâques le 31 mars.**

1521.

1293. Provisions de Claude Genton, prévôt provincial des maréchaux de France en Berry. Fontaines, 3 janvier 1520. 3 janvier.

Imp. Jean Chenu, *Recueil des règlements concernant les offices de France*, in-fol., 1631, p. 230.
E. Girard, *Les offices de France*, augm. par Jacques Joly, in-fol., 1646, t. II, p. 1221.
Saugrain, *La maréchaussée de France, ou recueil des ordonnances, édits, déclarations, etc.*, Paris, 1697, p. 4.

1294. Confirmation de l'exemption de toutes tailles, aides et gabelles accordée aux habitants de la ville et paroisse de Saint-Léonard de Nailhac, en Limousin, par Charles VII, Louis XI, Charles VIII et Louis XII. 6 janvier 1520. 6 janvier.

*Mentionnée dans le recueil Cromo.* (*Cour des Aides.*) *Arch. nat.*, U. 665, fol. 235.

1295. Lettres de jussion pour l'enregistrement de l'édit de création de quarante offices de notaires royaux à Bordeaux. Romorantin, 6 janvier 1520. 6 janvier.

*Enreg. au Parl. de Bordeaux, le 6 mai 1521. Arch. de la Gironde*, B. 30, fol. 336. 2 pages 1/2.

1296. Lettres ordonnant la mise à exécution des monitions et prohibitions faites par l'évêque de 7 janvier.

Meaux dans son diocèse, au sujet des danses publiques les dimanches et jours de fêtes. Romorantin, 7 janvier 1520. 1521.

*Enreg. au Châtelet de Paris, le 15 mai 1521. Arch. nat., Châtelet, Bannières, Y. 8, fol. 127. 1 page.*

1297. Continuation du don fait aux Filles-Dieu de Paris de quatre amendes de la cour du Parlement à Paris, chacune de 60 livres parisis. Romorantin, 11 janvier 1520. 11 janvier.

*Enreg. à la Chambre des Comptes de Paris, le 18 février 1520. Arch. nat.,* P. 2304, p. 541. 4 pages 1/2.

1298. Commission à François Belcier, premier président du Parlement de Bordeaux, pour la revivision et la publication des coutumes des sénéchaussées, lieux et endroits qui sont régis par la coutume, dans le ressort dudit Parlement. Romorantin, 14 janvier 1520. 14 janvier.

Imp. Ch. Bourdot de Richebourg, *Nouveau coutumier général,* t. IV, p. 891.

1299. Mandement au Parlement de Bordeaux et au sénéchal de Guyenne d'informer des abus qui se commettent dans plusieurs confréries de métiers de la ville et des faubourgs de Bordeaux. Romorantin, 14 janvier 1520. 14 janvier.

*Original scellé. Arch. nat., suppl. du Trésor des Chartes,* J. 963.

1300. Commission adressée à Nicolas Bohier, président, Geoffroy de la Chassagne, conseiller, et Thomas Cousinier, avocat du roi au Parlement de Bordeaux, pour se rendre à Saint-Jean-d'Angely et y recueillir, reviser et publier les coutumes des pays de Saintonge et de Bazadais. Romorantin, 17 janvier 1520. 17 janvier.

Imp. Ch. Bourdot de Richebourg, *Nouveau coutumier général,* t. IV, p. 863.
D. Massiou, *Hist. de la Saintonge et de l'Aunis,* t. II, p. 417. (*Mention.*)

1301. Provisions de l'office de correcteur ordinaire des comptes en faveur de Jean Foucault, au lieu 21 janvier.

et place de Nicolas Viole, démissionnaire. Romorantin, 21 janvier 1520. 1521.

*Enreg. à la Chambre des Comptes de Paris. Arch. nat.*, P. 2304, p. 585. 2 pages.

1302. Provisions de l'office de maître clerc en la Chambre des Comptes en faveur de Nicolas Viole, au lieu et place de Gilles Berthelot, démissionnaire. Romorantin, 21 janvier 1520. 21 janvier.

*Enreg. à la Chambre des Comptes de Paris. Arch. nat.*, P. 2304, p. 537. 2 pages.

1303. Exemption du droit de gabelle en faveur des généraux maîtres des Monnaies, pour le sel destiné à leur consommation. Romorantin, 22 janvier 1520. 22 janvier.

*Enreg. à la Chambre des Comptes de Paris, le 20 février 1520. Copie. Arch. nat.*, ADIX. 120, n° 66. 3 pages.

*Enreg. à la Cour des Aides, le 1er mars 1521. Arch. nat.*, $Z^{1b}$ 62, fol. 185. 2 pages.

Imp. Grand in-4°, pièce. *Arch. nat.*, ADI. 15. 2 pages.

1304. Ordonnance concernant le billonnement des monnaies, avec injonction aux receveurs et comptables de faire mention dans leurs quittances de l'espèce d'or et d'argent et du taux de la monnaie avec laquelle le payement aura été effectué. Romorantin, 26 janvier 1520. 26 janvier.

*Enreg. à la Chambre des Comptes de Paris, le 6 février 1520. Arch. nat.*, P. 2304, p. 571. 2 pages 1/2.

Imp. In-4°, pièce. *Arch. nat.*, ADI. 16; ADIX. 120, n° 67. 2 pages.

1305. Déclaration portant règlement touchant les expéditions qui se doivent faire dans les deux bureaux de la Chambre des Comptes de Paris. Romorantin, 26 janvier 1520. 26 janvier.

*Copie d'après l'anc. mémorial de la Chambre des Comptes de Paris* coté 2 B, fol. 180. *Arch. nat.*, P. 2535, fol. 313 et 352 v°. 2 pages.

Imp. In-4°, pièce. *Arch. nat.*, ADI. 16; ADIX. 124, n° 68. 2 pages.

*Ordonnances, édits, déclarations, etc., concernant l'autorité et la juridiction de la Chambre des Comptes de Paris*, Paris, 1726, t. I, p. 167.

1306. Lettres de demande d'avis sur la mainmorte en Provence, adressées au Parlement et à la Chambre des Comptes d'Aix. Romorantin, 26 janvier [1520]. 1521. 26 janvier.

*Enreg. à la Chambre des Comptes d'Aix. Arch. des Bouches-du-Rhône*, B. 27 (*Turtur.*), fol. 83. 1 page.

1307. Confirmation de l'évocation au Grand Conseil d'un procès pendant au Parlement de Paris entre le duc de Longueville et les usagers de la forêt de Marchenoir. Romorantin, 26 janvier 1520. 26 janvier.

*Présentée au Parl. de Paris, le 6 février 1521* (n. s.). *Arch. nat.*, X[1a] 1523, *reg. du Conseil*, fol. 72 v°. (*Mention.*)

1308. Provisions de l'office de receveur et vicomte de Mortain, en faveur de Gilbert Bayard. 27 janvier 1520. 27 janvier.

*Enreg. à la Chambre des Comptes de Paris, le 19 février 1520, anc. mém.* 2 B, fol. 92. *Arch. nat., invent.* PP. 136, p. 243. (*Mention.*)

1309. Mandement à la Chambre des Comptes d'allouer sur la dépense d'Antoine Bohier, notaire et secrétaire du roi, commis au payement des pensions accordées au roi d'Angleterre et à divers personnages de sa cour, une somme de 1,212 livres pour payer les deux termes de mai et novembre 1519 desdites pensions. Romorantin, 28 janvier 1520. 28 janvier.

*Copie du* XVI*e siècle. Arch. nat.*, KK. 349 (non foliotée).

1310. Provisions de l'office de receveur et vicomte de Bayeux en faveur d'Hervé Daveau. 28 janvier 1520. 28 janvier.

*Enreg. à la Chambre des Comptes de Paris, anc. mém.* 2 C, fol. 281. *Arch. nat., invent.* PP. 136, p. 243. (*Mention.*)

1311. Lettres de sauvegarde pour les religieux de la Ferté, au diocèse de Mâcon, touchant leurs bois. 29 janvier 1520. 29 janvier.

*Arch. départementales de Saône-et-Loire.*

1312. Lettres de jussion portant injonction aux gens des comptes de Bretagne de mettre à exécution la donation faite par le roi des seigneuries d'Auray et de Quiberon à Bertrand Le Voyer, seigneur de la Court, son maître d'hôtel. Romorantin, 31 janvier 1520. 1521. 31 janvier.

*Enreg. à la Chambre des Comptes de Bretagne. Arch. de la Loire-Inférieure*, B. *Mandements*, I, fol. 233.

1313. Édit de réforme et règlement pour les trésoriers et chanoines de la Sainte-Chapelle du Palais, à Paris. Romorantin, janvier 1520. Janvier.

Mandement au Parlement pour l'enregistrement de cet édit. Paris, 10 février 1528.

Lettres de surannation. Paris, 28 février 1533.

*Original scellé. Arch. nat.*, K. 82, n° 10.

*Enreg. au Parl. de Paris, le 4 août 1534. Arch. nat.*, $X^{1a}$ 8612, fol. 355-361. 11 pages.

IMP. Félibien, *Hist. de la ville de Paris*, in-fol., 1725, t. III, p. 142.

1314. Confirmation des privilèges, franchises et libertés y énumérés, accordés aux habitants de Sainte-Foy, en la sénéchaussée d'Agen, par Louis XII (Montreuil-Bellay, décembre 1498). Romorantin, janvier 1520. Janvier.

*Enreg. au Parl. de Bordeaux, le 4 décembre 1543. Arch. de la Gironde*, B. 31, fol. 269 v° et 278 v°. 18 pages pour les lettres de Louis XII et 2 pour celles de François Ier.

1315. Rétablissement de la Monnaie de la ville de Toulouse. Romorantin, 1er février 1520. 1er février.

*Enreg. à la Cour des Monnaies, le 26 mars 1520, avant Pâques. Arch. nat.*, $Z^{1b}$ 62, fol. 186. 2 pages.

1316. Don de l'office de conseiller au Parlement de Toulouse en faveur de Bertrand Rességuier, en remplacement de Jean de Clausa. Romorantin, 2 février 1520. 2 février.

*Enreg. au Parl. de Toulouse. Arch. de la Haute-Garonne, Édits*, reg. 3, fol. 129. 2 pages.

1317. Création de trois appariteurs ou sergents à la Sainte-Chapelle du Palais, à Paris, pour la garde des portes du chœur et les offices. 2 février 1520. — 1521. 2 février.

*Mentionné dans le recueil Cromo (Cour des Aides). Arch. nat.*, U. 665, fol. 230.

1318. Exemption de tailles, aides, huitième, quatrième, impositions et de tous autres subsides et subventions mis et à mettre, en faveur des huissiers de la Sainte-Chapelle de Paris. Romorantin, 2 février 1520. — 2 février.

*Mentionné par* Blanchard, *Compilation chronologique*, t. Ier, col. 451.

1319. Accord entre François Ier et Henri VIII, roi d'Angleterre, touchant la désignation et l'échange des otages. Romorantin, 4 février 1520. — 4 février.

IMP. Rymer, *Acta publica*, t. VI, part. 1, p. 192, col. 2.

1320. Lettres portant surséance en faveur des chevaliers de Rhodes, pour le payement des droits d'amortissement. Romorantin, 6 février 1520. — 6 février.

*Vidimus des 4 et 9 juillet 1521. Arch. de la Vienne, Grand Prieuré d'Aquitaine, liasses 29 et 622.*

1321. Lettres déchargeant la ville de Laon de la levée et entretien de trente fantassins, moyennant la somme de 1,400 livres. 9 février 1520. — 9 février.

*Copie. Arch. municipales de Laon*, EE. 5.

1322. Provisions de l'office de receveur ordinaire et vicomte d'Orbec, en faveur de Philippe Le Tirant. 12 février 1520. — 12 février.

*Enreg. à la Chambre des Comptes de Paris, le 5 août 1525, anc. mém.* 2 D, fol. 87. *Arch. nat., invent.* PP. 136, p. 244. (*Mention.*)

1323. Lettres par lesquelles le roi accorde des pensions à Robert de la Marck, seigneur de Sedan, et à ses enfants. Romorantin, 14 février 1520. — 14 février.

*Original. Arch. nat.*, K. 82, n° 1².



IMPRIMERIE NATIONALE.

1324. Permission aux prévôt des marchands et échevins de Paris de lever un impôt de 6 sous parisis par queue et 4 sous par muid de vin, jusqu'à l'entier payement de l'avance de 20,000 livres tournois faite par la ville de Paris au roi, pour subvenir aux dépenses occasionnées par l'entrevue de François Ier avec Henri VIII. Romorantin, 15 février 1520. 1521. 15 février.

*Enreg. au Parl. de Paris, sauf restrictions et modifications, le 6 août 1521. Arch. nat.*, X[1a] 8611, fol. 356 v°. 3 pages 1/2.

1325. Évocation au Grand Conseil d'un procès pendant au Parlement de Paris, touchant la terre et seigneurie de Chézelles, au ressort de Chinon. Romorantin, 15 février 1520. 15 février.

*Présentée au Parl. de Paris, le 1er mars suivant. Arch. nat.*, X[1a] 1523, *reg. du Conseil*, fol. 95. (*Mention.*)

1326. Lettres portant continuation des octrois de la ville de Lyon pendant dix ans, pour en employer le revenu aux réparations. Romorantin, 24 février 1520. 24 février.

*Original. Arch. municipales de Lyon*, série CC.
*Copie. Bibl. nat.*, ms. français 2702, fol. 182.

1327. Don à François Green, seigneur de Saint-Marsaut, chambellan du roi, sénéchal de Périgord, des terres et seigneuries de Villebrosse, Villefranche-sur-Cher, Billy et Millançay. 24 février 1520. 24 février.

*Imp.* R. Choppin, *De domanio Franciæ*, in-fol., 1605, lib. III, tit. 16, n° 7. (*Mention.*)

1328. Mandement aux généraux conseillers sur le fait des finances de payer à Guillaume Prudhomme la somme de 6,000 livres pour la construction du Havre, sur les 17,750 livres que Florimond Robertet avait prêtées au roi. Romorantin, 27 février 1520. 27 février.

*Original. Bibl. nat.*, ms. français 25720, fol. 166.

1329. Mandement au trésorier Robertet d'achever le payement de la somme de 2,875 livres tournois sur le fait de la marine, pour le parachèvement de la grande nef appelée *la Françoise*, en construction au lieu de Saint-Nicolas-de l'Eure. Romorantin, 28 février 1520. — 1521. 28 février.

*Original*, *Bibl. nat.*, ms. français 25720, fol. 167.

1330. Édit portant attribution aux clercs de la Chambre des Comptes de Paris de la qualité de conseillers du roi et auditeurs en ladite Chambre des Comptes. Février 1520. — Février.

*Enreg. à la Chambre des Comptes de Paris. Arch. nat.*, *invent.* PP. 136, p. 244. (*Mention.*)

1331. Mandement aux généraux conseillers sur le fait des finances de délivrer à Lambert Meigret, trésorier de l'extraordinaire des guerres, 800 écus d'or qui devront être baillés à huit capitaines particuliers ayant la charge de 4,000 hommes de guerre à pied, sous la conduite du sieur de Bayard, en Dauphiné. Romorantin, 2 mars 1520. — 2 mars.

*Original. Bibl. nat.*, ms. français 25720, fol. 168.

1332. Confirmation, en faveur d'Esmond d'Esgreville, du droit d'usage attribué aux seigneurs d'Esgreville dans la forêt de Paucourt. Romorantin, 2 mars 1520. — 2 mars.

*Enreg. à la Chambre des Comptes de Paris. Arch. nat.*, P. 2304, p. 431. 3 pages 1/2.

1333. Lettres portant pouvoir au comte d'Armagnac de nommer les receveurs des aides et tailles et autres officiers royaux du comté d'Armagnac. 5 mars 1520. — 5 mars.

*Inventaire des titres du duché d'Alençon. Arch. nat.*, KK. 893, fol. 17 v°. (*Mention.*)

1334. Nouvelle commission adressée à Roger Barme, président, et à Nicole Brachet, conseiller au Parlement de Paris, pour procéder à la revi- — 7 mars.

sion, réforme, rédaction et publication des coutumes du comté de la Marche. Romorantin, 7 mars 1520. 1521.

*Enreg. à la suite du texte desdites coutumes réformées. Arch. nat.*, X[1a] 9281.
(Voir ci-dessus, 7 août 1520, n° 1211.)

1335. Mandement du roi au chapitre Saint-André de Bordeaux de délivrer au syndic de l'abbaye de Brantôme la copie des privilèges concernant la liberté d'élire aux abbayes et évêchés suffragants de Bordeaux. Romorantin, 8 mars 1520. 8 mars.

*Arch. de la Gironde, fonds Saint-André*, reg. G 268, fol. 12.

1336. Provisions pour Michel Briçonnet, évêque de Nîmes, de la charge de garde du sceau de la chancellerie de Languedoc, pour la remplir en l'absence et après la mort de son cousin Guillaume Briçonnet, évêque de Meaux, qui en est le titulaire. Romorantin, 12 mars 1520. 12 mars.

*Copie. Bibl. nat.*, ms. français 5124, fol. 126 v°.

1337. Confirmation de l'exemption de toutes tailles, aides et gabelles accordée aux habitants des îles de Marennes et Arvert, en Saintonge, moyennant une contribution annuelle de 600 livres, par lettres de Louis XI, le 5 décembre 1462, et de Charles VIII, en février 1483. 13 mars 1520. 13 mars.

*Enreg. à la Cour des Aides de Paris, le 19 avril 1521 après Pâques. Mentionné dans le recueil Cromo, Arch. nat.*, U. 665, fol. 230.

1338. Exemption du droit de gabelle en faveur des présidents et autres officiers du Parlement de Toulouse, pour le sel destiné à la provision de leurs maisons. Romorantin, 16 mars 1520. 16 mars.

*Enreg. à la Chambre des Comptes de Paris, anc. mém.* coté 2 B, fol. 208. *Mentions d'inventaires. Arch. nat.*, PP. 136 et ADIX. 120, n° 70.

1339. Lettres commettant Jean Louvel, lieutenant général du bailli d'Évreux, au fait de la prébende de 16 mars.

Saint-Jacques de la cathédrale de Lisieux, qui appartenait à l'évêque. Romorantin, 16 mars 1520. 1521.

*Vidimus du* XVI*e siècle. Bibl. nat.*, ms. français 25720, fol. 169.

1340. Rétablissement de l'atelier monétaire de Montélimar. Romorantin, 18 mars 1520. 18 mars.

*Arch. de l'Isère, Chambre des Comptes de Grenoble*, B. 2830, fol. 249. 7 pages.

1341. Mandement au Parlement de faire comparaître devant la cour les imprimeurs de Paris et de s'assurer qu'ils n'impriment point de livres qui ne soient revêtus de l'approbation de l'Université. Paris (*sic*), 18 mars 1520. 18 mars.

IMP. C. Jourdain, *Index chronol. chartarum Universitatis*, in-fol., p. 326.

1342. Lettres adressées aux trésoriers de France, les invitant à faire attribuer à Louis Desbarres, dit Le Barrois, sur les recettes de la sénéchaussée de Périgord, une somme de 4,000 livres qui lui est accordée en récompense des services rendus au roi en plusieurs lointains voyages et ambassades. Dijon, 2 avril 1521. 2 avril.

*Original. Arch. municipales de Périgueux*, CC. 18.

1343. Don à Marie d'Albret, comtesse de Nevers, pour la présente année, de tout le revenu du droit de gabelle des greniers à sel du Nivernais, Nevers, Decize, Clamecy, Saint-Saulge, Moulins-lès-Engilbert et Luzy. Villeneuve, 14 avril 1521. 14 avril.

*Original. Arch. de la Nièvre, Chambre des Comptes de Nevers*, B. 2.

1344. Confirmation des privilèges de la ville de Dijon donnée par le roi François Ier lors de son entrée solennelle. Dijon, 16 avril 1521. 16 avril.

*Original. Arch. municipales de Dijon*, série B.
IMP. *Chartes de communes et d'affranchissement en Bourgogne*, I, 136.

1345. Confirmation des priviléges octroyés par les rois de France et leurs prédécesseurs, ducs de Bourgogne, aux doyen, chanoines et chapitre de leur chapelle, à Dijon. Dijon, avril 1521. — 1521. Avril.

*Enreg. au Parl. de Dijon, le 8 avril 1521. Arch. de la Côte-d'Or, Parl.*, reg. Ier, fol. 192 v°.
*Enreg. à la Chambre des Comptes de Dijon. Arch. de la Côte-d'Or*, reg. B. 72, fol. 69.

1346. Création de deux nouvelles foires franches à Reims, l'une à la Purification, l'autre à la Sainte Madeleine. Dijon, avril 1521. — Avril.

*Arch. municipales de Reims, Matières diverses*, liasse 25, n° 9.
*Enreg. à la Chambre des Comptes de Paris, le 19 janvier 1547, anc. mém.* 2O, fol. 181. *Arch. nat., invent.* PP. 136, p. 247. (*Mention.*)
IMP. Varin, *Arch. législat. de Reims*, 2e partie, 1er vol., p. 952.

1347. Lettres autorisant le chapitre de Saint-Maurice d'Angers à fermer les portes de la cité la nuit. Troyes, avril 1521. — Avril.

*Arch. municip. d'Angers*, BB. 17, fol. 150.
IMP. C. Port, *Documents à la suite de l'Inventaire des Archives*, p. 365.

1348. Traité de paix entre François Ier et les cantons suisses. Lucerne, 7 mai 1521. — 7 mai.

*Original scellé. Arch. nat., Trésor des Chartes*, J. 725, n° 3.
*Copie. Bibl. nat.*, ms. français 2892, fol. 62.
IMP. A. Favyn, *Le Théâtre d'honneur et de chevalerie*, Paris, 1620, in-4°, t. II, p. 1435.

1349. Lettres de jussion pour l'exécution des lettres en date du 30 octobre 1520, accordant à Simon Teste, correcteur des comptes, la jouissance d'un droit annuel de 165 livres. Mussy-l'Évêque, 7 mai 1521. — 7 mai.

*Enreg. à la Chambre des Comptes de Paris, le 7 juin 1521. Arch. nat.*, P. 2304, p. 595. 4 pages 1/2.
IMP. In-4°, pièce. *Arch. nat.*, ADIX. 121, n° 9, 3 pages.

1350. Provisions de l'office de conseiller clerc au Parlement de Bordeaux en faveur d'Annet de Plains. Mussy-l'Évêque, 9 mai 1521. 1521. 9 mai.

*Enreg. au Parl. de Bordeaux, le 27 mai 1521. Arch. de la Gironde*, B. 30, fol. 339. 2 pages 1/2.
*Copie. Bibl. nat.*, ms. français 22371, fol. 413.

1351. Provisions de l'office de conseiller lai au Parlement de Bordeaux pour Geoffroy de la Chassaigne. Mussy-l'Évêque, 9 mai 1521. 9 mai.

*Enreg. au Parl. de Bordeaux, le 27 mai 1521. Arch. de la Gironde*, B. 30, fol. 341. 3 pages.
*Copie. Bibl. nat.*, ms. français 22371, fol. 416.

1352. Lettres de surannation pour l'enregistrement de la confirmation des privilèges de l'abbé et des religieux de Grandmont. Paris (*sic*), 15 mai 1521. 15 mai.

*Enreg. au Parl. de Paris, le 3 juin 1521. Arch. nat.*, X[1a] 8611, fol. 345.
(Voir ci-dessus, août 1516, n° 511.)

1353. Déclaration touchant l'aliénation d'une nouvelle partie du domaine de la couronne, y compris celui de Dauphiné et de Provence, jusqu'à concurrence de la somme de 187,500 livres tournois, avec faculté de rachat. Dijon, 29 mai 1521. 29 mai.

*Enreg. au Parl. de Paris*, exceptis plateis fortibus et limitrophis, *le 17 juin 1521. Arch. nat.*, X[1a] 8611, fol. 348. 4 pages.
*Arrêt d'enregistrement, id.*, X[1a] 1523, *reg. du Conseil*, fol. 231 v°.
*Enreg. à la Cour des Aides de Paris, le 19 juin 1521. Arch. nat., recueil Cromo*, U. 665, fol. 231.
*Enreg. au Parl. de Dijon, le 16 juin 1521. Arch. de la Côte-d'Or, Parl.*, reg. 1, fol. 174.
*Enreg. à la Chambre des Comptes de Dijon, le 10 juin 1521. Arch. de la Côte-d'Or*, reg. B. 72, fol. 46.
*Enreg. à la Cour des Aides de Languedoc, le 4 juillet 1521.*
*Enreg. au Parl. de Bordeaux, le 8 juillet 1521. Arch. de la Gironde*, B. 30, fol. 343. 10 pages.
*Enreg. au Parl. de Toulouse, le 16 juillet 1521. Arch. de la Haute-Garonne, Édits*, reg. 3, fol. 87. 5 pages.
*Enreg. au Parl. de Grenoble, le 30 juillet 1521.*

*Arch. de l'Isère, Chambre des Comptes de Grenoble*, B. 3057, fol. 10. 10 pages. 1521.

*Enreg. à la Cour des Aides de Normandie, le 22 juin 1521. Arch. de la Seine-Inférieure, Mémoriaux*, 1er vol., fol. 7. 8 pages.

1354. Commission à Foulques d'Aurillac, président au Parlement de Grenoble, Bertrand Rabot, conseiller, et Soffrey de Choponay, pour aliéner du domaine delphinal jusqu'à 6,000 livres de rente. Dijon, 29 mai 1521. 29 mai.

*Enreg. au Parl. de Grenoble, le 30 juillet 1521. Arch. de l'Isère, Chambre des Comptes de Grenoble*, B. 3057, fol. 18. 6 pages.

1355. Mandement aux généraux des finances de faire payer par le receveur de Normandie à Nicolas Croixmare, de Rouen, la somme de 180 livres tournois, pour ses frais d'un voyage fait en Écosse, par ordre du roi, pour porter 5,000 écus d'or aux sieurs d'Aubigny et Jean Deplanis, ambassadeurs de France. Dijon, 29 mai 1521. 29 mai.

*Original. Arch. nat.*, K. 82, n° 14.

1356. Lettres accordant aux habitants de Troyes, pendant trois années consécutives, 20 deniers tournois par muid de sel qui se vendra dans les villes de Sézanne, Tonnerre, Villemaur, Saint-Florentin, Mussy, Saint-Dizier, Nogent-sur-Seine, Joigny, Bar-sur-Aube, pour contribuer à la restauration et à la réédification des murailles détruites ou désemparées, en vue d'une prochaine invasion et d'un nouveau siège. Dijon, 31 mai 1521. 31 mai.

*Arch. municipales de Troyes*, G. 30, fol. 1-3.
*Bibl. de la ville de Troyes*, ms. 1290, p. 345-350.

1357. Confirmation des droits d'usage des seigneurs d'Anglure dans la forêt de la Traconne. Dijon, mai 1521. Mai.

*Enreg. aux Eaux et forêts (siège de la Table de marbre), le 23 octobre 1521. Arch. nat., Eaux et forêts*, Z. 4575, fol. 122 v°. 4 pages.

1358. Lettres confirmant l'établissement, ordonné par Louis XII, d'une foire franche à Troyes, du 8 au 22 mai, et créant une autre foire franche dans la même ville pendant quinze jours, à partir du 24 octobre. Dijon, mai 1521. 1521. Mai.

*Enreg. à la Chambre des Comptes de Paris*, anc. mém. coté DD, fol. 6.
*Copie de l'an 1523. Arch. nat.*, K. 82, n° 12.
*Arch. municipales de Troyes*, boîte 13, 1re liasse, et AA. XVIII, 41e carton, 3e liasse.

1359. Confirmation de la vente faite à Augustin Lomellini et à sa fille Catherine, femme de Georges Spinola, de Gênes, par Jean Sauly, des seigneuries qui avaient été concédées par le roi Louis XII au duc d'Urbin et à Jean-Jacques Trivulce, et que ceux-ci avaient vendues audit Sauly. Dijon, mai 1521. Mai.

*Enreg. au Parl. de Grenoble, le 6 juillet 1520.*
*Arch. de l'Isère, Chambre des Comptes de Grenoble*, B. 2907, cah. 123.

1360. Déclaration portant attribution à la Cour des Aides de Rouen de la connaissance des droits de la Grande Ferme et de la vicomté de l'Eau de Rouen. Dijon, 2 juin 1521. 2 juin.

*Mentionnée par* Blanchard, *Compilation chronologique*, t. I, col. 452.

1361. Confirmation, en faveur des habitants de Dijon, du droit de francs-fiefs précédemment accordé par Louis XII. Dijon, 5 juin 1521. 5 juin.

*Original. Arch. municip. de Dijon*, série B.
Imp. J. Garnier, *Chartes de communes et d'affranchissement en Bourgogne*, I, 138.

1362. Lettres de relief de surannation accordées aux échevins et habitants de Troyes, pour défaut d'enregistrement de la déclaration du 20 octobre 1516 (n° 532), portant rétablissement de la Monnaie de Troyes. Dijon, 5 juin 1521. 5 juin.

*Enreg. à la Cour des Monnaies, le 17 septembre 1521. Arch. nat.*, Z1b 62, fol. 191 v°. 1 page.

1363. Provisions de l'office de protonotaire et greffier civil du Parlement de Paris, en faveur de Jean 6 juin.



IMPRIMERIE NATIONALE.

Du Tillet, sur la résignation de Séraphin Du Tillet, son père. Dijon, 6 juin 1521. 1521.

*Présentées au Parl., le 15 juin 1521 et le 30 mai 1522. Arch. nat., reg. du Conseil* X[1a] 1523, fol. 232 v°, et X[1a] 1524, fol. 249 v°. (*Mentions.*)

1364. Lettres autorisant les consuls de Lyon à imposer les habitants pour compléter les sommes à payer au roi. La Margelle, 11 juin 1521. 11 juin.

*Original. Arch. municip. de Lyon*, CC. 372, n° 19.

1365. Lettres de relief de surannation pour l'enregistrement de celles du mois de juin 1517 (n° 697), par lesquelles les privilèges des chanoines de l'église collégiale de Saint-Quentin ont été confirmés. Paris (*sic*), 13 juin 1521. 13 juin.

*Enreg. au Parl. de Paris, le 17 juin 1521. Arch. nat.*, X[1a] 8611, fol. 347 v°, 1 page.

1366. Ordonnance concernant les gens de pied français. Vergy, 18 juin 1521. 18 juin.

*Copie du XVIe siècle. Bibl. nat.*, ms. français 2966, fol. 18 et 199.

*Copie du XVIIIe siècle. Bibl. nat.*, coll. Fontanieu, vol. 174.

1367. Déclaration et ordonnance enjoignant aux baillis du duché de Bourgogne, Mâconnais, Auxerrois et autres pays adjacents d'obéir à la Chambre des Comptes de Dijon pour tout ce qui touche le domaine et les finances. Dijon, 19 juin 1521. 19 juin.

*Enreg. au Parl. de Dijon, le 16 août 1521. Arch. de la Côte-d'Or, Parl.*, reg. 1er, fol. 196.

*Enreg. à la Chambre des Comptes de Dijon, id.*, reg. B. 18. fol. 275, et reg. 84, fol. 27.

*Imp. H. Joly, Traité de la Chambre des Comptes de Dijon*, Dijon, 1653, 2e édit., p. 58, sous la date du 19 juillet 1521. (*Bibl. nat.*, L f[27] 14.)

1368. Mandement aux généraux conseillers sur le fait des finances de rembourser à Thomas Bohier, sieur de Chenonceau, 20,000 livres qu'il avait prêtées au roi pour les frais de la guerre. Argilly, 21 juin 1521. 21 juin.

*Original. Bibl. nat.*, ms. français 25720, fol. 173.

1369. Mandement aux généraux conseillers sur le fait des finances de faire rembourser 200,000 livres tournois à des banquiers et marchands de Paris et de Lyon qui avaient prêté cette somme au roi pour payer la dette contractée envers l'Angleterre. Argilly, 26 juin 1521. — 1521. 26 juin.

*Original. Bibl. nat.*, ms. français 25720, fol. 174.

1370. Aliénation pour quatre ans, moyennant 12,000 livres tournois, des fermes de la vicomté de l'Eau de Rouen à Pierre Duval, marchand de cette ville, et confirmation du traité et bail passé à cet effet entre lui, d'une part, et Jean Brinon et Robert de Bapaume, présidents en la cour de Parlement de Rouen, commissaires du roi, d'autre part. Argilly, 30 juin 1521. — 30 juin.

*Original. Bibl. nat.*, ms. français 25720, fol. 175.

1371. Confirmation des privilèges de la ville de Nuits. Dijon, juin 1521. — Juin.

*Original. Arch. municipales de Nuits.*

Imp. J. Garnier, *Chartes de communes et d'affranchissement en Bourgogne*, I, 327.

1372. Lettres de naturalité en faveur de Perrenelle des Molins, native de Gray, au comté de Bourgogne, femme d'Antoine Chappet, procureur du roi au bailliage d'Autun et Montcenis. Dijon, juin 1521. — Juin.

*Enreg. à la Chambre des Comptes de Dijon, le 19 août suivant. Arch. de la Côte-d'Or*, B. 72, fol. 52 v°.

1373. Confirmation des privilèges accordés aux habitants d'Argilly. Argilly, juin 1521. — Juin.

*Enreg. à la Chambre des Comptes de Dijon, le 19 juillet 1521. Arch. de la Côte-d'Or*, reg. B. 72, fol. 55.

Imp. J. Garnier, *Chartes de communes et d'affranchissement en Bourgogne*, II, 149.

1374. Lettres conférant le privilège de francs-fiefs aux habitants de la ville d'Auxonne. Vergy, juin 1521. — Juin.

*Original. Arch. municip. d'Auxonne.*

*Enreg. à la Chambre des Comptes de Dijon, le 23 juillet suivant, et au Parl. de Dijon, le 19 juil-*

let suivant. *Arch. de la Côte-d'Or*, reg. B. 18, fol. 42 v°. 1521.

*Imp.* J. Garnier, *Chartes de communes et d'affranchissement en Bourgogne*, II, 68.

1375. **Trève de six semaines, à partir du 4 août suivant, conclue entre François Ier et Charles Ier, roi de Castille (Charles-Quint), pendant lequel temps leurs différends seront soumis à l'arbitrage de Henri VIII, roi d'Angleterre. Argilly, 1er juillet 1521.** 1er juillet.

*Original. Arch. nat.*, *suppl. du Trésor des Chartes*, J. 994, n° 2.

*Imp.* Rymer, *Acta publica*, t. VI, part. 1, p. 196, col. 2.

1376. **Provisions en faveur de Guillaume Allard, conseiller au Châtelet de Paris, de l'office de conseiller lai au Parlement de Rouen. Argilly, 1er juillet 1521.** 1er juillet.

*Copie. Bibl. nat.*, ms. français 2894, fol. 61.

1377. **Déclaration portant que les greffes des bailliages, sénéchaussées, prévôtés et autres juridictions, jusque-là baillés à ferme, seront désormais érigés en offices, à la charge pour les titulaires de tenir et de conserver les registres, etc. Argilly, 6 juillet 1521.** 6 juillet.

*Enreg. au Parl. de Paris, le 7 août 1521. Arch. nat.*, X1a 8611, fol. 351 v°. 3 pages 1/2.

*Arrêt d'enregistrement, id.*, X1a 1523, *reg. du Conseil*, fol. 317 v°.

*Enreg. à la Chambre des Comptes de Paris, le 13 août 1521. Copie. Arch. nat.*, ADIX. 121, n° 14. 5 pages.

*Enreg. au Châtelet de Paris, Livre jaune grand. Arch. nat.*, Y. 6[5], fol. 50 v°. 4 pages.

*Enreg. au Parl. de Toulouse, le 13 juillet 1521. Arch. de la Haute-Garonne, Édits*, reg. 3, fol. 85. 4 pages.

*Enreg. au Parl. de Bordeaux, le 24 juillet 1521. Arch. de la Gironde*, B. 30, fol. 350. 8 pages.

*Enreg. au Parl. de Dijon, le 15 juillet 1521. Arch. de la Côte-d'Or, Parl.*, reg. 1, fol. 187.

*Enreg. à la Chambre des Comptes de Dijon, le 16 juillet 1521. Idem*, reg. B. 18, fol. 41. (Les lettres y sont datées du 8 juillet.)

*Enreg. au Parl. de Grenoble, le 30 juillet 1521. Arch. de l'Isère, Chambre des Comptes de Grenoble*, B. 2908, cah. 306, 10 pages.

1378. Révocation des pensions et des survivances d'offices accordées trop légèrement depuis l'avènement de François Ier. Argilly, 8 juillet 1521. — 1521. 8 juillet.

*Enreg. au Parl. de Paris, le 23 janvier 1522* (n. s.). *Arch. nat.*, X[1a] 8611, fol. 358. 2 pages.

1379. Commission pour aliéner le domaine du roi en Dauphiné, jusqu'à concurrence de 50,000 livres, outre les 6,000 livres portées par les lettres du 29 mai précédent (n° 1354), aux mêmes conditions de rachat perpétuel, pour subvenir aux frais de la guerre. Argilly, 8 juillet 1521. — 8 juillet.

*Enreg. à la Chambre des Comptes de Grenoble, le 30 juillet 1521. Arch. de l'Isère*, B. 3057, fol. 23.

1380. Mandement au bailli de Caen pour faire lever le ban et l'arrière-ban de son bailliage. Argilly, 8 juillet 1521. — 8 juillet.

*Copie. Bibl. nat.*, ms. français 25720, fol. 176.

1381. Mandement aux élus de Lyon, à Jean Salat, capitaine de la ville, à Claude Aignel et Bernardin Camus, canonniers ordinaires de l'artillerie, de lever 100 chevaux, 20 charrettes et leurs charretiers pour le service de l'artillerie. Dijon, 14 juillet 1521. — 14 juillet.

*Copie. Bibl. nat.*, ms. français 2702, fol. 47 v°.

1382. Lettres qui maintiennent le chapitre de l'église métropolitaine de Lyon et le clergé du diocèse dans leurs anciens droits et possessions, contre l'archevêque qui y portait atteinte par de nouveaux statuts synodaux. Dijon, 15 juillet 1521. — 15 juillet.

*Arch. du Rhône, série G, Armoire Cham*, vol. 25, n° 6.

1383. Mandement aux élus de Lyonnais de lever, pour une augmentation de taille et pour la part de leur élection dans la taille ordinaire de l'année 1522, la somme de 29,821 livres 11 sous 9 deniers tournois. Dijon, 20 juillet 1521. — 20 juillet.

*Copie. Bibl. nat.*, ms. français 2702, fol. 48.

1384. Édit de réunion au domaine de la couronne de toutes les portions qui en avaient été aliénées par le roi et ses prédécesseurs. Argilly, juillet 1521. 1521. Juillet.

*Enreg. au Parl. de Paris, le 26 juillet 1521. Arch. nat.*, X[1a] 8611, fol. 350. 3 pages.

*Enreg. à la Chambre des Comptes de Paris, le 27 juillet 1521. Arch. nat.*, P. 2304, p. 625. 5 pages.

*Enreg. au Parl. de Dijon, le 23 juillet 1521. Arch. de la Côte-d'Or, Parl.*, reg. 1, fol. 190.

*Enreg. à la Chambre des Comptes de Dijon, le 2 août 1521. Idem*, reg. B. 18, fol. 45.

*Enreg. au Parl. de Bordeaux, le 30 juillet 1521. Arch. de la Gironde*, B. 30, fol. 354. 5 pages.

*Enreg. à la Chambre des Comptes de Bretagne. Arch. de la Loire-Inférieure*, B. *Mandements*, I, fol. 238.

1385. Lettres de naturalité obtenues par Antoine de Montjouan, natif de Bresse. Argilly, juillet 1521. Juillet.

*Enreg. à la Chambre des Comptes de Dijon, le 23 juillet 1521. Arch. de la Côte-d'Or*, B. 72, fol. 51.

1386. Déclaration du roi, qui, moyennant la somme de 50,000 livres offerte par les États du duché de Bourgogne, exempte cette province des droits d'amortissement, francs-fiefs et nouveaux acquêts. Dijon, juillet 1521. Juillet.

*Original. Arch. des États de Bourgogne. Arch. de la Côte-d'Or*, C. 2971.

*Enreg. à la Chambre des Comptes de Dijon, le 14 avril 1522. Arch. de la Côte-d'Or*, reg. B. 72, fol. 56 v°.

*Enreg. au Parl. de Paris, sauf modifications, le 20 avril 1523. Arch. nat.*, X[1a] 8611, fol. 413 v°. 13 pages.

Règlement pour l'enregistrement de la précédente déclaration. Lyon, 9 mai 1522.

*Idem*, fol. 419. 1 page.

*Enreg. à la Chambre des Comptes de Paris, le 30 avril 1523. Arch. nat., invent.* PP. 136, p. 250. (*Mention.*)

*Copie. Arch. communales de Chalon*, FF. 56.

IMP. *Recueil des édits et ordonnances des États de Bourgogne*, I, 334.

1387. Ordonnance réglant les moyens à employer pour découvrir les fraudes qui se sont glissées dans les déclarations des biens de mainmorte et spécialement dans ceux d'église. Dijon, juillet 1521. 1521. Juillet.

*Copie de l'époque. Arch. dép. de l'Yonne*, H. 1567, n° 47.

1388. Lettres de naturalité en faveur de Marguerite de Tavanes, femme de Jean de Saulx, chevalier, seigneur d'Orain, native de Delle au comté de Ferrette. Dijon, juillet 1521. Juillet.

*Enreg. à la Chambre des Comptes de Dijon, le 31 juillet 1521. Arch. de la Côte-d'Or*, B. 72, fol. 73 v°.

1389. Lettres de naturalité en faveur de Guillemin de la Rasse, natif d'Yelleu, paroisse de Corbelon, en Savoie, établi à Seurre. Dijon, juillet 1521. Juillet.

*Enreg. à la Chambre des Comptes de Dijon. Arch. de la Côte-d'Or*, B. 72, fol. 49.

1390. Lettres de naturalité en faveur de Viateur Faton, docteur en droit, natif d'Arlay, au comté de Bourgogne et domicilié à Chalon-sur-Saône. Dijon, juillet 1521. Juillet.

*Enreg. à la Chambre des Comptes de Dijon, le 18 juillet 1521. Arch. de la Côte-d'Or*, B. 72, fol. 4.

1391. Création de douze offices de conseillers maîtres ordinaires en la Chambre des Comptes de Paris. Juillet 1521. Juillet.

*Enreg. à la Chambre des Comptes de Paris, anc. mém.* coté 2 B, fol. 293. *Arch. nat., invent.* PP. 136, p. 250. (*Mention.*)

1392. Édit de création d'un office de premier président en la Chambre des Comptes de Bourgogne. Juillet, 1521. Juillet.

*Mention dans un inventaire de la Chambre des Comptes de Paris. Arch. nat.*, ADIX. 121, n° 13.

1393. Provisions de l'office de premier président en la Chambre des Comptes de Paris en faveur d'Aymar Nicolaï, sur la résignation de son père Jean Nicolaï. Autun, 8 août 1521. 1521. 8 août.

*Enreg. à la Chambre des Comptes de Paris, le 2 janvier 1522* (n. s.), *anc. mém.* 2 B, fol. 287.
*Copie. Arch. nat.*, ADIX. 121, n° 15. 3 pages.
*Imp.* A. de Boislisle, *Les premiers présidents de la Chambre des Comptes de Paris*, in-4°, 1873, t. II, p. 16.

1394. Commission pour aliéner une partie du domaine du Dauphiné, jusqu'à concurrence de 30,000 livres. Autun, 11 août 1521. 11 août.

*Enreg. à la Chambre des Comptes de Grenoble, le 28 septembre 1521. Arch. de l'Isère*, B. 3057, fol. 32. 6 pages.

1395. Permission aux officiers du roi, même aux commissaires nommés pour l'aliénation du domaine, d'en acquérir des portions, nonobstant les défenses portées par les ordonnances. Autun, 11 août 1521. 11 août.

*Enreg. à la Chambre des Comptes de Grenoble, le 28 septembre 1521. Arch. de l'Isère*, B. 3057, fol. 40. 6 pages 1/2.

1396. Déclaration du roi portant que les duchés d'Anjou et d'Angoulême et le comté du Maine, donnés à la duchesse d'Angoulême, sa mère, le duché de Berry, donné à la duchesse d'Alençon, sa sœur, et le duché de Nemours, donné à Philiberte de Savoie, duchesse de Nemours, sa tante, ne sont point compris dans l'édit de réunion générale des domaines de la couronne, publié en juillet 1521. Autun, 11 août 1521. 11 août.

*Enreg. au Parl. de Paris, le 7 septembre 1521, sauf modifications et restrictions. Arch. nat.*, X[1a] 8611, fol. 355. 3 pages 2/3.
*Enreg. à la Chambre des Comptes de Paris, le 11 septembre 1521, anc. mém.* 2 B, fol. 263. *Arch. nat.*, *invent.* PP. 136, p. 251. (*Mention.*)
*Enreg. à la Cour des Aides, le 13 septembre 1521. Mentionné dans le recueil Cromo. Arch. nat.*, U. 665, fol. 232.

1397. Commission au comte de Laval, lieutenant général en Bretagne, et à divers autres officiers pour se présenter aux États de Bretagne et requérir l'octroi d'un fouage, afin de pourvoir à l'entretien de l'armée levée contre le roi catholique et à d'autres dépenses. Autun, 11 août 1521. — 1521. 11 août.

*Original sur parchemin. Arch. municip. de Nantes*, AA. 19.

1398. Commission adressée au sénéchal de Provence, à son lieutenant, au président de la Chambre des Comptes d'Aix et à André Le Roy, à l'effet de procéder à la vente d'une partie du domaine royal en Provence et à un emprunt. Autun, 11 août 1521. — 11 août.

*Enreg. à la Chambre des Comptes d'Aix. Arch. des Bouches-du-Rhône*, B. 27 (*Turtur.*), fol. 152. 3 pages.

1399. Lettres portant à 20,000 livres tournois la portion du domaine royal à aliéner en Provence et imposant comme condition la faculté de rachat à perpétuité. Autun, 11 août 1521. — 11 août.

*Enreg. à la Chambre des Comptes d'Aix. Arch. des Bouches-du-Rhône*, B. 27 (*Turtur.*), fol. 153 v°. 3 pages.

1400. Mandement aux généraux conseillers sur le fait des finances de faire délivrer à Lambert Meigret 31,036 livres tournois pour employer aux dépenses de la guerre. Autun, 11 août 1521. — 11 août.

*Original. Bibl. nat.*, ms. français 25720, fol. 177.

1401. Mandement à Guillaume Prudhomme, receveur général de Normandie, de payer à Maximilien Sforce la somme de 10,000 livres, reste dû de la pension de 72,000 livres tournois qui lui est faite. Autun, 11 août 1521. — 11 août.

*Original. Bibl. nat.*, ms. français 20425, fol. 21.

1402. Mandement aux élus du Lyonnais de mettre en adjudication le bail à ferme pour trois ans du huitième du vin vendu au détail dans le plat pays de Lyon. Autun, 11 août 1521. — 11 août.

*Copie. Bibl. nat.*, ms. français 2702, fol. 60 v°.



IMPRIMERIE NATIONALE.

1403. Provisions de deux offices de maîtres auditeurs nouvellement créés à la Chambre des Comptes de Grenoble. Troyes, 30 août 1521. 1521. 30 août.

*Enreg. à la Chambre des Comptes de Grenoble, le 3 octobre suivant.*
IMP. L'abbé U. Chevalier, *Ordonnances relatives au Dauphiné*, in-8°, Colmar, 1871, page 79. (*Mention.*)

1404. Lettres patentes conférant aux habitants de la ville de Beaune le privilège de francs-fiefs. Autun, août 1521. Août.

*Original. Arch. municip. de Beaune.*
*Enreg. à la Chambre des Comptes de Dijon, les 15 et 16 décembre 1522. Arch. de la Côte-d'Or*, B. 72, fol. 74 v°.
IMP. J. Garnier, *Chartes de communes et d'affranchissement en Bourgogne*, I, 295.

1405. Édit de création de quatre offices de conseillers au Parlement de Grenoble. Troyes, 1er septembre 1521. 1er septembre.

*Enreg. au Parl. de Grenoble, le 1er octobre 1521.*
*Original. Arch. de l'Isère, Chambre des Comptes de Grenoble*, B. 3186.

1406. Mandement du roi au juge d'Anjou d'enquérir sur des entreprises et dommages faits par des particuliers aux murs de la cité, dont la propriété appartenait au chapitre de Saint-Maurice d'Angers. Troyes, 4 septembre 1521. 4 septembre.

*Copie du XVIe siècle. Arch. de Maine-et-Loire*, G. 400.
*Bibl. nat., coll. d'Anjou et de Touraine*, vol. 9, n° 4189 (*analyse d'après les archives de Saint-Maurice d'Angers*, Privilèges, pièce 44).

1407. Commission à Jean Briçonnet, président de la Chambre des Comptes de Paris, pour reviser les ordonnances qui ont été faites au sujet de la réformation de l'hôpital des Quinze-Vingts. Troyes, 6 septembre 1521. 6 septembre.

*Présentée au Parl. de Paris, le 23 septembre suivant. Arch. nat.*, X1a 1523, *reg. du Conseil*, fol. 369. (*Mention.*)

1408. Mandement au Parlement de Bordeaux pour le jugement des procès criminels pendant les vacations, par six conseillers et un président. Troyes, 7 septembre 1521. — 1521. 7 septembre.

*Enreg. au Parl. de Bordeaux, sans date. Arch. de la Gironde*, B. 30, fol. 356 v°. 1 page 1/2.
*Copie. Bibl. nat.*, ms. français 22371, p. 418.

1409. Lettres adressées aux receveurs généraux des finances du royaume, demandant de l'argent et exprimant le désir que tous les deniers provenant tant des aides que des gabelles fussent prêts le plus promptement possible pour subvenir aux frais de la guerre et de l'approvisionnement de l'armée. Troyes, 9 septembre 1521. — 9 septembre.

*Arch. municipales de Troyes*, AA. X, 17ᵉ carton, 2ᵉ liasse.

1410. Exemption, en faveur des doyen, chanoines et tous membres du clergé de la ville de Troyes, du service du guet et de la garde des portes, auquel ils étaient astreints, soit par eux-mêmes, soit par remplacement, si ce n'est dans le cas d'imminent péril, c'est-à-dire si l'ennemi se trouve à quinze lieues de Troyes. Troyes, 10 septembre 1521. — 10 septembre.

*Arch. dép. de l'Aube*, G. 2618, liasse 4.

1411. Lettres prescrivant aux maîtres des monnaies de Paris, Rouen, Lyon, Toulouse, Bordeaux, Tours, Troyes et Bourges de convertir en monnaie la vaisselle d'or et d'argent qui a été offerte au roi pour subvenir aux frais de la guerre. Troyes, 10 septembre 1521. — 10 septembre.

*Enreg. à la Cour des Monnaies, le 17 septembre 1521. Arch. de l'Isère, Chambre des Comptes de Grenoble*, B. 2831, fol. 4. 4 pages.
*Enreg. à la Chambre des Comptes de Bretagne. Arch. de la Loire-Inférieure*, B. *Mandements*, I, fol. 243.

1412. Ordonnance portant règlement pour le cours de certaines monnaies étrangères, à l'exclusion — 10 septembre.

de toutes autres, et défenses expresses aux orfèvres de fabriquer aucune vaisselle d'or et d'argent durant six mois. Troyes, 10 septembre 1521. 1521.

*Original sur parchemin, dans les minutes d'ordonnances de la Cour des Monnaies. Arch. nat.*, $Z^{1b}$ 536. 2 pages.

1413. Mandement à tous les officiers de mer, leur recommandant de ne rien faire, malgré la guerre avec l'Empereur, contre les marchands anglais et de les laisser jouir des mêmes libertés que par le passé. Troyes, 11 septembre 1521. 11 septembre.

*Copies. Bibl. nat.*, ms. français 2963, fol. 45, et coll. Fontanieu, vol. 181.

1414. Provisions en faveur de Nicolas de Neufville, secrétaire des finances, de l'office de greffier civil et criminel du Châtelet de Paris. Troyes, 11 septembre 1521. 11 septembre.

*Copie. Bibl. nat.*, ms. français 5503, fol. 125.

1415. Nomination d'Antoine de Vinolz à la charge d'élu dans l'élection du Lyonnais. Troyes, 11 septembre 1521.

*Copie. Bibl. nat.*, ms. français 2702, fol. 59.

1416. Don fait à la reine des baronnies de Pont-Saint-Pierre, Radepont et Bourg-Baudouin, dans les bailliages de Rouen et de Gisors, avec des châtellenies et seigneuries de Villiers-le-Châtel, Vaires, Duison et Belesbat, dans le bailliage d'Étampes. Troyes, 12 septembre 1521. 12 septembre.

*Original. Arch. nat.*, K. 82, n° 15.

1417. Mandement aux échevins de la ville de Rouen de faire parvenir au Havre-de-Grâce, sans retard, l'artillerie et les munitions nécessaires à la défense de cette place gravement menacée. Troyes, 15 septembre 1521. 15 septembre.

*Imp.* Borély, *Histoire de la ville du Havre*, t. I, page 474.

1418. Lettres de surannation pour l'exécution de la création de deux foires annuelles à Longjumeau, octroyée en décembre 1518 (n° 920). Paris (*sic*), 17 septembre 1521. — 1521. 17 septembre.

*Enreg. au Châtelet de Paris, le 7 octobre 1521. Arch. nat., Bannières*, Y. 8, fol. 138. 1 page.

1419. Mandement aux généraux conseillers sur le fait des finances de faire délivrer, sur le principal de la taille échue le 1er septembre, la somme de 38,875 livres tournois à Lambert Meigret, pour employer au fait de sa commission de trésorier de l'extraordinaire des guerres. Reims, 19 septembre 1521. — 19 septembre.

*Original. Bibl. nat.*, ms. français 25720, fol. 179.

1420. Commission à l'évêque de Grenoble, à François de Chaponay, président des Comptes, François Dupré, François de la Colombière, trésorier général, pour procéder à une aliénation du domaine en Dauphiné, dont ils avaient été précédemment chargés, malgré l'absence du sieur de Tallard, qui leur avait été adjoint. Saint-Thierry, 21 septembre 1521. — 21 septembre.

*Enreg. au Parl. de Grenoble, le 28 septembre 1521. Arch. de l'Isère, Chambre des Comptes de Grenoble*, B. 3057, fol. 43. 3 pages 1/2.

1421. Évocation au Grand Conseil d'un procès de François de Poncher, évêque de Paris, pendant au Parlement. Saint-Thierry-lès-Reims, 29 septembre 1521. — 29 septembre.

*Présentée au Parl. de Paris, le 13 novembre suivant. Arch. nat.*, X1a 1524, *reg. du Conseil*, fol. 2. (*Mention.*)

1422. Abolition de l'imposition de 12 deniers pour livre sur le vin vendu en gros et sur les autres marchandises vendues en la ville de Troyes, moyennant payement de 15,000 livres tournois. Septembre 1521. — Septembre.

*Enreg. à la Cour des Aides de Paris, le 23 janvier 1522. Mentionné dans le recueil Cromo. Arch. nat.*, U. 665, fol. 241.

1423. Lettres d'amortissement, moyennant la somme de 10,000 livres, de toutes les terres, seigneuries, justices, censives que possèdent dans le royaume les évêque, église, cathédrale, collégiales, abbayes, prieurés et tous gens d'église, séculiers ou réguliers, du diocèse de Troyes, à l'exception des ordres de Cluny, de Cîteaux et de Saint-Jean-de-Jérusalem. Troyes, septembre 1521. 1521. Septembre.

*Arch. du dép. de l'Aube*, G. 235. — G. 464. — G. 1026. — G. 2605. — 6 H. 3. — 10 G. 6. — 16 G. 1. — 22 H. 2 *bis*, fol. 85 v°. — *Hôpital Saint-Jean*, layette 5, cote E. 7. — *Hôpital Saint-Lazare*, layette 37, n° G[1]. — *Hôtel-Dieu le Comte*, layette 7, cote F[1]. — *Hôpital Saint-Esprit*, layette 67, B[4].

*Arch. municipales de Troyes*, boîte 23, liasse 1re.

1424. Traité entre François Ier et Charles-Quint, relativement à la pêche du hareng, au transit et à la navigation, accordant sauf-conduit aux pêcheurs, nonobstant la guerre. Calais, 2 octobre 1521. 2 octobre.

IMP. Dumont, *Corps diplomatique*, t. IV, part. 1, p. 352, col. 1.

Rymer[1], *Acta publica*, t. VI, part. 1, p. 198, col. 1.

Isambert, *Anc. lois françaises*, t. XII, p. 194.

1425. Déclaration portant que la terre de Janville en Beauce et ses appartenances, données ci-devant à Michel, bâtard de Luppé, maître d'hôtel ordinaire du roi, n'est point comprise dans l'édit de réunion des parties du domaine aliénées. Rethel, 6 octobre 1521. 6 octobre.

*Enreg. à la Chambre des Comptes de Paris, le 19 décembre 1521.*

*Copie de l'arrêt d'enregistrement. Arch. nat.*, ADIX. 121, n° 17. 2 pages.

1426. Lettres par lesquelles le roi cède la garde royale de François de Clèves, comte d'Eu, qui lui appartenait, à cause de son duché de Norman- 11 octobre.

(1) Rymer donne à ce traité la date du 11 octobre 1521.

die, à Marie d'Albret, veuve de Charles de Clèves, duc de Nevers, sa mère, et à Jean d'Albret, son aïeul, pour en jouir ensemble et par le survivant des deux, en tout droit de pairie. Notre-Dame-de-Liesse, 11 octobre 1521. 1521.

*Enreg. au Parl. de Paris, le 6 février 1522, n. s., sauf réserves. Arch. nat.*, $X^{1a}$ 8611, fol. 360. 1 page 1/2.

*Enreg. à la Chambre des Comptes de Paris, sans date. Arch. nat.*, P. 2304, p. 663. 5 pages.

1427. Permission à Marie d'Albret, femme de Charles de Clèves, comte de Nevers et d'Eu, pair de France, de faire gouverner par ses auditeurs, juges des grands jours, baillis et autres officiers son comté de Nevers en tout droit de pairie, pour sa vie seulement. Notre-Dame-de-Liesse, 11 octobre 1521. 11 octobre.

*Enreg. au Parl. de Paris, le 6 février 1522, n. s. Arch. nat.*, $X^{1a}$ 8611, fol. 359 v°. 1 page 2/3.

1428. Provisions en faveur de Jean de Hardus d'un office de conseiller maître en la Chambre des Comptes, au lieu et place de Jean Raguier. 15 octobre 1521. 15 octobre.

*Enreg. à la Chambre des Comptes de Paris, le 7 janvier suivant, anc. mém.* 2 B, fol. 292. *Arch. nat., invent.* PP. 136, p. 253. (*Mention.*)

1429. Provisions, en faveur de Claude Pagevin, ci-devant huissier au Parlement, de l'office de clerc et auditeur ordinaire en la Chambre des Comptes, que tenait précédemment Jean Aguenin, dit Leduc. Au Mont-Saint-Martin, 16 octobre 1521. 16 octobre.

*Enreg. à la Chambre des Comptes de Paris. Arch. nat.*, P. 2304, p. 685. 2 pages 1/2.

1430. Mandement au Parlement de Toulouse lui enjoignant de recevoir Bertrand Rességuier en qualité de conseiller. Cateau-Cambrésis, 19 octobre 1521. 19 octobre.

Autres lettres semblables, datées de Blois, les 7,

12 et 13 août 1522, cette dernière de la reine régente. 1521.

Lettres missives au Parlement, relatives à la réception dudit Bertrand Rességuier.

*Enreg. au Parl. de Toulouse. Arch. de la Haute-Garonne, Édits, reg. 3, fol. 131, 132. 3 pages.*

1431. Provisions de l'office de clerc et auditeur en la Chambre des Comptes de Paris, pour Pierre Angenoust, au lieu de Charles de Rouviers. 22 octobre 1521. 22 octobre.

*Enreg. à la Chambre des Comptes de Paris, le 30 octobre suivant, anc. mém. 2 B, fol. 290. Arch. nat., invent.* PP. 136, p. 253. (*Mention.*)

1432. Lettres concernant les droits et usages des religieux de Longpont dans la forêt de Retz. 23 octobre 1521. 23 octobre.

*Bibliothèque de la ville de Soissons*, mss. fonds Périn, n° 2874.

1433. Édit de création d'un nouvel office de maître des requêtes outre les huit existants. Paris, octobre 1521. Octobre.

*Présenté au Parl. de Paris, le 22 janvier 1522, n. s. Arch. nat.*, X[1a] 1524, *reg. du Conseil*, fol. 62 v°. (*Mention.*)

1434. Commission à Jacques de Beaune, seigneur de Semblançay, pour emprunter, au nom du roi, des espèces ou des matières métalliques, passer des engagements et des contrats, faire rendre compte à divers officiers de finance et employer les restes qui en proviendraient. Au camp de Monssi (Monchy-le-Preux), 4 novembre 1521. 4 novembre.

*Original. Bibl. nat., mss., recueil de pièces originales*, vol. 248 (v° Beaune), n° 71.

*Imp.* A. de Boislisle, *Semblançay et la surintendance des finances*, Ann.-bulletin de la Soc. de l'hist. de France, t. XVIII, 1881, in-8°, p. 236.

1435. Institution de Gilles de Commacre en l'office de maître auditeur des Comptes de Bretagne, vacant par le décès de Jean Gibon. Amiens, 14 novembre 1521. 14 novembre.

*Enreg. à la Chambre des Comptes de Bretagne. Arch. de la Loire-Inférieure, B. Mandements*, I, fol. 236.

1436. Évocation au Grand Conseil de la cause d'appel interjeté du Prévôt de Paris au Parlement par Jean Robert et Romain Martineau, contre Nicolas de Neufville, chevalier, notaire et secrétaire du roi, touchant les greffes du Châtelet de Paris. Amiens, 18 novembre 1521. — 1521. 18 novembre.

*Présentée au Parl. de Paris, le 27 novembre suivant. Arch. nat.*, X[1a] 1524, *reg. du Conseil*, fol. 10. (*Mention.*)

1437. Lettres fixant la portion du domaine royal de Provence que les commissaires du roi, nommés le 11 août précédent, pourront aliéner avec condition et faculté de rachat perpétuel. Amiens, 20 novembre 1521. — 20 novembre.

*Enreg. à la Chambre des Comptes d'Aix. Arch. des Bouches-du-Rhône*, B. 27 (*Turtur.*), fol. 155. 3 pages.

1438. Nomination de Julien Mordet en qualité de chapelain de la chapelle de Saint-Louis à Saint-Martin de Tours. 21 novembre 1521. — 21 novembre.

R. Monsnier, *Celeberrimæ S. Martini Turonensis ecclesiæ historia, t. II, p. 334, ms. 1295 de la Bibl. de Tours.*

1439. Lettres de commission adressées à Roger Barme, président au Parlement, Jean Briçonnet, président des Comptes, Jean Arbaleste, conseiller au Parlement, et Raoul Guyot, secrétaire du roi, touchant l'engagement et la vente du sceau royal du Châtelet de Paris. Compiègne, 26 novembre 1521. — 26 novembre.

*Enreg. au Parl. de Paris, sauf modifications, le 3 décembre 1521. Arch. nat.*, X[1a] 8611, fol. 357. 2 pages 1/2.
*Enreg. au Châtelet de Paris, le 4 décembre 1521. Arch. nat., Bannières*, Y. 8, fol. 138 v°. 4 pages.

1440. Mandement aux généraux conseillers sur le fait des finances de délivrer à Hugues de Desmiren, chevalier, sieur d'Asnières et de Bron, une somme de 841 livres 13 sous 4 deniers pour ses gages, à raison de 600 livres par an, depuis — 28 novembre.

le jour du décès du sire de Beaumont, lieutenant des cent gentilshommes de l'hôtel. Compiègne, 28 novembre 1521. 1521.

*Original. Bibl. nat.*, ms. français 25720, fol. 181.

1441. Mandement aux généraux conseillers sur le fait des finances de porter au compte de Guillaume Prudhomme, receveur général de Normandie, 4,476 livres tournois provenant des engagements, baux et fermes des aides de la généralité de Rouen. Compiègne, 30 novembre 1521. 30 novembre.

*Original. Bibl. nat., ms. français* 25720, fol. 182.

1442. Nouvelles lettres d'évocation au Grand Conseil du procès pendant au Parlement de Paris, au sujet des greffes du Châtelet, entre Nicolas de Neufville, secrétaire du roi, et Jean Robert et Romain Martineau. Compiègne, 2 décembre 1521. 2 décembre.

*Présentées au Parl. de Paris, le 11 décembre suivant. Arch. nat.*, X[1a] 1524, *reg. du Conseil*, fol. 16 v°. (*Mention.*)

(Voir ci-dessus, au 18 novembre précédent, n° 1436.)

1443. Donation de la seigneurie de Dinan au seigneur de Châteaubriant, en considération des services rendus par son frère, le seigneur de Montafilant, à la condition qu'il en jouira pendant dix ans. Compiègne, 2 décembre 1521. 2 décembre.

*Enreg. à la Chambre des Comptes de Bretagne. Arch. de la Loire-Inférieure*, B. *Mandements*, I, fol. 239.

1444. Concession aux évêques de Grenoble de la qualité de conseillers d'honneur au Parlement de Grenoble. Compiègne, 3 décembre 1521. 3 décembre.

*Enreg. au Parl. de Grenoble, le 17 décembre 1521.*

IMP. U. Chevalier, *Ordonnances des rois de France relatives au Dauphiné*, in-8°, 1871, p. 80, n° 674. (*Mention.*)

1445. Don d'une pension de 300 livres sur les revenus de la Tour-du-Pin à Jean, bâtard du Fay, lieutenant du capitaine Pierrepont, pour le récompenser de sa conduite au siège de Mézières. Paris, 9 décembre 1521. 1521. 9 décembre.

*Enreg. à la Chambre des Comptes de Grenoble, le 10 février 1522. Arch. de l'Isère*, B. 3059, cah. 28. 4 pages.

1446. Provisions, en faveur de Denis Picot, de l'un des quatre offices de clerc des comptes, créés par édit d'août 1520. Paris, 10 décembre 1521. 10 décembre.

*Enreg. à la Chambre des Comptes de Paris. Arch. nat.*, P. 2304, p. 681. 3 pages 1/2.

1447. Exemption du droit de gabelle en faveur des officiers de la Cour des Aides de Paris. Paris, 12 décembre 1521. 12 décembre.

*Enreg. à la Cour des Aides, le 11 janvier 1522, n. s. Copie collationnée faite par ordre de la Cour des Aides, le 21 janvier 1778. Arch. nat.*, $Z^{1a}$ 526.

1448. Exemption du droit de gabelle en faveur des officiers de la justice du Trésor. Paris, 12 décembre 1521. 12 décembre.

*Enreg. à la Cour des Aides, le 14 mars 1522, n. s. Copie collationnée faite par ordre de la Cour des Aides, le 5 mars 1779. Arch. nat.*, $Z^{1a}$ 526.

1449. Lettres de règlement sur le fait des aides et tailles de l'élection de Rethélois, à la suite d'une requête présentée au nom des habitants de Mézières, par le sire d'Orval, comte de Dreux et d'Orval. Amiens, 14 décembre 1521. 14 décembre.

*Original. Arch. communales de Mézières*, AA. 5.

1450. Institution de Pierre Louore en l'office de maître auditeur des Comptes de Bretagne. Paris, 15 décembre 1521. 15 décembre.

*Enreg. à la Chambre des Comptes de Bretagne. Arch. de la Loire-Inférieure*, B. *Mandements*, I, fol. 237.

1451. Don à Hippolyte de Civolly de 30 écus d'or 17 décembre.

pour l'aider à s'équiper et à s'armer. Paris, 17 décembre 1521. 1521.

*Original. Bibl. nat.*, ms. fr. 25720, fol. 183.

1452. Permission de fabriquer des testons et demi-testons accordée aux officiers de la Monnaie de Villefranche. Paris, 18 décembre 1521. 18 décembre.

*Enreg. à la Cour des Monnaies, le 22 février 1522, n. s. Arch. nat.*, $Z^{1b}$ 62, fol. 195 v°. 1/2 page.

1453. Lettres en faveur des habitants de Tournay, les plaçant sous la protection et la sauvegarde royales; il leur est accordé de conserver la jouissance des biens qu'ils peuvent avoir en France, tout comme avant la réduction de leur ville à la domination du roi catholique, d'aller et venir dans le royaume, ou d'en sortir, d'y laisser ou d'en retirer leurs enfants qui étudient aux universités. Paris, 20 décembre 1521. 20 décembre.

*Original scellé. Arch. de la ville de Tournay.*
*Copie. Id., 4e cartulaire de la ville*, fol. 449.
Ces mêmes lettres sont visées dans des lettres de naturalité en faveur de trois habitants de Tournay, du 9 juillet 1536. *Arch. nat., Châtelet de Paris, Bannières*, Y. 9, fol. 93 v°.

1454. Mandement au Parlement de Paris d'enregistrer les lettres d'octobre 1520 (n° 1264), concernant les privilèges de l'ordre des Chartreux. Paris, 21 décembre 1521. 21 décembre.

*Enreg. au Parl. de Paris, le 25 février 1522, n. s. Arch. nat.*, $X^{1a}$ 8611, fol. 370. 1 page.

1455. Mandement au prévôt de Paris pour procéder à l'examen des nouveaux statuts du métier de layetier et escrinier, à Paris. Paris, 23 décembre 1521. 23 décembre.

*Arch. nat., Châtelet de Paris, Livre rouge*, Y. $6^4$, fol. 159. 1 page.

1456. Commission au sieur de Châteaumorand pour négocier avec le chapitre de Saint-André de Bordeaux un emprunt de 1,000 écus d'or. Paris, 23 décembre 1521. 23 décembre.

*Arch. de la Gironde, fonds Saint-André*, reg. G. 286, fol. 25.

1522. — Pâques le 20 avril.

1522.

1457. Lettres confirmatives des précédentes, données à Dijon, le 31 mai 1521 (n° 1356), au sujet de l'impôt de 20 deniers sur chaque muid de sel. Paris, 7 janvier 1521. 7 janvier.

*Bibl. de la ville de Troyes*, ms. 1290, p. 353.

1458. Règlement pour le payement des gages du contrôleur des deniers communs de la ville d'Abbeville. Antoine Demay venait de remplacer dans cette charge Jacques de Lestocq. Saint-Germain-en-Laye, 11 janvier 1521. 11 janvier.

*Enreg. au Parl. de Paris, le 17 mars 1522, n. s. Arch. nat.*, X[1a] 8611, fol. 370 v°. 2 pages.
*Copie. Arch. municipales de Troyes*, boîte 33, liasse 1re.

1459. Édit portant création d'un office de général des monnaies en Dauphiné. Saint-Germain-en-Laye, 11 janvier 1521. 11 janvier.

*Enreg. à la Chambre des Comptes de Grenoble. Arch. de l'Isère*, B. 2907, cah. 134.

1460. Lettres établissant un impôt sur les marchandises à Rouen, pour la solde des gens de guerre. Saint-Germain-en-Laye, 16 janvier 1521. 16 janvier.

*Original. Arch. municipales de Rouen*, A. 38, fol. 276.

1461. Lettres portant mandement aux gens de la Chambre des Comptes de rétablir sur leurs états l'augmentation de gages accordée à Nicole Barbier, contrôleur de la Chambre aux deniers du roi, qu'ils avaient indûment rayée. Saint-Germain-en-Laye, 22 janvier 1521. 22 janvier.

*Copie collationnée. Reg. des Comptes de l'Hôtel. Arch. nat.*, KK. 94, fol. 106 v°. 1 page.

1462. Lettres de sauvegarde en faveur de Jacques d'Albret, évêque de Nevers et abbé de Saint-Basile 24 janvier.

au diocèse de Reims. Saint-Germain-en-Laye, 24 janvier 1521. 1522.

*Arch. de la Nièvre*, G. 2. *Vidimus sous le sceau du bailliage de Saint-Pierre-le-Moutier, du 21 mars suivant.*

1463. Lettres par lesquelles le roi confie à Jacques de Beaune, chevalier, seigneur de Semblançay, la direction et la surveillance générale des finances. Amboise, 27 janvier 1521. 27 janvier.

*Enreg. à la Chambre des Comptes de Paris. Arch. nat.*, P. 2304, p. 265. 4 pages 1/2.

IMP. A. de Boislisle, *Semblançay et la surintendance des finances*, Ann.-bulletin de la Soc. de l'histoire de France, t. XVIII, 1881, in-8°, p. 228.

1464. Mandement aux élus du Lyonnais de faire armer, d'après les rôles des dernières montres, les francs-archers des paroisses de leur élection. Saint-Germain-en-Laye, 27 janvier 1521. 27 janvier.

*Copie. Bibl. nat.*, ms. fr. 2702, fol. 56.

1465. Commission aux maîtres des requêtes de l'Hôtel et aux gens du Grand Conseil pour faire perquisition des marchandises, objets précieux, titres et papiers laissés à Paris par les ennemis du roi, et recouvrer les sommes à eux dues, en réserver les deux tiers et abandonner l'autre tiers au comte de Dammartin. Saint-Germain-en-Laye, 29 janvier 1521. 29 janvier.

*Enreg. au Châtelet de Paris. Arch. nat.*, *Livre rouge*, Y. 6[4], fol. 85. 1 page.

1466. Lettres de sauvegarde octroyées aux Carmes de Clermont-Ferrand. Saint-Germain-en-Laye, 29 janvier 1521. 29 janvier.

*Arch. dép. du Puy-de-Dôme, Carmes de Clermont*, liasse 1, c. 6.

1467. Établissement d'une troisième chambre des enquêtes au Parlement de Paris, et création de vingt nouvelles charges de conseiller. Saint-Germain-en-Laye, 31 janvier 1521. 31 janvier.

*Enreg. au Parl. de Paris*, le comte de Saint-Paul ayant été envoyé à la cour spécialement pour en exiger la vérification de la part du roi, le 31 mars

1522, n. s. *Arch. nat.*, $X^{1a}$ 8611, fol. 371 v°. 3 pages. 1522.

*Bibl. nat.*, *mss. Moreau*, t. 1359, fol. 256.

Imp. E. Girard, *Les offices de France*, augm. par J. Joly, in-fol., 1646, t. I, add., p. 75.

1468. Édit de création d'un premier président en la Chambre des Comptes de Dijon. Saint-Germain-en-Laye, 31 janvier 1521. 31 janvier.

*Enreg. à la Chambre des Comptes de Dijon, le 28 mars suivant. Arch. de la Côte-d'Or*, reg. B. 18, fol. 49 v°.

1469. Lettres de don de 7,000 livres fournies à François de Bourbon, comte de Saint-Pol, à prendre sur les débets des comptes de Pierre Aymart. 31 janvier 1521. 31 janvier.

*Enreg. à la Chambre des Comptes de Paris, le 23 juillet 1522*, anc. mém. 2 B, fol. 16. *Arch. nat.*, invent. PP. 136, p. 256. (*Mention.*)

1470. Confirmation des privilèges, franchises et libertés accordés par les rois de France aux prieur et religieux de Saint-Martin-des-Champs, à Paris. Paris, janvier 1521. Janvier.

*Copie dans le Cartul. de Saint-Martin-des-Champs. Arch. nat.*, LL. 1354, fol. 85 v°. 2 pages.

1471. Concession d'un abonnement de tailles aux habitants de Cosne-sur-Seine (c^ne^ de Quemigny-sur-Seine), dépendant de la châtellenie de Duesme. Saint-Germain-en-Laye, janvier 1521. Janvier.

*Enreg. à la Chambre des Comptes de Dijon, le 14 février suivant. Arch. de la Côte-d'Or*, reg. B. 72, fol. 67.

Imp. J. Garnier, *Chartes de communes et d'affranchissements en Bourgogne*, III, 35.

1472. Déclaration du roi pour une nouvelle aliénation du domaine jusqu'à concurrence de 200,000 livres tournois de rente, pour mettre le royaume en état de défense. Saint-Germain-en-Laye, 3 février 1521. 3 février.

*Enreg. au Parl. de Paris*, exceptis, plateis et castris fortibus et limitrophis, *le 3 mars 1522, n. s. Arch. nat.*, $X^{1a}$ 8611, fol. 361. 3 pages 1/2.

*Enreg. à la Chambre des Comptes de Paris, le 6 mars 1522, n. s., et à la Cour des Aides, le 8 mars suivant. Arch. nat.*, recueil Cromo, U. 665, fol. 234. (*Mention.*) 1522.

*Enreg. au Parl. de Bordeaux, sauf réserve, le 5 avril 1522, n. s. Arch. de la Gironde*, B. 30, fol. 358. 9 pages.

*Enreg. au Parl. de Toulouse, le 16 avril 1522, n. s. Arch. de la Haute-Garonne, Édits*, reg. 3, fol. 107. 4 pages.

*Enreg. à la Cour des Aides de Normandie, le 11 mars 1522, n. s. Arch. de la Seine-Inférieure, Mémoriaux*, 1er vol., fol. 23 v°. 6 pages.

1473. Lettres portant que les acquéreurs des domaines du roi ne seront point tenus de se faire délivrer des lettres de confirmation et que la possession légitime leur sera dévolue en vertu des actes d'adjudication faits par les commissaires à ce députés. Saint-Germain-en-Laye, 3 février 1521. 3 février.

*Enreg. à la Chambre des Comptes de Paris, le 6 mai 1522, anc. mém.* 2 B, fol. 218. *Arch. nat., invent.* PP. 136, p. 257. (*Mention.*)

1474. Lettres portant ordre aux Lyonnais de contribuer pour l'équipement des gens de guerre. Saint-Germain-en-Laye, 3 février 1521. 3 février.

*Copie. Arch. municipales de Lyon*, CC. 372, n° 20.

1475. Lettres portant ratification des aliénations du domaine royal faites par les commissaires à ce députés en la sénéchaussée de Toulouse. 3 février 1521. 3 février.

*Enreg. à la Chambre des Comptes de Paris, le 7 mai 1522, anc. mém.* 2 B, fol. 8. *Arch. nat., invent.* PP. 136, p. 257. (*Mention.*)

1476. Attribution à Jean Ruzé, receveur général des finances, des droits de franc-salé, livrées, gants fourrés et autres menus droits dont jouissent les gens des comptes et trésoriers. Saint-Germain-en-Laye, 3 février 1521. 3 février.

*Enreg. à la Chambre des Comptes de Paris. Arch. nat.*, P. 2304, p. 711. 6 pages.

1477. Ordonnance concernant la tenue des États de 3 février.

Bretagne pour la présente année. Saint-Germain-en-Laye, 3 février 1521. 1522.

*Arch. municipales de Rennes.*

1478. Lettres portant qu'il sera fourni par la ville de Troyes 200 hommes de pied pour renforcer l'armée du roi et la défense du royaume, ou bien que les habitants se cotiseront pour la somme nécessaire à l'entretien de ces 200 hommes. Saint-Germain-en-Laye, 3 février 1521. 3 février.

*Original. Arch. municipales de Troyes*, 62e boîte, 1re liasse.

1479. Édit portant création de seize commissaires examinateurs au Châtelet de Paris, outre les seize qui existaient déjà. Saint-Germain-en-Laye, 4 février 1521. 4 février.

*Enreg. au Parl. de Paris, le 29 avril 1522. Arch. nat.*, X1a 8611, fol 374. 1 page 1/3.

*Enreg. au Châtelet de Paris, le 3 juin 1522. Arch. nat., Bannières*, Y. 8, fol. 147. 2 pages. *Double, Livre rouge*, Y. 64, fol. 90 v°.

*Enreg. à la Cour des Aides, le 21 juillet 1523. Arch. nat., recueil Cromo*, U. 665, fol. 242. (*Mention.*)

IMP. (*s. l. n. d.*). In-4°, pièce, *Bibl. nat.*, 4° F. Paquets.

E. Girard, *Les offices de France*, augm. par J. Joly, in-fol., 1646, t. II, p. 1484.

1480. Édit de création de quarante nouveaux notaires au Châtelet de Paris, outre les soixante qui existaient déjà. Saint-Germain-en-Laye, 4 février 1521. 4 février.

*Enreg. au Parl. de Paris, le 16 avril 1522. Arch. nat.*, X1a 8611, fol. 373 v°. 1 page 1/3.

*Enreg. au Châtelet de Paris, le 3 juin 1522. Arch. nat., Châtelet, Bannières*, Y. 8, fol. 148. 2 pages.

1481. Prorogation, en faveur des habitants de Lyon, du bail à ferme des aides, gabelles et autres impositions levées dans la ville et dans l'élection du Lyonnais. Saint-Germain-en-Laye, 4 février 1521. 4 février.

*Copie. Bibl. nat.*, ms. fr. 2702, fol. 67.

1482. Mandement au trésorier de l'épargne de verser au collège de Montaigu une somme de 2,800 livres pour aider à subvenir aux frais des écoliers. Paris, 5 février 1521. 1522. 5 février.

*Original. Bibl. nat.*, ms. fr. 25720, fol. 189.

1483. Provisions de l'office de sénéchal de Carcassonne en faveur de Jean de Lévis, vicomte de Montségur, fils du sieur de Mirepoix. Saint-Germain-en-Laye, 6 février 1521. 6 février.

Il est reçu et prête serment au Parlement de Toulouse, le 10 mars 1522 *n. s.*

*Enreg. au Parl. de Toulouse. Arch. de la Haute-Garonne, Édits*, reg. 3, fol. 93. 2 pages 1/2.

1484. Lettres portant exemption du droit de gabelle en faveur des généraux des finances et des généraux des aides de Normandie. Saint-Germain-en-Laye, 7 février 1521. 7 février.

*Enreg. à la Chambre des Comptes de Paris, le 25 février 1522 n. s. Copie. Arch. nat.*, ADIX. 121, n° 2. 3 pages.

*Enreg. à la Cour des Aides de Normandie, le 25 février 1522 n. s. Arch. de la Seine-Inférieure, Mémoriaux*, 1er vol., fol. 20. 3 pages.

IMP. S. Fournival, *Recueil général des titres concernant les fonctions et privilèges des trésoriers de France*, Paris, 1672, in-fol., p. 705.

1485. Mandement au doyen et au chapitre de Sens de mettre Nicolas Lemaitre, conseiller au Parlement, en possession de l'archidiaconé de Melun, qu'il se présente lui-même ou envoie un procureur. Saint-Germain-en-Laye, 7 février 1521. 7 février.

*Copie. Bibl. nat.*, ms. fr. 2933, fol. 236.

1486. Mandement au trésorier de l'épargne de payer, pour l'état de la vénerie royale, durant l'année courante, 45 livres tournois à Aubin Le Large, l'un des valets de limiers du roi. Saint-Germain-en-Laye, 10 février 1521. 10 février.

*Original. Bibl. nat.*, ms. fr. 25720, fol. 185.

1487. Mandement au receveur général des finances de convertir 15,000 écus au payement des dé- 12 février.

penses qu'il y a lieu de faire pour les frais de guerre et de gouvernement à Gênes, indépendamment des 20,000 écus qui ont été déjà fournis précédemment. Paris, 12 février 1521. 1522.

*Original. Bibl. nat.*, ms. fr. 25720, fol. 186.

1488. Commission pour l'aliénation de quelques portions du domaine de la prévôté de Paris et du bailliage de Melun, jusqu'à concurrence de 8,000 livres tournois. Paris, 14 février 1521. 14 février.

*Enreg. au Châtelet de Paris, le 15 mars 1522 n. s. Arch. nat., Châtelet, Bannières*, Y. 8, fol. 140 v°. 4 pages.

1489. Lettres ordonnant de vendre et d'engager une portion du domaine en Bourgogne, pour subvenir aux urgentes affaires du royaume. Paris, 14 février 1521. 14 février.

*Enreg. au Parl. de Dijon, le 20 mars 1522 n. s. Arch. de la Côte-d'Or, Parl.*, reg. I, fol. 201 et 203. *Enreg. à la Chambre des Comptes de Dijon. Arch. de la Côte-d'Or*, reg. B. 18, fol. 48 v°.

1490. Commission à Jean Brinon, président du Parlement de Rouen, à Artus Fillon, curé de Saint-Maclou, à Roger Gruel, président en la Cour des Aides de Rouen, à Jean Picart, s[r] de Radeval, maître d'hôtel ordinaire du roi, et à Guillaume Prudhomme, receveur général des finances de Normandie, de se rendre dans toutes les villes du bailliage de Caux, pour procéder à des ventes, engagements et aliénations du domaine. Paris, 14 février 1521. 14 février.

*Original. Bibl. nat.*, ms. fr. 25720, fol. 187.

1491. Commission à Thomas Postel, Jean Noblet et Regnault Du Quesnel, conseillers au Parlement de Rouen, et à Jean Duval, greffier des États de Normandie, de se rendre dans toutes les villes des bailliages de Gisors et d'Évreux, pour procéder à des ventes, engagements et aliénations du domaine. Paris, 14 février 1521. 14 février.

*Original. Bibl. nat.*, ms. fr. 25720, fol. 188.

1492. Ordonnance prescrivant l'aliénation du domaine dans l'étendue du bailliage de Senlis, jusqu'à concurrence de 4,000 livres tournois de rente. Paris, 14 février 1521. — 1522. 14 février.

*Arch. de l'Oise*, G. 2339, *Inv. du Chapitre de Senlis*, cote 44, art. 21, p. 413. (*Mention.*)

1493. Commission adressée aux sieurs de Rouvrie, de Tournefeuille, Antoine Durand et autres, conseillers au Parlement de Toulouse, pour l'aliénation du domaine royal en la sénéchaussée de Toulouse. Paris, 14 février 1521. — 14 février.

*Enreg. à la Chambre des Comptes de Paris, le 7 mai 1522, anc. mém.* 2 B, fol. 8. *Arch. nat.*, PP. 136, p. 257. (*Mention.*)

1494. Lettres portant qu'Eustache et Jean Luillier, père et fils, pourront exercer l'office de conseiller maître en la Chambre des Comptes, dont a été pourvu ledit Jean Luillier, par la résignation de son père, en l'absence l'un de l'autre et qu'il restera au survivant. Paris, 14 février 1521. — 14 février.

*Enreg. à la Chambre des Comptes de Paris. Arch. nat.*, P. 2304, p. 675. 2 pages 1/2.

1495. Ordonnance pour la levée, la solde et l'entretien de 1,000 hommes de pied qui sont et demeurent, durant les guerres, à la charge de la ville de Paris, avec règlement des aides imposées en conséquence sur la ville et les faubourgs. Paris, 15 février 1521. — 15 février.

*Copie collationnée du 9 septembre 1523. Arch.* K. 953, n° 4.

1496. Affranchissement de toutes tailles et impôts en faveur des habitants de Samois et d'autres localités contiguës à la forêt de Bière. Paris, 16 février 1521. — 16 février.

*Enreg. à la Cour des Aides, le 22 mars 1522 n. s. Mentionné dans le recueil Cromo. Arch. nat.*, U. 665, fol. 233.

1497. Octroi à la ville de Sens, pour le terme de dix ans, du droit de lever 20 deniers tournois sur — 16 février.

chaque minot de sel vendu au grenier à sel de ladite ville, et 5 deniers sur chaque muid de vin passant sous les ponts de la ville. Paris, 16 février 1521. 1522.

*Imp.* G. Julliot, *Cartulaire Sénonais de Balthazar Taveau*, Sens, 1885, p. 171. (*Mention.*)

1498. Provisions de l'office de sénéchal de Toulouse en faveur d'Antoine de Rochechouart, à la suite de la résignation dudit office par François, son père. Paris, 16 février 1521. 16 février.

Réception et prestation de serment au Parlement de Toulouse, le 7 avril 1522 n. s.
*Enreg. au Parl. de Toulouse. Arch. de la Haute-Garonne, Edits*, reg. 3.

1499. Lettres portant que Jean Foucault, correcteur des comptes, jouira, comme les autres correcteurs, de 165 livres à prendre par an sur le changeur du trésor, pour droits de robe, bûche et Toussaint. Paris, 16 février 1521. 16 février.

*Enreg. à la Chambre des Comptes de Paris, le 10 septembre 1522. Arch. nat.*, P. 2304, p. 781. 4 pages.
*Imp.* In-4°, pièce. *Arch. nat.*, ADI. 17; ADIX, 121, n° 3. 3 pages.

1500. Mandement aux élus du Lyonnais de lever la somme de 5,870 livres 1 sou tournois pour la part de leur élection dans une imposition de 60,000 livres tournois mise sur tout le royaume. Paris, 17 février 1521. 17 février.

*Copie. Bibl. nat.*, ms. fr. 2702, fol. 57 v°.

1501. Permission au chapitre de Saint-Maurice d'Angers de faire rebâtir les portes de la cité, afin de les tenir closes la nuit. Saint-Germain-en-Laye, 20 février 1521. 20 février.

*Bibl. nat., coll. d'Anjou et de Touraine*, vol. 9, n° 4190. (*Analyse d'après les Arch. de Saint-Maurice d'Angers.*)

1502. Lettres de dispense de parenté accordées à Jean Aguenin, dit Le Duc, pourvu de l'office de gé- 20 février.

néral en la Cour des Aides. Saint-Germain-en-Laye, 20 février 1521. 1522.

*Copie collationnée, faite par ordre de la Cour des Aides, le 21 janvier 1778. Arch. nat.*, Z[1a] 526.

1503. Nouvelle jussion au Parlement de Toulouse de recevoir Bertrand de Rességuier en l'office de conseiller. Saint-Germain-en-Laye, 20 février 1521. 20 février.

*Enreg. au Parl. de Toulouse. Arch. de la Haute-Garonne, Édits*, reg. 3, fol. 131 v°.

1504. Lettres contenant un traité avec le roi d'Angleterre pour la guerre qui doit être entreprise contre l'Empereur. Saint-Germain-en-Laye, 23 février 1521. 23 février.

IMP. Rymer, *Acta publica*, t. VI, part. 1, p. 203, col. 1.

1505. Lettres portant défense aux docteurs en théologie du collège de Navarre, à Paris, de demeurer dans cet établissement après l'obtention du grade de docteur, et d'y faire office de chapelains. Paris, février 1521. Février.

*Copie collationnée du 15 décembre 1669. Arch. nat.*, M. 180, n° 28 *bis*.

IMP. Du Boulay, *Hist. univ. Paris*, t. VI, p. 140.

Launoy, *Hist. Navarræ gymnasii*, œuvres complètes, éd. de 1731, t. IV, 1re partie, p. 405.

. Jourdain, *Index chronol. chartarum Universitatis*, in-fol., p. 228. (*Mention.*)

1506. Déclaration portant que la foire de Laon, qui se tenait d'ancienneté le jour de S. Thomas et les trois jours suivants, sera transférée au lundi après la Circoncision et durera six jours au lieu de quatre. Saint-Germain-en-Laye, février 1521. Février.

*Original. Arch. municipales de Laon*, AA. 1.

*Copies, id.*, CC. 421 et HH. 14.

*Ancien mém. de la Chambre des Comptes de Paris* coté 2 C, fol. 192. *Arch. nat., invent.* PP. 136, p. 257. (*Mention.*)

1507. Confirmation des privilèges et franchise des foires Février.

établies à Rouen. Saint-Germain-en-Laye, février 1521. 1522.

*Bibl. nat.*, *mss. Moreau*, t. 1340, fol. 129. (*Mention.*)

Imp. *Rouen*, *Martin Le Mégissier*, *1632*, in-8°, pièce. *Bibl. nat.*, 8° F. *Actes royaux* (cartons).

1508. Confirmation de la donation des terres et seigneuries de Lesparre et de Carcans à Jean d'Albret, comte de Dreux et de Rethelois, et à ses filles, Marie et Charlotte d'Albret. Saint-Germain-en-Laye, février 1521. Février.

*Enreg. à la Chambre des Comptes de Paris, le 8 mai 1523. Arch. nat.*, P. 2304, p. 889. 11 pages 1/2.
*Autre copie.* P. 2551, p. 269.

1509. Lettres de jussion aux gens des Comptes de Bretagne de mettre à exécution la donation de la seigneurie de Dinan, faite en faveur du seigneur de Châteaubriant. Saint-Germain-en-Laye, 2 mars 1521. 2 mars.

*Enreg. à la Chambre des Comptes de Bretagne. Arch. de la Loire-Inférieure*, B. *Mandements*, I, fol. 240.

1510. Pouvoir conféré à Louis de Clèves, seigneur de Cayeu, de créer un maître de chaque métier dans toutes les villes du royaume où il y a maîtrise jurée, à l'occasion de la naissance du duc d'Angoulême. Saint-Germain-en-Laye, 4 mars 1521. 4 mars.

*Enreg. au Parl. de Paris, le 8 avril 1522 n. s. Arch. nat.*, $X^{1a}$ 8611, fol. 373. 1 page 1/3.
*Enreg. au Châtelet de Paris, le 16 avril 1522 n. s. Arch. nat.*, *Châtelet*, *Bannières*, Y. 8, fol. 142 v°. 2 pages.

1511. Don à Nicolas Haruzet, bourgeois de Tournay, d'une somme de 200 livres tournois en récompense des voyages qu'il a faits vers le roi, tandis que la ville de Tournay était en son obéissance. Saint-Germain-en-Laye, 4 mars 1521. 4 mars.

*Original. Bibl. nat.*, ms. fr. 25720, fol. 190.

1512. Exemption du droit de gabelle en faveur des échevins, conseillers, quarteniers, sergents et archers de la ville de Paris. Paris, 7 mars 1521. 1522. 7 mars.

*Enreg. à la Chambre des Comptes de Paris, le 4 septembre 1522, anc. mém.* coté CC, fol. 44. *Arch. nat., anc. invent.* PP. 136, p. 258. (*Mention.*)

*Copie collationnée faite par ordre de la Cour des Aides, le 5 septembre 1779. Arch. nat.,* Z[1a] 526.

1513 Confirmation des lettres d'amortissement accordées par Louis XI aux Chartreux de Paris. Paris, 7 mars 1521. 7 mars.

*Copie collat. du* XVIIIe *siècle. Arch. nat.,* K. 171, n° 66. 3 pages.

1514. Don au duc de Vendôme du gouvernement de la ville et du château de Hesdin, avec la jouissance des revenus et émoluments qui en dépendent. Paris, 7 mars 1521. 7 mars.

*Enreg. à la Chambre des Comptes de Paris. Arch. nat.,* P. 2304, p. 913. 3 pages.

*Idem.* P. 2535, fol. 410 v°.

1515. Lettres de jussion à la Chambre des Comptes de Bretagne pour l'enregistrement du don fait à Jean d'Acigné de la châtellenie de Saint-Aubin-du-Cormier (22 décembre 1516; ci-dessus, n° 576). Paris, 7 mars 1521. 7 mars.

*Enreg. à la Chambre des Comptes de Bretagne. Arch. de la Loire-Inférieure.* B. *Mandements*, I, fol. 274.

1516. Mandement aux généraux conseillers sur le fait des finances de délivrer 400 livres tournois à Jacques de Beaune le jeune, trésorier du dauphin, pour remettre à René de Mailly et René de Prunelle, enfants d'honneur de la maison du dauphin. Paris, 7 mars 1521. 7 mars.

*Original. Bibl. nat.,* ms. fr. 25720, fol. 191.

1517. Lettres de jussion aux trésoriers de France pour l'enregistrement de l'ordonnance touchant l'a- 8 mars.

liénation du domaine, en date du 3 février 1521 (n° 1472). Paris, 8 mars 1521. 1522.

*Enreg. au Parl. de Bordeaux, le 5 avril suivant. Arch. de la Gironde*, B. 30, fol. 362 v°. 4 pages.

1518. Remboursement à Louis d'Enzein, orfèvre, de 963 livres 8 sous 9 deniers, pour 387 marcs 3 onces d'argent fournis sur les hocquetons des capitaines et archers conduits par le sieur d'Aubigny et Gabriel de la Châtre. Paris, 8 mars 1521. 8 mars.

*Original. Bibl. nat.*, ms. fr. 25720, fol. 192.

1519. Règlement des honneurs et prééminences des quatre présidents du Parlement de Toulouse, «c'est assavoir que le trépas ou autre vacation advenant du second président, le troisième sera en son lieu et le quatrième au lieu du troisième, le dernier pourvu sera toujours le quatrième». Fontainebleau, 13 mars 1521. 13 mars.

*Enreg. au Parl. de Toulouse. Arch. de la Haute-Garonne, Édits*, reg. 3, fol. 132. 1 page.

1520. Lettres de confirmation des coutumes nouvelles du Bourbonnais et du comté de la Marche, réformées, rédigées et publiées par Roger Barme et Nicole Brachet, commissaires royaux à ce députés, avec défense d'alléguer d'autres textes de ces coutumes. Fontainebleau, 13 mars 1521. 13 mars.

*Enreg. à la suite du texte des coutumes revisées. Arch. nat.*, $X^{1a}$ 9281.

IMP. *Les coutumes du pays et duché de Bourbonnoys, impr. à Paris par Antoine Couteau, pour Galliot Dupré, le 10 avril 1524*, petit in-4° gothique, fol. 84. *Bibliothèque de M. Aug. Chassaing, juge au Puy.*

Ch. Bourdot de Richebourg, *Nouveau coutumier général*, in-fol., t. III, p. 1302; t. IV, p. 1146.

1521. Mandement adressé au sieur de Thoré, capitaine de Beauvais, à la requête des maire et pairs, de faire démolir les maisons, murs et obstacles divers qui se trouvaient en dehors et près des 15 mars.



IMPRIMERIE NATIONALE.

remparts de la ville. Fontainebleau, 15 mars 1521. 1522.

*Copie collationnée du 8 mai 1663. Arch. communales de Beauvais*, EE, 13.

1522. Lettres accordant à Louis Pernet, valet de garde-robe ordinaire du roi, l'office de greffier des élus du Poitou, à lui donné en survivance, malgré l'édit révoquant tous les dons en survivance. 15 mars 1521. 15 mars.

*Enreg. à la Cour des Aides, le 19 novembre 1522. Mentionné dans le recueil Cromo. Arch. nat.*, U. 665, fol. 237.

1523. Déclaration touchant l'exemption du droit de gabelle en faveur des conseillers, quarteniers et autres officiers de la ville de Paris. 20 mars 1521. 20 mars

*Enreg. à la Chambre des Comptes de Paris, anc. mém.* coté 2 B, fol. 212. *Mentions d'inventaires. Arch. nat.*, PP, 136, p. 258, et ADIX, 121, n° 6.

(Voir ci-dessus, 7 mars précédent, n° 1512.)

1524. Exemption du droit de gabelle en faveur des officiers du Châtelet de Paris, pour leur consommation. Troyes, 21 mars 1521. 21 mars.

*Enreg. à la Cour des Aides, le 4 avril 1522 n. s. Copie collationnée, faite par ordre de la Cour des Aides, le 5 mars 1779. Arch. nat.*, $Z^{1a}$ 526.

*Enreg. au Châtelet de Paris. Arch. nat.*, *Bannières*, Y. 9, fol. 95. 2 pages.

1525. Don à Mesmin Jabin, commis au contrôle des chevaucheurs de l'écurie du roi, d'une somme de 200 livres tournois pour solder les vacations qu'il a faites l'année précédente en Picardie, à l'effet de faire lever les francs-archers pour la défense du royaume. Langres, 28 mars 1521. 28 mars.

*Original. Bibl. nat.*, ms. fr. 25720, fol. 194.

1526. Confirmation et vidimus des lettres de Charles VIII (Châteaubriant, août 1487) exemptant de l'arrière-ban les officiers du Parlement de Bordeaux. Saint-Germain-en-Laye, mars 1521. Mars.

*Enreg. au Parl. de Bordeaux, le 27 mars 1522 n. s. Arch. de la Gironde*, B. 30, fol. 365. 8 pages 1/2, dont 7 pour les lettres de Charles VIII.

1527. Edit de création de six nouveaux offices de conseiller au siège de la sénéchaussée de Poitiers et cour conservatoire des privilèges de l'Université dudit lieu. Paris, mars 1521. 1522. Mars.

*Enreg. au Parl. de Paris, le 16 mai 1522. Arch. nat.*, X[1a] 8612, fol. 375. 2 pages.

1528. Mandement au Parlement de Bourgogne pour l'enregistrement de l'édit de création de vingt nouveaux conseillers en ladite cour. Beaune, 3 avril 1521. 3 avril.

IMP. P. Palliot, *Le Parlement de Bourgogne*, Dijon, 1649, in-fol., p. 345.

1529. Engagement du roi de faire payer le plus tôt possible à plusieurs marchands et banquiers de Lucques, de Genève, de Lyon et autres villes les sommes qu'il leur avait fait emprunter par les généraux de ses finances pour subvenir aux besoins du royaume. Sont mentionnés les noms des banquiers et les sommes prêtées : Olivier Gadagne, 22,000 écus; Zaurbi Bartolini, 25,00 écus; Laurent et Philippe Strozzi, 31,000 écus; les frères Albisse, François Cléberg, etc. Lyon, 7 avril 1521. 7 avril.

*Copie collationnée par quatre secrétaires du roi, le 4 décembre 1533. Arch. nat., suppl. du Trésor des Chartes*, J. 964, n° 31.

1530. Mandement aux généraux conseillers sur le fait des finances de bailler au capitaine Louis de Chandieu 150 écus sol pour sa pension de capitaine de 300 hommes de pied. Lyon, 8 avril 1521. 8 avril.

*Original. Bibl. nat.*, ms. fr. 25720, fol. 195.

1531. Lettres au bailli de Bourges, comme conservateur des privilèges royaux de l'abbaye de Saint-Sulpice-lès-Bourges, pour lui faire vidimer et authentiquer les privilèges de ladite abbaye. Lyon, 11 avril 1521. 11 avril.

*Arch. du Cher, fonds de l'abbaye de Saint-Sulpice, Privilèges royaux*, l. 4, c. 2, n° 1.

1532. Remboursement à François Le Charron, conseiller au Sénat de Milan, de 1,443 écus sol 11 avril.

qu'il avait prêtés au roi pour lever les gens de pied nécessaires à la garde de la ville d'Alexandrie en Piémont et lieux circonvoisins. Lyon, 11 avril 1521. 1522.

*Original. Bibl. nat.*, ms. fr. 25720, fol. 196.

1533. Déclaration par laquelle, sur la demande des États du duché de Bourgogne, le roi consent l'abolition du denier tournois imposé sur chaque salignon vendu aux greniers de la province, pour les fortifications de la ville de Beaune. Lyon, 12 avril 1521. 12 avril.

*Original. Arch. des États de Bourgogne. Arch. de la Côte-d'Or*, C. 2971.

*Enreg. à la Chambre des Comptes de Dijon, le 14 juin 1522. Arch. de la Côte-d'Or*, reg. B. 72, fol. 71 v°.

IMP. *Recueil des édits et ordonnances touchant les États de Bourgogne*, I, 537.

1534. Acceptation de l'offre de cent hommes de pied faite par la ville de Bourges, dont la solde sera payée par ladite ville et sera remboursée par un impôt sur le sel et autres denrées. Lyon, 12 avril 1521. 12 avril.

*Enreg. à la Cour des Aides, le 27 mai 1522. Mentionné dans le recueil Cromo, Arch. nat.*, U. 665, fol. 234.

1535. Mandement aux élus du Lyonnais de faire lever et conduire à Lyon soixante-dix chevaux rouliers ou de trait et quatorze charrettes qui devront servir au transport de l'artillerie dans le Milanais. Lyon, 12 avril 1521. 12 avril.

*Copie. Bibl. nat.*, ms. fr. 2702, fol. 61.

1536. Octroi aux habitants de Troyes d'une somme de 4 livres tournois à prendre, pour la réparation des murs et des fortifications de la ville, sur chaque muid de sel vendu ou distribué dans les greniers à sel d'Arcis-sur-Aube et de Beaufort, qui ne sont pas villes closes. Lyon, 18 avril 1522. 18 avril.

*Arch. municipales de Troyes*, D. 75, fol. 1-3.

1537. Institution de maître Alain de la Bouëxière, pro- 19 avril.

cureur du roi en la Chambre des Comptes de Bretagne. Lyon, 19 avril 1522. 1522.

*Enreg. à la Chambre des Comptes de Bretagne. Arch. de la Loire-Inférieure*, B. *Mandements*, I, fol. 247.

1538. Établissement d'un impôt extraordinaire d'un écu par pipe de vin à la sortie du royaume, par terre et par mer. Lyon, 27 avril 1522. 27 avril.

*Enreg. au Châtelet de Paris, le 7 mai 1522. Arch. nat., Châtelet, Bannières*, Y. 8, fol. 14. 2 pages.

1539. Édit de suppression de l'office de contrôleur des deniers communs et des octrois de la ville de Lyon. Lyon, 28 avril 1522. 28 avril.

*Original. Arch. municip. de Lyon*, BB. 394, n° 2. *Copie, id.*, AA. 151, fol. 23.

1540. Lettres de dispense accordées à Charles de Louviers pour exercer, quoique marié, l'office de conseiller clerc au Parlement de Paris, dont il avait été pourvu, en remplacement de Jean Ruzé, nommé avocat du roi à ladite cour. Lyon, 2 mai 1522. 2 mai.

*Présentées au Parl. de Paris, le 27 mai suivant. Arch. nat.*, X[1a] 1524, reg. du Conseil, fol. 246. (*Mention.*)

1541. Nomination de Jean Guillaume, valet de chambre du roi, à la charge d'élu extraordinaire en Lyonnais. Lyon, 4 mai 1522. 4 mai.

*Copie. Bibl. nat.*, ms. fr. 2702, fol. 63.

1542. Don fait à Galéas Visconti des terres et seigneuries de Jonage, la Bâtie-Montluel, avec les péages en dépendant, Beaurepaire, Moras et la Tour-du-Pin. Lyon, 5 mai 1522. 5 mai.

Lettres de jussion ordonnant l'entérinement desdites lettres. Crémieu, 9 juin 1522.

*Arch. de l'Isère*, B. 3059, cah. 28. 10 pages.

1543. Ordonnance relative à une nouvelle aliénation du domaine pour une somme de 20,000 livres tournois de rente, avec faculté de rachat perpétuel, dans la sénéchaussée de Guyenne. Lyon, 6 mai 1522. 6 mai.

*Enreg. au Parl. de Bordeaux, le 13 mai 1522. Arch. de la Gironde*, B. 30, fol. 372. 12 pages.

1544. Commission pour vendre le domaine du roi en Dauphiné, jusqu'à concurrence de 4,000 livres de rente. Lyon, 8 mai 1522. 1522. 8 mai.

*Enreg. à la Chambre des Comptes de Grenoble.*
IMP. C.-U.-J. Chevalier, *Ordonnances relatives au Dauphiné*, in-8°, 1871, n° 676. (*Mention.*)

1545. Commission au receveur des aides de l'élection de Rouen pour recevoir les 2 écus d'or sol sur chaque tonneau de vin valant deux pipes, qui sera tiré du royaume. (Commission spéciale pour le pays et la généralité de Normandie.) Lyon, 9 mai 1522. 9 mai.

*Enreg. à la Cour des Aides de Normandie, le 22 mai 1522. Archives de la Seine-Inférieure, Mémoriaux*, 2e vol., fol. 32 v°. 4 pages.

1546. Commission à Robert Gauthier pour l'inspection des vins chargés en bateau sur les quais de Rouen et autres havres et ports de Normandie. Lyon, 9 mai 1522. 9 mai.

*Enreg. à la Cour des Aides de Normandie, le 22 mai 1522. Arch. de la Seine-Inférieure, Mémoriaux*, 1er vol., fol. 38 v°. 4 pages.
*Double. Ibid.*, fol. 35 v°. 4 pages.

1547. Lettres adressées au Parlement de Paris pour l'enregistrement de l'édit du mois de juillet 1521 (n° 1386), portant exemption des droits d'amortissement, francs-fiefs et nouveaux acquêts, en faveur des habitants du duché de Bourgogne, moyennant une somme de 50,000 livres offerte par les États de la province. Lyon, 9 mai 1522. 9 mai.

*Enreg. au Parl. de Paris, le 20 avril 1523. Arch. nat.*, X1a 8611, fol. 419. 1 page.

1548. Ordonnance relative à la gendarmerie. Lyon, 9 mai 1522. 9 mai.

*Original. Bibl. nat.*, ms. fr. 3897, fol. 52.

1549. Mandement aux élus du Lyonnais, du Forez et du Beaujolais de lever six cents pionniers pour la conduite dans le Milanais des vivres et de l'artillerie. Lyon, 10 mai 1522. 10 mai.

*Copie. Bibl. nat.*, ms. fr. 2702, fol. 26.

1550. Mandement aux grènetiers et contrôleurs du grenier à sel de Vézelay, leur ordonnant de faire prendre aux habitants des villes closes de leur circonscription, dans le délai d'un mois, la provision ordinaire de sel pour toute une année, et de les faire payer comptant, avec remise du quart du prix habituel. Lyon, 13 mai 1522. 1522. 13 mai.

*Copie. Arch. de la Nièvre, grenier à sel de Nevers*, B. (non classé).

1551. Lettres de sauvegarde accordées à Jean Gruel, protonotaire du Saint-Siège, abbé de Clausanne, prieur de la Baume-des-Arnauds. Lyon, 13 mai 1522. 13 mai.

*Enreg. à la Chambre des Comptes de Grenoble, le 12 juillet 1522. Arch. de l'Isère*, B. 2948, fol. 424. 4 pages.

1552. Lettres attribuant la surintendance de l'hôpital du Saint-Esprit de Dijon aux maire et échevins de la ville. Lyon, 14 mai 1522. 14 mai.

IMP. E. Pérard, *Recueil de plusieurs pièces curieuses servant à l'hist. de Bourgogne*, Paris, 1664, in-fol., p. 392.

1553. Provisions de l'office de conseiller maître en la Chambre des Comptes en faveur de Jean Teste, receveur et voyer de la Prévôté de Paris, au lieu et place d'Étienne Petit. Lyon, 15 mai 1522. 15 mai.

*Enreg. à la Chambre des Comptes de Paris. Arch. nat.*, P. 2304, p. 701. 2 pages 1/2.

1554. Provisions de l'office de receveur ordinaire et voyer de la prévôté et vicomté de Paris en faveur de Germain Teste, ci-devant clerc et auditeur des comptes. Lyon, 16 mai 1522. 16 mai.

*Enreg. au Châtelet de Paris, le 12 juin 1522. Arch. nat., Châtelet, Bannières*, Y. 8, fol. 149. 2 pages.
*Enreg. à la Chambre des Comptes de Paris. Arch. nat.*, P. 2304, p. 707. 3 pages.

1555. Lettres de jussion pour l'exécution des lettres, en date du 16 mai 1522, accordant à Jean Teste 17 mai.

l'office de conseiller maître en la Chambre des Comptes. Lyon, 17 mai 1522. 1522.

*Enreg. à la Chambre des Comptes de Paris. Arch. nat.*, P. 2304, p. 703. 1 page 1/2.

1556. Mandement aux grènetier et contrôleurs du grenier à sel de Gisors et de la chambre à sel de Gournay de vendre aux habitants des villes closes tout le sel dont ils auront besoin pour une année entière, afin de se procurer immédiatement de l'argent pour la continuation de la guerre. Lyon, 17 mai 1522. 17 mai.

*Original. Bibl. nat.*, ms. fr. 25720, fol. 197.

1557. Ordonnance créant un impôt sur les marchandises entrant dans Lyon, pour la solde de cinq cents hommes de guerre. Lyon, 18 mai 1522. 18 mai.

*Arch. municip. de Lyon*, AA. 151, fol. 77.

1558. Édit de création de vingt nouveaux offices de sergents royaux dans la sénéchaussée de Guyenne. Lyon, 21 mai 1522. 21 mai.

*Enreg. au Parl. de Bordeaux, le 5 juin 1522. Arch. de la Gironde*, B. 30, fol. 370. 2 pages 1/2.

1559. Création d'un office d'avocat du roi au Grand Conseil, aux mêmes droits, autorités et honneurs dont jouissent ceux des Parlements de Paris, Toulouse, Bordeaux et autres cours souveraines. Lyon, 22 mai 1522. 22 mai.

IMP. E. Girard et J. Joly, *Troisième livre des offices de France*, in-fol., 1647, t. I, *add.*, p. 316.

1560. Mandement au prévôt de Paris pour la convocation du ban et de l'arrière-ban. Lyon, 22 mai 1522. 22 mai.

*Arch. nat., Châtelet de Paris, Livre rouge*, Y 6[4], fol. 89 v°. 1 page.

1561. Provisions de l'office de clerc auditeur des comptes en faveur de Jean Presteseille, au lieu et place de Germain Teste. Lyon, 24 mai 1522. 24 mai.

*Enreg. à la Chambre des Comptes de Paris. Arch. nat.*, P. 2304, p. 729. 2 pages 1/2.

1562. Permission aux habitants de Lyon d'imposer un octroi sur le bétail à pied fourché, le vin et 25 mai.

autres marchandises et denrées, excepté les menus vivres, pour en consacrer le produit à mettre la ville en état de défense. Lyon, 25 mai 1522. 1522.

*Original. Arch. municip. de Lyon*, série CC.
*Enreg. au Parl. de Paris, sauf réserve, le 16 juin 1522. Arch. nat.*, X[1a] 8611, fol. 377. 3 pages 1/2.
*Copie. Arch. dép. du Rhône, Chapitre métropolitain, Arm. Abram*, vol. 6, n° 15.

1563. Lettres de placet accordées au cardinal François de Clermont, légat d'Avignon. Lyon, 26 mai 1522. 26 mai.

*Enreg. au Parl. de Grenoble, le 7 juin 1522. Arch. de l'Isère, Parl. de Grenoble*, B. 2333, fol. 71 v°. 1 page.

1564. Mandement au sénéchal de Carcassonne pour la convocation des gens d'église, des communautés et de l'état commun de la sénéchaussée, dans le but de répartir une somme accordée par les États de Languedoc pour la suppression de certains offices. Lyon, 29 mai 1522. 29 mai.

*Arch. municip. d'Albi*, AA. 46. *Copie signée: Picot, notaire.*

1565. Mandement aux généraux conseillers sur le fait des finances de délivrer 58 livres 6 sous 8 deniers tournois à Charles de Borne, tuteur et curateur des enfants mineurs de feu M. de Beaumont, en son vivant lieutenant des cent gentilshommes de l'hôtel, pour semblable somme qui lui était due à titre de pension. Lyon, 29 mai 1522. 29 mai.

*Original. Bibl. nat.*, ms. fr. 25720, fol. 198.

1566. Institution d'Antoine Perruguet en l'office de garde des Monnaies de Nantes. Lyon, 30 mai 1522. 30 mai.

*Enreg. à la Chambre des Comptes de Bretagne. Arch. de la Loire-Inférieure*, B. *Mandements*, I, fol. 241.

1567. Lettres de vente de la seigneurie de Saint-Georges-d'Espéranche, en Dauphiné, faite par le roi à Louis, sire de Chandieu, pour une somme de 20,000 livres tournois que celui-ci lui avait 31 mai.



IMPRIMERIE NATIONALE.

prêtée pour subvenir aux frais de la guerre. Lyon, 31 mai 1522. 1522.

*Enreg. à la Chambre des Comptes de Dauphiné, le 5 juin 1522. Arch. de l'Isère*, B. 2907, cah. 125.

1568. Lettres exigeant des Lyonnais le payement des octrois accordés par les lettres du 25 mai précédent (n° 1562), bien que ces lettres ne soient pas vérifiées. Lyon, 31 mai 1522. 31 mai.

*Original. Arch. municip. de Lyon*, série CC.

1569. Mandement pour la levée du premier quartier de la solde de cinq cents hommes de guerre due par la ville de Lyon. Lyon, 31 mai 1522. 31 mai.

*Original. Arch. municip. de Lyon*, CC. 372, n° 21.

1570. Lettres où sont insérées certaines remontrances des gens des trois États de Languedoc, concernant le maintien des privilèges et franchises du pays, les biens de mainmorte, les francs-fiefs, le payement des tailles, la création des offices de conseillers enquêteurs. Lyon, mai 1522. Mai.

*Enreg. au Parl. de Toulouse, le 17 juin 1522. Arch. de la Haute-Garonne, Édits*, reg. 3, fol. 110, 32 pages.

*Copie. Arch. municipales d'Albi.*

*Copie aux États de Languedoc. Arch. de l'Hérault, Ordonnances et arrêts*, t. I, fol. 222 v°. 33 pages.

Imp. P. de Caseneuve, *Traité de.... l'origine des États de Languedoc*, Toulouse, 1645, in-fol., p. 154.

1571. Lettres d'anoblissement héréditaire octroyées à Thomas Régis, docteur en droit canon, archidiacre de Plougastel, clerc de la Chambre apostolique, député du Saint-Siège au concile de Latran, originaire de Messac, diocèse de Rennes, et à Raoul Le Roy, son neveu, seigneur du Plessis-Raffré. Lyon, mai 1522. Mai.

*Enreg. à la Chambre des Comptes de Bretagne. Arch. de la Loire-Inférieure*, B. *Mandements*, I, fol. 248.

1572. Licence permettant à Jean de Médine, marchand d'Espagne, domicilié en Bretagne, de se livrer au commerce en France et en Bretagne, où Mai.

bon lui semblera, de posséder et d'acquérir des biens meubles et immeubles, d'en disposer par testament ou autrement, sans que sa succession soit frappée du droit d'aubaine. Lyon, mai 1522. 1522.

*Enreg. à la Chambre des Comptes de Bretagne. Arch. de la Loire-Inférieure*, B. *Mandements*, I, fol. 252.

1573. Déclaration touchant une nouvelle aliénation du domaine de la couronne dans la charge de la Langue d'oïl, jusqu'à concurrence de 30,000 livres tournois de rente, avec faculté de rachat, pour l'entretien des armées. Lyon, 1er juin 1522. 1er juin.

*Enreg. au Parl. de Paris*, exceptis plateis fortibus et limitrophis, *le 16 juin 1522. Arch. nat.*, X1a 8611, fol. 376. 2 pages 1/2.
*Enreg. au Parl. de Bordeaux, sauf réserve, le 15 juillet 1522. Arch. de la Gironde*, B. 30, fol. 388. 9 pages.

1574. Lettres ordonnant de procéder à une enquête au sujet de l'exercice illégal du change et du transport du billon hors du royaume par des changeurs et marchands. Lyon, 1er juin 1522. 1er juin.

*Enreg. à la Cour des Monnaies. Arch. nat.*, Z1b 62, fol. 198. 2 pages.

1575. Défenses à tous notaires royaux, sauf à ceux qui ont été reçus et récemment institués, de recevoir aucun contrat, et à tous notaires en cours d'église de recevoir aucun contrat en matière réelle, sous peine d'être punis arbitrairement. Lyon, 1er juin 1522. 1er juin.

*Enreg. au Parl. de Dijon, le 12 juin 1522. Arch. de la Côte-d'Or, Parl.*, reg. 1, fol. 205.

1576. Don de 1,000 livres de rente viagère et d'un logement dans le château de Saint-Symphorien-d'Ozon, en Dauphiné, en faveur de Barnabé Visconti, chevalier de l'ordre. Lyon, 1er juin 1522. 1er juin.

*Enreg. à la Chambre des Comptes de Grenoble, le 18 septembre 1522. Arch. de l'Isère*, B. 2907, cah. 124.

1577. Don de 100 livres tournois par mois à Louis de Gastineau, capitaine de Bayonne, pour tout le temps qu'il demeurera occupé à surveiller les réparations des fortifications de ladite ville. Lyon, 1er juin 1522. 1522. 1er juin.

*Original. Bibl. nat.*, ms. fr. 25720, fol. 199.

1578. Mandement aux généraux conseillers sur le fait des finances de payer 283 livres tournois à un courrier parti de Lyon pour aller porter des lettres urgentes, par le marquisat de Saluces, au sieur de Lescun, maréchal de France, qui se trouvait alors à Crémone. Lyon, 2 juin 1522. 2 juin.

*Original. Bibl. nat.*, ms. fr. 25720, fol. 200.

1579. Confirmation des lettres du 4 février précédent (n° 1479), portant création de seize nouveaux examinateurs au Châtelet de Paris. Lyon, 3 juin 1522. 3 juin.

IMP. (*s. l. n. d.*). In-4°, pièce. *Bibl. nat.*, 4° F. Paquets.

*Bibl. nat.*, *mss. Moreau*, t. 1395, fol. 354. (*Mention.*)

1580. Mandement aux Parlements de Bordeaux et de Toulouse concernant l'établissement des Observantins à Nîmes. Lyon, 4 juin 1522. 4 juin.

IMP. Ménard, *Hist. de Nîmes*, t. IV, p. 104.

1581. Lettres de jussion au Parlement de Grenoble pour l'enregistrement du don fait, le 5 mai 1522 (n° 1542), à Galéas Visconti des terres de Jonage et la Bâtie-Montluel. Crémieu, 9 juin 1522. 9 juin.

*Arch. de l'Isère, Parl. de Grenoble*, B. 3059, cah. 28.

1582. Création d'un office de maître des requêtes ordinaire de l'hôtel du roi, en faveur de Denis Poillot, à la charge que cet office demeurera supprimé par sa mort. Crémieu, 11 juin 1522. 11 juin.

*Il présente ses provisions et est reçu au Parl. de Paris, le 25 juin 1522. Arch. nat.*, X1a 1524, *reg. du Conseil*, fol. 272 v°. (*Mention.*)

IMP. Blanchard, *Les généalogies des Maistres des Requestes de l'Hostel*, in-fol., Paris, 1670, p. 247. (*Mention.*)

1583. Lettres de surannation des provisions de vicomte d'Orbec, données en faveur de Philippe Le Tirant, le 12 février 1521 (n° 1322). 12 juin 1522. 1522. 12 juin.

*Enreg. à la Chambre des Comptes de Paris, le 5 août 1525, anc. mém.* 2 D, fol. 87. *Arch. nat., invent.* PP. 139, p. 244. *(Mention.)*

1584. Règlement pour les aliénations qui seront faites sur le domaine, les aides et les gabelles en faveur des églises dont on aura pris les biens et joyaux, dans les généralités d'Outre-Seine et de Languedoc, jusqu'à concurrence d'une somme totale de 200,000 livres tournois. Lyon, 13 juin 1522. 13 juin.

*Enreg. au Parl. de Paris*, exceptis plateis fortibus et limitrophis, etc., *le 27 juin 1522. Arch. nat.*, X[1a] 8611, fol. 379. 4 pages.

*Enreg. à la Chambre des Comptes de Paris, le 1er juillet 1522. Arch. nat.*, P. 2304, p. 741. *Id.*, P. 2535, fol. 373; ADIX. n° 38. 7 pages 1/2.

*Enreg. à la Cour des Aides de Paris, le 2 juillet 1522. Arch. nat., recueil Cromo*, U. 665, fol. 235.

*Enreg. au Parl. et à la Cour des Aides de Languedoc, le 14 juillet 1522. Arch. de la Haute-Garonne, Parl. de Toulouse, Édits*, reg. 3, fol. 126. 3 pages 1/2.

1585. Lettres portant commission de faire vendre les joyaux de l'église de Reims pour subvenir aux besoins de l'État. Lyon, 13 juin 1522. 13 juin.

*Arch. municip. de Reims, fonds de la Fabrique*, liasse 17, n° 5.

1586. Commission aux plénipotentiaires du roi pour traiter en son nom avec les ambassadeurs de Marguerite d'Autriche touchant la neutralité du duché et du comté de Bourgogne. Lyon, 14 juin 1522. 14 juin.

Imp. F. Léonard, *Recueil de traités*, t. II, p. 186. Dumont, *Corps diplomatique*, t. IV, part. 1, p. 378, col. 2.

1587. Donation à René, bâtard de Savoie, du droit de régale sur l'évêché de Beauvais. Lyon, 15 juin 1522. 15 juin.

*Enreg. à la Chambre des Comptes de Paris. Arch. nat.*, P. 2304, p. 917. 3 pages.

1588. Lettres de commission aux élus sur le fait des aides et tailles, pour s'informer de ceux qui se disent exempts des tailles par privilège. Lyon, 16 juin 1522. 1522 16 juin.

Autres lettres pour le même objet. Vincennes, 28 décembre 1522; Saint-Germain-en-Laye, 13 mai 1523; Saint-Germain-en-Laye, 15 juin 1523.

*Arch. de la Seine-Inférieure, Cour des Aides de Normandie, 1er vol. des Mémoriaux*, fol. 253. 14 pages. *Pas de mention de la date de l'enregistrement.*

1589. Mandement aux élus du Lyonnais de lever, sur les acquêts faits par les gens d'église depuis trente ans, les impôts que les roturiers vendeurs auraient payés s'ils avaient conservé la possession des biens acquis(1). Lyon, 16 juin 1522. 16 juin.

*Copie. Bibl. nat.*, ms. fr. 2702, fol. 66.

1590. Mandement pour la convocation du ban et de l'arrière-ban de Normandie, qui doivent être passés en revue par le grand sénéchal de cette province, lieutenant général en l'absence du duc d'Alençon. Lyon, 16 juin 1522. 16 juin.

*Vidimus du 31 juillet suivant. Arch. nat.*, K. 82, n° 27.

1591. Mandement au Parlement de Paris de recevoir Jean Meigret à l'office de conseiller clerc qui lui avait été donné à la mort de Jean de Selve, avec nouvelles provisions, en tant que besoin serait. Lyon, 16 juin 1522. 16 juin.

*Présenté au Parl. de Paris, le 2 juillet suivant. Arch. nat.*, X1a 1524, *reg. du Conseil*, fol. 284. (*Mention.*)

1592. Mandement au Parlement de commettre quatre conseillers de la cour pour aller tenir l'échiquier du duché d'Alençon. Lyon, 17 juin 1522. 17 juin.

*Enreg. au Parl. de Paris, le 13 août suivant. Arch. nat.*, X1a 1524, *reg. du Conseil*, fol. 346 v°.

(1) Une note dit que ce mandement ne fut pas exécuté parce que « les gens d'église du Lyonnais en ont appoincté à certaine somme de deniers qu'ilz ont payée comptant au roy pour une fois ».

1593. Lettres permettant aux sujets et justiciables du duc d'Alençon, beau-frère du roi, de poursuivre leurs causes à l'échiquier d'Alençon, nonobstant tous appels de jugements provisionnels interjetés et encore pendants au Parlement. Lyon, 17 juin 1522. 1522. 17 juin.

*Enreg. au Parl. de Paris, le 13 août suivant. Arch. nat.*, X[1a] 1524, *reg. du Conseil*, fol. 346 v°.

1594. Lettres de sauvegarde octroyées aux marchands florentins, y désignés nominativement, en résidence à Lyon. Lyon, 18 juin 1522. 18 juin.

*Copie collationnée du 22 octobre 1524. Arch. nat., suppl. du Trésor des Chartes*, J. 963.

1595. Privilège accordé à Jean Maréchal, imprimeur de Lyon, pour les bréviaire, missel et petites heures à l'usage des diocèses de Clermont et de Saint-Flour, avec défense à tous autres d'imprimer lesdits livres pendant trois ans. Lyon, 18 juin 1522. 18 juin.

Imp. *Au v° du titre d'un missel gothique in-4°, 1525*, Missale Claromontense atque Sancti Flori.... *Exemplaire mutilé et peut-être unique.* Bibl. de M. Aug. Chassaing, juge au Puy.

1596. Commission adressée à l'évêque de Senez et au sieur de Puymichel, à l'effet d'aliéner une portion du domaine de Provence, d'une valeur de 30,000 livres, y compris les 20,000 livres de la précédente commission du 11 août 1521 (n° 1399). Lyon, 21 juin 1522. 21 juin.

*Enreg. à la Chambre des Comptes d'Aix. Arch. des Bouches-du-Rhône*, B. 27 (*Turtur.*), fol. 188, 191. 4 pages.

1597. Mandement au bailli de Vermandois de saisir le temporel de l'abbaye de Longpont, dont l'abbé est mort, et de le donner à régir. Lyon, 21 juin 1522 21 juin.

*Copie. Bibl. nat.*, ms. fr. 5124, fol. 19.

1598. Lettres de sauvegarde octroyées à François Grimault, seigneur du Plessis-Grimault et du Plessis-Marie, valables pour lui et les siens, et ses possessions situées dans la juridiction de Por- 21 juin.

nic et de Prigny, diocèse de Nantes. Lyon, 21 juin 1522. 1522.

*Original sur parchemin. Arch. de la Loire-Inférieure*, E. 505.

1599. Ordonnance pour l'aliénation du domaine dans la sénéchaussée des Lannes, jusqu'à concurrence de la somme de 100,000 livres tournois, et nomination de commissaires. Lyon, 27 juin 1522. 27 juin.

*Enreg. au Parl. de Bordeaux, le 8 juillet 1522. Arch. de la Gironde*, B. 30, fol. 383. 10 pages.

1600. Lettres de ratification et validation de tous les contrats de vente du domaine qui seront faits par les commissaires royaux dans la sénéchaussée des Lannes. Lyon, 27 juin 1522. 27 juin.

*Enreg. à la Chambre des Comptes de Paris, anc. mém.* 2 C, fol. 10. *Arch. nat., invent.* PP. 136, p. 261. (*Mention.*)

1601. Mandement aux gens des Comptes et aux généraux des Monnaies de Bretagne de faire monnoyer des testons et demi-testons à onze deniers six grains de loi. Lyon, 27 juin 1522. 27 juin.

*Enreg. à la Chambre des Comptes de Bretagne. Arch. de la Loire-Inférieure*, B. *Mandements*, vol. I, fol. 244.

1602. Nomination de Jacques de Bailleux à la charge de receveur des aides en Lyonnais occupée déjà par son père, afin que cet office puisse être exercé par l'un en l'absence de l'autre et reste au survivant. Lyon, 27 juin 1522. 27 juin.

*Copie. Bibl. nat.*, ms. français 2702, fol. 155 v°.

1603. Déclaration portant que les sentences rendues pour la duchesse d'Alençon et de Berry, par les Grands jours de Berry, seront exécutées dans certains cas, nonobstant les appels interjetés au Parlement de Paris. Lyon, 28 juin 1522. 28 juin.

*Présentée au Parl. de Paris, le 13 février 1523. Arch. nat.*, X[1a] 1525, *reg. du Conseil*, fol. 88. (*Mention.*)

1604. Autorisation de consacrer à la construction de l'auditoire des élus à Lyon le produit des 28 juin.

amendes que la cour des élus a prononcées depuis vingt ans et qu'elle prononcera à l'avenir. Lyon, 28 juin 1522. 1522.

*Copie. Bibl. nat.*, ms. fr. 2702, fol. 53 v°.

1605. Déclaration du roi portant que la prorogation des franchises des foires de Lyon ne porte aucun préjudice aux fermiers des impositions accoutumées. Lyon, 28 juin 1522. 28 juin.

*Copie. Bibl. nat.*, ms. fr. 2702, fol. 80.

1606. Édit de règlement pour la juridiction de l'échiquier de Normandie, en ce qui concerne le ressort du duché d'Alençon. Lyon, juin 1522. Juin.

*Enreg. au Parl. de Paris, sauf restrictions et modifications, le 8 juin 1523. Arch. nat.*, X[1a] 8611, fol. 424 v°. 3 pages.

1607. Lettres ordonnant aux commissaires établis sur le fait des amortissements de recevoir les déclarations des fiefs, terres, seigneuries et autres possessions provenant de fondations, dons, legs et acquisitions appartenant au chapitre de Langres. Lyon, juin 1522. Juin.

*Original. Arch. de la Haute-Marne, fonds du Chapitre de Langres*, série G, carton 15.

1608. Édit d'amortissement général en faveur du clergé séculier et régulier et de toutes les communautés religieuses de l'archevêché de Rouen. Lyon, juin 1522. Juin.

*Enreg. au Parl. de Paris, le 17 juillet 1522. Arch. nat.*, X[1a] 8611, fol. 381. 4 pages.

1609. Édit de création de six offices de conseiller au siège de la sénéchaussée d'Agen. Lyon, juin 1522. Juin.

*Enreg. au Parl. de Bordeaux, le 13 juin 1522. Arch. de la Gironde*, B. 30, fol. 379. 9 pages.

1610. Lettres d'anoblissement accordées à André Roman, moyennant la somme de 200 écus d'or. Lyon, juin 1522. Juin.

*Copie. Bibl. nat.*, ms. fr. 2702, fol. 71.



IMPRIMERIE NATIONALE.

1611. Lettres de naturalité en faveur d'Antoine de Chabanes, seigneur de Saint-Nizier et bailli de Bresse, natif de Savoie. Lyon, juin 1522. 1522. Juin.

*Enreg. à la Chambre des Comptes de Dijon, le 18 juillet suivant. Arch. de la Côte-d'Or,* B. 72, fol. 72 v°.

1612. Lettres portant modération du principal de la ferme des menus boires à Lisieux en faveur de Guillaume Guignier, en considération des pertes qu'il a subies récemment. Lyon, 2 juillet 1522. 2 juillet.

*Original. Bibl. nat.*, ms. fr. 25720, fol. 201.

1613. Confirmation des privilèges de la province de Languedoc et, entre autres, de l'exemption, pendant quarante ans, des droits d'amortissement, francs-fiefs et nouveaux acquêts. 3 juillet 1522. 3 juillet.

*Bibl. nat., mss. Moreau*, t. 1389, fol. 57. (*Mention.*)

1614. Lettres obtenues par Jacques Chasteigner, écuyer, seigneur du Verger, pour être mis en possession des héritages qu'il avait acquis à Poitiers de Jacques de Montanaris, neveu et héritier d'Antoine de Montanaris, et dont le locataire, nommé Jean Chalmot, l'empêchait de jouir. Paris (*sic*), 8 juillet 1522. 8 juillet.

*Original. Arch. de la Vienne*, D. 81.

1615. Lettres prescrivant au sieur de Saint-Cyr, fermier du devoir de billot de l'évêché de Saint-Brieuc, de payer au miseur de Nantes 92 livres tournois, reste d'une somme de 2,000 livres prélevée sur les revenus de la ville de Saint-Brieuc pour l'œuvre des fortifications de Nantes. Lyon, 9 juillet 1522. 9 juillet.

*Arch. municip. de Nantes*, CC. 38.

1616. Lettres de noblesse en faveur de Guillaume Boucher, élu sur le fait des aides en l'élection de Sens. 10 juillet 1522. 10 juillet.

*Mentionnées dans un arrêt de la Cour des Aides, du 6 juillet 1525. Arch. nat.*, Z[1a] 526.

1617. Lettres d'amortissement perpétuel en faveur des gens d'église, séculiers et réguliers, des trois diocèses de Poitou. Lyon, 14 juillet 1522. — 1522. 14 juillet.

*Arch. de la Vienne*, G. 395. (*Vidimus imprimé en placard sur parchemin, du 5 août 1522.*)

1618. Mandement aux membres du Parlement, des Requêtes du palais et au prévôt de Paris de maintenir en état les affaires que peut avoir Just, seigneur de Tournon, chargé en Navarre de la conduite de 500 hommes d'armes. Paris (*sic*), 17 juillet 1522. — 17 juillet.

*Copies. Bibl. nat.*, ms. fr. 2965, fol. 30; collect. Fontanieu, vol. 192, n° 100.

1619. Mandement au trésorier de l'épargne de délivrer 2,000 livres tournois à Charlotte de la Haye, veuve de François de Théligny, écuyer, sénéchal de Rouergue, en récompense des services de son mari. La Côte-Saint-André, 17 juillet 1522. — 17 juillet.

*Original. Bibl. nat.*, ms. fr. 25720, fol. 202.

1620. Lettres portant que celles du 25 mai précédent (n° 1562) seront exécutées à Lyon, suivant leur forme et teneur, sans aucune restriction ni modification et sans attendre autre vérification. Lyon, 22 juillet 1522. — 22 juillet.

*Original. Arch. municipales de Lyon*, série CC.

1621. Lettres en faveur d'Antoine Barbet, chantre et chanoine ordinaire de la chapelle du roi, priant le chapitre métropolitain de Saint-Étienne de Bourges de lui réserver la première prébende qui viendra à vaquer. Lyon, 22 juillet 1522. — 22 juillet.

*Arch. du Cher, fonds du Chapitre Saint-Étienne*, l. 56.

1622. Mandement aux généraux conseillers sur le fait des finances de délivrer, sur les aides du Lyonnais et du Forez, 275 livres 11 sous 9 deniers à Claude Laurencin, pour voyages faits par lui au sujet d'un procès contre Guillaume Faraman, notaire à Saint-Geniès. Lyon, 22 juillet 1522. — 22 juillet.

*Original. Bibl. nat.*, ms. fr. 25720, fol. 204.

1623. Lettres réclamant un nouveau subside de 2,400,000 livres tournois nécessaire pour réformer l'artillerie et résister au roi d'Angleterre, qui vient d'envahir la Bretagne et y brûle villes et villages, sans dégarnir les frontières de Flandre, Artois, Guyenne et Provence, qui sont aussi menacées. Roanne, 24 juillet 1522. 1522. 24 juillet.

*Original. Bibl. nat.*, ms. fr. 25720, fol. 205.

1624. Mandement aux élus du Lyonnais de lever dans leur élection, pour la taille de l'année 1522-23, la somme de 25,908 livres 4 sous 5 deniers tournois. Roanne, 24 juillet 1522. 24 juillet.

*Copie. Bibl. nat.*, ms. fr. 2702, fol. 69.

1625. Traité de neutralité entre les deux Bourgognes. Ratification par l'archiduchesse Marguerite d'Autriche. Dordrecht, 30 juillet 1522. 30 juillet.

*Original signé Marguerite. Arch. nat., supplément du Trésor des Chartes*, J. 821, n° 6.

*Enreg. au Parl. de Dijon, le 30 juillet 1522.* (Voir au 26 août 1525.) *Arch. de la Côte-d'Or, Parl.*, reg. II, fol. 6 v°.

*Enreg. à la Chambre des Comptes de Dijon. Id.*, reg. B 18, fol. 56.

1626. Lettres ordonnant aux commissaires et baillis royaux de transiger avec le clergé, moyennant la somme de 63,000 livres, pour ses biens non encore amortis, dans le but de recouvrer au plus tôt cette somme qui est nécessaire pour repousser l'invasion dont le royaume est menacé. Lyon, juillet 1522. Juillet.

*Arch. de l'Yonne*, E. 720.

1627. Lettres portant amortissement des biens ruraux et patrimoniaux du clergé du diocèse de Lyon, moyennant la somme de 15,500 livres à payer en deux termes. Lyon, juillet 1522. Juillet.

*Arch. du Rhône, série G., Armoire Élias*, vol. 8, n° 2.

1628. Édit portant que les jugements criminels et de police de la Prévôté de l'Hôtel seront exécutoires, nonobstant toutes appellations, soit d'in- Juillet.

compétence, cléricature ou autres. La Côte-Saint-André, juillet 1522. 1522.

*Imp.*, *s. l. n. d.*, in-4°; pièce. *Arch. nat.* ADI. 17, et *Bibl. nat.*, in-4° F. Paquets, 3 pages.

P. de Miraulmont, *La justice de la maison du roy qui est jurisdiction de la prévôté de l'hôtel*, Paris, 1615, in-4°, p. 224.

1629. Exemption des aides et impôts en faveur des habitants du Marsan et du Gabardan. Blois, 5 août 1522. 5 août.

*Enreg. à la Chambre des Comptes de Paris*, *anc. mémorial* coté 2 C, fol. 84. *Arch. nat.*, *invent.* PP. 136, p. 263. (*Mention.*)

1630. Provisions de l'office de maréchal de France en faveur d'Anne de Montmorency. Blois, 6 août 1522. 6 août.

*Imp.* André Du Chesne, *Hist. de la maison de Montmorency*, t. II, p. 271. (*Mention.*)

1631. Commission à la Chambre des Comptes de Grenoble de faire payer les droits d'amortissement de toutes sortes d'acquisitions faites par les communautés, tant laïques qu'ecclésiastiques, avec faculté à toutes personnes d'amortir pour l'avenir tout ce qu'elles pourraient posséder en fief, en payant pour une fois la finance qui serait réglée par ladite Chambre. Blois, 7 août 1522. 7 août.

*Enreg. à la Chambre des Comptes de Grenoble. Arch. de l'Isère*, B. 2910, cah. 103. 3 pages.

1632. Mandement au Parlement de Toulouse, lui enjoignant de recevoir en qualité de conseiller Bertrand Rességuier. Blois, 7 août 1522. 7 août.

*Enreg. au Parl. de Toulouse. Arch. de la Haute-Garonne*, Édits, reg. 3, fol. 132.

1633. Don au duc de Vendôme, gouverneur de Picardie, de 6,000 livres tournois pour ses services et dépenses faites l'année précédente à l'armée de Hainaut, où le roi se trouvait en personne. Blois, 7 août 1522. 7 août.

*Original. Bibl. nat.*, ms. fr. 25720, fol. 206.

1634. Lettres adressées aux consuls de Lyon réclamant le second quartier de la solde de 500 hommes 14 août.

de guerre, accordée par la ville, pour résister à l'invasion anglaise. Blois, 14 août 1522. 1522.

*Original. Arch. municip. de Lyon*, AA. 24, fol. 4.

1635. Commission à Jean Robertet pour exercer la charge de trésorier de France et secrétaire des finances, en l'absence de Florimond Robertet, son oncle. Paris, 19 (*alias* 2) août 1522. 19 août.

*Enreg. à la Chambre des Comptes de Paris. Arch. nat.*, P. 2304, p. 737; P. 2535, fol. 371, et P. 2580, fol. 7. 3 pages.

1636. Mandement au sieur de Bourdeille d'aller joindre en Guyenne le maréchal de Chabannes. Paris, 24 août 1522. 24 août.

*Arch. municipales de Saintes.*

Imp. L. Audiat, *Arch. hist. de la Gironde*, t. XV, p. 223.

1637. Commission au comte de Laval, lieutenant général en Bretagne, pour se présenter aux États et requérir l'octroi d'un fouage destiné à couvrir les dépenses de la guerre. Paris, 25 août 1522. 25 août.

*Copie sur parchemin du 24 septembre 1522. Arch. municip. de Nantes*, AA. 19.

1638. Lettres de relief de surannation pour défaut d'enregistrement de la déclaration du 21 juillet 1520 (n° 1201), portant rétablissement de la Monnaie de Villeneuve-Saint-André. Paris, 25 août 1522. 25 août.

*Enreg. à la Cour des Monnaies. Arch. nat.*, Z¹ᵇ 62, fol. 202. 1 page.

1639. Ordonnance relative aux droits et prérogatives de l'amirauté de Bretagne. Paris, 28 août 1522. 28 août.

*Arch. municipales de Rennes.*

1640. Ordonnance relative à l'engagement ou vente, avec faculté de rachat, d'une partie du domaine royal de la sénéchaussée de Poitou, jusqu'à concurrence de la somme de 14,000 livres tournois de rente. Paris, 30 août 1522. 30 août.

*Enreg. au Parl. de Paris*, exceptis plateis fortibus et limitrophis, *le 6 septembre 1522. Arch. nat.*, X¹ᵃ 8611, fol. 387. 3 pages 1/2.

1641. Lettres portant levée de la mainmise sur les biens du clergé du diocèse d'Angoulême, dont quelques membres avaient négligé ou refusé de payer les droits d'amortissement. Paris, 30 août 1522. — 1522. 30 août.

Imp. *Placard sur vélin en caractères gothiques, imp. par Alain, imprimeur à Angoulême. Arch. de la Charente, série H, abbaye de Saint-Cybard d'Angoulême.*

1642. Confirmation du don fait à Galéas Visconti des terres de la Bâtie-Montluel, la Tour-du-Pin, Moras, Beaurepaire, Jonage, pour en jouir sa vie durant. Paris, 30 août 1522. — 30 août.

*Enreg. au Parl. de Grenoble, le 10 novembre 1522. Arch. de l'Isère*, B. 3059, cah. 18. 16 pages 1/2.

1643. Octroi aux habitants de Troyes d'impôts sur le vin, sur le sel et sur les bestiaux qui se débiteront en la boucherie de la ville, pour leur faciliter le payement des 200 hommes de guerre accordés sur la demande du roi, le 3 février précédent (n° 1478). Paris, 31 août 1522. — 31 août.

*Original. Arch. municipales de Troyes*, 62e boîte, 1re liasse.

1644. Edit de création d'offices de procureur du roi dans tous les sièges des bailliages, sénéchaussées et juridictions royales dont les appels ressortissent nûment et sans intermédiaire aux cours de Parlement. Blois, août 1522. — Août.

*Enreg. au Parl. de Paris, le 6 septembre 1522. Arch. nat.*, X1a 8611, fol. 388 v°. 2 pages.
*Enreg. au Parl. de Dijon, le 16 dudit mois. Arch. de la Côte-d'Or, Parl.*, reg. 1, fol. 208.
*Enreg. au Parl. de Bordeaux, s. d. Arch. de la Gironde*, B. 30, fol. 411. 2 pages 1/2.
Imp. E. Girard et J. Joly, *Troisiesme livre des offices de France*, in-fol., t. II, p. 1241 et 1883.

1645. Lettres d'amortissement, moyennant finances, des biens du clergé du diocèse d'Angoulême. Paris, août 1522. — Août.

*Sur le même placard imprimé que les précédentes (n° 1641), et en tête.*

1646. Lettres d'amortissement de toutes les possessions des Célestins de Paris, suivant la déclaration — Août.

reçue par les commissaires du roi et les sommes par eux taxées. Paris, août 1522. 1522.

*Copie collat. du XVIIIe siècle. Arch. nat.*, K. 170, n° 45.

1647. Lettres d'amortissement des biens de l'évêque et du clergé régulier et séculier du diocèse de Cahors, moyennant le payement d'une somme de 19,854 livres 14 sous. Paris, août 1522. Août.

*Copie du XVIe siècle. Arch. dép. de Tarn-et-Garonne, fonds de Moissac*, G. 594.

1648. Lettres d'amortissement des biens du clergé et gens de mainmorte du diocèse de Soissons, moyennant 4,866 livres 10 sous tournois. Paris, août 1522. Août.

*Vidimus de Jean de Martigny, garde du scel du bailliage du Vermandois, en date du 15 janvier 1550 n. s. Arch. de l'Hôtel-Dieu de Soissons*, liasse 192.

1649. Mandement aux généraux conseillers sur le fait des finances de délivrer à Jean Prévôt, commis au payement des frais extraordinaires des guerres, 2,000 livres tournois pour l'achat de 8,000 piques à destination de l'Écosse. Paris, 1er septembre 1522. 1er septembre.

*Original. Bibl. nat.*, ms. français 25720, fol. 207.

1650. Don de 620 livres tournois à deux patrons de navires du port de Dieppe, pour avoir transporté de Dieppe en Écosse un héraut du duc d'Albanie chargé de secrètes affaires, et de 400 livres aux mêmes pour le passage d'un Français porteur de lettres de créance pour les prélats et les seigneurs du pays d'Écosse. Paris, 1er septembre 1522. 1er septembre.

*Original. Bibl. nat.*, ms. français 25720, fol. 208.

1651. Règlement pour l'engagement du domaine, des aides, gabelles et impositions de la ville de Paris et de la généralité d'Outre-Seine, particulièrement des droits sur les étaux de boucherie, pied fourché, huitième sur le vin vendu au détail, etc., jusqu'à concurrence de la somme 2 septembre.

de 25,000 livres tournois. Paris, 2 septembre 1522. 1522.

*Enreg. au Parl. de Paris, le 6 septembre 1522. Arch. nat.*, X[1a] 8611, fol. 383. 3 pages 1/2.

1652. Commission donnée à l'archevêque d'Aix, à Jean de Selve, premier président, à Thibault Baillet, second président au Parlement, Jean Nicolaï, premier président de la Chambre des Comptes, et Louis Picot, président de la Cour des Aides, à l'effet de procéder à la vente et engagement des domaines, aides et gabelles ci-dessus. Paris, 2 septembre 1522. 2 septembre.

*Original, Arch. nat.*, K. 953, n° 7.
*Copie. Cartulaire de la ville de Paris, XVIe siècle*, KK. 1012, fol. 19.

1653. Édit de création d'une chambre à sel à la Fère-en-Tardenois. 7 septembre (*alias* septembre) 1522. 7 septembre.

*Enreg. à la Chambre des Comptes de Paris, anc. mém.* coté CC, fol. 62. *Arch. nat.*, PP. 136, fol. 264, et ADIX. 121, n° 41. (*Mentions d'inventaire.*)
*Mentionné dans le recueil Cromo. Cour des Aides. Arch. nat.*, U. 665, fol. 242.

1654. Déclaration portant que le Parlement siégera, pendant le temps des vacations, à Melun ou dans toute autre ville sûre et non suspecte de peste, pour vérifier les lettres relatives aux aliénations du domaine. Saint-Germain-en-Laye, 10 septembre 1522. 10 septembre.

*Présentée au Parl. de Paris, le 23 septembre suivant. Arch. nat.*, X[1a] 1524, reg. du Conseil, fol. 407.

1655. Lettres par lesquelles le roi réintègre Jean de Rambures en la jouissance viagère du comté de Guines. Paris, 12 septembre 1522. 12 septembre.

*Enreg. à la Chambre des Comptes de Paris. Arch. nat.*, P. 2304, p. 841. 3 pages 1/2.
*Idem*, P. 2535, fol. 386 v°; P. 2580, fol. 28.

1656. Lettres aux commissaires délégués sur le fait des amortissements, leur ordonnant de faire expédier et enregistrer les lettres de juin 1522 13 septembre.



IMPRIMERIE NATIONALE.

(n° 1607), données en faveur du chapitre de Langres, à l'effet de lever toute difficulté qui pourrait naître entre la Chambre des Comptes et ledit chapitre. Saint-Germain en-Laye, 13 septembre 1522. 1522.

*Original. Arch. de la Haute-Marne, fonds du Chapitre de Langres*, série G, carton 15.

1657. Provisions de l'office de lieutenant général au gouvernement de Paris et de l'Île-de-France, en l'absence de François de Bourbon, comte de Saint-Pol, en faveur de Pierre Filleul, archevêque d'Aix. Saint-Germain-en-Laye, 18 septembre 1522. 18 septembre.

*Enreg. au Parl. de Paris, sauf modifications, le 9 février 1523 n. s. Arch. nat.*, X[1a] 8611, fol. 460 v°. 2 pages.

*Copie collationnée. Arch. nat.*, K. 953, n° 10.

1658. Bulle du pape Adrien VI, portant pouvoir de légat *à latere* en France pour Étienne Gabriel, archevêque de Bari. Rome, le 9 des calendes d'octobre 1522. 21 septembre.

Lettres de confirmation, avec mandement pour l'enregistrement. Saint-Germain-en-Laye, 24 octobre 1522.

*Enreg. au Parl. de Paris, s. d., avec le serment envoyé au Parlement sous forme de lettres, par le nouveau légat, daté de Saint-Germain-en-Laye, le 24 octobre 1522. Arch. nat.*, X[1a] 8611, fol. 397 v°-402. 9 pages 1/2.

*Enreg. au Parl. de Bordeaux, sauf réserves, le 11 décembre 1522. Arch. de la Gironde*, B. 30, fol. 295. 15 pages.

1659. Provisions de l'office de général conseiller sur le fait et gouvernement des finances en Bourgogne, en faveur de Raoul Hurault. Saint-Germain-en-Laye, 25 septembre 1522. 25 septembre.

*Enreg. à la Chambre des Comptes de Dijon. Arch. de la Côte-d'Or*, B. 18, fol. 64.

1660. Déclaration du roi par laquelle il accorde aux officiers et commensaux de la duchesse d'Angoulême, sa mère, la jouissance des mêmes 29 septembre.

privilèges qu'aux siens propres. Saint-Germain-en-Laye, 29 septembre 1522. 1522.

*Enreg. au Parl. de Paris, le 12 janvier 1523 n. s. Arch. nat.*, X[1a] 8611, fol. 405 v°. 1 page.
*Enreg. à la Cour des Aides, le 31 janvier 1523 n. s. Arch. nat., recueil Cromo*, U. 665, fol. 241.
*Enreg. à la Chambre des Comptes de Paris, anc. mém.* coté CC, fol. 75. *Arch. nat.*, PP. 136, p. 264, et ADIX. 121, n° 45. (*Mentions d'inventaires.*)

1661. Commission adressée à l'évêque de Sisteron, aux présidents du Parlement et de la Chambre des Comptes d'Aix, et au sieur d'Oraison, à l'effet d'aliéner, sous clause de rachat perpétuel, une portion du domaine royal de Provence de 60,000 livres de valeur. Saint-Germain-en-Laye, 30 septembre 1522. 30 septembre.

*Enreg. à la Chambre des Comptes d'Aix. Arch. des Bouches-du-Rhône*, B. 27 (*Turtur.*), fol. 218 v°. 3 pages.

1662. Nouvelle commission pour aliéner le domaine du roi en Dauphiné, jusqu'à concurrence de 70,000 livres, à faculté de rachat perpétuel. Saint-Germain-en-Laye, 30 septembre 1522. 30 septembre.

*Enreg. à la Chambre des Comptes de Paris, le 29 octobre 1522, et en celle de Grenoble, le 6 février 1523. Arch. de l'Isère, Chambre des Comptes*, B. 3057, fol. 48. 18 pages.

1663. Lettres portant engagement à Nicolas de Neufville de Villeroy, audiencier de France, et à ses héritiers, avec clause de rachat perpétuel, des greffes civil et criminel de la Prévôté de Paris, pour le rembourser d'un prêt de 50,000 livres tournois fait au roi. Paris, septembre 1522. Septembre.

*Enreg. au Parl. de Paris, le 6 septembre 1522. Arch. nat.*, X[1a] 8611, fol. 385. 4 pages.
*Arrêt d'enregistrement au Parl.*[1] *Arch. nat.*, X[1a] 1524, reg. du Conseil, fol. 391.
*Enreg. à la Chambre des Comptes de Paris, anc. mém.* coté CC, fol. 31. *Copie. Arch. nat.*, ADIX. 121, n° 42.

[1] D'après l'arrêt d'enregistrement, ces lettres seraient datées du 2 septembre 1522.

1664. Bail, cession et transport à Louis de Rabodanges, écuyer, de deux étangs contenant, le premier 100 arpents, le deuxième 25 arpents ou environ, situés près la porte de Meulan, appelée porte de Mantes, à charge de 50 livres parisis de cens par an. Paris, septembre 1522. 1522. Septembre.

*Enreg. à la Chambre des Comptes de Paris, le 19 janvier 1523 n. s. Arch. nat.*, P. 2304, p. 793. 7 pages 1/2.

1665. Lettres de don à Jacques Galyot de Genouilhac, grand écuyer de France et maître de l'artillerie, des terres de Puisieux et des Tournelles, sises dans les bailliages de Meaux et de Valois, échues au roi par droit d'aubaine. Septembre 1522. Septembre.

*Enreg. à la Chambre des Comptes de Paris, anc. mém.* coté 2 D, fol. 333. *Arch. nat., invent.* PP. 136, p. 264. (*Mention.*)

1666. Mandement aux généraux des finances de faire payer à Antoine Froment, lieutenant de robe courte de la Prévôté de l'Hôtel, la somme de 63 livres 7 sous tournois pour ses gages et frais de justice, depuis le 16 septembre précédent, date de la mort de Jean de la Roche-Aymon, prévôt de l'Hôtel, jusqu'au 28 du même mois, jour de l'institution du nouveau prévôt, Michel de Luppé. Saint-Germain-en-Laye, 1er octobre 1522. 1er octobre.

*Arch. nat., reg. des Comptes de la Prévôté de l'Hôtel*, KK. 97, fol. 58 v°. (*Mention.*)

1667. Lettres de confirmation, en faveur de Charles de Quelenec, vicomte du Fou, petit-fils de Jean de Quelenec, amiral de Bretagne, des héritages concédés en franchise à ses ancêtres par les ducs Jean et François, dans les paroisses d'Edern et de Briziac, diocèse de Quimper. Saint-Germain-en-Laye, 2 octobre 1522. 2 octobre.

*Enreg. à la Chambre des Comptes de Bretagne. Arch. de la Loire-Inférieure*, B. *Mandements*, I, fol. 263.

1668. Lettres portant permission aux habitants d'Auxerre de vendre leurs vins dans tout le royaume comme par le passé. Saint-Germain-en-Laye, 5 octobre 1522. — 1522. 5 octobre.

Imp. L'abbé Lebeuf, *Mémoires concernant l'histoire civile et ecclésiastique d'Auxerre*, t. IV, p. 316.

1669. Commission à Jean Prévôt, trésorier de l'extraordinaire des guerres, pour recevoir les 200,000 livres auxquelles la ville de Paris s'est imposée afin de racheter au roi la ferme du pied fourché et celle du huitième du vin vendu en détail au quartier de Grève. Saint-Germain-en-Laye, 9 octobre 1522. — 9 octobre.

*Original. Arch. nat.*, K. 953, n° 9.

1670. Confirmation de la vente faite par les commissaires du roi à la ville de Paris, moyennant 200,000 livres, des fermes de la grande boucherie de Beauvais, du pied fourché, du droit de huitième sur le vin vendu au détail et de l'impôt sur le vin vendu en gros, et création de rentes au denier douze sur les revenus desdits impôts. Saint-Germain-en-Laye, 10 octobre 1522. — 10 octobre.

*Enreg. au Parl. de Paris, le 9 décembre 1522. Arch. nat.*, X[1a] 8611, fol. 402. 6 pages.
*Enreg. à la Cour des Aides, le 11 octobre 1522. Mentionné dans le recueil Cromo. Arch. nat.*, U. 665, fol. 235.
*Enreg. à la Chambre des Comptes de Paris, le 17 janvier 1523 n. s. Arch. nat.*, P. 2304, p. 801. 11 pages.
*Idem*, P. 2304, p. 813. 14 pages.
*Idem*, P. 2535, fol. 376 v°. 9 pages.
*Idem*, ADIX. 121, n° 47.
Imp. Dom Félibien, *Hist. de la ville de Paris*, in-fol., 1725, t. III, p. 578, col. 2.

1671. Édit concernant les appellations du prévôt des marchands en fait d'aides et d'octroi, portées à la Cour des Aides et non au Parlement. 10 octobre 1522. — 10 octobre.

*Bibl. nat., mss. Moreau*, t. 1412, fol. 36. (*Mention.*)

1672. Lettres confirmant le traité passé avec les États de Languedoc et portant suppression des offices d'enquêteur et examinateur près les juridictions de cette province. Saint-Germain-en-Laye, 14 octobre 1522. 1522. 14 octobre.

*Original, aux États de Languedoc. Arch. de l'Hérault. Ordonnances et arrêts*, t. III, pièce 37.

1673. Exemption aux habitants de la ville de Morlaix, à valoir pour dix ans, de toutes impositions, aides, billots et droits de port. Saint-Germain-en-Laye, 20 octobre 1522. 20 octobre.

*Enreg. à la Chambre des Comptes de Bretagne. Arch. de la Loire-Inférieure, B. Mandements*, vol. I, fol. 245.

1674. Donation faite par le roi à Anne de Montmorency, maréchal de France, de terres et revenus confisqués sur Jean de Sainte-Andegonde et Philippe de Montmorency, passés au service de l'empereur. Saint-Germain-en-Laye, 20 octobre 1522. 20 octobre.

*Original. Bibl. nat.*, ms. fr. 20856, fol. 69.

1675. Mandement de François Ier à tous ses officiers de Guyenne et de Languedoc, leur ordonnant d'aider les commissaires apostoliques chargés de la réformation des couvents de l'ordre de Saint-François. Saint-Germain-en-Laye, 21 octobre 1522. 21 octobre.

*Copie. Bibl. nat.*, ms. fr. 2831, fol. 133.

1676. Provisions en faveur de François Leclerc, chevalier, baron de la Forêt-le-Roi et de Givry, de l'office de bailli et capitaine de Sens, résigné par Michel de Poisieux, seigneur de Vallery. 22 octobre 1522. 22 octobre.

*Présentées et non enreg. au Parl. de Paris, le 20 février 1523 n. s. Arch. nat.*, X1a 1525, reg. du Conseil, fol. 97 v°. (*Mention.*)

1677. Lettres de réception de l'archevêque de Bari en qualité de légat en France, lui accordant l'autorisation nécessaire pour remplir sa mission 24 octobre.

pendant trois mois. Saint-Germain-en-Laye, 24 octobre 1522. 1522.

*Enreg. au Parl. de Paris, s. d. Arch. nat.*, X[1a] 8611, fol. 401.

*Enreg. au Parl. de Bordeaux, le 11 décembre 1522. Arch. de la Gironde*, B. 30, fol. 293. 3 pages. (Manque le premier feuillet.)

*Enreg. au Parl. de Toulouse, le 18 novembre 1522. Arch. de la Haute-Garonne, Édits*, reg. 3, fol. 147. 2 pages 1/2.

*Mentionnées dans une décision du Parl. de Paris du 18 novembre 1522. Arch. nat., Châtelet, Bannières*, Y. 8, fol. 196 v°.

IMP. *Preuves des libertés de l'église gallicane*, édit. de 1751, t. II, p. 80.

*Hist. générale des cardinaux*, t. VIII, p. 432.

1678. Lettres portant décharge à Albert Bringuier, gentilhomme de la sénéchaussée de Carcassonne, d'une amende de 800 livres à laquelle il avait été condamné par le Parlement de Toulouse. 26 octobre 1522. 26 octobre.

*Enreg. à la Chambre des Comptes de Paris, le 29 novembre suivant. Arch. nat., invent.* PP. 136, p. 265. (*Mention.*)

1679. Don à Espignolle, l'un des maîtres d'hôtel du roi, de 288 livres tournois pour avoir assuré les vivres de Briançon à Guillestre, organisé les étapes de troupes, et averti Bonnivet, amiral de France. Saint-Germain-en-Laye, 31 octobre 1522. 31 octobre.

*Original. Bibl. nat.*, ms. fr. 25720, fol 211.

1680. Lettres portant décharge de 700 livres tournois en faveur de Robin Pissot, fermier du quatrième des vins et menus boires vendus en détail à Alençon, d'après l'information faite par les élus d'Alençon et de l'élection du Perche. Saint-Germain-en-Laye, 31 octobre 1522. 31 octobre.

*Original. Bibl. nat.*, ms. fr. 25710, fol. 210.

1681. Amortissement des biens ecclésiastiques du diocèse d'Auxerre. Saint-Germain-en-Laye, octobre 1522. Octobre.

IMP. L'abbé Lebeuf, *Mémoires concernant l'histoire ecclésiastique et civile d'Auxerre*, t. II, p. 208.

1682. Amortissement des biens ecclésiastiques du diocèse de Bourges, moyennant une imposition de 35,000 livres sur le clergé. Saint-Germain-en-Laye, octobre 1522. 1522. Octobre.

*Copie collationnée. Arch. du Cher, fonds de l'abbaye de Saint-Sulpice-lès-Bourges, prieuré de Saint-Léopardin*, l. 6, c. 11.

1683. Amortissement général pour les ecclésiastiques des évêchés de Chartres et d'Orléans. Saint-Germain-en-Laye, octobre 1522. Octobre.

*Enreg. à la Chambre des Comptes de Paris, le 26 janvier 1523 n. s. Arch. nat., invent.* PP. 136, p. 265. (*Mention.*)

1684. Amortissement accordé pour tous les biens d'église situés dans le diocèse du Mans. Saint-Germain-en-Laye, octobre 1522. Octobre.

*Copie. Bibl. municipale du Mans, Livre blanc de la cathédrale du Mans*, fol. 231 v°.

1685. Amortissement, moyennant une somme de 10,950 livres tournois, des biens du clergé du diocèse de Périgueux. Saint-Germain-en-Laye, octobre 1522. Octobre.

*Bibl. nat., coll. de Périgord*, vol. 25, fol. 17.

1686. Lettres accordant aux habitants du comté d'Auxerre la permission de vendre leurs vins dans toute l'étendue du royaume, à la charge d'acquitter les droits accoutumés. Saint-Germain-en-Laye, octobre 1522. Octobre.

*Arch. municip. d'Auxerre.*

1687. Lettres ordonnant de répartir une imposition de 18,000 livres sur les habitants de Toulouse, privilégiés ou non privilégiés. Saint-Germain-en-Laye, 3 novembre 1522. 3 novembre.

*Copie. Arch. municipales de Toulouse, ms.* 153, p. 505 [1].

[1] Il y a une autre expédition de ces lettres, avec quelques différences de rédaction, insérée au ms. 153, p. 545, et précédée de la note suivante : « Double des lettres de la deuxième commission touchant l'oblation faicte au roy de XVIII M. livres tournois contre les privilégiés et non privilégiés, lesquelles à cause qu'estoient moillées, sont estées reffectes et présentées, le XXVI^e de janvier 1522, comme appert à la rubricque du Consistoire. »

1688. Prorogation de la commission précédemment adressée à Roger Barme, Aymar Nicolaï, Gilles Berthelot et quatre autres pour le fait des amortissements. Saint-Germain-en-Laye, 4 novembre 1522. — 1522. 4 novembre.

*Enreg. à la Chambre des Comptes de Paris, le 31 janvier 1523 n. s. Arch. nat.,* P. 2304, p. 857. 4 pages 1/2.
*Idem,* P. 2535, fol. 393; ADIX. 121, n° 48.

1689. Commission à l'évêque d'Angers de répartir 21,000 livres du droit d'amortissement, dont les hôpitaux sont déchargés. Saint-Germain-en-Laye, 4 novembre 1522. — 4 novembre.

*Arch. de Maine-et-Loire,* H. *suppl., Hôtel-Dieu d'Angers,* AA. 1, fol. 118.

1690. Lettres portant surséance pendant vingt ans aux religieuses de la Trinité de Poitiers du payement des droits de francs-fiefs et nouveaux acquêts, pour les amortissements, tant faits qu'à faire, de ce qu'elles ont entre les mains ou pourront acquérir. Saint-Germain-en-Laye, 5 novembre 1522. — 5 novembre.

*Original. Arch. de la Vienne, La Trinité,* liasse 2.

1691. Lettres pour la levée de l'octroi accordé par le roi, le 31 août précédent (n° 1643), dans la ville, les faubourgs et la banlieue de Troyes. Saint-Germain-en-Laye, 17 novembre 1522. — 17 novembre.

*Original. Arch. municipales de Troyes,* 62e boîte, 1re liasse.

1692. Lettres à terrier accordées aux religieuses de l'Hôtel-Dieu de Pontoise (prieuré royal de Saint-Nicolas). Saint-Germain-en-Laye, 18 novembre 1522. — 18 novembre.

*Copie. Arch. de l'Hôtel-Dieu de Pontoise,* B. 117.

1693. Mandement aux généraux conseillers des finances de payer 18,000 livres tournois à Raoul Hurault, sieur de Cheverny, pour les six mois qu'il a été occupé à ravitailler avec ses troupes les places et villes fortes de Picardie. Saint-Germain-en-Laye, 20 novembre 1522. — 20 novembre.

*Original. Bibl. nat.,* ms. fr. 25720, fol. 212.



IMPRIMERIE NATIONALE.

1694. Lettres de don à la duchesse d'Angoulême, mère du roi, des comté, villes, terres et seigneuries de Creil et de Gien, et de l'étang de Gouvieux, provenant de la succession d'Anne de France, douairière de Bourbon. Saint-Germain-en-Laye, 26 novembre 1522. — 1522. 26 novembre.

*Enreg. au Parl. de Paris, sauf réserve, le 11 décembre 1522. Arch. nat.*, $X^{1a}$ 8611, fol. 404 v°. 2 pages.
*Enreg. à la Chambre des Comptes de Paris et à la Cour des Aides, les 16 et 17 décembre. Arch. nat., recueil Cromo*, U. 665, fol. 240. (*Mention.*)

1695. Lettres de don à Louise de Savoie, duchesse d'Angoulême, du revenu des greniers à sel de Moulins et autres. 26 novembre 1522. — 26 novembre.

*Enreg. à la Cour des Aides, le 13 décembre 1522. Mentionné dans le recueil Cromo, Arch. nat.*, U. 665, fol. 237.

1696. Confirmation, en faveur de la maréchale de Châtillon, de la jouissance de la principauté d'Orange donnée à feu le maréchal de Châtillon, son mari. Paris, 30 novembre 1522. — 30 novembre.

Imp. Du Bouchet, *Preuves pour l'hist. de la maison de Coligny*, 1662, p. 342.

1697. Amortissement de tous les revenus et possessions de la collégiale de Saint-Martin de Tours, moyennant un don de 3,000 livres. Novembre 1522. — Novembre.

*Bibl. de Tours.* R. Monsnier, *Celeberrimæ S. Martini Turonensis ecclesiæ historia*, ms., t. II, append., p. CLXXI. (*Mention.*)

1698. Amortissement des revenus et possessions des abbé et religieux de Marmoutiers, moyennant 2,000 livres tournois. Novembre 1522. — Novembre.

Imp. R. Choppin, *De domanio Franciæ*, Paris, 1605, in-fol., l. I, tit. 13, n° 14. (*Mention.*)

1699. Don du domaine de Dourdan à Jacques de Montgomery, sieur de Lorges. Paris, 4 décembre 1522. — 4 décembre.

Imp. Guyot, *Chronique de Dourdan*, Paris, 1869, p. 17.

1700. Déclaration touchant une nouvelle imposition de 600,000 livres sur les aides, à répartir sur tout le royaume, pour permettre de subvenir aux frais de la guerre et réparer certaines places, particulièrement Hesdin. Paris, 7 décembre 1522. 1522. 7 décembre.

*Original. Bibl. nat.*, ms. fr. 25720, fol. 213.

1701. Mandement aux élus du Lyonnais de lever la somme de 5,870 livres tournois pour la part de l'élection dans l'augmentation de taille de 600,000 livres tournois mise sur tout le royaume. Paris, 7 décembre 1522. 7 décembre.

*Copie. Bibl. nat.*, ms. fr. 2702, fol. 75 v°.

1702. Traité passé entre le roi, d'une part, Jean Boursault, marchand de Dijon, et Jacques Favier, drapier de Paris, d'autre, pour fournir, pendant dix ans, de vivres et de munitions les villes de Montreuil-sur-mer, Boulogne, Térouanne et Hesdin. Paris, 8 décembre 1522. 8 décembre.

Renouvellement dudit traité avec la duchesse d'Angoulême, régente. 28 mars 1524.

*Enreg. au Parl. de Paris, sans date. Arch. nat.*, X[1a] 8612, fol. 30 v°, 32 v°. 7 pages.

1703. Déclaration portant que le Chancelier pourra instituer des lieutenants particuliers et un lieutenant général. Paris, 11 décembre 1522. 11 décembre.

*Enreg. au Parl. de Dijon, le 8 janvier 1523 n. s. Arch. de la Côte-d'Or, Parl.*, reg. I, fol. 209.

1704. Lettres qui enjoignent au sénéchal de Toulouse de contraindre les capitouls à verser entre les mains de Jehan Prévost, trésorier de l'extraordinaire des guerres, la somme de 9,000 livres par eux due pour la solde de 500 hommes de pied. Paris, 15 décembre 1522. 15 décembre.

*Copie. Arch. municipales de Toulouse, ms.* 153, p. 509.

1705. Permission aux habitants de Dieppe de prendre et d'acheter aux navires tout le sel qui leur sera nécessaire pour la salaison des harengs et ma- 17 décembre.

quereaux et pour leurs provisions et « estorement », à condition d'appeler à la décharge du sel le grenetier et le contrôleur. Paris, 17 décembre 1522. 1522.

*Enreg. à la Cour des Aides de Normandie, le 25 février 1523 n. s. Arch. de la Seine-Inférieure, 1er vol. des Mémoriaux, fol. 66. 6 pages.*

1706. Lettres d'abréviation de délais de procédure en faveur du commandeur d'Amboise. Paris, 20 décembre 1522. 20 décembre.

*Original. Arch. de la Vienne, grand prieuré d'Aquitaine*, liasse 6.

1707. Mandement aux généraux conseillers des finances de faire lever des décharges sur tels receveurs ou fermiers qu'ils aviseront pour payer 8,307 livres tournois aux capitaines, hommes d'armes et archers de la garde du roi. Paris, 22 décembre 1522. 22 décembre.

*Original. Bibl. nat.*, ms. fr. 25720, fol. 214.

1708. Provisions en faveur de Guillaume Allard, conseiller au Parlement de Rouen, de l'office de conseiller lai au Parlement de Paris. Bois de Vincennes, 23 décembre 1522. 23 décembre.

*Copie du XVIe siècle. Bibl. nat.*, ms. fr. 2964, fol. 37 et 55. *Autre du XVIIIe siècle. Id.*, coll. Fontanieu, vol. 193.

*Réception au Parl. le 2 janvier suivant. Arch. nat.*, X1a 1525, *reg. du Conseil*, fol. 44.

1709. Lettres portant nomination de Jean de la Coste à la viguerie de la ville de Limoux. Bois de Vincennes, 24 décembre 1522. 24 décembre.

*Vidimus. Bibl. nat.*, ms. fr. 25720, fol. 223.

1710. Commission à François de Montmorency, seigneur de la Rochepot, chambellan du roi et maréchal de France, pour se porter sur les lieux où se trouvent des aventuriers et vagabonds détroussant le peuple et leur donner la chasse. Vincennes, 27 décembre 1521. 27 décembre.

IMP. André Duchesne, *Hist. de la maison de Montmorency*, t. II, p. 271. (*Mention.*)

1711. Commission aux élus sur le fait des aides et tailles pour s'informer des exempts et privilégiés. Vincennes, 28 décembre 1522. | 1522. 28 décembre.

*Enreg. à la Cour des Aides de Normandie. Arch. de la Seine-Inférieure, 1er reg. des Mémoriaux, fol. 253.*

1712. Lettres pour la levée des décimes sur le clergé du diocèse d'Amiens. Paris, 31 décembre 1522. | 31 décembre.

*Imp.* V. de Beauvillé, *Documents inédits concernant la Picardie*, Paris, 1877, t. III, p. 357.

1713. Mandement à l'évêque et au chapitre de Troyes de contribuer à un subside d'argent de 1,200,000 livres, nécessaire pour repousser l'ennemi, tant par mer que par terre, et pour payer la solde de 30,000 hommes de pied. Paris, 31 décembre 1522. | 31 décembre.

*Arch. départementales de l'Aube*, G. 151, n° 4.

1714. Amortissement général de tous les biens possédés par l'évêque, les chanoines, abbés, prieurs et autres ecclésiastiques du diocèse de Beauvais. Paris, décembre 1522. | Décembre.

*Enreg. à la Chambre des Comptes de Paris, le 17 juin 1523. Arch. nat.*, invent. PP. 136, p. 267. (*Mention.*)

*Copie collat. du XVIIIe siècle. Arch. nat.*, K. 171, n° 62.

1715. Don à Jean Brinon, premier président du Parlement de Rouen, de tous les biens de Guillaume Le Doux, procureur du roi à Poissy, dévolus au roi par droit d'aubaine. Paris, décembre 1522. | Décembre.

*Enreg. à la Chancellerie de France. Arch. nat., Trésor des Chartes*, JJ. 236, n° 1, fol. 1. 1 page 1/4.

1716. Lettres de naturalité obtenues par Jean de la Plume, natif de Bouchain en Hainaut, établi à Époisses en Bourgogne. Paris, décembre 1522. | Décembre.

*Enreg. à la Chambre des Comptes de Dijon, le 10 mars 1523 n. s. Arch. de la Côte-d'Or*, B. 72, fol. 76 v°.

1717. Don à Jean de Boubert, seigneur de Beaugenlieu, des biens confisqués sur Jean Gomon, | Décembre.

condamné comme faux monnayeur. Livry, décembre 1522. 1523.

*Enreg. à la Chancellerie de France. Arch. nat., Trésor des Chartes* (reg. de 1526), JJ. 239, n° 252, fol. 61, 1 page.

**1523.** — Pâques, 5 avril.

1718. Mandement aux généraux conseillers des finances de faire lever décharge de 300 livres tournois à Michel Basiret, naguère fermier des menus boires de l'élection de Bayeux. Paris, 5 janvier 1522. 5 janvier.

*Original. Bibl. nat.*, ms. fr. 25720, fol. 207.

1719. Lettres réclamant le payement des quartiers échus de la somme de 1,800 livres, à laquelle la ville de Poitiers avait été taxée pour la solde de 100 hommes de pied. Paris, 8 janvier 1522. 8 janvier.

*Arch. commun. de Poitiers, Délibérations*, reg. 15, fol. 136 v°.

1720. Mandement aux généraux conseillers des finances de faire payer à Thomas Boyer, l'un d'eux, une somme de 25,000 livres tournois pour les frais extraordinaires des guerres. Paris, 9 janvier 1522. 9 janvier.

*Original. Bibl. nat.*, ms. fr. 25720, fol. 218.

1721. Lettres de don à la duchesse d'Angoulême, mère du roi, du comté de la Marche haute et basse, de la seigneurie de Montaigu en Combraille, de la vicomté de Carlat et de la vicomté de Murat. Paris, 10 janvier 1522. 10 janvier.

*Présentées au Parl. de Paris et non enreg., le 24 janvier 1523 n. s. Arch. nat.*, X[1a] 1525, *reg. du Conseil*, fol. 61 v°. (*Mention.*)

1722. Ordre de rembourser à Jean Prévost les 415,000 livres qu'il est chargé de distribuer par ordre du roi aux ligues des cantons de Suisse, à la Chandeleur prochaine. Paris, 11 janvier 1522. 11 janvier.

*Original. Bibl. nat.*, ms. fr. 25720, fol. 219.

1723. Édit portant suppression d'un office de conseiller au Parlement de Grenoble dont était pourvu François Marc, des trois premiers offices de conseiller audit Parlement et des trois premiers offices d'auditeur à la Chambre des Comptes qui viendront à vaquer, et d'un office de second président en la même Chambre. Paris, 12 janvier 1522. 1523. 12 janvier.

*Enreg. au Parl. de Grenoble, le 19 février suivant. Arch. de l'Isère, Chambre des Comptes de Grenoble*, B. 2907, cah. 132.

1724. Lettres ordonnant le rachat des terres du domaine de Dauphiné récemment aliénées, et nommant pour y procéder Soffrey de Chaponay, Eynard Fléhard, Louis Portier, Claude Cocquier et Jean Gaucher. Paris, 12 janvier 1522. 12 janvier.

*Enreg. au Parl. de Grenoble, le 19 février 1523 n. s. Arch. de l'Isère, Chambre des Comptes de Grenoble*, B. 2907, cah. 133.

1725. Octroi de six deniers par pipe de vin et de cidre vendue en détail en Bretagne, accordé, suivant un ancien usage, aux gens des États du duché de Bretagne, qui en emploieront le montant au payement des gages des officiers ordinaires des États. Paris, 12 janvier 1522. 12 janvier.

*Enreg. à la Chambre des Comptes de Bretagne. Arch. de la Loire-Inférieure*, B. *Mandements*, I, fol. 256.

1726. Lettres portant continuation pendant huit ans aux chanoines de l'église de Troyes de l'octroi à eux accordé d'un denier et pite sur chaque minot de sel vendu dans chacun des greniers et chambres à sel du royaume. 12 janvier 1522. 12 janvier.

*Enreg. à la Chambre des Comptes de Paris. Arch. nat., invent.* PP. 136, p. 268. (*Mention*.)

1727. Ordonnance portant création d'un office de lieutenant criminel dans chaque bailliage, sénéchaussée, prévôté et autre juridiction royale 14 janvier.

ressortissant directement aux cours de Parlement. Paris, 14 janvier 1522. 1523.

*Enreg. au Parl. de Paris, sur l'ordre exprès et réitéré du roi, le 18 avril 1523. Arch. nat.*, X[1a] 8611, fol. 411 v°. 2 pages.

*Enreg. au Parl. de Dijon, le 2 mars 1523 n. s. Arch. de la Côte-d'Or, Parl.*, reg. I, fol. 211 v° (sous la date du 24 janvier).

IMP. *Paris, François Jacquin, imp., rue des Maçons*, in-12, pièce, 1608. *Arch. nat.*, ADI. 17. 7 pages.

*Autre. Paris, P. Mettayer*, 1628, in-8°, pièce. *Bibl. nat.*, in-8°, F. *Actes royaux* (cartons).

Fontanon, *Édits et ordonnances*, in-fol. 1611, t. IV, p. 647.

E. Girard et J. Joly, *Offices de France*, in-fol., 1647, t. II, p. 1074.

1728. Édit portant création d'un général, d'un receveur et d'un contrôleur des finances en Guyenne. Paris, 15 (*aliàs* 14) janvier 1522. 15 janvier.

*Enreg. à la Chambre des Comptes de Paris, le 11 février 1523 n. s. Arch. nat.*, P. 2304, p. 829. 5 pages.

*Idem.* P. 2535, fol. 382; ADIX. 121, n° 19.

1729. Évocation au Grand Conseil d'un procès pendant au Parlement de Paris entre Laurent Tuscan, protonotaire du Saint-Siège, Jean Guérin et François Desmier, conseiller au Parlement, au sujet de la cure de Saint-Genest de Sarrazac, au diocèse de Cahors. Paris, 15 janvier 1522. 15 janvier.

*Présentée au Parl. de Paris, le 20 janvier suivant. Arch. nat.*, X[1a] 1525, *reg. du Conseil*, fol. 58. (*Mention.*)

1730. Commission adressée à Charles Guillart, président au Parlement, Gilles Berthelot, président des Comptes, Eustache Luillier, Pierre Brinon et Pierre Leduc, pour examiner les comptes du changeur du Trésor, des receveurs généraux des finances, des trésoriers des guerres et des commis à l'extraordinaire des guerres. Paris, 17 janvier 1522. 17 janvier.

*Enreg. à la Chambre des Comptes de Paris, le 18 mars 1523 n. s. Copie collationnée contemporaine. Arch. nat., suppl. du Trésor des Chartes*, J. 958. 6 pages.

1731. Lettres adressées à la Cour des Aides de Normandie, en faveur des marchands ayant la charge de fournir de sel les greniers d'outre-Seine, Picardie et Bourgogne, qui ne pouvaient, à cause de la guerre, s'approvisionner de sel par mer. Ordre d'empêcher les habitants de Rouen d'arrêter le sel qui arrivera pour ces marchands. Paris, 18 janvier 1522. — 1523. 18 janvier.

*Enreg. à la Cour des Aides de Normandie, le 5 février 1523 n. s. Arch. de la Seine-Inférieure, Ier volume des Mémoriaux*, fol. 64 v°. 3 pages.

1732. Déclaration portant qu'une imposition de 861,000 livres tournois sera répartie sur tout le royaume pour l'entretien de l'armée de mer et les réparations à faire dans les villes frontières, avec mandement aux élus du comté de la Marche de procéder à la levée de la quote-part de leur élection. Paris, 19 janvier 1522. — 19 janvier.

*Original. Arch. nat.*, K. 82, n° 19.

1733. Lettres portant abolition de l'aide de 2 deniers pour livre sur les marchandises entrant à Lyon, et donnant au consulat le droit de lever pendant six ans l'octroi des cinq espèces, pour en employer le produit aux réparations des murs de la ville. Paris, 19 janvier 1522. — 19 janvier

*Original. Arch. municip. de Lyon*, série CC.
*Copie. Bibl. nat.*, ms. fr. 2702, fol. 89.

1734. Lettres portant que François Leclerc, baron de Givry, bien qu'il ait donné de l'argent à Michel de Poisieux pour obtenir résignation en sa faveur, contrairement aux ordonnances, sera reçu et mis en possession de l'office de bailli et capitaine de Sens. Paris, 20 janvier 152½. — 20 janvier.

*Présentées et non enreg. au Parl. de Paris, le 20 février 1523 n. s. Arch. nat.*, X[1a] 1525, *reg. du Conseil*, fol. 97 v°. (*Mention.*)
(Voir ci-dessus, 22 octobre 1522, n° 1676.)

1735. Déclaration portant permission aux commu- — 22 janvier.



IMPRIMERIE NATIONALE.

nautés du pays de Dauphiné qui ont été aliénées, de se racheter en remboursant les acquéreurs. Paris, 22 janvier 1522. 1523.

*Enreg. à la Chambre des Comptes de Grenoble, le 19 février suivant.*

Imp. C.-U.-J. Chevalier, *Ordonnances relatives au Dauphiné*, in-8°, 1871, n° 680. (*Mention.*)

1736. Création d'un office de contrôleur des aides, tailles et équivalents en chacune des recettes ordinaires du domaine. Paris, 24 janvier 1522. 24 janvier.

*Enreg. à la Chambre des Comptes de Paris, le 23 février 1523 n. s., anc. mém.* 2 C, fol. 174. *Arch. nat.*, P. 2304, p. 907, 5 pages 1/2.

*Idem*, P. 2535, fol. 408 v°.

*Enreg. à la Cour des Aides de Paris, le 27 février 1523 n. s. Arch. nat., Copie collationnée du 23 octobre 1778*, Z[1a] 526.

*Enreg. à la Cour des Aides de Normandie, le 26 février 1523 n. s. Arch. de la Seine-Inférieure*, Ier volume des *Mémoriaux*, fol. 72, 7 pages.

*Enreg. en la Chambre des Comptes de Dijon, le 16 mars 1523 n. s. Arch. de la Côte-d'Or*, reg. B. 18, fol. 63.

*Enreg. au Parl. de Paris, le 15 mai 1533. Arch. nat.*, X[1a] 8612, fol. 305. 4 pages.

(V. ci-dessous le mandement, au 10 février 1532.)

*Enreg. au Châtelet de Paris, le 21 mai 1533. Arch. nat. Châtelet, Bannières*, Y. 9, fol. 21. 3 pages.

Imp. In-8°, pièce de 7 pages. *Arch. nat.*, ADI. 17; ADIX. 121, n° 19; *Bibl. nat.*, 8° F. *Actes royaux* (cartons).

*Autre, Troyes, P. Chevillot, 1631*, in-8° pièce, *Bibl. nat.*, 8° F. *Actes royaux* (cartons).

S. Fournival, *Recueil général des titres concernant... les trésoriers de France*, Paris, 1672, in-fol., p. 337.

Fontanon, *Édits et ordonnances*, t. II, p. 889.

Isambert, *Anc. lois françaises*, t. XII, p. 199.

1737. Édit de création d'un office de contrôleur des aides et tailles en la charge de Languedoc. Paris, 24 janvier 1522. 24 janvier.

*Enreg. à la Chambre des Comptes de Paris, anc. mém.* 2 C, fol. 179. *Arch. nat., invent.* PP. 136, p. 268. (*Mention.*)

1738. Édit de création d'un office de contrôleur en chaque recette du domaine dans les pays de 24 janvier.

Languedoc, Lyonnais, Forez et Beaujolais. Paris, 24 janvier 1522. 1523.

*Enreg. à la Chambre des Comptes de Paris, anc. mém.* 2 C, fol. 230. *Arch. nat., invent.* PP. 136, p. 268. (*Mention.*)

1739. Édit de création d'un office de contrôleur en chaque recette du domaine de Normandie. Paris, 24 janvier 1522. 24 janvier.

*Enreg. à la Chambre des Comptes de Paris, anc. mém.* 2 C, fol. 177. *Arch. nat., invent.* PP. 136, p. 268. (*Mention.*)

1740. Édit de création d'un office de contrôleur en chaque recette du domaine de Picardie. Paris, 24 janvier 1522. 24 janvier.

*Enreg. à la Chambre des Comptes de Paris, anc. mém.* 2 C, fol 172. *Arch. nat., invent.* PP. 136, p. 268. (*Mention.*)

1741. Lettres en faveur des bouchers de la ville et des faubourgs de Paris, touchant la vente des cuirs et des suifs, et leur permettant de contraindre par corps leurs débiteurs. Paris, janvier 1522. Janvier.

*Enreg. à la Chancellerie de France. Arch. nat., Trésor des Chartes*, JJ. 236, n° 3, fol. 2. 2 pages.
*Enreg. au Châtelet de Paris, le 3 mars 1523 n. s. Arch. nat., Bannières*, Y. 8, fol. 153. 3 pages.
*Idem, Livre rouge*, Y. 6⁴, fol. 135 v°.
Imp. Delamare, *Traité de la Police*, t. II, p. 1298.

1742. Confirmation d'un règlement pour les maîtres drapiers jurés de Pontoise. Paris, janvier 1522. Janvier.

*Enreg. à la Chancellerie de France. Arch. nat., Trésor des Chartes*, JJ. 236, n° 12, fol. 7 v°. 4 pages.

1743. Lettres d'amortissement général, moyennant la somme de 1,603 livres 5 sous tournois, en faveur des évêché, chapitre, abbayes, collèges et églises du diocèse de Senlis. Paris, janvier 1522. Janvier.

*Copie collationnée. Arch. nat.*, S. 2092.
*Copie. Bibl. nat., coll. Moreau*, t. 262, fol. 93.

1744. Lettres d'amortissement de tous les biens, tant nobles qu'en roture, possédés par l'évêché et Janvier.

le chapitre de Senlis dans le duché de Valois. Paris, janvier 1522. 1523.

*Copie collat. Arch. nat.*, S. 2092.
*Arch. de l'Oise*, G. 2339. *Inv. du chap. de Senlis*, cote 11, art. 1er, p. 161. (*Mention.*)

1745. Déclaration interprétant et confirmant les termes de l'anoblissement octroyé à Thomas Régis et à son neveu, Raoul Leroy. Paris, 1er février 1522. 1er février.

*Enreg. à la Chambre des Comptes de Bretagne, Arch. de la Loire-Inférieure*, B. *Mandements*, I, fol. 250.

1746. Lettres pour l'aliénation, avec faculté de rachat perpétuel, d'une portion du domaine, aides et gabelles de Normandie, jusqu'à concurrence de 10,000 livres, outre ce qui avait été ci-devant engagé. Paris, 4 février 1522. 4 février.

*Enreg. à la Cour des Aides de Normandie, le 12 mars 1523 n. s. Arch. de la Seine-Inférieure, Ier volume des Mémoriaux*, fol. 91. 8 pages.
*Enreg. à la Chambre des Comptes de Paris, le 6 mars 1523 n. s., anc. mém.* 2 B, fol. 114. *Arch. nat., invent.* PP. 136, p. 269. (*Mention.*)

1747. Concession à Charles Jouhan, receveur des fouages et impôts de l'évêché de Léon, en Bretagne, d'une remise de 6 deniers pour livre sur la recette qu'il opérera. Paris, 4 février 1522. 4 février.

*Enreg. à la Chambre des Comptes de Bretagne. Arch. de la Loire-Inférieure*, B. *Mandements*, I, fol. 253.

1748. Lettres établissant une crue de 15 livres tournois sur chaque muid de sel, pour le payement des gages des présidents, conseillers, procureurs, avocats fiscaux et autres officiers des cours souveraines. Paris, 5 février 1522. 5 février.

*Enreg. à la Cour des Aides de Normandie, le 10 mars 1523 n. s. Arch. de la Seine-Inférieure, Ier volume des Mémoriaux*, fol. 86 v°. 6 pages.
*Enreg. à la Cour des Aides de Paris, le 16 mars 1523 n. s. Arch. nat., recueil Cromo*, U. 665, fol. 242. (*Mention.*)

*Enreg. à la Chambre des Comptes de Grenoble. Arch. de l'Isère*, B. 2907, cah. 144. 1523.
*Vidimus du juge de Sommières, enreg. à la Chambre des Comptes de Languedoc. Arch. de l'Hérault*, B. 341, fol. 25. 7 pages.

1749. Édit de création d'un second président et de trois conseillers en la cour des Généraux de la justice des Aides, à Paris, et changement du titre de généraux de ladite justice en celui de conseillers à la Cour des Aides. Paris, 5 février 1522. 5 février.

*Enreg. à la Chambre des Comptes de Paris, le 7 mars 1523 n. s. Arch. nat.*, P. 2304, p. 835, 4 pages 1/2.
*Idem*, P. 2535, fol. 384; ADIX. 121, n° 25. 3 pages 1/2.
*Enreg. à la Cour des Aides de Paris, le 9 mars 1523 n. s. Copie collationnée faite par ordre de la Cour des Aides, le 21 janvier 1778. Arch. nat.*, Z[1a] 526.
IMP. *Paris, Imprimerie royale, 1726*, in-4° pièce, *Arch. nat.*, ADI. 17; *Bibl. nat.*, 4° F. Paquets.

1750. Injonction aux comptables de dresser leurs comptes, nonobstant qu'ils n'aient pas entièrement recouvré leurs acquits et états, pour lesdits comptes être examinés en la Chambre du Conseil par les commissaires à ce députés, etc. Paris, 5 février 1522. 5 février.

*Enreg. à la Chambre des Comptes de Paris, le 18 mars 1523 n. s. Arch. nat.* P. 2304, p. 869. 9 pages.
*Idem.*, P. 2535, fol. 396; ADIX. 121, n° 26. 8 pages.
*Copie collationnée de l'époque. Arch. nat., suppl. du Trésor des Chartes*, J. 958.

1751. Lettres de relief d'adresse au Prévôt de Paris, de l'octroi sur le vin accordé à la ville de la Ferté-sous-Jouarre, le 11 décembre 1520 (ci-dessus, n° 1282). Paris, 5 février 1522. 5 février.

*Enreg. au Châtelet de Paris, le 23 janvier 1524 n. s. Arch. nat., Châtelet, Bannières*, Y. 8, fol. 187 v°. 1 page.

1752. Lettres portant prorogation pour trois mois des pouvoirs de l'archevêque de Bari, légat en France. Paris, 5 février 1522. 5 février.

*Enreg. au Parl. de Paris, s. d. Arch. nat.*, X[1a] 8611, fol. 407 v°. 1 page 1/2.

*Enreg. au Parl. de Bordeaux, sauf modifications, le 20 février 1523 n. s. Arch. de la Gironde*, B. 30, fol. 403. 3 pages. 1523.

*Mentionnées dans une décision du Parl. de mars 1523. Arch. nat., Châtelet, Bannières*, Y. 8, fol. 197.

Imp. *Preuves des libertés de l'église gallicane*, 3e édit., 1751, t. II, p. 83.

1753. Mandement pour le remboursement à Morelet du Museau, général des finances, d'une somme de 10,596 livres 15 sous tournois prêtée au roi pour subvenir au payement de 415,000 livres fait, à la Chandeleur dernière, aux ligues et cantons de Suisse. Paris, 5 février 1522. 5 février.

*Original. Bibl. nat.*, ms. fr. 25720, fol. 221.

1754. Mandement pour le remboursement à Thomas Bohier, général des finances, d'une somme semblable prêtée au roi pour le même objet. Paris, 5 février 1522. 5 février.

*Original. Bibl. nat.*, ms. fr. 25720, fol. 222.

1755. Lettres de décharge d'une somme de 500 livres accordées à Jean Germain, fermier des menus boires à Lisieux. Paris, 5 février 1522. 5 février.

*Original. Bibl. nat.*, ms. fr. 25720, fol. 220.

1756. Ordonnance portant règlement pour l'exécution de l'édit de création de seize commissaires examinateurs au Châtelet de Paris, daté du 4 février 1521 (n° 1479). Paris, 6 février 1522. 6 février.

*Enreg. au Parl. de Paris, le 21 avril 1523. Arch. nat.*, X1a 8611, fol. 419 v°. 3 pages.

*Enreg. au Châtelet de Paris. Arch. nat., Bannières*, Y. 8, fol. 183. 6 pages.

Imp. E. Girard et J. Joly, *Le troisiesme livre des offices de France*, in-fol., 1647, t. II, p. 1484.

1757. Lettres portant que les gages des officiers du Parlement et de la Chambre des Comptes de Grenoble seront pris sur les gabelles. Saint-Germain-en-Laye, 9 février 1522. 9 février.

*Original. Arch. de l'Isère, Chambre des Comptes de Grenoble*, B. 3186.

1758. Lettres ordonnant au receveur général du Dauphiné de fournir caution de sa recette jus- 9 février.

qu'à la somme de 1,500 livres, avec injonction de faire ladite recette au comptoir et lieu accoutumé, et d'y tenir ses registres pour être contrôlés. Saint-Germain-en-Laye, 9 février 1522. 1523.

*Arch. de l'Isère, Chambre des Comptes de Grenoble*, B. 2907, cah. 135. 4 pages 1/2.

1759. Lettres portant imposition de 13 livres 10 sous sur chaque muid de sel tiré des salines du Languedoc pour la Provence et le Dauphiné. Saint-Germain-en-Laye, 9 février 1522. 9 février.

*Arch. de l'Isère, Chambre des Comptes de Grenoble*, B. 2907, cah. 136.

1760. Lettres adressées aux grenetier et contrôleur du grenier à sel de Lunel, par lesquelles il leur est enjoint de tenir la main à la levée de la crue qui vient d'être ordonnée pour quatre ans sur le sel du Languedoc. Saint-Germain-en-Laye, 9 février 1522. 9 février.

*Enreg. à la Chambre des Comptes de Languedoc. Arch. de l'Hérault*, B. 341, fol. 23 v°. 2 pages.

1761. Lettres de décharge de 500 livres tournois accordée, après information des élus, à Jean d'Ouche, fils de feu Pierre d'Ouche, fermier des menus breuvages à Bernay. Saint-Germain-en-Laye, 18 février 1522. 18 février.

*Original. Bibl. nat.*, ms. fr. 25720, fol. 224.

1762. Lettres portant que sur chaque muid de sel venant de Languedoc en Dauphiné il sera pris, pendant quatre ans, 7 livres 10 sous, pour être employés au payement des gages des cours souveraines de la province. Saint-Germain-en-Laye, 20 février 1522. 20 février.

*Arch. de l'Isère, Chambre des Comptes de Grenoble*, B. 2907, cah. 136. 3 pages.

1763. Édit portant règlement pour le style et la forme de procéder au siège de la Table de marbre du palais, à Rouen. Magny, 21 février 1522. 21 février.

*Enreg. au Parl. de Rouen, le 2 juin 1523.*
*Enreg. à la Chambre des Comptes de Paris, le 7 juillet 1523, anc. mém. de la Chambre des Comptes*

cote 2 C, fol. 186. *Arch. nat., invent.* PP. 136, fol. 269. (*Mention.*) 1523.

*Bibl. nat., mss. Moreau*, t. 1401, fol. 212. (*Mention.*)

IMP. Blanchard, *Compilation chronologique*, t. I, col. 461. (*Mention.*)

1764. Déclaration portant que Nicolas de Neufville de Villeroy jouira du greffe du bailliage de Paris pour la conservation des privilèges de l'Université ainsi que de celui de la prévôté de Paris. Saint-Germain-en-Laye, 25 février 1522. 25 février.

*Enreg. au Parl. de Paris, le 18 mars 1523 n. s. Arch. nat.*, X1a 8611, fol. 409 v°. 1 page 1/2.

*Arrêt d'enregistrement, id.*, X1a 1525, *reg. du Conseil*, fol. 136 v°.

1765. Commission à Roger Barme, président, et à Jean Prévost, conseiller au Parlement de Paris, pour procéder à la revision, rédaction et publication des coutumes du comté de Blois. Saint-Germain-en-Laye, 26 février 1522. 26 février.

*Enreg. à la suite du texte original des coutumes réformées de Blois. Arch. nat.*, X1a 9282.

IMP. Bourdot de Richebourg, *Nouveau coutumier général*, t. III, p. 1100.

1766. Lettres qui enjoignent au baron de Saint-Blancard, vice-amiral du Levant, de tirer des prisons des sénéchaussées de Languedoc des hommes condamnés à mort ou à graves punitions corporelles (sauf pour lèse-majesté, incendie, viol, fausse monnaie et sacrilège) et de les faire monter sur quatre galères en armement au port de Marseille. Saint-Germain-en-Laye, 26 février 1522. 26 février.

*Copie. Arch. municipales de Toulouse, ms.* 153, p. 564.

1767. Édit portant création de douze offices de rapporteur et référendaire en la Chancellerie de France, et règlement pour leurs fonctions. Paris, février 1522. Février.

*Enreg. au Grand Conseil, le 5 mars 1523 n. s., et à la Chancellerie, le 16 mars suivant. Deux copies collat. des XVIe et XVIIe siècles. Arch. nat.*, V5 3, nos 688 et 689.

*Imp.*, *s. l. n. d.*, in-fol. pièce, 3 pages. *Arch. nat.*, ADI. 17; *Bibl. nat.*, f° F. *Actes royaux* (cartons). 1523.
E. Girard et J. Joly, *Troisième livre des offices de France*, in-fol., 1647, t. I, p. 759.

1768. Édit de création d'une juridiction nouvelle, appelée *bailliage de Paris*, pour connaître des causes touchant la conservation des privilèges de l'Université, qui étaient précédemment du ressort de la Prévôté de Paris. Saint-Germain-en-Laye, février 1522. Février.

*Enreg. au Parl. de Paris, sur l'ordre exprès et réitéré du roi, le 15 avril 1523, après l'avoir été une première fois, sous réserve de l'opposition du Prévôt de Paris, le 17 mars précédent.* *Arch. nat.*, X[1a] 8611, fol. 408 v°. 2 pages.
*Enreg. à la Chambre des Comptes de Paris*, *anc. mém.* coté 2 C, fol. 268.
*Imp.* E. Girard et J. Joly, *Troisième livre des offices de France*, in-fol., 1647, t. II, p. 1420.

1769. Lettres d'amortissement pour toutes les possessions des religieuses de l'abbaye de Gercy ou Jersis en Brie, suivant la déclaration reçue et les sommes fixées par les commissaires du roi. Saint-Germain-en-Laye, février 1522. Février.

*Copie collat. du XVIIIe siècle. Arch. nat.*, K. 170, n° 41.

1770. Déclaration portant que le don fait par Charles VII des baronnies de Lesparre et de Carcans à Amanieu d'Albret, seigneur d'Orval, qui n'avait été vérifié à la Chambre des Comptes que pour le regard des hoirs mâles, sortira son effet au profit de Marie d'Albret, comtesse de Nevers, et de Charlotte, comtesse de Lautrec, filles de Jean d'Albret, comte de Dreux, seigneur d'Orval. Saint-Germain-en-Laye, février 1522. Février.

*Enreg. à la Chambre des Comptes de Paris. Arch. nat.*, P. 2535, fol. 404. 8 pages.

1771. Lettres portant à 8 livres 10 sous le taux ordinaire pour Paris et Tours des salpêtres qui se vendaient précédemment 7 livres 10 sous, renchérissement occasionné par les réqui- 4 mars.



IMPRIMERIE NATIONALE.

sitions de salpêtres nécessaires à l'artillerie. Saint-Germain-en-Laye, 4 mars 1522. 1523.

*Original. Bibl. nat.*, ms. fr. 25720, fol. 225.

1772. Déclaration portant règlement pour les privilèges du premier huissier de la Sainte-Chapelle du Palais, à Paris. Saint-Germain-en-Laye, 7 mars 1522. 7 mars.

IMP. Blanchard, *Compilation chronologique*, in-fol., 1715, t. I, col. 461. (*Mention.*)

1773. Mandement aux officiers du Dauphiné de laisser les fermiers du tirage du sel vendre le sel avec la crue de 13 livres 10 sous par muid, et de se rendre aux salines pour y surveiller la production du sel et en dresser un état qui sera envoyé à Jean de Poncher, général des finances. Saint-Germain-en-Laye, 9 mars 1522. 9 mars.

*Enreg. au Parl. de Grenoble, le 22 juin 1523. Arch. de l'Isère*, B. 2333, fol. 86 v°.

1774. Mandement aux trésoriers de France de payer sur les deniers provenant des amortissements, à Roger Barme, Jean et Aymar Nicolaï, Jean Prévôt, Pierre Michon et Raoul Guyot, commissaires établis sur le fait des amortissements, une somme de 4,800 livres tournois pour leurs frais et vacations. Saint-Germain-en-Laye, 10 mars 1522. 10 mars.

*Original. Bibl. nat.*, ms. fr. 25720, fol. 226.

1775. Création d'un office de président et de deux offices de conseiller en la Chambre des généraux maîtres des monnaies, avec règlement de leurs droits et fonctions. Saint-Germain-en-Laye, 11 mars 1522. 11 mars.

*Enreg. à la Chambre des Comptes, le 15 mars 1523 n. s.*

*Enreg. à la Cour des Monnaies, le 18 mars 1523. Arch. nat.*, Z[1b] 62, fol. 205 v°. 2 pages.

1776. Lettres de don de l'office de greffier en la Chambre des Comptes de Languedoc, au pro- 11 mars.

fit d'Alexandre de Faucon. Saint-Germain-en-Laye, 11 mars 1522. 1523.

*Enreg. à la Chambre des Comptes de Montpellier, le 27 août 1523. Arch. de l'Hérault*, B. 341, fol. 11 v°. 3 pages.

1777. Lettres de don de l'office d'huissier en la Chambre des Comptes de Languedoc pour Olivier Godart. Saint-Germain-en-Laye, 11 mars 1522. 11 mars.

*Enreg. à la Chambre des Comptes de Montpellier, le 27 août 1523. Arch. de l'Hérault*, B. 341, fol. 12 v°. 2 pages.

1778. Lettres adressées à la Chambre des Comptes de Paris pour l'expédition des cédules des vingt conseillers au Parlement de Paris créés par l'édit du 31 janvier 1521. Saint-Germain-en-Laye, 13 mars 1522. 13 mars.

*Enreg. à la Chambre des Comptes de Paris, le 17 mars 1523 n. s., anc. mém.* coté 2 C, fol. 131. *Copie. Arch. nat.*, ADIX. 121, n° 36. 2 pages.

1779. Provisions pour Jean d'Augerville de l'office de vicomte et receveur ordinaire de Coutances. Saint-Germain-en-Laye, 15 mars 1522. 15 mars.

*Enreg. à la Chambre des Comptes de Paris, le 19 mars suivant, anc. mém.* 2 C, fol. 105. *Arch. nat., invent.* PP. 136, p. 271. (*Mention.*)

1780. Création d'un office de trésorier de l'épargne, receveur général des parties casuelles, en faveur de Philibert Babou, trésorier de France. Saint-Germain-en-Laye, 18 mars 1522. 18 mars.

*Enreg. à la Chambre des Comptes de Paris, le 27 mars 1523 n. s. Arch. nat.*, P. 2304, p. 879. 6 pages 1/2.
*Idem*, P. 2535, fol. 401 v°.
*Copie collationnée faite par ordre de la Cour des Aides, le 14 novembre 1778. Arch. nat.*, Z[1a] 526.
Imp. *Paris, V^e Saugrain et Pierre Prault, 1731*, in-4° pièce. *Arch. nat.*, ADIX. 121, n° 37; *Bibl. nat.*, 4° F. Paquets. 4 pages.
Fournival, *Recueil général de titres concernant les trésoriers de France*, p. 215.
A. de Boislisle, *Semblançay et la surintendance des finances*, Ann.-bulletin de la Soc. de l'histoire de France, t. XVIII, 1881, in-8°, p. 245.

1781. Don à Robert Gosselin, valet de chambre ordinaire du roi, d'une somme de 100 livres tournois, outre ses gages, pour services rendus. Saint-Germain-en-Laye, 18 mars 1522. 1523. 18 mars.

*Original. Bibl. nat.*, ms. fr. 25720, fol. 227.

1782. Lettres d'évocation au Grand Conseil des causes d'appel interjeté des décisions et sentences rendues par Jean de la Rochebeaucourt, en qualité de commissaire pour la recherche des usuriers dans les sénéchaussées de Périgord, Saintonge et Angoumois. Saint-Germain-en-Laye, 20 mars 1522. 20 mars.

*Enreg. au Parl. de Bordeaux, sans date. Arch. de la Gironde*, B. 30, fol. 413. 8 pages.

1783. Lettres de don de l'office de conseiller du roi et maître en la Chambre des Comptes de Languedoc, pour Antoine Bucelly. Saint-Germain-en-Laye, 20 mars 1522. 20 mars.

*Enreg. à la Chambre des Comptes de Montpellier, le 27 août 1523. Arch. de l'Hérault*, B. 341, fol. 8. 3 pages.

1784. Vidimus des lettres de don de l'office de capitaine de la ville de Lyon au profit d'Henri Boyer, écuyer, s[r] de la Chapelle, en remplacement de Jean Sala, démissionnaire. Saint-Germain-en-Laye, 22 mars 1522. 22 mars.

Imp. *Bref recueil de plusieurs titres et actes touchant... l'office de capitaine de la ville de Lyon, etc.* Lyon, 1623, in-8°, p. 76. (*Bibl. nat.*, $L^{k7}$, n° 4494.)

1785. Mandement au Parlement de Bordeaux d'inviter, et au besoin de contraindre, les villes, prévôtés et terres seigneuriales de Guyenne à participer aux corvées requises pour creuser les fossés des fortifications de Bordeaux. Saint-Germain-en-Laye, 23 mars 1522. 23 mars.

*Enreg. au Parl. de Bordeaux, le 21 avril 1523. Arch. de la Gironde*, B. 30, fol. 407. 4 pages.
*Copie. Bibl. nat.*, ms. fr. 22371, p. 444.

1786. Lettres de don de l'office de conseiller du roi et maître de la Chambre des Comptes de Langue- 23 mars.

doc, pour Charles d'Albiac. Saint-Germain-en-Laye, 23 mars 1522. 1523.

*Enreg. à la Chambre des Comptes de Montpellier, le 27 août 1523. Arch. de l'Hérault*, B. 341, fol. 6 v°. 3 pages.

1787. Lettres de don du comté de Bar-sur-Seine à Jeanne d'Orléans, dame de Givry. Saint-Germain-en-Laye, 24 mars 1522. 24 mars.

*Enreg. au Parl. de Paris, sur l'ordre exprès et réitéré du roi, et sous certaines modifications, le 11 mai 1523. Arch. nat.*, X[1a] 8611, fol. 422 v°. 2 pages 1/2.

1788. Édit établissant une Chambre des Comptes à Montpellier, et création d'offices de président, maîtres des comptes, auditeurs, etc. Saint-Germain-en-Laye, mars 1522. Mars.

*Enreg. à la Chambre des Comptes de Paris, le 11 mai 1523. Arch. nat.*, P. 2304, p. 851. 4 pages 1/4.
*Idem*, P. 2535, fol. 390; ADIX. 121, n° 31.
*Enreg. à la Chambre des Comptes de Montpellier, le 27 août 1523. Arch. de l'Hérault*, B. 341, fol. 2. 4 pages.

1789. Édit de création d'un président et de trois nouveaux conseillers en la Chambre du Trésor siégeant au Palais à Paris, et règlement de leurs gages. Saint-Germain-en-Laye, mars 1522. Mars.

*Enreg. au Parl. de Paris, sur l'ordre exprès et réitéré du roi, le 20 avril 1523. Arch. nat.*, X[1a] 8611, fol. 412 v°. 2 pages.
*Enreg. à la Chambre des Comptes de Paris, le 11 mai 1523. Arch. nat.*, P. 2304, p. 845. 4 pages.
*Idem*, P. 2535, fol. 388 v°; ADIX. 121, n° 30. 3 pages.

1790. Règlement des droits et attributions des généraux maîtres des monnaies, principalement en matière de comptabilité, droits attaqués par la Chambre des Comptes. Saint-Germain-en-Laye, mars 1522. Mars.

*Enreg. à la Cour des Monnaies. Arch. nat.*, Z[1b] 62, fol. 210. 3 pages.
*Enreg. à la Chambre des Comptes de Paris, le 2 septembre 1528. Arch. nat., invent.* PP. 136, p. 271. (*Mention.*)
Imp. G. Constans, *Traité de la Cour des Monnaies*, Paris, 1658, in-fol., *Preuves*, p. 85.

1791. Lettres portant maintenue des habitants de Villeneuve-le-Roi dans le ressort du bailliage de Sens, malgré leurs instances pour obtenir un siège particulier audit Villeneuve. Saint-Germain-en-Laye, mars 1522. 1523. Mars.

*Enreg. au Parl. de Paris, le 14 mars 1524 n. s. Arch. nat.*, X1a 8612, fol. 7 v°. 3 pages.
IMP. G. Julliot, *Cartul. sénonais de Balthazar Taveau*, Sens, 1885, in-4°, p. 91.

1792. Lettres d'amortissement général pour les ecclésiastiques du diocèse de Paris. Saint-Germain-en-Laye, mars 1522. Mars.

*Enreg. à la Chambre des Comptes de Paris, le 29 mai 1523. Copie. Arch. nat.*, ADIX. 121, n° 33. 10 pages.
*Copies collat., avec les taxes. Arch. nat.*, K. 171, n° 61, et S. 2069.
IMP. Fontanon, *Édits et ordonnances*, in-fol., 1611, t. IV, p. 591.
*Recueil des règlements concernant les droits d'amortissement, etc.*, Paris, veuve Saugrain et Pierre Prault, impr., quai de Gesvres, au Paradis, MDCCXXIX, t. I, p. 47-54.

1793. Lettres d'amortissement de tous les biens nobles et roturiers possédés par les Chartreux de Paris. Saint-Germain-en-Laye, mars 1522. Mars.

*Copie collat. du XVIII^e siècle. Arch. nat.*, K. 171, n° 60.

1794. Établissement de trois foires franches, chaque année, dans la ville d'Épernay. Saint-Germain-en-Laye, mars 1522. Mars.

*Anc. mémorial de la Chambre des Comptes de Paris* coté 2 C, fol. 200. *Arch. nat., invent.* PP. 136, p. 271. (*Mention.*)

1795. Déclaration touchant l'édit de création d'un lieutenant criminel en chaque sénéchaussée, ressortissant sans moyen au Parlement. Paris, 1er avril 1522. 1er avril.

*Bibl. nat.*, ms. fr. 22371, fol. 447. (*Mention.*)

1796. Provisions de l'office de juge mage ou lieutenant criminel du sénéchal d'Agenais, pour Jean 1er avril.

d'Estrades, juge ordinaire du Condomois. Paris, 1er avril 1522. 1523.

*Enreg. au Parl. de Bordeaux, le 4 juillet 1523. Arch. de la Gironde,* B. 30, fol. 409. 3 pages.

1797. Confirmation des privilèges, franchises et libertés accordés par les rois aux vicomtes de Turenne. Paris, avril 1522. Avril.

*Enreg. à la Chancellerie de France. Arch. nat., Trésor des chartes,* JJ. 236, n° 111, fol. 99 v°: 1 page.
Imp. *Libertez et franchises du vicomté de Turenne,* Paris, 1658, 1 vol. in-4°, p. 31.

1798. Octroi aux maire, échevins, bourgeois et habitants de la ville de Troyes des aides à prendre sur les vins entrant et sortant de ladite ville, ainsi que du huitième des vins qui y seront vendus, afin de subvenir au payement et entretien de 200 hommes de pied par eux accordés au roi pour le temps de la guerre. Saint-Germain-en-Laye, 13 avril 1523. 13 avril.

*Arch. dép. de l'Aube,* ancien cabinet Harmand, liasse 19.

1799. Lettres enjoignant au sénéchal de Toulouse de faire porter à Narbonne les vivres octroyés par les États de Languedoc pour l'armée royale. Saint-Germain-en-Laye, 18 avril 1523. 18 avril.

*Copie. Arch. municipales de Toulouse, ms.* 153, p. 552.

1800. Déclaration portant qu'aucun débiteur par obligation ni ses héritiers ne pouront être reçus opposants contre ladite obligation, qu'après avoir consigné les sommes y contenues, suivant la forme du droit commun du pays de Dauphiné. Saint-Germain-en-Laye, 20 avril 1523. 20 avril.

*Enreg. au Parl. de Grenoble, le 23 juin 1523. Arch. de l'Isère,* B. 2333, fol. 87 v°. 1 page 1/2.
*Arch. de la ville de Grenoble,* AA. 4.

1801. Commission au sieur Bohier, président au Parlement de Bordeaux, pour la réformation des 20 avril.

frères conventuels de l'ordre de Saint-François. Saint-Germain-en-Laye, 20 avril 1523. 1523.

*Original. Bibl. nat.*, ms. fr. 25720, fol. 228.

1802. Concession gracieuse à Gillette du Guiny, demoiselle de la reine, de la jouissance viagère des terres et seigneuries d'Auray et de Quiberon, diocèse de Vannes, afin d'aider à son mariage. Saint-Germain-en-Laye, 24 avril 1523. 24 avril.

*Enreg. à la Chambre des Comptes de Bretagne. Arch. de la Loire-Inférieure*, B. *Mandements*, I, fol. 277.

1803. Règlement pour le style et la forme de procéder au siège de la Table de marbre du Palais, à Rouen, en exécution de l'édit du 21 février 1522 (n° 1763). A Saint-Germain-en-Laye, 25 avril 1523. 25 avril.

*Enreg. au Parl. de Rouen, le 2 juin, et à la Chambre des Comptes de Paris, le 7 juillet 1523. Anc. mém. de la Chambre des Comptes* coté 2 C, fol. 186. *Arch. nat., invent.* PP. 136, p. 273. (*Mention.*)

*Bibl. nat., mss. Moreau*, t. 1401, fol. 212. (*Mention*).

*Imp.* Blanchard, *Compilation chronologique*, t. I, col. 463. (*Mention*).

1804. Création d'un second office d'avocat du roi au Parlement de Toulouse et règlement pour ses fonctions. Saint-Germain-en-Laye, 25 avril 1523. 25 avril.

*Enreg. au Parl. de Toulouse, le 29 novembre 1526.*

*Imp.* Blanchard, *Compilation chronologique*, t. I, col. 463. (*Mention.*)

1805. Provisions de l'office de grand gruyer de Bourgogne en faveur de Jean de Saulx, chevalier, seigneur d'Orain. Saint-Germain-en-Laye, 26 avril 1523. 26 avril.

*Enreg. au Parl. de Dijon, le 28 mai suivant. Arch. de la Côte-d'Or, Parl.*, reg. I, fol. 216 v°.

1806. Mandement au sénéchal et «juge de crimes» de Toulouse de faire verser sans délai par les capitouls, entre les mains de Jehan Prévost, les deux quartiers échus de la somme de 18,000 28 avril.

livres tournois destinée à l'entretien de cinq cents hommes de pied. Saint-Germain-en-Laye, 28 avril 1523. 1523.

*Copie. Arch. municipales de Toulouse*, ms. 153, p. 581.

1807. Lettres de don à Robert du Breuil, seigneur de Beauvoir, et à Raoul du Martray, seigneur de la Villette, des terres de Mignot, Eschalot, Lochères, Billy, Gissey, etc., ayant appartenu à feu Claude de Vaudré, advenues au roi par droit d'aubaine. Saint-Germain-en-Laye, avril 1523. Avril.

*Enreg. à la Chancellerie de France. Arch. nat., Trésor des Chartes*, JJ. 236, n° 116, fol. 104. 2 pages.

*Enreg. à la Chambre des Comptes de Dijon. Arch. de la Côte-d'Or*, B. 19, fol. 165 v°.

1808. Mandement aux capitouls d'imposer sur tous les habitants, privilégiés et non privilégiés, de Toulouse la somme de 18,000 livres tournois pour les besoins de la guerre. Saint-Germain-en-Laye, 7 mai 1523. 7 mai.

*Copie. Arch. municipales de Toulouse*, ms. 153, p. 615.

1809. Commission au baron de Crissé d'assembler les nobles du ban et de l'arrière ban, les prévôts, francs-archers et gens de guerre des ordonnances pour courir sus aux vagabonds et aventuriers. Saint-Germain-en-Laye, 8 mai 1523. 8 mai.

Imp. Champollion, *Documents hist. inédits tirés des collections de la Bibl. nat. ou des Archives*, Paris, 1841-1848, in-4°, t. II, p. 481.

1810. Déclaration du roi portant que les héritages mis en criée pour aucuns deniers à lui dus seront séquestrés en attendant l'adjudication. Saint-Germain-en-Laye, 9 mai 1523. 9 mai.

*Enreg. au Parl. de Dijon, le 1er juin 1523. Arch. de la Côte-d'Or, Parl.*, reg. I, fol. 217 v°.

*Enreg. à la Chambre des Comptes de Dijon, le 19 juin 1523. Arch. de la Côte-d'Or*, reg. B. 18, fol. 95 v° et 276 v°; reg. 84, fol. 27 v°.



IMPRIMERIE NATIONALE.

1811. Ordonnance de mainlevée des terres de la succession de Geoffroy et de Michel de Vers, rendue en faveur de Marie de Vers, leur sœur. Saint-Germain-en-Laye, 9 mai 1523. 1523. 9 mai.

*Enreg. à la Chambre des Comptes de Paris. Arch. nat.*, P. 2304, p. 1501. 5 pages.

1812. Établissement d'un second avocat fiscal au bailliage de Touraine et siège de Tours, et provisions dudit office en faveur de Jean Binet, licencié ès lois. Saint-Germain-en-Laye, 12 mai 1523. 12 mai.

*Enreg. au Parl. de Paris*, ex ordinatione regis, *le 28 juillet 1523. Arch. nat.*, $X^{1a}$ 8611, fol. 429. 2 pages.

1813. Commission aux élus sur le fait des aides et des tailles pour s'informer des exempts et privilégiés. Saint-Germain-en-Laye, 13 mai 1523. 13 mai.

*Enreg. à la Cour des Aides de Normandie. Arch. de la Seine-Inférieure*, 1er vol. des *Mémoriaux*, fol. 253. (Voir ci-dessus le 16 juin 1522, n° 1588.)

1814. Don à Jean Bouhault, barbier et valet de chambre du roi, des biens de la succession du sieur René Dumont, prêtre, chapelain des Quinze-Vingts, demeurant dans leur enclos. Saint-Germain-en-Laye, 13 mai 1523. 13 mai.

*Original. Arch. des Quinze-Vingts*, n° 509.

1815. Lettres portant aliénation du revenu du sceau de la prévôté de Paris et du bailliage pour la conservation des privilèges de l'Université, au profit des écoliers et boursiers du collège fondé à Paris par le feu cardinal de Luxembourg, évêque du Mans. Saint-Germain-en-Laye, 14 mai 1523. 14 mai.

*Enreg. au Parl. de Paris, sans préjudice des protestations du Procureur général, le 18 mai 1523. Arch. nat.*, $X^{1a}$ 8611, fol. 423 v°. 2 pages.

1816. Réponses au cahier des doléances présenté par les États de Languedoc. Saint-Germain-en Laye, 14 mai 1523. 14 mai.

*Original aux États de Languedoc. Arch. de l'Hérault, C. Cahiers des doléances*, t. II, fol. 153. 52 pages.

1817. Lettres données à la requête des États de Languedoc, pour le passage des gens de guerre, garnisons et fourniture des vivres. Saint-Germain-en-Laye, 14 mai 1523. 1523. 14 mai.

*Original aux États de Languedoc. Arch. de l'Hérault, Ordonnances et arrêts*, t. III, *pièces*, n° 41. *Copie, même collect.*, t. I, fol. 245. 3 pages.

*Vidimus du bailli et juge du Velay, au Puy, le 17 août 1523. Arch. municip. de Toulouse*, ms. 195, p. 179.

Imp. P. de Caseneuve, *Chartes des principaux privilèges de la province de Languedoc*, p. 187, dans le *Franc alleu de la province de Languedoc*, 2e édit., Toulouse, 1645, in-fol.

1818. Lettres données à la requête des États de Languedoc, déclarant qu'à l'avenir les subsides accordés par eux ne seront pas levés par anticipation, mais seulement par quartier et à leur échéance, sauf le cas d'urgente nécessité. Saint-Germain-en-Laye, 14 mai 1523. 14 mai.

*Original aux États de Languedoc. Arch. de l'Hérault, Ordonnances et arrêts*, t. III, *pièces*, n° 40. *Copie, même collect.*, t. I, fol. 244. 3 pages.

*Vidimus des bailli et juge du Velay, le Puy, 17 août 1523. Arch. municip. de Toulouse*, ms. 195, p. 192.

*Copie. Bibl. nat.*, ms. lat. 9180, fol. 121.

Imp. P. de Caseneuve, *Chartes des principaux privilèges de la province de Languedoc*, p. 184, dans le *Franc alleu de la province de Languedoc*, Toulouse, 1645, in-fol.

1819. Lettres qui défendent aux amiraux et vice-amiraux de gêner la navigation en Languedoc par la perception de droits supérieurs aux anciens tarifs, et qui ordonnent la continuation des travaux du port d'Aigues-Mortes. Saint-Germain-en-Laye, 14 mai 1523. 14 mai.

*Copie aux États de Languedoc. Arch. de l'Hérault, Ordonnances et arrêts*, t. I, fol. 240 v°. 3 pages.

*Copie. Arch. municip. de Toulouse*, ms. 195, p. 130.

*Autre copie vidimée par le bailli et le juge du Velay, au Puy, le 17 août 1523*, ms. 195, p. 176.

1820. Lettres données à la requête des États de Languedoc, portant suppression de la nouvelle crue sur le sel et autorisation d'en payer la 14 mai.

valeur sous une autre forme. Saint-Germain-en-Laye, 14 mai 1523. 1523.

*Vidimus du bailli et juge du Velay, au Puy, 17 août 1523. Arch. municip. de Toulouse*, ms. 195, p. 194.

*Copie aux États de Languedoc. Arch. de l'Hérault, Ordonnances et arrêts*, t. I, fol. 242 v°. 4 pages.

IMP. P. de Caseneuve, *États généraux de Languedoc*, p. 32, dans le *Franc alleu de la province de Languedoc*, 2ᵉ édit., Toulouse, 1645, in-fol.

1821. Ordonnance portant que les États de Languedoc se tiendront alternativement dans l'une des trois sénéchaussées du pays, et que les députés ne pourront être ajournés, cités, ni arrêtés pendant la durée des États, ni pendant le voyage d'aller et de retour. Saint-Germain-en-Laye, 14 mai 1523. 14 mai.

*Original aux États de Languedoc. Arch. de l'Hérault, Ordonnances et arrêts*, t. III, *pièces*, n° 38.

IMP. P. Louvet, *Remarques sur l'histoire de Languedoc*, 1657, p. 176.

*Loix municipales de Languedoc*, t. Iᵉʳ, p. 632. Montpellier, 1780, in-4°. *Arch. de la Haute-Garonne.*

1822. Lettres adressées aux trésoriers de France, généraux de Montpellier et sénéchaux de Languedoc, portant garantie pour les créanciers ou acheteurs du domaine du roi. Saint-Germain-en-Laye, 14 mai 1523. 14 mai.

*Copie. Arch. municip. de Toulouse*, ms. 195, p. 126.

*Autre copie vidimée, au Puy, le 17 août 1523, par le juge du Velay, id.*, ms. 195, p. 188.

*Copie aux États de Languedoc. Arch. de l'Hérault, Ordonnances et arrêts*, t. I, fol. 239. 4 pages.

1823. Nouvelle prorogation, pour trois mois, des pouvoirs de l'archevêque de Bari, légat du pape Adrien VI en France. Saint-Germain-en-Laye, 15 mai 1523. 15 mai.

*Enreg. au Parl. de Paris, sans date. Arch. nat.*, X¹ᵃ 8611, fol. 423 v°. 1 page 1/4.

*Mention dans une décision du Parl. du 15 mai 1523. Arch. nat. Châtelet, Bannières*, Y. 8, fol. 197 v°.

*Enreg. au Parl. de Bordeaux, le 16 juin 1523. Arch. de la Gironde*, B. 30, fol. 405. 3 pages.

IMP. *Preuves des libertés de l'Église gallicane*, 3ᵉ édit., 1751, t. II, p. 84.

1824. Provisions pour Hugues Luguet, de Caudebec, de l'office de sergent royal en la forêt de Maulévrier, au bailliage de Caux. Longjumeau, 18 mai 1523. 1523. 18 mai.

*Original. Bibl. nat.*, ms. fr. 25720, fol. 230.

1825. Lettres d'érection d'un office de procureur du roi dans chacune des maîtrises des Eaux et forêts. Saint-Germain-en-Laye, mai 1523. Mai.

*Enreg. au Parl. de Paris*, de expresso mandato regis, *le 3 août 1523. Arch. nat.*, X[1a] 8611, fol. 430. 1 page 1/2.

*Enreg. aux Eaux et forêts, siège de la Table de marbre, le 5 août 1523. Arch. nat., Eaux et forêts*, Z. 4575, fol. 227 v°, 2 pages.

1826. Lettres de naturalité en faveur de Nicolas de Châteaumartin, docteur en droit, conseiller au Parlement de Dijon. Blois, mai 1523. Mai.

*Enreg. à la Chambre des Comptes de Dijon, le 16 juillet suivant. Arch. de la Côte-d'Or*, B. 72, fol. 82.

1827. Déclaration portant règlement pour la réserve des baliveaux dans les forêts de la province de Normandie. Saint-Germain-en-Laye, 4 juin 1523. 4 juin.

*Enreg. au Parl. de Rouen, le 30 juin 1523.*
*Bibl. nat.*, *mss. Moreau*, t. 1401, fol. 212. (*Mention.*)
Imp. Blanchard, *Compilation chronologique*, col. 464. (*Mention.*)

1828. Lettres de don à François d'Anglure, chevalier, seigneur de Boursault, d'une somme de 1,800 livres. Saint-Germain-en-Laye, 9 juin 1523. 9 juin.

*Enreg. à la Chambre des Comptes de Paris. Arch. nat.*, P. 2304, p. 1506. 2 pages.

1829. Mandement au gouverneur de Guyenne et au Parlement de Bordeaux de maintenir les religieux de l'ordre de Saint-François dans la possession des couvents qui leur ont été donnés et de contraindre l'archevêque de Bordeaux à 13 juin.

casser la sentence qu'il a prononcée. Saint-Germain-en-Laye, 13 juin 1523. 1523.

*Imp. Preuves des libertés de l'Église gallicane*, 3e édit., 1751, t. I, 1re part., p. 84.

1830. Commission aux élus sur le fait des aides et tailles pour s'informer des exempts et privilégiés. Saint-Germain-en-Laye, 15 juin 1523. 15 juin.

*Enreg. à la Cour des Aides de Normandie. Arch. de la Seine-Inférieure*, 1er vol. des *Mémoriaux*, fol. 253. (Voir ci-dessus, 16 juin 1522, n° 1588.)

1831. Lettres portant défenses expresses de transporter hors du royaume or et argent monnayé et non monnayé, soit directement, soit par lettres de change, de laisser sortir aucun courrier non muni de lettres revêtues de la signature royale, et mandant de visiter les lettres et paquets envoyés à l'étranger. Stains, 18 juin 1523. 18 juin.

*Enreg. au Châtelet de Paris, Livre rouge. Arch. nat.*, Y. 6⁴, fol. 99. 2 pages.

*Enreg. au Parl. de Grenoble, le 26 juin 1523. Arch. de l'Isère*, B. 2333, fol. 88. 1 page.

1832. Mandement au prévôt de Paris de procéder au recouvrement de l'aide de 11,781 livres tournois due par le clergé du diocèse de Paris pour sa quote-part du subside levé sur le clergé du royaume, et à défaut de payement, à la saisie de son temporel. Paris, 18 juin 1523. 18 juin.

*Enreg. au Châtelet de Paris, Livre rouge. Arch. nat.*, Y. 6⁴, fol. 100 v°. 1 page.

1833. Mandement au Parlement de Paris de recevoir François Leclerc, baron de la Forêt, en qualité de bailli de Sens, bien qu'il eût donné de l'argent pour obtenir la résignation de son prédécesseur. Paris, 18 juin 1523. 18 juin.

*Présenté au Parl. de Paris, le 10 juillet 1523. Arch. nat.*, X1a 1525, *reg. du Conseil*, fol. 289 v°. (*Mention.*)

*Reçu le 31 août suivant, id. ibid.*, fol. 368. (Voir ci-dessus les 22 octobre 1522 et 20 janvier 1523, nos 1676 et 1734.)

1834. Lettres adressées au Parlement au sujet d'un procès pendant entre l'abbaye de Bourgueil et 23 juin.

Anne de Bourbon, dame de Mirebeau, cette princesse voulant contraindre les religieux à réformer les notaires de leur châtellenie de Vouzailles. Paris, 23 juin 1523. 1523.

*Original. Arch. de la Vienne, Prieurés,* liasse 81.

1835. Lettres accordant pour huit ans aux consuls et habitants de Cahors le droit de souchet et autres aides pour les réparations des ponts, portes, murailles, etc. Saint-Germain-en-Laye, 24 juin 1523. 24 juin.

*Arch. communales de Cahors,* CC, 18.

1836. Mandement au bailli de Troyes et à l'évêque de cette ville de lever sur le clergé séculier un subside de 8,000 livres tournois, portion d'une somme totale de 1,200,000 livres, pour parer à des affaires urgentes et à la défense du royaume. Saint-Germain-en-Laye, 24 juin 1523. 24 juin.

*Arch. dép. de l'Aube,* 6 G[11], liasse 2.

1837. Mandement aux élus du Lyonnais de lever en quatre termes la somme de 25,908 livres 4 sous 5 deniers tournois, pour la part de leur élection dans la somme de 2,400,000 livres tournois imposée sur tout le royaume. Saint-Germain-en-Laye, 25 juin 1523. 25 juin.

*Copie. Bibl. nat.,* ms. fr. 2702, fol. 81.

1838. Mainlevée royale, en faveur de l'abbaye de Saint-Denis, de la saisie de ses terres et seigneuries faite par un jugement des commissaires du roi, pour défaut de payement des droits d'amortissement. Saint-Germain-en-Laye, 26 juin 1523. 26 juin.

*Original. Arch. nat.,* K. 82, n° 23.
IMP. J. Doublet, *Hist. de l'abbaye de Saint-Denis,* 1625, in-4°, p. 1166.

1839. Mandement au bailli de Senlis, ou à son lieutenant à Pontoise, de demander au clergé et aux gens d'église du diocèse de Rouen un nouveau subside sur le revenu de leur temporel pour 28 juin.

aider à la défense du royaume. Saint-Germain-en-Laye, 28 juin 1523. 1523.

*Original. Bibl. nat.*, ms. fr. 25720, fol. 231.

1840. Édit de création de quatre nouveaux offices de maître des requêtes de l'Hôtel. Saint-Germain-en-Laye, juin 1523. Juin.

*Enreg. au Parl. de Paris, sur l'ordre du roi*, proviso quod dicta quatuor officia suppressa et extincta remanebunt morte, resignatione aut alia vacatione, *le 9 juillet, et de nouveau le 18 juillet 1523. Arch. nat.*, X[1a] 8611, fol. 426. 2 pages 1/4.

*Enreg. à la Chambre des Comptes de Paris*, anc. mém. coté CC, fol. 289. *Copie. Arch. nat.*, ADIX. 121, n° 51. 4 pages.

*Imp.* E. Girard et J. Joly, *Offices de France*, in-fol., 1647, t. I, *add.*, p. 338.

1841. Édit portant établissement d'une chambre de Tournelle criminelle au Parlement de Dijon, et création de quatre offices de conseiller, outre les dix-sept qui y existaient d'ancienneté. Saint-Germain-en-Laye, juin 1523. Juin.

*Enreg. au Parl. de Dijon, le 19 novembre 1523. Arch. de la Côte-d'Or, Parl.*, reg. I, fol. 223 v°.

1842. Édit de création d'un siège royal du bailliage de Vermandois à Reims, dont la juridiction s'étendra sur les diocèses de Châlons et de Reims, qui faisaient partie autrefois du ressort du siège de Laon, avec règlement pour les officiers et la juridiction du nouveau siège. Saint-Germain-en-Laye, juin 1523. Juin.

*Enreg. au Parl. de Paris*, de expresso mandato regis, *le 17 juillet 1523. Arch. nat.*, X[1a] 8611, fol. 427. 3 pages.

*Enreg. à la Chambre des Comptes de Paris, anc. mém.* coté CC, fol. 228. *Arch. nat., invent.* PP. 136, p. 275. (*Mention.*)

1843. Édit portant création de trois nouveaux offices d'huissier au Parlement de Bordeaux. Saint-Germain-en-Laye, juin 1523. Juin.

*Enreg. au Grand Conseil, le 11 janvier 1536. Arch. nat., Grand Conseil*, V[5] 1051. 1 page.

*Enreg. à la Chambre des Comptes de Paris, anc. mém.* coté CC, fol. 23. *Arch. nat., invent.* PP. 136, p. 275. (*Mention.*)

1844. Édit de création de deux nouveaux offices d'huissier au Parlement de Grenoble. Saint-Germain-en-Laye, juin 1523. — 1523. Juin.

*Enreg. à la Chambre des Comptes de Grenoble. Original. Arch. de l'Isère*, B. 3187.

1845. Lettres portant permission de fortifier la ville de Montmorillon. Saint-Germain-en-Laye, juin 1523. — Juin.

*Original. Arch. de la Vienne*, E. 6[3].
Imp. *Arch. historiques du Poitou*, t. VIII, p. 427.

1846. Lettres d'amortissement de toutes les possessions des Chartreux du Mont-Saint-Louis, près Noyon, suivant les déclarations reçues et les sommes taxées par les commissaires du roi. Saint-Germain-en-Laye, juin 1523. — Juin.

*Copie collat. du XVIIIe siècle. Arch. nat.*, K. 171, n° 64.

1847. Lettres de naturalité obtenues par Pierre de Mesdrane, écuyer, natif d'Espagne, homme d'armes des ordonnances sous la charge de M. de la Trémoïlle. Saint-Germain-en-Laye, juin 1523. — Juin.

*Enreg. à la Chambre des Comptes de Dijon, le 16 novembre 1524. Arch. de la Côte-d'Or*, B. 72, fol. 91.

1848. Déclaration portant que les emprunts faits par le roi en son duché de Bourgogne ne porteront aucun préjudice aux privilèges du pays. Saint-Germain-en-Laye, 4 juillet 1523. — 4 juillet.

*Original. Arch. de la Côte-dOr, fonds des États de Bourgogne*, C. 2971.
*Enreg. au Parl. de Dijon, le 1er février 1523. Arch. de la Côte-d'Or, Parl.*, reg. I, fol. 228.
*Enreg. à la Chambre des Comptes de Dijon. Arch. de la Côte-d'Or*, reg. B. 72, fol. 88 v°.
Imp. *Recueil des édits et ordonnances des États de Bourgogne*, t. I, p. 360.

1849. Lettres octroyant aux habitants de Troyes un impôt de 20 deniers tournois à prendre sur chaque muid de sel vendu, pour en employer le revenu à l'œuvre des fortifications — 4 juillet.



IMPRIMERIE NATIONALE.

de leur ville. Saint-Germain-en-Laye, 4 juillet 1523. 1523.

*Arch. municip. de Troyes*, AA. X., 17e carton, 2e liasse.

1850. Lettres prescrivant une information au sujet de la requête de Jean de Gassion, marchand à Toulouse, qui se plaint du tort à lui fait par les guerres, particulièrement en ce qui concerne la traite et imposition foraine des ports et passages de la sénéchaussée de Toulouse, dont il a récemment acheté la ferme au prix de 29,500 livres. Saint-Germain-en-Laye, 4 juillet 1523. 4 juillet.

*Original. Bibl. nat.*, ms. fr. 25720, fol. 232.

1851. Abolition de l'impôt d'un écu mis sur la vente de toute queue de vin tirée du duché de Bourgogne. Saint-Germain-en-Laye, 5 juillet 1523. 5 juillet.

*Enreg. à la Chambre des Comptes de Dijon, le 17 juillet suivant. Arch. de la Côte-d'Or, Reg. des États*, C. 2978, fol. 175.

Imp. *Recueil des édits et ordonnances des États de Bourgogne*, t. I, p. 363.

1852. Provisions de l'office de sénéchal de Beaucaire et de Nîmes en faveur de Charles de Crussol, office présentement exercé par Jacques, son père, et résigné par lui au profit de son fils. Saint-Germain-en-Laye, 5 juillet 1523. 5 juillet.

*Enreg. au Parl. de Toulouse. Arch. de la Haute-Garonne, Édits*, reg. 3, fol. 101, 2 pages.

1853. Mandement aux élus du Lyonnais de lever dans leur élection 240 pionniers destinés à servir pour la conduite de l'artillerie dirigée sur le Milanais. Saint-Germain-en-Laye, 5 juillet 1523. 5 juillet.

*Copie. Bibl. nat.*, ms. fr. 2702, fol. 83.

1854. Lettres enjoignant à la ville de Poitiers de payer le quatrième quartier de la somme de 1,800 livres à elle imposée pour la solde de cent hommes de pied. Saint-Germain-en-Laye, 5 juillet 1523. 5 juillet.

*Arch. communales de Poitiers, Délibérations*, reg. 15, fol. 331.

(Voir le 8 janvier précédent, n° 1719.)

1855. Déclaration touchant l'exécution de l'édit de création de vingt nouveaux offices de conseiller au Parlement de Paris, pour former une troisième chambre des Enquêtes, et attribuant à ces nouveaux conseillers les mêmes droits et prérogatives qu'aux anciens. Saint-Germain-en-Laye, 5 juillet 1523. — 1523. 5 juillet.

*Enreg. au Parl. de Paris, sans date. Arch. nat.*, X[1a] 8612, fol. 7. 1 page 1/4.

Se trouve sur le registre entre le 10 et le 14 mars 1524 n. s.

1856. Provisions de l'un des quatre nouveaux offices de maître des requêtes de l'Hôtel en faveur de François Joubert, chevalier. Saint-Germain-en-Laye, 7 juillet 1523. — 7 juillet.

*Présentées au Parl. de Paris, le 14 juillet suivant. Arch. nat.*, X[1a] 1525, *reg. du Conseil*, fol. 295 v°. (*Mention.*)

1857. Nomination de Claude de Vinolz à la charge d'élu du Lyonnais occupée déjà par son père, Antoine de Vinolz, afin qu'elle soit exercée par l'un en l'absence de l'autre et reste au survivant. Saint-Germain-en-Laye, 10 juillet 1523. — 10 juillet.

*Copie. Bibl. nat.*, ms. fr. 2702, fol. 85.

1858. Mandement aux conseillers généraux sur le fait des finances de délivrer 200,000 livres tournois à Richard de Suffolk, qui va présentement en Angleterre avec une forte armée pour essayer la conquête de ce royaume. Saint-Germain-en-Laye, 11 juillet 1523. — 11 juillet.

*Original. Bibl. nat.*, ms. fr. 25720, fol. 233.

1859. Mandement pour la répartition sur le clergé du diocèse d'Orléans de 15,512 livres faisant partie de la somme de 1,200,000 livres accordée au roi par le clergé du royaume. Saint-Germain-en-Laye, 13 juillet 1523. — 13 juillet.

*Original. Arch. nat.*, K. 82, n° 25.

1860. Mandement aux trésoriers de faire payer à Florimond Robertet 7,500 livres tournois pour sa part de la somme de 30,000 livres tournois — 13 juillet.

qu'il avait, avec les trésoriers, prêtée au roi. Saint-Germain-en-Laye, 13 juillet 1523. 1523.

*Copie, Bibl. nat.*, coll. Fontanieu, vol. 193.

1861. Provisions de l'office de correcteur en la Chambre des Comptes en faveur de Guillaume Allegrain, au lieu et place de Christophe du Refuge. Saint-Germain-en-Laye, 16 juillet 1523. 16 juillet.

*Enreg. à la Chambre des Comptes de Paris. Arch. nat.*, P. 2304, p. 963. 6 pages.
*Double*, P. 2304, p. 1063. 4 pages 1/2.
*Idem*, P. 2536, fol. 19.

1862. Évocation au Grand Conseil d'un procès pendant au Parlement entre Pierre Bouton et Nicolas Prévost. Saint-Germain-en-Laye, 16 juillet 1523. 16 juillet.

*Présentée au Parl. de Paris, le 18 juillet suivant. Arch. nat.*, X[1a] 1525, *reg. du Conseil*, fol. 301 v°. (*Mention.*)

1863. Provisions de l'office de clerc et auditeur ordinaire en la Chambre des Comptes en faveur de François Tertereau, au lieu et place de Guillaume Tertereau, son père. Saint-Germain-en-Laye, 18 juillet 1523. 18 juillet.

*Enreg. à la Chambre des Comptes de Paris. Arch. nat.*, P. 2304, p. 1059. 3 pages.

1864. Ordonnance portant pouvoir aux seize examinateurs nouvellement créés au Châtelet de Paris, comme aux anciens examinateurs, d'exercer leurs fonctions tant en la Prévôté de Paris qu'au Bailliage de la conservation des privilèges royaux de l'Université. Saint-Germain-en-Laye, 20 juillet 1523. 20 juillet.

*Enreg. au Parl. de Paris, le 6 août 1523. Arch. nat.*, X[1a] 8611, fol. 430 v°. 1 page 1/2.
*Enreg. au greffe du Bailliage, le 11 août 1523. Châtelet de Paris, Bannières. Arch. nat.*, Y. 8, fol. 210. 3 pages.
*Bibl. nat.*, mss. Moreau, t. 1395, fol. 354. (*Mention.*)
*Imp. s. l. n. d.* In-4°, pièce, *Bibl. nat.*, 4° F, Paquets.
E. Girard et J. Joly, *Le troisiesme livre des offices de France*, 1647, in-fol., t. II, p. 1486 (sous la date du 11 juillet).

1865. Provisions de l'office de bailli et capitaine de Gisors en faveur d'Adrien Tiercelin. Saint-Germain-en-Laye, 20 juillet 1523. 1523. 20 juillet.

*Enreg. à la Chambre des Comptes de Paris, le 1er septembre 1523. Arch. nat., invent.* PP. 136, p. 276. (*Mention.*)

1866. Mandement au Parlement et à la Chambre des Comptes de Dauphiné d'enregistrer sans restrictions les lettres de don à Galéas Visconti des terres de la Bâtie et de Montluel, du péage de Beaurepaire et de la Tour-du-Pin. Saint-Germain-en-Laye, 20 juillet 1523. 20 juillet.

*Enreg. au Parl. de Grenoble, le 27 août 1523. Arch. de l'Isère, Chambre des Comptes de Grenoble,* B. 2907, cah. 140.

1867. Mandement aux généraux conseillers des finances portant que le chapitre de Senlis a obtenu une prorogation de quatre ans à l'autorisation qui lui avait été donnée de percevoir un denier pite tournois sur chaque quintal de sel vendu dans les chambres à sel du royaume, pour achever les travaux faits à leur église, à charge de payer la moitié de 150 livres tournois à l'église de Saint-Aignan d'Orléans. Saint-Germain-en-Laye, 21 juillet 1523. 21 juillet.

*Copie. Bibl. nat.*, coll. Moreau, t. 262, fol. 109. *Arch. de l'Oise*, G. 2339, *invent. du chapitre de Senlis*, cote 28, art. 16, p. 252. (*Mention.*)

1868. Création d'un office d'élu dans chacune des élections du royaume, à la réserve de celles où il en a été créé nouvellement. Saint-Germain-en-Laye, 22 juillet 1523. 22 juillet.

*Enreg. à la Chambre des Comptes de Paris, le 12 août 1523, anc. mém.* coté CC, fol. 265. *Copie. Arch. nat.*, ADIX. 121, n° 54. 3 pages.

*Enreg. à la Cour des Aides de Paris, le 13 août 1523. Arch. nat.* $Z^{1a}$ 526, et U. 665, fol. 243. (*Mentions.*)

Imp. J. Chenu, *Recueil des règlements concernant les offices de France*, dans l'édit. de ses *Œuvres*, t. II, p. 14.

1869. Création et érection d'un élu en chaque élection 22 juillet.

de Normandie, outre ceux qui y étaient précédemment établis. Saint-Germain-en-Laye, 22 juillet 1523. 1523.

Lettres de revalidation, 22 novembre 1523.

*Enreg. à la Cour des Aides de Normandie, le 24 mai 1527. Arch. de la Seine-Inférieure*, 1er vol. des *Mémoriaux*, fol. 272 v°. 7 pages.

1870. Lettres mandant aux archevêques, évêques et prélats du royaume de contribuer à la levée de 30,000 hommes de pied ou aux 1,200,000 livres imposées sur le clergé du royaume pour continuer la résistance contre le roi d'Angleterre et contre l'empereur. Paris, 24 juillet 1523. 24 juillet.

*Original. Bibl. nat.*, ms. fr. 25720, fol. 235.

1871. Exemption accordée à l'Université de Paris de la taxe de 1,200,000 livres mise sur le clergé de France. Paris, 24 juillet 1523. 24 juillet.

*Copie collationnée. Bibl. nat.*, ms. fr. 20597, n° 59.

1872. Confirmation d'exemption du droit d'entrée et de sortie des vins accordée aux doyen, chanoines, collégiales et à tous membres du clergé de la ville de Troyes, pendant la durée de la guerre. Paris, 24 juillet 1523. 24 juillet.

*Arch. dép. de l'Aube*, anc. cabinet Harmand, liasse 19.

1873. Mandement à la Chambre des Comptes d'allouer au receveur des exploits et amendes de la Cour des Aides les dépenses extraordinaires de cette cour, jusqu'à concurrence de 500 livres, non compris les frais de buvette et autres frais ordinaires. Paris, 25 juillet 1523. 25 juillet.

*Copie collationnée faite par ordre de la Cour des Aides de Paris, le 5 mars 1779. Arch. nat.*, Z1a 526.

1874. Mandement aux généraux conseillers sur le fait des finances de délivrer à Guillaume Prudhomme, les 2,800 livres tournois qu'il doit spécialement affecter cette année aux constructions du Havre-de-Grâce. Paris, 25 juillet 1523. 25 juillet.

*Original. Bibl. nat.*, ms. fr. 25720, fol. 236.

1875. Lettres par lesquelles le roi certifie sur sa parole que la somme d'argent par lui demandée au clergé de Troyes ne sert qu'à payer les frais de la guerre et urgentes nécessités du royaume. Saint-Germain-en-Laye, juillet 1523. — 1523. Juillet.

*Arch. dép. de l'Aube*, G. 2614, liasse 17.

1876. Provisions de l'office de capitaine de la ville et du château de Bayeux accordées à Perrin Doarcy, gentilhomme de la chambre du roi. Fontainebleau, 2 août 1523. — 2 août.

*Copie. Bibl. nat.*, ms. fr. 25720, fol. 237.

1877. Permission à Nicole Hurault, conseiller au Parlement de Paris, de se marier, bien que son office soit office de clerc. Fontainebleau, 2 août 1523. — 2 août.

*Présentée au Parl. de Paris, le 8 avril 1524. Arch. nat.*, $X^{1a}$ 1526, *reg. du Conseil*, fol. 166. (*Mention.*)

1878. Lettres accordant à Adrien Tiercelin, pourvu de l'office de bailli de Gisors le 20 juillet précédent (n° 1865), un délai pour la prestation de son serment. 3 août 1523. — 3 août.

*Enreg. à la Chambre des Comptes de Paris, le 1er septembre suivant. Arch. nat., invent.* PP. 136, p. 276. (*Mention.*)

1879. Évocation au Grand Conseil du procès commencé au Parlement de Paris contre Louis de Berquin, pour crime d'hérésie. 5 août 1523. — 5 août.

*Présentée au Parl. de Paris, le 8 août suivant. Arch. nat.*, $X^{1a}$ 1525, *reg. du Conseil*, fol. 330 v°. (*Mention.*)

1880. Mandement au Parlement de Bordeaux pour la publication de l'édit de création de six offices de conseiller en la sénéchaussée de Guyenne et Cour du conservateur des privilèges de l'Université de Bordeaux. Gien-sur-Loire, 11 août 1523. — 11 août.

*Enreg. au Parl. de Bordeaux, s. d. Arch. de la Gironde*, B. 30, fol. 424. 5 pages.

1881. Déclaration portant pouvoir pour la duchesse — 12 août.

d'Angoulême de gouverner le royaume, en qualité de régente, pendant l'absence du roi, son fils. Gien-sur-Loire, 12 août 1523. 1523.

*Enreg. au Parl. de Paris, le 7 septembre 1523. Arch. nat.*, X[1a] 8611, fol. 431 v°. 6 pages 1/2.
*Enreg. à la Chambre des Comptes de Paris. Arch. nat.*, P. 2304, p. 945. 15 pages 1/2.
*Idem*, P. 2535, fol. 412; ADIX. 121, n° 57.
*Enreg. au Parl. de Grenoble, le 31 janvier 1523. Arch. de l'Isère, Chambre des Comptes de Grenoble*, B. 2908, cah. 17. 8 pages.
*Copie. Bibl. nat.*, ms. fr. 2948, fol. 101 v°.
IMP. In-4°, pièce. *Arch. nat.*, ADI. 17. 4 pages.
Dupuy, *Traité de la majorité des rois et des régences*, in-4°, 1655, p. 283.
Dumont, *Corps diplomatique*, in-fol., 1727, t. IV, part. I, p. 389, col. 1.
Rymer, *Acta publica*, in-fol., 1741, t. VI, part. II, p. 5, col. 1.

1882. Ordonnance sur les montres et revues des gens de guerre, ordinaires et extraordinaires, de cheval et de pied, tant du royaume qu'étrangers, portant qu'elles seront faites par les commissaires et contrôleurs, qui devront aussi assister aux payements faits aux soldats par les trésoriers. Gien-sur-Loire, 12 août 1523. 12 août.

*Enreg. à la Chambre des Comptes de Paris, le 31 août 1523. Arch. nat.*, P. 2304, p. 937. 7 pages.
IMP. In-4°, pièce. *Arch. nat.*, ADIX. 121, n° 58.

1883. Révocation de la crue mise sur le sel transporté par le Rhône pour le Dauphiné et la Savoie. Gien-sur-Loire, 12 août 1523. 12 août.

*Enreg. au Parl. de Grenoble, le 30 octobre 1523. Arch. de l'Isère, Parl.*, B. 2333, fol. 94 v°.

1884. Création d'un office de second avocat du roi au Parlement de Toulouse, avec semblables gages que le premier. Lyon, 25 août 1523. 25 août.

*Enreg. au Parl. de Toulouse, 19 novembre 1526. Arch. de la Haute-Garonne, Édits*, reg. 3, fol. 197. 1 page 1/2.

1885. Lettres qui enjoignent aux sénéchaux de Lyon, Toulouse, Carcassonne et Beaucaire de tirer des prisons les hommes nécessaires pour l'ar- 25 août.

mement de deux galères en Provence. Lyon, 25 août 1523. 1523.

*Copie. Arch. municipales de Toulouse*, ms. 153, p. 648.

1886. Provisions de l'office de lieutenant général en Bourgogne en faveur de Claude, comte de Guise et d'Aumale. Lyon, 27 août 1523. 27 août.

*Enreg. au Parl. de Dijon, le 7 septembre suivant. Arch. de la Côte-d'Or, Parl.*, reg. I, fol. 218 v°.

*Enreg. à la Chambre des Comptes de Dijon, le 17 septembre suivant. Arch. de la Côte-d'Or*, B. 18, fol. 65 v°.

1887. Ordonnance portant confirmation de la réunion de toutes les parties du domaine royal aliénées et arrêtant que désormais toutes les concessions de domaines, d'anoblissements et finances se vérifieront en la Chambre des Comptes, et mandement aux gens des Comptes et du Parlement de Bretagne d'y tenir la main. Lyon, 29 août 1523. 29 août.

*Enreg. à la Chambre des Comptes de Bretagne. Arch. de la Loire-Inférieure*, B. *Mandements*, I, fol. 254.

Imp. A. de la Gibonays, *Recueil des édits et ordonnances concernant la Chambre des Comptes de Bretagne*, Nantes, 1721, 3e partie, p. 285.

1888. Mandement à tous les procureurs des villes franches de Bretagne de se rendre au conseil et chancellerie de Bretagne pour assister à la répartition des 12,000 livres imposées du consentement des États sur ces villes pour la défense du pays. Lyon, 29 août 1523. 29 août.

*Copie sur parchemin du 11 septembre 1523. Arch. municip. de Nantes*, AA. 23.

1889. Ordonnance relative à la translation du siège du bailliage de Paris pour la conservation des privilèges de l'Université, de l'hôtel de Nesle au Petit Châtelet. Fontainebleau, août 1523. Août.

*Enreg. au Parl. de Paris, le 17 novembre 1523. Arch. nat.*, X1a 8612, fol. 2 v°. 1 page 1/4.

*Enreg. à la Chambre des Comptes de Paris, anc. mém.* coté CC, fol. 69 ou 269. *Arch. nat., invent.* PP. 136, p. 277. (*Mention.*)



IMPRIMERIE NATIONALE.

1890. Lettres de la duchesse d'Angoulême, régente, portant provisions de l'office de contrôleur du Trésor à Paris en faveur d'Antoine Lemoyne, au lieu et place de feu Guillaume Rippault. Blois, 1er septembre 1523. — 1523. 1er septembre.

*Enreg. à la Chambre des Comptes de Paris. Arch. nat.*, P. 2304, p. 989, 3 pages.

1891. Mandement au Parlement de Bordeaux et aux autres justiciers du royaume de maintenir en état les affaires de François de la Tour, vicomte de Turenne, capitaine en service à l'armée de Picardie. Paris (*sic*), 2 septembre 1523. — 2 septembre.

*Imp.* Christophe Justel, *Histoire généalogique de la maison d'Auvergne*, Paris, 1645, 1 vol. in-fol., p. 238.

1892. Évocation au Grand Conseil par la régente des causes d'appel interjetées des sentences de Pierre Laydet, conseiller au Parlement, commissaire du roi, chargé de rechercher et de reviser les exemptions de tailles et impositions prétendues à tort par certains roturiers, sous ombre d'offices ou de privilèges. Blois, 2 septembre 1523. — 2 septembre.

*Présentée au Parl. de Paris, le 16 septembre 1523. Arch. nat.*, X1a 1525, *reg. du Conseil*, fol. 406 v°. (*Mention.*)

1893. Évocation au Grand Conseil, pour le 15 décembre suivant, des appels interjetés touchant l'abbaye de Saint-Pierre de Corbie. Blois, 3 septembre 1523. — 3 septembre.

*Présentée au Parl. de Paris, le 12 novembre 1523. Arch. nat.*, X1a 1526, *reg. du Conseil*, fol. 5 v°. (*Mention.*)

1894. Confirmation des privilèges accordés aux gentilshommes verriers par les rois Charles VII, Louis XI, Charles VIII et Louis XII. Blois, 5 septembre 1523. — 5 septembre.

*Copie certifiée par trois notaires. Arch. dép. du Tarn*, A. 2.

1895. Lettres de la régente portant attribution de 20 li- — 7 septembre.

vres tournois de gages à François Tiraqueau, avocat du roi au siège de Fontenay-le-Comte. Blois, 7 septembre 1523. 1523.

*Enreg. à la Chambre des Comptes de Paris, le 13 mars 1526. Arch. nat., invent.* PP, 136, p. 278. (*Mention.*)

1896. Confirmation par le roi des privilèges de la ville de Montélimar en ce qui concerne son exemption d'une imposition de 30,000 livres pour l'entretien de 1,000 hommes de guerre chargés de la défense du pays. Lyon, 8 septembre 1523. 8 septembre.

Imp. C.-U.-J. Chevalier, *Cartulaire municipal de Montélimar*, in-8°, 1871, p. 33.

1897. Confirmation par la régente du don de l'office de correcteur en la Chambre des Comptes de Paris fait à Guillaume Allegrain, et mandement pour sa réception. Blois, 8 septembre 1523. 8 septembre.

*Enreg. à la Chambre des Comptes de Paris. Arch. nat.*, P. 2552, fol. 17. 4 pages.

1898. Lettres de la régente portant exemption, en faveur de l'Université d'Angers, de la dernière aide requise par le roi, comme de toute autre imposition. Blois, 10 septembre 1523. 10 septembre.

Imp. Poquet de Livonière, *Privilèges de l'Université d'Angers*, Angers, 1636, in-4°, p. 49.

1899. Déclaration du roi par laquelle il se désiste de tous les droits qu'il pouvait prétendre contre la maison de Savoie. Lyon, 10 septembre 1523. 10 septembre.

Imp. S. Guichenon, *Hist. généal. de la maison de Savoie*, 1660, in-fol. t. III, *Preuves*, p. 493.
Dumont, *Corps diplomatique*, t. IV, part. 1, p. 391, col. 2.

1900. Lettres qui ordonnent l'arrestation du connétable de Bourbon, avec offre de 10,000 écus d'or au soleil à celui qui le mettra aux mains du roi, du comte de Villars, du grand maître ou du maréchal de la Palisse. Lyon, 11 septembre 1523. 11 septembre.

*Copie signée de Neufville. Arch. municip. de Toulouse*, ms. 153, p. 621.

1901. Déclaration de Louise de Savoie, régente, en faveur des conseillers clercs du Parlement de Paris; ils sont exemptés de contribuer à l'aide de 1,200,000 livres imposée sur le clergé. Blois, 14 septembre 1523. 1523. 14 septembre.

Mandement du Parlement pour l'exécution de la précédente déclaration. Paris, 24 septembre 1523.

*Enreg. au Parl. de Paris, s. d. Arch. nat.*, X[1a] 8611, fol. 435. 2 pages 1/2.

1902. Lettres portant commission pour faire jouir l'archevêque de Lyon des revenus du prieuré de Chavanoz en Dauphiné, dont était pourvu l'évêque de Maurienne, qui se disait évêque de Bourg-en-Bresse et en cette qualité avait fait prendre les dîmes et revenus de l'archevêché de Lyon situés en Bresse. Lyon, 14 septembre 1523. 14 septembre.

*Arch. du Rhône*, série G, *Armoire Cham*, vol. 17, n° 1.

1903. Lettres de la régente Louise de Savoie portant provisions de l'office de clerc auditeur en la Chambre des Comptes en faveur de Simon de Machault, au lieu et place de Pierre Angenoust. Blois, 14 septembre 1523. 14 septembre.

*Enreg. à la Chambre des Comptes de Paris. Arch. nat.*, P. 2304, p. 961. 2 pages.

1904. Lettres de la régente autorisant la ville de Reims à continuer pendant huit années la levée du petit aide. Blois, 15 septembre 1523. 15 septembre.

*Arch. municip. de Reims, Octrois*, liasse 6, n° 23.

1905. Lettres de la régente Louise de Savoie portant mandement à la Chambre des Comptes de recevoir Guillaume Allegrain en l'office de correcteur ordinaire. Blois, 18 décembre 1523. 18 septembre.

*Enreg. à la Chambre des Comptes de Paris, le 9 juillet 1524. Arch. nat.*, P. 2304, p. 973. 8 pages.
*Double*, P. 2304, p. 1067. 6 pages.
*Idem*, P. 2536, fol. 21.

1906. Lettres de convocation du ban et de l'arrière-ban de Dauphiné pour le 1er octobre. Lyon, 20 septembre 1523. — 1523. 20 septembre.

*Enreg. au Parl. de Grenoble, le 22 septembre suivant. Arch. de l'Isère, Parl.*, B. 2333, fol. 91 v°.

1907. Ordonnance contre les aventuriers, pillards, « opprimeurs et mangeurs » du pain du peuple, les capitaines, lieutenants, sergents de bande et autres qui les mènent, déclarés ennemis publics, avec pouvoirs à chacun de leur courir sus, de les détrousser et tailler en pièces; et contre les blasphémateurs, qui auront la gorge ouverte avec un fer chaud, la langue coupée, après quoi ils seront pendus et étranglés. Lyon, 25 septembre 1523. — 25 septembre.

*Enreg. au Parl. de Paris*, per modum provisionis, *en la Chambre des vacations, le 19 octobre 1523. Arch. nat.*, X1a 8611, fol. 436. 6 pages.

*Enreg. au Parl. de Toulouse, le 26 octobre 1523. Arch. de la Haute-Garonne. Édits*, reg. 3, fol. 143. 6 pages 1/2.

*Enreg. au Parl. de Grenoble, le 5 novembre 1523. Arch. de l'Isère, Parl.*, B. 2333, fol. 92 v°.

*Enreg. au Parl. de Bordeaux, le 17 novembre 1523. Arch. de la Gironde*, B. 30, fol. 418. 7 pages 1/2.

*Enreg. au Parl. de Dijon. Arch. de la Côte-d'Or, Parl.*, reg. 1, fol. 220.

*Copie. Arch. nat.*, K. 83, n° 142.

*Copie. Bibl. nat.*, ms. fr. 22371, p. 447.

Imp. In-4°, pièce, *à la Bibl. nat., Inv. Réserve*, F. 1537 et F. 1822.

Jacques Rebuffi, *Les édits et ordonnances des rois de France*, in-fol., 1573, p. 990.

A. Fontanon, *Édits et ordonnances*, in-fol., 1611, t. III, p. 167.

1908. Traité d'alliance entre François Ier et Henri, roi de Navarre. Lyon, 26 septembre 1523. — 26 septembre.

Ratification du roi de Navarre. Orthez, 16 octobre 1523.

*Original scellé. Arch. nat., Trésor des Chartes*, J. 619, n° 31.

Imp. Fr. Léonard, *Recueil des traités*, t. II, p. 189.

Dumont, *Corps diplomatique*, in-fol., 1727, t. IV, part. 1, p. 392, col. 1.

1909. Provisions en faveur de Jacques Blondel, bailli d'Étampes, de l'office de sénéchal de Ponthieu, vacant par la résignation du sieur de Brosse. Lyon, 1er octobre 1523. — 1523. 1er octobre.

*Présentées au Parl. de Paris, le 11 décembre 1523. Arch. nat.*, X1a 1526, *reg. du Conseil*, fol. 22. (*Mention*.)

1910. Lettres portant remboursement aux marchands lucquois et florentins, fermiers de l'entrée des draps de soie, or et argent à Lyon, des 20,000 livres tournois qu'ils avaient prêtées au roi pour huit ans, en 1515, déduction faite des sommes qui ont pu leur être rendues entre temps. Lyon, 9 octobre 1523. — 9 octobre.

*Original. Bibl. nat.*, ms. fr. 25720, fol. 238.

1911. Lettres d'amortissement pour la grande confrérie aux bourgeois de Paris. Paris (*sic*), 10 octobre 1523. — 10 octobre.

*Extrait. Bibl. de l'Arsenal*, ms. H. 764c, 2e partie, fol. 8.

Imp. A. de Boislisle, *Chambre des Comptes de Paris, Pièces justif. pour servir à l'hist. des premiers présidents*, in-4°, 1873, p. 22.

1912. Lettres d'assignation à Pierre Bernod de la somme de 4,416 livres 15 sous tournois, comme remboursement des pertes subies par lui pour les approvisionnements en blé et en vin qu'il était chargé de faire à Lyon. Lyon, 11 octobre 1523. — 11 octobre.

*Copie. Bibl. nat.*, ms. fr. 2702, fol. 99 v°.

1913. Assignation faite pour la ville de Lyon sur le produit des aides et gabelles du Lyonnais, d'une somme de 20,000 livres tournois qu'elle avait prêtée au roi, et d'une somme de 15,000 livres tournois dont le roi lui avait fait don pour la réparation de ses remparts. Lyon, 15 octobre 1523. — 15 octobre.

*Copie. Bibl. nat.*, ms. fr. 2702, fol. 98.

1914. Lettres ordonnant d'avancer l'ouverture de la session du Parlement et la fixant au lendemain — 23 octobre.

du jour où lesdites lettres seront présentées. Lyon, 23 octobre 1523. 1523.

*Présentées le 31 octobre 1523. Arch. nat.*, $X^{1a}$ 1525, *reg. du Conseil*, fol. 416.

*Enreg. au Parl. de Paris, le 3 novembre 1523. Arch. nat.*, $X^{1a}$ 8611, fol. 438, et $X^{1a}$ 8612, fol. 1. 1 page.

1915. Provisions de lieutenant du roi au gouvernement de Paris et de l'Île-de-France, pour Charles de Bourbon, comte de Vendôme, gouverneur de Picardie. Lyon, 24 octobre 1523. 24 octobre.

*Enreg. au Parl. de Paris, le 3 novembre 1523. Arch. nat.*, $X^{1a}$ 8612, fol. 1 v°. 2 pages.

1916. Édit de création d'un office de lieutenant particulier et premier conseiller au bailliage de Paris pour la conservation des privilèges de l'Université. Lyon, 26 octobre 1523. 26 octobre.

*Enreg. au Parl. de Paris*, de expresso mandato regis, *le 1er février 1524 n. s. Arch. nat.*, $X^{1a}$ 8612, fol. 4. 2 pages.

*Enreg. à la Chambre des Comptes de Paris, anc. mém.* coté 2 F, fol. 308. *Arch. nat.*, *invent.* PP. 136, p. 279. (*Mention.*)

1917. Lettres de contrainte pour l'emprunt de 20,000 livres prêtées au roi par la ville de Lyon. Lyon, 27 octobre 1523. 27 octobre.

*Original. Arch. municipales de Lyon*, CC. 372, n° 22.

1918. Mandement aux grènetiers de la charge d'outre-Seine de faire parvenir au trésor royal, dans le plus bref délai, tous les deniers que pouvaient avoir à leur disposition à cause de la vente du sel tous les marchands ayant le droit de fournir les greniers de ladite charge d'outre-Seine. Lyon, 27 octobre 1523. 27 octobre.

*Arch. dép. de l'Aube*, anc. cabinet Harmand, liasse 19.

1919. Mandement aux généraux des finances de faire rembourser par Guillaume Prudhomme, receveur de Normandie, à Robert Albisse, mar- 28 octobre.

chand de Lyon, la moitié des 12,500 écus qu'il a prêtés au roi. Lyon, 28 octobre 1523. 1523.

*Original, Arch. nat.*, K. 82, n° 28.
(Voir ci-dessous, 22 novembre 1525.)

1920. Création de deux offices de conseiller lai au Parlement de Toulouse. Lyon, 28 octobre 1523. 28 octobre.

*Enreg. au Parl. de Toulouse. Arch. de la Haute-Garonne, Édits*, reg. 3, fol. 95. 1 page 1/2.

1921. Création de deux nouveaux offices de conseiller lai au Parlement de Bordeaux. Lyon, 28 octobre 1523. 28 octobre.

*Enreg. au Parl. de Bordeaux, le 7 janvier 1523. Arch. de la Gironde*, B. 30, fol. 422. 3 pages.

1922. Déclaration relative à l'exécution de l'édit du 12 mai précédent, portant création d'un second avocat fiscal au bailliage de Touraine, et don de cet office à Jean Binet. Lyon, 2 novembre 1523. 2 novembre.

*Enreg. au Parl. de Paris*, de expresso mandato regis, *le 4 février 1524 n. s. Arch. nat.*, X[1a] 8612, fol. 3. 1 page 1/2.

1923. Institution d'un commissaire général et d'un maître des œuvres sur le fait des réparations des villes et places du Lyonnais, Forez, Beaujolais et Dombes. Lyon, 2 novembre 1523. 2 novembre.

*Copie. Arch. municip. de Lyon*, série EE.

1924. Lettres adressées aux généraux des finances et au sénéchal de Toulouse, à la requête de la ville, portant remise de la somme de 12,000 livres restant due sur celle de 36,000 livres, à condition de l'employer aux fortifications, artillerie, poudres, harnais, munitions et bâtons de guerre. Lyon, 6 novembre 1523. 6 novembre.

*Copie. Arch. municip. de Toulouse*, ms. 153, p. 639.

1925. Mandement au Parlement de Paris de recevoir Jacques Blondel en qualité de sénéchal de Ponthieu, quoiqu'il ait donné de l'argent à 7 novembre.

son prédécesseur pour obtenir sa résignation, et lui permettre d'exercer en même temps l'office de bailli d'Étampes. Lyon, 7 novembre 1523. 1523.

*Présenté au Parlement de Paris, le 11 décembre 1523. Arch. nat.*, X[1a] 1526, *reg. du Conseil*, fol. 22. (*Mention.*)

(Voir ci-dessus, le 1er octobre 1523, n° 1909.)

1926. Déclaration déchargeant les officiers domestiques et serviteurs du roi de toute participation à la subvention récemment mise sus et imposée pour le payement des gens de pied. Lyon, 15 (*alias* 4) novembre 1523. 15 novembre.

*Enreg. à la Chambre des Comptes de Paris, le 2 mars 1524. Arch. nat.*, P. 2304, p. 999. 4 pages.

*Idem*, P. 2535, fol. 422; ADIX. 121, n° 60.

*Copie. Arch. municip. de Lyon*, CC. 360.

1927. Lettres qui enjoignent aux trésoriers de France et généraux des finances de Bourgogne, Picardie, Provence, Dauphiné, receveurs, contrôleurs et autres comptables du royaume d'apporter au château de Blois les deniers de leurs recettes des termes d'octobre, novembre et décembre. Lyon, 15 novembre 1523. 15 novembre.

*Enreg. à la Chambre des Comptes de Dijon. Arch. de la Côte-d'Or*, reg. B. 18, fol. 117.

*Enreg. à la Chambre des Comptes de Grenoble. Arch. de l'Isère*, B. 2907, cah. 141 et 145.

*Copie. Arch. mnnicip. de Toulouse*, ms. 195, p. 103.

*Copie. Arch. municipales de Montpellier*, AA. *Assiettes.*

1928. Lettres relatives à la levée en Languedoc des deniers provenant des domaines, tailles, aides, gabelles, équivalent et fermes. Lyon, 15 novembre 1523. 15 novembre.

*Enreg. au Parl. de Toulouse. Arch. de la Haute-Garonne, Édits*, reg. 3, fol. 152. 2 pages 1/2.

1929. Lettres de revalidation de la création d'un nouvel office d'élu en chaque élection de Nor- 22 novembre.



IMPRIMERIE NATIONALE.

mandie. Saint-Just-sur-Lyon, 22 novembre 1523. 1523.

*Enreg. à la Cour des Aides de Normandie. Arch. de la Seine-Inférieure, 1er vol. des Mémoriaux*, fol. 272 v°.

(Voir ci-dessus, 22 juillet 1523, n° 1869.)

1930. Lettres de la régente aux consuls de Montpellier, portant convocation des États de Languedoc dans cette ville, pour le 18 décembre 1523. Blois, 24 novembre 1523. 24 novembre.

*Arch. municip. de Montpellier, AA. États provinciaux.*

1931. Bulle du pape Clément VII portant privilèges, franchises et exemptions pour les Célestins de Paris. Rome, le 6 des calendes de décembre 1523. 26 novembre.

*Enreg. au Parl. de Paris, le 3 mai 1661, avec des lettres de confirmation de Louis XIV. Arch. nat.*, X1a 8662, fol. 337. 19 pages.

1932. Ordonnance enjoignant aux princes du sang et à tous les officiers du royaume de veiller à ce que les aventuriers ne s'assemblent, sans mandement du roi, outre le nombre de dix, pour tenir les champs. Lyon, 28 novembre 1523. 28 novembre.

*Enreg. au Parl. de Dijon. Arch. de la Côte-d'Or, Parl.*, reg. I, fol. 229.

1933. Évocation au Grand Conseil de certaine cause d'appel touchant l'institution d'un maire perpétuel à Mantes. Blois, 30 novembre 1523. 30 novembre.

*Présentée au Parl. de Paris, le 5 décembre 1523. Arch. nat.*, X1a 1526, *reg. du Conseil*, fol. 17 v°. (*Mention.*)

1934. Édit de création du Parlement de Dombes, siégeant à Lyon. Lyon, novembre 1523. Novembre.

Imp. *Recueil des droits et privilèges du Parlement de Dombes*, in-4°, 1741.

Guichenon, *Hist. de la souveraineté de Dombes*, publ. par C. Guigne, in-8°, 1874, t. II, p. 2. (*Mention.*)

*Bibl. nat., mss. Moreau*, t. 1310, fol. 148. (*Mention.*)

1935. Création d'un siège royal et bailliage à Saint-Flour, compris jusqu'alors dans le bailliage des Montagnes d'Auvergne. Lyon, novembre 1523. — 1523. Novembre.

*Enreg. au Grand Conseil, le 27 mai 1527. Arch. nat.*, V[5] 1046. 2 pages.

1936. Création d'une maîtrise de chaque métier dans tout le royaume, à l'occasion de la naissance de Marguerite de France. Blois, 1er décembre 1523. — 1er décembre.

*Enreg. au Châtelet de Paris, le 23 mars 1524 n. s. Arch. nat.; Châtelet, Bannières*, Y. 8, fol. 190 v°. 2 pages.

1937. Concession viagère au sire de Rieux, baron d'Ancenis, comte d'Harcourt, de la jouissance du château de Sucinio avec l'île de Rhuis, diocèse de Vannes, pour le récompenser de ses services. Blois, 1er décembre 1523. — 1er décembre.

*Enreg. à la Chambre des Comptes de Bretagne. Arch. de la Loire-Inférieure*, B. *Mandements*, I, fol. 286.

1938. Mandement aux élus du Lyonnais de lever à des termes plus rapprochés que ceux qu'on avait tout d'abord fixés, la somme de 23,480 livres 4 sous 5 deniers tournois, pour la part de l'élection dans l'imposition de 2,400,000 livres tournois répartie sur tout le royaume. Blois, 6 décembre 1523. — 6 décembre.

*Copie. Bibl. nat.*, ms. fr. 2702, fol. 87.

1939. Provisions en faveur de Clément Saulnier de La Barde de l'un des deux offices de conseillers lais nouvellement créés au Parlement de Bordeaux. Blois, 6 décembre 1523. — 6 décembre.

*Enreg. au Parl. de Bordeaux, s. d. Arch. de la Gironde*, B. 30 bis, fol. 1 bis. 4 pages.

1940. Lettres qui enjoignent au seigneur de Mirepoix, lieutenant général en Languedoc, à Jehan de Poncher, général des finances, à Jehan Nicolaï, premier président des comptes à Paris, à Jehan Testa, receveur général, et à Nicolas de Mazi, gouverneur de Montpellier, de réclamer des — 6 décembre.

États de Languedoc la somme de 239,328 livres 17 sous 4 deniers tournois. Blois, 6 décembre 1523. 1523.

*Copie. Arch. municip. de Toulouse*, ms. 195, p. 95. *Copie. Arch. municip. de Montpellier*, AA. *Assiettes.*

1941. Lettres de provisions accordées à François Delaage, docteur en droit, de l'office de conseiller clerc au Parlement de Paris, vacant par la mort de Louis Doreille. Blois, 8 décembre 1523. 8 décembre.

*Présentées au Parl., le 6 janvier 1524 n. s.; réception dudit Delaage, le 11 janvier suivant. Arch. nat.*, $X^{1a}$ 1526, *reg. du Conseil*, fol. 47 et 51. (*Mentions.*)

1942. Mandement pour la vérification des lettres du 25 août 1523 (n° 1884), malgré l'opposition de Jean d'Eygua, avocat du roi, et de Raymond Sabatier, procureur général. Blois, 8 décembre 1523. 8 décembre.

*Enreg. au Parl. de Toulouse, le 19 novembre 1526. Arch. de la Haute-Garonne, Édits*, reg. 3, fol. 198. 2 pages.

*Imp.* Blanchard, *Compilation chronologique*, col. 463. (*Mention.*)

1943. Lettres relatives à la collation de la cure d'Yvetot. 10 décembre 1522. 10 décembre.

*Imp. Cabinet historique*, 1874, 2ᵉ partie, p. 112. (*Mention, d'après un ancien chartrier des princes d'Yvetot.*)

1944. Lettres portant attribution de 20 livres tournois de gages à Bertrand Laydet, avocat du roi au siège de Niort. 11 décembre 1523. 11 décembre.

*Enreg. à la Chambre des Comptes de Paris, le 15 juin 1524, anc. mém.* 2 D, fol. 18. *Arch. nat., invent.* PP. 136, p. 281. (*Mention.*)

1945. Provisions de l'un des quatre offices de maîtres des Requêtes de l'hôtel nouvellement créés, en faveur de Jean Calvimont. Blois, 14 décembre 1523. 14 décembre.

*Présentées au Parl. et réception dudit de Calvimont*

*au Parl. de Paris, le 20 avril 1524. Arch. nat.*, X[1a] 1526, *reg. du Conseil*, fol. 180 v°. (*Mention.*) 1523.

1946. Nomination de Pierre Cholet à l'office nouvellement créé d'élu ordinaire dans l'élection de Lyonnais. Blois, 19 décembre 1523. 19 décembre.

*Copie. Bibl. nat.*, ms. fr. 2702, fol. 92.

1947. Commission adressée à Jean Pajot pour recevoir les deniers à provenir du recouvrement des débets de souffrances subsistant sur les comptes, faute de quittances. Blois, 21 décembre 1523. 21 décembre.

*Enreg. à la Chambre des Comptes de Paris. Arch. nat.*, P. 2304, p. 981. 3 pages.

1948. Lettres confirmant les précédentes des 31 mai 1521 et 7 janvier 1522 (n[os] 1356 et 1457), au sujet de l'impôt accordé aux habitants de Troyes sur chaque muid de sel vendu dans toutes les villes ouvertes des environs, et prorogeant ledit impôt pour trois nouvelles années. Blois, 22 décembre 1523. 22 décembre.

*Bibl. de la ville de Troyes*, ms. 1290, p. 359.

1949. Mandement aux généraux des finances de payer aux trésoriers des guerres Jean Grolier et René Thizart 3,200 livres tournois pour les gages des prévôts de la justice des maréchaux de France en Normandie, en remplacement de semblable somme prise sur Guillaume Prudhomme, receveur général des finances au duché de Normandie. Blois, 22 décembre 1523. 22 décembre.

*Arch. du Calvados, fonds Danquin*, série F (non inventorié).

1950. Mandement aux généraux conseillers sur le fait des finances du royaume de rembourser aux marchands de sel d'Outre-Seine une somme de 17,500 livres tournois qu'ils avaient prêtée au roi, sur sa demande faite le 27 octobre précédent. Blois, 23 décembre 1523. 23 décembre.

*Arch. dép. de l'Aube, anc. cabinet Harmand*, liasse 19.

1951. Mandement au sieur de Précy, grand chambellan du roi, enquêteur et réformateur des eaux et forêts, de vaquer à son office et de prendre les mesures nécessaires à la réformation des abus. Blois, 23 décembre 1523. — 1523. 23 décembre.

*Original. Bibl. nat.*, ms. fr. 25720, fol. 241.

1952. Lettres portant que tous les deniers qui se trouveront consignés en justice et semblablement ceux qui ont été baillés en garde et dépôt, ou sequestrés par ordonnance de justice, à quelque personne que ce soit, seront pris par forme d'emprunts. Injonction aux généraux de la Justice des aides de Rouen de délivrer en conséquence au trésorier de l'Épargne 8,000 livres qui avaient été consignées par les marchands de Rouen. Blois, 24 décembre 1523. — 24 décembre.

*Enreg. à la Cour des Aides de Normandie, le 8 janvier 1524 n. s. Arch. de la Seine-Inférieure*, 1er vol. des *Mémoriaux*, fol. 180 v°. 3 pages.

1953. Ordonnance portant réorganisation de l'administration des finances, tant ordinaires qu'extraordinaires, et règlement pour le maniement et la distribution des deniers. Blois, 28 décembre 1523. — 28 décembre.

*Enreg. à la Chambre des Comptes de Paris, le 10 mai 1524. Arch. nat.*, P. 2304, p. 1003. 12 pages 1/2. *Idem*, P. 2536, fol. 1.

*Copie collationnée faite par ordre de la Cour des Aides de Paris, le 26 avril 1778. Arch. nat.*, Z1a 526.

*Enreg. à la Chambre des Comptes de Dijon, le 15 février 1524 n. s. Arch. de la Côte-d'Or*, reg. B. 18, fol. 67 v°.

*Enreg. au Parl. de Toulouse. Arch. de la Haute-Garonne, Édits*, reg. 3, fol. 139. 6 pages 1/2.

*Enreg. à la Chambre des Comptes de Grenoble. Arch. de l'Isère*, B. 2907, cah. 151.

*Enreg. à la Chambre des Comptes de Montpellier, le 9 février 1524 n. s. Arch. de l'Hérault*, reg. B. 341, fol. 17. 9 pages.

Imp. In-4°, pièce, *aux Arch. nat.*, ADI 17; ADIX, 121, n° 61. 7 pages.

S. Fournival, *Recueil général des titres concernant les Trésoriers de France*, Paris, 1672, in-fol., p. 141.

*Ordonnances, édits, déclarations... concernant*

*l'autorité et la juridiction de la Chambre des Comptes de Paris*, 1726, t. I, p. 180. 1523.

1954. Lettres de surannation des provisions de vicomte et receveur de Bayeux, accordées le 28 janvier 1521 (n° 1310) à Hervé Daveau. Blois, 28 décembre 1523. 28 décembre.

*Enreg. à la Chambre des Comptes de Paris, anc. mém.* 2 C, fol. 28. *Arch. nat., invent.* PP. 136, p. 243. (*Mention.*)

1955. Lettres de création de deux nouveaux offices de conseillers au Parlement de Bordeaux. Blois, 28 décembre 1523. 28 décembre.

*Bibl. nat.*, ms. fr. 22371, fol. 456. (*Mention.*)

1956. Mandement enjoignant au sénéchal de Périgord de contraindre les nobles et gens d'église habitant Périgueux à contribuer aux frais d'établissement de boulevards, remparts et autres ouvrages de défense, au dedans et au dehors de la ville. Blois, 30 décembre 1523. 30 décembre.

*Original. Arch. municip. de Périgueux*, EE. 20.

1957. Mandement aux généraux conseillers des finances de faire payer par Guillaume Prudhomme, receveur général de Normandie, sur les deniers provenant du clergé, à Guillaume de Seigne, trésorier ordinaire de l'artillerie, la somme de 1,500 livres tournois à titre de remboursement. Blois, 31 décembre 1523. 31 décembre.

*Original. Bibl. nat.*, ms. fr. 25720, fol. 242.

1958. Contrat d'échange entre François Ier et le sieur de Saint-Marsault. Celui-ci abandonne au roi les terres de Millançay, Villefranche, Villebrosse et Billy, au comté de Blois, contre celles de Pendrix et de Parcoul en Saintonge. Blois, décembre 1523. Décembre.

*Enreg. au Parl., sur lettres de relief d'adresse données par Henri IV, le 4 mai 1599. Arch. nat.*, X1a 8643, fol. 302. 6 pages.

1959. Confirmation des privilèges et franchises des habitants de Pauilhac, au comté de Gaure. Blois, décembre 1523. Décembre.

*Original sur parchemin. Arch. de la commune de Pauilhac (Gers)*, AA. 3.

*Enreg. à la Chancellerie de France. Arch. nat., Trésor des Chartes*, JJ. 239, n° 62, fol. 15 v°. 1 page 1/2. 1523.

1960. Lettres attribuant le jugement des causes rélatives à l'imposition foraine d'Anjou aux juges des traites, en première instance, et à la Cour des Aides, en appel. Décembre 1523. Décembre.

*Mentionné dans le recueil Cromo (Cour des Aides). Arch. nat.*, U. 665, fol. 243.

## 1524. — Pâques, 27 mars.

1524.

1961. Lettres en faveur des pêcheurs à verge de Paris, pour réglementer la vente et le débit du poisson au marché de la porte de Paris, devant la grande boucherie. Blois, 5 janvier 1523. 5 janvier.

*Enreg. au Châtelet de Paris, le 25 janvier 1524 n. s. Arch. nat., Châtelet, Bannières*, Y. 8, fol. 188 v°. 2 pages.

*Copie. Arch. de la Préfecture de police, Collection Lamoignon*, t. VI, fol. 71.

Imp. Delamare, *Traité de la Police*, t. III, p. 311.

1962. Pouvoirs donnés par le roi aux cardinaux Louis de Bourbon, Jean de Lorraine, François de Clermont, Scaramouche Trivulce, au comte de Carpi et à François de Saint-Martial, sénéchal de Périgord, pour traiter avec les ambassadeurs de Charles-Quint et ceux de Henri VIII, roi d'Angleterre. Blois, 5 janvier 1523. 5 janvier.

*Original. Arch. nat., Trésor des Chartes*, J. 665, n° 3.

1963. Déclaration concernant la reddition des comptes des clavaires du pays de Languedoc à la Chambre des Comptes de Montpellier. Blois, 8 janvier 1523. 8 janvier.

*Enreg. à la Chambre des Comptes de Paris, le 28 novembre 1524. Copie. Arch. nat.*, ADIX. 121, n° 64. 5 pages.

1964. Exemption d'aides octroyée pour six ans aux habitants de la ville de la Guerche, diocèse de Rennes, à titre de prorogation d'autres 9 janvier.

concessions faites en 1520. Blois, 9 janvier 1523. 1524.

*Enreg. à la Chambre des Comptes de Bretagne. Archives de la Loire-Inférieure, B. Mandements, I, fol. 257.*

1965. Déclaration portant que les huit conseillers du Parlement de Toulouse de création nouvelle seront tous lais et payés comme tels. Blois, 9 janvier 1523. 9 janvier.

*Enreg. au Parl. de Toulouse. Arch. de la Haute-Garonne, Édits, reg. 3, fol. 96. 1 page.*

1966. Lettres de relief de surannation pour l'enregistrement de la confirmation des privilèges des habitants de Périgueux, de janvier 1514 (n° 69). Blois, 9 janvier 1523. 9 janvier.

*Original. Arch. municip. de Périgueux, AA. 15.*

1967. Mandement à la Chambre des Comptes de procéder à l'enregistrement et à la mise à exécution des lettres en date du 16 juillet 1523 (n° 1861), attribuant à Guillaume Allegrain l'office de correcteur en la Chambre des Comptes. Blois, 13 janvier 1523. 13 janvier.

*Enreg. à la Chambre des Comptes de Paris, le 9 juillet 1524. Arch. nat., P. 2304, p. 1073. 3 pages. Idem, P. 2536, fol. 23 v°, et ADIX. 121, n° 66.*

1968. Mandement au Parlement de Paris pour faire apporter devers la cour les registres, papiers et sceaux de la légation du feu cardinal de Boisy, et les donner en garde à quelque bon et notable personnage. Blois, 14 janvier 1523. 14 janvier.

*Présenté au Parl. de Paris, le 15 mars 1524 n. s. Arch. nat., X[1a] 1526, reg. du Conseil, fol. 137 v°. (Mention.)*

1969. Ordre de faire convoquer les hommes d'armes et archers qui ont déserté l'armée destinée à être envoyée en Italie, et, s'ils ne rejoignent leurs capitaines, de saisir leurs fiefs. Blois, 18 janvier 1523. 18 janvier.

*Vidimus du 4 février suivant. Arch. nat., K. 82, n° 29.*

1970. Mandement portant défense de construire à 18 janvier.

moins d'un quart de lieue au delà des for- 1524.
tifications de Saint-Sébastien à Lyon et de quarante pas en deçà. Blois, 18 janvier 1523.

*Original. Arch. municip. de Lyon*, série EE.
*Copie, id.*, AA. 151, fol. 16.

1971. Lettres portant injonction aux gens des comptes 22 janvier.
à Moulins de faire payer aux religieuses de Sainte-Claire de Moulins les sommes d'argent et quantités de blé et de vin qui leur ont été léguées pour les aider à vivre. Blois, 22 janvier 1523.

*Enreg. à la Chambre des Comptes de Paris. Arch. nat.*, P. 2304, p. 1025. 1 page.

1972. Lettres de privilèges et exemptions en faveur 26 janvier.
des abbé et religieux de Saint-Benoît-sur-Loire, et confirmation de celles de Louis XII. 26 janvier 1523.

*Archives du Loiret, série H, Inventaire des titres de Saint-Benoît, dressé en 1567, sur l'ordre du cardinal de Châtillon, abbé de Saint-Benoît. (Mention.)*

1973. Édit créant quatre offices de maîtres des Re- Janvier.
quêtes de l'Hôtel et réduisant leur nombre total à douze, au fur et à mesure des vacances. Blois, janvier 1523.

*Enreg. au Parl. de Paris*, de expresso precepto regis, *le 10 mars 1524 n. s. Arch. nat.*, X[1a] 8612, fol. 5. 4 pages.
*Enreg. à la Chambre des Comptes de Paris, anc. mém.* CC. fol. 289.

1974. Lettres en faveur de Simon Teste, conseiller et Janvier.
correcteur des comptes du roi. Il lui est permis d'ajouter à l'écusson de ses armes une fleur de lis d'or sur un chevron d'azur. Blois, janvier 1523.

*Enreg. à la Chancellerie de France. Archives nationales, Trésor des Chartes*, JJ. 236, n° 354, fol. 372 v°. 1 page.

1975. Érection de la seigneurie de Tuisseau et des fiefs Janvier.
qui en dépendent en châtellenie, en faveur de

Philibert Babou, trésorier de France. Blois, janvier 1523. 1524.

*Anc. mémorial de la Chambre des Comptes de Paris*, coté 2 D, fol. 41. *Arch. nat., invent.* PP. 136, p. 282. (*Mention.*)

1976. Donation au duc de Vendôme, gouverneur de Picardie, sa vie durant, de la portion de la composition et aide ordinaire d'Artois, qui est perçue d'ordinaire en la ville de Hesdin. Blois, 1er février 1523. 1er février.

*Enreg. à la Chambre des Comptes de Paris. Arch. nat.*, P. 2304, p. 993. 1 page 1/2.
*Idem*, P. 2535, fol. 420 v°.

1977. Lettres portant que tous ceux qui se sont retirés ou se retireront au Havre-de-Grâce pour y demeurer seront exempts des aides et impositions, mais continueront de payer la taille comme auparavant. Blois, 5 février 1523. 5 février.

*Enreg. à la Cour des Aides de Rouen, le 13 janvier 1525 n. s. Arch. de la Seine-Inférieure, 1er vol. des Mémoriaux*, fol. 216. 5 pages.

1978. Provisions et réception de Claude de Villemort en l'office de clerc et auditeur en la Chambre des Comptes, au lieu de Nicolas d'Albiac. 6 février 1523. 6 février.

*Enreg. à la Chambre des Comptes de Paris, anc. mém.* 2 D, fol. 13. *Arch. nat., invent.* PP. 136, p. 283. (*Mention.*)

1979. Lettres ordonnant l'entérinement au Parlement de Dijon d'une bulle de Léon X, du 25 octobre 1518, et de la confirmation royale, portant règlement des délais dans lesquels il devra être pourvu aux bénéfices vacants (ci-dessus, n° 891). Saint-Germain-en-Laye, 23 février 1523. 23 février.

*Enreg. au Parl. de Dijon, le 12 mars 1524 n. s. Arch. de la Côte-d'Or, Parl.*, reg. I, fol. 213 v°.

1980. Lettres commuant la peine de mort prononcée contre Jean de Poitiers, sieur de Saint-Vallier, en celle de la prison perpétuelle. Blois, février 1523. Février.

*Présentées au Parl. de Paris, le 17 février 1524*

*n. s. Arch. nat.*, X[1a] 1526, *reg. du Conseil*, fol. 95 v°. (*Mention.*) 1524.

IMP. G. Marcel, *Histoire de la monarchie française*, Paris, 1683-86, in-12, t. IV, p. 314.

L'abbé C. Chevalier, *Histoire de Chenonceau*, p. 206.

1981. Mandement à la Chambre des Comptes de Paris de vérifier et de liquider certains droits de régale de l'évêché d'Angers, et, ladite liquidation faite, de déduire à l'évêque François de Rohan, alors archevêque de Lyon, la somme de 10,000 écus d'or par lui prêtée au roi. Paris, 3 mars 1523. 3 mars.

*Enreg. à la Chambre des Comptes de Paris. Arch. nat.*, P. 2536, fol. 13. 2 pages.

1982. Mandement au Parlement de Paris de nommer des commissaires pour la vérification et liquidation desdits droits de régale de l'évêché d'Angers. Paris, 9 mars 1523. 9 mars.

*Enreg. à la Chambre des Comptes de Paris. Copie. Arch. nat.*, P. 2304, p. 1041 (faussement daté de 1524), et P. 2552, fol. 11. 2 pages.

1983. Évocation devant les maréchaux de France ou leur lieutenant à la table de marbre, siège de la Connétablie et maréchaussée, d'un procès entre Jean de Levis-Mirepoix, lieutenant général en Languedoc, et Antoine de Rochechouart, sénéchal de Toulouse, d'une part, et les gentilshommes de la sénéchaussée de Toulouse qui se sont rendus à la convocation du ban et arrière-ban, au mois d'août 1523, d'autre part; ceux-ci avaient accusé les premiers d'avoir exempté, moyennant finance, la plupart des gentilshommes de la sénéchaussée. Paris, 9 mars 1523. 9 mars.

IMP. Pinson de la Martinière, *De la Connestablie et mareschaussée de France*, Paris, 1661, in-fol., p. 9.

1984. Nouvelle permission à Nicolas Hurault, conseiller au Parlement de Paris, de se marier, bien qu'il soit pourvu d'un office de clerc. Paris, 10 mars 1523. 10 mars.

*Présentée au Parl. de Paris, le 8 avril 1524. Arch. nat.*, X[1a] 1526, *reg. du Conseil*, fol. 166. (*Mention.*)

(Voir ci-dessus, au 2 août 1523, n° 1877.)

1985. Provisions de l'office de clerc et auditeur ordinaire en la Chambre des Comptes, en faveur de François Framberge, au lieu et place de Nicolas Cotton. Paris, 15 mars 1523. 1524. 15 mars.

*Enreg. à la Chambre des Comptes de Paris. Arch. nat.*, P. 2304, p. 1099. 2 pages 1/2.

1986. Mandement à divers prévôts et sénéchaux du royaume (Paris, Bourges, Montferrand, Amiens, Troyes, Vitry, Auxerre, Caen, Rouen, Évreux, etc.), leur ordonnant de procéder à la mainlevée des biens appartenant aux religieux de Saint-Jean-de-Jérusalem. Paris, 15 mars 1523. 15 mars.

*Vidimus du Prévôt de Paris. Bibl. nat.*, ms. fr. 25720, n° 244.

1987. Lettres de mainlevée des saisies faites sur les biens de l'ordre de Saint-Jean-de-Jérusalem, à cause des francs-fiefs et nouveaux acquêts. Paris, 26 mars 1523. 26 mars.

*Arch. de la Haute-Garonne, ordre de Saint-Jean*, reg. 19.

IMP. Des Clozeaux, *Privilèges des papes en faveur de l'ordre de Saint-Jean-de-Jérusalem*, 1re édit., p. 39; 2e édit., p. 181.

1988. Édit de création à Paris d'une compagnie de cent arquebusiers, qui seront choisis, pour la première fois, par le Prévôt des marchands et les échevins et jouiront des mêmes privilèges que les archers et arbalétriers de ladite ville. Paris, mars 1523. Mars.

*Enreg. au Parl. de Paris, le 10 juillet 1524. Arch. nat.*, X1a 8612, fol. 10 v°. 6 pages 1/2.

*Enreg. à la Cour des Aides de Paris, le 2 décembre 1524. Arch. nat., recueil Cromo*, U. 665, fol. 224.

*Enreg. à la Chambre des Comptes de Paris, le 16 septembre 1524, anc. mém. coté* DD, fol. 180. *Copie. Arch. nat.*, ADIX. 121, n° 70. 12 pages.

*Enreg. au Bureau de la Ville, le 23 janvier 1525 n. s., et au Châtelet, le 25 janvier 1525 n. s. Arch. nat., Châtelet, Bannières*, Y. 8, fol 204 v°. 10 pages.

*Enreg. à la Chancellerie de France. Arch. nat., Trésor des Chartes*, JJ. 237, n° 25, fol. 5 v°. 6 pages.

*Copie. Arch. de la Préfecture de police, collection Lamoignon*, t. VI, fol. 56.

IMP. In-4°, pièce, *aux Arch. nat.*, ADI. 17. 7 pages.

Fr. Drouart, *Recueil des chartes, créations, confirmations des colonel, capitaines... et trois cens archers de la ville de Paris*, 1658, in-4°, p. 41. 1524.

Hay, *Recueil des chartes, créations et confirmations des arbalétriers, archers, arquebusiers, etc. de la ville de Paris*, Paris, 1770, p. 63.

1989. Confirmation d'une composition conclue entre le roi et l'ordre de Saint-Jean-de-Jérusalem, avec amortissement, moyennant un don de 100,000 livres, de tous les biens qu'il possède dans le royaume, en considération des pertes éprouvées par suite de la prise de Rhodes. Paris, mars 1523. Mars.

*Enreg. à la Chancellerie de France. Arch. nat., Trésor des Chartes*, JJ. 237, n° 123, fol. 18. 3 pages.

*Enreg. à la Chambre des Comptes de Paris, le 29 novembre 1526. Mentions d'inventaires, Arch. nat.*, AD IX. 121, n° 69, et PP. 136, p. 284.

*Enreg. à la Chambre des Comptes d'Aix. Arch. des Bouches-du-Rhône*, B. 31 (*Salamandra*), fol. 246. 5 pages.

*Copie collationnée du 6 juin 1554. Arch. de la Vienne, grand prieuré d'Aquitaine*, liasse 2.

*Idem, Archives du Rhône, série H (Privilèges de l'ordre de Malte).*

*Bibl. nat., mss. Moreau*, t. 1411, fol. 232. (*Mention.*)

Imp. Des Clozeaux, *Privilèges des papes en faveur de l'ordre de Malte*, 1re édit., p. 22, 2e édit., p. 45.

1990. Création de deux foires annuelles et d'un marché hebdomadaire à Cossigny en Brie. Paris, mars 1523. Mars.

*Enreg. au Châtelet de Paris, le 29 mars 1524 n. s. Arch. nat., Bannières*, Y. 8, fol. 189 v°. 2 pages.

1991. Permission aux huissiers du Grand Conseil de faire continuer la célébration du service divin dans la chapelle des huissiers ou sergents d'armes, fondée en l'église de Sainte-Catherine-du-Val-des-Écoliers, à Paris. Paris, mars 1523. Mars.

Lettres de relief de surannation, du 18 avril 1526.

*Enreg. au Grand Conseil, le 9 mai 1527. Arch. nat.*, V5 1046. 4 pages.

1992. Lettres accordant à Mathurin Miette, seigneur Mars.

de Grouchy, preneur, et au sieur de La Hunaudaye, bailleur, que les seigneuries de Saint-Wast et du Bosbecan fussent unies à celle de Grouchy et tenues à un seul hommage. Paris, mars 1523. 1524.

*Enreg. à la Chancellerie de France. Archives nationales, Trésor des Chartes*, JJ. 236, n° 416, fol. 144. 1 page 1/3.

1993. Lettres de naturalité en faveur de Jean de Pierre-Fontaine, écuyer, sieur de Verchamp, natif du comté de Bourgogne, et à Catherine de Tavanes, sa femme, native du comté de Ferrette, tous les deux établis en France. Paris, mars 1523. Mars.

*Enreg. à la Chambre des Comptes de Dijon, le 22 juin 1524. Archives de la Côte-d'Or*, B. 72, fol. 86 v°.

1994. Lettres portant décharge des droits de décime, d'amortissement, de francs-fiefs, etc., au profit des maisons religieuses et des hôpitaux du diocèse du Mans. 1523 (sans indication de mois). 1523 a. s.

*Copie. Archives de la Mayenne*, série H, 230. 1 cahier de 10 feuilles, papier.

1995. Prorogation pour six ans d'une exemption des tailles, aides, emprunts et subsides octroyée par les prédécesseurs de François Ier aux bourgeois de Vitré. Blois, 28 mars 1524. 28 mars.

*Enreg. à la Chambre des Comptes de Bretagne. Archives de la Loire-Inférieure*, B. *Mandements*, I, fol. 280.

1996. Mandement au Parlement de Toulouse de dresser un rôle des personnes les plus capables d'exercer les offices de président, conseiller, sénéchal, ou tout autre de judicature, et de l'envoyer au roi, qui y pourvoira. Blois, 31 mars 1524. 31 mars.

*Enreg. au Parl. de Toulouse, le 14 mai 1525. Arch. de la Haute-Garonne, Édits*, reg. 3, fol. 95. 1 page.

1997. Nouvelles lettres de jussion au Parlement de Bor- 4 avril.

deaux pour l'enregistrement de l'édit de création de six offices de conseillers en la sénéchaussée de Guyenne et cour du conservateur des privilèges de l'Université de Bordeaux. Blois, 4 avril 1524. 1524.

*Enreg. au Parl. de Bordeaux, sans date. Arch. de la Gironde*, B. 30, fol. 426. 9 pages.

1998. Lettres portant exemption en faveur des maîtres, écoliers et suppôts de l'Université de Paris, de la taxe imposée sur le clergé. Blois, 5 avril 1524. 5 avril.

Imp. *Recueil des privilèges de l'Université*, p. 117. Du Boulay, *Hist. Univ. Paris.*, t. VI, p. 157. C. Jourdain, *Index chronol. chartarum Universitatis*, in fol., 1862, p. 329.

1999. Renouvellement des pouvoirs et instructions donnés le 17 janvier 1522 (n° 1730) à Charles Guillart, Gilles Berthelot, Eustache Luillier, Jean Brinon, Pierre Michon et Pierre Le Duc, commissaires nommés pour examiner les comptes du changeur du Trésor, des receveurs généraux des finances, etc. Blois, 5 avril 1524. 5 avril.

*Copie collationnée de l'époque. Arch. nat., suppl. du Trésor des Chartes*, J. 958. 10 pages. *Arch. de l'Isère. Inv. de la Chambre des Comptes de Grenoble, Generalia*, II, fol. 109. (*Mention.*)

2000. Don de 2,000 livres tournois aux commissaires que le roi avait chargés de l'examen des comptes de certains de ses officiers comptables. Blois, 5 avril 1524. 5 avril.

*Original. Bibl. nat.*, ms. fr. 25720, n° 245.

2001. Mandement aux élus du Lyonnais, leur ordonnant de lever la somme de 8,290 livres tournois représentant la part de l'élection dans l'augmentation de taille mise sur le royaume. Blois, 5 avril 1524. 5 avril.

*Copie. Bibl. nat.*, ms. fr. 2702, fol. 90.

2002. Confirmation du legs de 100,000 livres fait par Jeanne de Valois au profit du collège Sainte-Marie de Bourges, lors de sa fondation, en 5 avril.

1504, assigné sur les châtellenies d'Ainay et de la Bruère par Anne de Beaujeu, duchesse de Bourbon, sœur de la fondatrice. Blois, 5 avril 1524. 1524.

*Arch. du Cher, fonds du collège Sainte-Marie, reg. des fondations*, D. 33, fol. 22, et D. 34, fol. 7.

2003. Permission à François Tavel, conseiller au Parlement de Paris, de vaquer à l'exécution d'un arrêt en matière de succession donné en faveur de Louis de La Trémoïlle. Blois, 5 avril 1524. 5 avril.

*Présentée au Parl. de Paris, le 29 avril 1524. Arch. nat.*, X[1a] 1526, *reg. du Conseil*, fol. 194 v°. (*Mention.*)

2004. Lettres de don à la duchesse d'Angoulême, mère du roi, du duché de Nemours, y compris les châtellenies et terres de Château-Landon, Nogent et Pont-sur-Yonne, vacant par la mort de Philiberte de Savoie, qui en avait obtenu la jouissance, sa vie durant. Coucy, 15 avril 1524. 15 avril.

*Enreg. au Parl. de Paris, le 7 mai 1524. Arch. nat.*, X[1a] 8612, fol. 9. 2 pages 1/2.
*Enreg. à la Chambre des Comptes de Paris, le 10 mai 1524. Arch. nat.*, P. 2304, p. 1019. 4 pages 1/2.
*Idem*, P. 2536, fol. 6 v°; et ADIX. 121, n° 77.
*Enreg. à la Cour des Aides de Paris, le 28 mai 1524. Arch. nat., recueil Cromo*, U. 665, fol. 243. (*Mention.*)

2005. Lettres adressées à la Chambre des Comptes à l'effet de recevoir les foi et hommages qui ont été faits au roi par Jean Le Cirier, des fief, terre et seigneurie de Plessier-sur-Auteuil, tenue du roi à cause de la châtellenie de la Ferté-Milon. Paris (*sic*), 18 avril 1524. 18 avril.

*Copie collationnée. Arch. nat., suppl. du Trésor des Chartes*, J. 737, n° 26.

2006. Mandement à Philibert Babou, trésorier de France, de faire payer par Jean Grolier, trésorier des guerres, à Jean Carré, commis au payement de l'extraordinaire des guerres, la somme de 20,000 livres tournois pour le ravitaillement de Térouanne. Amiens, 28 avril 1524. 28 avril.

*Original. Bibl. nat.*, ms. fr. 25720, n° 246.

2007. Confirmation de la permission accordée à Ni- 29 avril.

colas Hurault, conseiller au Parlement de Paris, de se marier, bien qu'il soit pourvu d'un office de clerc. Amiens, 29 avril 1524. 1524.

*Présentée au Parl. de Paris le 7 mai et enreg. le 25 mai 1524. Arch. nat.*, X[1a] 1526, *reg. du Conseil*, fol. 209 v°. (*Mentions.*)

(Voir au 2 août 1523 et au 10 mars 1524, n[os] 1877 et 1984.)

2008. Don à Louis de Rouville, grand veneur et chambellan du roi, des terres de Combon et du Neubourg, confisquées sur Charles de Couesme, seigneur de Lucé. Amiens, avril 1524. Avril.

*Enreg. à la Chancellerie de France. Arch. nat., Trésor des Chartes*, JJ. 237, n° 29, fol. 8. 1/2 page.

2009. Lettres de légitimation en faveur d'Antoine, Jeanne et François de Montarnaud, frères et sœur. Blois, avril 1524. Avril.

*Copie. Arch. départ. de l'Hérault*, B. 341, fol. 92. 3 pages.

2010. Provisions en faveur de Jacques de Chabannes, seigneur de la Palisse, de l'office de lieutenant du roi en Dauphiné, chargé d'organiser la défense dans cette province. Blois, 10 mai 1524. 10 mai.

*Enreg. au Parl. de Grenoble, le 27 mai 1524. Arch. de l'Isère, Chambre des Comptes de Grenoble*, B. 2908, cah. 3. 9 pages.

2011. Don à Honorat de Savoie, fils de René, bâtard de Savoie, comte de Villars, des terres et seigneuries de Sainte-Menehould, Passavant et Vassy, pour en jouir sa vie durant. Blois, 10 mai 1524. 10 mai.

*Enreg. à la Chambre des Comptes de Paris, le 3 août 1524. Copie collationnée de 1559. Archives nationales* T. 135[85].

*Autres copies. Arch. nat.*, P. 2552, fol. 9, et P. 2580, fol. 92. 2 pages.

*Bibl. nat., Coll. d'Anjou et de Touraine*, vol. 9, n° 4196.

2012. Lettres de surannation pour l'entérinement de la création de quatre foires à Villepreux. Paris (*sic*), 25 mai 1524. 25 mai.

*Enreg. au Châtelet de Paris, le 18 juillet 1524. Arch. nat., Châtelet, Bannières*, Y. 8, fol. 202 v°.

2013. Édit de création d'un office de conseiller maître en la Chambre des Comptes de Dijon, outre le nombre ordinaire. Blois, mai 1524. 1524. Mai.

*Enreg. à la Chambre des Comptes de Dijon. Arch. de la Côte-d'Or,* reg. B. 18, fol. 75 v°.

2014. Mandement au Parlement de Paris pour l'instruction du procès dirigé contre le connétable Charles de Bourbon. Tours, 2 juin 1524. 2 juin.

*Copie. Bibl. nat.,* ms. fr. 3876, fol. 275.
IMP. Isambert, *Anc. lois françaises,* t. XII, p. 229.

2015. Déclaration portant confirmation des privilèges des ouvriers et monnayeurs de la monnaie de Tours. 5 juin 1524. 5 juin.

IMP. Blanchard, *Compilation chronologique,* t. I, col. 468. (*Mention.*)
(Voir les lettres du 22 mai 1545.)

2016. Donation à Jacques d'Argouges de la terre et seigneurie de Grouchy, sise au bailliage de Cotentin. Amboise, 19 juin 1524. 19 juin.

*Enreg. à la Chambre des Comptes de Paris. Arch. nat.,* P. 2305, p. 1. 5 pages.

2017. Don à Jacques de Matignon, seigneur de Thorigny, de la terre de la Rochetesson, sise en la vicomté de Coutances, qui avait été confisquée sur le connétable de Bourbon. Amboise, 19 juin 1524. 19 juin.

*Enreg. à la Chambre des Comptes de Paris, le 27 novembre 1527. Arch. nat.,* P. 2304, p. 1377. 3 pages.

2018. Lettres qui confèrent la charge de gouverneur de Languedoc, sous l'autorité du dauphin de France, au maréchal de Montmorency, en remplacement du connétable de Bourbon, rebelle. Amboise, 19 juin 1524. 19 juin.

*Copie. Arch. municip. de Toulouse,* ms. 195, p. 140.
*Idem, Arch. municip. d'Albi,* EE. 21.
IMP. A. Du Chesne, *Hist. généal. de la maison de Montmorency,* in-fol., 1624, t. II, p. 274. (*Mention.*)

2019. Lettres de dispense d'âge accordées à François Tertereau, pourvu, à titre de survivance, d'un 25 juin.

office de conseiller auditeur en la Chambre des Comptes de Paris. 25 juin 1524. 1524.

*Enreg. à la Chambre des Comptes de Paris. Arch. nat., invent.* PP. 136, p. 287. (*Mention.*)

2020. Lettres autorisant le trésorier royal, Philibert Babou, à délivrer 10,000 livres tournois au receveur ordinaire de la ville de Troyes, pour convertir et employer à la restauration des murs, ponts et autres parties de la ville endommagées et brûlées par le grand incendie. Amboise, 26 juin 1524. 26 juin.

*Archives municipales de Troyes*, D. 84, fol. 1.

2021. Confirmation de l'exemption du ban et de l'arrière-ban « pour les nobles et les roturiers tenans noblement » dans l'intérieur de la ville de Troyes. Amboise, 26 juin 1524. 26 juin.

*Copie. Archives municipales de Troyes*, 2ᵉ boîte, 11ᵉ liasse.

2022. Mandement aux élus de Lyonnais de faire lever 120 chevaux de trait et 12 charrettes pour l'artillerie du roi. Amboise, 27 juin 1524. 27 juin.

*Copie. Bibl. nat.*, ms. fr. 2702, fol. 94.

2023. Lettres ordonnant de procéder à l'examen de tous étrangers et gens suspects, à la saisie des matières inflammables et à l'arrestation immédiate des incendiaires. Amboise, 28 juin 1524. 28 juin.

*Enreg. au Châtelet de Paris, Bannières. Arch. nat.*, Y. 8, fol. 198 vᵒ. 2 pages.

2024. Lettres aux habitants de la ville d'Aix en Provence pour les remercier de leur fidélité inébranlable pendant l'invasion des ennemis. Amboise, 29 juin 1524. 29 juin.

*Imp.* L'abbé Papon, *Histoire générale de Provence*, Paris, 1786, t. IV, p. 36.

2025. Lettres imposant aux Agenais des corvées pour la fortification de Lectoure, mentionnées pour avoir été lues aussitôt après leur réception dans Av. le 30 juin.

l'assemblée de la jurade d'Agen, tenue le 30 juin 1524. 1524.

*Arch. communales d'Agen*, reg. BB. 23, fol. 351.

2026. Nomination de Pierre Secondat à l'office de receveur des tailles du roi dans le comté d'Armagnac. Amboise, 30 juin 1524. 30 juin.

*Copie collat. Bibl. nat.*, ms. fr. 25720, n° 247.

2027. Exemption de toutes tailles et impôts, et même des charges municipales accordée au plus adroit tireur des arbalétriers de Tours. Tours, juin 1524. Juin.

*Enreg. à la Chambre des Comptes et en la Cour des Aides de Paris, le 10 mars 1525 n. s. Mentionné dans le recueil Cromo*, *Arch. nat.*, U. 665, fol. 246.

2028. Création, en faveur du comte de Guise, de deux foires par an et d'un marché chaque jeudi à Harbonnières en Picardie. Tours, juin 1524. Juin.

*Enreg. à la Chancellerie de France. Arch. nat.*, *Trésor des Chartes*, JJ. 237, n° 16, fol. 4. 1 page.

2029. Lettres portant que Jean de Langeac sera compris dans l'édit de création des nouveaux maîtres des requêtes de l'Hôtel, et que lesdits maîtres étant actuellement quatorze, les deux premiers offices qui viendront à être vacants demeureront supprimés. Le Plessis-lès-Tours, juin 1524. Juin.

*Présentées au Parl. de Paris. Arch. nat.*, X[1a] 1526, *reg. du Conseil*, fol. 277 v° (*Mention.*)

2030. Établissement de trois foires par an et d'un marché chaque semaine à Argenteuil en Tonnerrois. Le Plessis-lès-Tours, juin 1524. Juin.

*Enreg. à la Chancellerie de France. Arch. nat.*, *Trésor des Chartes*, JJ. 237, n° 21, fol. 5. 1/2 page.

2031. Lettres de sauvegarde octroyées au chapitre de Saint-Junien, dans le Limousin. Le Plessis-lès-Tours, juin 1524. Juin.

*Enreg. à la Chancellerie de France. Arch. nat.*, *Trésor des Chartes*, JJ. 237, n° 28, fol. 7 v°. 1 page 1/2.

2032. Confirmation des privilèges des habitants de Bérat, donnée en faveur de Jean du Corrast, Juin.

seigneur de Bérat. Le Plessis-lès-Tours, juin 1524. 1524.

*Enreg. à la Chancellerie de France. Arch. nat., Trésor des Chartes*, JJ. 237, n° 19, fol. 4 v°. 1/2 page. (Voir au mois de juillet suivant, n° 2051).

2033. Lettres de naturalité et permission de posséder et de disposer de ses biens dans le royaume, octroyées à Richard, duc de Suffolk. Le Plessis-lès-Tours, juin 1524. Juin.

*Enreg. à la Chancellerie de France. Arch. nat., Trésor des Chartes*, JJ. 237, n° 20, fol. 4 v°. 1 page.

2034. Confirmation des privilèges et franchises des cordiers de la ville de Tours. Véretz, juin 1524. Juin.

*Enreg. à la Chancellerie de France. Arch. nat., Trésor des Chartes*, JJ. 237, n° 17, fol. 4. 1/2 page.

2035. Création de quatre foires chaque année et d'un marché chaque semaine à Passavant, en Anjou, en faveur de Claude Gouffier, de Boisy. Amboise, juin 1524. Juin.

*Enreg. à la Chancellerie de France. Arch. nat., Trésor des Chartes*, JJ. 237, n° 13, fol. 3 v°. 1 page.

2036. Établissement de cinq foires chaque année et d'un marché chaque semaine à Clermont, au Maine. Amboise, juin 1524. Juin.

*Enreg. à la Chancellerie de France. Arch. nat., Trésor des Chartes*, JJ. 237, n° 12, fol. 3 v°. 1 page.

2037. Lettres autorisant Bertrand Ferré à ajouter un troisième pilier à sa justice patibulaire de la Garaye, en Bretagne. Amboise, juin 1524. Juin.

*Enreg. à la Chancellerie de France. Arch. nat., Trésor des Chartes*, JJ. 237, n° 18, fol. 4 v°. 1/2 page.

2038. Ordonnance prescrivant aux habitants du duché de Bretagne, même aux privilégiés, de contribuer au payement des 12,000 livres imposées par lettres du 5 avril 1524, pour la solde de 130 hommes d'armes. Blois, 4 juillet 1524. 4 juillet.

*Original sur parchemin. Arch. municip. de Nantes*, AA. 23.

2039. Mandement aux élus du Lyonnais de faire payer 5 juillet.

au 15 août les deux derniers termes de l'augmentation de taille qui étaient payables au 1er octobre et au 1er janvier suivants. Blois, 5 juillet 1524. 1524.

*Copie. Bibl. nat.*, ms. fr. 2702, fol. 95.

2040. Création d'une maîtrise de chaque métier dans tout le royaume, à l'occasion de la naissance de Madeleine de France. Blois, 8 juillet 1524. 8 juillet.

*Enreg. au Châtelet de Paris, le 16 juillet 1524. Arch. nat., Châtelet, Bannières*, Y. 8, fol. 200. *Livre rouge*, Y. 6⁵, fol. 121. 2 pages.

2041. Création d'une maîtrise de chaque métier dans tout le royaume, à l'occasion de la naissance de Charlotte de France. Blois, 8 juillet 1524. 8 juillet.

*Enreg. au Châtelet de Paris, le 30 juillet 1524. Arch. nat., Châtelet, Bannières*, Y. 8, fol. 203 v°. *Livre rouge*, Y. 6⁵, fol. 121 v°. 2 pages.

2042. Lettres portant tarif des salpêtres qui seront fournis pour le compte de l'artillerie, en Dauphiné. Blois, 8 juillet 1524. 8 juillet.

*Enreg. à la Chambre des Comptes de Grenoble. Arch. de l'Isère*, B. 2908, cah. 9. 4 pages.

2043. Ordonnance portant injonction à tous receveurs généraux et particuliers de remettre dans un mois, sous diverses peines, tous les deniers de leurs recettes entre les mains de Philibert Babou, trésorier de l'Épargne. Blois, 9 juillet 1524 (1). 9 juillet.

*Enreg. à la Chambre des Comptes de Paris, le 14 juillet 1524. Arch. nat.*, P. 2304, p. 1029. 7 pages.

*Idem*, P. 2536, fol. 9.

*Enreg. à la Chambre des Comptes de Dijon, le 23 juillet 1524. Arch. de la Côte-d'Or*, reg. B. 12, fol. 74.

(1) Blanchard, dans sa *Compilation chronologique*, mentionne, à la date du 15 juillet, d'après l'ancien mémorial de la Chambre des Comptes de Paris, coté 2 D, fol. 24, un *Édit portant règlement pour l'administration des finances*, qui n'est autre que celui du 9 juillet mentionné ici.

*Enreg. au Châtelet de Paris. Arch. nat., Livre rouge*, Y. 6⁴, fol. 119 v°. 3 pages. 1524.

Imp. In-4°, pièce. *Arch. nat.*, ADI. 17; ADIX. 121, n° 78. 4 pages.

2044. Lettres adressées aux trésoriers de France, par lesquelles il leur est enjoint de rechercher les usurpations faites sur les îles et créments du Rhône, et de détruire tout ce qui nuit à la navigation. Blois, 9 juillet 1524. 9 juillet.

*Copie à la Bibl. nat.*, ms. lat. 9180 (*papiers de dom Pacotte*), fol. 139.

*Copie aux États de Languedoc. Arch. de l'Hérault, C, Collection dom Pacotte, titres de Beaucaire*, t. IX.

2045. Lettres portant défense à tous gens de guerre de se loger dans l'abbaye de Montmartre et ses dépendances. Romorantin, 15 juillet 1524. 15 juillet.

Imp. E. de Barthélemy, *Recueil des chartes de l'abbaye de Montmartre.*

2046. Mandement à Philibert Babou de payer à un président et à quatre conseillers du Parlement de Toulouse leurs frais d'un voyage à Paris. Cérilly, 29 juillet 1524. 29 juillet.

*Copie. Bibl. nat.*, coll. Fontanieu, portefeuille 195 (à la date).

2047. Édit de création de deux offices de notaires au Parlement de Bordeaux. Blois, juillet 1524. Juillet.

*Enreg. au Parl. de Bordeaux, le 30 mars 1525 n. s. Arch. de la Gironde*, B. 30, fol. 433. 3 pages.

2048. Lettres d'amortissement, en faveur des carmes de Toulouse, des biens à eux légués par un habitant de cette ville. Blois, juillet 1524. Juillet.

*Enreg. à la Chancellerie de France. Arch. nat., Trésor des Chartes*, JJ. 237, n° 50, fol. 11 v°. 1 page.

2049. Création d'une foire annuelle à Montseveroux en Dauphiné, et d'une autre à Saint-Sulpice, à la requête de Just de Tournon, chambellan du roi, seigneur desdits lieux. Blois, juillet 1524. Juillet.

*Enreg. à la Chancellerie de France. Arch. nat., Trésor des Chartes*, JJ. 237, n° 37, fol. 9 v°. 2/3 de page.

2050. Confirmation des statuts et privilèges des cordiers de la ville et faubourgs de Blois. Romorantin, juillet 1524. 1524. Juillet.

*Enreg. à la Chancellerie de France. Arch. nat., Trésor des Chartes*, JJ. 237, n° 36, fol. 9 v°. 1/2 page.

2051. Création de quatre foires par an et d'un marché chaque semaine à Bérat, données en faveur de Jean du Corrast, baron de Bérat. Romorantin, juillet 1524. Juillet.

*Enreg. à la Chancellerie de France. Arch. nat., Trésor des Chartes*, JJ. 237, n° 35, fol. 9. 2/3 de page. (Voir au mois précédent, n° 2032.)

2052. Mandement au trésorier de France de donner au trésorier des guerres la somme de 185 livres tournois qui doit être distribuée à des gens d'armes ayant quitté le service de l'empereur pour celui du roi. Lyon, 7 août 152[4][1]. 7 août.

*Original. Bibl. nat.*, ms. fr. 25720, n° 248.

2053. Mandement au maître des ports de Lyon de visiter toutes les caisses qui entreront dans la ville, pour s'assurer qu'elles ne contiennent aucune marchandise défendue. Lyon, 8 août 1524. 8 août.

*Copie du XVI^e s. Bibl. nat.*, ms. fr. 5124, fol. 62.

2054. Mandement aux trésoriers de France d'accorder à Pierre de Vallet, fermier de la vicomté de l'eau de Rouen, un délai pour le payement de la somme qu'il doit encore pour sa ferme. Lyon, 8 août 1524. 8 août.

*Original. Bibl. nat.*, ms. fr. 25720, n° 249.

2055. Mandement aux élus du Lyonnais de faire envoyer à l'armée du roi, en Provence, les vivres dont la désignation leur est donnée. Lyon, 9 août 1524. 9 août.

*Copie. Bibl. nat.*, ms. fr. 2702, fol. 95 v°.

2056. Institution de maître Jean Parajau, greffier de 9 août.

(1) Cette pièce est en partie déchirée et la fin de la date manque. Elle est classée à l'année 1524 dans le Recueil des titres originaux de la Bibliothèque nationale.



IMPRIMERIE NATIONALE.

la Chambre des Comptes de Bretagne, dans l'office de trésorier receveur général des finances de Bretagne. Lyon, 9 août 1524. 1524.

*Enreg. à la Chambre des Comptes de Bretagne. Archives de la Loire-Inférieure, B. Mandements, I, fol. 269.*

2057. Lettres en faveur d'Henri du Troncy, serf, habitant de Saint-Rigaud, contre l'abbaye de Saint-Rigaud. Lyon, 9 août 1524. (V. n° 2070.) 9 août.

*Arch. dép. de Saône-et-Loire, H. 155, n° 34.*

2058. Mandement pour contraindre les Lyonnais à payer l'impôt. Lyon, 11 août 1524. 11 août.

*Copie. Arch. municip. de Lyon, CC. 372.*

2059. Mandement à Claude Laurencin, receveur des tailles du Lyonnais, de payer les dépenses à faire pour le transport en bateau, de la Maison-Blanche jusqu'à Avignon, des lansquenets et gens de pied levés pour le service du roi. Vienne, 12 août 1524. 12 août.

*Bibl. nat.*, ms. fr. 2702, fol. 96. (*Mention.*)

2060. Traité conclu entre François de Rohan, archevêque de Lyon, touchant la régale et les vacances de bénéfices de l'évêché d'Angers. Il lui est fait mainlevée et remise, moyennant une somme de 30,000 livres, des fruits qu'il avait perçus indûment depuis l'an 1499. Valence, 17 août 1524. 17 août.

*Enreg. au Parl. de Paris, par la Chambre des vacations, sur mandement spécial du roi, daté de Caderousse, le 6 septembre 1524. Arch. nat.*, X[1a] 8612, fol. 14. 4 pages.

*Enreg. à la Chambre des Comptes de Paris, le 9 décembre 1524. Arch. nat.*, P. 2304, p. 1045. 5 pages.

*Double (meilleur)*, P. 2304, p. 1051. 6 pages.

*Idem*, P. 2536, fol. 14 v°.

2061. Nomination d'Antoine Grolier le jeune à l'office d'élu du Lyonnais, à la place de Jean Grolier, son cousin, pour qu'il exerce cet office en l'absence et après la mort de son père, Antoine Grolier l'aîné. Valence, 17 août 1524. 17 août.

*Copie. Bibl. nat.*, ms. fr. 2702, fol. 105.

2062. Lettres de provisions et réception de Jean Budé en l'office de garde du Trésor des Chartes. 26 août 1524. 1524. 26 août.

*Enreg. à la Chambre des Comptes de Paris, le 8 novembre 1524, anc. mém.* 2 D, fol. 37. *Arch. nat., invent.*, PP. 136, p. 289. (*Mention.*)

2063. Suppression de l'impôt établi, le 16 janvier 1522 n. s. (n° 1460), pour la solde des gens de guerre, sur les marchandises sortant du port de Rouen. 28 août 1524. 28 août.

*Archives municipales de Rouen*, A. 38, fol. 276.

2064. Établissement d'une foire chaque année, le jour de saint François, à la Vallouise en Briançonnais. Vienne, août 1524. Août.

*Enreg. à la Chambre des Comptes de Grenoble, le 14 novembre 1526. Arch. de l'Isère*, B. 2993, fol. 275. 4 pages 1/2.

2065. Lettres de don à Jeanne d'Arces des biens confisqués sur Jean de Vitry, complice du connétable de Bourbon. Valence, août 1524. Août.

*Enreg. à la Chancellerie de France. Arch. nat., Trésor des Chartes*, JJ. 237, n° 128, fol. 20. 1 page.

2066. Lettres de don à Pierre de Warty, gouverneur de Clermont en Beauvaisis, de la terre et seigneurie de Lurcy et autres biens sis en Dombes, confisqués sur Pierre et Ponthus de Saint-Romain, dits de Lurcy, complices du connétable de Bourbon. Caderousse, août 1524. Août.

*Enreg. à la Chancellerie de France. Arch. nat., Trésor des Chartes*, JJ. 237, n° 199, fol. 34. 2 pages.

2067. Lettres données à la requête d'Aymar Nicolaï, président de la Chambre des Comptes, portant défense aux gens de guerre de loger à Bourg-Saint-Andéol et d'y rien prendre sans le consentement des habitants, placés sous la sauvegarde royale. Caderousse, 4 septembre 1524. 4 septembre.

*Original. Arch. municipales de Bourg-Saint-Andéol (Ardèche)*, sac 16, n° 10.

*Inventaire des Archives communales de Bourg-Saint-Andéol*, p. 37. *Archives de l'Ardèche.* (*Mention.*)

2068. Mandement à la Chambre des vacations du Parlement pour la vérification du traité du 17 août précédent (n° 2060), touchant la régale du diocèse d'Angers. Caderousse, 6 septembre 1524. — 1524. 6 septembre.

*Enreg. au Parl. de Paris. Arch. nat.*, $X^{1a}$ 8612, fol. 15.

2069. Mandement au Parlement de Bordeaux de juger, pendant les vacations, certains procès criminels y désignés. Bordeaux (*sic*), 7 septembre 1524. — 7 septembre.

*Enreg. au Parl. de Bordeaux, sans date. Arch. de la Gironde*, B. 30, fol. 431. 2 pages.

2070. Lettres pour l'abbaye de Saint-Rigaud, contre Henri du Troncy, serf, habitant de Saint-Rigaud. 12 septembre 1524. — 12 septembre.

*Copie du temps. Arch. dép. de Saône-et-Loire, fonds de Saint-Rigaud*, E. 155, n° 32.

2071. Pouvoirs donnés par François Ier à Albert Pie de Savoie, comte de Carpi, pour traiter d'une trêve avec l'empereur Charles-Quint et Henri VIII, roi d'Angleterre. Avignon, 16 septembre 1524. — 16 septembre.

*Texte latin original, scellé. Arch. nat., suppl. du Trésor des Chartes*, J. 921, n° 2.

2072. Déclaration du roi portant règlement d'attributions entre la Chambre des Comptes de Paris et celle de Montpellier. Avignon, 22 septembre 1524. — 22 septembre.

*Enreg. à la Chambre des Comptes de Paris, le 28 novembre 1524. Copie. Arch. nat.*, ADIX. 121, n° 81. 4 pages.

2073. Mandement aux élus du Lyonnais de lever pour la taille la somme de 25,908 livres tournois qui sera payable par égale portion à quatre termes différents. Avignon, 22 septembre 1524. — 22 septembre.

*Copie. Bibl. nat.*, ms. fr. 2702, fol. 103.

2074. Mandement aux élus de Mantes, leur faisant savoir à combien s'élève la part de leur élection dans l'impôt de 2 millions 400,000 livres mis — 22 septembre.

sur tout le royaume. Avignon, 22 septembre 1524. 1524.

*Original. Bibl. nat.*, ms. fr. 25720, n° 250.

2075. Institution de Jean de La Rivière dans l'office de greffier et de secrétaire de la Chambre des Comptes de Bretagne. Avignon, 23 septembre 1524. 23 septembre.

*Enreg. à la Chambre des Comptes de Bretagne. Arch. de la Loire-Inférieure*, B. *Mandements*, I, fol. 269.

2076. Mandement au trésorier Philibert Babou de faire tenir à René Thizart, trésorier des guerres, la somme nécessaire pour le payement de divers gens d'armes de la compagnie du marquis de Saluces. Avignon, 25 septembre 1524. 25 septembre.

*Original. Bibl. nat.*, ms. fr. 25720, n° 251.

2077. Commission au comte de Laval, lieutenant du roi au gouvernement de Bretagne, à Jean Briçonnet, vice-chancelier, au seigneur de Fresnes, président au Parlement de Paris, à Gilles Lerouge, président au Parlement de Bretagne, et à Gilles de Commacre, secrétaire du dauphin, pour recevoir le serment de fidélité qu'auront à prêter les prélats, les barons, les villes et les vassaux de la couronne en Bretagne, par suite du décès de la reine Claude, duchesse de Bretagne. Avignon, 28 septembre 1524. 28 septembre.

*Enreg. à la Chambre des Comptes de Bretagne. Archives de la Loire-Inférieure*, B. *Mandements*, I, fol. 266.

*Copie sur parchemin du 26 novembre 1524. Arch. municip. de Nantes*, BB. 113.

Imp. Dom Morice, *Histoire de Bretagne*, in-fol., 1746, *Preuves*, t. III, col. 960.

2078. Lettres de don à Louis de Lenseigne, archer de la garde royale, des biens de René de Bretagne, comte de Penthièvre, sis en Bourbonnais, confisqués pour crime de conspiration. Caderousse, septembre 1524. Septembre.

*Enreg. à la Chancellerie de France. Arch. nat., Trésor des Chartes*, JJ. 243, n° 382, fol. 112 v°. 1 page 1/2.

2079. Lettres de don à Jean de Lévis, baron de Châteaumorant, gentilhomme de la Chambre, du château et de la seigneurie de Saint-Martin-d'Estréaux, confisqués sur Jean et Louis de Vitry, complices du connétable de Bourbon. Caderousse, septembre 1524. — 1524. Septembre.

*Enreg. à la Chancellerie de France. Arch. nat., Trésor des Chartes*, JJ. 243, n° 427, fol. 127. 2 pages.

2080. Création de deux foires par an et d'un marché chaque semaine à Saint-Laurent-des-Arbres, en Languedoc. Avignon, septembre 1524. — Septembre.

*Enreg. à la Chancellerie de France. Arch. nat., Trésor des Chartes*, JJ. 237, n° 97, fol. 15.

2081. Lettres de rémission accordées aux habitants de Brignoles et de Saint-Maximin, en Provence, qui avaient commis le crime de lèse-majesté en adhérant au connétable de Bourbon et aux Espagnols. Avignon, septembre 1524. — Septembre.

*Enreg. à la Chambre des Comptes d'Aix. Arch. des Bouches-du-Rhône*, B. 28 (*Paris*), fol. 102. 3 pages.

2082. Déclaration en faveur de la duchesse d'Angoulême. Il lui est accordé que, tant qu'elle tiendra le duché de Nemours, le bailli dudit lieu connaîtra des cas royaux, comme juge royal, et des causes et matières ordinaires, comme juge ducal. Aix, 2 octobre 1524. — 2 octobre.

*Enreg. au Parl. de Paris, sauf modifications, le 28 novembre 1524. Arch. nat.*, $X^{1a}$ 8612, fol. 16. 2 pages.

*Copie du* XVII*e siècle. Arch. du Loiret, Duché de Nemours*, A. 1298.

2083. Mandement aux élus du Lyonnais leur faisant savoir qu'André Romain, ayant été anobli, est exempt de taille. Avignon, 4 octobre 1524. — 4 octobre.

*Copie. Bibl. nat.*, ms. fr. 2702, fol. 116.

2084. Déclaration renouvelant les pouvoirs de régente donnés à la reine mère, duchesse d'Angoulême, en août 1523, pendant la campagne — 17 octobre.

entreprise pour recouvrer le Milanais. Pignerol, 17 octobre 1524. 1524.

*Original aux Arch. nat., suppl. du Trésor des Chartes*, J. 910, n° 10 (Musée, n° 576).

*Enreg. au Parl. de Paris, le 29 novembre 1524. Arch. nat.*, X[1a] 8612, fol. 17. 1 page 1/2.

*Enreg. à la Chambre des Comptes de Paris, le 30 novembre 1524. Arch. nat.*, P. 2304, p. 1037. 2 pages 1/4.

*Idem*, P. 2536, fol. 12, et ADIX. 121, n° 82.

*Enreg. au Parl. de Grenoble, le 28 novembre 1524. Arch. de l'Isère*, B. 2333, fol. 105 v°. 1 page 1/2 [(1)].

IMP. Dupuy, *Traité de la majorité des rois de France*, 1655, in-4°, p. 293.

2085. Lettres autorisant le prévôt des marchands et les échevins de Paris à mettre un nouvel impôt sur le bétail à pied fourché, jusqu'au remboursement d'une somme de 10,000 livres tournois fournie au roi par les bourgeois de Paris. Turin, 18 octobre 1524. 18 octobre.

*Enreg. au Parlement de Paris, sauf modifications, le 26 novembre 1524. Arch. nat.*, X[1a] 8612, fol. 18. 5 pages 1/2.

2086. Provisions en faveur de Philippe Chabot, seigneur de Brion, de la charge de gouverneur et bailli du duché de Valois, au lieu de Jacques, bâtard de Vendôme, décédé. La Chartreuse-lès-Pavie, 28 octobre 1524. 28 octobre.

*Mentionnées dans l'acte de réception à la Chambre des Comptes de Paris, du 28 novembre 1526. Copie. Arch. nat.*, ADIX. 122, n° 17.

2087. Institution par Louise de Savoie, régente, d'un marché chaque semaine et de quatre foires par an au Puy-Malsignat, dans la Marche, en faveur d'Anne-Gilbert de Rochedragon, seigneur dudit lieu. Saint-Jean-sur-Lyon, octobre 1524. Octobre.

*Enreg. à la Chancellerie de France. Arch. nat., Trésor des Chartes*, JJ. 237, n° 277, fol. 53 v°. 1 page.

2088. Déclaration interprétative de celle du 6 avril 1519 (n° 991), concernant la traite et impo- 2 novembre.

(1) La déclaration enregistrée au Parlement de Grenoble est datée de Turin, le 18 octobre 1524.

sition foraine d'Anjou, des vicomtés de Thouars et de Beaumont et du trépas de Loire. La Chartreuse près Pavie, 2 novembre 1524. 1524.

*Enreg. à la Cour des Aides de Paris, le 2 décembre 1524. Arch. nat.*, Z[1a] 526. (*Mention.*)

*Copie collationnée. Arch. nat., suppl. du Trésor des Chartes*, J. 747, n° 2.

IMP. *Bibl. nat.*, 8° F. *Actes royaux* (cartons).

*Idem*, in-12, pièce. *Arch. nat.*, ADI. 16. *Double*, ADI. 17. 10 pages.

Fontanon, *Édits et ordonnances*, t. II, p. 538.

*Code de Henri III*, fol. 530 v°.

*Code de Louis XIII*, t. III, p. 276.

2089. Lettres de don, par la régente, à Gilles Cochon de l'office d'huissier au Parlement de Paris, vacant par la mort de Jean Allart. Saint-Just-sur-Lyon, 6 novembre 1524. 6 novembre.

*Présentées au Parl. de Paris, le 29 décembre 1524. Arch. nat.*, X[1a] 1527, *reg. du Conseil*, fol. 65 v°. (*Mention.*)

2090. Provisions de l'office de grand chambellan de France en faveur de Louis II d'Orléans, duc de Longueville. Abbaye de Saint-Lanfranc, près Pavie, 12 novembre 1524. 12 novembre.

IMP. Godefroy, *Hist. du roy Charles VII*, in-fol., 1661, p. 831.

2091. Lettres de mainlevée des biens de l'abbaye de Redon en faveur de Clément Champion, abbé commendataire. Abbaye de Saint-Lanfranc, près Pavie, 20 novembre 1524. 20 novembre.

IMP. Dom Morice, *Histoire de Bretagne, Preuves*, in-fol., 1746, t. III, col. 961.

2092. Déclaration de Louise de Savoie, régente, portant que les officiers nommés par le roi au siège royal de Reims, qu'il venait de créer, jouiront de leurs offices pendant la durée du procès en Parlement que l'archevêque a intenté à la suite de la création de ce siège. Saint-Just-sur-Lyon, 22 novembre 1524. 22 novembre.

IMP. G. Marlot, *Historia ecclesiæ Remensis*, 1679, t. II, p. 775.

2093. Mandement à Philibert Babou de laisser prendre à Gaillard Spifame, receveur des finances de Normandie, 10,000 livres de ses deniers pour la construction du Havre. Au camp devant Pavie, 23 novembre 1524. — 1524. 23 novembre.

*Original. Bibl. nat.*, ms. fr. 20581, n° 58.

2094. Institution par la régente de deux foires par an et d'un marché chaque semaine à Boves, en Picardie. Saint-Just-sur Lyon, novembre 1524. — Novembre.

*Enreg. à la Chancellerie de France. Arch. nat., Trésor des Chartes*, JJ. 237, n° 139, fol. 23 v°. 1 page.

2095. Lettres de la régente accordant à François du Fou, seigneur du Vigean et chambellan du roi, de pouvoir transporter à Bourpeuil, la Mondie et Saint-Liguaire les trois foires nouvellement créées dans sa terre du Vigean. Saint-Just-sur-Lyon, novembre 1524. — Novembre.

*Bibl. de Poitiers*, coll. dom Fonteneau, t. XXVII, p. 765.

2096. Lettres d'anoblissement accordées par la régente à Michel Potin, sieur de La Chassagne, moyennant finances[1]. Saint-Just-sur-Lyon, novembre 1524. — Novembre.

*Enreg. à la Chancellerie de France. Arch. nat., Trésor des Chartes*, JJ. 237, n° 131, fol. 21. 2 pages.

2097. Lettres de la régente nommant à un office de maître auditeur à la Chambre des Comptes de Bretagne Alain Mandart, secrétaire ordinaire du roi à la chancellerie de Bretagne. Saint-Just-sur-Lyon, 11 décembre 1524. — 11 décembre.

*Enreg. à la Chambre des Comptes de Bretagne. Arch. de la Loire-Inférieure*, B. *Mandements*, I, fol. 268.

2098. Lettres qui enjoignent au maréchal de Montmorency, gouverneur de Languedoc, à Pierre — 15 décembre.

[1] Les considérants portent qu'il a été délibéré en Conseil d'offrir des lettres de noblesse à de notables bourgeois qui consentiraient en retour à subvenir aux besoins du roi, ce qui donne à ce document une portée plus haute.

Robin, à l'évêque de Nîmes, au sénéchal de Toulouse, à Jean Nicolaï, Jean Poncher, Jean Testa et Gilbert Filhol, de réclamer des États de Languedoc la somme de 59,832 livres 4 sous 3 deniers. Abbaye de Saint-Lanfranc, près Pavie, 15 décembre 1524. 1524.

*Copie. Arch. municip. de Toulouse*, ms. 195, p. 148.

2099. Mandement aux élus du Lyonnais de lever, comme part de l'élection dans l'augmentation de taille qui a été ordonnée, la somme de 8,290 livres tournois, payable en quatre termes, par égales portions. Abbaye de Saint-Lanfranc, 15 décembre 1524. 15 décembre.

*Copie. Bibl. nat.*, ms. fr. 2702, fol. 107.

2100. Mandement pour la répartition et la levée de la somme à laquelle les jugeries de Rivière et de Verdun ont été taxées pour l'impôt de 2,400,000 livres mis sur tout le royaume. Abbaye de Saint-Lanfranc, près Pavie, 15 décembre 1524. 15 décembre.

*Original. Bibl. nat.*, ms. fr. 25720, n° 252.

2101. Lettres de la régente relatives aux bois et forêt d'Avaise, dépendant de l'abbaye de Saint-Rigaud, et aux entreprises des habitants de Saint-Rigaud sur ledit bois. Saint-Just-lès-Lyon, 22 décembre 1524. 22 décembre.

*Original. Arch. dép. de Saône-et-Loire, fonds de Saint-Rigaud*, H. 155, n° 38.

2102. Lettres chargeant le vicomte de Turenne de la conduite de vingt-cinq lances en plus des vingt-cinq qu'il commandait déjà. (S. l.), 31 décembre 1524. 31 décembre.

IMP. Baluze, *Hist. généal. de la maison d'Auvergne*, Paris, 1708, t. II, p. 754.

2103. Lettres de don à Marc Le Groing, vicomte de la Mothe-au-Groing, des terres, villes, châteaux et châtellenies de Boussac, la Pérouse et autres, confisqués sur René de Bretagne, comte de Penthièvre, condamné à mort pour Décembre.

crime de lèse-majesté. Abbaye de Saint-Lanfranc, décembre 1524. 1524.

*Enreg. à la Chancellerie de France. Arch. nat., Trésor des Chartes*, JJ. 237, n° 248, fol. 46. 1 page 1/3.

2104. Institution par la régente de deux foires par an et d'un marché chaque semaine à Coulours, en Bourgogne, accordée à la requête de Pierre de Cluys, grand prieur de France, commandeur de Coulours. Saint-Just-sur-Lyon, décembre 1524. Décembre.

*Enreg. à la Chancellerie de France. Arch. nat., Trésor des Chartes*, JJ. 237, n° 148, fol. 25. 1 page.

2105. Institution par la régente d'une foire annuelle et d'un marché hebdomadaire à Noves, en Provence. Saint-Just-sur-Lyon, décembre 1524. Décembre.

*Enreg. à la Chancellerie de France. Arch. nat., Trésor des Chartes*, JJ. 237, n° 149, fol. 25 v°. 1 page.

2106. Institution par la régente de quatre foires par an et d'un marché chaque semaine à Saint-Paul-Trois-Châteaux, accordée à la requête de l'évêque, Antoine de Levis. Saint-Just-sur-Lyon, décembre 1524. Décembre.

*Enreg. à la Chancellerie de France. Arch. nat., Trésor des Chartes*, JJ. 237, n° 150, fol. 25 v°. 1 page.

## 1525. — Pâques, 16 avril. 1525.

2107. Déclaration de la régente portant que Gillette du Guiny, sa demoiselle d'honneur, doit jouir des revenus des terres d'Auray et de Quiberon qui lui ont été donnés à viage, malgré l'édit contraire aux aliénations du domaine. Saint-Just-sur-Lyon, 6 janvier 1524. 6 janvier.

*Enreg. à la Chambre des Comptes de Bretagne. Arch. de la Loire-Inférieure*, B. *Mandements*, I, fol. 278.

2108. Mandement au trésorier Philibert Babou de faire payer à frère Louis Chantereau, confesseur ordinaire du roi, la somme de 220 livres 13 janvier.

tournois dont il lui est fait don. Abbaye de Saint-Lanfranc, près Pavie, 13 janvier 1524. 1525.

*Original. Bibl. nat.*, ms. fr. 25720, n° 253.

2109. Lettres portant réponses de la régente et de son conseil au cahier des doléances présenté par les États de Languedoc. Saint-Just-sur-Lyon, 17 janvier 1524. 17 janvier.

*Original aux États de Languedoc. Arch. de l'Hérault*, C., *Cahiers des doléances*, t. II, fol. 184. 24 pages.

2110. Don par la régente à Louis Fumée, à cause de son mariage avec Perrette Dupré, fille de Jean Dupré, d'un office de notaire et secrétaire du roi, et de l'un des quatre offices de notaire au Parlement résigné par ledit Dupré. Saint-Just-sur-Lyon, 17 janvier 1524. 17 janvier.

*Présenté et entériné au Parl. de Paris, le 25 janvier 1525 n. s. Arch. nat.*, X[1a] 1527, *reg. du Conseil*, fol. 102.

2111. Mandement de la régente au trésorier de l'épargne de payer la somme de 6,000 livres à son frère le duc de Savoie, pour deux quartiers de la pension que le roi lui a accordée. Saint-Just-sur-Lyon, 29 janvier 152[4][1]. 29 janvier.

*Original. Arch. nat.*, K. 82, n° 9.

2112. Institution par la régente de trois foires par an et d'un marché chaque semaine à Loriol. Saint-Just-sur-Lyon, janvier 1524. Janvier.

*Enreg. à la Chancellerie de France. Arch. nat., Trésor des Chartes*, JJ. 237, n° 156, fol. 27 v°. 1 page 1/2.

2113. Lettres de sauvegarde octroyées à l'abbé et aux religieux de Chezal-Benoît, diocèse de Bourges. Saint-Just-sur-Lyon, janvier 1524. Janvier.

*Enreg. à la Chancellerie de France. Arch. nat., Trésor des Chartes*, JJ. 237, n° 155, fol. 27. 2 pages.

2114. Lettres de la régente annonçant la paix conclue Janvier.

[1] Le parchemin est déchiré et l'on ne peut lire que *mil v^e vingt*... M. J. Tardif, *Cartons des rois*, p. 524, a classé cet acte à 1521. Le lieu de séjour de la régente nous l'a fait reporter à 1525.

entre le roi de France, le Pape, Venise, Florence et Lucques. Saint-Just-sur-Lyon, janvier 1524. 1525.

*Arch. dép. de l'Aube*, G. 1282, fol. 66 v°. (*Mention.*)

2115. Lettres de la régente portant abolition de la nouvelle crue de 15 livres tournois sur chaque muid de sel, imposée pour le payement des gages des officiers des cours souveraines. Saint-Just-sur-Lyon, 1er février 1524. 1er février.

*Enreg. à la Chambre des Comptes de Paris, le 15 février 1525 n. s. Arch. nat.*, P. 2304, p. 1081. 4 pages.

*Idem*, P. 2536, fol. 25 v°, et ADIX. 121, n° 72.

*Enreg. à la Cour des Aides de Normandie, le 21 février 1525 n. s. Arch. de la Seine-Inférieure, 1er vol. des Mémoriaux*, fol. 237. 6 pages.

2116. Lettres de surannation accordées par le roi pour valider des lettres de maîtrise données par Charles, bâtard d'Alençon, suivant le droit que lui en avait cédé le duc d'Alençon. Paris (1), 2 février 1524. 2 février.

*Original. Arch. nat.*, K. 83, n° 2.

2117. Don de l'usufruit de la terre et seigneurie de Fougères avec ses dépendances, octroyé à René de Montjehan, en récompense de ses services. Au camp devant Pavie, 2 février 1524. 2 février.

*Enreg. à la Chambre des Comptes de Bretagne. Archives de la Loire-Inférieure, B. Mandements*, I, fol. 293.

*Copie incomplète. Biblioth. nat.*, ms. fr. 10186, fol. 202.

IMP. Dom Morice, *Histoire de Bretagne*, 1746, in-fol., *Preuves*, t. III, col. 963.

2118. Lettres de la duchesse d'Augoulême exemptant de péages les bois achetés pour la représentation de «*l'istoyre des glorieux saincts martyrs Félix, Fortunat et Achillée*», et destinés ensuite 10 février.

(1) (*Sic*) Le nom de lieu était resté en blanc et n'a été ajouté que postérieurement, ce qui explique l'erreur commise. Le 2 février 1525 n. s. François Ier se trouvait au camp devant Pavie, et la régente à Saint-Just-sur-Lyon.

à la construction d'un hôpital. Saint-Just-sur-Lyon, 10 février 1524. 1525.

IMP. J. Ollivier, *Essais historiques sur la ville de Valence*, Valence, 1831, Borel, in-12, p. 310. (L'original a disparu de la mairie de Valence.)

2119. Relief d'adresse au Parlement de Paris, pour procéder à la vérification et enregistrement de la confirmation des privilèges accordés aux foires de Lyon par les lettres patentes de février 1515 (nº 104). Saint-Just-sur-Lyon, 11 février 1524. 11 février.

*Enreg. au Parl. de Paris, le 20 juillet 1560. Arch. nat.*, $X^{1a}$ 8623, fol. 194. 2 pages.

IMP. *Privilèges de la ville de Lyon*, Lyon, 1649, p. 93.

2120. Ordonnance de la régente remettant en vigueur les anciens édits contre les blasphémateurs. Saint-Just-sur-Lyon, 14 février 1524. 14 février.

*Enreg. au Parl. de Paris, sauf modifications, le 21 mars 1525 n. s. Arch. nat.*, $X^{1a}$ 8612, fol. 22. 2 pages.

A la suite, une ordonnance de Louis XII contre les blasphémateurs. Blois, 9 mars 1510 (publiée). *Idem.*, fol. 23 vº. 2 pages 1/2.

*Enreg. au Parl de Dijon, le 4 mars 1525 n. s. Arch. de la Côte-d'Or, Parl.*, reg. II, fol. 4, 5, 6.

2121. Provisions de l'office de trésorier de France données par la régente en faveur de Nicolas de Neufville, sieur de Villeroy, au lieu et place de feu Pierre Le Gendre, son oncle. Saint-Just-sur-Lyon, 16 février 1524. 16 février.

*Enreg. à la Chambre des Comptes de Paris. Arch. nat.*, P. 2304, p. 1096. 3 pages.

2122. Lettres de sauvegarde octroyées par la régente aux habitants de Saint-Just-sur-Lyon. Saint-Just-sur-Lyon, 20 février 1524. 20 février.

*Arch. de la ville de Lyon, invent. Chappe*, t. III, p. 199. (*Mention.*)

2123. Provisions par la régente de l'un des deux offices d'huissier nouvellement créés au Par- 26 février.

lement de Grenoble. Saint-Just-sur-Lyon, 26 février 1524. 1525.

*Enreg. au Parl. de Grenoble, le 28 novembre 1527.*
*Imp.* L'abbé U. Chevalier, *Ordonnances relatives au Dauphiné*, in-8°, 1871, n° 691. (*Mention.*)

2124. Déclaration de la régente touchant l'exécution des lettres royales du 18 octobre précédent (n° 2085), permettant à la ville de Paris de mettre un impôt sur le bétail à pied fourché, pour le payement de 10,000 livres avancées au roi. Saint-Just-sur-Lyon, 27 février 1524. 27 février.

*Original. Arch. nat.*, K. 953, n° 21.
*Enreg. au Parl. de Paris, sauf modifications, le 13 mars 1525 n. s. Arch. nat.*, X[1a] 8612, fol. 20 v°.
2 pages 2/3.

2125. Lettres de la régente portant de deux à quatre le nombre des foires qui se tiennent chaque année à Privas, et règlement de leur durée et des privilèges des marchands. Saint-Just-sur-Lyon, février 1524. Février.

*Enreg. à la Chancellerie de France. Arch. nat., Trésor des Chartes*, JJ. 237, n° 174, fol. 29 v°.
1 page 1/2.

2126. Abolition du droit de gabelle additionnel établi par lettres datées de Paris, le 5 février 1523 n. s. (n° 1748). 5 mars 1524. 5 mars.

*Enreg. à la Cour des Aides de Paris, le 11 mars 1525 n. s. Arch. nat., recueil Cromo*, U. 665, fol. 244. (*Mention.*)

2127. Lettres de la régente à tous les lieutenants et gouverneurs pour le roi dans les pays de France, Brie, Champagne, Bourgogne, Normandie, Guyenne, Languedoc, Dauphiné et Provence, relatives aux pillards et vagabonds qui désolent le royaume. Saint-Just-sur-Lyon, 11 mars 1524. 11 mars.

*Imp. Registres consulaires de Limoges*, t. I, 1867, p. 153.

2128. Don d'une pension annuelle de 1,300 livres tournois, à prendre sur les terres de Cornillon 13 mars.

et de Vizille, en Dauphiné, accordé par la régente à Jacques de Brisay, seigneur de Beaumont. Saint-Just-sur-Lyon, 13 mars 1524. 1525.

*Enreg. au Parl. de Grenoble, le 30 mars 1525 n. s. Arch. de l'Isère, Chambre des Comptes de Grenoble,* B. 2908, cah. 28. 4 pages 1/2.

2129. Lettres de la régente portant don à Claude de Lorraine, comte de Guise et d'Aumale, de la terre de Saint-Dizier-en-Perthois, pour en jouir sa vie durant. Saint-Just-sur-Lyon, 19 mars 1524. 19 mars.

*Enreg. à la Chambre des Comptes de Paris, le 10 juillet 1525. Archives nat.,* P. 2304, p. 1107. 4 pages.

*Idem,* P. 2536, fol. 33 (sous la date erronée du 19 juillet 1524), et P. 2580, fol. 124. 3 pages.

2130. Lettres de la régente pour l'exécution des lettres d'amortissement accordées à l'ordre de Saint-Jean-de-Jérusalem, en mars 1524 n. s. (n° 1989). Saint-Just-sur-Lyon, 19 mars 1524. 19 mars.

*Copie collationnée du 6 juin 1554. Arch. de la Vienne, Grand prieuré d'Aquitaine,* liasse 2.

2131. Lettres de la régente portant don à Louis de Lorraine, comte de Vaudemont, sa vie durant, du comté de Penthièvre, des terres et seigneuries de Lamballe et de Montcontour, avec les ports et havres d'entre Couesnon et Arguenon, dont le roi avait ci-devant fait don à l'amiral de Bonivet. Saint-Just-sur-Lyon, 28 mars 1524. 28 mars.

*Enreg. à la Chambre des Comptes de Bretagne. Archives de la Loire-Inférieure, B. Mandements,* I, fol. 200.

*Copie de 1555, extraite du premier Livre rouge de la Chambre des Comptes de Bretagne. Arch. des Côtes-du-Nord,* série E. 2. 10 pages.

*Copie. Bibl. nat.,* ms. fr. 10186, fol. 200.

2132. Renouvellement par la duchesse d'Angoulême du traité passé, le 8 décembre 1522 (n° 1702), entre le roi et Jean Boursault et Jacques Favier, pour l'approvisionnement en vivres et munitions des villes de Boulogne, Montreuil- 28 mars.

sur-mer, Térouanne et Hesdin. Lyon, le mardi 28 mars 1524. 1525.

*Enreg. au Parl. de Paris. Arch. nat.*, X[1a] 8612, fol. 32 v°. 2 pages.

2133. Lettres de la régente faisant remise à François de La Trémoïlle, prince de Talmont, de tous les droits et devoirs seigneuriaux dus au roi, par suite du décès du sire de la Trémoïlle, pour raisons des terres et seigneuries de Talmont, Olonne, Fontenay-le-Comte, Thouars, Mauléon, Gençay, Prahecq, la Chèze-le-Vicomte, Benon, Marans, l'île de Ré, la-Trimouille, Luçon, Usson, la Mothe-Achart. Saint-Just-sur-Lyon, 28 mars 1524. 28 mars.

*Enreg. à la Chambre des Comptes de Paris, le 21 août 1525. Arch. nat.*, P. 2536, fol. 39 (*acte d'enregistrement*), et ADIX. 121, n° 75. (*Mention.*)

2134. Lettres de don à Charles Du Solier de Morette de tout le revenu de la terre et seigneurie de Châtillon-sur-Indre. Saint-Just-sur-Lyon, 28 mars 1524. 28 mars.

*Enreg. à la Chambre des Comptes de Paris. Anc. mém.* coté 2 D., fol. 19. *Arch. nat., invent.* PP. 136, p. 296. (*Mention.*)

2135. Lettres d'évocation au Grand Conseil d'un procès pendant au Parlement, données par la régente en faveur de l'abbaye de Saint-Benoît-sur-Loire. Lyon, 29 mars 1524. 29 mars.

*Présentées au Parl. de Paris le 11 avril suivant. Arch. nat.*, X[1a] 1527, reg. du Conseil, fol. 336. (*Mention.*)

*Idem, le 30 juin 1525*, X[1a] 1528, fol. 574 v°. (*Mention.*)

2136. Don par la régente à Jacques de Montgomery, seigneur de Lorges, des biens confisqués sur Hugues d'Espagne, seigneur de Durfort. Lyon, mars 1524. Mars.

*Enreg. à la Chancellerie de France. Arch. nat., Trésor des Chartes*, JJ. 237, n° 221, fol. 39 v°. 1 page 1/2.

2137. Lettres de la régente par lesquelles elle fait don Mars.



IMPRIMERIE NATIONALE.

de la succession de Philiberte de Savoie, duchesse de Nemours, au duc de Savoie, son frère. Saint-Just-sur-Lyon, mars 1524. 1525.

*Enreg. à la Chancellerie de France. Arch. nat., Trésor des Chartes*, JJ. 237, n° 231, fol. 41 v°. 2 pages.

*Enreg. à la Chambre des Comptes de Paris, le 10 juillet suivant. Arch. nat.*, P. 2536, fol. 35, 4 pages.

*Idem*, ADIX. 121, n° 74. 3 pages.

2138. Don par la régente à Jean, bâtard du Fay, lieutenant de la compagnie commandée par le duc de Lorraine, des biens de Jean Croix, échus au roi par droit d'aubaine. Saint-Just-sur-Lyon, mars 1524. Mars.

*Enreg. à la Chancellerie de France. Arch. nat., Trésor des Chartes*, JJ. 239, n° 3, fol. 1 v°. 1 page.

2139. Provisions pour Michel Boucher de l'office de contrôleur du domaine d'Orléans, nouvellement créé. 5 avril 1524. 5 avril.

*Réception à la Chambre des Comptes de Paris, le 25 janvier 1535*, anc. mém. GG, fol. 134. *Arch. nat.*, K. 1377, papiers de Fontanieu. (*Mention.*)

2140. Lettres d'assignation des gages (18,914 livres 12 sous) des officiers du Parlement de Toulouse, par la duchesse d'Angoulême, régente, avec les lettres d'attache des trésoriers. Saint-Just-sur-Lyon, 7 avril 1524. 7 avril.

*Enreg. au Parl. de Toulouse. Arch. de la Haute-Garonne, Édits*, reg. 3, fol. 97. 1 page.

2141. Lettres de la régente portant don à la marquise de Saluces et à son fils, leur vie durant, du comté de Castres, en considération des services qu'ils ont rendus au roi. Saint-Just-sur-Lyon, 11 avril 1524. 11 avril.

*Enreg. à la Chambre des Comptes de Paris, le 26 juin 1525. Arch. nat.*, P. 2304, p. 1111. 2 pages 1/2.

*Idem*, P. 2536, fol. 37.

2142. Lettres de la régente donnant pouvoir aux consuls de Lyon de lever 4 deniers sur tous les 24 avril.

habitants, propriétaires dans la ville. Lyon, 24 avril 1525. 1525.

*Original. Arch. municip. de Lyon*, série EE.

2143. Lettres de la régente accordant à la ville de Lyon un octroi de 2 sols 6 deniers sur chaque quarte de sel vendu et débité dans la ville et dans le Lyonnais. Lyon, 24 avril 1525. 24 avril.

*Original. Arch. municip. de Lyon*, série CC.

2144. Mandement de la régente aux élus du Lyonnais, leur ordonnant de faire travailler les habitants des paroisses de l'élection et de la sénéchaussée de Lyon aux fossés et aux remparts de la ville. Lyon, 24 avril 1525. 24 avril.

*Copie. Bibl. nat.*, ms. fr. 2702, fol. 113.

2145. Mandement de la régente à Philibert Babou, trésorier de l'épargne, d'autoriser le trésorier receveur général des finances de Bretagne à prélever sur ses recettes un fonds de 12,000 liv. pour le ravitaillement des villes et places fortes de Bretagne. Lyon, 29 avril 1526. 29 avril.

*Enreg. à la Chambre des Comptes de Bretagne. Archives de la Loire-Inférieure*, B. *Mandements*, I, fol. 275.

2146. Mandement de la régente au trésorier de l'épargne d'autoriser le trésorier receveur général des finances de Bretagne à prélever 12,000 livres pour être appliquées aux frais de réparation des places fortes de la province. Lyon, 29 avril 1525. 29 avril.

*Enreg. à la Chambre des Comptes de Bretagne. Archives de la Loire-Inférieure*, B. *Mandements*, I, fol. 276.

2147. Lettres autorisant la ville de Montpellier à continuer de percevoir les droits accoutumés sur la viande de boucherie. Lyon, 29 avril 1525. 29 avril.

*Copie. Archives municipales de Montpellier*, BB., *Grand Thalamus*, fol. 267 v°. 3 pages.

2148. Lettres de la régente accordant permission aux Avril.

habitants de Dannemarie-en-Montois de clore et de fortifier leur ville. Lyon, avril 1525. 1525.

*Enreg. à la Chancellerie de France. Arch. nat., Trésor des Chartes*, JJ. 237, n° 250, fol. 46 v°. 1 page.

2149. Lettres de la régente constatant que Louis Guillart, évêque de Chartres, lui a fait le serment de fidélité, auquel il était tenu pour la temporalité de son évêché. Lyon, 3 mai 1525. 3 mai.

*Mentionnées dans un arrêt de la Chambre des Comptes de Paris. Arch. nat.*, P. 2536, fol. 63 v°.

2150. Lettres de la régente portant abolition de l'impôt extraordinaire de 2 écus par tonneau de vin exporté de Guyenne et du Bordelais pour l'Espagne, l'Angleterre, l'Écosse, la Flandre, etc. Les anciens droits de traite sont seuls maintenus. Lyon, 4 mai 1525. 4 mai.

*Enreg. au Parl. de Bordeaux, le 1er juin 1525. Arch. de la Gironde*, B. 30, fol. 435. 6 pages.

2151. Commission de lieutenant général en Dauphiné accordée par la régente à Michel-Antoine, marquis de Saluces. Lyon, 7 mai 1525. 7 mai.

*Enreg. au Parl. de Grenoble, le 25 mai 1525. Arch. de l'Isère, invent. de la Chambre des Comptes de Grenoble, Generalia*, t. II. (*Mention.*)

2152. Mandement du roi ordonnant la mise à exécution d'un arrêt du 4 octobre 1524, d'après lequel André Romain, ayant été reconnu comme régulièrement anobli, doit être exempt de tailles. Paris (*sic*), 8 mai 1525. 8 mai.

*Copie. Bibl. nat.*, ms. fr. 2702, fol. 116 v° (avec un arrêt de la Cour des Aides, de même date, en faveur d'André Romain, fol. 114).

2153. Don, cession et transport fait par la régente à Marguerite de France, veuve du duc d'Alençon, de l'usufruit des duché d'Alençon, comté du Perche, baronnie de Châteauneuf-en-Thi- 10 mai.

merais, vicomtés de Domfront et de Verneuil, etc. Lyon, 10 mai 1525[1]. 1525.

*Enreg. à la Chambre des Comptes de Paris, le 31 mai 1525, ancien mém.* 2 D, fol. 78. *Arch. nat.*, P. 2536, fol. 31, et P. 2552, fol. 25. 4 pages.
*Idem*, ADIX. 121, n° 86. 4 pages.

2154. Bulles du pape Clément VII par lesquelles il institue commissaires pour la recherche des sectateurs de l'hérésie luthérienne, Jacques de La Varde, André Verjus et Nicolas Le Clerc, conseillers clercs au Parlement, et Guillaume Du Chesne, curé de Saint-Jean-en-Grève. Rome, le 16 des calendes de juin 1525. 17 mai.

Lettres de la régente ordonnant l'enregistrement desdites bulles. Lyon, 10 juin 1525.

*Enreg. au Parl. de Paris, sans date. Arch. nat.*, X¹ᵃ 8612, fol. 33 v° et 36. 6 pages.
*Copie. Bibl. nat., coll. de Brienne*, vol. 263, fol. 17.

2155. Provisions de l'office de greffier de la Chambre des Comptes en faveur de Jean Spifame, au lieu et place d'Étienne Le Blanc. Lyon, 18 mai 1525. 18 mai.

*Enreg. à la Chambre des Comptes de Paris. Arch. nat.*, P. 2304, p. 1161, et P. 2552, fol. 42 v°. 3 pages.
*Idem*, P. 2536, fol. 50 (sous la date du 8 mai.)

2156. Provisions délivrées par la régente de l'office de clerc et auditeur de la Chambre des Comptes en faveur de François Gayant, au lieu et place de Jean Bauliard. Lyon, 19 mai 1525. 19 mai.

*Enreg. à la Chambre des Comptes de Paris. Arch. nat.*, P. 2304, p. 1115. 2 pages.

2157. Commission de la régente à Anne de Montmorency pour lever et conduire une forte armée navale sur les côtes de Provence. Lyon, 23 mai 1525. 23 mai.

Imp. A. Du Chesne, *Hist. généal. de la maison de Montmorency*, t. II, Preuves, p. 276. (*Mention.*)

[1] Blanchard date cet acte de mai 1525, sans quantième.

2158. Mandement de la régente aux élus du Lyonnais leur ordonnant de faire payer au 15 juin 1525 le terme des tailles qui n'était exigible qu'au 1er juillet. Lyon, 26 mai 1525. 1525. 26 mai.

*Copie. Bibl. nat.*, ms. fr. 2702, fol. 113.

2159. Lettres de la régente portant don de la ville de Montélimart, avec 2,000 livres de rente, en faveur de Constance de Carret, veuve de Galéas de Saint-Séverin, grand écuyer de France, tué à Pavie. Lyon, 28 mai 1525. 28 mai.

*Enreg. au Parl. de Grenoble, le 12 juin 1525. Arch. de l'Isère, Chambre des Comptes de Grenoble*, B. 2908, cah. 22. 8 pages.

2160. Institution par la régente de deux foires par an et d'un marché chaque semaine à Saint-Germain-des-Fossés. Lyon, mai 1525. Mai.

*Enreg. à la Chancellerie de France. Arch. nat., Trésor des Chartes*, JJ. 237, n° 249, fol. 46 v°. 1 page.

2161. Institution par la régente de deux foires par an et d'un marché chaque semaine à Lésignan. Lyon, mai 1525. Mai.

*Enreg. à la Chancellerie de France. Arch. nat., Trésor des Chartes*, JJ. 237, n° 262, fol. 50 v°. 1 page 1/3.

2162. Confirmation des privilèges de l'abbaye de Sainte-Croix de Poitiers. Lyon, mai 1525. Mai.

*Arch. de la Vienne, Sainte-Croix*, reg. n° 279, p. 93. (*Mention.*)

2163. Pouvoirs donnés par la régente à ses ambassadeurs, François de Tournon, archevêque d'Embrun, Jean de Selve, premier président du Parlement, et Philippe Chabot, baron de Brion, pour traiter du mariage de François Ier avec la reine Éléonore. (Traité de Madrid.) Lyon, 6 juin 1525. 6 juin.

*Enreg. au Parl. de Paris, avec le traité de Madrid, le 19 novembre 1529. Arch. nat.*, X1a 8612, fol. 170. 2 pages.

*Enreg. à la Chambre des Comptes de Paris. Arch. nat.*, P. 2305, p. 985. 5 pages.

*Copie. Bibl. nat.*, ms. fr. 2948, fol. 92. 1525.

Imp. Fr. de Belleforest. *Les grandes annales de l'hist. de France*, 1579, t. II, p. 1446.

Dumont, *Corps diplomatique*, in-fol., 1726, t. IV, part. 1, fol. 412.

2164. Autre procuration donnée par la régente aux mêmes personnages pour traiter spécialement du mariage du dauphin avec Marie, infante de Portugal. Lyon, 6 juin 1525. 6 juin.

*Enreg. au Parl. de Paris, avec le traité de Madrid, le 19 novembre 1529. Arch. nat.*, X[1a] 8612, fol. 169. 2 pages.

*Enreg. à la Chambre des Comptes de Paris. Arch. nat.*, P. 2305, p. 991. 4 pages.

*Copie. Bibl. nat.*, ms. fr. 2948, fol. 96 v°.

Imp. Dumont, *Corps diplomatique*, in-fol. 1726, t. IV, part. 1, p. 411.

2165. Provisions accordées par la régente à Jean Landry, de l'office d'huissier au Parlement de Paris, vacant par la mort de Pierre Luday. Lyon, 7 juin 1525. 7 juin.

*Réception au Parl. de Paris, le 28 juin suivant. Arch. nat.*, X[1a] 1528, *reg. du Conseil*, fol. 573. (*Mention.*)

2166. Provisions de l'office de clerc, notaire et secrétaire des Comptes en Bretagne, accordées par la régente à Pierre de Callac, pour succéder à Jean Thoumelin, dernier possesseur. Lyon, 7 juin 1525. 7 juin.

*Enreg. à la Chambre des Comptes de Bretagne. Archives de la Loire-Inférieure*, B. *Mandements*, I. fol. 279.

2167. Ordonnance sur le fait de la gendarmerie, rendue à Lyon, 8 juin 1525. 8 juin.

*Transcrite sur le Registre noir de Jacques Thiboust*, fol. 60 et suiv. *Arch. du Cher*, série E. 1018.

2168. Pouvoirs donnés par la régente à Jean Brinon, premier président du Parlement de Rouen, et à Jean-Joachim de Passan, maître des requêtes de l'hôtel, ambassadeurs de France près le 9 juin.

roi d'Angleterre, pour traiter de la paix. Lyon, 9 juin 1525. 1525.

*Enreg. au Parl. de Paris, avec le traité du 30 août 1525. Arch. nat.*, X[1a] 8612, fol. 47 v°.

*Copie du XVIe siècle. Arch. nat., suppl. du Trésor des Chartes*, J. 921, n° 9.

*Copie. Arch. municip. de Toulouse*, ms. 195, p. 35.

IMP. Rymer, *Acta publica*, 3e édit., 1741, t. VI, part. II, p. 17, col. 1, p. 24, col. 1, et p. 58, col. 2.

Dumont, *Corps diplomatique*, in-fol., 1726, t. IV, 1re part., p. 440, col. 2.

2169. Don par la régente à sa fille Marguerite, duchesse d'Alençon, des greniers à sel d'Alençon, quint et gabelles de Domfront et autres lieux. Lyon, 9 juin 1525. 9 juin.

*Invent. des titres du duché d'Alençon. Arch. nat.*, KK. 893, fol. 25. (*Mention.*)

2170. Lettres de la régente ordonnant l'exécution d'une bulle du pape, du 17 mai 1525 (n° 2154), relative aux poursuites à exercer contre les luthériens. Lyon, 10 juin 1525. 10 juin.

*Enreg. au Parl. de Paris, s. d. Arch. nat.*, X[1a] 8612, fol. 36.

2171. Mandement de la régente à Guillaume Prudhomme de payer à Jean de Cazal la somme de 1,490 livres tournois pour des amandes et des anguilles qu'il a fournies pour le ravitaillement de l'armée de mer. Lyon, 11 juin 1525. 11 juin.

*Copie. Bibl. nat.*, coll. Fontanieu, portefeuille 196 (à la date).

2172. Pouvoirs conférés par la régente à Pierre de La Bretonnière, seigneur d'Ouarty, gentilhomme de la Chambre du roi, pour traiter d'une trêve avec Margnerite, gouvernante des Pays-Bas. Lyon, 18 juin 1525. 18 juin.

IMP. A. Champollion, *Captivité de François Ier*, coll. des Documents inédits, in-4°, 1847, p. 219.

2173. Provisions de l'office de premier président au Parlement de Dijon pour Claude Patarin. Lyon, 19 juin 1525. 19 juin.

*Enreg. au Parl. de Dijon, le 15 novembre suivant. Arch. de la Côte-d'Or*, reg. II, fol. 14 v°.

2174. Lettres de commission adressées au sénéchal de Lyon, pour contraindre un marchand de Chalon à fournir déclaration des grains qu'il a vendus en ladite ville, et en payer le droit de quartelage à l'archevêque. Lyon, 22 juin 1525. — 1525. 22 juin.

*Original. Arch. du Rhône, Chapitre métropolitain, Arm. Abram*, vol. 30, n° 7.

2175. Lettres de la régente portant mandement de contraindre le clergé d'Angers à contribuer aux travaux de la ville. Lyon, 30 juin 1525. — 30 juin.

*Arch. municip. d'Angers*, BB. 18, fol. 21.

2176. Lettres de la régente par lesquelles elle augmente de trois le nombre des foires qui se tiennent chaque année à Saint-Laurent-de-Chamousset. Lyon, juin 1525. — Juin.

*Enreg. à la Chancellerie de France. Arch. nat., Trésor des Chartes*, JJ. 237, n° 270, fol. 52. 2/3 de page.

2177. Création par la régente de deux foires chaque année à Villy-le-Moutier. Lyon, juin 1525. — Juin.

*Enreg. à la Chancellerie de France, Arch. nat., Trésor des Chartes*, JJ. 237, n° 278, fol. 53 v°. 1 page.

2178. Don fait par la régente à Barnabé Visconti d'une pension annuelle de 1,000 livres sur les revenus de la châtellenie de Saint-Symphorien-d'Ozon. Lyon, 4 juillet 1525. — 4 juillet.

*Enreg. au Parl. de Grenoble, le 5 août 1525. Arch. de l'Isère, Chambre des Comptes de Grenoble*, B. 2908, cah. 25. 7 pages.

2179. Provisions données par la régente d'un office de maître des requêtes de l'Hôtel, au lieu de Jean de Calvimont, nommé second président au Parlement de Bordeaux, en faveur de Pierre Anthoine, docteur en droit, précédemment conseiller au Grand Conseil. Lyon, 5 juillet 1525. — 5 juillet.

*Arch. nat., Parl. de Paris, reg. du Conseil du 13 novembre 1526*, X[1a] 1530, fol. 2. (*Mention.*)

2180. Lettres de la régente accordant à Marie d'Al- — 7 juillet.

bret, comtesse de Nevers et de Dreux, délai de foi et hommage pour son comté de Dreux. Lyon, 7 juillet 1525. 1525.

*Copie coll. du XVIII^e siècle. Arch. nat.*, K. 171, n° 68.

2181. Traité de prolongation de la neutralité des deux Bourgogne, passé entre la France et l'Empereur. Ratification par la régente. Montélimart, 12 juillet 1525. 12 juillet.

*Enreg. au Parl. de Bourgogne, le 26 août 1525. Arch. de la Côte-d'Or, Parl.*, reg. II, fol. 12 et 13. (Voir ci-dessus au 30 juillet 1522, n° 1625.)

2182. Provisions de l'office de conseiller au Grand Conseil données par la régente en faveur de Guy Breslay. Lyon, 13 juillet 1525.

*Copie. Bibl. nat.*, ms. fr. 5124, fol. 123 v°.

2183. Traité de la trêve conclue entre Marguerite d'Autriche, gouvernante des Pays-Bas pour l'empereur Charles-Quint, et Louise d'Angoulême, régente, au nom de François I^er, son fils, stipulant la suspension des hostilités et la sécurité de la pêche du hareng. Breda, 14 juillet 1525. 14 juillet.

*Copie. Arch. munic. de Dijon*, série A.
IMP. Fr. Léonard, *Traitez de paix*, t. II, p. 193. Dumont, *Corps diplomatique*, in-fol., 1726, t. IV, 1^re part., p. 433, col. 1.

2184. Ordonnance rendue au Conseil, relative aux vivres que l'on doit fournir aux gendarmes et archers des ordonnances, dans leurs garnisons. Lyon, 14 juillet 1525. 14 juillet.

*Enreg. au Parl. de Grenoble, le 23 juillet 1525. Arch. de l'Isère, Chambre des Comptes de Grenoble*, B. 2910, cah. 25. 5 pages 1/2.

2185. Lettres de sauvegarde et de confirmation, maintenant les Dominicains du couvent de Nantes en possession du cimetière qui s'étend entre les douves du château de Nantes et le haut de leur église, et ordonnant que les armes royales 15 juillet.

seront apposées sur ledit couvent. Nantes, 15 juillet 1525. 1525.

*Original sur parchemin en mauvais état, une copie parch. du 18 octobre 1641, signée, et trois copies papier du XVII^e siècle. Arch. de la Loire-Inférieure, H. 299.*

2186. Lettres de la régente prescrivant au sire de Laval, capitaine de cinquante hommes d'armes, de contraindre les communautés de la principauté d'Orange à fournir le logement aux gens de guerre. Lyon, 16 juillet 1525. 16 juillet.

*Arch. de l'Isère, Chambre des Comptes de Grenoble*, B. 2910, cah. 24. 4 pages.

2187. Lettres de la régente permettant à François de Cambray d'exercer, quoique lai, l'office de conseiller clerc au Parlement de Paris, dont il venait d'être pourvu au lieu de feu Guillaume Barthélemy. Lyon, 17 juillet 1525. 17 juillet.

*Présentées au Parl. de Paris, le 26 août 1525. Arch. nat.*, X^1a 1528, *reg. du Conseil*, fol. 721. (*Mention.*)

2188. Lettres touchant les privilèges du Havre-de-Grâce. Lyon, 17 juillet 1525. 17 juillet.

*Enreg. à la Cour des Aides de Normandie, le 19 octobre 1525. Arch. de la Seine-Inférieure*, 1^er vol. des Mémoriaux, fol. 244 v°. 3 pages.

2189. Lettres de la régente portant octroi aux conseillers de Lyon de 2 sous 6 deniers par quintal de sel, pendant trois ans, pour en employer le produit aux fortifications. Lyon, 18 juillet 1525. 18 juillet.

*Original. Arch. municip. de Lyon*, série CC. *Copie, id.*, AA. 151, fol. 89.

2190. Lettres de la régente portant remise à Raymond Graciade, abbé de la Réole, d'une amende de 4,000 livres à laquelle il avait été condamné par arrêt du Parlement de Toulouse. 19 juillet 1525. 19 juillet.

*Enreg. à la Chambre des Comptes de Paris, le 16 mars suivant, anc. mém.* 2 D, fol. 128. *Arch. nat., invent.* PP. 136, p. 300. (*Mention.*)

2191. Érection du duché-pairie de Dunois, avec union audit duché des terres et seigneuries de Beaugency et de Château-Renaud, faite par Louise de Savoie, régente, en faveur de Louis d'Orléans, duc de Longueville, comte de Dunois. Lyon, juillet 1525. 1525. Juillet.

*Enreg. à la Chancellerie de France. Arch. nat., Trésor des Chartes*, JJ. 237, n° 317, fol. 64. 3 pages.

*Copie collat. du XVIII^e siècle. Arch. nat.*, K. 171, n° 67.

2192. Lettres de rémission accordées par la régente à René Petit, écuyer, jeune gentilhomme qui avait embrassé le parti du connétable de Bourbon et l'avait suivi hors de France. Lyon, juillet 1525. Juillet.

*Enreg. à la Chancellerie de France, Arch. nat., Trésor des Chartes*, JJ. 237, n° 301, fol. 59. 1 page.

*Copie. Bibl. de Poitiers, coll. dom Fonteneau*, t. XX, p. 367, *d'après les arch. du château de la Guierche.* (Sous la date du 4 juillet.)

2193. Don par la régente à Jean de Vaulx, homme d'armes de la compagnie du capitaine de La Clayette, des biens confisqués du feu capitaine Roussin, exécuté à Autun pour meurtre. Lyon, juillet 1525. Juillet.

*Enreg. à la Chancellerie de France. Arch. nat., Trésor des Chartes*, JJ. 239, n° 4, fol. 1 v°. 1 page.

2194. Lettres de la régente portant permission à la marquise de Montferrat, à son fils et à ses filles de posséder des biens et d'en disposer librement dans le royaume. Lyon, juillet 1525. Juillet.

*Enreg. à la Chancellerie de France. Arch. nat., Trésor des Chartes*, JJ. 237, n° 293, fol. 57. 1 page.

2195. Lettres de surannation des provisions de vicomte d'Orbec, données le 12 février 1521 n. s. (n° 1322), en faveur de Philippe Le Tirant. 1^er^ août 1525. 1^er^ août.

*Enreg. à la Chambre des Comptes de Paris, le 5 août 1525; anc. mém.* 2 D, fol. 87. *Arch. nat., invent.* PP. 136, p. 244. (*Mention.*)

2196. Commission donnée par la régente à Jean-Joachim de Passan de faire le payement des sommes dues chaque année au roi d'Angleterre en vertu du traité conclu avec lui. Lyon, 6 août 1525. 1525. 6 août.

Avec un compte original des sommes remises, à diverses époques, au roi d'Angleterre et à des personnages de sa cour.

*Copie. Bibl. nat.*, ms. fr. 12158, fol. 4.

Imp. Champollion, *Captivité de François Ier*, in-4°, 1847, p. 294, note 2.

2197. Confirmation de l'union de l'abbaye de Saint-Honorat de Lérins à la congrégation du Mont-Cassin. Lyon, 7 août 1525. 7 août.

*Enreg. au Parl. d'Aix, le 28 septembre 1525. Arch. des Alpes-Maritimes*, H. 64.

2198. Traité pour une trêve de trois mois, conclu entre l'empereur Charles-Quint, François Ier et Henri VIII. Pendant ce temps il était permis à la duchesse d'Alençon d'aller en Espagne négocier la délivrance du roi, son frère. Tolède, 11 août 1525. 11 août.

Imp. Fr. Léonard, *Traitez de paix*, t. II, p. 169.

Dumont, *Corps diplomatique*, 1726, in-fol., t. IV, part. 1, p. 435, col. 2.

Champollion, *Captivité de François Ier*, in-4°, 1847, p. 294.

2199. Lettres de sauvegarde octroyées à la ville de Nyons, semblables à celles du 22 août 1518 (n° 879). Tournon, 13 août 1525. 13 août.

*Copie sur parchemin signée d'un notaire. Archives de la Drôme*, E. 3026.

2200. Trêve spéciale de cinq mois conclue entre la duchesse d'Angoulême, régente, et le roi d'Angleterre. Moore, 14 août 1525.

Imp. Champollion, *Captivité de François Ier*, in-4°, 1847, p. 298, note. (*Mention.*)

2201. Lettres de la régente réintégrant Marie d'Amboise dans ses fonctions d'abbesse de la Trinité. Tournon, 15 août 1525. 15 août.

*Original. Arch. de la Vienne, La Trinité*, liasse 4.

2202. Pouvoirs donnés par la régente à Jean Brinon, premier président du Parlement de Normandie, et à Jean-Joachim de Passan, s[r] de Vaux, maître des requêtes de l'Hôtel, pour traiter avec les commissaires de Henri VIII, roi d'Angleterre, de l'indemnité à allouer à ce prince par François Ier. Tournon, 16 août 1525. — 1525. 16 août.

*Enreg. au Parl. de Paris, avec le traité du 30 août, et la confirmation de la régente, du 25 septembre, le 20 octobre 1525. Arch. nat.*, X[1a] 8612, fol. 65 v°. 6 pages.

*Imp.* Rymer, *Acta publica*, 3e édit., 1741, in-fol., t. VI, part. II, p. 20, col. 1, et p. 28, col. 2.

2203. Protestation de François Ier, en forme de lettres patentes, au sujet des négociations de Madrid. Château de Madrid, 16 août 1525, remise à Jean de Selve, premier président du Parlement de Paris, à Tolède, le 22 août 1525. — 16 août.

*Imp.* A. Champollion, *Captivité du roi François Ier*, collection des Documents inédits, in-4°, 1847, p. 300.

2204. Déclaration de la régente portant que le Parlement de Paris continuera à siéger pendant le temps des vacations. Donzère, 20 août 1526. — 20 août.

*Enreg. au Parl. de Paris, le 29 août 1525. Arch. nat.*, X[1a] 8612, fol. 37. 1 page.

2205. Provisions de l'office de conseiller clerc au Parlement de Toulouse, en faveur de Léon Bellon, docteur en droit, sénateur au Sénat de Milan, office tenu auparavant par Pierre de Laporte. Montélimart, 24 août 1525. — 24 août.

*Enreg. à la Chancellerie de France. Arch. nat., Trésor des Chartes*, JJ. 237, n° 316, fol. 63 v°. 2 pages.

*Enreg. au Parl. de Toulouse. Arch. de la Haute-Garonne, Édits*, reg. 3, fol. 99. 4 pages.

2206. Lettres de la régente portant suppression des offices de contrôleurs des deniers municipaux — 25 août.

et d'octroi du pays de Quercy. Montélimart, 25 août 1525. 1525.

*Enreg. à la sénéchaussée de Cahors. Invent. des titres de la ville de Montauban, 1662. Arch. municipales de Montauban,* série R, fol. 39. (*Mention.*)

2207. Lettres de la régente portant défenses au trésorier général du Dauphiné de faire sa recette autre part que dans le comptoir à ce destiné dans la Trésorerie de Grenoble. Montélimart, 26 août 1525. 26 août.

*Enreg. à la Chambre des Comptes de Grenoble. Arch. de l'Isère,* B. 2908, cah. 32. 8 pages.

2208. Mandement pour l'exécution, nonobstant appel, de la levée de l'impôt sur le sel (lettres du 18 juillet 1525, ci-dessus n° 2189), pour achever les fortifications de Lyon. Montélimart, 27 août 1525. 27 août.

*Original. Arch. municip. de Lyon,* série CC.
*Copie. Id.,* série AA. 151, fol. 90.

2209. Traité de paix et de confédération conclu, en l'absence de François I^er^, entre la duchesse d'Angoulême, régente, et Henri VIII, roi d'Angleterre. Moore, 30 août 1525. 30 août.

Ratifié par la régente à Lyon, 25 septembre 1525.

*Original scellé* (double expédition). *Arch. nat., Trésor des Chartes,* J. 651^A^, n^os^ 3 et 4.
*Enreg. au Parl. de Paris, le 20 octobre 1525. Arch. nat.,* X^1a^ 8612, fol. 38. 22 pages.
*Enreg. au Parl. de Bordeaux, le 9 novembre 1525. Arch. de la Gironde,* B. 30 *bis*, fol. 15. 36 pages.
*Enreg. au Parl. de Dombes, séant à Lyon, le 9 novembre 1525.*
*Enreg. au Parl. de Rouen, le 9 novembre 1525.*
*Enreg. au Parl. de Toulouse, le 7 décembre 1525. Arch. de la Haute-Garonne, Édits,* reg. 3, fol. 173. 18 pages.
*Copie collat. du 6 mars 1529. Arch. nat.,* K. 1640, n° 8.
*Copie sur parchemin du XVI^e^ siècle. Arch. nat., suppl. du Trésor des Chartes,* J. 921, n° 4.
*Copie collat. du XVIII^e^ siècle. Arch. nat.,* K. 171, n° 69.

*Imp.* F. Léonard, *Traitez de paix*, t. II, p. 198. 1525.
Dumont, *Corps diplomatique*, 1726, in-folio, t. IV, part. I, p. 436, col. I.
Rymer, *Acta publica*, 3e édit., 1741, t. VI, part. II, p. 21, col. I.

2210. Traité entre la France et l'Angleterre. Jean Brinon, premier président du Parlement de Rouen, et Jean-Joachim de Passan s'engagent, au nom de la régente, à payer à Henri VIII 2 millions de couronnes d'or. Moore, 30 août 1525. 30 août.

Ratifié par la régente à Lyon, 25 septembre 1525.

*Enreg. au Parl. de Paris, le 20 octobre 1525. Arch. nat.*, X1a 8612, fol. 56. 20 pages.
*Enreg. au Parl. de Bordeaux, le 9 novembre 1525. Arch. de la Gironde*, B. 30 *bis*, fol. 32. 26 pages.
*Enreg. au Parl. de Rouen, le 9 novembre 1525.*
*Enreg. au Parl. de Toulouse, le 7 décembre 1525. Arch. de la Haute-Garonne, Édits*, reg. 3, fol. 182. 12 pages.
*Copie sur parchemin du XVIe siècle. Arch. nat.*, *suppl. du Trésor des Chartes*, J. 921, n° 4.
*Imp.* Rymer, *Acta publica*, t. VI, part. II, p. 25, col. I.

2211. Traité entre la régente de France et le roi d'Angleterre pour la répression des pirateries et des pillages et la réparation des dommages subis par les sujets français et anglais. Moore, 30 août 1525. 30 août.

Ratifié par la régente à Lyon, 25 septembre 1525.

*Enreg. au Parl. de Paris, le 20 octobre 1525. Arch. nat.*, X1a 8612, fol. 50. 10 pages.
*Enreg. au Parl. de Bordeaux, le 9 novembre 1525. Arch. de la Gironde*, B. 30 *bis*, fol. 45. 18 pages.
*Enreg. au Parl. de Rouen, le 9 novembre 1525.*
*Enreg. au Parl. de Toulouse, le 7 décembre 1525. Arch. de la Haute-Garonne, Édits*, reg. 3, fol. 186. 14 pages.
*Imp.* Rymer, *Acta publica*, t. VI, part. II, p. 30, col. I.

2212. Traité entre la régente et le roi d'Angleterre, 30 août.

touchant les arrérages du douaire de Marie d'Angleterre, veuve du roi Louis XII. Moore, 30 août 1525. 1525.

Ratifié par la régente à Lyon, 25 septembre 1525.

*Imp.* Rymer, *Acta publica*, 3e édit., 1741, in-fol., t. VI, part. II, p. 29, col. 1, et p. 35, col. 1.

2213. Articles additionnels comprenant le roi d'Écosse dans le traité de paix conclu entre la duchesse d'Angoulême, régente, et Henri VIII, roi d'Angleterre. Moore, 30 août 1525. 30 août.

Ratifié par la régente à Lyon, 25 septembre 1525.

*Imp.* Rymer, *Acta publica*, t. VI, part. II, p. 31, col. 2.

2214. Institution de deux foires annuelles et d'un marché hebdomadaire à Neauphle-le-Vieux, accordée par la régente, à la requête de Gilbert Filhol, abbé et seigneur dudit lieu. Lyon, août 1525. Août.

*Enreg. à la Chancellerie de France. Arch. nat., Trésor des Chartes*, JJ. 239, n° 2, fol. 1. 1 page.
*Enreg. au Châtelet de Paris, le 18 septembre 1525. Archives nat., Châtelet, Bannières*, Y. 8, fol. 215. 3 pages.

2215. Confirmation par la régente du don fait par le roi à Guigue Guiffrey, seigneur de Boutières, prévôt de l'hôtel, des biens confisqués sur Honorat Puget, seigneur de Pras, décapité pour crime de haute trahison. Lyon, août 1525. Août.

*Enreg. à la Chancellerie de France. Arch. nat., Trésor des Chartes*, JJ. 237, n° 297, fol. 58. 2 pages.

2216. Don de l'office de contrôleur des deniers communs de la ville de Luzy à Hector Bartelon. 1er septembre 1525. 1er septembre.

*Imp.* Le comte de Soultrait, *Inventaire des titres de Nevers de l'abbé de Marolles*, gr. in-8°, col. 28. (*Mention.*)

2217. Pouvoirs donnés par la régente à ses ambassadeurs, François de Tournon, archevêque d'Embrun, Jean de Selve, premier président du Parlement, et Philippe Chabot, baron de 7 septembre

Brion. (Traité de Madrid.) Tournon, 7 septembre 1525. 1525.

*Enreg. au Parl. de Paris, avec le traité de Madrid, le 19 novembre 1529. Arch. nat.*, X[1a] 8612, fol. 167 v°. 2 pages.

*Enreg. à la Chambre des Comptes de Paris. Arch. nat.*, P. 2305, p. 981. 4 pages.

*Copie. Bibl. nat.*, ms. fr. 2948, fol. 87 v°.

*Imp.* F. de Belleforest, *Annales de l'histoire de France*, in-fol., 1600, t. II, fol., 1145 v°.

Dumont, *Corps diplomatique*, in-fol., 1726, t. IV, part. 1, p. 411, col. 1.

2218. Déclaration de la régente touchant l'approvisionnement des greniers à sel. Tournon, 9 septembre 1525. 9 septembre.

*Enreg. à la Cour des Aides de Normandie, le 19 octobre 1525. Arch. de la Seine-Inférieure*, Mémoriaux, 1er vol., fol. 243. 3 pages.

2219. Lettres de la régente portant imposition de 2,661,000 livres tournois pour l'année commençant le 1er janvier suivant, et relatant les principaux événements depuis la levée du siège de Marseille par les Impériaux jusqu'au départ de la duchesse Marguerite d'Alençon pour l'Espagne, où elle va négocier la délivrance du roi. Tournon, 10 septembre 1525. 10 septembre.

*Copie. Bibl. nat.*, ms. 20425, n° 22.

*Imp.* A. Champollion, *Captivité de François Ier*, collection des Documents inédits, in-4°, 1847, p. 311.

2220. Commission de la régente au duc d'Albanie, au s[r] de Mirepoix, sénéchal de Carcassonne, et à divers autres, de se rendre à Montpellier devant les États de Languedoc, convoqués pour le 15 octobre suivant, et de leur demander d'accorder la somme de 234,224 livres 17 sols 8 deniers, pour leur part de l'imposition de 2,661,000 livres mise sur tout le royaume. Tournon, 10 septembre 1525. 10 septembre.

*Copie. Bibl. nat.*, ms. lat. 9180, fol. 146.

*Copie. Archives municipales de Montpellier*, AA. États de Languedoc.

*Copie signée Bertrandy. Archives municipales de Toulouse*, ms. 195, p. 197.

2221. Mandement de la régente à René Faure et à Charles de Becdelièvre, receveurs des tailles en Limousin, de lever sur les pays de Condomois, d'Astarac et de Bazadois la somme de 14,781 livres 8 sols 11 deniers, pour leur part de l'augmentation de taille mise sur le royaume. Tournon, 10 septembre 1525. — 1525. 10 septembre.

*Copie. Bibl. nat.*, coll. Fontanieu, portefeuille 197 (à la date).

2222. Mandement de la régente aux élus du Lyonnais leur ordonnant d'imposer l'élection pour la somme de 5,731 livres 1 sol 1 denier tournois payable au 1er novembre 1525, et pour la somme de 22,597 livres 13 sols 3 deniers tournois payable en avril, juillet, octobre et janvier suivant. Tournon, 10 septembre 1525. — 10 septembre.

*Copie. Bibl. nat.*, ms. fr. 2702, fol. 117 v°.

2223. Mandement de la régente aux élus du Périgord fixant à 19,013 livres 15 sols 8 deniers tournois la part de l'élection dans l'imposition de 2,661,000 livres mise sur tout le royaume. Tournon, 10 septembre 1525. — 10 septembre.

*Original. Bibl. nat.*, ms. fr. 20425, n° 22.

2224. Lettres de la régente aux consuls et habitants de Limoges pour leur annoncer la paix conclue avec l'Angleterre. Condrieu, 17 septembre 1525. — 17 septembre.

Accompagnées d'une lettre d'envoi du comte de Foix, gouverneur et grand sénéchal de Guyenne, touchant « la forme selon laquelle se doibt faire la publication de la paix ». Condrieu, 21 septembre.

Imp. *Registres consulaires de Limoges*, t. I, 1867, p. 150.

2225. Lettres de la régente ordonnant à Anne de Montmorency de signer les obligations de garantie stipulées par le traité avec le roi d'Angleterre, qu'elle se charge de faire agréer au roi. Condrieu, 17 septembre 1525. — 17 septembre.

*Original. Bibl. nat.*, ms. fr. 20433, n° 19.

Imp. A. Champollion, *Captivité de François Ier*, collect. des Documents inédits, in-4°, 1847, p. 319.

2226. Lettres de ratification par la duchesse d'Angoulême, régente, du traité de paix conclu à Moore, le 30 août précédent (n° 2209), entre ses ambassadeurs et ceux de Henri VIII, roi d'Angleterre. Lyon, 25 septembre 1525. 1525. 25 septembre.

*Enreg. au Parl. de Paris, le 20 octobre 1525. Arch. nat.*, X[1a] 8612, fol. 37 v°.
*Enreg. au Parl. de Bordeaux, le 9 novembre 1525. Arch. de la Gironde*, B. 30 *bis*, fol. 6.
*Enreg. au Parl. de Rouen, le 9 novembre 1525.*
*Enreg. au Parl. de Dombes, séant à Lyon, le 9 novembre 1525.*
*Enreg. au Parl. de Toulouse, le 7 décembre 1525. Arch. de la Haute-Garonne*, Édits, reg. 3, fol. 173.
*Copie collat. du 6 octobre 1525. Arch. nat., suppl. du Trésor des Chartes*, J. 1038, n° 5.
*Copie collat. du 6 octobre 1525. Arch. de la Haute-Garonne*, ms. 195, p. 1.
IMP. Rymer, *Acta publica*, t. VI, part. II, p. 32, col. 2.

2227. Ratification par la duchesse d'Angoulême du traité du 30 août précédent (n° 2210), par lequel Jean Brinon et Jean-Joachim de Passan, ses ambassadeurs, se sont engagés, en son nom, à payer à Henri VIII 2 millions de couronnes d'or. Lyon, 25 septembre 1525. 25 septembre.

*Enreg. au Parl. de Paris, le 20 octobre 1525. Arch. nat.*, X[1a] 8612, fol. 55.
*Enreg. aux Parl. de Bordeaux et de Rouen, le 9 octobre, et au Parl. de Toulouse, le 7 décembre 1525.* (Voir ci-dessus le n° 2210.)
*Copie collat. du 6 octobre 1525. Arch. de la Haute-Garonne*, ms. 195, p. 40.
IMP. Rymer, *Acta publica*, t. VI, part. II, p. 33, col. 2.

2228. Ratification par la duchesse d'Angoulême du traité conclu par ses ambassadeurs avec le roi d'Angleterre, pour la répression des pirateries et pillages et la réparation des dommages subis par les nationaux français et anglais, à Moore, le 30 août précédent (n° 2211). Lyon, 25 septembre 1525. 25 septembre.

*Enreg. au Parl. de Paris, le 20 octobre 1525. Arch. nat.*, X[1a] 8612, fol. 49 v°.
*Enreg. aux Parl. de Bordeaux et de Rouen, le*

*9 novembre, et au Parl. de Toulouse, le 7 décembre 1525.* (Voir ci-dessus le n° 2211.) 1525.

*Copie collat. du 6 octobre 1525. Arch. de la Haute-Garonne*, ms. 195, p. 13.

IMP. Rymer, *Acta publica*, t. VI, part. II, p. 30, col. 1.

2229. Lettres de confirmation par la duchesse d'Angoulême du traité conclu par ses ambassadeurs avec le roi d'Angleterre, touchant les arrérages du douaire de Marie d'Angleterre, veuve de Louis XII, à Moore, le 30 août précédent (n° 2212). Lyon, 25 septembre 1525. 25 septembre.

IMP. Rymer, *Acta publica*, t. VI, part. II, p. 35, col. 1.

2230. Confirmation par la duchesse d'Angoulême des articles additionnels, comprenant le roi d'Écosse dans le traité conclu entre elle et le roi d'Angleterre (n° 2213). Lyon, 25 septembre 1525. 25 septembre.

IMP. Rymer, *Acta publica*, t. VI, part. II, p. 36, col. 1.

2231. Confirmation par la duchesse d'Angoulême d'un traité spécial conclu avec Henri VIII, le 30 août précédent, portant que le duc d'Albanie devra se tenir hors du royaume d'Écosse pendant la minorité du roi Jacques V. Lyon, 25 septembre 1525. 25 septembre.

IMP. Rymer, *Acta publica*, t. VI, part. II, p. 37, col. 1.

2232. Lettres de la duchesse d'Angoulême dans lesquelles elle prend l'engagement d'obtenir de François Ier, son fils, la ratification des traités conclus avec le roi d'Angleterre, à Moore, le 30 août précédent. Lyon, 25 septembre 1525. 25 septembre.

IMP. Rymer, *Acta publica*, t. VI, part. II, p. 34, col. 2.

2233. Lettres de la duchesse d'Angoulême par lesquelles elle s'engage à faire faire par le roi, son fils, deux mois après sa mise en liberté, de nouvelles lettres d'obligation pour la somme qu'elle a promis de payer au roi Henri VIII 25 septembre.

par le traité de Moore. Lyon, 25 septembre 1525. 1525.

*Imp.* Rymer, *Acta publica*, t. VI, part. II, p. 34, col. 1.

2234. Mandement de la régente aux élus du Lyonnais de faire payer 2 sols 6 deniers à tout homme qui ne viendra pas travailler aux remparts de Lyon. Lyon, 30 septembre 1525. 30 septembre.

*Copie. Bibl. nat.*, ms. fr. 2702, fol. 121.

2235. Lettres de la régente annonçant aux maire et échevins de la ville de Troyes l'alliance conclue, le 30 août précédent, entre les rois de France et d'Angleterre. Condrieu, septembre 1525. Septembre.

*Arch. dép. de l'Aube*, G. 1282, fol. 89. (*Mention*.)

2236. Lettres de la régente accordant aux habitants de Chaource la permission de clore leur ville de murs et de fossés. Condrieu, septembre 1520 (*sic*, lisez 1525). Septembre.

*Enreg. à la Chancellerie de France. Arch. nat., Trésor des Chartes*, JJ. 239, n° 18, fol. 4 v°. 1 page 1/2.

2237. Mandement aux élus du Lyonnais de forcer les habitants des paroisses de ce pays, qui s'y étaient refusés, à contribuer au logement et à l'approvisionnement des gens de guerre. Lyon, 4 octobre 1525. 4 octobre.

*Copie. Bibl. nat.*, ms. fr. 2702, fol. 121 v°.

2238. Mandement de la régente au bailli de Meaux de forcer l'abbesse de Chelles à recevoir les religieuses de ce couvent qui avaient été envoyées au monastère de Jouarre pour en opérer la réforme. Lyon, 13 octobre 1525. 13 octobre.

*Imp.* Dom Toussaint du Plessis, *Hist. de l'église de Meaux*, 1731, t. II, p. 280.

2239. Lettres de la régente prescrivant au marquis de Saluces, gouverneur du Dauphiné, de faire observer l'ordonnance du 14 juillet précédent 17 octobre.

(n° 2184) relative aux vivres à fournir aux gens d'armes. Lyon, 17 octobre 1525. 1525.

*Arch. de l'Isère, Parlement de Grenoble*, B. 2333, fol. 115. 1 page.

2240. Mandement de la régente à Guillaume Prudhomme de payer à Claude de Lorraine 4,000 livres tournois en plus de sa pension ordinaire. Lyon, 20 octobre 1525. 20 octobre.

*Copie. Bibl. nat.*, coll. Fontanieu, portefeuille 197 (à la date).

2241. Lettres de la régente portant que les États de Languedoc ne seront pas surchargés à l'avenir au delà de leur portion, à raison de la ratification par eux consentie du traité de Moore. Lyon, 23 octobre 1525. 23 octobre.

*Copie. Bibl. nat.*, ms. lat. 9180, fol. 169 v°.
*Copie. Arch. de l'Hérault*, C., *États de Languedoc, Ordonnances et arrêts*, t. I, fol. 247. 2 pages.
*Copie collationnée, signée Bertrandy. Arch. municip. de Toulouse*, ms. 195, p. 65.
*Vidimus du bailli royal et juge de Velay, au Puy, le 24 novembre 1525, contresigné Bertrandy.*
*Vidimus sous le sceau dudit bailliage. Arch. municip. d'Albi*, CC. 117.

2242. Lettres de la régente invitant les capitouls et bourgeois de Toulouse à souscrire les obligations demandées par le roi d'Angleterre, avec promesse de garantie. Lyon, 24 octobre 1525. 24 octobre.

*Copies. Arch. municip. de Toulouse*, ms. 439, fol. 17, ms. 222, p. 428, ms. 8508, p. 35.

2243. Mandement de la régente au Parlement de Bordeaux de mettre à la disposition de Bernardin de Vaux, capitaine de deux galères, les criminels condamnés aux galères et les vagabonds détenus. Lyon, 26 octobre 1525. 26 octobre.

*Enreg. au Parl. de Bordeaux, le 19 décembre 1525. Arch. de la Gironde*, B. 30 bis, fol. 72. 4 pages.

2244. Lettres ordonnant la publication des statuts et ordonnances du métier de fripier étalier de la ville de Paris, pour arrêter les empiète- 26 octobre.

ments des fripiers colporteurs et revendeurs. Paris, 26 octobre 1525. 1525.

*Arch. nat., Châtelet de Paris, Livre rouge*, Y. 6[5], fol. 146 v°. 2 pages.

2245. Lettres de la régente accordant à l'archevêque de Bordeaux l'évocation au Grand Conseil de ses démêlés avec le chapitre métropolitain, relativement à la contribution due par celui-ci pour l'entretien et les réparations de la cathédrale et du palais archiépiscopal. Lyon, 29 octobre 1525. 29 octobre.

*Copie collationnée du temps, signée de Pontac. Arch. de la Gironde, fonds de l'archevêché*, cote G. 3.

2246. Lettres de la régente portant permission à Raphaël Rostaing, capitaine des galères, de prendre en Dauphiné les bois nécessaires pour la construction de quatre galères. Lyon, 30 octobre 1525. 30 octobre.

*Arch. de l'Isère, Chambre des Comptes de Grenoble*, B. 2908, cah. 33. 5 pages.

2247. Création par la régente de quatre foires par an et d'un marché chaque semaine à Mugron, à la requête de Martin de Tauna, seigneur dudit lieu. Lyon, octobre 1525. Octobre.

*Enreg. à la Chancellerie de France. Arch. nat., Trésor des chartes*, JJ. 239, n° 24, fol. 7. 1 page.

2248. Lettres de sauvegarde pour le prieuré de Surgères, accordées à la requête de Pierre Cordier, conseiller au Grand Conseil, prieur dudit lieu. Lyon, octobre 1525. Octobre.

*Enreg. à la Chancellerie de France. Arch. nat., Trésor des Chartes*, JJ. 239, n° 35, fol. 9 v°. 2 pages.

2249. Lettres de don des Tuileries-lès-Paris accordées par la régente à Jean Thiercelin, maître d'hôtel du dauphin, et à sa femme, à l'occasion de leur mariage. Lyon, 1er novembre 1525. 1er novembre.

*Enreg. à la Chambre des Comptes de Paris, le 23 septembre 1527. Arch. nat.*, P. 2304, p. 1429, et P. 2536, fol. 117 v°. (*Arrêt d'enregistrement.*)

2250. Provisions, délivrées par la régente, de l'office de clerc et auditeur des comptes en faveur d'Étienne Le Blanc, au lieu et place de feu Jacques Andrault. Lyon, 2 novembre 1525. — 1525. 2 novembre.

*Enreg. à la Chambre des Comptes de Paris. Arch. nat.*, P. 2304, p. 1123. 3 pages.

2251. Lettres de la régente autorisant les habitants de Sens à prendre, sur chaque muid de sel vendu au grenier à sel de la ville, la somme de 100 sous tournois chaque année, pendant six ans. Saint-Just-sur-Lyon, 8 novembre 1525. — 8 novembre.

IMP. G. Julliot, *Cartulaire sénonais de B. Taveau*, Sens, 1884, in-4°, p. 171. (*Mention.*)

2252. Mandement de la régente au Parlement de Grenoble d'enregistrer sans délai les lettres du 30 octobre précédent (n° 2246), relatives à la construction de quatre galères. Saint-Just-sur-Lyon, 13 novembre 1525. — 13 novembre.

*Enreg. au Parl. de Grenoble, le 18 novembre 1525. Arch. de l'Isère, Chambre des Comptes de Grenoble*, B. 2908, cah. 33. 5 pages.

2253. Mandement de la régente aux élus du Lyonnais leur ordonnant de faire savoir à tous les francs-archers et gens de pied qu'ils ayent à se tenir prêts à partir au premier signal. Saint-Just-sur-Lyon, 15 novembre 1525. — 15 novembre.

*Copie. Bibl. nat.*, ms. fr. 2702, fol. 122.

2254. Lettres de la duchesse d'Angoulême, régente, promettant à Thomas Wolsey, cardinal archevêque d'York, de lui payer en sept annuités les arrérages de sa pension. (En 1518, lors du traité pour la reddition de Tournay, François Ier s'était engagé à faire servir au cardinal d'York une rente de 12,000 livres. Le payement ayant été suspendu pendant la guerre, l'arriéré de compte s'élevait à 121,898 couronnes d'or et 13 sols.) Saint-Just-sur-Lyon, 18 novembre 1525. — 18 novembre.

IMP. Rymer, *Fœdera, acta publica*, 3e édition, 1741, in-fol., t. VI, part. II, p. 41, col. 2.



IMPRIMERIE NATIONALE.

2255. Édit portant création d'un office de contrôleur des frais, mises et dépenses pour les munitions, artillerie, solde des gens de guerre et autres frais à faire sur la mer du Levant. Lyon, 20 novembre 1525. 1525. 20 novembre.

*Imp.* G. Blanchard, *Compilation chronologique des ordonnances*, etc., in-fol., 1715, t. I, col. 470. (*Mention.*)

2256. Mandement de la régente à Guillaume Prudhomme, trésorier de l'épargne, de rembourser à Robert Albisse, marchand de Lyon, l'autre moitié des 12,500 écus qu'il avait prêtés au roi. Saint-Just-sur-Lyon, 22 novembre 1525. 22 novembre.

*Original. Arch. nat.*, K. 83, n° 7.
(Voir ci-dessus, 28 octobre 1523, n° 1919.)

2257. Acte du serment prêté par la duchesse d'Angoulême pour l'observation des traités conclus, le 30 août précédent (n^os^ 2209 à 2213), avec Henri VIII, roi d'Angleterre. Lyon, 27 novembre 1525. 27 novembre.

*Imp.* Rymer, *Fædera, acta publica*, t. VI, part. II, p. 42, col. 2, et 46, col. 2. (En ce dernier endroit, la date est du 28 novembre.)

2258. Lettres de la régente portant que François Framberge sera payé des gages et droits attachés à son office de clerc et auditeur des comptes, depuis la date de ses provisions jusqu'au jour de son institution. Saint-Just-sur-Lyon, 28 novembre 1525. 28 novembre.

Ordre délivré en conséquence par la Chambre des Comptes, le 9 janvier 1526 *n. s.*
*Enreg. à la Chambre des Comptes de Paris. Arch. nat.*, P. 2304, p. 1137. 2 pages.

2259. Édit de François I^er^ portant que son fils aîné, François, dauphin de Viennois, prendra le titre de roi, et sera sacré comme tel, la duchesse d'Angoulême demeurant régente. Madrid, novembre 1525. Novembre.

*Enreg. au Parl. de Paris*, s. d., entre deux actes enregistrés, l'un le 23 août 1527, l'autre le 10 jan-

vier 1528. *Arch. nat.*, X[1a] 8612, fol. 91 v°. 1525.
6 pages 1/2.

*Copie collationnée de l'époque. Arch. nat., suppl. du Trésor des Chartes*, J. 916, n° 3.

*Copies. Bibl. nat., coll. Fontanieu*, portefeuilles 197 et 200.

*Imp.* Dupuy, *Traité de la majorité de nos rois*, in-4°, 1665, Paris, p. 296.

A. Champollion, *Captivité de François Ier*, collect. des Documents inédits, in-4°, 1847, p. 416.

2260. Don à Jean de Quesnel, l'un des cent gentilshommes de la maison du roi, de l'office de sergent fieffé de la vicomté d'Évreux, avec règlement des droits et devoirs de cette charge. Saint-Just-sur-Lyon, novembre 1525. Novembre.

*Enreg. à la Chancellerie de France. Arch. nat., Trésor des Chartes*, JJ. 243, n° 18, fol. 3 v°. 2 pages.

2261. Lettres de naturalité accordées à Jean-Antoine de Castillon, originaire de Milan, conseiller et médecin ordinaire de François Ier. Saint-Just-sur-Lyon, novembre 1525. Novembre.

*Enreg. à la Chancellerie de France. Arch. nat., Trésor des Chartes*, JJ. 239, n° 63, fol. 16. 1 page 1/2.

2262. Mandement de la régente au comte de Guise, gouverneur de Champagne, et aux baillis de Vermandois, Sens et Troyes, pour leur recommander d'envoyer les criminels et mauvais sujets détenus dans les prisons aux galères pour le service du roi. Saint-Just-sur-Lyon, 1er décembre 1525. 1er décembre.

*Archives dép. de l'Aube, anc. cabinet Harmand*, liasse 35.

2263. Lettres ordonnant aux greffiers du Parlement, des cours ordinaires et des premier et second appels d'Aix de dresser chaque année des états des condamnations et amendes et d'en faire le dépôt à la Chambre des Comptes d'Aix. Saint-Just-sur-Lyon, 4 décembre 1525. 4 décembre.

*Enreg. à la Chambre des Comptes d'Aix. Arch. des Bouches-du-Rhône*, B. 28 (*Paris*), fol. 291 v°. 2 pages.

2264. Lettres de la régente prescrivant à tous les officiers du Dauphiné de laisser passer, sans exiger 5 décembre.

aucun péage, les radeaux qui conduisent à Marseille les matériaux nécessaires à la construction et à l'équipement de quatre galères que Bertrand d'Ornesan, baron de Saint-Blancard, a été chargé de fournir. Saint-Just-sur-Lyon, 5 décembre 1525. 1525.

*Enreg. au Parl. de Grenoble, le 18 janvier 1526. Arch. de l'Isère, Chambre des Comptes de Grenoble*, B. 2908, cah. 172. 5 pages.

2265. Déclaration de la régente portant union des offices du greffe du bailliage de Viennois au domaine du roi. Saint-Just-sur-Lyon, 6 décembre 1525. 6 décembre.

*Enreg. à la Chambre des Comptes de Grenoble.* IMP. Ul. Chevalier, *Ordonnances des rois de France relatives au Dauphiné*, 1871, in-8°, n° 694. (*Mention.*)

2266. Lettres de la régente en faveur de la duchesse douairière de Vendôme. Elle lui donne pouvoir de nommer à tous les offices royaux du grenier à sel établi en la ville de Marle. Saint-Just-sur-Lyon, 7 décembre 1525. 7 décembre.

*Enreg. au Parl. de Paris, le 22 mars 1526 n. s. Arch. nat.*, X[1a] 8612, fol. 72 v°. 1 page.

2267. Lettres de la régente portant don et remise à Antoine de La Rochefoucauld, seigneur de Barbezieux, de tous droits seigneuriaux dus au roi pour raison des terres et seigneuries de Vendeuvre et autres à lui appartenant du chef de sa femme. 7 décembre 1525. 7 décembre.

*Enreg. à la Chambre des Comptes de Paris, le 15 janvier 1526 n. s., anc. mém.* 2 D, fol. 179. *Arch. nat., invent.* PP. 136, p. 305. (*Mention.*)

2268. Lettres accordées à l'abbé et aux religieux de la Réau pour la reprise du procès intenté contre René de La Rye, Jean et Guillaume Grats, qui ravageaient les domaines de l'abbaye. Saint-Just-sur-Lyon, 12 décembre 1525. 12 décembre.

*Copie. Bibl. de Poitiers, coll. dom Fonteneau*, t. XXIV, p. 307, *d'après les arch. de l'abbaye de la Réau.*

2269. Lettres de la régente relatives à l'appel de divers 15 décembre.

habitants de Saint-Rigaud, appelants du châtelain du Bois-Sainte-Marie, contre l'abbé et le couvent de Saint-Rigaud, touchant le bois d'Avaise. Saint-Just-sur-Lyon, 15 décembre 1525. 1525.

*Copie du temps. Archives dép. de Saône-et-Loire, fonds de Saint-Rigaud*, H. 155, n° 42.

2270. Règlement des droits à payer par les marchands étrangers qui viennent s'approvisionner de sel à Oleron, Marennes et Brouage, donné à la requête de François Perreau, receveur des deniers royaux auxdits lieux. Saint-Just-sur-Lyon, 18 décembre 1525. 18 décembre.

*Présenté au Parl. de Bordeaux, le 16 avril 1526. Arch. de la Gironde*, B. 30 bis, fol. 76. 5 pages.

2271. Lettres de la régente renouvelant pour dix ans l'exemption de la taille accordée à la ville et aux faubourgs d'Amboise. Saint-Just-sur-Lyon, 21 décembre 1525. 21 décembre.

*Original. Arch. municipales d'Amboise*, AA. 20.

2272. Lettres de la régente attribuant aux archivaires de la Chambre des Comptes d'Aix la réception des hommages et des actes intéressant le domaine royal en Provence. Saint-Just-sur-Lyon, 22 décembre 1525. 22 décembre.

*Enreg. à la Chambre des Comptes d'Aix. Arch. des Bouches-du-Rhône*, B. 28 (*Paris*), fol. 296 v°. 2 pages.

2273. Lettres de François Ier par lesquelles il s'engage à ratifier, deux mois après sa mise en liberté, les traités conclus entre la régente, sa mère, et Henri VIII, roi d'Angleterre. (S. l.), 27 décembre 1525. 27 décembre.

IMP. Rymer, *Fœdera, acta publica*, t. VI, part. II, 47, col. 1.

2274. Mandement au maire de Bourges l'invitant à envoyer à Paris, le 15 mars suivant, deux députés instruits, chargés de donner leur avis sur les affaires du royaume. Saint-Just-sur-Lyon, 29 décembre 1525. 29 décembre.

*Arch. de l'Hôtel de ville de Bourges. Lettres des rois*, série AA. 13.

2275. Lettres adressées aux gens des comptes de Bretagne, leur prescrivant une enquête sur le prétendu don fait par François, dernier duc de Bretagne, au sieur d'Avaugour, son fils naturel, de la terre de Hédé. Saint-Just-sur-Lyon, décembre 1525. — 1525. Décembre.

*Enreg. à la Chancellerie de France. Arch. nat., Trésor des Chartes*, JJ. 243, n° 12, fol. 2. 1 page.

2276. Institution par la régente de deux foires chaque année à Chailly-en-Auxois, en faveur de Hugues de Loges, seigneur du lieu. Saint-Just-sur-Lyon, décembre 1525. — Décembre.

*Enreg. à la Chancellerie de France. Arch. nat., Trésor des Chartes*, JJ. 243, n° 3, fol. 1. 1 page.

2277. Lettres de la régente portant à trois, au lieu de deux, le nombre des foires de Rochebaron, et créant audit lieu un marché hebdomadaire, en faveur de Claude de Chalençon, seigneur de Rochebaron. Saint Just-sur-Lyon, décembre 1525. — Décembre.

*Enreg. à la Chancellerie de France. Arch. nat., Trésor des Chartes*, JJ. 239, n° 58, fol. 15. 1 page.

2278. Don à Jean de Lugny, seigneur de Ruffey, bailli de Chalon, d'un droit d'usage dans les forêts et grueries du Chalonnais. Saint-Just-sur-Lyon, décembre 1525. — Décembre.

*Enreg. à la Chancellerie de France. Arch. nat., Trésor des Chartes*, JJ. 239, n° 57, fol. 15. 1 page.
*Enreg. à la Chambre des Comptes de Dijon, le 2 janvier 1526 n. s. Arch. de la Côte-d'Or*, reg. B. 72, fol. 96.

2279. Lettres de la régente contenant permission à Jean de Lugny, chevalier, seigneur de Branges, d'affranchir ses sujets du joug de la mainmorte. Saint-Just-lès-Lyon, décembre 1525. — Décembre.

*Enreg. à la Chambre des Comptes de Dijon, le 2 janvier 1526 n. s. Arch. de la Côte-d'Or*, reg. B. 72, fol. 94.

2280. Lettres de la régente enjoignant à MM. de Clermont-Lodève, lieutenant du roi en Languedoc, Nicolaï, Poncher, Teste et Masi, de demander aux États de Languedoc la somme de 59,832 livres 4 sous 13 deniers tournois, payables par trimestre. Roussillon-en-Dauphiné, 8 janvier 1525. 8 janvier.

*Copie collationnée, signée Bertrandy. Arch. municip. de Toulouse*, ms. 195, p. 69.

2281. Mandement de la régente aux élus du Lyonnais, leur ordonnant de lever la somme de 5,870 livres 1 sol 1 denier tournois, comme part de l'élection dans l'imposition de 600,000 livres mise sur tout le royaume. Roussillon-en-Dauphiné, 8 janvier 1525. 8 janvier.

*Copie. Bibl. nat.*, ms. fr. 2702, fol. 122 v°.

2282. Mandement de la régente à Simon Berthier et Mathurin le Huchier, fixant à 2,439 livres 11 sous 1 denier la somme à lever dans les jugeries de Rivière et de Verdun, pour leur part dans l'augmentation de taille de 600,000 livres mise sur tout le royaume. Roussillon, 8 janvier 1525. 8 janvier.

*Copie. Bibl. nat.*, coll. Fontanieu, portefeuille 200 (à la date).

2283. Seconde protestation secrète de François Ier contre le traité qu'il allait être obligé de signer. Château de Madrid, 13 (*alias* 14) janvier 1526. 13 janvier.

*Copie du XVIe siècle. Bibl. nat.*, ms. fr. 3916, fol. 130.

IMP. Léonard, *Recueil de traitez*, t. II, p. 210. Dumont, *Corps diplomatique*, in-fol. 1726, t. IV, part. 1, p. 412, col. 2.

A. Champollion, *Captivité de François Ier*, coll. des Documents inédits, in-4°, 1847, p. 466.

2284. Traité de Madrid entre l'Empereur et le roi François Ier, prisonnier. « Faict et conclud en 14 janvier.

la ville de Madrid, le dimenche 14e jour du mois de janvier 1526, prins à la Nativité, selon le stille d'Espagne.» 1526.

*Expédition originale. Bibl. nat.*, ms. fr. 2952, fol. 143.

*Enreg. au Parl. de Paris, le 19 novembre 1529, en même temps que le traité de Cambrai. Arch. nat.*, X[1a] 8612, fol. 145 v°-175.

*Enreg. au Parl. de Dijon, le 14 janvier 1527. Arch. de la Côte-d'Or*, Parl., reg. II, fol. 54.

*Enreg. à la Chambre des Comptes de Dijon. Arch. de la Côte-d'Or*, reg. B. 18, fol. 139.

*Trois copies du XVIe siècle. Arch. nat., Trésor des Chartes*, J. 666, n[os] 1[2-3] et 16.

*Autres copies, Bibl. nat.*, mss. fr. 2892, fol. 79; 2938, fol. 10; 2948, fol. 1; 3033, fol. 41; 3175, fol. 19; 3900, fol. 1; 3916, fol. 151.

Imp. F. Léonard, *Recueil de traitez*, t. II, p. 220.

Dumont, *Corps diplomatique*, in-fol., 1726, t. IV, part. 1, p. 399.

Isambert, *Anc. lois françaises*, in-8°, t. XII, p. 245.

2285. Mandement concernant le maintien de la juridiction ecclésiastique dans l'évêché de Chalon contre les officiers de la justice séculière. Saint-Just-lès-Lyon, 19 janvier 1525. 19 janvier.

*Archives du département de Saône-et-Loire.*

2286. Don par la régente à Antoine Du Prat, archevêque de Sens et chancelier de France, de tous les fruits dudit archevêché, pendant sa vacance. Saint-Just-sur-Lyon, 25 janvier 1525. 25 janvier.

*Enreg. à la Chambre des Comptes de Paris, le 15 février 1526 n. s. Arch. nat.*, P. 2304, p. 1155. 1 page 1/2.

*Idem*, P. 2536, fol. 50; ADIX. 121, n° 84. 1 page 1/2.

2287. Lettres portant continuation pendant six ans, en faveur des habitants de Moulins, d'un octroi sur le sel. 25 janvier 1525. 25 janvier.

*Enreg. à la Chambre des Comptes de Paris, le 5 février 1527 n. s. Arch. nat., invent.* PP. 136, p. 306. (*Mention.*)

2288. Mandement de la régente au trésorier de l'épargne de rembourser à Marguerite, duchesse 27 janvier.

d'Alençon et de Berry, 3,928 livres 10 sous tournois, montant de ses dépenses pendant un voyage fait par elle en Espagne pour la délivrance du roi. Saint-Just-sur-Lyon, 27 janvier 1525. 1526.

*Original. Arch. nat.*, K. 83, n° 9.

2289. Mandement de la régente au trésorier de l'épargne de payer à la duchesse douairière de Vendôme 1,500 livres, pour compléter les 2,500 livres tournois de sa pension. Saint-Just-sur-Lyon, 29 janvier 1525. 29 janvier.

*Original. Arch. nat.*, K. 83, n° 10.

2290. Mandement de la régente aux élus du Lyonnais de faire une enquête sur la justesse des doléances adressées au roi par les habitants de cette élection au sujet des pertes qu'ils avaient subies et des tailles trop lourdes qui leur étaient imposées. Saint-Just-sur-Lyon, 31 janvier 1525. 31 janvier.

*Copie. Bibl. nat.*, ms. fr. 2702, fol. 124.

2291. Lettres de la régente en faveur de Jacques de Tournon, protonotaire du Saint-Siège, prieur de Langogne, par lesquelles elle crée audit lieu de Langogne une foire annuelle, outre les trois qui y existaient. Saint-Just-sur-Lyon, janvier 1525. Janvier.

*Enreg. à la Chancellerie de France. Arch. nat., Trésor des Chartes*, JJ. 243, n° 1, fol. 1. 1 page.

2292. Création par la régente de trois nouvelles foires annuelles et d'un marché hebdomadaire à Saint-Saturnin, à la requête du duc d'Albanie, agissant comme tuteur de Catherine de Médicis, duchesse d'Urbin. Saint-Just-sur-Lyon, anvier 1525. Janvier.

*Enreg. à la Chancellerie de France. Arch. nat., Trésor des Chartes*, JJ. 243, n° 17, fol. 3. 2 pages.

2293. Lettres de la régente portant que désormais les syndics du Vigan prendront le titre de consuls, sans que toutefois leurs attributions Janvier.



IMPRIMERIE NATIONALE.

soient en rien modifiées. Saint-Just-sur-Lyon, janvier 1525. 1526.

*Original. Arch. communales du Vigan (Gard)*, série AA.

*Enreg. à la Chancellerie de France. Arch. nat., Trésor des Chartes*, JJ. 243, n° 16, fol. 3. 1 page.

2294. Lettres de la régente créant une nouvelle foire au Vigan et transférant du lundi au samedi le marché hebdomadaire de cette localité. Saint-Just-sur-Lyon, janvier 1525. Janvier.

*Enreg. à la Chancellerie de France. Arch. nat., Trésor des Chartes*, JJ. 243, n° 15, fol. 3. 1 page.

2295. Lettres de la régente portant confirmation des obligations souscrites par le prévôt des marchands et les échevins de Paris, au profit de Henri VIII, roi d'Angleterre, pour l'accomplissement du traité conclu entre ce prince et la France le 30 août précédent. Saint-Just-sur-Lyon, 1er février 1525. 1er février.

*Original. Arch. nat.*, K. 953, n° 27.

*Enreg. au Parl. de Paris, le 26 février 1526 n. s. Arch. nat.*, X1a 8612, fol. 69 v°. 5 pages 1/2.

*Enreg. à la Cour des Aides, le 27 février 1526. Arch. nat., recueil Cromo*, U. 665, fol. 246. (*Mention.*)

*Enreg. à la Chambre des Comptes de Paris. Arch. nat.*, P. 2304, p. 1143. 8 pages 1/2.

*Idem*, P. 2536, fol. 44; ADIX. 121, n° 85. 4 pages.

IMP. Dom Félibien, *Hist. de la ville de Paris*, 1725, in-fol., t. III (Preuves, I), p. 583.

2296. Lettres de la régente portant publication de la paix conclue entre François Ier et l'Empereur, roi des Espagnes, et de la délivrance du roi. Meung-sur-Loire, 12 février 1525. 12 février.

*Copie. Arch. municipales d'Angers*, BB. 28, fol. 51.

*Copie. Arch. municipales de Toulouse*, ms. 222, p. 430.

2297. Lettres par lesquelles la régente décharge le trésorier de l'épargne de 16,400 livres tournois pour la dépense faite par le roi, son fils, en Espagne. Blois, 14 février 1525. 14 février.

*Original. Arch. nat.*, K. 83, n° 11.

2298. Lettres de la régente nommant commissaires l'évêque d'Évreux, l'abbé de Bernay, le sire de Genlis, bailli d'Évreux, Florimond Robertet et autres, pour se rendre aux États de Normandie assemblés à Rouen, demander en son nom une aide extraordinaire de 146,568 livres tournois, et procéder à sa répartition et levée. Blois, 16 février 1525. 1526. 16 février.

IMP. A. Champollion, *Captivité de François Ier*, collect. des Documents inédits, in-4°, 1847, p. 490.

2299. Lettres de la régente portant confirmation des obligations contractées par les maire et échevins d'Orléans au profit de Henri VIII, roi d'Angleterre, pour l'accomplissement du traité conclu, le 30 août précédent, entre ce prince et la France. Blois, 16 février 1525. 16 février.

*Enreg. au Parl. de Paris, le 27 mars 1526 n. s. Arch. nat.*, X[1a] 8612, fol. 73 v°. 5 pages.

*Enreg. à la Chambre des Comptes de Paris, le 26 février 1526, et à la Cour des Aides, le 27 février 1526. Archives nat., recueil Cromo*, U. 665, fol. 246. (*Mention.*)

2300. Mandement de la régente pour le payement à Guillaume Lecop, médecin du roi, de 800 livres tournois pour une année de son traitement. Blois, 17 février 1525. 17 février.

*Original. Arch. nat.*, K. 83, n° 12.

2301. Mandement au bailli de Troyes de contraindre les propriétaires à reconstruire leurs maisons sises en ladite ville, en partie détruite par un grand incendie (mai 1524), et de s'occuper avec activité de la repopulation de cette cité devenue depuis lors presque inhabitée. Amboise, 18 février 1525. 18 février.

*Arch. dép. de l'Aube*, GG[11], liasse 1.

2302. Lettres de François Ier, usufruitier du duché de Bretagne, administrateur du dauphin son fils, duc de Bretagne, par lesquelles il ordonne que Jean Briçonnet, chanoine de Tours, re- 22 février.

tenu auprès de sa personne, ne perde pas son gros. 22 février 1525. 1526.

*Bibl. nat., collection dom Housseau*, t. XIII, n° 8295. (*Mention.*)

2303. Lettres de la régente portant confirmation des obligations contractées par les maire et échevins de Tours au profit de Henri VIII, roi d'Angleterre, pour l'accomplissement du traité conclu entre ce prince et la France le 30 août précédent. Dax, 13 mars 1525. 13 mars.

*Enreg. au Parl. de Paris, le 14 mai 1526. Arch. nat.*, $X^{1a}$ 8612, fol. 76. 4 pages.

*Enreg. à la Cour des Aides, le 29 mai 1526, et à la Chambre des Comptes de Paris, le 12 juin 1526. Arch. nat.*, P. 2304, p. 1169. 8 pages.

*Copie. Bibl. nat., mss., collection dom Housseau*, t. XIII, n° 10533.

2304. Lettres de François I^er^ ratifiant l'engagement pris en son nom au traité de Moore (30 août 1525, n° 2210) de payer 2 millions de couronnes d'or à Henri VIII, roi d'Angleterre. Bayonne, 17 mars 1525. 17 mars.

Imp. Rymer, *Fœdera, acta publica*, 3^e^ édit., in-fol., 1741, t. VI, part. II, p. 53, col. 1.

2305. Provisions en faveur de Philippe Chabot, seigneur de Brion, de l'office d'amiral de France, au lieu et place du défunt seigneur de Bonivet. Dax, 23 mars 1525. 23 mars.

*Enreg. à la Chambre des Comptes de Paris. Arch. nat.*, P. 2304, p. 1221. 2 pages.

*Idem*, P. 2536, fol. 61.

*Bibl. nat., mss. Moreau*, t. 1340, fol. 14. (*Mention*, sous la date du 13 mai 1526.)

2306. Provisions de l'office d'amiral de Bretagne, vacant par la mort du sire de La Trémoïlle, en faveur de Philippe Chabot, seigneur de Brion. Dax, 23 mars 1525. 23 mars.

*Enreg. à la Chambre des Comptes de Bretagne. Arch. de la Loire-Inférieure*, B. *Mandements*, I, fol. 285.

*Copie incomplète à la Bibl. nat.*, ms. fr. 10186, fol. 203.

Imp. Dom Morice, *Hist. de Bretagne*, in-fol., 1746, Preuves, t. III, col. 967.

2307. Provisions de l'office de lieutenant général et gouverneur en Languedoc, tenu ci-devant par Charles de Bourbon, en faveur d'Anne de Montmorency, maréchal de France. Dax, 23 mars 1525. 1526. 23 mars.

*Enreg. au Parl. de Toulouse, le 7 mai 1526. Arch. de la Haute-Garonne, Édits*, reg. 3, fol. 194. 1 page 1/2.

2308. Provisions de l'office de grand maître d'hôtel de France, vacant par la mort de René, bâtard de Savoie, en faveur d'Anne de Montmorency. Dax, 23 mars 1525. 23 mars.

IMP. André Du Chesne, *Hist. généal. de la maison de Montmorency*, in-fol., 1624, t. II, Preuves, p. 276. (*Mention.*)

2309. Provisions de l'office d'amiral de Guyenne pour Odet de Foix, seigneur de Lautrec, lieutenant général et gouverneur de Guyenne, au lieu de La Trémoïlle, décédé. Mont-de-Marsan, 31 mars 1525. 31 mars.

*Enreg. au Parl. de Bordeaux, sans date. Arch. de la Gironde*, B. 30 *bis*, fol. 74 v°. 3 pages.

2310. Mandement du roi au trésorier de l'épargne de payer à Louis Bourgeois, son conseiller et médecin ordinaire, 4,100 livres tournois pour remboursement de 2,000 écus d'or au soleil qu'il avait prêtés au roi le 7 octobre 1523. Mont-de-Marsan, 31 mars 1525. 31 mars.

*Original. Arch. nat.*, K. 83, n° 13.

2311. Mandement à Guillaume Prudhomme de payer à Catherine et à Quiterye de Navarre la somme de 2,919 livres 10 sous tournois, comme complément de ce qui leur a été donné pour leur pension. Mont-de-Marsan, 31 mars 1525. 31 mars.

*Copie. Bibl. nat.*, coll. Fontanieu, portefeuille 200 (à la date).

2312. Lettres de confirmation du droit de souquet des consuls de Montauban. Lyon, 1525. 1525.

IMP. *Invent. des titres et documents de l'Hôtel de ville de la cité royale de Montauban*, Samuel Dubois, imprimeur libraire de ladite ville, 1662. (*Mention.*)

2313. Lettres de don du comté d'Étampes à Jean de La Barre, bailli de Paris. Mont-de-Marsan, 3 avril 1526. 1526. 3 avril.

*Enreg. à la Chambre des Comptes de Paris, le 22 décembre 1526. Arch. nat.*, P. 2552, fol. 63; P. 2580, fol. 76 v°. 3 pages.
IMP. Fleureau, *Antiquités d'Étampes*, p. 221.
(Voir ci-dessous, mars 1527 n. s.)

2314. Confirmation des privilèges, franchises et libertés, et particulièrement de l'exemption du droit d'assise, accordée aux habitants de Saint-Jean-de-Luz. Bordeaux, 11 avril 1526. 11 avril.

*Enreg. au Parl. de Bordeaux, le 11 avril 1526. Arch. de la Gironde*, B. 30 *bis*, fol. 84. 6 pages.

2315. Provisions de l'office de conseiller et secrétaire des finances en faveur de François Robertet. Bordeaux, 12 avril 1526. 12 avril.

*Enreg. à la Chambre des Comptes de Paris. Arch. nat.*, P. 2536, fol. 72 v°. 3 pages.
*Idem*, P. 2580, fol. 185 v°.

2316. Commission adressée à Guillaume Tertereau, clerc et auditeur ordinaire à la Chambre des Comptes de Paris, pour rendre un compte de la maison du roi. Bordeaux, 14 avril 1526. 14 avril.

IMP. *L'auditeur des Comptes*, p. 112. *Bibl. nat.*, Lf[27] 3. (*Mention.*)

2317. Lettres de ratification par François I<sup>er</sup> du traité d'alliance conclu avec Henri VIII, roi d'Angleterre, à Moore, le 30 avril 1525 (n° 2209). Bordeaux, 15 avril 1526. 15 avril.

IMP. Rymer, *Fœdera, acta publica*, etc., 3e édit., 1741, in-fol., t. VI, part. II, p. 55, col. 1.

2318. Ratification du traité relatif au payement des arrérages du douaire de Marie d'Angleterre, veuve de Louis XII (n° 2212). Bordeaux, 15 avril 1526. 15 avril.

IMP. Rymer, *Fœdera, acta publica*, etc., t. VI, part. II, p. 59, col. 2.

2319. Ratification du traité conclu avec le roi d'Angleterre pour la répression des pirateries, le 15 avril.

30 août 1525 (nº 2211). Bordeaux, 15 avril 1526. 1526.

*Imp.* Rymer, *Fœdera, acta publica*, etc., t. VI, part. II, p. 60, col. 1.

2320. Ratification du traité comprenant le roi d'Écosse dans l'alliance des rois de France et d'Angleterre (nº 2213). Bordeaux, 15 avril 1526. 15 avril.

*Imp.* Rymer, *Fœdera, acta publica*, etc., t. VI, part. II, p. 62, col. 1.

2321. Ratification des articles additionnels du traité de Moore relatifs au duc d'Albanie (nº 2231). Bordeaux, 15 avril 1526. 15 avril.

*Imp.* Rymer, *Fœdera, acta publica*, etc., t. VI, part. II, p. 63, col. 1.

2322. Confirmation, en faveur des habitants d'Arles, du droit de pêche dans le Rhône, sur toute l'étendue de leur territoire, et mandement aux viguier et juge d'Arles d'informer contre les habitants de Tarascon qui usurpaient ce droit. 15 avril 1526. 15 avril.

*Imp.* *Examen des nouveaux écrits de la Provence sur la propriété du Rhône*, in-4°, Paris, Vincent, 1763, § VI, p. 125. Ouvrage déposé aux *Arch. de l'Ardèche*, C. 266. (*Mention*.)

2323. Mandement portant que toutes choses, dans le procès entre Gaston de Foix, comte de Carmain, Pierre de Béarn et autres, resteront en état, jusqu'à ce que le conseil ait statué sur la question de règlement de juges. Bordeaux, 16 avril 1526. 16 avril.

*Copie. Bibl. nat.*, coll. Fontanieu, portefeuille 201 (à la date).

2324. Mandement au sieur des Appentis de remettre le château de Nantes, dont il avait eu précédemment la garde sous Bonivet, ainsi que l'artillerie et les munitions, à Anne de Montmorency, grand maître et maréchal de France, nommé capitaine dudit château. Bordeaux, 17 avril 1526. 17 avril.

*Imp.* André Du Chesne, *Hist. généal. de la maison de Montmorency*, in-fol., 1624, t. II, Preuves, p. 276. (*Mention*.)

2325. Donation à l'amiral de Bretagne, Philippe Chabot, de tous les droits, émoluments et profits appartenant à son office, tels que les prises de bonne guerre et autres. Bordeaux, 18 avril 1526. 1526. 18 avril.

*Enreg. à la Chambre des Comptes de Bretagne. Archives de la Loire-Inférieure*, B. *Mandements*, I, fol. 285.

2326. Lettres de relief de surannation de la permission accordée aux huissiers du Grand Conseil, en mars 1524 n. s. (n° 1990), de célébrer le service divin dans leur chapelle à Sainte-Catherine du Val-des-Écoliers. Bordeaux, 18 avril 1526. 18 avril.

*Enreg. au Grand Conseil, le 9 mai 1527. Arch. nat.*, $V^5$ 1046.

2327. Ordre à Guillaume Prudhomme, trésorier de l'épargne, de faire rembourser par le receveur de Bordeaux à Hélie de Lajard, conseiller au Parlement de ladite ville, la somme de 500 livres tournois qu'il avait prêtée au roi. Bordeaux, 18 avril 1526. 18 avril.

*Original. Bibl. nat.*, ms. fr. 25720, fol 255.

2328. Ordre à Guillaume Prudhomme, trésorier de l'épargne, de faire payer de leurs gages par Jean Grolier, trésorier des guerres, quatre hommes d'armes et sept archers de la compagnie du s[r] de Brion, amiral de France, qui n'ont pas paru à la montre, mais avaient un congé régulier. Bordeaux, 18 avril 1526. 18 avril.

*Original. Bibl. nat.*, ms. fr. 25720, fol. 256.

2329. Lettres portant permission au grand maître de Rhodes de faire assembler les prieurs, commandeurs, chevaliers et officiers de l'ordre de Saint-Jean-de-Jérusalem en tels lieux que bon lui semblera. Bordeaux, 20 avril 1526. 20 avril.

*Enreg. au Parl. de Toulouse, le 13 septembre 1526. Arch. de la Haute-Garonne, Édits*, reg. 3, fol. 155. 1 page.

2330. Confirmation par François Ier du don de l'usu- 21 avril.

fruit du duché d'Alençon et du comté du Perche fait par la régente en faveur de Marguerite de France, sœur du roi, veuve de Charles, duc d'Alençon, le 10 mai 1525 (n° 2153). Bordeaux, 21 avril 1526. 1526.

*Arch. nat.*, KK. 893, *invent. des titres d'Alençon*, fol. 45 v°. (*Mention.*)

2331. Confirmation par le roi d'un jugement rendu par ses commissaires contre les chanoines de Sens, en faveur d'Antoine Du Prat, nommé archevêque, conformément au concordat, et qu'ils refusaient de reconnaître. Bordeaux, 21 avril 1526. 21 avril.

*Original. Arch. nat.*, K. 83, n° 16².

2332. Provisions de l'office de lieutenant du roi en Languedoc, pendant l'absence du maréchal Anne de Montmorency, en faveur de Pierre de Clermont-Lodève. Bordeaux, 22 avril 1526. 22 avril.

*Arch. de la Haute-Garonne. Parl. de Toulouse, Édits*, reg. 3, fol. 194 v°.

2333. Provisions de l'office de bailli d'Amiens en faveur de Jean de Créquy, seigneur de Canaples, au lieu de son oncle, Antoine de Créquy, décédé. Bordeaux, 26 avril 1526[1]. 26 avril.

*Acte de réception dudit Jean de Créquy à la Chambre des Comptes de Paris, le 5 juin 1526. Arch. nat.*, P. 2536, fol. 51 v°; P. 2586, fol. 147, et ADIX. 121, n° 87. (*Mentions.*)

2334. Lettres autorisant la ville de Cahors à réduire de douze à huit le nombre de ses consuls. 30 avril 1526. 30 avril.

*Archives municipales de Cahors*, liasse 13, n° 22.

2335. Confirmation des statuts et privilèges des bouchers de Bordeaux, contenus dans des lettres de Louis XI. Bordeaux, avril 1526. Avril.

*Enreg. à la Chancellerie de France. Arch. nat., Trésor des Chartes*, JJ. 243, n° 138, fol. 30 v°. 1/2 page.

(Voir ci-dessous, mai 1526, n° 2368.)

(1) La date indiquée dans l'acte de réception serait le 26 avril 1525. François Ier à cette époque était prisonnier, et la régente résidait à Lyon, tandis que le 26 avril 1526 le roi, revenant d'Espagne, séjournait à Bordeaux.



IMPRIMERIE NATIONALE.

2336. Confirmation des privilèges et statuts des maîtres pintiers et étaniers (potiers d'étain) de la ville de Bordeaux. Bordeaux, avril 1526. 1526. Avril.

Elles contiennent les vidimus de lettres de Charles VIII, Bordeaux, mars 1486, publiées dans le recueil des *Ordonnances*.

*Enreg. à la Chancellerie de France. Arch. nat., Trésor des Chartes*, JJ. 239, n° 76, fol. 20. 6 pages.

Imp. Gabriel du Lurbe, *Les anciens et nouveaux statuts de Bordeaux*, continués par Tillet, in-4°, 1700, p. 286.

2337. Confirmation des privilèges, franchises et coutumes accordés aux habitants de Francescas en Agenais, par Louis, duc d'Anjou, gouverneur de Languedoc. Bordeaux, avril 1526. Avril.

*Enreg. à la Chancellerie de France. Arch. nat., Trésor des Chartes*, JJ. 243, n° 142, fol. 31 v°. 1 page.

2338. Confirmation des privilèges, franchises et coutumes accordés aux habitants de Réjaumont tant par les comtes de Gaure que par les rois de France. Bordeaux, avril 1526. Avril.

*Enreg. à la Chancellerie de France. Arch. nat., Trésor des Chartes*, JJ. 239, n° 69, fol. 18 v°, et JJ. 243, n° 139, fol. 30 v°. 1/2 page.

2339. Confirmation des privilèges accordés aux mariniers, pilotes, etc., de la confrérie de Notre-Dame de Montezet, près la Rocque de Than, par Louis XI et Charles VIII. Bordeaux, avril 1526[1]. Avril.

*Enreg. à la Chancellerie de France. Arch. nat., Trésor des Chartes*, JJ. 243, n° 172, fol. 40. 5 pages.

2340. Institution de trois foires par an et d'un marché chaque semaine à Bizan (aujourd'hui Bizanet), près Narbonne, en faveur de Jacques de Verzeilles, seigneur du lieu. Bordeaux, avril 1526. Avril.

*Enreg. à la Chancellerie de France. Arch. nat., Trésor des Chartes*, JJ. 243, n° 128, fol. 27 v°. 1 page.

[1] La fin de ces lettres manque. Nous la classons à avril 1526 parce qu'elle est transcrite sur le registre entre deux actes de cette date.

2341. Institution de deux foires par an et d'un marché chaque semaine à Cambes, en faveur de Bertrand de Pellegrue, seigneur du lieu. Bordeaux, avril 1526. 1526. Avril.

*Enreg. à la Chancellerie de France. Arch. nat., Trésor des Chartes*, JJ. 243, n° 156, fol. 35 v°. 1 page.

2342. Institution de deux foires par an et d'un marché chaque semaine à Demuin, en faveur de Lancelot de Bournet, seigneur du lieu. Bordeaux, avril 1526. Avril.

*Enreg. à la Chancellerie de France. Arch. nat., Trésor des Chartes*, JJ. 243, n° 159, fol. 36. 1 page.

2343. Institution de deux foires chaque année et d'un marché hebdomadaire à Mauvoisin-en-Bazadois, à la requête d'Amanieu Ferrand, seigneur dudit lieu. Bordeaux, avril 1526. Avril.

*Enreg. à la Chancellerie de France. Arch. nat., Trésor des Chartes*, JJ. 239, n° 70, fol. 18 v°. 1 page.

2344. Création de deux foires annuelles, l'une au Vernet et l'autre au Valbeleix, localités dépendantes de la seigneurie de Saint-Nectaire-en-Auvergne, en faveur de Nectaire de Sennectaire. Bordeaux, avril 1526. Avril.

*Enreg. à la Chancellerie de France. Arch. nat., Trésor des Chartes*, JJ. 243, n° 137, fol. 30. 1 page.

2345. Lettres accordant à Jean de Canaples et à Marie d'Assigny, son épouse, les terres et seigneuries de Mantes et du Pont-de-Meulan, en attendant qu'ils soient payés des 25,000 livres qui leur avaient été précédemment données. Bordeaux, avril 1526. Avril.

*Enreg. à la Chambre des Comptes de Paris. Arch. nat.*, P. 2304, p. 1193. 5 pages.
*Mandement de la Chambre des Comptes y relatif, 28 août 1526, id.*, p. 1198.
*Idem*, P. 2536, fol. 53.

2346. Lettres de naturalité octroyées à Guillaume Avril.

Dux, docteur en médecine, natif de Villeneuve-d'Asti. Bordeaux, avril 1526. 1526.

*Enreg. à la Chancellerie de France. Arch. nat., Trésor des Chartes,* JJ. 239, n° 73, fol. 19. 1 page.

2347. Lettres de dispense accordées à Raymond de Grenoillas, docteur en médecine, natif du royaume d'Aragon, naturalisé Français. Il lui est permis de ne pas se conformer à l'édit ordonnant que les sujets de l'empereur résidant en France seront tenus de s'y marier dans les deux mois, sous peine d'être expulsés. Bordeaux, avril 1526. Avril.

Confirmation des précédentes, donnée à la Fère-sur-Oise, 8 novembre 1543.

*Enreg. au Parl. de Bordeaux, sans date. Arch. de la Gironde,* B. 31, fol. 285, 287. 3 pages.

2348. Commission donnée par François Ier à l'amiral Chabot et à d'autres personnages de se présenter devant les États de Bourgogne et de leur demander de ratifier le traité de Madrid. Cognac, 2 mai 1526. 2 mai.

*Arch. des États de Bourgogne, aux Arch. de la Côte-d'Or,* C. 2988.

Imp. *Recueil des édits, déclarations et ordonnances concernant l'administration des États de Bourgogne,* Dijon, 1784-1787, in-4°, t. I, p. 367.

2349. Provisions de l'office de lieutenant général du duché de Bourgogne, vacant par la mort de La Trémoïlle, en faveur de Philippe Chabot, seigneur de Brion, amiral de France et de Bourgogne. Cognac, 5 mai 1526. 5 mai.

Bretagne

*Enreg. à la Chambre des Comptes de Dijon, le 29 mai suivant. Arch. de la Côte-d'Or,* B. 18, fol. 88.

*Enreg. au Parl. de Dijon, le 26 mai suivant. Arch. de la Côte-d'Or, Parl.,* reg. II, fol. 16 v°.

(Voir ci-dessous au 1er juillet 1526, n° 2408.)

2350. Confirmation des privilèges des chevaliers de Saint-Jean-de-Jérusalem, contenus dans les lettres apostoliques du pape Clément VII, relatant celles des papes ses prédécesseurs, 5 mai.

données à Rome, le 4 janvier 1523. Cognac, 5 mai 1526. 1526.

*Enreg. au Grand Conseil, le 7 octobre 1527. Arch. nat.*, *Grand Conseil*, V[5] 1046, 1 page.

*Enreg. des lettres patentes et des lettres apostoliques au Parl. de Toulouse, le 13 septembre 1526; texte latin. Arch. de la Haute-Garonne, Édits*, reg. 3, fol. 155, 156. *Lettres patentes*, 2 pages. *Lettres apostoliques*, 30 pages.

Imp. D'Escluseaulx, *Privilèges des papes accordés à l'ordre de Saint-Jean de Jérusalem*, in-4°, 1700, p. 164.

2351. Provisions de l'office de clerc, notaire et secrétaire en la Chambre des Comptes de Bretagne octroyées à Gilles Bricaud, contrôleur ordinaire de la ville et du château de Nantes, pour en jouir à la place de François Guillart. Cognac, 6 mai 1526. 6 mai.

*Enreg. à la Chambre des Comptes de Bretagne. Archives de la Loire-Inférieure*, B. *Mandements*, I, fol. 283.

2352. Lettres portant permission et pouvoir au prévôt de Paris et à ses successeurs de commettre un lieutenant de robe courte et vingt archers pour rechercher les vagabonds et gens sans aveu qui se cachent dans la ville de Paris. Cognac, 7 mai 1526. 7 mai.

*Enreg. au Parl. de Paris, le 20 décembre 1526. Arch. nat.*, X[1a] 8612, fol. 85. 3 pages 1/4.

Imp., in-4°, pièce, *Arch. nat.*, ADI, 17. 4 pages. *Idem*, *Bibl. nat.*, 4° F. (Paquets.)

2353. Ordonnance portant règlement des pouvoirs de l'amiral de France en ce qui concerne les armements. 8 mai 1526. 8 mai.

*Bibl. nat., mss. Moreau*, t. 1340, fol. 14. (*Mention.*)

2354. Serment de François Ier pour l'observation du traité avec le roi d'Angleterre conclu à Moore, le 30 août 1525 (n° 2209). Cognac, 10 mai 1526. 10 mai.

Imp. Rymer, *Fœdera, acta publica*, etc., 3e édit., 1741, t. VI, part. II, p. 71, col. 1.

2355. Don de la forêt de Velein, au mandement de 12 mai.

Çorbas, en Dauphiné, à Jacques de Thomassin, écuyer, seigneur de Montmartin. Cognac, 12 mai 1526. 1526.

*Enreg. à la Chambre des Comptes de Grenoble. Arch. de l'Isère*, B. 2907, cah. 150. 4 pages.

2356. Provisions pour Jean Sergent de l'office de vicomte et receveur ordinaire du Pont-de-l'Arche. 16 mai 1526. 16 mai.

*Enreg. à la Chambre des Comptes de Paris, le 21 août 1526, anc. mém. 2 D, fol. 154. Arch. nat., invent.* PP. 136, p. 310. (*Mention.*)

2357. Pouvoirs donnés par François Ier au duc de Vendôme et autres pour conclure un traité avec le pape, Henri VIII, roi d'Angleterre, et autres princes. Cognac, 20 mai 1526. 20 mai.

*Arch. nat.*, L. 379, analyses d'actes conservés aux Arch. du Vatican, ann. 1526, n° 7. (*Mention.*)

2358. Commission au gouverneur de Dauphiné et à quelques autres personnages de convoquer les États de la province pour leur demander un don gratuit de 20,050 livres. Cognac, 20 mai 1526. 20 mai.

*Enreg. à la Chambre des Comptes de Grenoble. Original. Arch. de l'Isère*, B. 3187.

2359. Provisions de maître auditeur des comptes de Bretagne octroyées à Gilles de Commacre, en récompense des services qu'il a rendus à la défunte reine. Cognac, 20 mai 1526. 20 mai.

*Enreg. à la Chambre des Comptes de Bretagne. Archives de la Loire-Inférieure*, B. *Mandements*, I, fol. 289.

2360. Traité d'alliance et de confédération, appelé la *sainte ligue*, conclu entre François Ier, le pape Clément VII, la seigneurie de Venise, le duc de Milan et la république de Florence. Cognac, 22 mai 1526. 22 mai.

Imp. F. Léonard, *Recueil de traitez*, t. II, p. 246.

Dumont, *Corps diplomatique*, in-fol., 1726, t. IV, part. 1, p. 451.

Isambert, *Anc. lois françaises*, t. XII, p. 272. (*Mention.*)

2361. Nomination de Charles Allemand, seigneur de Laval, capitaine de cinquante hommes d'armes des ordonnances, en qualité de lieutenant général dans le Dauphiné et le Valentinois, en l'absence du comte de Saint-Pol. Cognac, 23 mai 1526. 1526. 23 mai.

*Enreg. à la Chambre des Comptes de Grenoble. Arch. de l'Isère*, B. 2908, cah. 290. 4 pages.

2362. Lettres d'ampliation du don du duché de Berry fait à Marguerite de France, duchesse d'Alençon. Le roi lui accorde en outre, sa vie durant, le revenu de l'équivalent ayant cours audit pays. Cognac, 25 mai 1526. 25 mai.

*Enreg. à la Chambre des Comptes de Paris. Arch. nat.*, P. 2536, fol. 52, et P. 2552, fol. 43 v°. 2 pages.

2363. Lettres d'acquit adressées à Guillaume Prudhomme, trésorier de l'épargne, de la somme de 1,637 livres tournois, due par Charles de Mouy, chevalier, sieur de la Meilleraye, au roi, à raison de pièces de terre sises le long de la forêt de Brotonne, qui lui avaient été données en fief. Cognac, 25 mai 1526. 25 mai.

*Enreg. à la Chambre des Comptes de Paris. Arch. nat.*, P. 2307, p. 471. 1 page 1/2.

2364. Déclaration portant que les villes de Marseille, Arles et Salon et les terres adjacentes doivent contribuer à fournir les 3,000 livres du don royal. Cognac, 25 mai 1526. 25 mai.

*Enreg. à la Chambre des Comptes d'Aix. Arch. des Bouches-du-Rhône*, B. 28 (*Paris*), fol. 157.

2365. Nomination de Robert Violaine à la charge de sergent et collecteur des deniers du domaine du roi à Coucy. Cognac, 26 mai 1526. 26 mai.

*Copie. Bibl. nat.*, ms. fr., 25720, fol. 257.
IMP. *Catalogue des archives du baron de Joursanvault*, in-8°, 1838, t. I, p. 211. (*Mention.*)

2366. Lettres constatant que Louis Guillart, évêque de Chartres, a prêté entre les mains du roi le 28 mai.

serment de fidélité qu'il lui devait pour la temporalité de son évêché. Cognac, 28 mai 1526. 1526.

*Mentionné dans un arrêt de la Chambre des Comptes de Paris. Arch. nat.*, P. 2536, fol. 64.

2367. Édit de suppression du bailliage de Paris pour la conservation des privilèges de l'Université, et réunion de cette juridiction à la prévôté de Paris. Cognac, mai 1526. Mai.

Lettres de jussion adressées au Parlement pour l'enregistrement de cet édit. Paris, 20 décembre 1532.

*Enreg. au Parl. de Paris, le 23 décembre 1532. Arch. nat.*, X[1a] 8612, fol. 303 v° et 304. 3 pages.
*Enreg. au Châtelet de Paris, le 31 décembre 1532. Arch. nat., Châtelet, Bannières*, Y. 9, fol. 55 v° et 136. 2 pages.
*Copie collationnée du 21 février 1535. Arch. nat., suppl. du Trésor des Chartes*, J. 964, n° 25.
Imp. E. Girard, *Le troisiesme livre des offices de France*, augm. par Jacques Joly, in-fol., 1646, t. II, p. 1221.
Dom Félibien, *Hist. de la ville de Paris*, in-fol. 1725, t. V, p. 281, col. 1.

2368. Confirmation des statuts et privilèges des maîtres bouchers de la ville de Bordeaux. Cognac, mai 1526. Mai.

*Enreg. à la Chancellerie de France. Arch. nat., Trésor des Chartes*, JJ. 239, n° 79, fol. 22. 3 pages.
(Voir ci-dessus, avril 1526, n° 2335.)

2369. Confirmation des statuts et privilèges des maîtres barbiers et chirurgiens de la ville de Bordeaux. Cognac, mai 1526. Mai.

Elles contiennent un vidimus des lettres de Charles, duc de Guyenne, homologuant lesdits statuts. Bordeaux, 5 décembre 1470.
*Enreg. à la Chancellerie de France. Arch. nat., Trésor des Chartes*, JJ. 239, n° 80, fol. 23. 6 pages.

2370. Institution de quatre foires chaque année et d'un marché hebdomadaire à Chalain, en faveur de Philippe de Chambes, baron de Montsoreau, seigneur du lieu. Cognac, mai 1526. Mai.

*Enreg. à la Chancellerie de France. Arch. nat., Trésor des Chartes*, JJ. 239, n° 86, fol. 25 v°. 1 page.

2371. Lettres données en faveur de François de la Feillée et de Cyprienne de Rohan, sa femme, portant création d'une foire annuelle dans chacune de leurs seigneuries de Bretagne, la Feillée, le Gué-de-l'Isle, Laugarzou, Bochant, Belle-Isle. Cognac, mai 1526. 1526. Mai.

*Enreg. à la Chancellerie de France. Arch. nat., Trésor des Chartes*, JJ. 239, n° 88, fol. 26. 1 page.

2372. Établissement de quatre foires par an et d'un marché chaque semaine au Lion-d'Angers, en faveur de Philippe de Chambes, baron de Montsoreau, seigneur du Lion-d'Angers. Cognac, mai 1526. Mai.

*Enreg. à la Chancellerie de France. Arch. nat., Trésor des Chartes*, JJ. 239, n° 85, fol. 25 v°. 1 page.

2373. Confirmation des privilèges et libertés octroyés par les rois aux habitants de Minerve. Cognac, mai 1526. Mai.

*Enreg. à la Chancellerie de France. Arch. nat., Trésor des Chartes*, JJ. 239, n° 89, fol. 26. 1 page.

2374. Institution de deux foires par an et d'un marché chaque semaine à Minerve. Cognac, mai 1526. Mai.

*Enreg. à la Chancellerie de France. Arch. nat., Trésor des Chartes*, JJ. 239, n° 90, fol. 26. 1 page.

2375. Établissement de deux foires par an à Parentis, dans les Landes. Cognac, mai 1526. Mai.

*Enreg. à la Chancellerie de France. Arch. nat., Trésor des Chartes*, JJ. 239, n° 97, fol. 27 v°. 2/3 de page.

2376. Institution de deux foires chaque année et d'un marché hebdomadaire à Rimaucourt. Cognac, mai 1526. Mai.

*Enreg. à la Chancellerie de France. Arch. nat., Trésor des Chartes*, JJ. 239, n° 91, fol. 26 v°. 1 page.

2377. Institution de trois foires chaque année à Saint-Junien, en Limousin, dans le but de permettre aux habitants de se procurer les ressources né- Mai.

cessaires pour relever leurs fortifications. Cognac, mai 1526. 1526.

*Enreg. à la Chancellerie de France. Arch. nat., Trésor des Chartes*, JJ. 239, n° 93, fol. 26 v°. 1 page.

2378. Lettres de naturalité en faveur de Jean-Jacques de Corrège, natif de Corrège (Italie), demeurant à Bordeaux. Cognac, mai 1526. Mai.

*Enreg. à la Chancellerie de France. Arch. nat., Trésor des Chartes*, JJ. 239, n° 84, fol. 25 v°. 1 page.

2379. Lettres de naturalité en faveur de Jean de Noirefontaine, natif de Metz, homme d'armes des ordonnances du roi. Cognac, mai 1526. Mai.

*Enreg. à la Chancellerie de France. Arch. nat., Trésor des Chartes*, JJ. 239, n° 111, fol. 31. 1 page.

2380. Lettres permettant à Jean de Victoria, espagnol, établi à Nantes depuis treize ans, de résider où bon lui semblera, de posséder et d'acquérir toutes sortes de biens, d'en disposer par testament ou autrement, sans s'exposer à être frappé du droit d'aubaine. Cognac, mai 1525. Mai.

*Enreg. à la Chambre des Comptes de Bretagne. Archives de la Loire-Inférieure*, B. *Mandements*, I, fol. 282.

2381. Usufruit de la seigneurie de Minibriac, en Bretagne, octroyé à Jean, bâtard de Rieux, au lieu de la pension qu'il touchait sur l'état des finances. Angoulême, 1er juin 1526. 1er juin.

*Enreg. à la Chambre des Comptes de Bretagne. Archives de la Loire-Inférieure*, B. *Mandements*, I, fol. 304.

2382. Mandement aux élus du Lyonnais de faire payer le 20 juin le terme des tailles qui n'était exigible que le 1er juillet 1526. Angoulême, 1er juin 1526. 1er juin.

*Copie. Bibl. nat.*, ms. fr. 2702, fol. 125.

2383. Permission à l'abbé et aux chanoines réguliers de Saint-Sernin de Toulouse de poursuivre leur 6 juin.

sécularisation en cour de Rome. Angoulême, 6 juin 1526. 1526.

*Enreg. au Grand Conseil, le 5 novembre 1528, en vertu d'autres lettres du 23 janvier 1527, ordonnant leur enregistrement, nonobstant la surannation.*

*Vidimus du sénéchal de Toulouse. Archives de la Haute-Garonne, fonds de Saint-Sernin,* sac G, liasse 1, titre 5.

2384. Mandement du roi au trésorier de l'épargne de payer à Guillaume Le Haune, secrétaire du roi de Naples, la somme de 221 livres 8 sous tournois que ledit Guillaume lui avait prêtée. Angoulême, 11 juin 1526. 11 juin.

*Original. Arch. nat.,* K. 83, n° 14.

2385. Mandement du roi à Guillaume Prudhomme, trésorier de l'épargne, de faire payer par le receveur des exploits et amendes à la Cour des Aides de Rouen, à sa sœur Marguerite de France la somme de 2,063 livres tournois dont il lui a fait don. Angoulême, 13 juin 1526. 13 juin.

*Original. Bibl. nat.,* ms. fr. 20373, n° 48.

2386. Déclaration portant que le sire de Rieux jouira sans difficulté du château de Sucinio et des revenus de la châtellenie, y compris l'île de Rhuis, suivant les lettres du 1er décembre 1523 (n° 1937), et mandement aux officiers du duché de Bretagne de l'en mettre en possession sans retard. Angoulême, 15 juin 1526. 15 juin.

*Enreg. à la Chambre des Comptes de Bretagne. Archives de la Loire-Inférieure, B. Mandements,* I, fol. 287.

2387. Lettres de don, pour dix ans, de la terre et seigneurie de Pontoise au sieur Rance, chevalier de l'ordre du roi, pour avoir défendu la ville de Marseille et en avoir fait lever le siège. 19 juin 1526. 19 juin.

*Enreg. à la Cour des Aides de Paris, le 17 juillet 1526. Arch. nat., recueil Cromo,* U. 665, fol. 246. (*Mention.*)

2388. Commission à Jean-Joachim de Passan, seigneur 20 juin.

de Vaulx, pour traiter avec les mandataires de Henri VIII, roi d'Angleterre. (Traité d'Hampton-Court, 8 août 1526.) Angoulême, 20 juin 1526. 1526.

*Imp.* Rymer, *Fœdera, acta publica*, etc., 3e édit., 1741, t. VI, part. II, p. 72, col. 1.

2389. Lettres obtenues par les maire et échevins de Poitiers pour contraindre l'abbé de Saint-Cyprien, l'abbé de la Celle et tous autres opposants à se cotiser pour l'artillerie de la ville. Angoulême, 23 juin 1526. 23 juin.

*Arch. communales de Poitiers*, E. 31.
*Imp. Bulletin du Comité historique des monuments écrits de l'hist. de France*, t. I, p. 284.

2390. Lettres portant continuation pour six ans en faveur de la ville de Laon du droit d'octroi de 2 sous parisis levé sur chaque minot de sel vendu au grenier à sel de ladite ville, pour en appliquer le produit aux réparations des murailles. Angoulême, 23 juin 1526. 23 juin.

*Enreg. par les généraux des finances. Arch. commun. de Laon*, AA. 19.

2391. Lettres de ratification du traité d'alliance conclu le 22 mai précédent (no 2360) entre la France, le pape, Venise et le duc de Milan. Angoulême, 24 juin 1526. 24 juin.

*Arch. nat.*, L. 379, analyses d'actes conservés aux archives du Vatican, ann. 1526, no 9.

2392. Lettres de réception du serment de fidélité de Jean de Saint-Gelais, abbé de Saint-Maixent, pour le temporel de ladite abbaye. Angoulême, 24 juin 1526. 24 juin.

*Original. Arch. nat., Chambre des Comptes*, P. 5561, cote 721.

2393. Mandement pour l'exécution des lettres de Louis XII, fixant les démolitions à faire dans Lyon. Angoulême, 26 juin 1526. 26 juin.

*Original. Arch. municip. de Lyon*, série DD.

2394. Provisions de la charge de lieutenant général au gouvernement de Paris et de l'Ile-de-France, 27 juin.

octroyées à Jean de La Barre, comte d'Étampes, prévôt de Paris, en l'absence du marquis de Saluces, gouverneur en titre. Angoulême, 27 juin 1526. 1526.

*Enreg. au Parl. de Paris, sauf réserve et modifications, le 22 novembre 1526. Arch. nat.*, X[1a] 8612, fol. 84. 2 pages.

2395. Ratification du don fait par la régente à Antoine de Montpezat de tout le revenu de la châtellenie et terre de Janville en Beauce. Angoulême, 27 juin 1526. 27 juin.

*Enreg. à la Chambre des Comptes de Paris. Arch. nat.*, P. 2536, fol. 64 v°. 6 pages.

*Idem*, P. 2580, fol. 173.

2396. Lettres de don à Octavien de Grimaldi de l'office de vice-président en la Chambre des Comptes de Paris, vacant par le décès d'Hélie du Tillet. Angoulême, 28 juin 1526. 28 juin.

Lettres de jussion pour l'enregistrement desdites lettres. Saint-Germain-en-Laye, 18 février 1526.

Autres lettres de jussion pour le même objet. Paris, 25 juillet 1527.

*Enreg. à la Chambre des Comptes de Paris, le 16 décembre 1527. Arch. nat.*, P. 2304, p. 1319. 8 pages.

*Double, ibid.*, p. 1327. 10 pages.

2397. Mandement du roi de remettre aux héritiers de François de Saint-Marsault, chevalier, un acompte sur la somme de 12,000 écus au soleil qu'il lui avait prêtée. Angoulême, 29 juin 1526. 29 juin.

*Original. Arch. nat.*, K. 83, n° 15.

2398. Confirmation des privilèges, franchises et coutumes des habitants de Marseille, en récompense de leur conduite pendant le siège de cette ville par le duc de Bourbon et des pertes qu'ils avaient subies en cette circonstance. Angoulême, juin 1526. Juin.

*Enreg. à la Chancellerie de France. Arch. nat., Trésor des Chartes*, JJ. 239, n° 166, fol. 42. 1 page.

2399. Confirmation des statuts et privilèges des dra- Juin.

piers et chaussetiers de Montpellier. Angoulême, juin 1526. 1526.

*Enreg. à la Chancellerie de France. Arch. nat., Trésor des Chartes*, JJ. 240, n° 245, fol. 309 v°. 1/2 page.

2400. Lettres de don à la collégiale du Saint-Esprit, près Bayonne, de la dîme de Saint-Macaire, et confirmation de l'amortissement et des privilèges octroyés par Louis XI à ladite église. Angoulême, juin 1526. Juin.

*Enreg. à la Chancellerie de France. Arch. nat., Trésor des Chartes*, JJ. 243, n° 521, fol. 152 v°. 2 pages.

2401. Établissement de deux foires chaque année et d'un marché hebdomadaire à Sugny. Angoulême, juin 1526. Juin.

*Enreg. à la Chancellerie de France. Arch. nat., Trésor des Chartes*, JJ. 239, n° 127, fol. 33 v°. 1 page.

2402. Institution de quatre foires par an et d'un marché chaque semaine à Vitrerays (*sic*) en Guyenne, lieu appartenant à la duchesse d'Angoulême, mère du roi. Angoulême, juin 1526. Juin.

*Enreg. à la Chancellerie de France. Arch. nat., Trésor des Chartes*, JJ. 239, n° 132, fol. 34 v°. 1 page.

2403. Lettres portant permission à Jean Hubaille, marchand de Tours, de faire rebâtir une maison qu'il avait à la Foire-le-Roi de ladite ville, et de prendre deux pieds de large sur la rue pour sa commodité. Angoulême, juin 1526. Juin.

*Enreg. à la Chancellerie de France. Arch. nat., Trésor des Chartes*, JJ. 239, n° 140, fol. 36. 1 page 1/2.

2404. Don à Jean de Balaguiers, s^r^ de Montsallès, porte-enseigne du grand écuyer de France, des biens confisqués sur Gaspard Gautier, coupable d'homicide. Angoulême, juin 1526. Juin.

*Enreg. à la Chancellerie de France. Arch. nat., Trésor des Chartes*, JJ. 239, n° 141, fol. 36. 1 page.

2405. Don à Jean de La Loue, gentilhomme de la Juin.

chambre du roi, des biens confisqués sur Boniface Séguiraut, d'Aix en Provence, adhérent du duc de Bourbon. Angoulême, juin 1526. 1526.

*Enreg. à la Chancellerie de France. Arch. nat., Trésor des Chartes*, JJ. 239, n° 159, fol. 40. 1 page.

2406. Lettres de don à Florimond Robertet de la haute, moyenne et basse justice avec le droit de châtellenie en la prévôté de Blémars. Angoulême, juin 1526. Juin.

*Enreg. à la Chambre des Comptes de Blois, le 25 septembre 1526. Arch. nat.*, KK. 897, fol. 296.

2407. Lettres de naturalité en faveur de René Gentil, conseiller au Parlement de Paris, et de son frère Jules, originaires du duché de Milan. Angoulême, juin 1526. Juin.

*Enreg. à la Chancellerie de France. Arch. nat., Trésor des Chartes*, JJ. 239, n° 151, fol. 38. 1 page 1/2.

2408. Provisions de la charge de gouverneur et de lieutenant général en Bourgogne, vacante par la mort de Louis de La Trémoïlle, obtenues par Philippe Chabot, seigneur de Brion, amiral de France et de Bretagne. Angoulême, 1er juillet 1526. 1er juillet.

*Enreg. à la Chambre des Comptes de Dijon et au Parl. de Bourgogne, le 16 juillet suivant. Arch. de la Côte-d'Or*, B. 18, fol. 91, et reg. II (*Parl.*), fol. 18. (Voir ci-dessus au 5 mai 1526, n° 2349.)

2409. Lettres en faveur de la reine mère, décernant au sénéchal d'Angoumois et à son lieutenant les titre, qualité et pouvoir de juge royal, et portant règlement de sa juridiction. Angoulême, 2 juillet 1526[1]. 2 juillet.

*Enreg. au Parl. de Paris, le 13 août 1526. Arch. nat.*, X1a 8612, fol. 80. 5 pages.

2410. Provisions de l'office de conseiller maître et clerc ordinaire des comptes en faveur de Jean Pommereu, notaire et secrétaire du roi. Angoulême, 2 juillet 1526. 2 juillet.

*Enreg. à la Chambre des Comptes de Paris. Arch. nat.*, P. 2536, fol. 55. 2 pages.

[1] Blanchard date par erreur cette ordonnance du 27 juin 1526.

2411. Concession à Marguerite de France, duchesse d'Alençon, du duché d'Alençon, aux mêmes droits et titres que son mari, feu Charles, duc d'Alençon, notamment avec la juridiction de l'échiquier. Châtellerault, 18 juillet 1526. 1526. 18 juillet.

*Enreg. au Grand Conseil, le 20 août 1526. Arch. nat.*, *Grand Conseil*, V⁵ 1045. 2 pages.

2412. Ordonnance portant règlement au sujet de l'office de maire et prévôt de la ville de Mantes concédé aux habitants, moyennant le payement de 1,000 livres tournois. Châtellerault, 18 juillet 1526. 18 juillet.

*Enreg. au Grand Conseil, le 18 juillet 1527. Arch. nat.*, *Grand Conseil*, V⁵ 1046. 2 pages.

2413. Donation de la seigneurie du Pousin et ses dépendances, comprenant Saint-Pierre-de-Barry, en faveur d'Ozeas de Vergennes ou Vergeac (?), chevalier, seigneur du Sault, guidon d'une compagnie de gens d'armes. Châtellerault, 18 juillet 1526. 18 juillet.

*Enreg. au Parl. de Grenoble, le 19 juin 1527. Arch. de l'Isère*, B. 3059, p. VII. 7 pages.

2414. Ratification d'une clause du contrat de mariage de Galeas Visconti, en vertu de laquelle, en cas de viduité, Catherine de Masis, sa femme, devait percevoir, sa vie durant, les revenus des châtellenies dauphinoises concédées par le roi à son mari. Châtellerault, 18 juillet 1526. 18 juillet.

Avec le traité de mariage dudit Galeas Visconti, passé à Montpellier, le 25 juin 1526.

*Chambre des Comptes de Grenoble. Arch. de l'Isère*, B. 2907, cah. 164. 5 et 26 pages.

2415. Lettres d'absolution accordées à Jean de Poitiers, seigneur de Saint-Vallier, stipulant que ses biens lui seront restitués. Châtellerault, 19 juillet 1526. 19 juillet.

*Enreg. au Parlement de Grenoble, le 4 août 1526. Arch. de l'Isère, Chambre des Comptes de Grenoble*, B. 2908, cah. 183. 5 pages.

2416. Déclaration du roi portant que toutes les contes- 21 juillet.

tations qui s'élèvent dans les évêchés de la Normandie au sujet des droits de « depportz » doivent être jugées par le Grand Conseil. Châtellerault, 21 juillet 1526. 1526.

*Copie. Bibl. nat.*, fonds Moreau, t. 770, fol. 25.

2417. Commission au prévôt de Bourges de se saisir, suivant son privilège, de la question de l'octroi du treizain sur le vin vendu en détail dans la ville et la septaine de Bourges, et d'en faire le règlement. 23 juillet 1526. 23 juillet.

*Arch. de l'Hôtel de ville de Bourges. Comptabilité, Treizain*, CC. 210.

2418. Lettres permettant à Pierre Lizet, avocat du roi au Parlement de Paris, de donner des consultations privées, comme cela a lieu dans les autres parlements, et en dédommagement d'une pension de 500 livres qui ne pouvait lui être continuée. Amboise, 30 juillet 1526. 30 juillet.

*Enreg., sauf modification, au Parl. de Paris, le 16 mai 1527. Arch. nat.*, X[1a] 8612, fol. 87 v°. 1 page 1/4.

IMP. Isambert, *Anc. lois françaises*, in-8°, 1827, t. XII, p. 273.

2419. Édit portant érection en comté de la châtellenie de Civray, et adjonction audit comté des terres et châtellenies de Saint-Maixent, Melle, Chizé et Usson, en faveur de la duchesse d'Angoulême. Nanteuil, juillet 1526. Juillet.

*Original. Arch. municip. de Poitiers*, C. 27.

*Enreg. au Parl. de Paris, le 26 juillet 1526. Arch. nat.*, X[1a] 8612, fol. 78. 4 pages.

IMP. Thibaudeau, *Histoire du Poitou*, t. III, p. 488.

2420. Mandement touchant l'obligation pour un particulier ou ses héritiers de reconstruire une maison sise rue du Tabellionage, à Troyes, et brûlée dans l'incendie de 1524. Paris (*sic*), 3 août 1526. 3 août.

*Arch. dép. de l'Aube*, G. 3480, liasse 2°.

2421. Lettres portant continuation de don aux Filles-Dieu de Paris de quatre amendes de 60 livres 6 août.



IMPRIMERIE NATIONALE.

parisis chacune, à prendre annuellement, pendant quatre ans, sur la recette des exploits et amendes de la cour du Parlement. Amboise, 6 août 1526. 1526.

*Enreg. à la Chambre des Comptes de Paris. Arch. nat.*, P. 2304, p. 1215. 5 pages 1/2, dont 3 pages pour les lettres patentes.

2422. Lettres portant défenses d'exiger les impôts royaux en Provence, en dehors des voies ordinaires. Amboise, 7 août 1526. 7 août.

*Enreg. à la Chambre des Comptes d'Aix. Archives des Bouches-du-Rhône*, B. 28 (*Paris*), fol. 152 v°. 2 pages.

2423. Provisions d'un office de maître des requêtes de l'hôtel pour Ambroise de Florence, en remplacement de Denis Poillot. Amboise, 8 août 1526. 8 août.

*Arch. nat., Parl. de Paris, reg. du Conseil*, $X^{1a}$ 1530, fol. 4 et 35. (*Mentions.*)

Imp. Blanchard, *Les généalogies des maistres des requestes de l'hostel*, 1670, in-fol., p. 260. (*Mention.*)

2424. Traité entre François Ier et Henri VIII, roi d'Angleterre. Le premier s'engage à ne point traiter avec l'Empereur pour la délivrance de ses enfants retenus en otage, sans la participation du roi d'Angleterre et sans que Charles-Quint ne lui donne caution valable des sommes qu'il doit à Henri VIII. Hampton-Court, 8 août 1526. 8 août.

Ratifié par François Ier le 20 août suivant.

*Original. Arch. nat., Trésor des Chartes*, J. 651², n° 5.

Imp. Rymer, *Fœdera, acta publica, etc.*, 3e édit., 1741, in-fol., t. VI, part. II, p. 76, col. 2.

2425. Lettres de confirmation, ratifiant le don de la seigneurie de Fougères en usufruit octroyée à René de Montjehan, le 2 février 1525 n. s. (n° 2117). Amboise, 9 août 1526. 9 août.

*Enreg. à la Chambre des Comptes de Bretagne. Archives de la Loire-Inférieure*, B. Mandements, I, fol. 296.

2426. Lettres portant dispense et permission à Jean Pommereu de tenir l'office de conseiller maître et clerc ordinaire des comptes (voir 2 juillet précédent, n° 2410), quoiqu'il soit lai, marié et qu'il ait acheté ledit office. Amboise, 9 août 1526. — 1526. 9 août.

*Enreg. à la Chambre des Comptes de Paris. Arch. nat.*, P. 2304, p. 1206; P. 2536, fol. 56; ADIX. 122, n° 12. 2 pages.

2427. Lettres portant exécution d'un arrêt du Parlement de Toulouse intervenu à la suite d'un procès entre le syndic des consuls et des habitants de Mirande, la comtesse d'Astarac et Jean de Foix, son fils. Amboise, 9 août 1526. — 9 août.

*Enreg. au Parl. de Toulouse. Arch. de la Haute-Garonne, Édits*, reg. 3, fol. 196. 4 pages.

2428. Lettres relatives aux droits du roi dans la ville et le bailliage de Fréjus, et mandement d'informer sur les violences commises par l'évêque de Fréjus contre les officiers royaux. Amboise, 11 août 1526. — 11 août.

*Original. Arch. des Bouches-du-Rhône*, B. 720.
*Enreg. à la Chambre des Comptes d'Aix, le 10 mars 1527. Arch. des Bouches-du-Rhône*, B. 28 (*Paris*), fol. 276 v°.

2429. Provisions de l'office de sénéchal de Périgord pour Antoine de Montpezat, au lieu de François de Saint-Marsault, décédé. Amboise, 17 août 1526. — 17 août.

*Enreg. au Parl. de Bordeaux, avec la prestation de serment du nouveau sénéchal, le 7 septembre 1526. Arch. de la Gironde*, B. 30 *bis*, fol. 78 v°. 3 pages.

2430. Lettres de confirmation, maintenant Louis de Lorraine, comte de Vaudemont, en possession du comté de Penthièvre, de la vicomté de Loyaux, des ports et havres d'entre Couesnon et Arguenon, à lui concédés par la régente, pour en jouir sa vie durant. Amboise, 17 août 1526. — 17 août.

*Enreg. à la Chambre des Comptes de Bretagne. Archives de la Loire-Inférieure*, B. *Mandements*, I, fol. 291.

2431. Lettres de sauvegarde et de committimus en faveur de l'abbaye de la Trinité de Poitiers. Tours, 18 août 1526. 1526. 18 août.

*Copie authentique du 27 février 1527. Arch. de la Vienne, La Trinité*, liasse 2.

2432. Lettres d'expédition d'un arrêt du Grand Conseil en faveur des Lyonnais, au sujet de l'octroi de 2 sous 6 deniers que les fermiers du tirage du sel ne voulaient pas payer. Tours, 18 août 1526. 18 août.

*Original. Arch. municip. de Lyon*, série CC.

2433. Commission donnée à Guillaume Tertereau, auditeur de la Chambre des Comptes, de faire transférer de Blois à Saint-Denis le corps de la reine Claude et de régler avec Robert de La Marthonye, maître d'hôtel du roi, et Jean de Saint-Amadour, maître d'hôtel de la reine, les dépenses des funérailles. Amboise, 19 août 1526. 19 août.

*Copie faite le 27 août suivant. Arch. nat.*, K. 83, n° 16.

*Copie. Bibl. nat.*, coll. Fontanieu, portefeuille 201 (à la date).

2434. Lettres de ratification du traité conclu à Hampton-Court, le 8 août précédent (n° 2424), entre les commissaires des rois de France et d'Angleterre. Amboise, 20 août 1526. 20 août.

*Imp.* Rymer, *Fœdera, acta publica, etc.*, 3e édit., 1741, t. VI, part. II, p. 76, col. 2.

2435. Don au sr Anchise de Bologne, chevalier, de la terre et seigneurie de Saint-Macaire, au duché de Guyenne. Amboise, 20 août 1526. 20 août.

Mandement de la Chambre des Comptes y relatif.

*Enreg. à la Chambre des Comptes de Paris. Arch. nat.*, P. 2304, p. 1225. 6 pages, dont 4 pour les lettres patentes.

*Idem*, P. 2580, fol. 179 v°.

2436. Déclaration portant règlement pour le rachat 22 août.

du domaine du roi en Dauphiné. Amboise, 22 août 1526. 1526.

*Enreg. à la Chambre des Comptes de Grenoble, le 7 janvier suivant, et au Parlement de Grenoble, le 21 janvier. Arch. de l'Isère, Chambre des Comptes*, B. 2908, cah. 288. 6 pages.

2437. Ordonnance prescrivant de procéder à la réformation générale des forêts du royaume pour obvier aux dégâts et abus commis. Amboise, 24 août 1526. 24 août.

*Enreg. aux Eaux et forêts (siège de la Table de marbre), le 4 mai 1527. Arch. nat., Eaux et forêts*, Z. 4576, fol. 218 v°, et Z. 4585, fol. 18. 5 pages.

2438. Défenses de chasser dans le buisson de Fouillarges, en Poitou. 24 août 1526. 24 août.

Imp. Blanchard, *Compilation chronologique*, t. I, col. 472. (*Mention.*)

2439. Mandement aux élus du Lyonnais fixant à 28,470 livres 9 sous 7 deniers la part de l'élection dans la taille de 2,661,000 livres tournois mise sur tout le royaume. Amboise, 24 août 1526. 24 août.

*Copie. Bibl. nat.*, ms. fr. 2702, fol. 126 v°.

2440. Provisions de gouverneur et de lieutenant général du roi en Bretagne, octroyées à Guy, comte de Laval, pour succéder au duc d'Alençon. Amboise, 27 août 1526. 27 août.

*Enreg. à la Chambre des Comptes de Bretagne. Archives de la Loire-Inférieure*, B. *Mandements*, I, fol. 298.

Imp. Dom Morice, *Hist. de Bretagne*, in-fol., 1746, *Preuves*, t. III, col. 970.

2441. Mandement à la Chambre des Comptes de Paris de recevoir Jean Pommereu en qualité de conseiller et clerc ordinaire des comptes, nonobstant toute difficulté alléguée. Chenonceaux, 30 août 1526. 30 août.

*Enreg. à la Chambre des Comptes de Paris. Arch. nat.*, P. 2304, p. 1208; P. 2536, fol. 57; ADIX. 122, n° 12. 2 pages.

2442. Mandement aux élus du Lyonnais de faire annon- 31 août.

cer la mise en adjudication de la ferme pour trois ans, à partir du 1er octobre, du huitième du vin vendu en détail dans le plat pays de l'élection. Chenonceaux, 31 août 1526. 1526.

*Copie. Bibl. nat.*, ms. fr. 2702, fol. 131.

2443. Confirmation des privilèges, franchises et exemptions accordées par François, duc de Bretagne (12 décembre 1485), aux habitants de la châtellenie de Champtoceaux. Amboise, août 1526. Août.

*Enreg. à la Chancellerie de France. Arch. nat., Trésor des Chartes*, JJ. 243, n° 215, fol. 51. 2 pages.

2444. Création de deux nouvelles foires en la ville d'Aubusson, outre les quatre qui y existaient déjà. Amboise, août 1526. Août.

*Enreg. à la Chancellerie de France. Arch. nat., Trésor des Chartes*, JJ. 239, n° 199, fol. 50. 1 page.

2445. Institution de trois foires l'an et d'un marché chaque semaine à Caraie (*sic*) en Limousin, en faveur du duc d'Albanie, seigneur dudit lieu. Amboise, août 1526. Août.

*Enreg. à la Chancellerie de France. Arch. nat., Trésor des Chartes*, JJ. 239, n° 205, fol. 51 v°. 1/2 page.

(Voir ci-dessous, décembre 1526, n° 2516.)

2446. Création d'une nouvelle foire chaque année en la ville de Castelnaudary, outre les trois qui y existaient anciennement. Amboise, août 1526. Août.

*Enreg. à la Chancellerie de France. Arch. nat., Trésor des Chartes*, JJ. 239, n° 200, fol. 50 v°. 2/3 de page.

2447. Institution de trois foires par an et d'un marché hebdomadaire à Montcresson, en faveur d'Étienne des Ruaux, maître d'hôtel du roi. Amboise, août 1526. Août.

*Enreg. à la Chancellerie de France. Arch. nat., Trésor des Chartes*, JJ. 239, n° 175, fol. 49 v°. 1/2 page.

2448. Institution de deux foires par an et d'un marché chaque semaine à Noyen, en faveur d'Étienne Août.

des Ruaux, maître d'hôtel du roi et seigneur dudit lieu. Amboise, août 1526. — 1526.

*Enreg. à la Chancellerie de France. Arch. nat., Trésor des Chartes*, JJ. 239, n° 195 *bis*, fol. 49 v°. 1/2 page.

2449. Lettres en faveur d'Antoine d'Ancienville, bailli de Sézanne, seigneur de Villiers, portant que désormais le juge de la seigneurie de Villiers sera appelé non plus maire, mais prévôt de Villiers. Amboise, août 1526. — Août.

*Enreg. à la Chancellerie de France. Arch. nat., Trésor des Chartes*, JJ. 239, n° 206, fol. 51 v°. 1 page.

2450. Lettres d'abolition en faveur de Barthélemy des Guerres, écuyer, officier domestique et adhérent du connétable de Bourbon. Amboise, août 1526. — Août.

*Enreg. à la Chancellerie de France. Arch. nat., Trésor des Chartes*, JJ. 239, n° 210, fol. 52. 1 page.

2451. Lettres portant exemption, en faveur des religieux Dominicains, de tous péages, subsides et autres droits qui pourraient être exigés d'eux pour raison des vins, blés, poissons et autres nécessités. Chenonceaux, 4 septembre 1526. — 4 septembre.

*Arch. nat.* S* 4237, *Sommaire du chartrier des Dominicains de la rue Saint-Jacques*, p. 231, 233 et 234. (*Trois mentions.*)

2452. Mandement aux élus du Lyonnais de faire, de concert avec le procureur du roi, une enquête sur les doléances exprimées par les habitants de l'élection au sujet de l'inégalité de la répartition des tailles, par suite du départ de personnes qui ont quitté le pays. Bléré, 5 septembre 1526. — 5 septembre.

*Copie. Bibl. nat.*, ms. fr. 2702, fol. 131.

2453. Don du roi à Anne de Montmorency, grand maître et maréchal de France, des ville, château et seigneurie de Compiègne. Amboise, 11 septembre 1526. — 11 septembre.

*Enreg. à la Chambre des Comptes de Paris. Arch. nat.*, P. 2536, fol. 62 v°; P. 2552, fol. 59; P. 2580, fol. 170 v°. 2 pages.

2454. Mandement au sénéchal de Lyon, lui faisant savoir que les droits perçus d'ordinaire par le roi et la ville pendant les dix jours de prolongation de la foire, après les quinze jours de franche foire, doivent être levés, bien qu'il n'en soit pas fait mention dans les lettres patentes accordant cette prolongation. Amboise, 13 septembre 1526. — 1526. 13 septembre.

*Copie. Bibl. nat.*, ms. fr. 2702, fol. 128.

2455. Don à Jean Boynier, dit d'Asti, prévôt des maréchaux, de la terre et châtellenie de Villeneuve et autre sises dans le comté d'Asti. Montfranc, 20 septembre 1526. — 20 septembre.

*Copie collationnée du 10 avril 1535. Arch. nat., suppl. du Trésor des Chartes*, J. 993.

2456. Usufruit de la terre et seigneurie de Jugon en Bretagne et de toutes ses dépendances, octroyé à Antoine de Montbourcher, seigneur du Plessis-Bordage, au lieu de la pension annuelle de 600 livres qu'il touchait sur l'état des finances. Chambord, 22 septembre 1526. — 22 septembre.

*Enreg. à la Chambre des Comptes de Bretagne. Archives de la Loire-Inférieure*, B. *Mandements*, I, fol. 310.

2457. Provisions de premier président en la Chambre des comptes de Bretagne octroyées à maître Clerembault Leclerc, secrétaire et notaire, pour les services qu'il a rendus comme trésorier de la maison de la reine. Chambord, 26 septembre 1526. — 26 septembre.

*Enreg. à la Chambre des Comptes de Bretagne. Archives de la Loire-Inférieure*, B. *Mandements*, I, fol. 300.

2458. Lettres ordonnant la publication du règlement sur le cours et prix des monnaies. Chambord, 28 septembre 1526. — 28 septembre.

*Original sur parchemin, dans les minutes d'ordonnances de la Cour des Monnaies. Arch. nat.*, $Z^{1b}$ 536.
*Enreg. à la Cour des Monnaies. Arch. nat.*, $Z^{1b}$ 62, fol. 212 v°. 1 page.

2459. Lettres portant que Philippe de Croy, marquis — 30 septembre.

d'Arscot, percevra les revenus des terres et seigneuries de Château-Porcien, Montcornet, Bar-sur-Aube, Croy et Arennes, jusqu'à ce qu'il ait fait le partage de la succession paternelle avec Charles de Croy, son frère. Chambord, 30 septembre 1526. 1526.

*Enreg. à la Chambre des Comptes de Paris. Arch. nat.*, P. 2536, fol. 58 v°.

2460. Lettres de naturalité octroyées à Frédéric de Gonzague, seigneur de Baugé, établi en France depuis trente-deux ans, ayant servi Charles VIII, Louis XII et François Ier. Chenonceaux, septembre 1526. Septembre.

*Enreg. à la Chancellerie de France. Arch. nat., Trésor des Chartes*, JJ. 239, n° 246, fol. 59 v°. 1 page 1/3.

2461. Déclaration portant que le nombre des maîtres des requêtes de l'hôtel sera maintenu à huit et que les titulaires des quatre offices de création nouvelle ne pourront prétendre à entrer dans l'ancien collège qu'au fur et à mesure des vacances. Amboise, septembre 1526. Septembre.

*Transcrites au registre du Conseil du Parl. de Paris, le 13 novembre 1526* [1]. *Arch. nat.*, X1a 1530, fol. 2 v°. 3 pages 1/2.

2462. Lettres visant et confirmant une charte du duc de Bretagne Jean IV, de 1398, par laquelle il concède aux paroissiens de Sainte-Croix de Nantes, de Bouguenais et de Rezé le droit de pêcher à la senne dans la Loire depuis la pierre d'Ingrandes jusqu'à Pierre-Ange, en payant une redevance annuelle de 445 livres. Amboise, septembre 1526. Septembre.

*Copie d'avril 1744, signée Bellabre. Arch. de la Loire-Inférieure*, G. 555.

2463. Institution de deux foires annuelles à Nanteuil- Septembre.

[1] Par lettre missive adressée au Parlement, de Saint-Germain-en-Laye, le 25 novembre suivant, François Ier demanda que cette déclaration ne fût point enregistrée et annonça l'envoi d'une nouvelle ordonnance, datée de novembre, au sujet des maîtres des requêtes de l'hôtel d'ancienne et de nouvelle création (X1a 1530, fol. 26 v°). Nous n'avons point trouvé le texte de ces secondes lettres.

le-Haudoin en faveur d'Henri de Lenoncourt, bailli de Vitry, seigneur du lieu. Amboise, septembre 1526. 1526.

*Enreg. à la Chancellerie de France. Arch. nat., Trésor des Chartes*, JJ. 239, n° 243, fol. 59. 1/2 page.

2464. Lettres de naturalité accordées à Emmanuel Baraudin, originaire de Piémont. Amboise, septembre 1526. Septembre.

*Copie collat. du XVIII<sup></sup>e siècle. Arch. nat.*, K 171, n° 2.

2465. Commission à Jacques Manuel, ancien sommelier et pannetier de la feue reine, du droit de pâturage et de bois de chauffage dans la forêt du Gâvre, diocèse de Nantes, et bois de réparation pour la maison qu'il possède à Blain. Chambord, septembre 1526. Septembre.

*Enreg. à la Chambre des Comptes de Bretagne. Archives de la Loire-Inférieure*, B. *Mandements*, I, fol. 368.

2466. Mandement au Parlement de Paris de recevoir Jean de La Barre à l'office de lieutenant du roi en la prévôté, ville et vicomté de Paris, en l'absence du marquis de Saluces, et de lui faire prêter serment. 3 octobre 1526. 3 octobre.

*Présenté au Parl. de Paris, le 12 octobre suivant. Arch. nat.*, X[1a] 1529, reg. du Conseil, fol. 444 v°. (*Mention.*)

IMP. Dom Félibien, *Hist. de la ville de Paris*, in-fol., 1725, t. IV, p. 675, col. 2. (*Mention.*)

2467. Lettres de François Ier proposant aux électeurs et princes réunis à Spire une alliance contre le Turc, après avoir conclu une paix générale entre les princes chrétiens. Beaugency, 6 octobre 1526. 6 octobre.

IMP. Goldast, *Politica imperialia*, in-fol., Francfort, 1614, p. 894.

2468. Lettres de relief de surannation et mandement à la Chambre des Comptes d'entériner les lettres patentes du mois de novembre 1508, portant don aux doyen et chanoines de l'église 11 octobre.

de Lisieux de deux muids de sel à prendre chaque année au grenier à sel de ladite ville. 11 octobre 1526. 1526.

*Enreg. à la Chambre des Comptes de Paris, le 10 janvier 1527 n. s., anc. mém. 2 D, fol. 171. Arch. nat., invent. PP. 136, p. 315. (Mention.)*

2469. Prolongation pour quatre ans accordée au chapitre de Senlis du droit de percevoir un denier picte tournois par quintal de sel vendu dans les chambres et greniers à sel du royaume, pour continuer les réparations à faire à son église, à la charge de donner 150 livres tournois à l'église de Saint-Aignan d'Orléans. Beaugency, 15 octobre 1526. 15 octobre.

*Copie. Bibl. nat.*, fonds Moreau, t. 262, fol. 195.

2470. Usufruit de 299 œillets de marais salants à prendre dans les salines de Guérande, diocèse de Nantes, valant 300 livres de revenus, octroyé à Tristan de Carné, ci-devant capitaine d'Auray, qui s'est signalé en plusieurs rencontres contre les Anglais. Montpipeau, 21 octobre 1526. 21 octobre.

*Enreg. à la Chambre des Comptes de Bretagne. Archives de la Loire-Inférieure*, B. *Mandements*, I, fol. 321.

2471. Lettres d'amortissement, en faveur de l'église Saint-Eustache de Paris, du moulin de la Gourdine, à elle donné, l'an 1486, par Mathieu de Nanterre, président au Parlement. Beaugency, octobre 1526. Octobre.

*Arch. nat.*, H. 1781, fol. 223 v°. *(Mention.)*
Imp. *Registres des délibérations du bureau de la ville de Paris*, t. III, in-4°, 1886, p. 250, col. 1. *(Mention.)*

2472. Don à François de Saint-Julien, seigneur de Luzeray, gentilhomme de l'hôtel du roi, des biens confisqués sur Pierre de La Faye, condamné à mort. Étampes, octobre 1526. Octobre.

*Enreg. à la Chancellerie de France. Arch. nat. Trésor des Chartes*, JJ. 243, n° 197, fol. 46, 1 page.

2473. Lettres par lesquelles François Ier octroie à Jean de La Loue, chevalier, un droit d'usage et de Octobre.

pâturage dans la forêt d'Yèvre, près de Mehun-sur-Yèvre, les bois Parron, etc. (Administration des forêts de Berry.) Montpipeau, octobre 1526. 1526.

*Enreg. à la Chancellerie de France. Arch. nat., Trésor des Chartes*, JJ. 239, n° 247, fol. 59 v°. 3 pages.

2474. Mandement au Parlement de Paris de recevoir Pierre Anthoine, docteur en droit, précédemment conseiller au Grand Conseil, à l'office de maître des requêtes de l'hôtel, dont il avait été pourvu par lettres de la régente données à Lyon, le 5 juillet 1525 (n° 2179), au lieu de Jean de Calvimont, nommé second président au Parlement de Bordeaux. Nantouillet, 3 novembre 1526. 3 novembre.

*Présenté au Parl. de Paris, le 13 novembre 1526. Arch. nat.*, X[1a] 1530, reg. du Conseil, fol. 2. (*Mention.*)

2475. Lettres de dispense accordées à Léonard Gay, pour tenir à la fois les offices de lieutenant général en la sénéchaussée de Guyenne et de conseiller au Grand Conseil. Saint-Germain-en-Laye, 13 novembre 1526. 13 novembre.

*Enreg. au Parl. de Bordeaux, le 5 août 1527. Arch. de la Gironde*, B. 30 *bis*, fol. 89. 4 pages.

2476. Mandement concernant le maintien de l'abbaye de Tournus en possession de son droit de pêche dans la Saône. Saint-Germain-en-Laye, 13 novembre 1526. 13 novembre.

*Archives dép. de Saône-et-Loire.*

2477. Lettres d'exemption d'impôts en faveur des ouvriers en drap de la ville de Tours. Saint-Germain-en-Laye, 15 novembre 1526. 15 novembre.

*Enreg. à la Chambre des Comptes de Paris, anc. mémorial coté* DD, fol. 158. *Arch. nat.*, P. 2304, p. 1211. (*Mention.*)

2478. Don à Louis d'Angerant, chevalier, seigneur de Bois-Rigaud, de la terre d'Usson, assise au bail- 16 novembre.

liage de Montferrant. Saint-Germain-en-Laye, 16 novembre 1526. 1526.

*Enreg. à la Chambre des Comptes de Paris. Arch. nat.*, P. 2304, p. 1493. 2 pages.
*Double*, P. 2552, fol. 141 v°.

2479. Lettres de don à Hélène Gouffier, veuve de Louis de Vendôme, vidame de Chartres, des droits de tiers et danger sur les ventes de bois du buisson de Halatte en la vicomté de Montivilliers, pour en jouir pendant vingt ans. 20 novembre 1526. 20 novembre.

*Enreg. à la Chambre des Comptes de Paris, le 27 juin 1527; anc. mém.* 2 D, fol. 232. *Arch. nat., invent.* PP. 136, p. 316. (*Mention.*)

2480. Mandement à Guillaume Prudhomme de faire payer de leurs gages trois hommes d'armes et un archer de la compagnie du seigneur de La Trémoïlle qui n'avaient pas assisté à la montre, mais avaient été occupés aux affaires du roi. Saint-Germain-en-Laye, 20 novembre 1526. 20 novembre.

*Original. Bibl. nat.*, ms. fr. 25720, fol. 258.

2481. Mandement au trésorier de l'épargne de faire payer la somme de 3,696 livres due aux Cordeliers de Nantes, de Clisson, de Savenay, d'Ancenis, aux Carmes de Nantes et du Bondon, près Vannes, aux Jacobins de Rennes et aux religieuses de Sainte-Claire de Nantes, pour l'acquit de diverses fondations pieuses consenties par les ducs et duchesses de Bretagne. Saint-Germain-en-Laye, 28 novembre 1526. 28 novembre.

*Enreg. à la Chambre des Comptes de Bretagne. Archives de la Loire-Inférieure*, B. *Mandements*, I, fol. 302.

2482. Lettres portant continuation pour six ans de l'octroi accordé à la ville de Lyon par lettres du 19 janvier 1523 n. s. (n° 1733). Saint-Germain-en-Laye, 30 novembre 1526. 30 novembre.

*Original. Arch. municip. de Lyon*, série CC.
*Copie, id.*, AA. 151, fol. 85.

2483. Édit de création d'un office de président et de Novembre.

dix offices de conseillers au Parlement de Bretagne, ce qui porte à trois le nombre des présidents et à vingt-neuf celui des conseillers. Saint-Germain-en-Laye, novembre 1526. 1526.

*Enreg. à la Chancellerie de France. Arch. nat., Trésor des Chartes*, JJ. 239, n° 239, fol. 58. 2 pages.

2484. Don à Philippe Chabot, seigneur de Brion et d'Apremont, amiral de France et de Bretagne, des terres et seigneuries confisquées pour félonie sur René de Brosse, dit de Bretagne, seigneur de Penthièvre. Saint-Germain-en-Laye, novembre 1526. Novembre.

*Enreg. à la Chambre des Comptes de Paris. Arch. nat.*, P. 2304, p. 1315. 4 pages.
*Idem*, P. 2536, fol. 78 v°.

2485. Confirmation des dons et octrois faits par les rois de France au chapitre de Lisieux, et en particulier d'un don de 2 muids de sel à prendre chaque année au grenier à sel de Lisieux. Saint-Germain-en-Laye, novembre 1526. Novembre.

*Enreg. à la Chancellerie de France. Arch. nat., Trésor des Chartes*, JJ. 243, n° 206, fol. 48 v°. 2 pages.
*Enreg. à la Chambre des Comptes de Paris, le 10 janvier suivant, anc. mém.* 2 D, fol. 171. *Arch. nat., invent.* PP. 136, p. 315. (*Mention.*)

2486. Don des châtellenies, terres et seigneuries de Château-Thierry et de Châtillon-sur-Marne à Robert de La Marck, seigneur de Fleuranges, maréchal de France, en dédommagement des pertes qu'il avait éprouvées au service du roi. Saint-Germain-en-Laye, novembre 1526. Novembre.

*Enreg. à la Chancellerie de France. Arch. nat., Trésor des Chartes*, JJ. 239, n° 232, fol. 56 v°. 2 pages.
*Enreg. à la Chambre des Comptes de Paris, anc. mém. coté* DD, fol. 204. *Arch. nat., copie*, P. 2552, fol. 76 (sous la date de décembre 1526); P. 2580, fol. 198; *mention*, ADIX. 122, n° 16.
*Enreg. aux Eaux et forêts. Arch. nat.*, Z. 4576, fol. 248 v°. 3 pages.

2487. Cession à Adam de Saint-Blimont de tous les biens de son fils, Marsault de Saint-Blimont, qui, suivant la coutume de Bourgogne, devaient appartenir au roi, Marguerite de Raguy, aïeule dudit feu Marsault, étant bâtarde. Saint-Germain-en-Laye, novembre 1526. — 1526. Novembre.

*Enreg. à la Chancellerie de France. Arch. nat., Trésor des Chartes,* JJ. 239, n° 238, fol. 57 v°. 1 page 1/2.

2488. Confirmation des privilèges et statuts des barbiers et chirurgiens d'Orléans. Saint-Germain-en-Laye, novembre 1526. — Novembre.

*Enreg. à la Chancellerie de France. Arch. nat., Trésor des Chartes,* JJ. 239, n° 221, fol. 54 v°. 1 page.

2489. Lettres d'amortissement accordées à l'abbaye de Saint-Michel de Tonnerre. Saint-Germain-en-Laye, novembre 1526. — Novembre.

*Enreg. à la Chancellerie de France. Arch. nat., Trésor des Chartes,* JJ. 239, n° 240, fol. 58. 2 pages.

2490. Lettres de naturalité accordées aux enfants de Jean Geoffroy, docteur en médecine, médecin du duc de Lorraine, nés en Lorraine, français de père et de mère. Saint-Germain-en-Laye, novembre 1526. — Novembre.

*Enreg. à la Chancellerie de France. Arch. nat., Trésor des Chartes,* JJ. 239, n° 235, fol. 57. 1 page.

2491. Lettres d'affranchissement de Gilbert Berthonier, de Berthon en Bourbonnais. Saint-Germain-en-Laye, novembre 1526. — Novembre.

*Enreg. à la Chancellerie de France. Arch. nat., Trésor des Chartes,* JJ. 243, n° 211, fol. 50. 1 page.
*Copie. Bibl. nat.,* coll. Fontanieu, portefeuille 202 (à la date).

2492. Lettres d'affranchissement, en faveur de la veuve et des enfants de Guillaume Bolu, du joug, lien de servitude et mainmorte où leurs prédécesseurs et eux se trouvaient envers feu le comte Jean de Nevers, à cause de sa châtelle- — Novembre.

nie de Montenoison. Saint-Germain-en-Laye, novembre 1526. 1526.

*Enreg. à la Chancellerie de France. Arch. nat., Trésor des Chartes*, JJ. 239, n° 237, fol. 57 v°. 1 page.

2493. Mandement confirmant le vote de l'allocation de 6,000 livres consentie par les États de Bretagne assemblés à Rennes, au mois de septembre 1526, en faveur du comte de Laval, gouverneur de Bretagne. Saint-Germain-en-Laye, 1er décembre 1526. 1er décembre.

*Enreg. à la Chambre des Comptes de Bretagne. Archives de la Loire-Inférieure*, B. *Mandements*, I, fol. 301.

2494. Lettres accordant à Philippe Chabot, amiral de France, les dispenses nécessaires pour tenir à la fois cet office et celui de bailli et gouverneur du Valois. Saint-Germain-en-Laye, 3 décembre 1526. 3 décembre.

*Enreg. au Parl. de Paris, le 14 décembre suivant. Arch. nat.*, X1a 1530, reg. du Conseil, fol. 43 v°. (*Mention.*)

2495. Lettres d'évocation et de renvoi au Parlement de Toulouse d'un procès pendant au Parlement de Bordeaux entre Charles de Caumont et le roi de Navarre, touchant les terres et seigneuries de Samazan et de Montpouillan. Saint-Germain-en-Laye, 6 décembre 1526. 6 décembre.

*Présentées au Parl. de Bordeaux, le 2 janvier 1527. Arch. de la Gironde*, B. 30 *bis*, fol. 80. 2 pages 1/2.

2496. Lettres adressées aux trésoriers de France en Languedoc, leur ordonnant d'informer des usurpations faites sur les îles du Rhône au préjudice des droits de la couronne et de procéder à la saisie desdites îles, avec pouvoir de les inféoder. 6 décembre 1526. 6 décembre.

IMP. *Examen des nouveaux écrits de la Provence sur la propriété du Rhône*, in-4°, *Paris, Vincent*, S V, p. 122, ouvrage déposé aux *Arch. de l'Ardèche*, C. 266. (*Mention.*)

2497. Continuation de l'octroi de l'apetissement de la 7 décembre.

pinte de vin en faveur des habitants de la ville de Montargis. Saint-Germain-en-Laye, 7 décembre 1526. 1526.

*Original. Arch. municipales de Montargis*, CC. 11.

2498. Ordre à Guillaume Prudhomme de faire payer de leurs gages par Jean Grolier, trésorier des guerres, un homme d'armes et un archer placés sous les ordres du seigneur d'Alègre, qui étaient malades au moment de la montre. Saint-Germain-en-Laye, 8 décembre 1526. 8 décembre.

*Original. Bibl. nat.*, ms. fr. 25720, fol. 259.

2499. Mandement au trésorier de l'épargne de payer à Pierre Mangot la somme de 602 livres 3 sous 3 deniers, pour un collier de l'ordre de Saint-Michel donné par le roi à Jean Stuart, duc d'Albany, pour remplacer celui que ce dernier avait dû vendre lorsqu'il était lieutenant général du roi dans la Romagne. Saint-Germain-en-Laye, 8 décembre 1526. 8 décembre.

*Bibl. nat.*, ms. Clairambault 1215, fol. 64 v°. (*Mention.*)

2500. Provisions de second président en la Chambre des Comptes de Bretagne en faveur de Gilles de Commacre, secrétaire et notaire de ladite cour. Saint-Germain-en-Laye, 9 décembre 1526. 9 décembre.

*Enreg. à la Chambre des Comptes de Bretagne. Arch. de la Loire-Inférieure*, B. *Mandements*, I, fol. 299.

2501. Mandement à Raymond Forget, commis au payement des dépenses à faire pour le château de Chambord, de payer à Charles, bâtard de Chauvigné, chargé de diriger les travaux dudit château, la somme de 1,200 livres tournois. Saint-Germain-en-Laye, 9 décembre 1526. 9 décembre.

*Original. Bibl. nat.*, ms. fr. 25720, fol. 260.

2502. Ordonnance relative au ressort du Forez et du Beaujolais. La connaissance des cas royaux de ces deux provinces est attribuée au sénéchal 10 décembre.



IMPRIMERIE NATIONALE.

de Lyon. Saint-Germain-en-Laye, 10 décembre 1526. 1526.

*Enreg. au Parl. de Paris, le 24 janvier 1527 n. s. Arch. nat.*, X[1a] 8612, fol. 83, 2 pages.

2503. Provisions de maître auditeur des comptes à la Chambre des Comptes de Bretagne, octroyées à Marc de la Rue, notaire et secrétaire des comptes. Saint-Germain-en-Laye, 10 décembre 1526. 10 décembre.

*Enreg. à la Chambre des Comptes de Bretagne. Arch. de la Loire-Inférieure*, B. *Mandements*, I, fol. 321.

2504. Lettres annulant les exploits et procédures faits et les arrêts rendus au Parlement de Paris, pendant la captivité du roi, au sujet de la possession de l'abbaye de Saint-Benoît-sur-Loire, que se disputaient le chancelier Du Prat et François de Poncher, évêque de Paris. Saint-Germain-en-Laye, 10 décembre 1526. 10 décembre.

*Transcrites sur le registre du Conseil du Parl. de Paris, Arch. nat.*, X[1a] 1530, fol. 477 v°, 3 pages.

2505. Lettres de jussion pour l'exécution des lettres en date des 9 mai et 9 juin 1523 (n[os] 1811 et 1828), concernant la dame Marie de Vers et son mari François d'Anglure, seigneur de Boursault. Paris, 11 décembre 1526. 11 décembre.

*Enreg. à la Chambre des Comptes de Paris. Arch. nat.*, P. 2304, p. 1507, 2 pages.

2506. Exemption de tout droit de péage pour un radeau de bois que les Cordeliers de Marseille font venir du Dauphiné, pour réparer leur couvent, ruiné pendant le siège. Saint-Germain-en-Laye, 12 décembre 1526. 12 décembre.

*Enreg. au Parl. de Grenoble, le 25 juin 1527. Arch. de l'Isère, Chambre des Comptes de Grenoble*, B. 2908, cah. 293. 6 pages 1/2.

2507. Mandement au bailli de Troyes, concernant les articles, statuts et règlements des maîtres menuisiers de la ville de Troyes. 15 décembre 1526. 15 décembre.

*Copie. Arch. municipales de Troyes*, 38e boîte, 1re liasse.

2508. Nouvelle prorogation pour quatre ans (voir ci-dessus, 9 janvier 1515 n. s., 15 août 1517 et 21 juillet 1523, nos 35, 713 et 1867) de la remise de l'impôt sur le sel accordée au chapitre de Senlis. Beaugency, 15 décembre 1526. 1526. 15 décembre.

*Arch. de l'Oise, G. 2339, invent. du chapitre de Senlis, cote 28, art. 19, p. 252. (Mention.)*

2509. Lettres de sauvegarde et de committimus en faveur de l'abbaye de Sainte-Croix de Poitiers. Paris, 19 décembre 1526. 19 décembre.

*Original. Arch. de la Vienne, Sainte-Croix*, liasse 3.

2510. Déclaration approbative du don de la seigneurie de Minibriac en Bretagne au bâtard de Rieux (n° 2381), et mandement aux gens des Comptes de Bretagne de l'enregistrer. Fontainebleau, 20 décembre 1526. 20 décembre.

*Enreg. à la Chambre des Comptes de Bretagne. Arch. de la Loire-Inférieure, B. Mandements*, I, fol. 305.

2511. Confirmation, pour un délai de huit ans, accordée aux habitants de Dijon des octrois pour la fortification. Saint-Germain-en-Laye, 22 décembre 1526. 22 décembre.

*Enreg. à la Chambre des Comptes de Dijon, le 12 février 1527.*
*Original. Arch. municip. de Dijon*, série K.

2512. Provisions de l'office de juge-mage en la sénéchaussée de Toulouse, en faveur de Charles de Chavagnac, en remplacement de son père. Saint-Germain-en-Laye, 24 décembre 1526. 24 décembre.

*Enreg. au Parl. de Toulouse, le 2 mai 1527. Arch. de la Haute-Garonne, Édits*, reg. 3, fol. 199. 1 page 1/2.

2513. Lettres de relief de surannation de celles du 25 janvier 1526 n. s. (n° 2287), portant continuation pendant six ans d'un octroi sur le sel accordé à la ville de Moulins. 27 décembre 1526. 27 décembre.

*Enreg. à la Chambre des Comptes de Paris, le 5 février 1527. Arch. nat.*, invent. PP. 136, p. 306. (*Mention.*)

2514. Lettres portant prolongation pendant huit années de l'octroi à la ville de Bourges de 5 sols tournois par minot de sel vendu au grenier de Bourges, et à la chambre à sel de Dun-le-Roi de 2 deniers tournois sur chaque cheval chargé entrant dans la ville, et d'un denier sur chaque bœuf attelé. Saint-Germain-en-Laye, 28 décembre 1526. 1526. 28 décembre.

*Arch. de l'hôtel de ville de Bourges. Comptabilité*, CC. 206.

2515. Mandement à Jean Sapin de payer, sur les 2,678 livres qui lui sont délivrées, 1,230 livres à Gilbert Bayart pour aller vers l'empereur, et 61 livres 10 sous à Girard de Montméliant, pour un voyage en Angleterre, etc. Saint-Germain-en-Laye, 31 décembre 1526. 31 décembre.

*Bibl. nat.*, ms. Clairambault 1215, fol. 63 v°. (*Mention.*)

2516. Édit révoquant toutes les charges de rapporteurs près la chancellerie du Parlement de Rouen, et érigeant en titre d'office huit nouvelles charges de conseillers rapporteurs référendaires, avec règlement pour l'exercice de leurs fonctions. Saint-Germain-en-Laye, décembre 1526. Décembre.

*Enreg. à la Chancellerie de France. Arch. nat.*, *Trésor des Chartes*, JJ. 243, n° 236, fol. 57 v°. 2 pages.

*Enreg. au Grand Conseil, le 9 avril 1527. Arch. nat.*, V⁵ 1045. 3 pages.

IMP. E. Girard, *Troisiesme livre des offices de France*, augm. par Joly, in-fol., 1647, t. I, p. 761.

2517. Confirmation des privilèges, exemptions et franchises accordés par les rois de France aux habitants de Montargis. Saint-Germain-en-Laye, décembre 1526. Décembre.

*Original. Arch. municipales de Montargis*, AA. 2.

*Enreg. à la Chancellerie de France. Arch. nat.*, *Trésor des Chartes*, JJ. 239, n° 251, fol. 61. 1 page.

2518. Lettres d'amortissement des rentes destinées à la dotation d'un couvent de Sainte-Claire fondé Décembre.

par la duchesse de Vendôme à la Fère-sur-Oise. Saint-Germain-en-Laye, décembre 1526. 1526.

*Enreg. à la Chancellerie de France. Arch. nat.*, *Trésor des Chartes*, JJ. 243, n° 203, fol. 47 v°. 1 page.

2519. Institution de deux foires annuelles et d'un marché hebdomadaire à Ablois-Saint-Martin, en faveur de Charles de Luxembourg, comte de Brienne, seigneur du lieu. Saint-Germain-en-Laye, décembre 1526. Décembre.

*Enreg. à la Chancellerie de France. Arch. nat.*, *Trésor des Chartes*, JJ. 243, n° 183, fol. 42. 1 page.

2520. Création de trois foires par an et d'un marché chaque semaine à Carré, *alias* Caraye, en Limousin, en faveur du duc d'Albany. Saint-Germain-en-Laye, décembre 1526. Décembre.

*Enreg. à la Chancellerie de France. Arch. nat.*, *Trésor des Chartes*, JJ. 239, n° 259, fol. 62. 1 page. (Voir ci-dessus, août 1526, n° 2445.)

2521. Institution de quatre foires l'an et d'un marché chaque semaine à Garennes, en faveur de Charles de Luxembourg, comte de Brienne, seigneur du lieu. Saint-Germain-en-Laye, décembre 1526. Décembre.

*Enreg. à la Chancellerie de France. Arch. nat.*, *Trésor des Chartes*, JJ. 243, n° 185, fol. 42 v°. 1 page.

2522. Création de trois foires annuelles et d'un marché hebdomadaire à Scy (Sy, dans les Ardennes?), en faveur de François de la Taste, seigneur du lieu. Saint-Germain-en-Laye, décembre 1526. Décembre.

*Enreg. à la Chancellerie de France. Arch. nat.*, *Trésor des Chartes*, JJ. 243, n° 214, fol. 51. 1 page.

2523. Don à Aimée de Lafayette, veuve de François de Silly, seigneur de Rouvray, bailli de Caen, de la terre, seigneurie et baronnie de Laigle. Saint-Germain-en-Laye, décembre 1526. Décembre.

*Enreg. à la Chambre des Comptes de Paris. Arch. nat.*, P. 2304, p. 1425. 3 pages.
*Double*, P. 2552, fol. 124. 3 pages.

2524. Don à Jacques de Genouilhac, maître de l'artillerie, de tous les biens de Jean Massonnier, confisqués par arrêt du Parlement d'Aix, pour crime de lèse-majesté. Saint-Germain-en-Laye, décembre 1526. 1526. Décembre.

*Enreg. à la Chancellerie de France. Arch. nat., Trésor des Chartes*, JJ. 243, n° 190, fol. 44. 1 page 1/2.

2525. Lettres portant don de la confiscation de René de Brosse, dit de Bretagne, comte de Penthièvre, condamné à être décapité par arrêt du Parlement de Paris. La moitié d'une maison sise devant Saint-Hilaire est donnée à Jean de la Chesnaye, valet de chambre du roi. Saint-Germain-en-Laye, décembre 1526. Décembre.

*Enreg. à la Chancellerie de France. Arch. nat., Trésor des Chartes*, JJ. 243, n° 197, fol. 46. 1 page.

2526. Don à Jean de Cusance, bailli de la Montagne, de la terre et seigneurie d'Auxon, ayant appartenu à Claude et à Marc de Cusance, ses frères, échue au roi par droit d'aubaine. Saint-Germain-en-Laye, décembre 1526. Décembre.

*Enreg. à la Chancellerie de France. Arch. nat., Trésor des Chartes*, JJ. 243, n° 187, fol. 43. 1 page.

2527. Lettres d'abolition en faveur de Charles Le Brun de la Godinière, impliqué dans la trahison du connétable de Bourbon. Saint-Germain-en-Laye, décembre 1526. Décembre.

*Enreg. à la Chancellerie de France. Arch. nat., Trésor des Chartes*, JJ. 243, n° 191, fol. 44. 1 page.

2528. Lettres de naturalité octroyées à Paul-Camille de Trevoulx (Trivulce) et à Théodore de Trevoulx, gouverneur de Lyonnais. Saint-Germain-en-Laye, décembre 1526. Décembre.

*Enreg. à la Chancellerie de France. Arch. nat., Trésor des Chartes*, JJ. 243, n°s 228 et 229, fol. 55 v°, 56. 2 pages.

2529. Lettres permettant à Marie de la Forest, dame de Kerserfant, d'édifier un cep et un col- Décembre.

lier dans ses justices de Bubry et de Quistinic (sénéchaussée d'Hennebont). Saint-Germain-en-Laye, décembre 1526. 1526.

*Enreg. à la Chancellerie de France. Arch. nat., Trésor des Chartes*, JJ. 239, n° 256, fol. 61 v°. 1 page.

**1527.** — Pâques, 21 avril.

2530. Commission adressée à Antoine de Montpezat, sénéchal de Périgord, pour exercer des poursuites contre un grand nombre de gens coupables de soulèvement et de port d'armes, au cri de « mort aux gentilhommes et aux gens de justice », dans le ressort de Sarlat. Saint-Germain-en-Laye, 4 janvier 1526. 1527. 4 janvier.

*Enreg. au Parl. de Bordeaux, s. d. Arch. de la Gironde*, B. 30 *bis*, fol. 81. 5 pages.

2531. Lettres de don à Anne de Montmorency, grand maître et maréchal de France, du comté de Beaumont-sur-Oise, au lieu de 24,000 écus d'or à lui promis lors de son mariage avec Madeleine de Savoie, ledit comté devant faire retour à la couronne dans certains cas déterminés. Saint-Germain-en-Laye, 5 janvier 1526. 5 janvier.

*Enreg. à la Chambre des Comptes de Paris. Arch. nat.*, P. 2304, p. 1245, et P. 2580, fol. 194 v°. 5 pages.

*Copie. Arch. de l'Hôtel-Dieu de Pontoise*, H. 12.

2532. Lettres portant ratification des bulles de Clément VII, nommant Jean de Langeac à l'évêché d'Avranches. Saint-Germain-en-Laye, 6 janvier 1526. 6 janvier.

*Enreg. à la Chambre des Comptes de Paris. Arch. nat.*, P. 2304, p. 1260. 3 pages.

2533. Lettres portant don en faveur de Jean de Langeac, nommé évêque d'Avranches, des fruits dudit évêché échus pendant la vacance du 6 janvier.

siège. Saint-Germain-en-Laye, 6 janvier 1526. 1527.

*Enreg. à la Chambre des Comptes de Paris. Arch. nat.*, P. 2304, p. 1263. 2 pages.

2534. Lettres autorisant la levée de décimes sur les bénéfices ecclésiastiques du royaume, au profit du pape. Saint-Germain-en-Laye, 7 janvier 1526. 7 janvier.

*Enreg. au Grand Conseil, le 10 septembre 1527. Arch. nat.*, V⁵ 1046. 1 page.
*Enreg. au Châtelet de Paris, le 13 janvier 1527 n. s. Arch. nat., Châtelet, Bannières*, Y. 8, fol. 219. 2 pages.

2535. Lettres portant mainlevée, en faveur de Jean de Langeac, évêque nommé d'Avranches, du temporel dudit évêché saisi pendant la vacance du siège. Saint-Germain-en-Laye, 8 janvier 1526. 8 janvier.

*Enreg. à la Chambre des Comptes de Paris. Arch. nat.*, P. 2304, p. 1265. 2 pages.

2536. Lettres autorisant Jean Gilbert, avocat du roi en la Cour des Aides, à postuler pour les fermiers grenetiers, receveurs, en matière civile. Saint-Germain-en-Laye, 8 janvier 1526. 8 janvier.

*Copie collationnée faite par ordre de la Cour des Aides, le 19 février 1778. Arch. nat.*, Z¹ᵃ 526.

2537. Don à Charles de Rohan des ville, château, terre et seigneurie de la vicomté d'Orbec, en échange de la ville, château, terre et seigneurie du comté de Guise. Saint-Germain-en-Laye, 8 janvier 1526. 8 janvier.

*Enreg. au Parlement de Rouen, le 29 mars 1527.*
*Enreg. à la Chambre des Comptes de Paris, le 13 mars 1527 n. s. Arch. nat.*, P. 2304, p. 1337. 12 pages.
*Idem*, P. 2536, fol. 83.

2538. Confirmation par François Ier du don fait par sa mère, régente, à la marquise de Saluces et au marquis, son fils, du comté de Castres, leur vie durant. Saint-Germain-en-Laye, 8 janvier 1526. 8 janvier.

Lettres de jussion pour les faire enregistrer sans restriction. Saint-Germain-en-Laye, 13 mars 1526. 1527.

*Enreg. à la Chambre des Comptes de Paris, le 11 mars 1527 n. s.*

*Enreg. de nouveau à la même cour, le 27 mars 1527 n. s. Arch. nat.*, P. 2304, p. 1233. 11 pages, dont 6 1/2 pour les lettres de jussion.

*Idem*, P. 2536, fol. 69 et 74; P. 2580, fol. 181 v°.

2539. Mandement au trésorier de l'épargne de payer à Jean Dolent, orfèvre à Blois, 2,140 livres 17 sous, pour une coupe dont le roi a fait don à Fitzwilhem, trésorier de la maison du roi d'Angleterre, venu à Saint-Germain. Saint-Germain-en-Laye, 9 janvier 1526. 9 janvier.

*Bibl. nat.*, ms. Clairambault 1215, fol. 66. (*Mention.*)

2540. Déclaration portant règlement pour les fonctions de trésorier du Dauphiné. Saint-Germain-en-Laye, 10 janvier 1526. 10 janvier.

*Enreg. à la Chambre des Comptes de Grenoble. Arch. de l'Isère*, B. 2908, cah. 329, et B. 2909, cah. 16. 12 pages.

2541. Déclaration portant que, nonobstant les prescriptions de l'ordonnance de Blois (28 décembre 1523, n° 1953), les gages des officiers du Parlement, de la Chambre des Comptes et autres officiers du Dauphiné continueront à être payés par les receveurs locaux. Saint-Germain-en-Laye, 10 janvier 1526. 10 janvier.

*Enreg. à la Chambre des Comptes de Grenoble, le 8 mars suivant. Arch. de l'Isère*, B. 2911, II, fol. 55. 7 pages.

2542. Lettres fixant le prix de la somme de sel à 11 livres 8 sous 10 deniers obole tournois à Tournon, Condrieu, Lyon et au-dessus. Saint-Germain-en-Laye, 10 janvier 1526. 10 janvier.

*Original. Arch. municip. de Lyon*, série CC.

2543. Lettres de don à Emilio Forlane, gentilhomme italien, des terres, seigneuries et châtellenies de Neuville et Vitry, situées en la forêt d'Or- 10 janvier.



IMPRIMERIE NATIONALE.

léans. Saint-Germain-en-Laye, 10 janvier 1526. 1527.

*Enreg. à la Chambre des Comptes de Paris. Arch. nat.*, P. 2304, p. 1281. 2 pages.

2544. Lettres d'acquiescement à la levée de décimes ecclésiastiques dans le royaume pour la guerre contre les Turcs, suivant la teneur des bulles expédiées par le pape à cet effet. Saint-Germain-en-Laye, 11 janvier 1526. 11 janvier.

*Copie du XVI<sup></sup>e siècle. Bibl. nat.*, ms. fr. 3021, fol. 127.

*Copie. Bibl. nat.*, coll. Fontanieu, portefeuille 203, d'après la précédente.

IMP. Charrière, *Négociations avec le Levant*, coll. *des Documents inédits*, in-4°, t. I, p. 155, note (sous la date du 10 janvier).

2545. Confirmation du don fait en faveur des religieuses de la Madeleine-lès-Orléans, ordre de Fontevrault, d'une rente annuelle de 160 livres sur la recette générale de Bretagne, en récompense d'un service annuel pour le feu duc François de Bretagne, fondé par sa sœur Marie de Bretagne, abbesse de Fontevrault. Saint-Germain-en-Laye, 11 janvier 1526. 11 janvier.

*Original. Arch. du Loiret*, série H, fonds de la Madeleine.

2546. Don pour dix ans à Guigue de Guiffrey, prévôt de l'hôtel, des revenus du péage de Baix-sur-Baix. Saint-Germain-en-Laye, 11 janvier 1526. 11 janvier.

*Enreg. à la Chambre des Comptes de Grenoble, le 2 mars 1536. Arch. de l'Isère, Invent. de la Chambre des Comptes, Viennois*, 1er vol., fol. 142.

2547. Commission au Grand Conseil d'informer des excès commis par François de Poncher, évêque de Paris, pour s'emparer du gouvernement de l'abbaye de Saint-Benoît-sur-Loire, après la mort d'Étienne de Poncher, son oncle, dernier abbé, pendant la captivité de François Ier. Saint-Germain-en-Laye, 14 janvier 1526. 14 janvier.

IMP. *Gallia christiana*, edit. nova, t. VII, *Instr.*, col. 140.

2548. Déclaration en faveur de Jean de la Barre, chevalier, prévôt de Paris, comte d'Étampes, et mandement à la Chambre des Comptes de le faire jouir sans restriction du contenu des lettres de don du comté d'Étampes, notamment en ce qui touche la collation des bénéfices vacants. Saint-Germain-en-Laye, 17 janvier 1526. 1527. 17 janvier.

*Enreg. à la Chambre des Comptes de Paris. Arch. nat.*, P. 2304, p. 1277. 2 pages 1/2.
*Idem*, P. 2552, fol. 81 (sous la date du 27 janvier). 2 pages.

2549. Don à Jean d'Estouteville, chevalier, seigneur de Villebon, bailli de Rouen, et lieutenant général en Normandie en l'absence du s^r de Brezé, de la terre de Léry, sise en la vicomté du Pont-de-l'Arche. Senlis (*sic*), 20 janvier 1526. 20 janvier.

*Enreg. à la Chambre des Comptes de Paris. Arch. nat.*, P. 2304, p. 1251, et P. 2552, fol. 78. 3 pages.

2550. Lettres de jussion adressées à la Chambre des Comptes pour l'entérinement et l'exécution des lettres de don de la terre de Janville en Beauce, fait à Antoine de Montpezat. Saint-Germain-en-Laye, 20 janvier 1526. 20 janvier.

*Enreg. à la Chambre des Comptes de Paris. Arch. nat.*, P. 2552, fol. 70 v°.

2551. Confirmation des privilèges octroyés aux habitants et bourgeois de la ville de Nantes, et autorisation d'employer une somme de 2,000 livres à l'entretien des fortifications. Saint-Germain-en-Laye, 21 janvier 1526. 21 janvier.

*Enreg. à la Chambre des Comptes de Bretagne. Arch. de la Loire-Inférieure*, B. *Mandements*, I, fol. 307.

2552. Prorogation pour dix ans, au profit des bourgeois de Nantes, de la concession du droit de méage, du denier pour livre, du droit de parage et de l'exemption des aides, tailles, foua- 21 janvier.

ges et autres subventions. Saint-Germain-en-Laye, 21 janvier 1526. 1527.

*Original sur parchemin. Arch. municip. de Nantes*, AA. 5.

2553. Ordonnance portant confirmation de l'établissement de la Cour des Aides de Montpellier. Saint-Germain-en-Laye, 22 janvier 1526. 22 janvier.

*Enreg. au Grand Conseil, le 12 février 1527 n. s. Arch. nat., Grand Conseil*, V[5] 1045. 2 pages. (Voir ci-dessous, au 3 février, n° 2576.)

2554. Déclaration portant que les monnaies étrangères n'auront désormais cours dans le royaume que pour les prix et valeur qui leur seront assignés après les essais. Saint-Germain-en-Laye, 25 janvier 1526. 25 janvier.

*Original sur parchemin, dans les minutes d'ordonnances de la Cour des Monnaies. Arch. nat.*, Z[1b] 536.

2555. Don à Claude de Lorraine, pour lui, ses hoirs et ayants cause, de l'usufruit du comté de Guise et des seigneuries de Novion et de Hérisson. Saint-Germain-en-Laye, 26 janvier 1526. 26 janvier.

Lettres de jussion sur lesdites lettres. Saint-Germain-en-Laye, 29 juin 1527.

*Enreg. à la Chambre des Comptes de Paris, le 5 juin 1527. Arch. nat.*, P. 2304, p. 1355, et P. 2536, fol. 97 v°. 4 pages.

2556. Ordonnance enjoignant aux maîtres et auditeurs des comptes et autres officiers de la Chambre des Comptes de Bretagne de faire résidence et de remplir leurs charges, sous peine de perdre leurs gages. Saint-Germain-en-Laye, 26 janvier 1526. 26 janvier.

*Enreg. à la Chambre des Comptes de Bretagne. Archives de la Loire-Inférieure*, B. *Mandements royaux*, II, fol. 30 v°.

Imp. *Succession chronologique des ducs de Bretagne*, in-fol., 1723, p. 140 (ouvrage relié avec A. de la Gibonays, *Recueil des édits, etc., concernant la Chambre des Comptes de Bretagne*, 1721, 2 vol. in-fol. Exemplaire à la Bibl. nat.)

2557. Déclaration du roi en réponse aux observations qui lui avaient été présentées par le Parlement de Grenoble sur les aliénations du domaine en faveur de quelques seigneurs étrangers. Saint-Germain-en-Laye, 27 janvier 1526. — 1527. 27 janvier.

*Enreg. à la Chambre des Comptes de Grenoble. Arch. de l'Isère, B. 2911, II, fol. 53. 2 pages 1/2.*

2558. Lettres portant que les officiers pourvus par le roi ou par ses prédécesseurs de terres du domaine ne seront point destitués par les acquéreurs, quoique lesdites terres eussent été aliénées ou transportées. Saint-Germain-en-Laye, 27 janvier 1526. — 27 janvier.

*Enreg. au Parl. de Grenoble, le 18 mars 1527 n. s. Arch. de l'Isère, Chambre des Comptes de Grenoble, B. 2908, cah. 327. 4 pages 1/2.*

2559. Déclaration portant permission aux communautés et habitants des lieux et châtellenies du domaine de Dauphiné, qui a été aliéné, de rembourser le prix des ventes et de jouir de tous les revenus. Saint-Germain-en-Laye, 27 janvier 1526. — 27 janvier.

*Enreg. à la Chambre des Comptes de Grenoble. Arch. de l'Isère, B. 2911, II, fol. 54. 8 pages.*

2560. Mandement aux généraux des monnaies pour procéder à la vérification et au jugement des boîtes de deniers fabriqués en Dauphiné, qui seront rendues au général des monnaies de Dauphiné. Saint-Germain-en-Laye, 27 janvier 1526. — 27 janvier.

*Original sur papier, dans les minutes d'ordonnances de la Cour des Monnaies. Arch. nat., $Z^{1b}$ 536.*

2561. Lettres de don de 300 écus d'or à la ville de Valence, pour le payement des gages des régents italiens de l'Université de ladite ville. Saint-Germain-en-Laye, 27 janvier 1526. — 27 janvier.

*Enreg. à la Chambre des Comptes de Grenoble. Arch. de l'Isère, B. 2911, II, fol. 58. 1 page 1/2.*

2562. Lettres de jussion sur le don fait au s^r Anchise de Bologne de la terre et seigneurie de Saint-Ma- — 29 janvier.

caire, au pays de Guyenne. Saint-Germain-en-Laye, 29 janvier 1526. 1527.

*Enreg. à la Chambre des Comptes de Paris, le 25 février 1527 n. s. Archives nation.*, P. 2304, p. 1285 [1]. 3 pages 1/2.

*Idem*, P. 2580, fol. 212 v°.

2563. Ratification du traité de mariage de Marguerite de France, duchesse d'Alençon, avec Jean d'Albret, roi de Navarre. Saint-Germain-en-Laye, janvier 1526. Janvier.

*Original scellé. Arch. nat., suppl. du Trésor des Chartes*, J. 935, n° 4.

2564. Création de deux foires par an et d'un marché chaque semaine à Beauquesne en Picardie. Saint-Germain-en-Laye, janvier 1526. Janvier.

*Enreg. à la Chancellerie de France. Arch. nat., Trésor des Chartes*, JJ. 243, n° 198, fol. 46 v°. 1 page.

* 2565. Lettres portant permission aux habitants de Châtillon-sur-Loire d'entourer leur ville de murs, de tours et de fossés. Saint-Germain-en-Laye, janvier 1526. Janvier.

*Enreg. à la Chancellerie de France. Arch. nat., Trésor des Chartes*, JJ. 243, n° 196, fol. 45 v°. 1 page 1/2.

2566. Création d'une nouvelle foire annuelle à la Fère-sur-Oise, en faveur de la duchesse douairière de Vendôme, comtesse de Marle. Saint-Germain-en-Laye, janvier 1526. Janvier.

*Enreg. à la Chancellerie de France. Arch. nat., Trésor des Chartes*, JJ. 243, n° 194, fol. 45. 1 page.

2567. Institution d'un marché hebdomadaire à Saint-Vallier en Dauphiné. Saint-Germain-en-Laye, janvier 1526. Janvier.

*Enreg. à la Chancellerie de France. Arch. nat., Trésor des Chartes*, JJ. 243, n° 192, fol. 44 v°. 1 page.

2568. Confirmation du don fait au mois de septembre Janvier.

[1] Double de ces lettres au fol. 1295 du même registre, sous la date du 22 janvier.

1522, à Jacques de Genouilhac, maître de l'artillerie, des terres de Puisieux, au bailliage de Meaux, et des Tournelles, au bailliage de Valois, confisquées sur Michel Cottereau, partisan de l'empereur. Saint-Germain-en-Laye, janvier 1526. 1527.

*Enreg. à la Chancellerie de France. Arch. nat., Trésor des Chartes,* JJ. 243, n° 299, fol. 79. 1 page 1/2.

2569. Don à Jacques de Harlay, seigneur de Beaumont, l'un des cent gentilshommes de l'hôtel, des biens confisqués sur Jean Gillier et Gillet Gillequin, de Meaux. Saint-Germain-en-Laye, janvier 1526. Janvier.

*Enreg. à la Chancellerie de France. Arch. nat., Trésor des Chartes,* JJ. 243, n° 338, fol. 95 v°. 1 page 1/2.

2570. Don à Pierre de Bouzigues, homme d'armes de la compagnie du maréchal de Chabannes, des biens de feu Pierre de Navas, homme d'armes de la même compagnie, échus au roi par droit d'aubaine. Saint-Germain-en-Laye, janvier 1526. Janvier.

*Enreg. à la Chancellerie de France. Arch. nat., Trésor des Chartes,* JJ. 243, n° 188, fol. 43 v°. 1 page.

2571. Ordonnance réglementant le cours des monnaies étrangères, telles que écus d'Angleterre, patars de Flandre, testons de Milan, d'Allemagne et de Savoie, et prohibant les testons d'Italie et de Piémont de nouvelle fabrication. Saint-Germain-en-Laye, 1er février 1526. 1er février.

*Original sur parchemin. Arch. nat., Cour des Monnaies,* Z1b 536.
*Enreg. à la Cour des Monnaies. Arch. nat.,* Z1b 62, fol. 213. 2 pages.
*Enreg. au Châtelet de Paris, le 6 février 1527 n. s. Arch. nat., Châtelet, Livre rouge,* Y. 64, fol. 143 v°. 2 pages.

2572. Ordonnance de police contenant des prescriptions auxquelles devront se conformer les taver- 1er février.

niers et marchands en détail du comté Nantais, pour obvier aux fraudes qui se commettent au préjudice des fermiers des devoirs de billot. 1er février 1526. 1527.

*Copie du XVIe siècle. Arch. municip. de Nantes*, CC. 19.

2573. Lettres données en faveur des États de Languedoc, portant suppression de l'impôt, établi depuis trois ans, d'un écu par tonneau de vin et d'un demi-écu par charge de pastel, expédiés de Bordeaux, et de certaines restrictions apportées aux privilèges commerciaux du pays. Les habitants pourront désormais négocier librement avec toutes nations en temps de paix, et à l'aide de sauf-conduits en temps de guerre. Saint-Germain-en-Laye, 3 février 1526. 3 février.

*Enreg. au Parl. de Toulouse, le 24 juillet 1527. Arch. de la Haute-Garonne, Édits*, reg. 3, fol. 203. 2 pages.

*Copie. Arch. de l'Hérault*, C. *États de Languedoc, Ordonnances et arrêts*, t. I, fol. 251. 3 pages.

*Copie. Bibl. nat.*, ms. lat. 9180, fol. 165 v°.

IMP. Caseneuve, *Chartes de Languedoc*, p. 192, dans le *Franc-alleu de la province de Languedoc*, 2e édit., 1645.

2574. Lettres contenant règlement sur le passage des gens de guerre. Sur les plaintes des États de Languedoc, le roi déclare que des capitaines commissaires seront institués pour conduire les bandes qui auront à traverser le pays, prévenir les sénéchaux et autres officiers de leur passage, au moins huit jours à l'avance, empêcher les gens de guerre de s'écarter du droit chemin, et veiller à ce que les consuls préparent étapes et munitions. Saint-Germain-en-Laye, 3 février 1526. 3 février.

*Original. Arch. de l'Hérault*, C. *États de Languedoc, Ordonnances et arrêts*, t. IV, pièces, n° 1.

*Copie*, même collection, t. I, fol. 248. 3 pages.

*Enreg. aux archives du Bureau royal de Montpellier, le 13 août 1527.*

*Enreg. à la cour présidiale de Beaucaire et Nîmes, le 3 juillet 1527.*

*Enreg. au Parl. de Toulouse, le 5 mars 1527 n. s.*

*Arch. de la Haute-Garonne, Édits*, reg. 3, fol. 204. 2 pages. 1527.

*Vidimus sur parchemin délivré par le juge du Velay, le 17 mai 1527. Autre copie sur papier, signée Frumenti, notaire. Arch. municip. d'Albi*, EE. 24.

IMP. Caseneuve, *Chartes de Languedoc*, p. 189, dans le *Franc-alleu de la province de Languedoc*, 2e édit., 1645.

2575. Confirmation par le roi des lettres données par la régente en faveur des États de Languedoc, le 23 octobre 1525 (nº 2241). Saint-Germain-en-Laye, 3 février 1526. 3 février.

*Copie. Bibl. nat.*, ms. latin 9180, fol. 171.

*Vidimus sous le sceau du bailliage du Puy. Arch. municip. d'Albi*, CC. 117.

*Copie. Arch. de l'Hérault*, C. *États de Languedoc, Ordonnances et arrêts*, t. I, fol. 252 vº. 2 pages.

2576. Ordonnance portant confirmation de la Cour des Aides de Montpellier et règlement pour sa juridiction et celle du Parlement de Toulouse. Saint-Germain-en-Laye, 3 février 1526. 3 février.

*Enreg. à la Cour des Aides de Montpellier, le 21 août 1527. Copie. Arch. de l'Hérault*, C. *Ordonnances et arrêts*, t. I, fol. 249. 4 pages.

IMP. Fontanon, *Édits et ordonnances*, t. II, p. 741.

Corbin, *Recueil d'édits, etc., relatifs à la Cour des Aides*, p. 99.

Jean Philippi, *Édits et ordonnances concernant l'autorité des Cours des Aides de France*, Montpellier, Gilet, 1597, in-fol., p. 23.

(Voir ci-dessus, au 22 janv. précédent, nº 2553.)

2577. Mandement au Parlement de Grenoble d'enregistrer les lettres du 18 juillet 1526 (nº 2414) en faveur de Galeas Visconti. Saint-Germain-en-Laye, 3 février 1526. 3 février.

*Enreg. à la Chambre des Comptes de Grenoble. Arch. de l'Isère*, B. 2907, cah. 165. 3 pages.

2578. Lettres exonérant la ville de Laon de la levée et entretien de trente-neuf fantassins, moyennant la somme de 1,406 livres. Saint-Germain-en-Laye, 9 février 1526. 9 février.

*Copie. Arch. municip. de Laon*, EE. 5.



IMPRIMERIE NATIONALE.

2579. Création d'un office de monnoyer en la monnaie de Bourges, en faveur de Jean Aubry. Saint-Germain-en-Laye, 14 février 1526. 1527. 14 février.

*Enreg. à la Cour des Monnaies. Arch. nat.*, Z[1b] 62, fol. 215 v°.

2580. Don pour dix ans à Jean de Créquy, seigneur de Canaples, comte de Mantes et de Meulan, des amendes, confiscations et revenus du grenier à sel de la ville de Mantes. Saint-Germain-en-Laye, 17 février 1526. 17 février.

*Enreg. à la Chambre des Comptes de Paris, le 5 mars 1527 n. s., anc. mémorial* 2 D, fol. 381. *Arch. nat.*, invent. PP. 136, p. 320. (*Mention.*)

2581. Don à Jean de Langeac, nommé à l'évêché d'Avranches, des fruits dudit évêché tombés en régale, depuis la mort du dernier possesseur de cet évêché jusqu'à la nomination dudit Jean de Langeac. Saint-Germain-en-Laye, 17 février 1526. 17 février.

*Enreg. à la Chambre des Comptes de Paris. Arch. nat.*, P. 2304, p. 1269; P. 2536, fol. 77. 4 pages.

2582. Mandement aux gens des Comptes de Bretagne de continuer le payement des 1,200 livres de rente annuelle due aux religieuses des Couets pour l'édification de leur couvent de Nazareth, près Vannes, jusqu'à ce qu'elles aient touché la somme de 5,000 saluts d'or, à elles promise par Louis XII et Anne de Bretagne. Saint-Germain-en-Laye, 18 février 1526. 18 février.

*Enreg. à la Chambre des Comptes de Bretagne. Arch. de la Loire-Inférieure*, B. *Mandements*, I, fol. 318.

2583. Confirmation du don fait le 28 juin précédent (n° 2396), à Octavien Grimaldi de l'office de vice-président en la Chambre des Comptes, au lieu d'Hélie Du Tillet, et lettres de jussion pour son enregistrement. Saint-Germain-en-Laye, 18 février 1526. 18 février.

*Enreg. à la Chambre des Comptes de Paris, le 16 décembre 1527. Arch. nat.*, P. 2304, p. 1322; P. 2580, fol. 213 v°.

2584. Mandement aux généraux des monnaies leur enjoignant de restituer à Benoît Seigneuret, général des monnaies de Dauphiné, les boîtes des monnaies de Grenoble, Montélimart et Crémieu, pour l'année 1524, soumises à leur examen, et de procéder au jugement des autres boîtes restant à ouvrir et à juger. Saint-Germain-en-Laye, 22 février 1526. — 1527. 22 février.

*Original sur papier, dans les minutes d'ordonnances de la Cour des Monnaies. Arch. nat.*, Z[1b] 536.

2585. Lettres de naturalité en faveur d'André Perra, prêtre, natif de la Bresse, établi à Replonges, près Mâcon. Saint-Germain-en-Laye, 25 février 1526. — 25 février.

*Enreg. à la Chambre des Comptes de Dijon, le 2 septembre 1527. Arch. de la Côte-d'Or*, B. 72, fol. 111 v°.

2586. Mandement à la Chambre des Comptes lui enjoignant de faire exécuter sans restriction les lettres de don des seigneuries de Vitry et de Neuville, sises dans la forêt d'Orléans, en faveur de don Emilio Forlane (n° 2543). Saint-Germain-en-Laye, 26 février 1526. — 26 février.

*Enreg. à la Chambre des Comptes de Paris. Arch. nat.*, P. 2552, fol. 83. 2 pages.

2587. Lettres relatives aux droits du roi dans la ville et le bailliage de Digne. Saint-Germain-en-Laye, 28 février 1526. — 28 février.

*Enreg. à la Chambre des Comptes d'Aix. Arch. des Bouches-du-Rhône*, B. 28 (*Paris*), fol. 293 v°.

2588. Lettres de sauvegarde octroyées aux religieuses de l'abbaye de Notre-Dame-aux-Nonnains de Troyes. Saint-Germain-en-Laye, février 1526. — Février.

*Original. Arch. dép. de l'Aube*, H. 22 (sous vitrine).

*Enreg. à la Chancellerie de France. Arch. nat., Trésor des Chartes*, JJ. 243, n° 258, fol. 64. 2 pages.

2589. Confirmation des privilèges, franchises et statuts — Février.

des bouchers de Poissy. Saint-Germain-en-Laye, février 1526. 1527.

*Enreg. à la Chancellerie de France. Arch. nat., Trésor des Chartes*, JJ. 243, n° 232, fol. 57. 1 page.

2590. Création de quatre foires annuelles, deux à Baulon et deux à Garnat, en Bourbonnais, en faveur de Jean de Torcy, chambellan du roi, seigneur desdits lieux. Saint-Germain-en-Laye, février 1526. Février.

*Enreg. à la Chancellerie de France. Arch. nat., Trésor des Chartes*, JJ. 243, n° 244, fol. 60 v°. 1 page.

2591. Création de deux foires par an et d'un marché hebdomadaire à Biron, en faveur de Jean de Gontaut, baron de Biron. Saint-Germain-en-Laye, février 1526. Février.

*Enreg. à la Chancellerie de France. Arch. nat., Trésor des Chartes*, JJ. 243, n° 245, fol. 60. 1 page.

2592. Création de quatre foires annuelles et d'un marché hebdomadaire à Caramos en Albigeois (Carmaux ou Cramaux, Tarn). Saint-Germain-en-Laye, février 1526. Février.

*Enreg. à la Chancellerie de France. Arch. nat., Trésor des Chartes*, JJ. 243, n° 227, fol. 55 v°. 1 page.

2593. Création d'une foire annuelle et d'un marché hebdomadaire à Ferrière en Bourbonnais, en faveur de François de la Tour, vicomte de Turenne, et de Claude de Chalençon, seigneur de Rochebaron, coseigneurs de Ferrière. Saint-Germain-en-Laye, février 1526. Février.

*Enreg. à la Chancellerie de France. Arch. nat., Trésor des Chartes*, JJ. 243, n° 239, fol. 59. 1 page.

2594. Création de deux foires par an et d'un marché chaque semaine à la Hunaudaye, en faveur de Claude d'Annebaut, chambellan du roi, seigneur du lieu. Saint-Germain-en-Laye, février 1526. Février.

*Enreg. à la Chancellerie de France. Arch. nat., Trésor des Chartes*, JJ. 243, n° 238, fol. 58 v°. 1 page.

2595. Institution de quatre foires l'an et d'un marché chaque semaine à Songeons, en faveur de Jean de Sérins, gouverneur de Hesdin, seigneur de Songeons. Saint-Germain-en-Laye, février 1526. 1527. Février.

*Enreg. à la Chancellerie de France. Arch. nat., Trésor des Chartes*, JJ. 243, n° 240, fol. 59. 1 page.

2596. Confirmation d'une foire et d'un marché institués par Charles VI (avril 1391), à Tourny, et changement du jour du marché, à cause d'un procès intenté à Jacques d'Assy, seigneur de Tourny, par la ville de Vernon, au sujet dudit marché. Saint-Germain-en-Laye, février 1526. Février.

*Enreg. à la Chancellerie de France. Arch. nat., Trésor des Chartes*, JJ. 243, n° 262, fol. 66. 2 pages.

2597. Création de trois foires annuelles et d'un marché hebdomadaire à Vandy, dans les Ardennes, en faveur de Guillaume d'Aprevoir, seigneur du lieu. Saint-Germain-en-Laye, février 1526. Février.

*Enreg. à la Chancellerie de France. Arch. nat., Trésor des Chartes*, JJ. 243, n° 233, fol. 57. 1 page.

2598. Lettres de naturalité en faveur de Bastien de Montfalcon, évêque de Lausanne. Saint-Germain-en-Laye, février 1526. Février.

*Enreg. à la Chancellerie de France. Arch. nat., Trésor des Chartes*, JJ. 243, n° 246, fol. 61. 1 page.

2599. Commission aux gens des comptes pour la démolition de toutes les maisons récemment construites le long de la Sainte-Chapelle, de la grande salle du Palais, de la chambre du Trésor, etc., dans la cour du Palais. Saint-Germain-en-Laye, 2 mars 1526. 2 mars.

*Enreg. à la Chambre des Comptes de Paris. Arch. nat.*, P. 2304, p. 1519. 2 pages 1/2.
*Idem*, P. 2536, fol. 126; ADIX. 122, n° 6.
IMP. Dom Félibien, *Hist. de la ville de Paris*, in-fol., 1725, t. III, p. 159, col. 2.

2600. Commission au bailli de Berry d'informer sur la requête de la mairie de Bourges tendant à 3 mars.

l'homologation des nouveaux statuts des teinturiers de la ville. Paris, 3 mars 1526. 1527.

*Arch. de l'Hôtel-de-ville de Bourges. Arts et métiers*, HH. 27.

2601. Mandement à la Chambre des Comptes de Paris pour l'entérinement et l'exécution des lettres du 20 janvier précédent (n° 2549), portant don de la terre de Léry en faveur de Jean d'Estouteville. Saint-Germain-en-Laye, 5 mars 1526. 5 mars.

*Enreg. à la Chambre des Comptes de Paris. Arch. nat.*, P. 2552, fol. 79. 3 pages.

2602. Ordonnance portant que le bailli du comté de Gien, appartenant à la duchesse d'Angoulême, et son lieutenant auront désormais le titre et les pouvoirs de juges royaux. Saint-Germain-en-Laye, 8 mars 1526. 8 mars.

*Enreg. au Parl. de Paris, le 14 mars 1527 n. s. Arch. nat.*, X[1a] 8612, fol. 86 v°. 2 pages.

*Enreg. à la Chambre des Comptes de Paris, le 15 mars 1527 n. s. Arch. nat.*, P. 2536, fol. 75; P. 2537, fol. 259; ADIX. 122, n° 7. 4 pages.

2603. Lettres ordonnant au Parlement d'envoyer vers le roi quatre conseillers ayant assisté au jugement du procès entre Séraphin Du Tillet et Jean Du Tillet, frères, touchant l'office de greffier civil du Parlement. Saint-Germain-en-Laye, (blanc) mars 1526. Avant le 12 mars.

*Arch. nat., reg. du Conseil du Parl. de Paris, du 12 mars 1527 n. s.*, X[1a] 1530, fol. 470. v°. (*Mention.*)

2604. Mandement à Guillaume Prudhomme, trésorier de l'épargne, de payer à Jean d'Harcourt, seigneur de Fontaines-le-Henry, baron de Briouze, la pension annuelle de 500 livres que le roi lui a accordée et dont il n'a rien touché depuis trois ans, sur les deniers provenant du droit de treizième de la vicomté de Falaise. Saint-Germain-en-Laye, 13 mars 1526. 13 mars.

Imp. La Roque, *Hist. généal. de la maison d'Harcourt*, Paris, in-fol., 1664, t. IV, Preuves, p. 1864.

2605. Mandement à la Chambre des Comptes de Paris d'enregistrer, sans aucune restriction, les lettres de don du comté de Castres, fait par le roi à la marquise de Saluces et à son fils. Saint-Germain-en-Laye, 13 mars 1526. — 1527. 13 mars.

*Enreg. à la Chambre des Comptes de Paris, le 27 mars suivant. Arch. nat.*, P. 2304, p. 1233, et P. 2536, fol. 74. 4 pages.

2606. Lettres portant don du revenu des terres de Lay et de Beauregard, des châtellenies de Montmerle et de Thoissey au pays de Dombes, et de la seigneurie de Néronde en Forez, données en faveur de Camille de Orsini (Ursin), comte de Monopollo, pour le dédommager de ses terres du royaume de Naples qui avaient été confisquées à cause de sa fidélité à François Ier. Saint-Germain-en-Laye, 14 mars 1526. — 14 mars.

*Archives nat., Comptes de l'épargne*, KK. 96, fol. 568. (*Mention.*)

2607. Provisions de l'office de receveur ordinaire et voyer de Mantes, en faveur de Charles Leber. Saint-Germain-en-Laye, 14 mars 1526. — 14 mars.

*Enreg. à la Chambre des Comptes de Paris, le 5 avril 1527 n. s. Arch. nat., invent.* PP. 136, p. 321. (*Mention.*)

2608. Don pour dix ans de l'usufruit de la terre et seigneurie de Guingamp en Bretagne, en faveur de Claude d'Annebaut, conseiller et chambellan du roi. Saint-Germain-en-Laye, 17 mars 1526. — 17 mars.

*Enreg. à la Chambre des Comptes de Bretagne. Arch. de la Loire-Inférieure*, B. *Mandements royaux*, I, fol. 313.

2609. Commission à Nicole de Naillac pour faire saisir au nom du roi les biens de ceux de ses vassaux qui manquaient de lui rendre les hommages, aveux et autres devoirs féodaux. Paris, 18 mars 1526. — 18 mars.

*Original. Bibl. municip. de Poitiers*, Pièces du XVIe siècle non cotées.

2610. Nouvelles lettres de jussion sur le don fait au s[r] Anchise de Bologne de la terre et seigneurie de Saint-Macaire, au pays de Guyenne. Saint-Germain-en-Laye, 19 mars 1526. — 1527. 19 mars.

*Enreg. à la Chambre des Comptes de Paris, le 1er avril 1527 n. s. Arch. nat.*, P. 2304, p. 1289. 6 pages.

2611. Provisions de la seconde des deux charges d'huissiers nouvellement créées au Parlement de Grenoble. Saint-Germain-en-Laye, 20 mars 1526. — 20 mars.

*Enreg. le 20 avril 1528.*
Imp. Ul. Chevalier, *Ordonnances relatives au Dauphiné*, n° 699. (*Mention.*)

2612. Lettres portant permission à Pierre Grasdepain, chanoine et curé de Romagnat, de faire assigner en payement de dîmes plusieurs habitants de cette paroisse. Saint-Germain-en-Laye, 20 mars 1526. — 20 mars.

*Arch. dép. du Puy-de-Dôme, Chapitre cathédral*, armoire 9, sac C, n° 6.

2613. Lettres ordonnant de prélever, pour les besoins de l'État, la moitié des gages d'une année des changeurs, contrôleurs du Trésor et autres officiers de trésorerie, ainsi que la moitié de l'émolument des greffes, lesquels deniers seront versés entre les mains de Pierre d'Apestigny, receveur général des finances extraordinaires et parties casuelles. Saint-Germain-en-Laye, 25 mars 1526. — 25 mars.

*Enreg. au Châtelet de Paris, Livre rouge. Arch. nat.*, Y. 6[4], fol. 152. 3 pages.

2614. Lettres portant qu'il sera prélevé, à titre d'emprunt, la moitié des gages d'une année des officiers du Parlement, de la Chambre des Comptes et des autres cours du Dauphiné, pour subvenir aux grands frais que le royaume est obligé de supporter après la délivrance du roi. Saint-Germain-en-Laye, 25 mars 1526. — 25 mars.

*Enreg. à la Chambre des Comptes de Grenoble. Arch. de l'Isère*, B. 2908, cah. 322. 6 pages.

2615. Lettres renvoyant par-devant le prévôt de Paris les maîtres jurés du métier de layetier et escrinier, pour l'homologation de leurs statuts. Paris, 26 mars 1526. — 1527. 26 mars.

*Enreg. au Châtelet de Paris, Livre rouge. Arch. nat.*, Y. 6⁴, fol. 160 v°. 1 page.

2616. Mandement aux gens des comptes de Bretagne d'enregistrer sans délai le don de la terre et seigneurie de Jugon consenti en faveur d'Antoine de Montbourcher, chevalier, seigneur du Plessis-Bordage et de l'Argentaie, pour en jouir sa vie durant. Saint-Germain-en-Laye, 26 mars 1526. — 26 mars.

*Enreg. à la Chambre des Comptes de Bretagne. Arch. de la Loire-Inférieure*, B. *Mandements royaux*, I, fol. 311.

2617. Lettres de jussion pour l'entérinement du don fait au s^r de Canaples, en faveur de son mariage avec Marie d'Assigny, d'une somme de 25,000 livres tournois, une fois payée, et jusqu'au parfait et entier payement de cette somme, des terres et seigneuries de Mantes et du Pont-de-Meulan. Saint-Germain-en-Laye, 31 mars 1526. — 31 mars.

*Enreg. à la Chambre des Comptes de Paris, le 3 juin 1527. Arch. nat.*, P. 2304, p. 1297. 6 pages. *Doubles*, P. 2304, p. 1307, et P. 2552, fol. 91 v°. 4 pages.

2618. Mandement du roi au conseil de ville d'Angers, pour lui demander un subside. Saint-Germain-en-Laye, 31 mars 1526. — 31 mars.

*Copie. Arch. de la mairie d'Angers*, BB. 18, fol. 104.

2619. Ordonnance portant règlement pour le commerce du sel d'Angoulême et de Cognac avec les pays voisins, Limousin, la Marche, Périgord, Saintonge et Poitou. Saint-Germain-en-Laye, mars 1526. — Mars.

*Enreg. à la Chancellerie de France. Arch. nat., Trésor des Chartes*, JJ. 243, n° 291, fol. 76 v°. 3 pages.



IMPRIMERIE NATIONALE.

2620. Confirmation des privilèges, franchises et exemptions des habitants d'Avignonet en Languedoc. Saint-Germain-en-Laye, mars 1526. 1527. Mars.

*Enreg. à la Chancellerie de France. Arch. nat., Trésor des Chartes*, JJ. 243, n° 277, fol. 71. 1 page.

2621. Confirmation des privilèges, franchises et exemptions des habitants du comté de Cominges. Saint-Germain-en-Laye, mars 1526. Mars.

*Enreg. à la Chancellerie de France. Arch. nat., Trésor des Chartes*, JJ. 243, n° 265, fol. 66 v°. 1 page.

2622. Confirmation du droit de gabelle des habitants d'Arles, et ratification d'un accord conclu entre eux et le bâtard de Savoie à ce sujet. Saint-Germain-en-Laye, mars 1526. Mars.

*Enreg. à la Chancellerie de France. Arch. nat., Trésor des Chartes*, JJ. 243, n° 283, fol. 72. 5 pages.

*Enreg. à la Chambre des Comptes d'Aix, le 10 octobre 1527. Archives des Bouches-du-Rhône*, B. 28 (*Paris*), fol. 241. 8 pages.

2623. Lettres de confirmation des privilèges de l'hôpital de Joigny. Paris, mars 1526. Mars.

*Enreg. au Parl. de Paris, le 30 décembre 1569. Arch. nat.*, X[1a] 8628, fol. 240 v°. 1 page 1/2.

2624. Confirmation des privilèges et exemptions des gardes, contrôleurs et ouvriers des mines d'or, d'argent et autres métaux du Lyonnais, du Forez et du Beaujolais. Saint-Germain-en-Laye, mars 1526. Mars.

*Enreg. à la Chancellerie de France. Arch. nat., Trésor des Chartes*, JJ. 243, n° 270, fol. 68 v°. 1/2 page.

*Enreg. à la Cour des Aides, le 30 mars 1526 avant Pâques. Copie collationnée faite par ordre de la Cour des Aides, le 5 mars 1779. Arch. nat.*, Z[1a] 526.

2625. Confirmation des statuts des maîtres savetiers et carreleurs de la ville et banlieue de Chartres. Saint-Germain-en-Laye, mars 1526. Mars.

*Enreg. au Parl. de Paris, avec une nouvelle confirmation, donnée par Louis XIV, le 22 décembre 1674. Arch. nat.*, X[1a] 8671, fol. 228 v°. 9 pages.

2626. Confirmation des statuts et privilèges des maîtres rôtisseurs de Paris, et interdiction aux poulaillers de mettre en vente des volailles rôties. Saint-Germain-en-Laye, mars 1526. 1527. Mars.

*Enreg. à la Chancellerie de France. Arch. nat., Trésor des Chartes*, JJ. 243, n° 290, fol. 76. 2 pages.

Imp. Delamare, *Traité de la police*, t. II, p. 1433.

2627. Lettres portant de trois à quatre le nombre des foires de Castelnaudary, à la requête du duc d'Albany. Saint-Germain-en-Laye, mars 1526. Mars.

*Enreg. à la Chancellerie de France. Arch. nat., Trésor des Chartes*, JJ. 243, n° 285, fol. 73 v°. 1 page.

2628. Création de trois foires annuelles et d'un marché chaque semaine à Clairvaux dans le Rouergue. Saint-Germain-en-Laye, mars 1526. Mars.

*Enreg. à la Chancellerie de France. Arch. nat., Trésor des Chartes*, JJ. 243, n° 271, fol. 69. 1 page.

2629. Institution de trois foires chaque année et d'un marché par semaine à Cornus, dans le Rouergue, en faveur du duc de Vendôme. Saint-Germain-en-Laye, mars 1526. Mars.

*Enreg. à la Chancellerie de France. Arch. nat., Trésor des Chartes*, JJ. 243, n° 280, fol. 71 v°.

2630. Rétablissement de deux foires annuelles et d'un marché hebdomadaire à Grand-en-Ormoy. Saint-Germain-en-Laye, mars 1526. Mars.

*Enreg. à la Chancellerie de France. Arch. nat., Trésor des Chartes*, JJ. 243, n° 279, fol. 71. 1 page.

2631. Création de quatre foires annuelles et de deux marchés chaque semaine à Honnecourt, en faveur du duc d'Albany, seigneur du lieu. Saint-Germain-en-Laye, mars 1526. Mars.

*Enreg. à la Chancellerie de France. Arch. nat., Trésor des Chartes*, JJ. 243, n° 278, fol. 71. 1 page.

2632. Institution de deux foires annuelles et d'un Mars.

marché hebdomadaire à Montjoiré en Languedoc. Saint-Germain-en-Laye, mars 1526. 1527

*Enreg. à la Chancellerie de France. Arch. nat., Trésor des Chartes,* JJ. 243, n° 268, fol. 67 v°. 1 page.

2633. Institution de deux foires par an et d'un marché chaque semaine à Pierrepont. Saint-Germain-en-Laye, mars 1526. Mars.

*Enreg. à la Chancellerie de France. Arch. nat., Trésor des Chartes,* JJ. 243, n° 254, fol. 63 v°. 1 page.

2634. Création de deux foires par an et d'un marché chaque semaine à Roucy. Saint-Germain-en-Laye, mars 1526. Mars.

*Enreg. à la Chancellerie de France. Arch. nat., Trésor des Chartes,* JJ. 243, n° 255, fol. 63 v°. 1 page.

2635. Lettres transférant du troisième au second mercredi de chaque mois le franc marché de Saint-Riquier en Picardie, créé en 1518, après l'incendie de cette ville. Saint-Germain-en-Laye, mars 1526. Mars.

*Enreg. à la Chancellerie de France. Arch. nat., Trésor des Chartes,* JJ. 243, n° 286, fol. 74. 1 page.

2636. Lettres de don du comté d'Étampes en faveur de Jean de la Barre, premier gentilhomme de la chambre du roi, bailli de Paris. Saint-Germain-en-Laye, mars 1526. Mars.

*Enreg. à la Chambre des Comptes de Paris,* de expressis mandato et jussu regis, *le 22 décembre 1527. Arch. nat.,* P. 2536, fol. 67 v°. 3 pages. (Voir ci-dessus, 3 avril 1526, n° 2313.)

2637. Lettres de don à Philippe Chabot, sieur de Brion, amiral de France, gouverneur de Bourgogne, d'une somme de 40,000 livres tournois, en récompense des services rendus au roi pour sa délivrance. Mars 1526. Mars.

*Arch. nat., Comptes de l'épargne,* KK. 96, fol. 645 v°. (*Mention.*)

2638. Lettres d'anoblissement octroyées à Guillaume Mars.

Bertrand, juge du Puy. Saint-Germain-en-Laye, mars 1526. 1527.

*Enreg. à la Chancellerie de France. Arch. nat., Trésor des Chartes*, JJ. 243, n° 281, fol. 71 v°. 1 page 1/2.

2639. Lettres d'abolition en faveur de Jean de Lussé et de ses deux fils, qui avaient suivi le parti de l'empereur et porté les armes contre la France. Saint-Germain-en-Laye, mars 1526. Mars.

*Enreg. à la Chancellerie de France. Arch. nat., Trésor des Chartes*, JJ. 243, n° 274, fol. 69 v°. 1 page 1/2.

2640. Déclaration portant qu'il n'est besoin d'obtenir lettres de naturalité pour les natifs du comté de Bourgogne, soit pour tester, soit pour obtenir bénéfice au royaume. Saint-Germain-en-Laye, 2 avril 1526. 2 avril.

*Enreg. au Parl. de Dijon, le 13 juin 1527. Arch. de la Côte-d'Or, Parl.*, reg. II, fol. 21.

2641. Confirmation des privilèges, droits et prérogatives des jaugeurs dans la province de Normandie. Saint-Germain-en-Laye, 2 avril 1526. 2 avril.

IMP. *In-4° pièce. Arch. nat.*, ADI. 17. 2 pages.

2642. Lettres autorisant l'achat de blés en Bourgogne, pour l'approvisionnement du Dauphiné. Saint-Germain-en-Laye, 3 avril 1526. 3 avril.

*Copie. Archives de la ville de Lyon*, série GG.

2643. Lettres accordant à Odet de Foix, seigneur de Lautrec, comte de Cominges et de Rethel, et seigneur des Trois-Iles en Champagne, la faculté de nommer à tous offices royaux vacants dans lesdits comtés et seigneurie. Saint-Germain-en-Laye, 4 avril 1526. 4 avril.

*Enreg. à la Chambre des Comptes de Paris, le 5 juin 1527. Arch. nat.*, P. 2304, p. 1311; P. 2580, fol. 218 v°. 2 pages.

2644. Lettres taxant les offices de finance dans le ressort de la prévôté de Paris au huitième de leur valeur, et ordonnant le versement de cette taxe dans le délai de quinze jours, sous 6 avril.

peine de suspension, à l'effet de subvenir au payement de la rançon de François Ier. Saint-Germain-en-Laye, 6 avril 1526. 1527.

*Enreg. au Châtelet de Paris, Livre rouge. Arch. nat.*, Y. 6[4], fol. 149. 3 pages.
*Enreg. à la Chambre des Comptes de Dijon. Arch. de la Côte-d'Or*, reg. B. 18, fol. 98 v°.

2645. Lettres taxant les officiers de la province de Dauphiné, qui ne reçoivent pas de gages du roi, chacun au huitième du revenu de leurs offices. Saint-Germain-en-Laye, 6 avril 1526. 6 avril.

*Enreg. à la Chambre des Comptes de Grenoble. Arch. de l'Isère*, B. 2908, cah. 310. 11 pages.

2646. Confirmation du don fait par la duchesse d'Angoulême à Jacques de Brisay, seigneur de Beaumont, d'une pension de 1,000 livres sur les châtellenies de Vizille et de Cornillon, en récompense de ses services militaires. Saint-Germain-en-Laye, 6 avril 1526. 6 avril.

*Arch. de l'Isère*, B. 3059, cah. 8. 8 pages.

2647. Provisions de l'office d'huissier à la Chambre des Comptes de Bretagne accordées à Jean Aubin, pour remplacer Pierre de Callac. Saint-Germain-en-Laye, 8 avril 1526. 8 avril.

*Enreg. à la Chambre des Comptes de Bretagne. Archives de la Loire-Inférieure*, B. *Mandements royaux*, II, fol. 86.

2648. Provisions de l'office d'huissier à la Chambre des Comptes de Bretagne accordées à Bernard de Saint-Do. Saint-Germain-en-Laye, 8 avril 1526. 8 avril.

*Enreg. à la Chambre des Comptes de Bretagne. Arch. de la Loire-Inférieure*, B. *Mandements*, II, fol. 105.

2649. Provisions de l'office de capitaine d'Hardelot et de garde des eaux et forêts dans le comté de Boulonnais, en faveur de François de Courteville. Bois de Vincennes, 19 avril 1526. 19 avril.

*Enreg. aux Eaux et forêts* (siège de la Table de marbre), *le 13 juin 1527. Arch. nat., Eaux et forêts*, Z. 4576, fol. 236 v°. 2 pages.

2650. Institution de quatre foires chaque année et de deux jours de marché par semaine à Saint-Germain-en-Laye. Saint-Germain-en-Laye, avril 1526. 1527. Avril.

*Enreg. à la Chancellerie de France. Arch. nat., Trésor des chartes*, JJ. 243, n° 292, fol. 77. 1 page.

2651. Création de quatre foires annuelles et d'un marché hebdomadaire à Ispagnac, en faveur de Guillaume de Laverne, prieur dudit lieu. Saint-Germain-en-Laye, avril 1526. Avril.

*Enreg. à la Chancellerie de France. Arch. nat., Trésor des Chartes*, JJ. 243, n° 297, fol. 78 v°. 1 page.

2652. Commission donnée à la requête du procureur du roi au Trésor, pour informer des usurpations des places de la foire de Guibray. 22 avril 1527. 22 avril.

*Bibl. nat., Coll. Moreau*, t. 1419, fol. 125 v°. (*Mention.*)

2653. Pouvoirs donnés à Gabriel de Gramont, évêque de Tarbes, au vicomte de Turenne, à Antoine Le Viste, président au Parlement, et à Jean-Joachim de Passan, sieur de Vaux, pour négocier avec les ambassadeurs d'Henri VIII un traité destiné à resserrer l'alliance entre la France et l'Angleterre. Bois de Vincennes, 23 avril 1527. 23 avril.

IMP. Rymer, *Fœdera, acta publica*, etc., 3e édit., 1741, in-fol., t. VI, part. II, p. 78, col. 2.
Dumont, *Corps diplomatique*, in-fol. t. IV, part. I, p. 475.
(Voir ci-dessous, au 30 avril et au 18 août.)

2654. Mandement du roi au conseil de ville d'Angers, demandant un don gratuit de 1,500 livres. Vincennes, 25 avril 1527. 25 avril.

*Copie. Arch. de la mairie d'Angers*, BB. 18, fol. 109.

2655. Lettres portant que Pierre Charreton, contrôleur de la mer du Levant, pourra prendre en Dauphiné, Languedoc et Provence les bois et autres matériaux nécessaires à l'équipement de 26 avril.

deux galions et les conduire à Marseille, francs de tout péage. Bois de Vincennes, 26 avril 1527. 1527.

*Enreg. au Parl. de Grenoble, le 14 juin 1527.* *Arch. de l'Isère*, B. 2908, cah. 292 *ter*. 6 pages.

2656. Provisions et réception de Jean de Montdoucet en l'office de vicomte de Vire et de Condé. 27 avril 1527. 27 avril.

*Enreg. à la Chambre des Comptes de Paris, le 22 août 1527, anc. mém.* 2 D, fol. 294. *Arch. nat.*, invent. PP. 136, p. 323. (*Mention*.)

2657. Traité de paix et d'alliance entre François Ier et Henri VIII, roi d'Angleterre, portant confirmation du traité de Moore. Westminster, 30 avril 1527. 30 avril.

*Original (triple expédition). Arch. nat., Trésor des Chartes*, J. 651a, nos 7 à 10.
Imp. F. Léonard, *Recueil de traitez*, t. II, p. 286. Dumont, *Corps diplomatique*, in-fol., t. IV, part. 1, p. 472.
(Voir ci-dessous, au 18 août 1527.)

2658. Lettres portant défense aux gens des comptes d'inquiéter René de Puiguyon, chevalier, seigneur de Cherveux et de Bois-René, ni ses héritiers, à raison des deniers dont il a eu le maniement. Bois de Vincennes, 30 avril 1527. 30 avril.

*Enreg. à la Chambre des Comptes de Paris, le 10 novembre 1527. Arch. nat.*, P. 2304, p. 1469; P. 2536, fol. 123; ADIX. 122, n° 32 (ces deux derniers sous la date du 31 août). 3 pages.

2659. Institution de deux foires annuelles et d'un marché hebdomadaire à Saint-Mards-en-Othe, à la requête de Jacques Piédefer, écuyer, seigneur du lieu. Vincennes, avril 1527. Avril.

*Enreg. à la Chancellerie de France. Arch. nat., Trésor des Chartes*, JJ. 240, n° 148, fol. 195 v°. 1 page 1/2.

2660. Édit de création de deux contrôleurs généraux de l'épargne, et provisions de ces offices en faveur de Pierre Michon et d'Étienne Le 9 mai.

Blanc, auditeurs en la Chambre des Comptes, l'un pour contrôler la recette, l'autre la dépense. Bois de Vincennes, 9 mai 1527. 1527.

*Enreg. à la Chambre des Comptes de Paris, le 7 juin 1527. Arch. nat.*, P. 2536, fol. 81, et ADIX. 122, n° 24. 4 pages.

2661. Lettres portant que les gens d'église devront payer un quart des dépenses à faire pour clore et fortifier Chalon-sur-Saône, un quart des frais de la garnison, du guet, des réparations des ponts et chaussées; que les nobles auront à payer le second quart de toutes ces dépenses et que le reste sera supporté par les autres habitants. Bois de Vincennes, 13 mai 1527. 13 mai.

*Arch. communales de Chalon*, CC. 16.

2662. Lettres enjoignant aux Parlements de Toulouse, Dauphiné, Provence, baillis, sénéchaux, etc., de livrer cent cinquante prisonniers, vagabonds, ruffians, etc., pour le service des galères mises sous la charge de Maurice de Jaunas, chevalier de Saint-Jean-de-Jérusalem, dans la rivière de Gênes. Bois de Vincennes, 16 mai 1527. 16 mai.

*Copie. Archives municip. de Toulouse*, ms. 153, p. 719.

2663. Nomination de commissaires pour juger les procès de Jacques de Beaune, seigneur de Semblançay, de Robert Albisse, Guillaume de Trein et Nicolas Lallemant, accusés de malversations. Bois de Vincennes, 16 mai 1527. 16 mai.

*Enreg. au Châtelet de Paris, Bannières. Arch. nat.*, Y. 8, fol. 224 v°. 2 pages.

2664. Mandement aux gens des comptes de Bretagne d'enregistrer, sans opposition ni délai, la donation de la seigneurie de Guingamp accordée pour dix ans à Claude d'Annebaut, chambellan du roi, et de lui en faire délivrance. Vincennes, 16 mai 1527. 16 mai.

*Enreg. à la Chambre des Comptes de Bretagne. Archives de la Loire-Inférieure*, B. *Mandements royaux*, I, fol. 314.

2665. Mandement au bailli de Chalon de faire contraindre les gens d'église de cette ville à y faire guet et garde et à loger les gens de guerre qui y seraient envoyés en garnison. Vincennes, 16 mai 1527. — 1527. 16 mai.

*Arch. communales de Chalon*, EE. 1.

2666. Don à Jean Guespin, ancien huissier de bouche du roi, de 75 livres à prendre sur les exploits et amendes du Parlement de Paris, en récompense des services rendus au roi Louis XII. Bois de Vincennes, 16 mai 1527. — 16 mai.

*Archives nat., Comptes de l'épargne*, KK. 96, fol. 598. (*Mention.*)

2667. Mandement au trésorier de l'épargne de payer à Gabriel de Gramont, évêque de Tarbes, 624 livres par lui déboursées dans le voyage qu'il a fait en Angleterre comme ambassadeur du roi, avec le vicomte de Turenne, le président Le Viste et Claude Dodieu. Vincennes, 17 mai 1527. — 17 mai.

*Bibl. nat.*, ms. Clairambault 1215, fol. 66. (*Mention.*)

2668. Pouvoirs donnés par le roi à Gabriel de Gramont, évêque de Tarbes, et à Jean-Joachim de Passano, s[r] de Vaux, pour traiter avec les ambassadeurs du roi d'Angleterre (ci-dessous, 29 mai). Vincennes, 19 mai 1527. — 19 mai.

*Imp.* Dumont, *Corps diplomatique*, in-fol., t. IV, part. 1, p. 485.

2669. Révocation de tous sauf-conduits accordés aux marchands étrangers, qui auront délai pour se retirer avec leurs marchandises. Bois de Vincennes, 20 mai 1527. — 20 mai.

*Enreg. au Châtelet de Paris, le 15 juin 1527. Arch. nat., Bannières*, Y. 8, fol. 221 v°, 2 pages.
*Enreg. au Parl. de Bordeaux, le 24 juillet 1527. Arch. de la Gironde*, B. 30 *bis*, fol. 87 v°. 3 pages.
*Copie. Arch. de l'État à Gand* (Belgique), collect. Van Steenberghe, F. fol. 84.

2670. Confirmation des privilèges et exemptions des — 24 mai.

officiers de la Chambre des Comptes de Dijon. Bois de Vincennes, 24 mai 1527. 1527.

*Enreg. à la Chambre des Comptes de Dijon, le 18 juin suivant. Arch. de la Côte-d'Or,* reg. B. 18, fol. 100 v°, 104 v°.

2671. Ordre que le roi veut être dorénavant gardé et observé par les bandes de gens de pied français et italiens qui sont et seront à l'avenir à son service en Italie. Bois de Vincennes, 26 mai 1527. 26 mai.

*Original. Bibl. nat.*, ms. fr. 2932, fol. 67.
*Minute. Idem.*, ms. fr. 3095, fol. 63.

2672. Mandement aux gens des comptes de Bretagne d'enregistrer sans délai la donation des marais de Guérande accordée à Tristan de Carné, chevalier. Bois de Vincennes, 27 mai 1527. 27 mai.

*Enreg. à la Chambre des Comptes de Bretagne. Archives de la Loire-Inférieure,* B. *Mandements royaux,* I, fol. 132.

2673. Provisions de maître auditeur des comptes de Bretagne octroyées à Jacques Viart, élu en l'élection de Blois, rapporteur en la chancellerie de Paris. Bois de Vincennes, 27 mai 1527. 27 mai.

*Enreg. à la Chambre des Comptes de Bretagne. Archives de la Loire-Inférieure,* B. *Mandements royaux,* I, fol. 364.

2674. Traité entre François I<sup>er</sup> et Henri VIII, roi d'Angleterre, pour l'entretien d'une armée de trente mille hommes de pied en Italie, et de mille hommes d'armes, pour obliger l'Empereur à donner la paix à la chrétienté. Westminster, 29 mai 1527. 29 mai.

IMP. F. Léonard, *Recueil de traitez,* t. II, p. 273. Dumont, *Corps diplomatique,* in-fol., t. IV, part. 1, p. 483.

2675. Mandement aux élus de Lyonnais et à Girardin Castellan, officier ordinaire de l'artillerie, de lever dans la sénéchaussée de Lyon cent chevaux «roulliers ou de trait» et dix charrettes pour conduire en Italie de l'artillerie et des munitions. Paris, 5 juin 1527. 5 juin.

*Copie. Bibl. nat.*, ms. fr. 2702, fol. 130.

2676. Lettres de commission pour faire rendre compte à l'archevêque de Lyon de ses 700 livres de provision annuelle, depuis le 28 avril 1515 jusqu'au 13 juin 1527, lesdites sommes destinées aux réparations des châteaux et maisons de l'archevêché. Paris, 13 juin 1527. 1527. 13 juin.

*Arch. dép. du Rhône, G. Armoire Cham*, vol. 12, n° 8.

2677. Mandement à Antoine Juge, chargé des recettes des terres ayant appartenu à la maison de Bourbon, de donner à Camille de' Orsini, comte de Monopollo, dans le royaume de Naples, la somme de 3,000 livres qu'il aurait dû lever sur les terres et seigneuries de Beauregard, Montmerle, Thoissey, etc., dont le roi lui avait fait don, le 14 mars précédent (n° 2606), jusqu'à concurrence d'un revenu net de 3,000 livres par an, en dédommagement de la perte de ses terres qui lui avaient été enlevées à cause de son attachement à la France. Paris, 13 juin 1527. 13 juin.

*Original. Bibl. nat.*, ms. fr. 25721, n° 266.

2678. Don à Robert Stuart, seigneur d'Aubigny, capitaine de la garde du corps du roi, et à Jacqueline de Longueville, sa femme, du comté de Beaumont-le-Roger, leur vie durant et au survivant d'entre eux. Paris, 15 juin 1527. 15 juin.

*Enreg. au Parl. de Rouen, le 9 décembre 1527.*
*Enreg. à la Chambre des Comptes de Paris. Arch. nat.*, P. 2305, p. 263. 4 pages.
*Idem*, P. 2536, fol. 179.

2679. Lettres accordant aux habitants de Reims une prorogation pour dix ans de l'exemption des tailles et de l'octroi du quatrième denier sur les vins. Paris, 15 juin 1527. 15 juin.

*Arch. municip. de Reims, Octrois*, 1re liasse, n° 8.

2680. Don à Marguerite Lecoq d'une somme de 60 livres parisis à prendre sur les exploits et amendes du Parlement de Paris. Saint-Denis, 19 juin 1527. 19 juin.

*Archives nat., Comptes de l'épargne*, KK. 96, fol. 555 v°. (*Mention.*)

2681. Autorisation donnée aux habitants de Dieppe de prendre, sur les deniers communs et les aides de ladite ville, sans en «faire assiette particulière», la somme de 3,000 livres demandée par le roi. Saint-Denis, 22 juin 1527. — 1527. 22 juin.

*Original. Bibl. nat.*, ms. fr. 25721, n° 267.

2682. Don à François de Clermont, sieur de Trèves, d'une somme de 60 livres parisis à prendre sur les exploits et amendes du Parlement de Paris, en récompense de ses services. Saint-Denis, 23 juin 1527. — 23 juin.

*Archives nat., Comptes de l'épargne*, KK. 96, fol. 595 v°. (*Mention.*)

2683. Don à chacun des quatre correcteurs des comptes de 165 livres tournois par an, pour leurs droits de robe, de bûche et de Toussaint. Saint-Denis, 24 juin 1527. — 24 juin.

*Enreg. à la Chambre des Comptes de Paris. Arch. nat.*, P. 2304, p. 1385. 9 pages.
*Idem*, P. 2536, fol. 110.
Imp. In-4°, pièce. *Arch. nat.*, ADIX. 122, n° 28. 6 pages.

2684. Abonnement de toutes tailles et aides accordé aux habitants de l'Ile-de-Soubise, en Saintonge, durant dix années, moyennant 200 livres par an. Saint-Denis, 26 juin 1527. — 26 juin.

*Enreg. à la Cour des Aides de Paris, le 24 septembre 1527. Arch. nat., recueil Cromo*, U. 665, fol. 248. (*Mention.*)

2685. Mandement à Antoine Juge, chargé de recouvrer les restes du don de 1,200,000 livres tournois fait par le clergé, de donner à Raymond Forget, commis au payement des travaux exécutés à Chambord, la somme de 1,000 livres tournois. Saint-Denis, 26 juin 1527. — 26 juin.

*Original. Bibl. nat.*, ms. fr. 25721, n° 268.

2686. Lettres portant prolongation d'octroi pour huit — 28 juin.

ans, en faveur de la ville de Saulieu. Saint-Denis-en-France, 28 juin 1527. 1527.

*Enreg. à la Chambre des Comptes de Dijon, le 26 août 1535. Arch. de la Côte-d'Or*, reg. B. 20, fol. 16.

2687. Lettres de jussion à la Chambre des Comptes de Paris, pour l'enregistrement du don du comté de Guise fait en faveur de Claude de Lorraine. Saint-Germain-en-Laye, 29 juin 1527. 29 juin.

*Enreg. à la Chambre des Comptes de Paris, le 13 juillet 1527. Arch. nat.* P. 2304, p. 1355, et P. 2536, fol. 99.

(Voir au 26 janvier précédent, n° 2555.)

2688. Mandement au trésorier de l'épargne de payer à Claude Dodieu, conseiller au Parlement, la somme de 146 livres à lui due pour les frais de son ambassade en Angleterre. Saint-Denis, 29 juin 1527. 29 juin.

*Bibl. nat.*, ms. Clairambault 1215, fol. 66. (*Mention.*)

2689. Nomination de Gilles Le Rouge, président au Parlement de Bretagne, et d'Étienne Le Blanc, contrôleur de l'épargne, comme commissaires chargés de juger les procès de Jacques de Beaune, seigneur de Semblançay, et de ses complices. Saint-Denis, 30 juin 1527. 30 juin.

*Enreg. au Châtelet de Paris, Bannières. Arch. nat.*, Y. 8, fol. 225 v°. 1 page.

2690. Création de deux foires annuelles et d'un marché hebdomadaire à Autreville, à la requête d'Antoine de Choiseul, seigneur de Lanques et d'Autreville. Paris, juin 1527. Juin.

*Enreg. à la Chancellerie de France, Arch. nat., Trésor des Chartes*, JJ. 240, n° 243, fol. 307 v°. 1 page.

2691. Lettres portant changement de jour pour les trois foires de Montrond en Forez, créées par Louis XI, lettres accordées à la requête d'Ar- Juin.

taud de Saint-Germain d'Apchon, seigneur du lieu. Paris, juin 1527. 1527.

*Enreg. à la Chancellerie de France. Arch. nat., Trésor des Chartes*, JJ. 240, n° 217, fol. 283. 1/2 page.

2692. Institution d'une nouvelle foire à Saint-Affrique, dans le Rouergue, outre les trois qui y existaient d'ancienneté. Paris, juin 1527. Juin.

*Enreg. à la Chancellerie de France. Arch. nat., Trésor des Chartes*, JJ. 240, n° 224, fol. 288 v°. 1 page.

2693. Création de deux nouvelles foires à Courson et au Val-de-Mercy, en faveur de Jean de Marbury, baron de Coulange-la-Vineuse, seigneur desdits lieux. Saint-Denis-en-France, juin 1527. Juin.

*Enreg. à la Chancellerie de France. Arch. nat., Trésor des Chartes*, JJ. 243, n° 344, fol. 97 v°. 2 pages 1/2.

2694. Permission à Antoine de Saint-Marsal, gentilhomme de l'hôtel du roi, de faire dresser dans ses justices des fourches patibulaires à trois piliers. Saint-Denis-en-France, juin 1527. Juin.

*Enreg. à la Chancellerie de France. Arch. nat., Trésor des Chartes*, JJ. 243, n° 318, fol. 87. 1 page.

2695. Lettres de légitimation accordées à Étienne d'Albret, sénéchal de Foix, fils naturel de Gilles d'Albret et de Jeannette Du Solier. Paris, juin 1527. Juin.

*Enreg. à la Chancellerie de France. Arch. nat., Trésor des Chartes*, JJ. 240, n° 234, fol. 298 v°. 1 page 1/2.

2696. Lettres portant dispense d'âge à Nicolas de Dreux, baron et vidame d'Esneval, placé pendant sa minorité sous la garde du roi, pour avoir le gouvernement et administration de ses biens. Saint-Denis, 1er juillet 1527. 1er juillet.

*Enreg. à la Chambre des Comptes de Paris. Mentionnées dans les lettres du 24 octobre 1527* (ci-dessous n° 2780). *Arch. nat.*, P. 2304, p. 1435.

*Copie. Bibl. nat.*, ms. fr. 25721, n° 269.

2697. Mandement au vicomte d'Arques de faire élire un membre du clergé, un de la noblesse et des députés du tiers état au nombre accoutumé, pour l'assemblée des États de Normandie qui doit se tenir à Rouen, le 1er août. Saint-Denis, 4 juillet 1527. — 1527. 4 juillet.

*Vidimus du lieutenant du bailli de Caen, du 28 juillet 1527. Bibl. nat.*, ms. fr. 26127, fol. 1016.

2698. Don à Richard de Gournay, écuyer, de la somme de 100 livres tournois à prendre sur le trésorier de l'épargne des deniers provenant des amendes du Parlement de Rouen. Saint-Denis, 4 juillet 1527. — 4 juillet.

*Arch. nat., Comptes de l'épargne*, KK. 96, fol. 556. (*Mention.*)

2699. Ordonnance interdisant à toutes personnes autres que les chevaucheurs de l'écurie du roi de fournir des chevaux de poste ou de faire le service de courrier sur la route de Paris à Lyon. Saint-Denis, 5 juillet 1527. — 5 juillet.

*Enreg. au Châtelet de Paris, le 20 juillet 1527. Arch. nat., Bannières*, Y. 8, fol. 229. 4 pages.

2700. Lettres relatives à une commission d'appel comme d'abus interjeté par les maire et échevins de Saint-Quentin des procédures criminelles faites par l'official, me Jérôme Le Sur, contre un habitant de cette ville. Paris, 6 juillet 1527. — 6 juillet.

*Original. Arch. municip. de Saint-Quentin*, liasse 4.

2701. Lettres concernant la dépense ordinaire du duc d'Angoulême et de ses sœurs. Saint-Denis, 7 juillet 1527. — 7 juillet.

*Copie du XVIe siècle. Bibl. nat.*, ms. fr. 3039, fol. 118.

2702. Lettres par lesquelles le roi défère à l'Université de Paris douze propositions extraites des écrits de maître Noël Béda contre Erasme et contre Lefèvre d'Étaples. Écouen, 9 juillet 1527. — 9 juillet.

IMP. Du Boulay, *Hist. Universitatis*, t. VI, p. 200.

2703. Confirmation des privilèges de la ville de Cadillac. Écouen, 11 juillet 1527. | 1527. 11 juillet.

*Arch. municip. de Cadillac-sur-Garonne*, invent. coté BB. 8. (*Mention.*)

2704. Pouvoirs aux commissaires royaux pour assister aux prochains États de Languedoc, qui se tiendront à Montpellier, le 15 août, et y demander l'octroi d'une aide de 235,255 livres 17 sous. Écouen, 12 juillet 1527. | 12 juillet.

*Copie. Arch. municip. de Montpellier*, AA. *Assiettes.*

2705. Mandement aux élus de Lyonnais, leur faisant savoir que la part de leur élection dans la taille est de 28,460 livres 19 sols 6 deniers et que 5,731 livres 1 sol 1 denier devront être payés au 15 août suivant. Écouen, 12 juillet 1527. | 12 juillet.

*Copie. Bibl. nat.*, ms. fr. 2702, fol. 132.

2706. Mandement aux élus de Limousin, leur faisant savoir que leur élection a été taxée à 10,036 livres 8 sols tournois pour sa part de la taille à payer en 1528, et à 3,426 livres 11 sols tournois pour sa part de l'imposition de 600,000 livres à lever par anticipation. Écouen, 12 juillet 1527. | 12 juillet.

*Copie. Bibl. nat.*, ms. fr. 25721, n° 271.

2707. Mandement à Simon Berthier et à Mathurin Le Hucher, leur faisant savoir que les jugeries de Rivière et de Verdun ont été taxées à 7,423 livres 2 sols 4 deniers pour leur part de la taille à payer en 1528, et à 2,174 livres 11 sols 1 denier pour leur part de l'imposition de 600,000 livres tournois à lever par anticipation. Écouen, 12 juillet 1527. | 12 juillet.

*Copie. Bibl. nat.*, ms. fr. 25721, n° 270.

2708. Déclaration par laquelle Charles, duc de Vendôme, obtient la permission de faire valoir ses droits aux comtés de Clermont, la Marche, Montaigu et Combraille, provenant de | 14 juillet.



IMPRIMERIE NATIONALE.

la succession du feu connétable de Bourbon. Écouen, 14 juillet 1527. 1527.

*Enreg. au Parl. de Paris, le 18 juillet 1527. Arch. nat.*, X[1a] 8612, fol. 88 v°. 1 page.

2709. Lettres portant attribution à la Chambre des Comptes d'Aix de la connaissance des causes en réduction du domaine royal, sans intervention du Parlement de Provence. Écouen, 15 juillet 1527. 15 juillet.

*Enreg. à la Chambre des Comptes d'Aix. Arch. des Bouches-du-Rhône*, B. 28 (*Paris*), fol. 290. 3 pages.

2710. Confirmation, en faveur de la Chambre des Comptes de Provence, de l'attribution du contentieux des greniers à sel et gabelles de la province. Écouen, 15 juillet 1527. 15 juillet.

*Enreg. à la Chambre des Comptes d'Aix, le 10 avril 1528. Arch. des Bouches-du-Rhône*, B. 28 (*Paris*), fol. 279. 2 pages.

2711. Lettres d'évocation des différends existant entre la cour du Parlement et la Chambre des Comptes d'Aix, au sujet de l'enregistrement des largesses et dons royaux. Écouen, 15 juillet 1527. 15 juillet.

*Enreg. à la Chambre des Comptes d'Aix. Arch. des Bouches-du-Rhône*, B. 28 (*Paris*), fol. 598. 2 pages.

2712. Don au cardinal de Bourbon de la terre de Crépy-en-Laonnais, pour en jouir sa vie durant. Paris, 19 juillet 1527. 19 juillet.

*Enreg. à la Chambre des Comptes de Paris. Arch. nat.*, P. 2304, p. 1497. 2 pages.
*Idem*, P. 2580, fol. 293 v°.

2713. Provisions et réception de Jean Courtin en l'office de clerc auditeur en la Chambre des Comptes. 23 juillet 1527. 23 juillet.

*Enreg. à la Chambre des Comptes de Paris, le 17 septembre 1527*, anc. mém. 2 D, fol. 311. *Arch. nat.*, invent. PP. 136, p. 326. (*Mention.*)

2714. Lettres portant injonction à la Chambre des Comptes de Paris de recevoir Octavien Gri- 25 juillet.

maldi en l'office de vice-président de ladite chambre, dont il a été pourvu au lieu de feu Hélie Du Tillet. Paris, 25 juillet 1527. 1527.

*Enreg. à la Chambre des Comptes de Paris, le 16 décembre 1527. Arch. nat.*, P. 2304, p. 1324 et 1453 (sous la date du 15 juillet); P. 2536, fol. 118 v°; ADIX. 122, n° 25. 4 pages.

2715. Lettres donnant pouvoir au cardinal d'Yorck, à son prochain voyage en France, de délivrer les prisonniers dans les villes où il passera. Saint-Denis, juillet 1527. Juillet.

*Imp.* Rymer, *Fœdera, acta publica*, etc., 3ᵉ édit., 1741, t. VI, part. II, p. 81.

2716. Lettres portant mandement aux consuls de Lautrec d'envoyer des députés aux États de Languedoc qui doivent se réunir à Montpellier, le 15 août 1527. Écouen, juillet 1527. Juillet.

*Original. Arch. du dép. du Tarn*, E. 2200.

2717. Lettres de légitimation et de naturalisation accordées à Tristan de Clermont, fils naturel de François de Clermont, archevêque d'Auch, né à Rome, et alors étudiant à l'Université de Paris, âgé d'environ seize ans. Écouen, juillet 1527. Juillet.

*Enreg. à la Chancellerie de France. Arch. nat., Trésor des Chartes*, JJ. 243, n° 316, fol. 86 v°. 1 page.

2718. Confirmation d'un don d'aubaine fait à Jacques de Genouilhac, dit Galiot, grand écuyer de France et maître de l'artillerie, des biens de Michel Cottereau, natif de Brabant, spécialement des terres de Puisieux et des Tournelles, assises aux bailliages de Meaux et de Valois. Paris, juillet 1527. Juillet.

*Enreg. à la Chambre des Comptes de Paris. Arch. nat.*, P. 2304, p. 1465. 4 pages.
*Idem*, P. 2536, fol. 121.

2719. Lettres d'anoblissement en faveur de Fleuri Colin, sʳ de la Rivière. Paris, juillet 1527. Juillet.

*Enreg. à la Chancellerie de France. Arch. nat., Trésor des Chartes*, JJ. 243, n° 306, fol. 82. 1 page.

2720. Permission d'acquérir et de posséder en France, accordée à Charles, Philippe et Louise de Croy, enfants de Philippe de Croy, marquis d'Arscot, de Hainaut. Paris, juillet 1527. 1527. Juillet.

*Enreg. à la Chancellerie de France. Arch. nat., Trésor des Chartes,* JJ. 243, n° 319, fol. 87 v°. 1 page 1/2.

2721. Lettres de légitimation accordées à Marguerite de Panat, fille naturelle de Guy de Panat, chevalier de Rhodes, veuve d'Antoine Lascaris. Paris, juillet 1527. Juillet.

*Enreg. à la Chancellerie de France. Arch. nat., Trésor des Chartes,* JJ. 243, n° 322, fol. 88 v°. 1 page.

2722. Lettres mandant au prévôt de Paris de procéder à l'exécution de l'arrêt de mort rendu contre Jacques de Beaune, seigneur de Semblançay, surintendant des finances. Amiens, 5 août 1527. 5 août.

*Enreg. au Châtelet de Paris, Bannières. Arch. nat.,* Y. 8, fol. 227. 1 page.

2723. Provisions de l'office de greffier des présentations au Parlement de Bordeaux, pour Jean de Carmentrand. Amiens, 10 août 1527. 10 août.

*Enreg. au Parl. de Bordeaux, le 14 novembre 1527. Arch. de la Gironde,* B. 30 *bis*, fol. 92 v°. 2 pages.

2724. Dispense pour ledit de Carmentrand d'exercer cet office, bien qu'il ne fasse pas partie du collège des notaires et secrétaires du roi. Amiens, 10 août 1527. 10 août.

*Idem,* fol. 93 v°. 2 pages.

2725. Lettres d'évocation au Grand Conseil de l'affaire de la traite foraine, à cause des parentés et alliance qui existent entre les officiers du Parlement de Toulouse et les marchands. Amiens, 12 août 1527. 12 août.

*Copie. Arch. municip. de Toulouse,* ms. 153, p. 713.

2726. Lettres touchant la suppression et l'abolition de 13 août.

quatre nouveaux offices de conseillers et de deux huissiers du Parlement de Dijon. Amiens, 13 août 1527. 1527.

*Enreg. au Parl. de Dijon, le 12 novembre suivant. Arch. de la Côte-d'Or, Parl., reg. II, fol. 25.*

2727. Lettres autorisant les prévôt des marchands et échevins de Paris à établir et lever un octroi sur le vin et sur le bétail pour s'acquitter d'un don de 20,000 livres tournois qu'ils ont accordé au roi. Amiens, 13 août 1527. 13 août.

*Enreg. au Parl. de Paris, le 23 août 1527. Arch. nat.*, X[1a] 8612, fol. 89. 5 pages 1/4.

*Enreg. à la Chambre des Comptes de Paris, le 27 août 1527. Archives nat.*, P. 2304, p. 1405. 10 pages 1/2.

*Idem*, P. 2536, fol. 112 v°; ADIX. 122, n° 29.

IMP. Dom Félibien, *Hist. de la ville de Paris*, in-fol., 1725, t. III (Preuves, I), p. 595.

2728. Don à Philippe de Suze, l'un des cent gentilshommes de la maison du roi, de la seigneurie et châtellenie de Pont-Sainte-Maxence, sa vie durant. Amiens, 14 août 1527. 14 août.

*Enreg. à la Chambre des Comptes de Paris, le 15 novembre 1527. Arch. nat.*, P. 2304, p. 1449. 2 pages 1/2.

*Idem*, P. 2580, fol. 272 v°.

2729. Défenses à tous banquiers et marchands, soit étrangers soit du royaume, d'expédier à Rome aucuns courriers pour matières bénéficiales ou pour toute autre cause, et d'y faire tenir par voie de banque ou autrement aucune somme d'argent. Amiens, 14 août 1527. 14 août.

*Enreg. au Châtelet de Paris, le 20 août 1527. Arch. nat., Bannières*, Y. 8, fol. 237. 1 page.

2730. Lettres autorisant Jean Prévost, général des finances, commis à l'extraordinaire des guerres, à faire compter ses clercs et commis et à les contraindre au payement de leurs débets. Amiens, 16 août 1527. 16 août.

*Copie collationnée faite par ordre de la Cour des Aides de Paris, le 12 février 1779. Archives nat.*, Z[1a] 526.

2731. Lettres de jussion au Parlement de Grenoble de ne plus s'opposer à l'enregistrement des lettres du 18 juillet 1526 (nº 2414), en faveur de Galéas Visconti. Amiens, 16 août 1527. 1527. 16 août.

*Enreg. au Parl. de Grenoble, le 5 juin 1528. Arch. de l'Isère, Chambre des Comptes*, B. 2907, cah. 166. 7 pages.

2732. Lettres d'affranchissement des droits de gabelle en faveur des arbalétriers, archers et coulevriniers de la ville d'Amiens. Amiens, 17 août 1527. 17 août.

*Enreg. à la Chambre des Comptes de Paris. Arch. nat.*, P. 2304, p. 1417. 5 pages.

2733. Ratification par François Ier des traités conclus entre ses ambassadeurs et le cardinal Wolsey, chargé de pouvoirs de Henri VIII, roi d'Angleterre. Amiens, 18 août 1527. 18 août.

*Original. Arch. nat., Trésor des chartes*, J. 651B, nos 15 à 18.

*Copie collationnée du XVIe siècle. Arch. nat., suppl. du Trésor des Chartes*, J. 921, nº 15.

*Imp.* Rymer, *Fœdera, acta publica*, etc., t. VI, part. II, p. 82.

Dumont, *Corps diplomatique*, in-fol., t. IV, part. I, p. 487.

(Voir ci-dessus, au 30 avril 1527, nº 2657.)

2734. Mandement au bailli de Touraine de convoquer tous les créanciers de la succession de Jacques de Beaune, d'examiner leurs titres, de mettre en vente les biens provenant de ladite succession, de rembourser les créanciers véritables et d'attribuer le reliquat au trésor royal en payement de l'amende de 300,000 livres à laquelle J. de Beaune a été condamné. Amiens, 19 août 1527. 19 août.

*Copie du XVIe siècle. Bibl. nat.*, ms. fr. 2965, fol. 23.

2735. Mandement au trésorier de l'épargne de payer à Antoine Le Bossu, commis de Jean Hotman, orfèvre, 1,925 livres pour diverses pièces de vaisselle dont le roi a fait don à Jean, évêque 22 août.

de Bath, naguère ambassadeur du roi d'Angleterre. Saint-Quentin, 22 août 1527. 1527.

*Bibl. nat.*, ms. Clairambault 1215, fol. 66. (*Mention.*)

2736. Accord conclu entre François I$^{er}$ et la duchesse d'Angoulême, sa mère, touchant la succession du connétable de Bourbon. La Fère-sur-Oise, 25 août 1527. 25 août.

Fait et passé en Parlement, le 23 décembre 1527.

*Minute. Arch. nat., suppl. du Trésor des Chartes*, J. 954, n° 15.

*Expédition originale. Bibl. nat.*, ms. fr. 2952, fol. 1.

*Copie du XVI$^e$ siècle. Arch. nat., suppl. du Trésor des Chartes*, J. 955, n° 22.

*Enreg. au Parl. de Paris, entre deux actes, l'un de septembre, l'autre de novembre 1531. Arch. nat.*, X$^{1a}$ 8612, fol. 282. 4 pages 1/4.

*Enreg. à la Chambre des Comptes de Paris. Arch. nat.*, P. 2305, p. 205. 10 pages 1/2.

*Enreg. au Parl. de Toulouse. Arch. de la Haute-Garonne, Édits*, reg. 3, fol. 207. 6 pages.

2737. Lettres de sauf-conduit pour les cardinaux qui doivent se réunir à Avignon, à l'occasion de la captivité du pape Clément VII. La Fère-sur-Oise, 29 août 1527. 29 août.

*Original. Arch. nat., suppl. du Trésor des Chartes*, J. 963, n° 22.

2738. Lettres accordant à Jean-Joachim de Passano de retenir pour lui la somme de 800 livres tournois pour sa pension ordinaire et entretenement au service du roi pendant deux années, à raison de 400 livres par an, du 1$^{er}$ janvier 1526 au 31 décembre 1527. Coucy, 30 août 1527. 30 août.

*Copie. Bibl. nat.*, ms. fr. 12158, fol. 65.

2739. Pouvoirs donnés au chancelier Antoine Du Prat pour traiter avec le cardinal d'Yorck, légat en Angleterre et délégué *ad hoc* par le pape Clément VII. Coucy, 31 août 1527. 31 août.

*Original. Arch. nat., suppl. du Trésor des Chartes*, J. 921, n° 17.

2740. Édit portant confirmation de deux articles d'ordonnances anciennes touchant le jaugeage des vins de Bourgogne et des vins français vendus à Paris. Amiens, août 1527. 1527. Août.

*Enreg. au Parl. de Paris, le 5 mars 1528 n. s. Arch. nat.*, X[1a] 8612, fol. 97. 3 pages 1/4.

*Enreg. à la Cour des Aides de Paris, le 20 mars 1528 n. s. Arch. nat.*, recueil Cromo (sous la date inexacte d'août 1522), U. 665, fol. 249. (*Mention.*)

*Copie. Arch. de la Préfecture de police*, coll. Lamoignon, t. VI, fol. 204.

IMP. *Ordonnances de la ville de Paris*, in-4°, 1556, fol. 125.

Delamare, *Traité de la police*, t. III, p. 566.

2741. Création d'une nouvelle foire annuelle et d'un marché hebdomadaire à Baix-sur-Baix, en Vivarais. Amiens, août 1527. Août.

*Enreg. à la Chancellerie de France. Arch. nat., Trésor des Chartes*, JJ. 243, n° 383, fol. 113. 1 page.

2742. Création de deux foires annuelles et d'un marché hebdomadaire à la Croix en Brie, à la requête de François Piédefer, chevalier de Saint-Jean-de-Jérusalem, commandeur dudit lieu. Amiens, août 1527. Août.

*Enreg. à la Chancellerie de France. Arch. nat., Trésor des Chartes*, JJ. 243, n° 302, fol. 80 v°. 1 page 1/2.

2743. Création de trois foires annuelles et d'un marché hebdomadaire à Lanty, en Champagne, en faveur d'Hélène de Lanty de Chastenay. Amiens, août 1527. Août.

*Enreg. à la Chancellerie de France. Arch. nat., Trésor des Chartes*, JJ. 243, n° 301, fol. 80. 1 page.

2744. Lettres permettant à Jean Boucart, chanoine de Poitiers, de fonder une église et une aumônerie à Ménigoute, en Poitou, et portant amortissement des biens destinés à leur dotation. Amiens, août 1527. Août.

*Enreg. à la Chancellerie de France. Arch. nat., Trésor des Chartes*, JJ. 243, n° 307, fol. 82 v°. 4 pages.

2745. Lettres d'abolition et de réhabilitation en faveur de Jean de Poitiers, seigneur de Saint-Vallier, complice du connétable de Bourbon. Péronne, août 1527. — 1527. Août.

*Enreg. à la Chancellerie de France. Arch. nat., Trésor des Chartes*, JJ. 243, n° 350, fol. 100. 10 pages.

2746. Ordonnance attribuant au Grand Conseil la connaissance exclusive des matières bénéficiales et le jugement de tous procès relatifs aux archevêchés, évêchés et abbayes du royaume, sans que le Parlement puisse élever aucune prétention à cet égard. Compiègne, 6 septembre 1527. — 6 septembre.

*Enreg. au Grand Conseil, le 16 septembre 1527. Arch. nat., Grand Conseil*, V⁵ 1046. 2 pages.

2747. Don à Antoine Bohier, bailli de Cotentin, des greffes des bailliages de Meaux, de Senlis et de la prévôté de Senlis, en échange d'une créance de 30,342 livres 4 sous 2 deniers due à son père, Thomas Bohier, général des finances. Compiègne, 6 septembre 1527. — 6 septembre.

*Enreg. au Grand Conseil, le 16 septembre 1527. Arch. nat., Grand Conseil*, V⁵ 1046. 2 pages.

2748. Déclaration portant que le greffier de la sénéchaussée d'Agenais, dont la charge a été élevée en titre d'office, l'exercera de la même façon que quand elle était affermée. Compiègne, 6 septembre 1527. — 6 septembre.

*Enreg. au Parl. de Bordeaux, le 4 mai 1528. Arch. de la Gironde*, B. 30 *bis*, fol. 100 v°. 4 pages.

2749. Bulle de Clément VII adressée au roi de France, par laquelle il déclare autoriser les poursuites contre les officiers clercs mariés qui auront malversé, nonobstant leur privilège de cléricature. Rome, ides de septembre 1527. — 13 septembre.

Lettres touchant l'enregistrement et l'exécution de ladite bulle. Saint-Germain-en-Laye, 29 décembre 1530.

*Enreg. au Parl. de Paris, le 20 avril 1531. Arch. nat.*, X¹ᵃ 8612, fol. 275 v°. 1 page 2/3.

2750. Provisions de l'office de concierge et garde des prisons du Parlement de Bordeaux, pour Bertrand de Veyres. Compiègne, 14 septembre 1527. 1527. 14 septembre.

*Enreg. au Parl. de Bordeaux, sauf les restrictions contenues dans un règlement dudit office inséré à la suite, le 19 novembre 1527. Arch. de la Gironde*, B. 30 *bis*, fol. 91 v°, 2 pages.

2751. Lettres de notification de l'élection du roi d'Angleterre dans l'ordre royal de Saint-Michel. Compiègne, 15 septembre 1527. 15 septembre.

IMP. Rymer, *Fœdera, acta publica*, etc., t. VI, part. II, p. 91, col. 2.

2752. Commission à Anne de Montmorency, grand maître et maréchal de France, pour porter à Henri VIII, roi d'Angleterre, le collier de l'ordre royal de Saint-Michel. Compiègne, 15 septembre 1527. 15 septembre.

IMP. Rymer, *Fœdera, acta publica*, etc., 1741, 3e édit., t. VI, part. II, p. 91, col. 2.

2753. Mandement au trésorier de l'épargne de donner 300 écus d'or à François Briand, gentilhomme de la chambre du roi d'Angleterre, 200 écus à Étienne Gardiner, secrétaire du cardinal d'Yorck, à François de Dortis, son médecin, à Thomas Hennegis et à Thomas Rondell, ses chambellans, 100 écus à Thomas Tonq, dit Morrey, roi d'armes, et 50 écus à Jean Narbon, dit Riseben, héraut d'armes d'Angleterre. Compiègne, 15 septembre 1527. 15 septembre.

*Bibl. nat.*, ms. Clairambault 1215, fol. 66. (*Mention.*)

2754. Lettres portant remise d'une obligation de 60,000 livres sterling accordées, à la requête du cardinal d'Yorck, à Antoine et à Jean Cavalieri, marchands de Lucques. Compiègne, 17 septembre 1527. 17 septembre.

IMP. Rymer, *Fœdera, acta publica*, etc., t. VI, part. II, p. 92, col. 2.

2755. Lettres portant défenses au grand prévôt des 19 septembre.

maréchaux de France et à ses lieutenants d'exercer leurs fonctions en Dauphiné, attendu que, en vertu de leurs privilèges, les sujets delphinaux ne peuvent être poursuivis ailleurs que devant les tribunaux du pays. Compiègne, 19 septembre 1527. 1527.

*Enreg. à la Chambre des Comptes de Grenoble. Arch. de l'Isère*, B. 2908, cah. 299. 7 pages.

2756. Nouvelles lettres de jussion pour l'exécution des lettres en date des 9 mai et 9 juin 1523 (nos 1811 et 1828), concernant la dame Marie de Vers et son mari, François d'Anglure, seigneur de Boursault. Compiègne, 22 septembre 1527. 22 septembre.

*Enreg. à la Chambre des Comptes de Paris, desdites lettres et des lettres y annexées, en date du 9 mai 1523, le 29 janvier 1528 n. s. Arch. nat.*, P. 2304, p. 1509. 4 pages.

2757. Ratification de la cession faite par Charles de Crussol à Guigues Guiffrey, seigneur de Boutières, des bois dits de Clapier, à la Côte-Saint-André, en Dauphiné. Compiègne, 23 septembre 1527. 23 septembre.

*Enreg. au Parl. de Grenoble, le 6 février 1528. Arch. de l'Isère, Chambre des Comptes de Grenoble*, B. 2908, cah. 292. 6 pages.

2758. Pouvoirs et créance donnés à Anne de Montmorency, à Jean Du Bellay, évêque de Bayonne, à Jean Brinon, premier président du Parlement de Rouen, et au sieur de Humières, chambellan du roi, pour aller recevoir le serment du roi d'Angleterre et lui porter les lettres de ratification du traité conclu entre lui et François Ier. (Voir ci-dessus, 18 août, no 2733.) Compiègne, 25 septembre 1527. 25 septembre.

*Imp.* Rymer, *Fœdera, acta publica*, etc., 3e édit., 1741, t. VI, part. II, p. 93, col. 1.

2759. Pouvoirs conférés aux mêmes pour conclure avec les délégués du roi d'Angleterre un traité tou- 25 septembre.

chant le commerce. Compiègne, 25 septembre 1527. 1527.

*Original. Bibl. nat.*, ms. fr. 2981, fol. 71.
*Copie. Bibl. nat.*, coll. Fontanieu, portefeuille 205.
Imp. Rymer, *Fœdera, acta publica*, etc., 3e édit., 1741, t. VI, part. II, p. 93, col. 1.

2760. Lettres de don à Henri, duc d'Orléans, second fils du roi, de l'office de grand chambrier de France, en remplacement de Charles, duc de Bourbon. Compiègne, 26 septembre 1527. 26 septembre.

*Enreg. au Parl. de Paris, sauf modifications, le 24 février 1528 n. s. Arch. nat.*, X1a 8612, fol. 96. 1 page 1/4.
*Enreg. à la Chambre des Comptes de Paris, le 18 mars 1528 n. s. Arch. nat.*, P. 2304, p. 1555. 2 pages 1/2.
*Idem*, P. 2536, fol. 131.

2761. Mandement aux gens des comptes de Bretagne, au général des finances et au trésorier de l'épargne de payer 3,900 livres à valoir pour solde de 5,200 livres dues à Olivier Baud, trésorier de l'église de Vannes, en qualité de curateur d'Olivier Baud, seigneur de la Boullaie, son neveu, afin de dégager de ses mains une couronne d'or enrichie de pierreries, confiée par le duc François II au père dudit mineur, en garantie d'une somme équivalente, et décharge de cette couronne qui fut apportée à Compiègne par ledit Baud. Compiègne, 26 septembre 1527. 26 septembre.

*Enreg. à la Chambre des Comptes de Bretagne. Archives de la Loire-Inférieure*, B. *Mandements royaux*, I, fol. 366.

2762. Mandement au trésorier de l'épargne de payer à Jean Hotman, orfèvre, la somme de 4,045 livres 14 sous 4 deniers pour la vaisselle que le roi a fait porter et distribuer en Angleterre à divers personnages qui avaient accompagné le cardinal d'Yorck. Compiègne, 26 septembre 1527. 26 septembre.

*Bibl. nat.*, ms. Clairambault 1215, fol. 66. (*Mention.*)

2763. Confirmation, en faveur du chapitre de Notre-Dame d'Embrun, d'une pension annuelle de 300 livres tournois, pour la célébration d'une messe pour la prospérité du roi. Compiègne, 27 septembre 1527. — 1527. 27 septembre.

*Enreg. au Parl. de Grenoble, le 7 novembre 1527. Arch. de l'Isère, Chambre des Comptes de Grenoble*, B. 2908, cah. 298. 5 pages.

2764. Don fait par le roi à Jean Robertet, seigneur de La Mothepluis, secrétaire des finances, de tous les droits et profits appartenant à la grande chambrerie de France. Compiègne, 28 septembre 1527 (1). — 28 septembre.

*Enreg. à la Chambre des Comptes de Paris, le 18 mars 1528. Arch. nat.*, P. 2304, p. 1551; P. 2536, fol. 108 v° et 132; P. 2552, fol. 148 v°; P. 2580, fol. 302 v°. 2 pages.

2765. Création de deux foires annuelles et d'un marché hebdomadaire à Lorges, en faveur de Jacques de Montgommery, seigneur de Lorges. Amiens, septembre 1527. — Septembre.

*Enreg. à la Chancellerie de France. Arch. nat., Trésor des Chartes*, JJ. 243, n° 340, fol. 96. 1 page.

2766. Lettres par lesquelles le roi nomme Henri, roi de Navarre, son lieutenant général à l'occasion du voyage que celui-ci va faire, avec sa femme, Marguerite de France, dans les pays d'Armagnac, Bigorre et autres pour le service du roi. Compiègne, septembre 1527. — Septembre.

*Enreg. au Parl. de Toulouse. Arch. de la Haute-Garonne, Édits*, reg. 4, fol. 29.

2767. Lettres portant union des revenus de la chapelle de Notre-Dame-de-Bonne-Nouvelle à l'église collégiale de Saint-Clément de Compiègne. Compiègne, septembre 1527. — Septembre.

*Enreg. à la Chancellerie de France. Arch. nat., Trésor des Chartes*, JJ. 243, n° 387, fol. 113. 2 pages.

2768. Création d'une nouvelle foire, outre les trois — Septembre.

(1) Le registre P. 2304 porte par erreur la date du 28 septembre 1526.

anciennes, et d'un marché chaque semaine à Andance, en Vivarais. Compiègne, septembre 1527. 1527.

*Enreg. à la Chancellerie de France. Arch. nat., Trésor des Chartes*, JJ. 243, n° 377, fol. 111. 1 page.

2769. Création de deux foires par an et d'un marché chaque semaine à Blérancourt, en faveur de Guillaume de Louvain, seigneur du lieu. Compiègne, septembre 1527. Septembre.

*Enreg. à la Chancellerie de France. Arch. nat., Trésor des Chartes*, JJ. 243, n° 376, fol. 110 v°.

2770. Création d'une foire annuelle et d'un marché hebdomadaire à Bourré, en Bourbonnais, sur la requête de Jacques Thomassin, dit de Montmartin. Compiègne, septembre 1527. Septembre.

*Enreg. à la Chancellerie de France. Arch. nat., Trésor des Chartes*, JJ. 243, n° 372, fol. 109 v°. 1 page.

2771. Création de trois foires par an et d'un marché chaque semaine à Gometz-le-Châtel, en faveur de René d'Illiers, seigneur dudit lieu et de Marcoussis. Compiègne, septembre 1527. Septembre.

*Enreg. à la Chancellerie de France. Arch. nat., Trésor des Chartes*, JJ. 243, n° 375, fol. 110 v°. 1 page.

2772. Institution de deux foires annuelles et d'un marché hebdomadaire à Ouarville. Compiègne, septembre 1527. Septembre.

*Enreg. à la Chancellerie de France. Arch. nat., Trésor des Chartes*, JJ. 243, n° 247, fol. 99. 1 page.

2773. Création d'une foire annuelle à Saint-Sulpice, près de Ham, en Picardie, en faveur du duc de Vendôme, comte de Marle et seigneur de Ham. Compiègne, septembre 1527. Septembre.

*Enreg. à la Chancellerie de France. Arch. nat., Trésor des Chartes*, JJ. 243, n° 346, fol. 99. 1 page.

2774. Lettres portant permission à Pierre de Saint-Gilles, seigneur de Béton et de Bois-Geoffray, de faire dresser des fourches patibulaires dans Septembre.

sa justice de Bois-Geoffray, en Bretagne. Compiègne, septembre 1527. 1527.

*Enreg. à la Chancellerie de France. Arch. nat., Trésor des Chartes*, JJ. 243, n° 356, fol. 104 v°. 1 page.

2775. Lettres de naturalité accordées à François de Luxembourg, vicomte de Martigues, natif de Savoie. Compiègne, septembre 1527. Septembre.

*Enreg. à la Chancellerie de France. Arch. nat., Trésor des Chartes*, JJ. 243, n° 379, fol. 112. 1 page.

2776. Privilège accordé à Jacques Colin, secrétaire de la chambre du roi, pour l'impression et la vente des traductions françaises d'auteurs grecs et latins laissées par Claude de Seyssel, en son vivant archevêque de Turin. Compiègne, 16 octobre 1527. 16 octobre.

*Enreg. au Châtelet de Paris, le 28 août 1529. Arch. nat., Bannières*, Y. 8, fol. 271. 2 pages.

2777. Lettres portant attestation que Nicolas de Dreux a fait faire l'hommage au roi de la baronnie d'Esneval. Nantouillet (*sic*), 16 octobre 1527. 16 octobre.

*Enreg. à la Chambre des Comptes de Paris. Arch. nat.*, P. 2304, p. 1443. 2 pages 1/2.

2778. Provisions de l'office de conseiller maître ordinaire lai en la Chambre des Comptes de Paris, pour Nicole Dupré, au lieu de son père. Saint-Germain-en-Laye, 23 octobre 1527. 23 octobre.

*Enreg. à la Chambre des Comptes de Paris. Arch. nat.*, P. 2304, p. 1431. 3 pages.

2779. Lettres d'évocation d'un procès pendant au Parlement de Bordeaux entre Antoine de Grossolles, s^r^ de Buzet, et Louis Delard, touchant la seigneurie de Birac, en Agenais, et renvoi au Grand Conseil. Saint-Germain-en-Laye, 24 octobre 1527. 24 octobre.

*Enreg. au Parl. de Bordeaux (s. d.). Arch. de la Gironde*, B. 30 *bis*, fol. 95. 2 pages.

2780. Lettres de jussion pour l'entérinement des lettres qui mettent fin à la garde noble de 24 octobre.

Nicolas de Dreux, baron et vidame d'Esneval. Saint-Germain-en-Laye, 24 octobre 1527. 1527.

*Chambre des Comptes de Paris. Arch. nat.*, P. 2304, p. 1435. 3 pages.

2781. Mandement au prévôt de Paris en faveur de Robert de La Tour, religieux de l'ordre de Saint-Benoît, relativement à une pension annuelle de 60 livres qu'il avait obtenue sur les fruits et revenus du prieuré de Notre-Dame de Juniguargues, du consentement de Jean Cadouen, prieur du lieu. Paris, 27 octobre 1527. 27 octobre.

*Original. Arch. départ. de la Lozère*, série E (fonds de Corsac).

2782. Lettres accordant aux habitants du village de Montillot, dépendant de l'abbaye de Vezelay, la permission de se clore de murs et de se fortifier. Chantilly, octobre 1527. Octobre.

*Enreg. à la Chancellerie de France. Arch. nat., Trésor des Chartes*, JJ. 243, n° 388, fol. 114. 1 page.

2783. Institution de trois foires annuelles et d'un marché hebdomadaire à Lucenay, en Nivernais, en faveur d'Henri d'Esguilly, seigneur du lieu, gentilhomme de la maison du roi. Saint-Germain-en-Laye, octobre 1527. Octobre.

*Enreg. à la Chancellerie de France. Arch. nat., Trésor des Chartes*, JJ. 243, n° 384, fol. 113. 1 page.

2784. Lettres portant vente, cession et transport faits par le roi à Hélène de Genlis, veuve du seigneur de Boisy, grand maître de France, et à Claude Gouffier, son fils, de la châtellenie, terre et seigneurie de Montmorillon, de plusieurs droits qui se lèvent à Niort et de la seigneurie de Sézanne en Champagne. Paris, octobre 1527. Octobre.

*Enreg. à la Chambre des Comptes de Paris. Arch. nat.*, P. 2536, fol. 103. 8 pages.

2785. Permission aux prévôt des marchands et échevins de Paris de lever différentes aides sur le vin et 2 novembre.

le sel dans la ville et les faubourgs de Paris. Paris, 2 novembre 1527. 1527.

*Original. Arch. nat.*, K. 953, n° 39.

2786. Ratification des don, cession, transport et legs testamentaires faits jadis par Jean de Diesbach à Jeanne du Refuge, sa femme, mariée depuis à Jean d'Estouteville, de la châtellenie, terre et seigneurie de Langeais, au bailliage de Touraine, pour en jouir comme en avait joui ledit de Diesbach, jusqu'à son trépas. Paris, 2 novembre 1527. 2 novembre.

*Enreg. à la Chambre des Comptes de Paris, le 15 novembre 1527. Arch. nat.*, P. 2304, p. 1481. 11 pages.
*Idem*, P. 2580, fol. 285.

2787. Lettres portant que les huissiers du Grand Conseil pourront faire tous exploits et exécutions d'arrêts des cours souveraines du royaume. Paris, 6 novembre 1527. 6 novembre.

*Enreg. au Parl. de Paris, sauf réserve, le 1er février 1536 n. s. Arch. nat.*, $X^{1a}$ 8612, fol. 390. 3 pages.
*Enreg. au Parl. de Bordeaux, le 15 janvier 1544. Arch. de la Gironde*, B. 32, fol. 7 v°. 6 pages.

2788. Institution d'un maître gardien des gages du jeu de paume dans les villes du royaume, au profit de Charles de Mouy, gentilhomme de la chambre. Paris, 9 novembre 1527. 9 novembre.

*Enreg. au Châtelet de Paris, le 20 novembre 1527. Arch. nat., Bannières*, Y. 8, fol. 232. 3 pages.

2789. Lettres du roi contenant son acceptation de l'ordre de la Jarretière et prestation du serment requis. Paris, 10 novembre 1527. 10 novembre.

IMP. Rymer, *Fœdera, acta publica*, etc., 3e édit., 1741, t. VI, part. II, p. 93, col. 2.

2790. Mandement à Simon Berthier et à Mathurin Le Hucher, leur faisant savoir que les jugeries de Rivière et de Verdun ont été taxées à 2,174 livres 11 sous tournois pour leur part de l'augmentation de taille de 600,000 livres tournois 12 novembre.

mise sur tout le royaume. Paris, 12 novembre 1527. 1527.

*Original. Bibl. nat.*, ms. fr. 25721, n° 274.

2791. Mandement à Anne Du Prat, gouverneur de Clermont, et à Jean Chauvet, élu de Forez, leur faisant savoir que le bas et le haut Rouergue, le comté de Rodez et les quatre châtellenies ont été taxés à 12,972 livres 13 sous 4 deniers tournois pour leur part de l'augmentation de taille de 600,000 livres mise sur tout le royaume. Paris, 12 novembre 1527. 12 novembre.

*Copie. Bibl. nat.*, ms. fr. 25721, n° 275.

2792. Mandement aux élus de Lyonnais leur faisant savoir que la part de leur élection est de 5,870 livres 1 sou 1 denier dans l'augmentation de taille de 600,000 livres tournois mise sur tout le royaume. Paris, 12 novembre 1527. 12 novembre.

*Copie. Bibl. nat.*, ms. fr. 2702, fol. 134.

2793. Don à Jacques de Harlay, seigneur de Beaumont, gentilhomme de la maison du roi, d'une somme de 117 livres à prendre sur le trésorier de l'épargne des deniers provenant des confiscations et forfaitures. Paris, 12 novembre 1527. 12 novembre.

*Archives nat.*, *Comptes de l'épargne*, KK. 96, fol. 557. (*Mention.*)

2794. Mandement au trésorier de l'épargne de payer à Jean Hotman, orfèvre, la somme de 4,387 livres 15 sous 6 deniers pour de la vaisselle dont le roi a fait don à Artus Plantagenet, vicomte de l'Isle, à Nicolas Carrere, grand écuyer, et à Brocent, ambassadeurs du roi d'Angleterre. Paris, 13 novembre 1527. 13 novembre.

*Bibl. nat.*, ms. Clairambault 1215, fol. 66 v°. (*Mention.*)

2795. Mandement au trésorier de l'épargne de payer à Thomas Warichelan, roi d'armes d'Angleterre, la somme de 307 livres 10 sous, dont le roi 13 novembre.

lui a fait don, à l'occasion de son voyage en France. Paris, 13 novembre 1527. 1527.

*Bibl. nat.*, ms. Clairambault 1215, fol. 66 v°. (*Mention.*)

2796. Déclaration portant révocation de la commission établie en la Chambre du Conseil et renvoi de tous les comptes, dont elle avait l'examen, par-devant la Chambre des Comptes. Paris, 16 novembre 1527. 16 novembre.

*Enreg. à la Chambre des Comptes de Paris, le 27 novembre 1527. Arch. nat.*, P. 2304, p. 1545. 4 pages.

*Idem*, P. 2536, fol. 133; ADIX. 122, n° 35.

2797. Mandement au trésorier de l'épargne de payer à Jean Hotman, orfèvre, la somme de 989 livres 15 sous 7 deniers pour de la vaisselle dont le roi a fait don à Antoine de Points, ambassadeur du roi d'Angleterre en Espagne. Paris, 18 novembre 1527. 18 novembre.

*Bibl. nat.*, ms. Clairambault 1215, fol. 66 v°. (*Mention.*)

2798. Lettres autorisant les Génois à acheter du blé en Bourgogne, Auvergne et Bourbonnais. Paris, 25 novembre 1527. 25 novembre.

*Copie. Arch. de la ville de Lyon*, série GG.

2799. Lettres adressées au conseil de ville d'Angers, demandant un don de 300 livres pour aider à la solde des gens de guerre. Paris, 30 novembre 1527. 30 novembre.

*Copie. Arch. de la mairie d'Angers*, BB. 18, fol. 136.

2800. Édit portant règlement pour le style du Châtelet de Paris, au sujet des ventes de biens meubles, des oppositions aux criées, des ventes et adjudications par décret et des interrogatoires sur faits et articles. Paris, novembre 1527. Novembre.

*Enreg. au Parl. de Paris, sauf modifications, le 24 mars 1528 n. s. Arch. nat.*, X[1a] 8612, fol. 130. 2 pages 1/2.

*Enreg. au Châtelet de Paris, Bannières. Arch. nat.*, Y. 9, fol. 23. 3 pages. 1527.
*Imp. Bibl. nat., Inv. réserve*, F. 1822.
E. Girard, *Le troisième livre des offices de France*, augm. par Joly, in-fol., 1646, t. II, p. 947.

2801. Nomination d'une commission composée de Jean de Selve . . . , Jean Papillon, François de Saint-André, Antoine Du Bourg, etc., pour juger différents officiers de finances . . . [1], novembre 1527. Novembre.

*Original. Bibl. nat.*, ms. fr. 25721, n° 276.

2802. Institution de trois foires annuelles et d'un marché hebdomadaire à Arcy-le-Ponsart, en faveur de Pierre de Marle, seigneur du lieu. Paris, novembre 1527. Novembre.

*Enreg. à la Chancellerie de France. Arch. nat., Trésor des Chartes*, JJ. 241, n° 125, fol. 143 v°. 1 page.

2803. Rétablissement d'un marché hebdomadaire à Donville-l'Abbaye, en faveur de Jean Le Lieur, conseiller au Parlement, seigneur du lieu. Paris, novembre 1527. Novembre.

*Enreg. à la Chancellerie de France. Arch. nat., Trésor des Chartes*, JJ. 240, n° 315, fol. 385 v°. 1 page.

2804. Institution de deux foires chaque année et d'un marché hebdomadaire à Lusancy, en faveur de Pierre de Marle, seigneur du lieu. Paris, novembre 1527. Novembre.

*Enreg. à la Chancellerie de France. Arch. nat., Trésor des Chartes*, JJ. 241, n° 124, fol. 143. 1 page.

2805. Institution de trois foires par an et d'un marché chaque semaine à Maligny, en faveur de François de Ferrières, seigneur du lieu. Paris, novembre 1527. Novembre.

*Enreg. à la Chancellerie de France. Arch. nat., Trésor des Chartes*, JJ. 240, n° 301, fol. 370 v°. 1 page.

[1] Cette pièce est mutilée, il n'en reste plus que la moitié; l'analyse n'en est ni très sûre ni complète.

2806. Don à Jean Stuart, duc d'Albany, des biens dont le connétable de Bourbon aurait hérité du feu comte Bertrand II de Boulogne et du comte de Montpensier, échus au roi par confiscation. Paris, novembre 1527. | 1527. Novembre.

*Enreg. à la Chancellerie de France. Arch. nat., Trésor des Chartes*, JJ. 240, n° 372, fol. 437. 2 pages.

2807. Don à Lourdin de Saligny de la terre de Beaumont, en Bourbonnais, confisquée sur Jacques de Beaumont, complice du connétable de Bourbon. Paris, novembre 1527. | Novembre.

*Enreg. à la Chancellerie de France. Arch. nat., Trésor des Chartes*, JJ. 243, n° 466, fol. 138. 2 pages.

2808. Don à Guyot de Montcheul, seigneur de Thury, guidon de la compagnie du comte de Vaudemont, des biens confisqués sur François d'Estansannes, condamné à mort par arrêt du Parlement, le 23 août 1524, comme criminel de lèse-majesté. Paris, novembre 1527. | Novembre.

*Enreg. à la Chancellerie de France. Arch. nat., Trésor des Chartes*, JJ. 240, n° 333, fol. 403. 1 page.

2809. Lettres permettant à Jean Pineau, écuyer, seigneur de Kerjan, de prendre le nom de Kerjan au lieu de celui de Pineau. Paris, novembre 1527. | Novembre.

*Enreg. à la Chancellerie de France. Arch. nat., Trésor des Chartes*, JJ. 240, n° 334, fol. 403 v°. 1 page.

2810. Lettres autorisant la construction d'un colombier à Bourré, dans le Blésois, en faveur de Jean Edevyn, apothicaire et valet de chambre de la reine mère. Paris, novembre 1527. | Novembre.

*Enreg. à la Chancellerie de France. Arch. nat., Trésor des Chartes*, JJ. 240, n° 322, fol. 393 v°. 1 page 1/2.

2811. Lettres de quittance d'une somme de 64,444 écus d'or soleil remise par le roi d'Angleterre au maréchal de Montmorency, pour sa contribu- | 1er décembre.

tion à la guerre d'Italie, des mois de novembre et décembre 1527. Paris, 1er décembre 1527. 1527.

*Imp.* Rymer, *Fœdera, acta publica, etc.*, 3e édit., 1741, t. VI, partie II, p. 94, col. 1.

2812. Lettres maintenant Jean de Langeac, évêque d'Avranches, en possession de l'office de maître des requêtes de l'hôtel, à lui octroyé le 19 novembre 1518, et de tous gages et droits attachés audit office. Paris, 8 décembre 1527. 8 décembre.

*Enreg. au Grand Conseil, le 18 décembre 1527. Arch. nat., Grand Conseil*, V5 1046. 2 pages.

2813. Reconnaissance d'hommage fait par le duc de Vendôme pour les terres à lui échues par la mort de Charles de Bourbon. Paris, 8 décembre 1527. 8 décembre.

*Original. Arch. nat.*, K. 541, 2e dossier, no 6.

2814. Mandement au trésorier de l'épargne de payer à Jean Brinon, premier président du Parlement de Rouen, 448 livres 10 sous qui lui sont encore dus pour deux voyages faits par lui, l'un de Paris à Calais, pour aller au-devant du cardinal d'Yorck, l'autre en Angleterre. Paris, 8 décembre 1527. 8 décembre.

*Bibl. nat.*, ms. Clairambault 1215, fol. 66. (*Mention.*)

2815. Mandement au prévôt de Paris de désigner deux tuteurs à René de Batarnay, baron du Bouchage et d'Authon, âgé de quatorze ans, en remplacement de René, bâtard de Savoie, et de Jacques de Beaune, décédés, lesquels avaient été nommés tuteurs par le père dudit René. Paris, 12 décembre 1527. 12 décembre.

*Original. Bibl. nat.*, ms. fr. 3036, fol. 52.

2816. Commission adressée à Charles de Rohan, sr de Gyé, pour assembler les nobles des pays d'Anjou et du Maine et les engager à contribuer à la rançon du roi. Paris, 15 décembre 1527. 15 décembre.

*Arch. nat.*, MM. 759, *Preuves de l'hist. de la maison de Rohan, mss. de dom Morice*, p. 899. (*Mention.*)

2817. Lettres remettant au Parlement la connaissance et le jugement du procès de Pierre Laydet, conseiller en ladite cour, poursuivi pour concussions, faussetés et malversations, lequel procès avait été d'abord évoqué au Grand Conseil. Paris, 16 décembre 1527. — 1527. 16 décembre.

*Enreg. au Parl. de Paris, le 10 janvier 1528 n. s. Arch. nat.*, $X^{1a}$ 8612, fol. 95. 1 page.

2818. Mandement au trésorier de l'épargne de payer à Jean de Nourroy, chevalier, s[r] de l'Estang, la somme de 850 livres tournois dont le roi lui a fait don, sur les deniers provenant des droits de rachats, sous-rachats, profits de fiefs, etc., de Touraine et de Bretagne. Paris, 21 décembre 1527. — 21 décembre.

*Archives nat., Comptes de l'épargne*, KK. 96, fol. 557 v°. (*Mention.*)

2819. Lettres de règlement pour le gouvernement des affaires de l'évêque de Cornouailles, Claude de Rohan. Paris, 22 décembre 1527. — 22 décembre.

*Copie. Arch. nat., mss. de dom Morice, Preuves de l'hist. de la maison de Rohan*, MM. 759, p. 900.

2820. Transaction entre François Ier et Louise de Savoie, sa mère, touchant la succession du connétable de Bourbon. Paris, 23 décembre 1527. Contrat par-devant notaires. — 23 décembre.

(Voir ci-dessus, au 25 août 1527, n° 2736.)

2821. Ratification de l'aliénation des domaines, terres et seigneuries de Lesneven, au diocèse de Léon, du Gâvre, de Lanvaulx et d'Auvers en la paroisse de Fougeray, diocèse de Nantes, faite au profit d'Anne de Rohan, veuve du seigneur de Frontenay, tué devant Pavie. Paris, 24 décembre 1527. — 24 décembre.

*Enreg. à la Chambre des Comptes de Bretagne. Archives de la Loire-Inférieure*, B. *Mandements royaux*, I, fol. 169.

2822. Ratification des articles conclus à Mantoue, le 7 décembre précédent, entre les plénipotentiaires du Pape, de France, d'Angleterre, de — 26 décembre.

Venise, de Milan, de Florence et de Ferrare, pour l'entrée de Frédéric de Gonzague, marquis de Mantoue, dans la ligue contre l'Empereur. Saint-Germain-en-Laye, 26 décembre 1527. 1527.

*Imp.* Dumont, *Corps diplomatique*, in-fol., 1726, t. IV, part. 1, p. 513.

2823. Don à François de Bourbon, comte de Saint-Pol, lieutenant du roi et gouverneur du Dauphiné, de la somme de 3,750 livres tournois, à prendre sur les restes des comptes de feu Denis Bradé, receveur ordinaire du duché de Valois. Saint-Germain-en-Laye, 28 décembre 1527. 28 décembre.

*Archives nat., Comptes de l'épargne*, KK. 96, fol. 558 v°. (*Mention.*)

2824. Mandement à Jean Cottereau, trésorier de Languedoc, de faire payer par le trésorier de Nîmes à Pierre de Costa, lieutenant du gouverneur de Montpellier, à Jean de Sérillan, avocat du roi, et à plusieurs autres, les sommes auxquelles ils avaient été taxés par le Parlement de Toulouse, pour diverses informations faites par eux et pour un voyage à Paris. Saint-Germain-en-Laye, 31 décembre 1527. 31 décembre.

*Original. Bibl. nat.*, ms. fr. 25721, n° 277.

2825. Ordonnance portant réforme partielle du code et de la procédure criminelle dans le duché de Bretagne. Paris, décembre 1527. Décembre.

*Enreg. à la Chancellerie de France. Arch. nat., Trésor des Chartes*, JJ. 241, n° 30, fol. 26. 2 pages.

2826. Confirmation des privilèges, franchises et exemptions des habitants de Saint-Goustant, près d'Auray. Paris, décembre 1527. Décembre.

*Enreg. à la Chancellerie de France. Arch. nat., Trésor des Chartes*, JJ. 243, n° 386, fol. 113 v°. 1 page.

2827. Institution de deux foires par an et d'un marché chaque semaine à Lisle-sur-Loire, en Berry. Paris, décembre 1527. Décembre.

*Enreg. à la Chancellerie de France. Arch. nat., Trésor des Chartes*, JJ. 241, n° 15, fol. 14. 1 page.

2828. Lettres d'amortissement d'une rente léguée par Simonette Boucherat, veuve de Guillaume Molé, de Troyes, pour la fondation de messes dans la chapelle de l'église paroissiale de Troyes, appelée le beau portail Notre-Dame. Paris, décembre 1527. — 1527. Décembre.

*Enreg. à la Chancellerie de France. Arch. nat., Trésor des Chartes*, JJ. 241, n° 66, fol. 60 v°. 2 pages.

2829. Lettres de naturalité accordées à Pierre de Nocres, docteur en médecine de la faculté de Montpellier, originaire d'Espagne. Saint-Germain-en-Laye, décembre 1527. — Décembre.

*Enreg. à la Chancellerie de France. Arch. nat., Trésor des Chartes*, JJ. 241, n° 20, fol. 17 v°. 1 page.

2830. Mandement à Raymond Forget, lui ordonnant de payer la somme de 608 livres tournois au maître maçon qui a eu la garde des matériaux employés aux châteaux de Chambord, . . . . [1] 13e année du règne (1er janvier-31 décembre 1527). — 1527.

*Original. Bibl. nat.*, ms. fr. 25721, n° 279.

## 1528. — Pâques, 12 avril.

2831. Don à Bastien Du Fardeau, sr de Savigny, huissier de la chambre de Louise de Savoie, de la somme de 300 livres tournois, à prendre sur le trésorier de l'épargne des deniers provenant des exploits et amendes du Parlement de Dijon. Saint-Germain-en-Laye, 1er janvier 1527. — 1528. 1er janvier.

*Archives nat., Comptes de l'épargne*, KK. 96, fol. 559 v°. (*Mention.*)

2832. Don à Wolf Steinfurt, gentilhomme allemand — 3 janvier.

[1] Il ne reste plus que la moitié de la pièce; l'analyse n'en est pas très sûre.

qui avait amené au roi des chevaux, présent du duc de Würtemberg, d'une somme de 73 livres 16 sous tournois. Saint-Germain-en-Laye, 3 janvier 1527. 1528.

*Arch. nat., Comptes de l'épargne*, KK. 96, fol. 560. (*Mention.*)

2833. Mandement au conseil de ville d'Angers concernant la fermeture des portes de la ville, pour interdire le passage aux faux-sauniers. Saint-Germain-en-Laye, 4 janvier 1527. 4 janvier.

*Copie. Arch. de la mairie d'Angers*, BB. 18, fol. 141.

2834. Don à Pierre Trémolet, médecin ordinaire du roi, d'une somme de 975 livres tournois, à prendre du trésorier de l'épargne sur les deniers provenant des anoblissements. Saint-Germain-en-Laye, 5 janvier 1527. 5 janvier.

*Arch. nat., Comptes de l'épargne*, KK. 96, fol. 560. (*Mention.*)

2835. Don à Antoine de la Rochandry, s[r] de Vernon, de la somme de 5,000 livres tournois, à prendre du trésorier de l'épargne sur les exploits et amendes du Parlement de Paris. Saint-Germain-en-Laye, 7 janvier 1527. 7 janvier.

*Arch. nat., Comptes de l'épargne*, KK. 96, fol. 561. (*Mention.*)

2836. Mandement au trésorier de l'épargne de payer à Thierry Dorne, secrétaire des finances, 149 livres 7 sous 6 deniers tournois pour ses gages et droits de manteaux. Saint-Germain-en-Laye, 7 janvier 1527. 7 janvier.

*Arch. nat., Comptes de l'épargne*, KK. 96, fol. 655. (*Mention.*)

2837. Déclaration du roi en faveur de la duchesse d'Angoulême, sa mère. Les terres de Villeneuve, dépendant de la principauté de Dombes, et de Gironde, dépendant du duché de Châtellerault, lui sont attribuées en toute propriété, comme faisant partie de la succession 8 janvier.

du duc de Bourbon. Saint-Germain-en-Laye, 8 janvier 1527. 1528.

*Enreg. au Parl. de Paris, le 13 février 1528 n. s. Arch. nat.*, X[1a] 8612, fol. 95 v°. 1 page 1/2.
*Enreg. à la Chambre des Comptes de Paris, le 12 mars 1528 n. s. Arch. nat.*, P. 2305, p. 17. 3 pages 1/2.
*Idem*, P. 2536, fol. 136 v°.
*Copie de l'époque. Arch. nat., suppl. du Trésor des Chartes*, J. 954, n° 13.

2838. Don de 450 livres tournois en faveur de Pierre Delivrée, pour services rendus au roi, à prendre sur les droits seigneuriaux échus au Trésor pour raison de la terre et seigneurie de Fréville, en la vicomté de Pont-Audemer. Saint-Germain-en-Laye, 10 janvier 1527. 10 janvier.

*Arch. nat., Comptes de l'épargne*, KK. 96, fol. 562. (*Mention.*)

2839. Don de 400 livres tournois à Philippe de Longueval, s[r] de Haraucourt, sur les droits de relief, rachats, quints et requints de la châtellenie de Melun. Saint-Germain-en-Laye, 10 janvier 1527. 10 janvier.

*Arch. nat., Comptes de l'épargne*, KK. 96, fol. 563. (*Mention.*)

2840. Confirmation du don fait au seigneur de Canaples et à Marie d'Assigny, sa femme, des terres de Mantes et du Pont-de-Meulan, avec droit de nomination aux offices et bénéfices. Saint-Germain-en-Laye, 13 janvier 1527. 13 janvier.

*Enreg. à la Chambre des Comptes de Paris, le 22 janvier 1528 n. s. Arch. nat.*, P. 2304, p. 1459. 4 pages.
*Double*, p. 1473. 5 pages.

2841. Don à Camille de Orsini, comte de Monopollo, de la terre et seigneurie de Marmande, en Agenais, en récompense de ses terres du royaume de Naples tombées entre les mains de l'empereur. Saint-Germain-en-Laye, 14 janvier 1527. 14 janvier.

*Enreg. à la Chambre des Comptes de Paris, le 24 février 1528 n. s. Arch. nat.*, P. 2304, p. 1529. 6 pages.
*Double*, p. 1535. 7 pages 1/2.
*Idem*, P. 2536, fol. 127 v°.

2842. Lettres confirmant les privilèges et franchises de la faculté de médecine de Montpellier. Saint-Germain-en-Laye, 15 janvier 1527. — 1528. 15 janvier.

*Copie. Arch. du département de l'Hérault*, B. 341, fol. 171. 6 pages.

2843. Mandement au trésorier de l'épargne de payer à Antoine Macault, notaire et secrétaire du roi, 165 livres 2 sous 6 deniers tournois, pour treize mois onze jours de gages et droits de manteaux de son office. Saint-Germain-en-Laye, 15 janvier 1527. — 15 janvier.

*Arch. nat., Comptes de l'épargne*, KK. 96, fol. 652 v°. (*Mention.*)

2844. Mandement au trésorier de l'épargne de payer à Claude Robertet, notaire et secrétaire du roi, trésorier de France, la somme de 149 livres 7 sous 6 deniers pour un an de gages et droits de manteaux de son office de notaire et secrétaire du roi. Saint-Germain-en-Laye, 16 janvier 1527. — 16 janvier.

*Arch. nat., Comptes de l'épargne*, KK. 96, fol. 653 v°. (*Mention.*)

2845. Mandement au trésorier de l'épargne de payer à François Robertet, secrétaire des finances, la somme de 149 livres 7 sous 6 deniers pour ses gages de l'office de notaire et secrétaire du roi de l'année 1527. Saint-Germain-en-Laye, 16 janvier 1527. — 16 janvier.

*Arch. nat., Comptes de l'épargne*, KK. 96, fol. 654. (*Mention.*)

2846. Mandement au trésorier de l'épargne de payer à Bernard Lecourt, tapissier de la feue reine Claude, la somme de 100 livres tournois, en déduction de ce qui lui était dû pour ses gages et pour les réparations de plusieurs tapisseries du roi et de la reine. Saint-Germain-en-Laye, 19 janvier 1527. — 19 janvier.

*Arch. nat., Comptes de l'épargne*, KK. 96, fol. 659. (*Mention.*)

2847. Don à Claude Aligre, secrétaire de la duchesse d'Angoulême, de la somme de 360 livres tour- — 20 janvier.

nois sur les lods et ventes, quints et requints et autres droits seigneuriaux échus à la recette ordinaire de Senlis. Saint-Germain-en-Laye, 20 janvier 1527. 1528.

*Arch. nat., Comptes de l'épargne*, KK. 96, fol. 563 v°. (*Mention.*)

2848. Traité de prolongation de la neutralité entre les deux Bourgognes, pour trois ans. Saint-Germain-en-Laye, 22 janvier 1527. 22 janvier.

Ratification par l'empereur Charles-Quint. Burgos, 25 octobre.

Ratification par Marguerite, archiduchesse d'Autriche. Malines, 30 septembre.

*Enreg. au Parl. de Dijon. Arch. de la Côte-d'Or, Parl.*, reg. II, fol. 35 v°, 44 et 45.

2849. Lettres portant continuation du don fait aux Filles-Dieu de Paris de quatre amendes de 60 livres parisis chacune, à percevoir pour l'année échue le 6 août dernier et pour l'année courante. Saint-Germain-en-Laye, 22 janvier 1527. 22 janvier.

*Enreg. à la Chambre des Comptes de Paris, le 19 février 1528 n. s. Arch. nat.*, P. 2304, p. 1523. 3 pages.

2850. Lettres contenant règlement des différends existant entre le capitaine de la ville de Saint-Malo ou son lieutenant, et les doyen, chanoines et chapitre dudit Saint-Malo, à raison des droits prétendus par ceux-ci dans la ville à cause de leur juridiction temporelle. Saint-Germain-en-Laye, 24 janvier 1527. 24 janvier.

Publié et vérifié en jugement de la cour de Rennes devant le sénéchal du lieu, le 30 juillet 1529.

Imp. Pièce in-4° de 11 pages, Saint-Malo, 1732. *Arch. municipales de Saint-Malo*, AA. 4 et 5.

Dom Morice, *Histoire de Bretagne*, in-fol., 1746, Preuves, t. III, p. 974.

2851. Lettres portant don à Albert de Savoie, comte de Carpi, des vicomtés, terres et seigneuries 25 janvier.

de Conches et de Breteuil, en Normandie, les érigeant en comtés et leur attribuant un revenu total de 6,000 livres tournois, assis tant sur lesdites terres que sur les greniers à sel d'Évreux et de Conches. Saint-Germain-en-Laye, 25 janvier 1527. 1528.

*Enreg. à la Chambre des Comptes de Paris, le 10 mars 1528. Arch. nat., P. 2305, p. 817. 6 pages 1/2.*

2852. Pouvoirs donnés par le roi à Antoine Du Prat, chancelier de France, cardinal du titre de Sainte-Anastase et archevêque de Sens, de traiter du mariage de Renée de France, fille de Louis XII, avec Hercule d'Este, fils d'Alphonse, duc de Ferrare. Saint-Germain-en-Laye, 28 janvier 1527. 28 janvier.

*Enreg. à la Chambre des Comptes de Paris. Arch. nat., P. 2304, p. 762. 3 pages. Doubles, P. 2305, p. 32 et 60.*

2853. Don à François Des Landes, notaire et secrétaire du roi, de 100 livres tournois sur les deniers versés au trésorier de l'épargne par Jacques Charmolue, changeur du Trésor. Saint-Germain-en-Laye, 29 janvier 1527. 29 janvier.

*Arch. nat., Comptes de l'épargne*, KK. 96, fol. 564. (*Mention.*)

2854. Mandement au trésorier de l'épargne de payer à Jean Robertet, s[r] de la Mothe, conseiller, notaire et secrétaire du roi, la somme de 149 livres 7 sous 6 deniers tournois pour ses gages et droits de manteaux. Saint-Germain-en-Laye, 29 janvier 1527. 29 janvier.

*Arch. nat., Comptes de l'épargne*, KK. 96, fol. 652. (*Mention.*)

2855. Mandement au trésorier de l'épargne de payer à Jean Breton, notaire et secrétaire du roi, la somme de 149 livres 7 sous 6 deniers pour ses gages d'une année (1er janvier-31 décembre 1527). Saint-Germain-en-Laye, 29 janvier 1527. 29 janvier.

*Arch. nat., Comptes de l'épargne*, KK. 96, fol. 654 v°. (*Mention.*)

2856. Mandement au trésorier de l'épargne de payer à Gilbert Bayard, notaire et secrétaire du roi, la somme de 181 livres 14 sous tournois pour ses gages et droits de manteaux, du 13 octobre 1526 au 31 décembre 1527. Saint-Germain-en-Laye, 29 janvier 1527. — 1528. 29 janvier.

*Arch. nat., Comptes de l'épargne,* KK. 96, fol. 655. (*Mention.*)

2857. Érection du comté de Guise en duché, en faveur de Claude de Lorraine, comte de Guise et d'Aumale, lieutenant général et gouverneur de Champagne et de Brie. Saint-Germain-en-Laye, janvier 1527. — Janvier.

*Enreg. à la Chancellerie de France. Arch. nat., Trésor des Chartes,* JJ. 241, n° 45, fol. 41. 2 pages.

*Enreg. au Parl. de Paris, sauf réserve, le 12 août 1528. Arch. nat.,* X[1a] 8612, fol. 109. 3 pages.

*Enreg. à la Chambre des Comptes de Paris, le 5 septembre 1528. Arch. nat.,* P. 2305, p. 175. 3 pages.

*Idem,* P. 2536, fol. 163 v°; ADIX, 122, n° 18.

*Copie du XVIII^e siècle. Bibl. nat.,* ms. fr. 2758, fol. 195.

IMP. Le P. Anselme, *Hist. généal. de la maison de France,* in-fol., t. III, p. 479.

2858. Institution de trois nouvelles foires annuelles et d'un marché chaque semaine à Estaing dans le Rouergue. Paris, janvier 1527. — Janvier.

*Enreg. à la Chancellerie de France. Arch. nat., Trésor des Chartes,* JJ. 241, n° 19, fol. 17. 1 page.

2859. Création de deux foires annuelles et d'un marché hebdomadaire à Marcheville. Saint-Germain-en-Laye, janvier 1527. — Janvier.

*Enreg. à la Chancellerie de France. Arch. nat., Trésor des Chartes,* JJ. 243, n° 437, fol. 131 v°. 1 page.

2860. Lettres de naturalité accordées à Salvador Ferdinando, docteur régent en l'université de Bourges, originaire du Portugal. Saint-Germain-en-Laye, janvier 1527. — Janvier.

*Enreg. à la Chancellerie de France. Arch. nat., Trésor des Chartes,* JJ. 241, n° 43, fol. 40 v°. 1 page.

2861. Lettres portant ordre au trésorier de l'épargne de payer la somme de 1,167 livres 17 sous tournois pour deux colliers de l'Ordre achetés par le roi pour en faire présent à Anne de Montmorency, maréchal de France, et à Philippe Chabot, amiral. Saint-Germain-en-Laye, 2 février 1527. — 1528. 2 février.

*Arch. nat., Comptes de l'épargne*, KK. 96, fol. 541. (*Mention incomplète.*)

2862. Mandement à la Chambre des Comptes d'allouer aux comptes de Guillaume Prudhomme, trésorier de l'épargne, la somme de 3,600 livres 13 sous tournois qu'il a remise, du commandement du roi, entre les mains de Jean Sapin, receveur général des finances et commis au payement des menus plaisirs et affaires de la chambre du roi. Saint-Germain-en-Laye, 3 février 1527. — 3 février.

*Arch. nat., Comptes de l'épargne*, KK. 96, fol. 180. (*Mention.*)

2863. Don à Louis de Foville, fourrier ordinaire du roi, de 60 livres tournois sur le droit de relief et treizième de la terre et seigneurie de Grincourt en Artois (vicomté d'Arques). Saint-Germain-en-Laye, 4 février 1527. — 4 février.

*Arch. nat., Comptes de l'épargne*, KK. 96, fol. 564 v°. (*Mention.*)

2864. Lettres qui enjoignent au Parlement et au sénéchal de Toulouse de délivrer entre les mains de Christophe de Tubiano et de Louis Hénard les prisonniers valides pour renforcer les équipages des galères envoyées à l'expédition de Sicile. Saint-Germain-en-Laye, 9 février 1527. — 9 février.

*Copie. Arch. municip. de Toulouse*, ms. 153, p. 275.

2865. Don à Léon Du Torchon de la somme de 700 livres tournois sur les droits de reliefs, lods et ventes de la prévôté de Paris et sur les amendes adjugées au roi par le prévôt de Paris — 10 février.

ou son lieutenant. Saint-Germain-en-Laye, 10 février 1527. 1528.

*Archives nat., Comptes de l'épargne,* KK. 96, fol. 565 v°. (*Mention.*)

2866. Lettres contenant les instructions du roi adressées au chapitre métropolitain de Tours, le siège archiépiscopal vacant, sur la conduite à tenir au concile qui devait prochainement se tenir à Tours. Saint-Germain-en-Laye, 11 février 1527. 11 février.

*Copie. Bibl. municipale de Tours, mss., Concilia provinciæ Turonensis,* t. VI, p. 356.

2867. Don à Jean Sandis (*sic*), gentilhomme anglais, de la somme de 410 livres tournois, en récompense de services rendus au roi et pour le défrayer des dépenses d'une maladie qui lui survint pendant un voyage à Paris. Saint-Germain-en-Laye, 13 février 1527. 13 février.

*Archives nat., Comptes de l'épargne,* KK. 96, fol. 566 v°. (*Mention.*)

2868. Lettres enjoignant au sénéchal de Lyon de laisser passer 750 émines de blé achetées en Bourgogne par la comtesse de Villars. Saint-Germain-en-Laye, 14 février 1527. 14 février.

*Copie. Arch. de la ville de Lyon,* série GG.

2869. Lettres de don en faveur de Jean de La Barre, comte d'Étampes, prévôt et bailli de Paris, premier gentilhomme de la chambre du roi, d'une somme de 1,100 livres tournois, sur les revenus du grenier à sel d'Étampes. Saint-Germain-en-Laye, 14 février 1527. 14 février.

*Arch. nat., Comptes de l'épargne,* KK. 96, fol. 567. (*Mention.*)

2870. Lettres donnant assignation sur le trésorier de l'épargne à Camille de' Orsini (Ursin), comte de Monopollo, pour une somme de 1,000 livres que le roi lui donne en compensation de l'infériorité des revenus des terres qui lui ont été attribuées en France et pour une autre somme de 400 livres destinée aux frais du voyage qu'il 14 février.

va faire avec Lautrec dans le royaume de Naples, du commandement du roi. Saint-Germain-en-Laye, 14 février 1527. 1528.

*Archives nat., Comptes de l'épargne*, KK. 96, fol. 569 v°. (*Mention.*)

2871. Lettre de don de l'office de conseiller du roi et maître des comptes à Montpellier pour Jacques Spifame. Saint-Germain-en-Laye, 14 février 1527. 14 février.

*Copie. Arch. départ. de l'Hérault*, B. 341, fol. 9 v°, 3 pages.

2872. Lettres portant confirmation de la permission accordée à la seigneurie de Gênes de tirer 1,500 émines de blé de la province de Bourgogne. Saint-Germain-en-Laye, 15 février 1527. 15 février.

*Copie. Arch. de la ville de Lyon*, série GG.

2873. Lettres autorisant Louis Breton à acheter des blés dans les deux Bourgognes, pour l'approvisionnement de la Provence. Saint-Germain-en-Laye, 15 février 1527. 15 février.

*Copie. Arch. de la ville de Lyon*, série GG.

2874. Mandement au trésorier de l'épargne de payer à Jean Poussin, dit Vendôme, huissier du Grand Conseil, la somme de 140 livres 4 sous 3 deniers tournois, pour les frais du transport des coffres dudit Conseil à la suite de la cour. Saint-Germain-en-Laye, 15 février 1527. 15 février.

*Arch. nat., Comptes de l'épargne*, KK. 96, fol. 542. (*Mention.*)

2875. Mandement au trésorier de l'épargne de payer à Jean Duval, notaire et secrétaire du roi, la somme de 149 livres 7 sous 6 deniers tournois pour ses gages et droits de manteaux. Saint-Germain-en-Laye, 15 février 1527. 15 février.

*Archives nat., Comptes de l'épargne*, KK. 96, fol. 655 v°. (*Mention.*)

2876. Don à Balthazar Piat, gentilhomme du comté de Carpi, d'une somme de 205 livres tournois, en récompense des avis qu'il a apportés au roi de la part du pape et de plusieurs 17 février.

princes d'Italie. Saint-Germain-en-Laye, 17 février 1527. 1528.

*Archives nat., Comptes de l'épargne*, KK. 96, fol. 570 v°. (*Mention*.)

2877. Don à Jacques de La Paillart, gentilhomme de Salerne, envoyé par le roi avec Lautrec et Camille de Orsini à l'expédition de Naples, d'une somme de 200 livres tournois pour ses frais de voyage. Saint-Germain-en-Laye, 17 février 1527. 17 février.

*Arch. nat., Comptes de l'épargne*, KK. 96, fol. 571. (*Mention*.)

2878. Lettres réglant un différend survenu entre le Parlement et la Chambre des Comptes de Provence, et reconnaissant la compétence de cette dernière sur les quatre matières suivantes : 1° réunion au domaine royal des terres aliénées pour un temps; 2° entérinement et enregistrement des lettres de donation ou d'aliénation; 3° recouvrement des aides et gabelles; 4° reddition de comptes. Saint-Germain-en-Laye, 19 février 1527. 19 février.

*Enreg. au Grand Conseil, le 19 août 1532, sur le refus du Parl. de Provence. Arch. nat., Grand Conseil*, V⁵ 1049. 2 pages.

*Enreg. au Parl. de Provence, le 26 mars 1533 n. s., et à la Chambre des Comptes, le même jour. Arch. des Bouches-du-Rhône*, B. 32 (*Scorpionis*), fol. 88. 6 pages.

*Idem*, B. 28 (*Paris*), fol. 355, et B. 29 (*Sagitt.*), fol. 166.

2879. Lettres attribuant aux maîtres rationaux et aux archivaires de la Chambre des Comptes d'Aix le contrôle des munitions du roi en Provence. Saint-Germain-en-Laye, 19 février 1527. 19 février.

*Enreg. à la Chambre des Comptes d'Aix. Arch. des Bouches-du-Rhône*, B. 28 (*Paris*), fol. 287. 2 pages.

2880. Donation à Alain de Guengat, chevalier, capitaine de la ville et du château de Brest, chambellan et maître d'hôtel ordinaire du roi, des revenus 21 février.

des terres et seigneuries de Brest, de Saint-Renan, du Teil, de Châteaulin et de leurs dépendances jusqu'à concurrence de 800 livres par an, pour en jouir pendant dix ans. Saint-Germain-en-Laye, 21 février 1527. 1528.

*Enreg. à la Chambre des Comptes de Bretagne. Arch. de la Loire-Inférieure*, B. *Mandements royaux*, I, fol. 376.

2881. Commission adressée à Jean de La Barre, comte d'Étampes, à l'évêque de Meaux, à Galliot de Genouilhac, à Jean de Selve et à Jean Brinon pour demander à la ville de Paris une aide de 100,000 écus d'or destinée à la rançon du roi. Saint-Germain-en-Laye, 26 février 1527. 26 février.

*Original. Arch. nat.*, K. 953, n° 42.
*Enreg. au Bureau de la ville de Paris. Arch. nat.*, H. 1779, fol. 7 v°.
IMP. *Registres des délibérations du Bureau de la ville*, gr. in-4°, t. II, p. 10.

2882. Lettres portant mandement de laisser passer 700 émines de blé achetées en Bourgogne et en Champagne par les chevaliers de Saint-Jean-de-Jérusalem. Saint-Germain-en-Laye, 27 février 1527. 27 février.

*Copie. Arch. de la ville de Lyon*, série GG.

2883. Don à Robert de Pommereul, premier écuyer d'écurie du roi, de 80 livres tournois à prendre sur les deniers provenant des reliefs et treizièmes de la seigneurie de Vauville en Normandie. Saint-Germain-en-Laye, 28 février 1527. 28 février.

*Arch. nat., Comptes de l'épargne*, KK. 96, fol. 572. (*Mention.*)

2884. Confirmation des privilèges et statuts accordés par les rois de France aux maîtres barbiers de Narbonne. Saint-Germain-en-Laye, février 1527. Février.

*Enreg. à la Chancellerie de France. Arch. nat., Trésor des Chartes*, JJ. 243, n° 398, fol. 116 v°. 1/2 page.

2885. Création de quatre foires annuelles à Cocural, en faveur d'Antoine Cat, seigneur du lieu. Saint-Germain-en-Laye, [février] 1527. — 1528. Février.

*Enreg. à la Chancellerie de France. Arch. nat., Trésor des Chartes*, JJ. 241, n° 64, fol. 59 v°. 1 page.

2886. Création de deux foires annuelles et d'un marché hebdomadaire à Frenay-les-Chanoines, en Nivernais, en faveur de Guillaume de La Platière, seigneur du lieu. Saint-Germain-en-Laye, février 1527. — Février.

*Enreg. à la Chancellerie de France. Arch. nat., Trésor des Chartes*, JJ. 241, n° 53, fol. 50 v°. 1 page 1/2.

2887. Confirmation des lettres de Louise de Savoie, régente, permettant à Antoine de Tournon, chevalier, d'établir un bac sur le Rhône, à la Roche-de-Glain. Saint-Germain-en-Laye, février 1527. — Février.

*Enreg. à la Chancellerie de France. Archives nationales, Trésor des Chartes*, JJ. 241, n° 63, fol. 59. 1 page 1/3.

2888. Confirmation de l'institution et des privilèges des cinq sergents de la mairie d'Angers. Paris, février 1527. — Février.

*Enreg. à la Chancellerie de France. Arch. nat., Trésor des Chartes*, JJ. 241, n° 62, fol. 58 v°. 1 page.

2889. Lettres de sauvegarde données en faveur de l'église cathédrale et du chapitre de Noyon. Paris, février 1527. — Février.

*Enreg. à la Chancellerie de France. Arch. nat., Trésor des Chartes*, JJ. 241, n° 47, fol. 43. 4 pages.

2890. Lettres de sauvegarde en faveur de l'abbaye de Saint-Remy de Reims. Paris, février 1527. — Février.

*Arch. municip. de Reims, fonds de Saint-Remy*, liasse 15, n° 18.

2891. Lettres contenant remise faite aux consuls de Lyon de la somme de 15,000 livres sur le prix de la ferme des aides, pour l'employer aux — 2 mars.

fortifications. Saint-Germain-en-Laye, 2 mars 1527. 1528.

*Original et vidimus. Arch. de la ville de Lyon,* série CC.

2892. Mandement à la Chambre des Comptes d'allouer au compte de Guillaume Prudhomme, trésorier de l'épargne, la somme de 1,607 livres tournois qu'il a payée, du commandement du roi, à Jean Sapin, receveur général des finances, commis au payement des menus plaisirs. Saint-Germain-en-Laye, 2 mars 1527. 2 mars.

*Archives nat., Comptes de l'épargne,* KK. 96, fol. 181 v°. (*Mention.*)

2893. Lettres portant règlement pour les privilèges des marchands des villes impériales d'Allemagne. Saint-Germain-en-Laye, 4 mars 1527. 4 mars.

*Imp.* R. Choppin, *De domanio Franciæ,* in-fol., 1605, liv. I, titre II, n° 22. (*Mention.*)

Blanchard, *Compilation chronologique, etc.,* in-fol., t. I., col. 476. (*Mention.*)

2894. Don à Geneviève Boulanger, veuve de François de Loynes, président des enquêtes à Paris, d'une somme annuelle de 240 livres parisis, pendant dix ans, à prendre sur les exploits et amendes du Parlement. Saint-Germain-en-Laye, 4 mars 1527. 4 mars.

*Arch. nat., Comptes de l'épargne,* KK. 96, fol. 573. (*Mention.*)

2895. Commission adressée à Jean Ravier, conseiller au Parlement de Dijon, et à Antoine Du Bourg, lieutenant civil de la prévôté de Paris, pour procéder au règlement des affaires criminelles et civiles de feu Jacques de Beaune de Semblançay, avec d'autres commissaires, Jean de Selve, premier président du Parlement de Paris, Jacques Minut, premier président du Parlement de Toulouse, Jean Prévot, général des finances, Imbert Veillet, avocat au Parlement, et Jean de Rochebouët, avocat au siège 5 mars.

royal de Tours. Saint-Germain-en-Laye, 5 mars 1527. 1528.

*Arch. nat.*, KK. 338, *Compte des deniers provenant des arrêts de la Tour carrée*, fol. 3. 9 pages.

2896. Déclaration portant règlement pour les emboutiquements et déchargements des sels dans la province de Languedoc. Saint-Germain-en-Laye, 7 mars 1527. 7 mars.

*Arch. nat.*, *Cour des Aides de Paris*, Z[1a] 526, sous la date de mars 1527. (*Mention.*)

*Bibl. nat.*, *mss. Moreau*, t. 1402, fol. 276. (*Mention.*)

IMP. Jean Philippi, *Édits et ordonn. concernant l'autorité des Cours des Aides de France*, Montpellier, Gilet, 1597, in-fol., p. 101.

Fontanon, *Édits et ordonnances*, t. II, p. 793.

J. Corbin, *Recueil d'édits concernant la Cour des Aides de Paris*, 1623, in-4°, p. 213.

2897. Lettres portant règlement pour le payement des gages des grènetiers et autres officiers des gabelles. Saint-Germain-en-Laye, 7 mars 1527. 7 mars.

*Arch. nat.*, *Cour des Aides de Paris*, Z[1a] 526. (*Mention.*)

IMP. Jean Philippi, *Édits et ordonn. concernant l'autorité des cours des Aides de France*, in-fol., 1597, p. 102.

J. Corbin, *Recueil d'édits concernant la Cour des Aides*, Paris, 1623, in-4°, p. 215.

2898. Mandement au trésorier de l'épargne de payer la somme de 1,025 livres à Charles Du Solier de Morette, envoyé comme ambassadeur auprès du roi d'Angleterre. Saint-Germain-en-Laye, 9 mars 1527. 9 mars.

*Bibl. nat.*, ms. Clairambault 1215, fol. 66 v°. (*Mention.*)

2899. Pouvoirs conférés à Jean Du Bellay, évêque de Bayonne, et à Charles Du Solier de Morette pour négocier avec les délégués de l'empereur un traité touchant le commerce entre les sujets impériaux et ceux du roi de France. Saint-Germain-en-Laye, 10 mars 1527. 10 mars.

IMP. Rymer, *Fœdera, acta publica*, etc., 3e édit., 1741, t. VI, part. II, p. 94, col. 2.

2900. Commission à Jean Du Bellay et à Charles Du Solier de Morette de traiter avec les délégués du roi d'Angleterre des questions touchant les préparatifs de guerre contre l'empereur. Saint-Germain-en-Laye, 10 mars 1527. — 1528. 10 mars.

*Imp.* Rymer, *Fœdera, acta publica*, etc., t. VI, part. II, p. 94, col. 2.

2901. Commission aux mêmes Jean Du Bellay et Charles de Morette pour régler avec les délégués d'Henri VIII les privilèges des marchands anglais qui trafiquent en France. Saint-Germain-en-Laye, 10 mars 1526. — 10 mars.

*Imp.* Rymer, *Fœdera, acta publica*, etc., t. VI, part. II, p. 95, col. 1.

2902. Lettres ordonnant l'achat de 1,200 charges de blé en Bourgogne, Lyonnais, Forez et Beaujolais, pour l'approvisionnement des galères à Marseille. Saint-Germain-en-Laye, 10 mars 1527. — 10 mars.

*Copie. Arch. de la ville de Lyon*, série GG.

2903. Lettres ordonnant l'achat de 300 charges de blé en Bourgogne, Forez et Beaujolais pour la provision des deux galères du capitaine Jonas. Saint-Germain-en-Laye, 10 mars 1527. — 10 mars.

*Copie. Arch. de la ville de Lyon*, série GG.

2904. Don de 1,200 livres tournois à Oudart Du Biez, chambellan du roi, sénéchal de Boulonnais, pour ses services pendant le séjour des ambassadeurs anglais à Boulogne-sur-mer. Saint-Germain-en-Laye, 10 mars 1527. — 10 mars.

*Archives nat., Comptes de l'épargne*, KK. 96, fol. 573 v°. (*Mention.*)

2905. Lettres portant don, en faveur d'Antoine de La Rochefoucauld, seigneur de Barbezieux, d'une somme de 4,950 livres tournois sur les revenus de la terre et seigneurie de Vendeuvre, au bailliage de Troyes. Saint-Germain-en-Laye, 11 mars 1527. — 11 mars.

*Arch. nat., Comptes de l'épargne*, KK. 96, fol. 574. (*Mention.*)

2906. Don au duc de Vendôme du droit de gabelle du grenier à sel de Château-Gontier. Saint-Germain-en-Laye, 15 mars 1527. 1528. 15 mars.

*Enreg. à la Chambre des Comptes de Paris. Arch. nat.*, P. 2304, p. 1559. 1 page 1/2.
*Idem*, P. 2536, fol. 133 v°; et ADIX. 122, n° 22.

2907. Lettres ordonnant aux Lyonnais de laisser passer les blés achetés en Bourgogne par la comtesse de Villars pour le comté de Tande. Saint-Germain-en-Laye, 15 mars 1527. 15 mars.

*Copie. Arch. de la ville de Lyon*, série GG.

2908. Lettres contenant de nouvelles instructions aux commissaires chargés de terminer les procès de feu Jacques de Beaune de Semblançay, lesdits commissaires au nombre de sept : Jean de Selve, Jacques Minut, Jean Ravier, Antoine Du Bourg, Jean Prévôt, Imbert Veillet et Jean de Rochebouët. Saint-Germain-en-Laye, 16 mars 1527. 16 mars.

*Arch. nat.*, KK. 338, *Comptes des deniers provenant des arrêts de la Tour carrée*, fol. 9. 3 pages.

2909. Lettres de commission adressées au maréchal de Montmorency et autres pour se rendre aux États de Languedoc à Pézenas et y présenter les demandes du roi. Saint-Germain-en-Laye, 17 mars 1527. 17 mars.

*Copie. Arch. municip. de Montpellier*, série AA. (*États de Languedoc*).

2910. Mandement à Jean de Poncher, général des finances en Languedoc, Lyonnais, Forez et Beaujolais, de donner à ferme au plus offrant et dernier enchérisseur les aides de la ville et de la banlieue de Lyon et du plat pays de Lyonnais. Saint-Germain-en-Laye, 17 mars 1527. 17 mars.

*Copie. Bibl. nat.*, ms. fr. 2702, fol. 137 et 141 v°.

2911. Mandement aux élus de Lyonnais, leur faisant savoir que la part de leur élection est de 5,870 livres 1 sou 1 denier dans la somme de 17 mars.

600,000 livres tournois à lever par anticipation, en mai et en août, sur la taille de 1528. Saint-Germain-en-Laye, 17 mars 1527. 1528.

*Copie. Bibl. nat.*, ms. fr. 2702, fol. 135.

2912. Mandement aux élus de Limousin, leur faisant savoir que leur élection a été taxée à 8,335 livres 15 sous 9 deniers tournois pour sa part de la somme de 600,000 livres levée par anticipation sur la taille de 1528. Saint-Germain-en-Laye, 17 mars 1527. 17 mars.

*Copie. Bibl. nat.*, ms. fr. 25721, n° 280.

2913. Mandement à Simon Berthier et Mathurin Le Huchier, leur faisant savoir que les jugeries de Rivière et de Verdun ont été taxées à 2,174 livres 11 sous 1 denier pour leur part de la somme de 600,000 livres levée par anticipation sur la taille de 1528. Saint-Germain-en-Laye, 17 mars 1527. 17 mars.

*Original. Bibl. nat.*, ms. fr. 25721, n° 281.

2914. Lettres ordonnant la remise en vigueur et une nouvelle publication des anciennes ordonnances contre les blasphémateurs. Saint-Germain-en-Laye, 18 mars 1527. 18 mars.

*Enreg. au Parl. de Bordeaux, le 8 avril 1528 n. s. Archives de la Gironde*, B. 30 *bis*, fol. 99. 3 pages.

*Enreg. au Parl. de Dijon. Arch. de la Côte-d'Or, Parl.*, reg. II, fol. 45.

2915. Lettres de réception de foi et hommage par Jean Pot, écuyer, de la seigneurie de Chemault et dépendances, relevant de la châtellenie royale de Boiscommun. Saint-Germain-en-Laye, 18 mars 1527. 18 mars.

*Copie du XVII<sup>e</sup> siècle. Arch. du Loiret*, Apanage, A. 181.

2916. Lettres portant que la contribution volontaire consentie par les commandeurs de l'ordre de Saint-Jean-de-Jérusalem pour la délivrance des enfants de France, détenus en Espagne, ne portera aucun préjudice aux privilèges et exemp- 19 mars.

tions dudit ordre. Saint-Germain-en-Laye, 19 mars 1527. — 1528.

*Imp.* Le chevalier des Clozeaulx, *Privilèges des papes, empereurs, roys... en faveur de l'ordre de Saint-Jehan-de-Hierusalem*, 2e édit., Paris, Soubret, 1649, p. 183.

2917. Don de 60 livres parisis à Jean Martel, pauvre homme de labour du pays d'Auvergne. Saint-Germain-en-Laye, 19 mars 1527. — 19 mars.

*Arch. nat., Comptes de l'épargne*, KK. 96, fol. 575. (*Mention.*)

2918. Lettres adressées au conseil de ville d'Angers, réclamant l'envoi de la moitié des deniers communs pour subside de guerre. Saint-Germain-en-Laye, 27 mars 1527. — 27 mars.

*Copie. Arch. de la mairie d'Angers*, BB. 18, fol. 148.

2919. Don de 300 écus d'or soleil à Thomas dei Cardi, chevalier, qui avait amené au roi deux chevaux de la part du marquis de Mantoue. Paris, 27 mars 1527. — 27 mars.

*Archives nat., Comptes de l'épargne*, KK. 96, fol. 575 v°. (*Mention.*)

2920. Mandement aux gens des Comptes de Bretagne de mettre Alain de Guengat en possession des terres et seigneuries de Brest, de Saint-Renan et de leurs dépendances, suivant les lettres de don qu'il en a obtenues pour dix ans. Paris, 28 mars 1527. — 28 mars.

*Enreg. à la Chambre des Comptes de Bretagne. Archives de la Loire-Inférieure*, B. *Mandements royaux*, I, fol. 378.

2921. Autorisation accordée à Antoine et Louis Bonvisi d'acheter des blés pour l'approvisionnement de Lucques. Paris, 28 mars 1527. — 28 mars.

*Copie. Arch. de la ville de Lyon*, série GG.

2922. Lettres portant assignation sur le trésorier de l'épargne d'une somme de 200 livres tournois due à Denis Chesneau, pour avoir dressé et fait écrire et grossoyer les mandements et — 28 mars.

lettres adressés naguère par le roi aux élections et recettes du royaume, pour la levée anticipée d'une somme de 600,000 livres sur les tailles de l'année 1528. Paris, 28 mars 1527. 1528.

*Arch. nat., Comptes de l'épargne*, KK. 96, fol. 576. (*Mention.*)

2923. Déclaration par laquelle le roi attribue à la Chambre des Comptes de Blois la connaissance des comptes des comtés de Blois, Soissons et Asti, seigneurie de Coucy et autres terres patrimoniales des ducs d'Orléans échues au dauphin par droit de succession. Paris, 29 (alias 19) mars 1527. 29 mars.

*Enreg. à la Chambre des Comptes de Paris. Arch. nat.*, P. 2305, p. 167. 4 pages 1/2.
*Idem*, P. 2536, fol. 161; ADIX. 122, n° 23.

2924. Déclaration portant que tous les mandats relatifs à la collation des bénéfices impétrés depuis le concordat avec le pape Léon X, qui ne seront point dans la forme prescrite par ledit concordat, seront rejetés et annulés. Paris, 29 mars 1527. 29 mars.

*Enreg. au Grand Conseil, le 13 juillet 1528. Arch. nat., Grand Conseil*, V[5] 1046. 2 pages.
*Enreg. au Parl. de Dijon, le 7 août 1528. Arch. de la Côte-d'Or, Parl.*, reg. II, fol. 45 et 52.

2925. Lettres adressées au conseil de la ville d'Angers, demandant une contribution de 6,000 livres pour aider à payer la rançon des fils de France. Paris, 29 mars 1527. 29 mars.

*Copie. Arch. de la mairie d'Angers*, BB. 19, fol. 3.

2926. Don à Pierre Delamaison, chirurgien et valet de chambre du roi, d'une somme de 60 livres parisis sur les exploits et amendes du Parlement de Paris. Paris, 30 mars 1527. 30 mars.

*Archives nat., Comptes de l'épargne*, KK. 96, fol. 576 v°. (*Mention.*)

2927. Confirmation des privilèges, franchises et exemptions accordés par les rois aux maîtres barbiers Mars.

et chirurgiens de Paris. Saint-Germain-en-Laye, mars 1527. 1528.

*Enreg. à la Chancellerie de France. Arch. nat., Trésor des Chartes*, JJ. 243, n° 410, fol. 120 v°, 1 page.

2928. Institution de deux foires annuelles et d'un marché hebdomadaire à Castera, en faveur de M. de La Roque, baron de Castera. Saint-Germain-en-Laye, mars 1527. Mars.

*Enreg. à la Chancellerie de France. Arch. nat., Trésor des Chartes*, JJ. 241, n° 110, fol. 106. 1 page.

2929. Lettres d'abolition accordées à messire Jacques Hurault, évêque d'Autun, complice du connétable de Bourbon. Saint-Germain-en-Laye, mars 1527. Mars.

*Enreg. à la Chancellerie de France. Arch. nat., Trésor des Chartes*, JJ. 243, n° 405, fol. 118. 2 pages.

2930. Lettres d'abolition en faveur de Jacques Robelin, prêtre au service de Jacques Hurault, évêque d'Autun, complice du connétable de Bourbon, ledit Robelin ayant suivi son maître auprès de l'empereur. Saint-Germain-en-Laye, mars 1527. Mars.

*Enreg. à la Chancellerie de France. Arch. nat., Trésor des Chartes*, JJ. 243, n° 401, fol. 117. 1 page 1/2.

2931. Déclaration portant confirmation du don de la baronnie de la Tour et autres biens provenant de la confiscation de Jean de Poitiers, comte de Saint-Vallier, faite par le roi au duc d'Albany, malgré les lettres d'abolition obtenues par ledit de Saint-Vallier. Saint-Germain-en-Laye, mars 1527. Mars.

*Enreg. à la Chancellerie de France. Arch. nat., Trésor des Chartes*, JJ. 243, n° 408, fol. 119 v°. 1 page 1/2.

2932. Lettres d'abolition en faveur de Thibaut de Besançon, protonotaire apostolique, qui avait accompagné l'évêque d'Autun, Jacques Hu- Mars.

rault, complice du connétable de Bourbon, dans sa défection. Saint-Germain-en-Laye, mars 1527. 1528.

*Enreg. à la Chancellerie de France. Arch. nat., Trésor des Chartes*, JJ. 243, n° 409, fol. 120 v°. 2 pages.

2933. Lettres de légitimation en faveur de Jean Botequari, marchand de Montpellier. Saint-Germain-en-Laye, mars 1527. Mars.

*Arch. départ. de l'Hérault*, B. 341, fol. 94. 2 pages 1/2.

2934. Lettres octroyant aux habitants de Tarascon affranchissement de tous aides, tailles, impôts, subsides et autres subventions royales, à la condition de commencer avant deux ans des travaux d'endiguement du Rhône et de nouvelle direction à donner à son cours, entre Beaucaire et Tarascon. Paris, mars 1527. Mars.

*Enreg. à la Chancellerie de France. Arch. nat., Trésor des Chartes*, JJ. 241, n° 113, fol. 108. 3 pages.

*Enreg. à la Chambre des Comptes d'Aix, le 8 avril 1529. Arch. des Bouches-du-Rhône*, B. 28 (*Paris*), fol. 359. 3 pages.

2935. Lettres d'anoblissement octroyées à Sébastien de Rabutin, huissier de chambre de la reine mère, et à Claude de Rabutin, garde du château de Semur, bâtards de la maison de Rabutin. Paris, mars 1527. Mars.

*Enreg. à la Chancellerie de France. Arch. nat., Trésor des Chartes*, JJ. 241, n° 107, fol. 104. 2 pages.

2936. Création d'un marché chaque semaine et de trois foires l'an à Montagnac, en faveur de Jean de Montpezat, chambellan du roi, seigneur du lieu. Paris, mars 1527. Mars.

*Enreg. à la Chancellerie de France. Arch. nat., Trésor des Chartes*, JJ. 241, n° 111, fol. 106 v°. 1 page.

*Aliàs*, avril 1528, *idem*, n° 120, fol. 138 v°.

2937. Création d'une foire annuelle et d'un marché Mars.

hebdomadaire à Sucy-en-Brie. Paris, mars 1527. 1528.

*Enreg. au Châtelet de Paris, le 6 avril 1528 n. s. Arch. nat., Bannières*, Y. 8, fol. 236. 2 pages.

*Copie du XVI*[e] *siècle. Arch. nat.*, LL. 175, *Grand Pastoral de Notre-Dame*, p. 234.

2938. Lettres d'affranchissement d'une famille de serfs de Villeneuve-lès-Saint-Georges, en Bourgogne. Paris, mars 1527. Mars.

*Enreg. à la Chancellerie de France. Arch. nat., Trésor des Chartes*, JJ. 243, n° 451, fol. 134 v°. 1 page 1/2.

2939. Édit portant règlement pour le payement des gages des gardes, tailleurs et essayeurs des monnaies. Mars 1527. Mars.

*Enreg. à la Chambre des Comptes de Paris, anc. mém.* coté 2 E, fol. 113. *Arch. nat., invent.* PP. 136, p. 334. (*Mention.*)

IMP. Blanchard, *Compilation chronologique, etc.*, t. I, col. 476. (*Mention.*)

2940. Lettres de don en faveur de Nicolas de Ferrières, seigneur de La Bâtie, d'une somme de 550 livres sur les reliefs et treizièmes dus au Trésor à cause de la terre et seigneurie de Fréville en Normandie. Saint-Germain-en-Laye, 1er avril 1527. 1er avril.

*Archives nat., Comptes de l'épargne*, KK. 96, fol. 577 v°. (*Mention.*)

2941. Commission de lieutenant général pour le roi dans les pays de la Rochelle, Saintonge et Poitou, octroyée au seigneur de La Trémoïlle, chevalier de l'ordre du roi. Saint-Germain-en-Laye, 4 avril 1527. 4 avril.

*Copie. Bibl. municip. de Poitiers*, coll. dom Fonteneau, t. XL, p. 212.

2942. Lettres ordonnant de payer à Jean Sapin, receveur général des finances, commis au payement des menus plaisirs du roi, la somme de 205 livres tournois, pour employer au fait de son office. Saint-Germain-en-Laye, 4 avril 1527. 4 avril.

*Arch. nat., Comptes de l'épargne*, KK. 96, fol. 183. (*Mention.*)

2943. Lettres par lesquelles le roi commet en sa place le chancelier Du Prat, pour tenir l'audience du vendredi saint et accorder les rémissions accoutumées ce jour-là. Anet, 7 avril 1527. — 1528. 7 avril.

*Enreg. à la Chancellerie de France. Arch. nat., Trésor des Chartes,* JJ. 243, n° 396, fol. 116. 1 page.
*Copie du XVII<sup></sup>e siècle. Arch. nat.,* V² 3, n° 563.

2944. Lettres ordonnant de payer à Jean Sapin, receveur général des finances, commis au payement des menus plaisirs, la somme de 2,000 livres tournois, pour employer au fait de son office. Anet, 9 avril 1527. — 9 avril.

*Archives nat., Comptes de l'épargne,* KK. 96, fol. 183 v°. (*Mention.*)

2945. Provisions, en faveur de Charles de Pierrevive, de l'office de trésorier de France à Paris, sur la résignation de Jean Cottereau, seigneur de Maintenon. Anet, 10 avril 1527. — 10 avril.

*Enreg. à la Chambre des Comptes de Paris. Mention dans l'acte de réception dudit trésorier. Arch. nat.,* P. 2536, fol. 135; P. 2537, fol. 12; P. 2552, fol. 153; ADIX. 122, n° 40.

2946. Confirmation des statuts et privilèges des tonneliers et déchargeurs de vins de la ville de Paris. Paris, avril 1527 avant Pâques. — Avril.

*Enreg. au Châtelet de Paris, le 16 novembre 1538, avec lettres de surannation du 13 novembre 1538. Arch. nat., Châtelet de Paris, Bannières,* Y. 9, fol. 118 v°. 8 pages.
*Idem, Livre jaune grand,* Y. 6⁵, fol. 29 v°.
*Copie. Arch. de la Préfecture de police,* coll. Lamoignon, t. VI, p. 186.
IMP. Delamare, *Traité de la police*, t. III, p. 537.

2947. Lettres d'amortissement des rentes données par Jean de Chanteloup et sa femme pour la fondation et la dotation d'une chapelle en l'église Saint-Germain de Gipy, dans le Nivernais. Paris, avril 1527. — Avril.

*Enreg. à la Chancellerie de France. Arch. nat., Trésor des Chartes,* JJ. 241, n° 118, fol. 135. 4 pages.

2948. Provisions de trésorier receveur général des finances en Bretagne octroyées à Olivier Harouys. Paris, 13 avril 1528. 1528. 13 avril.

*Arch. de la Loire-Inférieure, Chambre des Comptes de Bretagne*, B. *Mandements royaux*, I, fol. 340.

2949. Lettres ordonnant la levée d'une imposition de 2,000 livres tournois sur la ville de Tours, sauf exemption en faveur seulement des notaires et secrétaires du roi, des officiers commensaux de sa maison et des canonniers qui le servent ordinairement. 18 avril 1527[1]. 18 avril.

*Vues au Parl. de Paris, le 24 mars 1529 n. s. Arch. nat.*, $X^{1a}$ 1532, fol. 184 v°. (*Mention.*)

2950. Mandement au sénéchal d'Agenais d'imposer sur la ville d'Agen la somme de 5,200 livres, octroyée par les consuls de cette ville pour assurer la conservation intégrale du siège du sénéchal. Anet, 20 avril 1528. 20 avril.

*Original. Arch. municip. d'Agen*, FF. 199.
(Voir ci-dessous le n° 2952.)

2951. Mandement au trésorier de l'épargne de payer une somme de 248 livres 5 sous tournois pour une statue de Notre-Dame que le roi a fait édifier et poser solennellement près l'église Saint-Antoine, à Paris, au lieu d'une autre qui avait été « oultraigeusement rompue ». Paris, 25 avril 1528. 25 avril.

*Archives nat., Comptes de l'épargne*, KK. 96, fol. 545 v°. (*Mention.*)

2952. Édit portant que désormais les châtellenies, terres, seigneuries et villes de Sainte-Foy de Dordogne, de Villeneuve-d'Agenais et autres de la sénéchaussée d'Agenais ressortiront au siège d'Agen, sans qu'à l'avenir il ne puisse être créé aucun autre siège de sénéchal dans ces villes. Anet, avril 1528 après Pâques. Avril.

*Enreg. à la Chancellerie de France. Arch. nat., Trésor des Chartes*, JJ. 243, n° 413, fol. 122 v°. 3 pages.

[1] Cette date doit être inexactement rapportée, car il n'y eut point de 18 avril en 1527, ancien style, cette année ayant commencé le 21 avril 1527, jour de Pâques, et s'étant terminée le 11 avril 1528.



IMPRIMERIE NATIONALE.

*Enreg. au Grand Conseil, le 20 juillet 1528. Arch. nat.*, $V^5$ 1046. 2 pages. 1528.

*Enreg. au Parl. de Bordeaux, sans préjudice du procès pendant entre Condom et Agen (s. d.). Arch. de la Gironde*, B. 30 *bis*, fol. 204 v°. 7 pages.

*Enreg. à la sénéchaussée d'Agenais. Arch. départ. de Lot-et-Garonne*, B. 5, fol. 91 v°.

*Arch. municip. d'Agen. Enreg. au livre des États*, CC. 49. *Expédition originale du Grand Conseil*, FF. 199.

2953. Érection de la baronnie de la Rochefoucauld en comté et union de la baronnie de Marthon et des châtellenies de Blanzac, Montignac, Verneuil, Saint-Laurent-de-Céris et Cellefrouin en faveur de François II de La Rochefoucauld, chambellan et parrain du roi. Anet, avril 1528. Avril.

*Enreg. au Parl. de Paris, sauf restrictions et modifications, le 13 août 1528. Arch. nat.*, $X^{1a}$ 8612, fol. 110 v°. 4 pages 1/2.

*Enreg. à la Chambre des Comptes de Paris. Arch. nat.*, P. 2305, p. 159. 7 pages.

*Idem*, P. 2536, fol. 157.

2954. Création d'une nouvelle foire à Salles-Curan, dans le Rouergue, à la requête de François d'Estaing, évêque de Rodez. Anet, avril 1528. Avril.

*Enreg. à la Chancellerie de France. Arch. nat., Trésor des Chartes*, JJ. 243, n° 421, fol. 125 v°. 1 page.

2955. Lettres de rémission accordées à Antoine de Villars, page du connétable de Bourbon, impliqué dans la trahison de son maître. Anet, avril 1528. Avril.

*Enreg. à la Chancellerie de France. Arch. nat., Trésor des Chartes*, JJ. 243, n° 420, fol. 125. 1 page.

2956. Lettres octroyant à Philibert Gentil, écuyer, droit de justice haute et basse dans sa terre de Sainte-Hélène en Bourgogne. Paris, avril 1528. Avril.

*Enreg. à la Chancellerie de France. Arch. nat., Trésor des Chartes*, JJ. 241, n° 119, fol. 137. 2 pages 1/2.

2957. Don à Alain de Courcelles, seigneur de l'Isle, l'un des cent gentilshommes de la maison du roi, des fruits et revenus des moulins du château de la Planchette, près Évreux, pendant six ans. Saint-Germain-en-Laye, 1er mai 1528. — 1528. 1er mai.

*Enreg. à la Chambre des Comptes de Paris. Arch. nat.*, P. 2305, p. 9. 3 pages.

2958. Édit de suppression des grands jours d'Angoumois. Saint-Germain-en-Laye, 2 mai 1528. — 2 mai.

*Enreg. au Parl. de Paris, le 25 mai 1528. Arch. nat.*, X1a 8612, fol. 99. 2 pages.

2959. Don à Pierre Delacour, tailleur et valet de chambre de la duchesse d'Angoulême, d'une somme de 120 livres tournois sur les reliefs, treizièmes et autres droits seigneuriaux dus au roi en son comté de Conches et Breteuil. Saint-Germain-en-Laye, 2 mai 1528. — 2 mai.

*Arch. nat., Comptes de l'épargne*, KK. 96, fol. 578. (*Mention.*)

2960. Mandement aux gens des comptes de Bretagne d'enregistrer sans opposition les contrats de vente des seigneuries du Gâvre, de Lanvaulx et d'Auvers, en la paroisse de Fougeray, diocèse de Nantes, et de la terre et seigneurie de Lesneven, diocèse de Léon, consentis en faveur d'Anne de Rohan. Saint-Germain-en-Laye, 3 mai 1528. — 3 mai.

*Enreg. à la Chambre des Comptes de Bretagne. Archives de la Loire-Inférieure*, B. *Mandements royaux*, I, fol. 375.

2961. Lettres ordonnant au trésorier de l'épargne de payer à Antoine de La Rochefoucauld, seigneur de Barbezieux, la somme de 2,400 livres tournois pour quatre mois de son état de lieutenant général de l'armée de mer, dont il a eu la charge, en remplacement d'André Doria. Saint-Germain-en-Laye, 4 mai 1528. — 4 mai.

*Arch. nat., Comptes de l'épargne*, KK. 96, fol. 543. (*Mention.*)

2962. Don de 500 écus soleil à Antoine Pucci, évêque de Pistoie, ambassadeur du pape auprès de François Ier, en récompense de ses services. Saint-Germain-en-Laye, 4 mai 1528. 1528. 4 mai.

*Arch. nat., Comptes de l'épargne,* KK. 96, fol. 579. (*Mention.*)
*Bibl. nat.*, ms. Clairambault 1215, fol. 67. (*Mention.*)

2963. Lettres accordées à Jean Le Mercier, archer de la garde du roi, portant rétablissement de parties rayées au compte des droits de francs-fiefs et nouveaux acquêts du Loudunais pour l'année 1518. 4 mai 1528. 4 mai.

*Enreg. à la Chambre des Comptes de Paris, le 13 août 1528. Arch. nat., invent.* PP. 136, p. 336. (*Mention.*)

2964. Lettres relatives aux gages des officiers du Parlement de Toulouse. Saint-Germain-en-Laye, 5 mai 1528. 5 mai.

*Enreg. au Parl. de Toulouse. Arch. de la Haute-Garonne, Édits,* reg. 3, fol. 205. 1 page.

2965. Création de quatre offices de conseillers au siège de la sénéchaussée d'Angoumois, et provisions desdits offices en faveur des quatre conseillers des grands jours d'Angoumois, récemment supprimés. Saint-Germain-en-Laye, 6 mai 1528. 6 mai.

Mandement pour l'enregistrement des lettres qui précèdent. 20 mai 1528.

*Enreg. au Parl. de Paris, le 25 mai 1528. Arch. nat.*, X1a 8612, fol. 100 et 100 v°. 2 pages 2/3.

2966. Mandement d'enregistrer la commission de trésorier receveur général des finances en Bretagne délivrée à Olivier Harouys, lequel avait fait l'intérim de l'office pendant la suspension de Me Parajau. Saint-Germain-en-Laye, 6 mai 1528. 6 mai.

*Enreg. à la Chambre des Comptes de Bretagne. Arch. de la Loire-Inférieure,* B. *Mandements royaux,* I, fol. 341.

2967. Don à Jacques Bryonneau d'une somme de 120 livres tournois sur les rachats, lods et pro- 6 mai.

fits de fiefs de la terre et seigneurie de Talmontier, échus au roi. Saint-Germain-en-Laye, 6 mai 1528. 1528.

*Archives nat., Comptes de l'épargne*, KK. 96, fol. 579 v°. (*Mention.*)

2968. Don à Jacques Manuel et à Louis Perrinet, valets de chambre du roi, de 100 écus d'or soleil, à prendre du trésorier de l'épargne sur les deniers de la recette d'Olivier Beauharnais, trésorier et receveur général des finances de Bretagne. Saint-Germain-en-Laye, 11 mai 1528. 11 mai.

*Arch. nat., Comptes de l'épargne*, KK. 96, fol. 580. (*Mention.*)

2969. Confirmation des privilèges et franchises des officiers domestiques et commensaux de la maison des enfants de France. Saint-Germain-en-Laye, 12 mai 1528. 12 mai.

*Vidimus donné par le garde de la prévôté de Saint-Germain-en-Laye, le 29 décembre 1528. Arch. nat., suppl. du Trésor des Chartes*, J. 964.

2970. Lettres de don en faveur de Louis de Brézé, seigneur de Maulévrier, grand sénéchal, gouverneur et lieutenant général du roi en Normandie, d'une somme de 1,663 livres 8 sous 7 deniers tournois, à prendre sur les deniers versés au trésorier de l'épargne par François de La Colombière, trésorier, receveur général des finances de Dauphiné. Saint-Germain-en-Laye, 12 mai 1528. 12 mai.

*Arch. nat., Comptes de l'épargne*, KK. 96, fol. 581. (*Mention.*)

2971. Lettres de don à Jacques de Mailly, premier huissier du Parlement de Toulouse, de deux amendes ordinaires dudit Parlement, de 60 livres parisis chacune par an. 12 mai 1528. 12 mai.

*Enreg. à la Chambre des Comptes de Paris, le 26 août 1528*, anc. mém. coté 2 E, fol. 95. *Arch. nat.*, invent. PP. 136, p. 336. (*Mention.*)

2972. Don à Hector Ferrant, panetier du comte de Saint-Pol, d'une somme de 80 livres tournois 13 mai.

sur les reliefs, rachats et autres droits échus au roi sur la terre de Talmontier. Saint-Germain-en-Laye, 13 mai 1528. — 1528.

*Archives nat., Comptes de l'épargne,* KK. 96, fol. 581 v°. (*Mention.*)

2973. Lettres donnant commission au Parlement d'Aix de statuer sur les plaintes de la Provence contre les Arlésiens qui ont vendu à des étrangers du blé de leur terroir et de plusieurs autres lieux de la province. Saint-Germain-en-Laye, 14 mai 1528. — 14 mai.

*Original. Archives des Bouches-du-Rhône,* C. 273.

2974. Provisions de l'office de troisième président clerc en la Chambre des Comptes de Paris pour Charles Du Solier, chevalier, seigneur de Morette, gentilhomme de la chambre du roi. Saint-Germain-en-Laye, 14 mai 1528. — 14 mai.

*Enreg. à la Chambre des Comptes de Paris. Arch. nat.,* P. 2536, fol. 107. 3 pages.
*Double, idem.,* fol. 166 v°.

2975. Création de deux foires annuelles et d'un marché hebdomadaire à Chamoy en Champagne, en faveur de François de La Roere, seigneur du lieu. Saint-Germain-en-Laye, 14 mai 1528. — 14 mai.

*Enreg. à la Chancellerie de France. Arch. nat., Trésor des Chartes,* JJ. 243, n° 414, fol. 123. 1 page.

2976. Mandement au trésorier de l'épargne de payer 71 livres 15 sous à Jean Guymier, chevaucheur, chargé de porter en Angleterre des lettres aux ambassadeurs du roi. Saint-Germain-en-Laye, 14 mai 1528. — 14 mai.

*Bibl. nat.,* ms. Clairambault 1215, fol. 66 v°. (*Mention.*)

2977. Nomination de François de Bourbon-Vendôme, comte de Saint-Pol, à la charge de lieutenant général de l'armée que le roi envoie en Italie. Saint-Germain-en-Laye, 15 mai 1528. — 15 mai.

*Copie authentique. Bibl. nat.,* ms. fr. 25721, n° 283.

2978. Don de l'office de conseiller lai au Parlement de — 15 mai.

Toulouse en faveur de Jacques Roguier, en remplacement de son père. Saint-Germain-en-Laye, 15 mai 1528. 1528.

*Enreg. au Parl. de Toulouse. Arch. de la Haute-Garonne, Édits*, reg. 3, fol. 205. 2 pages.

2979. Don de 75 livres tournois sur les amendes adjugées au roi par le Grand Conseil, en faveur d'Alexandre de Clamon, seigneur de Briolles. Saint-Germain-en-Laye, 15 mai 1528. 15 mai.

*Archives nat., Comptes de l'épargne*, KK. 96, fol. 582 v°. (*Mention.*)

2980. Don à François de Bonnes, huissier de la chambre du roi, d'une somme de 125 livres tournois sur la recette de Germain Teste, receveur ordinaire de Paris. Saint-Germain-en-Laye, 15 mai 1528. 15 mai.

*Arch. nat., Comptes de l'épargne*, KK. 96, fol. 583. (*Mention.*)

2981. Pouvoirs conférés à Jean Du Bellay, évêque de Bayonne, ambassadeur près le roi d'Angleterre, pour négocier et conclure une trêve avec l'empereur et la gouvernante des Pays-Bas. Saint-Germain-en-Laye, 19 mai 1528. 19 mai.

IMP. Rymer, *Fœdera, acta publica*, etc., 3e édit., 1741, t. VI, part. II, p. 105, col. 1.

2982. Permission à Jean Daguerre, chevalier, seigneur de Vienne, de tirer et enlever du pays de Champagne 100 muids de blé et de les faire conduire par eau en Normandie, ou par mer en Bretagne. Saint-Germain-en-Laye, 19 mai 1528. 19 mai.

*Original. Arch. nat.*, K. 954, n° 12.

2983. Lettres par lesquelles le roi fait don à François Charbonnier, vicomte et receveur d'Arques, de l'office de trésorier de ses offrandes, aumônes et dévotions, au lieu de Jacques Acarie. Saint-Germain-en-Laye, 19 mai 1528. 19 mai.

*Copie collationnée. Arch. nat.*, KK. 101, *Comptes de l'Aumônerie*, fol. 2 v°. 3 pages.

2984. Commission donnée à Antoine Raffin, dit Po- 20 mai.

thon, sénéchal d'Agenais, de veiller avec l'évêque d'Aire à ce que toutes les mesures de défense soient prises dans la Guyenne. Saint-Germain-en-Laye, 20 mai 1528. 1528.

*Copie. Bibl. nat.*, coll. Fontanieu, portef. 210, à la date.

2985. Lettres de relief de surannation portant confirmation des lettres de légitimation accordées à Jean de Naves. Paris, 20 mai 1528. 20 mai.

*Arch. départ. de l'Hérault*, B. 341, fol. 100. 3 pages.

2986. Don à Jean Daveau, religieux de l'ordre de Cluny, de la somme de 40 livres tournois, pour services secrets rendus au roi, et en attendant qu'il soit pourvu de quelque bénéfice. Saint-Germain-en-Laye, 21 mai 1528. 21 mai.

*Archives nat., Comptes de l'épargne*, KK. 96, fol. 583 v°. (*Mention.*)

2987. Lettres accordant, à la requête de la comtesse douairière de Vendôme, à Jean de Chantosmes un don de 800 livres tournois sur les droits de reliefs, lods et ventes de la prévôté et vicomté de Paris. Saint-Germain-en-Laye, 22 mai 1528. 22 mai.

*Arch. nat., Comptes de l'épargne*, KK. 96, fol. 584. (*Mention.*)

2988. Déclaration portant règlement pour les privilèges des trois sergents de la forêt de Senart. Saint-Germain-en-Laye, 23 mai 1528. 23 mai.

IMP. Blanchard, *Compilation chronologique, etc.*, t. I, col. 477. (*Mention.*)

2989. Don de 4,000 livres tournois en faveur de Nicolas de Senlis, écuyer, en compensation de ses biens d'Artois confisqués par l'empereur. Saint-Germain-en-Laye, 25 mai 1528. 25 mai.

*Arch. nat., Comptes de l'épargne*, KK. 96, fol. 585. (*Mention.*)

2990. Don à Jacques Billard, huissier de salle du roi, de 75 livres tournois à prendre sur une amende 29 mai.

encourue par Christophe Richer sur arrêt du Parlement de Paris. Paris, 29 mai 1528. 1528.

*Arch. nat., Comptes de l'épargne,* KK. 96, fol. 597. (*Mention.*)

2991. Provisions en faveur de François de Courtenay, seigneur de Bléneau, écuyer d'écurie du roi, de l'office de bailli, capitaine et gouverneur d'Auxerre, vacant par la simple résignation de Claude Gouffier, s^r de Boisy, gentilhomme de la chambre. Paris, 30 mai 1528. 30 mai.

*Présentées au Parl. de Paris le 30 juillet et entérinées le 11 août. Arch. nat.,* X[1a] 1531, reg. du Conseil, à ces dates. (*Mentions.*)

2992. Don à frère Jacques de Fervacques, religieux augustin, et à Moulin Foucart, greffier de la ville de Tournay, d'une somme de 20 écus d'or soleil, en récompense des avis secrets qu'ils ont apportés de Flandre au roi. Paris, 30 mai 1528. 30 mai.

*Archives nat., Comptes de l'épargne,* KK. 96, fol. 585 v°. (*Mention.*)

2993. Lettres portant assignation sur le trésorier de l'épargne d'une somme de 1,739 livres 13 sous 5 deniers donnée par le roi à Aimée de La Fayette, veuve du bailli de Caen, tué au siège de Pavie, pour l'aider à payer les dettes de son mari. Paris, 30 mai 1528. 30 mai.

*Arch. nat., Comptes de l'épargne,* KK. 96, fol. 586. (*Mention.*)

2994. Lettres portant assignation d'une somme de 100 livres tournois sur le trésorier de l'épargne, au profit de Nicolas de Beaucourt, sieur de Saint-Martin, lieutenant de la compagnie du capitaine de la Bastille, pour le défrayer de la garde et de l'entretien de Semblançay pendant son emprisonnement à la Bastille. Paris, 30 mai 1528. 30 mai.

*Archives nat., Comptes de l'épargne,* KK. 96, fol. 586 v°. (*Mention.*)

2995. Don à Louis de Monts, lieutenant général au 30 mai.

bailliage d'Amboise, d'une somme de 75 livres tournois sur les amendes du Parlement de Paris, en récompense de ses services. Paris, 30 mai 1528. 1528.

*Arch. nat., Comptes de l'épargne*, KK. 96, fol. 587. (*Mention.*)

2996. Mandement au trésorier de l'épargne de payer à Nicolas Aurillot, notaire et secrétaire du roi, la somme de 298 livres 15 sous tournois pour ses gages et droits de manteaux de deux années. Paris, 30 mai 1528. 30 mai.

*Arch. nat., Comptes de l'épargne*, KK. 96, fol. 656. (*Mention.*)

2997. Mandement aux élus du Lyonnais et à Jacques Petit, canonnier ordinaire de l'artillerie du roi, de lever dans leur élection trente chevaux et trois charrettes nécessaires au transport de l'artillerie en Italie. Paris, 31 mai 1528. 31 mai.

*Copie. Bibl. nat.*, ms. fr. 2702, fol. 138 v°.

2998. Confirmation des statuts de la corporation des tourneurs de bois de la ville de Paris, avec vidimus des lettres de Louis XI, du 24 juin 1477. Saint-Germain-en-Laye, mai 1528. Mai.

*Enreg. au Châtelet de Paris, le 8 octobre 1528. Arch. nat., Bannières*, Y. 8, fol. 239. 6 pages.

2999. Don à Charles Du Solier, seigneur de Morette, gentilhomme de la chambre du roi, diplomate, de maisons sises à Paris, confisqués sur Gilles Berthelot, seigneur d'Azay, président en la Chambre des Comptes, poursuivi par les commissaires institués pour la recherche des malversations. Saint-Germain-en-Laye, mai 1528. Mai.

*Enreg. à la Chancellerie de France. Arch. nat., Trésor des Chartes*, JJ. 241, n° 156, fol. 173. 3 pages.

3000. Lettres autorisant Jean Couillaud à changer de nom et à prendre celui de Baudron. Saint-Germain-en-Laye, mai 1528. Mai.

*Enreg. à la Chancellerie de France. Arch. nat., Trésor des Chartes*, JJ. 243, n° 429, fol. 128.

3001. Confirmation des privilèges, franchises et coutumes des villes de Roayres et Sauveterre, en Languedoc. Paris, mai 1528. 1528. Mai.

*Enreg. à la Chancellerie de France. Arch. nat., Trésor des Chartes*, JJ. 243, n° 446, fol. 133 v°. 1 page.

3002. Création d'un second marché à Gimont, le samedi de chaque semaine. Paris, mai 1528. Mai.

*Enreg. à la Chancellerie de France. Arch. nat., Trésor des Chartes*, JJ. 244, n° 29, fol. 37 v°. 2 pages.

3003. Lettres adressées au bailli de Troyes, portant établissement et création de trois foires l'an et d'un marché chaque semaine en la ville de Joigny, la première foire le 1er octobre, la deuxième le 2 janvier, la troisième le 10 août et le marché le samedi de chaque semaine. Mai 1528. Mai.

*Copie. Arch. départ. de l'Yonne*, E. 571.

3004. Lettres autorisant les bourgeois de la ville d'Eu à percevoir, par forme d'octroi, jusqu'à concurrence de 1,500 livres, somme qui lui avait été demandée par le roi comme subvention. 3 juin 1528. 3 juin.

*Enreg. à la Cour des Aides de Normandie, le 18 juin 1528. Arch. de la Seine-Inférieure, 1er vol. des Mémoriaux*, fol. 313. 4 pages.

3005. Don à Jean de Scustillo, gentilhomme navarrais, d'une somme de 60 livres tournois pour son entretien, en attendant son départ pour une mission que le roi lui destine. Fontainebleau, 4 juin 1528. 4 juin.

*Arch. nat., Comptes de l'épargne*, KK. 96, fol. 588. (*Mention.*)

3006. Mandement au trésorier de l'épargne de payer 69 livres à Guillaume Coulloingne, pour un voyage en Angleterre où il allait porter des lettres du roi à Jean-Joachim de Passano. Fontainebleau, 4 juin 1528. 4 juin.

*Bibl. nat.*, ms. Clairambault 1215, fol. 66 v°. (*Mention.*)

3007. Lettres portant dons de 300 écus en faveur de Pierre Suavenio, secrétaire de la chambre et ambassadeur du roi de Danemark, et de 250 écus à Jean Fichet, ambassadeur du landgrave de Hesse, en récompense des bons avis et offres de services qu'ils ont apportés au roi de la part de leurs maîtres. Fontainebleau, 5 juin 1528. 1528. 5 juin.

*Archives nat., Comptes de l'épargne*, KK. 96, fol. 588 v°. (*Mention.*)

3008. Lettres portant remise à Philippe de Bras d'une amende de 75 livres tournois prononcée contre lui et ses frères par arrêt du Parlement de Paris du 1er février 1528. Fontainebleau, 5 juin 1528. 5 juin.

*Arch. nat., Comptes de l'épargne*, KK. 96, fol. 651. (*Mention.*)

3009. Mandement au trésorier de l'épargne de payer à Pierre Mangot, orfèvre du roi, la somme de 591 livres 10 sous 6 deniers tournois pour un grand collier de l'ordre dont le roi a fait don à Hercule de Ferrare. Paris, 11 juin 1528. 11 juin.

*Archives nat., Comptes de l'épargne*, KK. 96, fol. 543 v°. (*Mention.*)

3010. Don à Frédéric, marquis d'Ausize, écuyer d'écurie du marquis de Montferrat, qui avait amené au roi deux coursiers, présent de son maître, d'une somme de 100 écus d'or soleil. Paris, 11 juin 1528. 11 juin.

*Arch. nat., Comptes de l'épargne*, KK. 96, fol. 589. (*Mention.*)

3011. Mandement au trésorier de l'épargne de payer à Denis Leroy, dit Montlouis, une somme de 60 livres tournois pour le radoub d'un bateau destiné à conduire du Pecq à Saint-Denis, à Paris et autres lieux la reine de Navarre, le duc d'Angoulême et ses sœurs. Saint-Germain-en-Laye, 13 juin 1528. 13 juin.

*Archives nat., Comptes de l'épargne*, KK. 96, fol. 544 v°. (*Mention.*)

3012. Confirmation des privilèges de Montech-sur-Garonne, ville maîtresse du diocèse bas de Montauban, et notamment de son droit d'usage dans la forêt de Montech. Saint-Germain-en-Laye, 14 juin 1528. 1528. 14 juin.

*Arch. de l'hôtel de ville de Montech. Extraits des confirmations de privilèges de la ville*, fait en 1666, par Gouze.

Dumas de Rauly, *Inventaire manuscrit des arch. municip. de Montech*, à Montauban. (*Mention.*)

3013. Don à Charles Du Solier, seigneur de Morette, d'une somme de 100 livres tournois sur les finances provenant des lettres de noblesse, légitimation et naturalité expédiées par la Chambre des Comptes. Saint-Germain-en-Laye, 14 juin 1528. 14 juin.

*Archives nat., Comptes de l'épargne*, KK. 96, fol. 589 v°. (*Mention.*)

3014. Don de 75 livres tournois à l'hôpital des orphelins du Saint-Esprit en Grève et assignation de cette somme sur les amendes et exploits du Parlement de Paris, au nom de Jean Briçonnet, président en la Chambre des Comptes, et de Jacques Charmolue, changeur du Trésor, tous deux maîtres et gouverneurs dudit hôpital. Saint-Germain-en-Laye, 14 juin 1528. 14 juin.

*Arch. nat., Comptes de l'épargne*, KK. 96, fol. 590. (*Mention.*)

3015. Trois lettres de don, en faveur de Renzo de Cere, chevalier de l'ordre du roi, la première d'une somme de 2,258 livres 15 sous tournois, la seconde de 1,760 livres et la troisième de 749 livres 10 sous, à prendre sur les deniers des aides et fermes des quatrièmes des vins et menus boires de la ville et châtellenie de Pontoise. Saint-Denis, 16 juin 1528. 16 juin.

*Archives nat., Comptes de l'épargne*, KK. 96, fol. 591-592 v°. (*Mentions.*)

3016. Mandement à la Chambre des Comptes d'exécuter le jugement prononcé contre Gilles Berthelot, ci-devant président en la Chambre des 18 juin.

Comptes, et de maintenir en cet office Charles Du Solier de Morette, nommé pour remplacer ledit Berthelot. Paris, 18 juin 1528. 1528.

*Enreg. à la Chambre des Comptes de Paris. Arch. nat.*, P. 2536, fol. 139 v°; ADIX. 122, n° 44. 2 pages.

3017. Don de 80 livres tournois à frère Jacques Fervacques, religieux augustin, et à Moulin Foucart, greffier des finances de la ville de Tournay, en récompense d'informations secrètes qu'ils ont fournies au roi sur les agissements de l'ennemi. Paris, 18 juin 1528. 18 juin.

*Archives nat., Comptes de l'épargne*, KK. 96, fol. 593 v°. (*Mention.*)

3018. Mandement à Guillaume Prudhomme, trésorier de l'épargne, de payer à Jean Le Sueur la somme de 663 livres tournois qui lui est encore due pour ses frais de divers voyages. Paris, 22 juin 1528. 22 juin.

*Original. Bibl. nat.*, ms. fr. 25721, n° 284.

3019. Lettres portant union des terres de Lingé (commune de Hambers) et de Neuvillette (commune de Jublains, au Maine), avec érection en vicomté sous le nom de Neuvillette et permission d'édifier un château fort à Neuvillette, en faveur de Bertrand de Karadreux. Paris, 23 juin 1528. 23 juin.

*Enreg. au Grand Conseil, le 14 août 1536. Arch. nat., Grand Conseil*, V⁶ *1051*. 1 page.

3020. Lettres portant remise, en faveur des habitants d'Harfleur, de la somme qui pourrait leur être imposée pour la rançon des fils de France, moyennant quoi ils quittent le roi d'une somme de 4,003 livres qu'il leur devait; et concession d'octroi pour réparations et fortifications de la ville. Paris, 23 juin 1528. 23 juin.

*Enreg. à la Chambre des Comptes de Paris, le 11 juillet 1528*, anc. mém. 2 E, fol. 38. *Arch. nat., invent.* PP. 136, p. 337. (*Mention.*)

3021. Lettres portant remise pour dix ans, en faveur des habitants d'Harfleur, du droit de gabelle sur 23 juin.

le sel qu'ils emploieront pour leur usage. Paris, 23 juin 1528. 1528.

*Enreg. à la Chambre des Comptes de Paris, le 10 novembre 1528. Arch. nat., invent.* PP. 136, p. 337. (*Mention.*)

3022. Don à Christophe Daresse d'une somme de 160 livres tournois sur les droits seigneuriaux échus au roi à cause d'une maison appelée le *Minage*, à Loches. Fontainebleau (*sic*)[1], 23 juin 1528. 23 juin.

*Archives nat., Comptes de l'épargne*, KK. 96, fol. 594 v°. (*Mention.*)

3023. Lettres de ratification de la trêve conclue le 15 juin précédent entre le roi de France, représenté par Jean Du Bellay, évêque de Bayonne, et l'Angleterre, d'une part, avec l'empereur Charles-Quint, et Marguerite d'Autriche, gouvernante des Pays-Bas, d'autre part. Paris, 24 juin 1528. 24 juin.

*Imp.* Dumont, *Corps diplomatique*, in-fol., 1726, part. I, p. 515.
Rymer, *Fœdera, acta publica, etc.*, 3e édit., 1741, t. VI, part. II, p. 103, col. 1.

3024. Lettres de jussion pour l'exécution des lettres en date du 25 janvier 1528 n. s. (n° 2851), relatives au comte de Carpi. Paris, 24 juin 1528. 24 juin.

*Enreg. à la Chambre des Comptes de Paris. Arch. nat.*, P. 2305, p. 823. 3 pages.

3025. Lettres d'honneur accordées à Jean Cottereau, seigneur de Maintenon, ayant exercé pendant plus de cinquante années les offices de trésorier de France, secrétaire du roi et maître des comptes. Paris, 24 juin 1528. 24 juin.

*Enreg. à la Cour des Aides de Paris, le 14 août 1528. Arch. nat., recueil Cromo*, U. 665, fol. 251. (*Mention.*)

3026. Lettres de don, en faveur d'Antoine de La Rochefoucauld, seigneur de Barbezieux, d'une somme de 5,000 livres tournois à prélever sur les amendes adjugées au roi par le Parlement de 24 juin.

[1] Peut-être faudrait-il lire 23 juillet.

Paris, en récompense des services rendus au roi à l'armée navale du Levant, dont il avait le commandement. Paris, 24 juin 1528. 1528.

*Arch. nat., Comptes de l'épargne,* KK. 96, fol. 594. (*Mention.*)

3027. Don de 2,000 livres tournois en faveur de Jean de Créquy, seigneur de Canaples, pour ses frais de voyage en Italie où il se rend pour le service du roi. Paris, 25 juin 1528. 25 juin.

*Arch. nat., Comptes de l'épargne,* KK. 96, fol. 596. (*Mention.*)

3028. Lettres portant abolition des grands jours d'Anjou et ordonnant que les appels interjetés du sénéchal d'Anjou, qui étaient relevés auxdits grands jours, seront désormais portés au Parlement de Paris. Paris, 26 juin 1528. 26 juin.

*Enreg. au Parl. de Paris, le 2 juillet 1528. Arch. nat.,* X[1a] 8612, fol. 101 v°. 1 page 1/2.

3029. Lettres portant abolition des grands jours du Maine et ordonnant que les appels interjetés du sénéchal du Maine, qui étaient relevés auxdits grands jours, seront désormais portés au Parlement de Paris. Paris, 26 juin 1528. 26 juin.

*Enreg. au Parl. de Paris, le 2 juillet 1528. Arch. nat.,* X[1a] 8612, fol. 102 v°. 2 pages.

3030. Confirmation du jugement rendu contre Gilles Berthelot, seigneur d'Azay, président de la Chambre des Comptes, le déclarant privé de ses états et offices. Paris, 27 juin 1528. 27 juin.

*Enreg. à la Chambre des Comptes de Paris. Arch. nat.,* P. 2552, fol. 183 v°. 2 pages.

3031. Lettres de jussion pour la réception de Charles Du Solier de Morette à l'office de troisième président de la Chambre des Comptes, dont il avait été pourvu le 14 mai précédent (n° 2974), nonobstant l'opposition de Philippe Lesbay, femme de Gilles Berthelot, dernier possesseur dudit office. Paris, 27 juin 1528. 27 juin.

*Enreg. à la Chambre des Comptes de Paris. Arch. nat., invent.* PP. 136, p. 336. (*Mention.*)

3032. Mandement au trésorier de l'épargne de payer 50 livres tournois à Denis Leroy, dit Montlouis, pour l'équipage et conduite d'un bateau destiné à porter le roi de Paris à Boissy-sur-Seine, près Fontainebleau. Paris, 28 juin 1528. 1528. 28 juin.

*Archives nat., Comptes de l'épargne*, KK. 96, fol. 546 v°. (*Mention.*)

3033. Don à François de Lyvenne, l'un des cent gentilshommes de l'hôtel du roi, et à Jean de Lyvenne, son frère, d'une somme de 200 livres tournois sur les amendes du Parlement de Paris, en récompense de leurs services. Paris, 28 juin 1528. 28 juin.

*Archives nat., Comptes de l'épargne*, KK. 96, fol. 596 v°. (*Mention.*)

3034. Confirmation de la donation faite par le roi à sa mère d'une somme de 300,000 écus, avec pouvoir d'en poursuivre le recouvrement sur les biens de Jacques de Beaune, s^r de Semblançay. Paris, 29 juin 1528. 29 juin.

*Copie. Bibl. nat.*, coll. Fontanieu, portef. 210, à la date.

3035. Lettres portant suspension des grands jours de Bourbonnais, de Châtellerault et de Clermont, la vie durant de la duchesse d'Angoulême, et ordonnant que cependant les appels interjetés des sénéchaux de Bourbonnais et de Châtellerault et du bailli de Clermont seront portés et relevés au Parlement de Paris. Paris, 30 juin 1528. 30 juin.

*Enreg. au Parl. de Paris, le 11 août 1528. Arch. nat.*, X^1a 8612, fol. 108 v°. 1 page 2/3.

3036. Lettres autorisant le commandeur d'Ensigné à faire rétablir à la Villedieu-d'Aunay les fourches patibulaires à deux piliers au lieu où elles étaient autrefois. Paris, 30 juin 1528. 30 juin.

*Arch. de la Vienne, grand prieuré d'Aquitaine*, liasse 152.

3037. Lettres portant attribution à Antoine Raffin, sei- Juin.

gneur de Puycalvary, dit Pothon, sénéchal d'Agenais et de Gascogne, de tous droits de confiscation et saisie appartenant au roi sur les biens de Gilles Berthelot, naguère président en la Chambre des Comptes. Fontainebleau, juin 1528. 1528.

*Enreg. à la Chambre des Comptes de Paris. Arch. nat.*, P. 2305, p. 801. 2 pages 1/2.
*Idem*, P. 2537, fol. 8 v°.

3038. Érection du comté de Chartres et pays chartrain en duché, en faveur de Madame Renée de France, à l'occasion de son mariage avec Hercule d'Este, fils du duc de Ferrare. Paris, juin 1528. Juin.

*Enreg. au Parl. de Paris*, in quantum tangit erectionem ducatus duntaxat, *le 30 juillet 1528. Arch. nat.*, X[1a] 8612, fol. 103 v°. 2 pages.
*Enreg. à la Chambre des Comptes de Paris, le 12 août 1528. Arch. nat.*, P. 2305, p. 79. 4 pages.
*Idem*, P. 2536, fol. 147 v°; ADIX. 122, n° 41.

3039. Lettres autorisant l'érection de fourches patibulaires dans les seigneuries de Nantouillet et de Marchemoret, en Brie, possédées par le chancelier Du Prat. Paris, juin 1528. Juin.

Avec lettres de surannation. Paris, 11 avril 1529.

*Enreg. au Châtelet de Paris, Bannières. Arch. nat.*, Y. 8, fol. 262. 1 page.

3040. Création de quatre nouvelles foires à Culant, en Berry, en faveur de Gabriel de Culant, chambellan du roi, seigneur du lieu. Paris, juin 1528. Juin.

*Enreg. à la Chancellerie de France. Arch. nat., Trésor des Chartes*, JJ. 241, n° 164, fol. 181 v°. 1 page.

3041. Création d'un marché hebdomadaire à Saint-Fort, en Angoumois, en faveur de Pierre de Noël, conseiller au Parlement de Bordeaux, et de Jacques Baulon, conseiller au siège du séné- Juin.

chal de Guyenne, coseigneurs dudit lieu. Paris, juin 1528. 1528.

*Enreg. à la Chancellerie de France. Arch. nat., Trésor des Chartes*, JJ. 243, n° 460, fol. 137. 1 page.

3042. Création de quatre foires par an et d'un marché chaque semaine à Reilhac, en Auvergne, en faveur de Nicolas de Fontanges, seigneur du lieu. Paris, juin 1528. Juin.

*Enreg. à la Chancellerie de France. Arch. nat., Trésor des Chartes*, JJ. 243, n° 456, fol. 136. 1 page.

3043. Confirmation du bail à ferme des aides et impositions foraines à lever dans la ville et le faubourg de Lyon, consenti pour huit ans, à partir du 1er octobre 1529, moyennant le payement annuel d'une somme de 9,500 livres tournois par Jean de Poncher et les élus du Lyonnais à Robert Albisse, bourgeois de Lyon. Paris, 1er juillet 1528. 1er juillet.

*Copie. Bibl. nat.*, ms. fr. 2702, fol. 143 v°.

3044. Lettres données à la requête des états de Guyenne, autorisant le commerce avec l'Espagne. Paris, 1er juillet 1528. 1er juillet.

*Enreg. au livre des États, Arch. municipales d'Agen*, CC. 49. 5 pages.

3045. Lettres de don d'une somme de 2,000 livres tournois en faveur de Galeas Visconti, pour le dédommager de la perte de ses mulets, coffres et meubles qui lui ont été volés et pillés naguère au pays de Gênes, et des dépenses qu'il est obligé de faire en Italie pour le service du roi. Paris, 1er juillet 1528. 1er juillet.

*Archives nat., Comptes de l'épargne*, KK. 96, fol. 598 v°. (*Mention.*)

3046. Lettres de don de 8 livres tournois à chacune des femmes des officiers de la bouche du dauphin et du duc d'Orléans, qui ont accompagné leurs maîtres, prisonniers en Espagne. Paris, 1er juillet 1528. 1er juillet.

*Arch. nat., Comptes de l'épargne*, KK. 96, fol. 599 et suiv. (*Mentions.*)

3047. Mandement au trésorier de l'épargne de payer 30 livres données par le roi à Louise Cossé, femme de Charles Alexandre, sommelier de paneterie au service du dauphin, détenu en Espagne. Paris, 1er juillet 1528. — 1528. 1er juillet.

*Archives nat., Comptes de l'épargne*, KK. 96, fol. 660 v°. (*Mention.*)

3048. Mandement au trésorier de l'épargne de payer à Jean-Joachim de Passano, seigneur de Vaux, 400 livres pour sa pension de l'année. Paris, 1er juillet 1528. — 1er juillet.

*Bibl. nat.*, ms. Clairambault 1215, fol. 66 v°. (*Mention.*)

3049. Mandement au trésorier de l'épargne de payer à Jean de Langeac, évêque d'Avranches, ambassadeur du roi à Venise, la somme de 2,400 livres pour les dépenses qu'il a faites dans ses voyages. Fontainebleau, 2 juillet 1528. — 2 juillet.

*Bibl. nat.*, ms. Clairambault 1215, fol. 66 v°. (*Mention.*)

3050. Mandement au trésorier de l'épargne de payer à Jean-Joachim de Passano, seigneur de Vaux, la somme de 3,000 livres pour ses voyages faits de septembre 1527 à juin 1528, à Plaisance, Parme, Gênes et Ancône, au camp de Lautrec. Fontainebleau, 4 juillet 1528. — 4 juillet.

*Bibl. nat.*, ms. Clairambault 1215, fol. 66 v°. (*Mention.*)

3051. Lettres de don à Jean de Calvimont, second président du Parlement de Bordeaux, naguère ambassadeur du roi de France en Espagne, d'une somme de 1,646 livres tournois, pour le rembourser des dépenses secrètes faites durant les deux années de son ambassade, outre les 10 livres par jour qui lui ont été taxées jusqu'au 30 juin précédent. Fontainebleau, 6 juillet 1528. — 6 juillet.

*Archives nat., Comptes de l'épargne*, KK. 96, fol. 606 v°. (*Mention.*)

3052. Mandement au trésorier de l'épargne de payer au même Jean de Calvimont la somme de — 6 juillet.

2,782 livres 10 sous qui lui reste due pour ses frais de voyage. Fontainebleau, 6 juillet 1528. 1528.

*Bibl. nat.*, ms. Clairambault 1215, fol. 67. (*Mention.*)

3053. Don à Antoine de La Rochandry, s^r de Vernon, d'une somme de 960 livres parisis, à prendre sur les exploits et amendes du Parlement, en récompense de ses services. Fontainebleau, 6 juillet 1528. 6 juillet.

*Arch. nat.*, *Comptes de l'épargne*, KK. 96, fol. 607. (*Mention.*)

3054. Lettres en faveur de Charles Tiercelin, s^r de la Roche-du-Maine, et de Jacques de La Grézille. Fontainebleau, 6 juillet 1528. 6 juillet.

*Reg. du Conseil du Parl. de Paris, du 22 août 1528. Arch. nat.*, X^1a 1531, à la date. (*Mention.*)

3055. Mandement au trésorier de l'épargne de payer la somme de 360 livres à Adrien Tiercelin, seigneur de Brosse, gentilhomme de la Chambre, qui a été envoyé par le roi, le 16 décembre 1527, auprès du roi d'Angleterre. Fontainebleau, 6 juillet 1528. 6 juillet.

*Bibl. nat.*, ms. Clairambault 1215, fol. 67. (*Mention.*)

3056. Mandement à Guillaume Prudhomme, trésorier de l'épargne, et à Jean Prévost, général des finances en Guyenne, leur faisant savoir qu'il est fait don au roi de Navarre, comte de Bigorre, des 1,674 livres tournois qu'il avait prises pour sa rançon en 1525, après la bataille de Pavie, sur la somme que les habitants du comté de Bigorre avaient à payer au roi. Fontainebleau, 7 juillet 1528. 7 juillet.

*Copie. Bibl. nat.*, ms. fr. 25721, n° 285.

3057. Lettres de don à Jacques de Genouilhac, dit Galliot, grand écuyer et maître de l'artillerie, de 600 livres tournois assignées sur le trésorier de l'épargne. Fontainebleau, 8 juillet 1528. 8 juillet.

*Arch. nat.*, *Comptes de l'épargne*, KK. 96, fol. 608. (*Mention.*)

3058. Mandement au trésorier de l'épargne de payer à Jean-Joachim de Passano, seigneur de Vaux, ses frais d'un voyage dans le royaume de Naples, où le roi l'avait envoyé trouver Lautrec. Fontainebleau, 9 juillet 1528. — 1528. 9 juillet.

*Bibl. nat.*, ms. Clairambault 1215, fol. 67. (*Mention.*)

3059. Mandement au trésorier de l'épargne de payer à Jean Du Bellay, évêque de Bayonne, ambassadeur du roi en Angleterre, la somme de 1,025 livres pour dépenses faites dans l'exercice de sa charge. Fontainebleau, 10 juillet 1528. — 10 juillet.

*Bibl. nat.*, ms. Clairambault 1215, fol. 67. (*Mention.*)

3060. Commission à Gilbert Bayart, secrétaire de la chambre du roi, pour la signature et l'expédition des matières financières, au même titre que les secrétaires des finances. Fontainebleau, 11 juillet 1528. — 11 juillet.

*Enreg. à la Chambre des Comptes de Paris. Arch. nat.*, P. 2552, fol. 151, 2 pages.

*Idem.*, P. 2580, fol. 306 (sous la date du 3 juillet.)

3061. Lettres par lesquelles le roi cède à Claude de Savoie, comte de Tende, la vicomté de Valognes, en payement d'une somme de 44,000 livres qu'il lui devait, pour le prix d'une grande nef appelée *la Grande Maîtresse*, qui avait appartenu à René, bâtard de Savoie, grand maître de France, père du comte de Tende. Fontainebleau, 12 juillet 1528. — 12 juillet.

*Enreg. au Parl. de Paris, le 7 juillet 1557, sur mandement de Henri II. Arch. nat.*, X[1a] 8621, fol. 207 v°. 6 pages.

*Enreg. à la Chambre des Comptes de Paris, le 10 septembre 1529. Arch. nat.*, ADIX. 122, n° 46. (*Mention.*)

*Copie. Bibl. nat.*, coll. Fontanieu, portef. 213, à la date.

3062. Lettres portant remise en faveur de Guillaume, baron de Montmorency, chevalier de l'ordre, — 12 juillet.

des droits seigneuriaux dus au roi à cause de l'acquisition de la huitième partie du quart de la terre et baronnie de Montmorency, 12 juillet 1528. 1528.

*Enreg. à la Chambre des Comptes de Paris, le 18 juillet suivant,* anc. mém. 2 E, fol. 45. *Arch. nat.*, invent. PP. 136, p. 338. (*Mention.*)

3063. Lettres ordonnant aux administrateurs des hôpitaux et maladreries du royaume de rendre compte de leur gestion à l'évêque de Lisieux, en qualité de grand aumônier du roi, chargé de l'inspection de ces établissements, et attribuant au Grand Conseil la connaissance des affaires s'y rapportant. Fontainebleau, 13 juillet 1528. 13 juillet.

*Enreg. au Grand Conseil, le 23 juillet 1528. Arch. nat., Grand Conseil,* V⁵ 1046. 3 pages.
*Bibl. nat.*, ms. fr. 16216, fol. 267. (*Extrait.*)
*Arch. de l'hôpital d'Évreux. Érection du bureau,* n° 1.

3064. Lettres de don à Jacques Maréchal, secrétaire du duc d'Albany, en récompense de plusieurs voyages faits pour le service du roi, d'une somme de 1,250 livres tournois sur les finances provenant des lettres d'aubaines et de confiscations expédiées à la Chambre des Comptes. Fontainebleau, 14 juillet 1528. 14 juillet.

*Archives nat., Comptes de l'épargne*, KK. 96, fol. 608 v°. (*Mention.*)

3065. Don à Pierre de Castrevau, Adrien d'Aspremont et Gabriel de Castéjac, pages de l'écurie du roi, d'une somme de 180 livres tournois, pour se rendre aux compagnies des ordonnances, où ils doivent servir désormais. Fontainebleau, 14 juillet 1528. 14 juillet.

*Archives nat., Comptes de l'épargne,* KK. 96, fol. 609 v°. (*Mention.*)

3066. Mandement au trésorier de l'épargne de payer à Albert Pie de Savoie, comte de Carpi, de Conches et de Breteuil, chambellan ordinaire du roi, 200 livres tournois que le roi lui a 18 juillet.

données sur les finances provenant des lettres de naturalité expédiées à la Chambre des Comptes. Fontainebleau, 18 juillet 1528. 1528.

*Arch. nat., Comptes de l'épargne,* KK. 96, fol. 610. (*Mention.*)

3067. Mandement du roi au Parlement de Paris de faire remettre par le greffier Du Tillet à Pierre d'Apestigny, receveur général des finances, la somme de 1,700 écus soleil, consignée au greffe par Claude Sanguin, marchand et bourgeois de Paris, sur arrêt de la cour. Fontainebleau, 20 juillet 1528. 20 juillet.

*Enreg. au Parl. de Paris, le 27 juillet 1528. Quittance dudit receveur général, le 1er août 1528, enreg. le 17 août suivant. Arch. nat.,* X1a 8612, fol. 113, 2 pages.

3068. Don à Jean de Vésins, homme d'armes des ordonnances sous la charge du grand écuyer, de 1,250 livres tournois, à prendre sur les exploits et amendes du Grand Conseil, pour le rembourser de partie de la rançon qu'il doit payer, ayant été pris à la journée de Pavie. Fontainebleau, 21 juillet 1528. 21 juillet.

*Archives nat., Comptes de l'épargne,* KK. 96, fol. 610 v°. (*Mention.*)

3069. Mandement au Parlement de Paris de procéder à la réception de François de Courtenay, sr de Bléneau, pourvu de l'office de bailli, capitaine et gouverneur d'Auxerre, par lettres du 30 mai précédent (n° 2991), nonobstant qu'il ait eu cet office en récompense d'une somme prêtée au roi. Fontainebleau, 23 juillet 1528. 23 juillet.

*Présentées au Parlement le 30 juillet, et réception le 11 août suivant, après remontrances. Arch. nat.,* X1a 1531, à ces dates. (*Mentions.*)

3070. Lettres de jussion pour l'enregistrement des lettres de don du duché de Chartres, du comté de Gisors et de Montargis en faveur de Renée de 25 juillet.

France et d'Hercule d'Este, son mari (ci-dessous, n° 3074). Paris, 25 juillet 1528. 1528.

*Enreg. au Parlement, le 30 juillet suivant. Arch. nat.*, X[1a] 8612, fol. 107 v°. 1 page 1/2.
*Enreg. à la Chambre des Comptes de Paris, le 7 août suivant. Arch. nat.*, P. 2305, p. 93, et P. 2536, fol. 148 v°.

3071. Commission à Nicolas Picart, receveur des tailles en la vicomté de Carentan, pour faire le payement des travaux des bâtiments de Fontainebleau, de Boulogne et de la fontaine que le roi se propose de faire venir à Saint-Germain-en-Laye, suivant les marchés qui seront faits par MM. d'Étampes, de Villeroy et d'Entragues et sous le contrôle de Florimond de Champeverne. Fontainebleau, 28 juillet 1528. 28 juillet.

*Copie. Bibl. nat.*, ms. fr. 11179 (anc. supp. fr. 336).
IMP. L. de Laborde, *Les Comptes des bâtiments du roi*, in-8°, 1877, t. I, p. 2.

3072. Mandement au trésorier de l'épargne de payer 225 livres à Claude de Bombelles, secrétaire et valet de chambre du roi, envoyé en Angleterre pour y porter des lettres à l'ambassadeur de France. Fontainebleau, 28 juillet 1528. 28 juillet.

*Bibl. nat.*, ms. Clairambault 1215, fol. 67. (*Mention.*)

3073. Lettres portant publication et homologation, au nom de la reine régente, de la transaction entre le roi et sa mère au sujet des terres et seigneuries de la maison de Bourbon. Saint-Germain-en-Laye, 30 juillet 1528. 30 juillet.

*Enreg. au Parl. de Toulouse. Arch. de la Haute-Garonne, Édits*, reg. 3, fol. 210. 2 pages.
(Voir au 25 août 1527, n° 2736.)

3074. Lettres de don à Renée de France et à Hercule d'Este, duc de Ferrare, son mari, du duché de Chartres, de la châtellenie de Montargis et du comté de Gisors, au lieu de 250,000 écus soleil qui revenaient à ladite Juillet.


IMPRIMERIE NATIONALE.

Renée de France de la succession de ses père et mère. Fontainebleau, juillet 1528. 1528.

Mandement pour l'enregistrement des précédentes. Paris, 25 juillet 1528.

*Enreg. au Parl. de Paris, sauf modification, le 30 juillet 1528. Arch. nat.*, $X^{1a}$ 8612, fol. 104 v° et 107 v°. 6 pages 1/2.

*Enreg. à la Chambre des Comptes de Paris, le 7 août 1528. Arch. nat.*, P. 2305, p. 82 et 93. 12 pages 1/2.

*Idem.*, P. 2536, fol. 148 v°.

*Enreg. à la Cour des Aides de Paris, le 9 janvier 1529 n. s. Arch. nat., recueil Cromo*, U. 665, fol. 252. (*Mention.*)

*Copie. Arch. nat.*, K. 84, n° 3.

IMP. *Plaquette de 7 pages. Arch. nat.*, $R^2$ 50.

Dom Morice, *Histoire de Bretagne*, 1746, in-fol., Preuves, t. III, col. 980.

3075. Création de deux foires annuelles et d'un marché hebdomadaire à Villeray au Perche. Paris, juillet 1528. Juillet.

*Enreg. à la Chancellerie de France. Arch. nat., Trésor des Chartes*, JJ. 243, n° 438, fol. 132. 1 page.

3076. Création de quatre foires annuelles et d'un marché chaque semaine à la Sarre, en faveur de l'archevêque d'Aix. Paris, juillet 1528. Juillet.

*Enreg. à la Chancellerie de France. Arch. nat., Trésor des Chartes*, JJ. 243, n° 457, fol. 136. 1 page.

3077. Lettres de légitimation en faveur de Jean Petit. Paris, juillet 1528. Juillet.

*Enreg. à la Chambre des Comptes de Montpellier. Arch. de l'Hérault*, B. 342, fol. 13. 2 pages.

3078. Lettres d'anoblissement en faveur de Poncet Gentil, seigneur de Pentherie, viguier de Saint-Yrieix. Fontainebleau, juillet 1528. Juillet.

*Enreg. à la Chancellerie de France. Arch. nat., Trésor des Chartes*, JJ. 243, n° 454, fol. 135 v°. 1 page 1/2.

3079. Lettres de permission à Pierre Cosnoal et à Marie de Kerouallen, sa femme, de dresser Juillet.

une justice patibulaire à trois piliers dans leur seigneurie de Kerandeur. Fontainebleau, juillet 1528. 1528.

*Enreg. à la Chancellerie de France. Arch. nat., Trésor des Chartes*, JJ. 243, n° 468, fol. 139. 1 page.

3080. Permission à Charles de Chefdubrays et à Guillaumette de Lopriac, sa femme, de dresser une justice patibulaire à trois piliers dans leurs seigneuries de Kerfonsault et de Breussent. Fontainebleau, juillet 1528. Juillet.

*Enreg. à la Chancellerie de France. Arch. nat., Trésor des Chartes*, JJ. 243, n° 471, fol. 139 v°. 1 page.

3081. Lettres portant permission à Guillaume Jagadou, seigneur de Kererlen, de dresser une justice patibulaire à trois piliers dans sadite seigneurie. Fontainebleau, juillet 1528. Juillet.

*Enreg. à la Chancellerie de France. Arch. nat., Trésor des Chartes*, JJ. 243, n° 467, fol. 138 v°. 1 page.

3082. Lettres de permission à Jean de Kereneur d'édifier une justice patibulaire à trois piliers dans ses seigneuries de Kereneur et de Kerlan. Fontainebleau, juillet 1528. Juillet.

*Enreg. à la Chancellerie de France. Arch. nat., Trésor des Chartes*, JJ. 243, n° 469, fol. 139. 1 page.

3083. Permission à Guillaume de Kerouallen de dresser une justice patibulaire à trois piliers dans ses seigneuries de Kerouallen et de Kerbâtart. Fontainebleau, juillet 1528. Juillet.

*Enreg. à la Chancellerie de France. Arch. nat., Trésor des Chartes*, JJ. 243, n° 470, fol. 139. 1 page.

3084. Confirmation des privilèges et franchises des habitants de Montaigu, en la sénéchaussée de Toulouse. Saint-Germain-en-Laye, juillet 1528. Juillet.

*Enreg. à la Chancellerie de France. Arch. nat., Trésor des Chartes*, JJ. 243, n° 465, fol. 138. 1 page.

3085. Confirmation des privilèges, franchises et exemptions accordés à l'abbaye de Saint-Florentin de Bonneval, à cause de la terre de Loré. Saint-Germain-en-Laye, juillet 1528. — 1528. Juillet.

*Enreg. à la Chancellerie de France. Arch. nat., Trésor des Chartes*, JJ. 243, n° 440, fol. 132 v°. 1 page.

3086. Commission à Jean de La Barre, comte d'Étampes, à Nicolas de Neufville, s^r de Villeroy, à Pierre de Balzac, s^r d'Entragues, et à Florimond de Champeverne, contrôleur, pour faire les marchés des bâtiments de Fontainebleau et de Boulogne, et de la fontaine que le roi projetait de faire venir à Saint-Germain-en-Laye. Fontainebleau, 1^er août 1528. — 1^er août.

*Copie. Bibl. nat.*, ms. fr. 11179 (anc. supp. fr. 336).

*Imp.* L. de Laborde. *Les Comptes des bâtiments du roi*, in-8°, 1877, t. I, p. 7.

3087. Lettres de don de 1,500 écus d'or soleil octroyés au cardinal Jean Salviati, légat en France, en reconnaissance de ses bons offices. Fontainebleau, 1^er août 1528. — 1^er août.

*Arch. nat., Comptes de l'épargne*, KK. 96, fol. 611. (*Mention.*)

3088. Déclaration ordonnant le remboursement par les habitants de la sénéchaussée de Toulouse des vingt-quatre offices de conseillers en ladite sénéchaussée éteints et supprimés. Fontainebleau, 4 août 1528. — 4 août.

*Enreg. au Grand Conseil, le 31 mars 1529. Arch. nat., Grand Conseil*, V^5 1047. 2 pages.

*Enreg. aux États de Languedoc. Arch. de l'Hérault*, C. *Ordonnances et arrêts*, t. IV, pièce 2.

3089. Don à Jean Rougemont et à Jean Fallaise, valets de garde-robe du roi, de 100 écus d'or à prendre sur les deniers provenant des droits et devoirs seigneuriaux échus au roi dans la vicomté d'Arques. Fontainebleau, 5 août 1528. — 5 août.

*Arch. nat., Comptes de l'épargne*, KK. 96, fol. 612. (*Mention.*)

3090. Lettres portant continuation pour six ans des octrois accordés aux habitants de Noyers en Tonnerrois, pour la fortification de leur ville. Fontainebleau, 7 août 1528. 1528. 7 août.

*Enreg. à la Chambre des Comptes de Dijon, le 26 août 1528. Arch. de la Côte d'Or*, reg. B. 20, fol. 5.

3091. Passeport délivré à l'un des hérauts de l'empereur, nommé Bourgogne, pour venir porter au roi le cartel de son maître. Fontainebleau, 7 août 1528. 7 août.

*Original. Bibl. nat.*, ms. fr. 2981, fol. 6.

3092. Commission et pouvoir donnés à Jean Du Bellay, évêque de Bayonne, ambassadeur en Angleterre, de recevoir les termes de la subvention fournie et à fournir par Henri VIII à François Ier pour la guerre contre l'empereur, et d'en donner quittances valables. Fontainebleau, 8 août 1528. 8 août.

IMP. Rymer, *Fœdera, acta publica, etc.*, 3e édit., 1741, t. VI, part. II, p. 106, col. 1.

3093. Nouvelles lettres de jussion pour l'exécution des lettres en date du 25 janvier 1528 n. s. (n° 2851), relatives au comte de Carpi. Fontainebleau, 10 août 1528. 10 août.

*Enreg. au Parl. de Rouen, le 3 décembre 1528, et à la Chambre des Comptes de Paris, le 29 octobre 1529. Arch. nat., Chambre des Comptes*, P. 2305, p. 826. 5 pages.

3094. Don de 300 écus d'or fait par le roi à Jean-Jacques de Vernaye, ambassadeur du duc de Savoie, en reconnaissance de ses bons offices lors du renouvellement du traité d'alliance entre la France et la Savoie. Fontainebleau, 11 août 1528. 11 août.

*Arch. nat., Comptes de l'épargne*, KK. 96, fol. 613. (*Mention.*)

3095. Lettres portant rachat des terres, seigneuries et châtellenies de Moret, Crécy, Brie-comte-Robert, la Ferté-Alais, Tournant et Torcy, en- 12 août.

gagées, l'an 1522, à Louis de Poncher par les commissaires royaux sur le fait des aliénations du domaine, et don en échange aux héritiers dudit Louis de Poncher de la vicomté et seigneurie d'Orbec. Fontainebleau, 12 août 1528. 1528.

*Enreg. au Parl. de Paris, le 7 septembre 1528. Arch. nat.*, X[1a] 8612, fol. 114. 5 pages 1/2.

3096. Don de l'office de sénéchal de Quercy à François de Genouilhac, dit Galiot, âgé de douze ans environ, pour l'exercer seulement après la mort de son père, Jacques de Genouilhac, grand écuyer de France et sénéchal de Quercy, qui avait résigné cet office en faveur de son fils. Fontainebleau, 12 août 1528. 12 août.

*Enreg. au Parl. de Toulouse. Arch. de la Haute-Garonne, Édits*, reg. 3, fol. 240. 2 pages.

3097. Mandement au trésorier de l'épargne de payer 50 livres tournois à Denis Leroy, dit Montlouis, pour préparer un bateau destiné à conduire le roi de Corbeil à Paris. Fontainebleau, 12 août 1528. 12 août.

*Archives nat., Comptes de l'épargne*, KK. 96, fol. 547 v°. (*Mention.*)

3098. Lettres de dispense en faveur de Charles Du Solier de Morette, pour tenir l'office de troisième président de la Chambre des Comptes, comme s'il était clerc. 12 août 1528. 12 août.

*Enreg. à la Chambre des Comptes, anc. mém.* 2 E, fol. 119. *Arch. nat., invent.* PP. 136, p. 336. (*Mention.*)

(Voir ci-dessus, au 14 mai 1528, n° 2974.)

3099. Lettres portant mainlevée des biens de Louis, duc de Longueville, situés en Normandie, qui étaient placés sous la garde du roi, à cause de la minorité du duc. 13 août 1528. 13 août.

*Enreg. à la Chambre des Comptes de Paris, le 26 août suivant, anc. mém.* 2 E, fol. 100. *Arch. nat., invent.* PP. 136, p. 339. (*Mention.*)

3100. Don à l'abbesse et aux religieuses de Notre- 13 août.

Dame-la-Royale, dite le Lys, près Melun, d'une aumône de 75 livres tournois assignées sur le trésorier de l'épargne. Fontainebleau, 13 août 1528. 1528.

*Archives nat., Comptes de l'épargne*, KK. 96, fol. 613 v°. (*Mention.*)

3101. Mandement au trésorier de l'épargne de payer à Gabriel de Gramont, évêque de Tarbes, la somme de 7,340 livres pour le voyage qu'il a fait en qualité d'ambassadeur auprès du roi d'Espagne, et qui a duré du 20 juin 1527 au 30 juin 1528. Fontainebleau, 13 août 1528. 13 août.

*Bibl. nat.*, ms. Clairambault 1215, fol. 67. (*Mention.*)

3102. Don à frère Jean Daveau, religieux de Valenciennes, d'une somme de 60 livres tournois. Fontainebleau, 14 août 1528. 14 août.

*Arch. nat., Comptes de l'épargne*, KK. 96, fol. 614. (*Mention.*)

3103. Ratification du traité de mariage conclu le 30 novembre 1527 et confirmé le 19 février 1528 n. s., entre Madame Renée de France, fille du feu roi Louis XII, et Hercule d'Este, fils aîné d'Alphonse, duc de Ferrare. Paris, 20 août 1528. 20 août.

(Texte latin.)

*Enreg. à la Chambre des Comptes de Paris, Arch. nat.*, P. 2304, p. 751. 11 pages 1/2. — P. 2305, p. 23. 26 pages.

*Idem*, P. 2536, fol. 140, et P. 2552, fol. 157.

3104. Don à frère Louis Chantereau, confesseur ordinaire du roi, d'une somme de 75 livres tournois à prendre sur les exploits et amendes du Parlement. Paris, 20 août 1528. 20 août.

*Archives nat., Comptes de l'épargne*, KK. 96, fol. 614 v°. (*Mention.*)

3105. Lettres de don à Charles Du Solier de Morette, président de la Chambre des Comptes de Paris, des gages dus à Gilles Berthelot, son prédécesseur, et de ceux échus depuis l'absence dudit 20 août.

Berthelot jusqu'à l'institution dudit Du Solier. 20 août 1528. 1528.

*Enreg. à la Chambre des Comptes de Paris, le 8 août 1530, anc. mém.* 2 F, fol. 212. *Arch. nat., invent.* PP. 136, p. 339. (*Mention.*)

3106. Lettres de don en faveur de Fleury Colomb, seigneur de la Rivoire, et de Fleury et Gaspard Colomb, ses fils, d'une somme de 104 écus d'or soleil sur les finances provenant des lettres d'anoblissement et de légitimation expédiées à la Chambre des Comptes. Paris, 21 août 1528. 21 août.

*Arch. nat., Comptes de l'épargne,* KK. 96, fol. 615. (*Mention.*)

3107. Lettres accordant à Noël Boucher et à Jean Duthier, clercs de M. de Villandry, secrétaire des finances, une somme de 200 livres tournois pour leurs salaires de deux ans qu'ils ont été employés à écrire, grossoyer et mettre au net les expéditions, instruments et dépêches du secrétariat dudit de Villandry. Paris, 21 août 1528. 21 août.

*Arch. nat., Comptes de l'épargne,* KK. 96, fol. 616. (*Mention.*)

3108. Lettres autorisant les États de Languedoc à imposer la somme de 2,000 livres tournois pour être employée aux réparations et fortifications des villes, et ce en restitution de pareille somme destinée audit usage et levée sur ces villes pour le service du roi. Paris, 22 août 1528. 22 août.

*Copie. Arch. municipales de Montpellier,* AA, États de Languedoc.

3109. Lettres données à la requête des États de Languedoc, portant remise de la moitié des deniers que le roi voulait lever sur cette province. Paris, 22 août 1528. 22 août.

*Vidimus sur parchemin délivré à Montpellier, le 10 novembre 1528, signé de Mazi, gouverneur de cette ville, et pour collation, Bertrandi. Arch. municip. de la ville d'Albi,* CC. 117.

3110. Lettres de dispense à François Ravault, procureur du roi au bailliage de Montargis, pour 22 août.

l'exercice de l'office d'élu à Nemours, malgré l'arrêt de la Cour des Aides l'obligeant à opter. Paris, 22 août 1528. 1528.

*Enreg. à la Cour des Aides de Paris, le 16 octobre 1528. Arch. nat., recueil Cromo,* U. 665, fol. 252. (*Mention.*)

3111. Don en faveur d'Antoine de Sautour d'une rente annuelle de 200 livres tournois à prélever sur le péage de Grenoble. Paris, 22 août 1528. 22 août.

*Enreg. au Parl. de Grenoble, le 10 novembre 1528. Arch. de l'Isère, Chambre des Comptes de Grenoble,* B. 2908, cah. 319. 8 pages.

3112. Don à Adrien de Ligny, s^r de Raray, pour services militaires, de 375 livres tournois à prendre sur les deniers provenant des droits seigneuriaux échus au roi dans le duché de Valois. Paris, 22 août 1528. 22 août.

*Arch. nat., Comptes de l'épargne,* KK. 96, fol. 617. (*Mention.*)

3113. Don à Antoine de Châteauneuf, s^r de la Rouvraye, de 100 écus d'or soleil, pour l'aider à faire les frais d'un voyage secret qu'il doit entreprendre très prochainement pour le service du roi. Paris, 22 août 1528. 22 août.

*Archives nat., Comptes de l'épargne,* KK. 96, fol. 617 v°. (*Mention.*)

3114. Assignation de 80 livres tournois sur le trésorier de l'épargne, en faveur de Claude de Longueval, veuve de Michel Broullier, chirurgien du roi, pour les gages de quatre mois dus à son feu mari. Paris, 23 août 1528. 23 août.

*Arch. nat., Comptes de l'épargne,* KK. 96, fol. 618. (*Mention.*)

3115. Provisions, en faveur de Jean de La Haye, licencié en lois, d'un office de conseiller clerc au Parlement de Paris, au lieu et place de feu Jean de Bony. Paris, 24 août 1528. 24 août.

*Présentées au Parl. de Paris, le 13 octobre 1528. Arch. nat.,* X^1a 1532, reg. du Conseil, fol. 2. (*Mention.*)



IMPRIMERIE NATIONALE.

3116. Mandement à Jacques Ragueneau, commis à tenir les comptes de la marine du Levant en Provence, de payer à Charles Du Solier, capitaine et lieutenant général des vaisseaux envoyés à Naples, la somme de 30,000 livres tournois. Paris, 25 août 1528. — 1528. 25 août.

*Original. Bibl. nat.*, ms. fr. 25721, n° 287.

3117. Assignation d'une somme de 100 livres tournois sur le trésorier de l'épargne, au profit de Denis Chesneau, pour avoir fait écrire et grossoyer les commissions et mandements adressés aux élections du royaume pour le bail à ferme des aides, équivalents et autres impositions. Saint-Germain-en-Laye, 26 août 1528. — 26 août.

*Archives nat., Comptes de l'épargne*, KK. 96, fol. 618 v°. (*Mention.*)

3118. Lettres de jussion pour l'exécution des lettres, en date de juin 1528 (n° 3038), accordant à Antoine Raffin, seigneur de Puycalvary, la jouissance des biens de Gilles Berthelot, nonobstant l'opposition de la femme de ce dernier. Saint-Germain-en-Laye, 27 août 1528. — 27 août.

Avec l'attache de la Chambre des Comptes, 18 juin 1529.

*Enreg. à la Chambre des Comptes de Paris. Arch. nat.*, P. 2305, p. 807. 3 pages.

*Idem*, P. 2537, fol. 9 v°, et P. 2553, fol. 10.

3119. Mandement à Jean Laguette, commis au payement de l'extraordinaire des guerres, de faire envoyer en Picardie pour le payement des gens de guerre la somme de 18,127 livres 10 sous tournois que le trésorier de l'épargne a reçu ordre de lui donner. Saint-Germain-en-Laye, 27 août 1528. — 27 août.

*Original. Bibl. nat.*, ms. fr. 25721, n° 288.

3120. Lettres ordonnant de payer 350 livres 11 sous tournois, d'une part, et 3,389 livres 19 sous 3 deniers, d'autre part, à Jean Sapin, receveur général des finances, commis au payement des — 27 août.

menus plaisirs du roi, pour le fait de son office. Saint-Germain-en-Laye, 27 août 1528. 1528.

*Arch. nat., Comptes de l'épargne*, KK. 96, fol. 184 et 185. (*Mentions.*)

3121. Assignation sur le trésorier de l'épargne d'une somme de 100 livres accordée à François de Harville, commissaire des mortes-payes de Guyenne, et à Gabriel Ravail, clerc de Jean Robertet, secrétaire des finances, pour l'expédition des commissions et mandements envoyés aux élections des généralités d'Outre-Seine, Yonne et Picardie, pour le bail à ferme des aides et impositions. Saint-Germain-en-Laye, 27 août 1528. 27 août.

*Arch. nat., Comptes de l'épargne*, KK. 96, fol. 619. (*Mention.*)

3122. Don à Eustache de Villiers, chevaucheur de l'écurie du roi, d'une somme de 75 livres tournois à prendre sur les exploits et amendes du Parlement de Paris. Saint-Germain-en-Laye, 27 août 1528. 27 août.

*Archives nat., Comptes de l'épargne*, KK. 96, fol. 619 v°. (*Mention.*)

3123. Don à Guichard Borison, chirurgien de Montpellier, d'une somme de 100 écus soleil pour les dépenses d'un voyage qu'il doit faire dans son pays. Saint-Germain-en-Laye, 28 août 1528. 28 août.

*Archives nat., Comptes de l'épargne*, KK. 96, fol. 620 v°. (*Mention.*)

3124. Mandement au trésorier de l'épargne de payer 22 livres tournois données par le roi à Isabeau Rebours, femme d'Oudin de Conteville, dit Taillevant, maître queux du dauphin, détenu en Espagne. Saint-Germain-en-Laye, 28 août 1528. 28 août.

*Arch. nat., Comptes de l'épargne*, KK. 96, fol. 661. (*Mention.*)

3125. Provisions de l'office de gouverneur et de lieutenant général pour le roi en Guyenne, ville et gouvernement de la Rochelle et pays d'Aunis, 29 août.

en faveur du roi de Navarre. Saint-Germain-en-Laye, 29 août 1528. 1528.

*Enreg. au Parl. de Bordeaux, le 17 janvier 1529 n. s. Arch. de la Gironde*, B. 30 *bis*, fol. 128. 10 pages.

*Enreg. au Parl. de Paris, sauf réserves (sur lettres de jussion datées de Lyon, le 17 janvier 1535), le 17 février 1536 n. s. Arch. nat.*, $X^{1a}$ 8612, fol. 391 v° et 392 v°. 3 pages 2/3.

*Enreg. au Parl. de Toulouse, le 18 décembre 1537, sur lettres royales datées de Châtillon-sur-Loing, le 15 septembre 1537. Arch. de la Haute-Garonne, Édits*, reg. 4, fol. 92. 1 page.

3126. Mandement au trésorier de l'épargne de payer à Anne de Montmorency, grand maître et maréchal de France, la somme de 25,000 livres tournois, complément des 50,000 livres que le roi lui avait données à l'occasion de son mariage avec Madeleine de Savoie. Saint-Germain-en-Laye, 30 août 1528. 30 août.

*Arch. nat., Comptes de l'épargne*, KK. 96, fol. 621. (*Mention.*)

3127. Provisions d'un office de maître des requêtes de l'hôtel pour Gabriel de Gramont, évêque de Tarbes, au lieu d'Ambroise de Fleurance, décédé. 31 août 1528. 31 août.

*Reçu au Parl. de Paris, le 3 septembre suivant. Arch. nat.*, $X^{1a}$ 1531, à la date. (*Mention.*)

IMP. Blanchard, *Les généalogies des maistres des requestes*, 1670, in-fol. p. 263. (*Mention.*)

3128. Confirmation des privilèges, franchises et exemptions des habitants d'Aix-en-Provence. Fontainebleau, août 1528. Août.

*Enreg. à la Chancellerie de France. Arch. nat., Trésor des Chartes*, JJ. 243, n° 453, fol. 135. 1 page.

*Enreg. à la Chambre des Comptes d'Aix. Arch. des Bouches-du-Rhône*, B. 31 (*Salamandra*), fol. 134. 2 pages.

3129. Institution de quatre foires par an et d'un marché chaque semaine à Saint-Maurice-sur-Vingeanne. Fontainebleau, août 1528. Août.

*Enreg. à la Chancellerie de France. Arch. nat., Trésor des Chartes*, JJ. 243, n° 473, fol. 139 v°. 1 page.

3130. Lettres de naturalité en faveur des frères Rucellaï, natifs de Florence, établis à Rouen. Paris, août 1528. 1528. Août.

*Enreg. à la Chancellerie de France. Arch. nat., Trésor des Chartes*, JJ. 241, n° 224, fol. 252. 1 page 1/2.

3131. Confirmation des priviléges, franchises et exemptions accordés par les ducs de Milan et rois de France aux habitants d'Asti. Saint-Germain-en-Laye, août 1528. Août.

*Enreg. à la Chancellerie de France. Arch. nat., Trésor des Chartes*, JJ. 243, n° 459, fol. 137. 1 page.

3132. Lettres de sauvegarde octroyées à l'abbesse et aux religieuses de Jouarre en Brie. Saint-Germain-en-Laye, août 1528. Août.

*Enreg. à la Chancellerie de France. Arch. nat., Trésor des Chartes*, JJ. 243, n° 526, fol. 155 v°. 2 pages.

3133. Lettres portant permission aux habitants d'Orbais-l'Abbaye de se clore de murs, de fossés, tours et autres fortifications. Saint-Germain-en-Laye, août 1528. Août.

*Enreg. à la Chancellerie de France. Arch. nat., Trésor des Chartes*, JJ. 243, n° 461, fol. 137. 1 page.

3134. Création de quatre foires annuelles et d'un marché hebdomadaire à Braye-sous-Faye, en faveur de François du Plessis de Richelieu, seigneur du lieu. Saint-Germain-en-Laye, août 1528. Août.

*Enreg. à la Chancellerie de France. Arch. nat., Trésor des Chartes*, JJ. 243, n° 450, fol. 134 v°. 1 page.

3135. Création d'un marché chaque quinzaine à Villeneuve, dans la vicomté de Soule. Saint-Germain-en-Laye, août 1528. Août.

*Enreg. à la Chancellerie de France. Arch. nat., Trésor des Chartes*, JJ. 243, n° 479, fol. 141. 1 page.

3136. Pouvoirs conférés par le roi à Anne de Montmorency, grand maître et maréchal de France, à l'effet de traiter avec le délégué d'Alphonse d'Este, duc de Ferrare, des terres à céder audit 2 septembre.

duc, en compensation des sommes prêtées par lui au roi. Saint-Germain-en-Laye, 2 septembre 1528. 1528.

*Original. Bibl. nat.*, ms. fr. 2997, fol. 56.
*Enreg. à la Chambre des Comptes de Paris. Arch. nat.*, P. 2305, p. 115. 3 pages 1/2.
*Copies. Bibl. nat.*, coll. Fontanieu, portef. 211 et 214.

3137. Commission au sieur de La Forêt, prévôt des maréchaux de France en Touraine, pour la répression du faux-saunage en Bretagne, Anjou, Maine et Poitou. Saint-Germain-en-Laye, 2 septembre 1528. 2 septembre.

Avec lettres ordonnant l'enregistrement, à l'adresse de la Cour des Aides, le 4 décembre 1532.

*Copie collationnée faite par ordre de la Cour des Aides de Paris, le 20 avril 1779. Arch. nat*, $Z^{1a}$ 526.
*Enreg. à la Cour des Aides de Normandie, le 12 octobre 1537. Arch. de la Seine-Inférieure, Mémoriaux*, 2ᵉ vol., fol. 119. 4 pages.

3138. Don de 100 écus d'or soleil à Dominique de Gustino, chargé par le roi d'une mission secrète au royaume de Naples, pour ses frais de voyage. Saint-Germain-en-Laye, 5 septembre 1528. 5 septembre.

*Arch. nat., Comptes de l'épargne*, KK. 96, fol. 622. (*Mention.*)

3139. Lettres de don, en faveur de Guillaume Hamilton, gentilhomme de la chambre du roi d'Écosse et son ambassadeur en France, et d'un héraut d'armes dudit roi qui l'accompagnait, d'une somme de 450 écus d'or soleil pour les défrayer de leur voyage. Saint-Germain-en-Laye, 5 septembre 1528. 5 septembre.

*Archives nat., Comptes de l'épargne*, KK. 96, fol. 622 v°. (*Mention.*)

3140. Mandement au trésorier de l'épargne de payer à Robert Faguère, jardinier du roi au château de Fontainebleau, 120 livres tournois pour l'achat d'arbres fruitiers que le roi lui a or- 6 septembre.

donné de planter dans les jardins dudit château. Saint-Germain-en-Laye, 6 septembre 1528. 1528.

*Arch. nat., Comptes de l'épargne*, KK. 96, fol. 548. (*Mention.*)

3141. Don à Anne de Rène, dit Michelet, premier huissier de la chambre du roi, d'une somme de 300 livres tournois à prendre sur les deniers provenant des reliefs, treizièmes et autres droits seigneuriaux échus au roi dans la vicomté de Montivilliers. Saint-Germain-en-Laye, 6 septembre 1528. 6 septembre.

*Arch. nat., Comptes de l'épargne*, KK. 96, fol. 623. (*Mention.*)

3142. Prorogation de la session du Parlement de Paris du 7 au 12 septembre 1528. Paris, 7 septembre 1528. 7 septembre.

*Enreg. au Parl. de Paris, le même jour. Arch. nat.*, X[1a] 8612, fol. 117. 1 page.

3143. Lettres portant règlement pour les privilèges des habitants d'Orléans. Paris, 7 septembre 1528. 7 septembre.

IMP. Blanchard, *Compilation chronologique, etc.*, in-fol., t. I, col. 478. (*Mention.*)

3144. Mandement au trésorier de l'épargne de payer à Pierre Mangot, orfèvre du roi, la somme de 588 livres 16 sous 9 deniers tournois pour un grand collier de l'ordre donné par le roi à Jacques de Genouilhac, dit Galliot, grand écuyer. Paris, 8 septembre 1528. 8 septembre.

*Arch. nat., Comptes de l'épargne*, KK. 96, fol. 549. (*Mention.*)

3145. Don à Jacques Maréchal et à Fleury Pelletier, potagers et hâteurs de la cuisine de bouche du roi, d'une somme de 180 livres tournois sur les deniers provenant de la vente des arbres abattus par une tempête, en 1519, dans la forêt de Neauphle-le-Château. Paris, 8 septembre 1528. 8 septembre.

*Arch. nat., Comptes de l'épargne*, KK. 96, fol. 624. (*Mention.*)

3146. Création d'une maîtrise de chaque métier dans toutes les villes du royaume, à l'occasion du mariage du prince de Ferrare et de la princesse Renée de France. Paris, 9 septembre 1528. 1528. 9 septembre.

*Enreg. au Châtelet de Paris, le 24 septembre 1528. Arch. nat., Bannières,* Y. 8, fol. 238. 1 page.

*Enreg. au Parl. de Toulouse, avec réserve d'examen pour les apothicaires et chirurgiens, le 22 février 1529 n. s. Arch. de la Haute-Garonne, Édits,* reg. 3, fol. 214. 2 pages.

*Copie, vidimus de la cour d'Angers, du 2 juillet 1529. Arch. municip. de Toulouse,* ms. 153, p. 736.

3147. Provisions, sur la nomination de Renée de France, duchesse de Chartres et comtesse de Gisors, en faveur de Christophe Hérouart, lieutenant civil et criminel du bailliage de Chartres, de l'office de juge des cas royaux, régales et matières privilégiées des ville, duché et bailliage de Chartres. Paris, 9 septembre 1528. 9 septembre.

*Présentées au Parl. de Paris, le 17 septembre 1528. Arch. nat.,* $X^{1a}$ 1531, reg. du Conseil, à cette date. (*Mention.*)

3148. Mandement au trésorier de l'épargne de payer à Étienne Collault, enlumineur à Paris, 72 livres tournois pour avoir écrit et enluminé sur vélin six exemplaires des ordonnances et chapitres de l'ordre de Saint-Michel, pour en faire don à chacun des chevaliers. Paris, 10 septembre 1528. 10 septembre.

*Arch. nat., Comptes de l'épargne,* KK. 96, fol. 550. (*Mention.*)

3149. Lettres de don, en faveur d'Anne de Montmorency, grand maître et maréchal de France, d'une somme de 2,616 livres 10 sous tournois provenant des lods et ventes et autres droits seigneuriaux échus au roi dans les généralités d'Outre-Seine et Yonne. Paris, 10 septembre 1528. 10 septembre.

*Arch. nat., Comptes de l'épargne,* KK. 96, fol. 625. (*Mention.*)

3150. Assignation sur le trésorier de l'épargne, au profit de François de Harville et de Gabriel Ravail, clercs de Jean Robertet, secrétaire des finances, d'une somme de 200 livres tournois pour leurs gages d'expéditionnaires des dépêches du département dudit Robertet, depuis le retour d'Espagne de François Ier jusqu'au 31 juillet 1528. Paris, 13 septembre 1528. — 1528. 13 septembre.

*Arch. nat., Comptes de l'épargne*, KK. 96, fol. 626. (*Mention.*)

3151. Don à Jean Delessart, dit Périgord, valet de chambre ordinaire du roi, d'une somme de 237 livres 10 sous tournois sur les exploits et amendes du Parlement de Rouen. Paris, 13 septembre 1528. — 13 septembre.

*Archives nat., Comptes de l'épargne*, KK. 96, fol. 626 v°. (*Mention.*)

3152. Provisions de l'office de sénéchal de Carcassonne en faveur de Jean de Lévis, sieur de Mirepoix. Paris, 14 septembre 1528. — 14 septembre.

*Enreg. au Parl. de Toulouse. Arch. de la Haute-Garonne, Édits*, reg. 3, fol. 211. 2 pages.

3153. Lettres ordonnant au trésorier de l'épargne de payer à Georges Bezellet, marchand flamand demeurant à Anvers, la somme de 3,000 livres tournois, complétant celle de 4,640 livres, prix fait par le roi et sa mère pour « une tapisserie de Loth et de l'Empereur », faite sur or et sur soie. Paris, 14 septembre 1528. — 14 septembre.

*Archives nat., Comptes de l'épargne*, KK. 96, fol. 550 v°. (*Mention.*)

3154. Lettres de don à Renée de France, duchesse de Chartres, de 1,000 écus d'or soleil pour ses menus plaisirs durant son voyage à Ferrare. Paris, 14 septembre 1528. — 14 septembre.

*Arch. nat., Comptes de l'épargne*, KK. 96, fol. 627. (*Mention.*)

3155. Lettres de don de 1,000 livres tournois pour frais de voyage, accordé à Louise de Valen- — 14 septembre.

tinois, douairière de La Trémoïlle, et d'autres sommes à divers officiers de la maison du roi chargés d'accompagner jusqu'à Grenoble Renée de France, duchesse de Chartres, se rendant à Ferrare. Paris, 14 septembre 1528. 1528.

*Arch. nat., Comptes de l'épargne*, KK. 96, fol. 628 et suiv. (*Mention.*)

3156. Assignation de 2,460 livres tournois sur le trésorier de l'épargne, au profit de Michelle de Saubonne, dame d'honneur de Renée de France, duchesse de Chartres, en déduction de la somme de 10,000 livres tournois dont le roi lui a fait don. Paris, 14 septembre 1528. 14 septembre.

*Arch. nat., Comptes de l'épargne*, KK. 96, fol. 631. (*Mention.*)

3157. Lettres portant attribution de 500 livres par an d'augmentation de gages à l'office de président des enquêtes au Parlement de Paris, dont est pourvu René Gentil. Paris, 15 septembre 1528. 15 septembre.

*Enreg. à la Chambre des Comptes de Paris. Arch. nat.*, P. 2536, fol. 167 v°. 2 pages.

3158. Mandement au Parlement de Paris de procéder à la réception de Christophe Hérouart, pourvu, le 9 septembre précédent, de l'office de juge des cas royaux et privilégiés du duché et bailliage de Chartres, nonobstant les vacations. Paris, 15 septembre 1528. 15 septembre.

*Reçu et enreg. au Parl., le 17 septembre suivant. Arch. nat.*, X$^{1a}$ 1531, reg. du Conseil, à cette date. (*Mention.*)

3159. Mandement au s$^{r}$ de Montmorency, gouverneur du Languedoc, à Jean de Poncher et à divers autres commissaires de se rendre à Montpellier, à l'assemblée des États, qui se réunira le 4 novembre, pour demander la levée d'une somme de 286,963 livres 2 sous tournois, part de la province dans l'imposition de 3,261,000 livres 15 septembre.

tournois mise sur tout le royaume. Paris, 15 septembre 1528. 1528.

*Copie. Bibl. nat.*, ms. fr. 25721, n° 290.
*Copie. Arch. municipales de Montpellier*, AA. États de Languedoc.

3160. Mandement aux élus du Lyonnais fixant à 24,331 livres 8 deniers tournois la part de leur élection dans la taille et l'augmentation de taille imposées sur tout le royaume. Paris, 15 septembre 1528. 15 septembre.

*Copie. Bibl. nat.*, ms. fr. 2702, fol. 139.

3161. Mandement aux élus du Périgord leur faisant savoir que leur élection a été taxée à 21,581 livres 14 sous 8 deniers tournois pour sa part de la taille de 3,261,000 livres tournois imposée pour 1529 sur tout le royaume. Paris, 15 septembre 1528. 15 septembre.

*Copie. Bibl. nat.*, ms. fr. 25721, n° 289.

3162. Mandement aux élus du Limousin leur faisant savoir que leur élection a été taxée à la somme de 45,126 livres 17 sous 8 deniers tournois pour sa part de l'imposition de 3,261,000 livres tournois mise sur tout le royaume. Paris, 15 septembre 1528. 15 septembre.

*Copie. Bibl. nat.*, ms. fr. 25721, n° 291.

3163. Mandement aux élus d'Angoumois leur faisant savoir que leur élection a été taxée à la somme de 16,575 livres 12 sous 5 deniers tournois pour sa part de l'imposition de 3,261,000 livres tournois mise sur tout le royaume. Paris, 15 septembre 1528. 15 septembre.

*Copie. Bibl. nat.*, ms. fr. 25721, n° 292.

3164. Don de la recette ordinaire de la terre et seigneurie de Rennes au comte de Laval, gouverneur de Bretagne. Paris, 15 septembre 1528. 15 septembre.

*Enreg. à la Chambre des Comptes de Bretagne. Archives de la Loire-Inférieure*, B. *Mandements royaux*, I, fol. 344.

3165. Lettres ordonnant au trésorier de l'épargne de remettre à Victor Brodeau, secrétaire de la reine de Navarre, la somme de 205 livres tournois pour l'achat de portraits, tableaux et autres « menuz ouvraiges » que le roi lui a donné commission d'acheter en Flandre. Paris, 15 septembre 1528. 1528. 15 septembre.

*Archives nat., Comptes de l'épargne*, KK. 96, fol. 551 v°. (*Mention.*)

3166. Lettres de don à François d'Orfeuille, capitaine de Saulx-le-Duc, qui avait été blessé grièvement et fait prisonnier à Pavie, d'une somme de 7,000 livres tournois sur les exploits et amendes du Parlement de Paris. Paris, 15 septembre 1528. 15 septembre.

*Arch. nat., Comptes de l'épargne*, KK. 96, fol. 631. (*Mention.*)

3167. Mandement à la Chambre des Comptes de Paris pour l'exécution des lettres relatives à la vente et cession faite par le roi au duc de Ferrare des vicomtés, terres et seigneuries de Caen, Falaise et Bayeux. Paris, 16 septembre 1528. 16 septembre.

Avec l'attache de la Chambre des Comptes, du 19 septembre 1528.

*Enreg. à la Chambre des Comptes de Paris. Arch. nat.*, P. 2305, p. 153. 2 pages.

3168. Lettres au receveur des tailles du pays d'Agenais lui mandant de convoquer les gens des trois États du pays d'Agenais pour le 9 novembre. Paris, 16 septembre 1528. 16 septembre.

*Enreg. au livre des États. Arch. municipales d'Agen*, CC. 49.

3169. Mandement au trésorier de l'épargne de payer à Jacques Pinel et à Claude Bréda, marchands de Paris, 3,659 livres 19 sous 1 denier tournois, pour plusieurs tapisseries que le roi leur a achetées et dont il a fait don à sa belle-sœur, Renée de France, duchesse de Chartres. Paris, 16 septembre 1528. 16 septembre.

*Arch. nat., Comptes de l'épargne*, KK. 96, fol. 552. (*Mention.*)

3170. Mandement au trésorier de l'épargne de payer à Jean Hotman, orfèvre de Paris, 252 livres tournois pour une chaîne d'or donnée par le roi à Frédéric Zelon, héraut de Danemark, qui lui avait apporté des lettres du roi de Danemark. Paris, 16 septembre 1528. — 1528. 16 septembre.

*Arch. nat., Comptes de l'épargne,* KK. 96, fol. 553. (*Mention.*)

3171. Don à Gaspard Sormane, chevalier, chargé d'accompagner à Ferrare Hercule d'Este, duc de Chartres, d'une somme de 800 livres tournois pour frais de voyage. Paris, 16 septembre 1528. — 16 septembre.

*Archives nat., Comptes de l'épargne,* KK. 96, fol. 632 v°. (*Mention.*)

3172. Don à Pierre More, écuyer d'écurie d'Hercule d'Este, duc de Chartres, de 100 écus d'or soleil, en récompense du présent de deux chevaux qu'il avait fait au roi de la part de son maître. Paris, 16 septembre 1528. — 16 septembre.

*Arch. nat., Comptes de l'épargne,* KK. 96, fol. 633. (*Mention.*)

3173. Assignation de 50 livres tournois sur le trésorier de l'épargne au profit de Guillaume d'Armais, héraut d'armes du nom et titre de Valois, en remboursement de ce qu'il avait dépensé pour l'entretien d'un héraut d'armes du roi de Danemark pendant son séjour en France. Paris, 16 septembre 1528. — 16 septembre.

*Archives nat., Comptes de l'épargne,* KK. 96, fol. 633 v°. (*Mention.*)

3174. Don à François de Bryene, gentilhomme de la maison du roi d'Angleterre, envoyé par ce prince auprès de François Ier pour diverses négociations, d'une somme de 615 livres tournois. Paris, 16 septembre 1528. — 16 septembre.

*Arch. nat., Comptes de l'épargne,* KK. 96, fol. 634. (*Mention.*)

3175. Mandement au trésorier de l'épargne de payer à Jérôme de Naples, jardinier des jardins du roi — 16 septembre.

sis près l'église Saint-Nicolas sur le château de Blois, la somme de 450 livres pour dix-huit mois de gages. Paris, 16 septembre 1528. 1528.

*Arch. nat., Comptes de l'épargne*, KK. 96, fol. 662. (*Mention.*)

3176. Don à François de La Chasserie, s^r de la Cour-des-Bois, de 1,162 livres 10 sous tournois, sur une amende de 1,860 livres parisis à laquelle avaient été condamnés par arrêt du Parlement Jacques et Jeanne d'Arbouville. Saint-Germain-en-Laye, 17 septembre 1528. 17 septembre.

*Archives nat., Comptes de l'épargne*, KK. 96, fol. 634 v°. (*Mention.*)

3177. Lettres de jussion pour l'enregistrement des lettres confirmatives de la vente faite par le roi au duc de Ferrare des vicomtés, terres et seigneuries de Caen, Falaise et Bayeux. Fontainebleau, 21 septembre 1528. 21 septembre.

Avec l'attache de la Chambre des Comptes, du 28 septembre 1528.

*Enreg. à la Chambre des Comptes de Paris. Arch. nat.*, P. 2305, p. 145. 3 pages 1/2.

3178. Lettres de protection et de sauvegarde accordées au chapitre de Saint-Hilaire-le-Grand de Poitiers. Paris, 22 septembre 1528. 22 septembre.

*Copie du XVI^e siècle. Arch. départ. de la Vienne*, G. 504.

3179. Mandement au trésorier de l'épargne de payer à Alof de L'Hôpital, s^r de Choisy, échanson ordinaire de la duchesse d'Angoulême, une somme de 1,303 livres 9 sous obole tournois, restant due de 3,000 livres que le roi lui avait données par lettres du 14 juillet 1523. Fontainebleau, 22 septembre 1528. 22 septembre.

*Arch. nat., Comptes de l'épargne*, KK. 96, fol. 635. (*Mention.*)

3180. Lettres portant assignation en faveur de Charles de Luxembourg, comte de Brienne, et de Roucy, lieutenant du roi en Picardie, en l'absence du duc de Vendôme, d'une somme de 23 septembre.

3,000 livres sur le trésorier de l'épargne, pour son état de lieutenant du roi. Fontainebleau, 23 septembre 1528. — 1528.

*Archives nat., Comptes de l'épargne,* KK. 96, fol. 636 v°. (*Mention.*)

3181. Provisions en faveur de Jean Courtin, ci-devant receveur des aides et tailles en l'élection de Beauvais, de l'office de conseiller correcteur à la Chambre des Comptes de Paris, au lieu de François de Montmirel. 25 septembre 1528. — 25 septembre.

*Enreg. à la Chambre des Comptes de Paris, le 2 octobre 1528, anc. mém.* 2 E, fol. 109. *Arch. nat., invent.* PP. 136, p. 340. (*Mention.*)

3182. Assignation sur le trésorier de l'épargne d'une somme de 2,007 livres 16 sous 4 deniers au profit de divers marchands de Paris, fournisseurs de drap d'or, velours, orfèvrerie, etc., pour une robe dont le roi a fait présent au héraut d'armes de l'empereur, appelé Fuzil, se disant Bourgogne. Paris, 25 septembre 1528. — 25 septembre.

*Archives nat., Comptes de l'épargne,* KK. 96, fol. 637 v°. (*Mention.*)

3183. Mandement à la Chambre des Comptes de Paris d'enregistrer les lettres de réception de serment de Jean de Saint-Gelais, abbé de Saint-Maixent (24 juin 1526). Paris, 26 septembre 1528. — 26 septembre.

*Original. Archives nat., Chambre des Comptes,* P. 556, cote 722.

3184. Lettres pour l'exécution de celles du mois de juillet 1528 (n° 3074), portant don à Hercule d'Este et à Renée de France de la somme de 25,000 livres de rente à prendre sur le duché de Chartres, le comté de Gisors et la châtellenie de Montargis, en échange de la cession faite au roi par ladite dame de ses droits sur la succession de Louis XII. 26 septembre 1528. — 26 septembre.

*Enreg. à la Chambre des Comptes de Paris, le 29 septembre suivant, anc. mém.* 2 E, fol. 154. *Arch. nat., invent.* PP. 136, p. 340. (*Mention.*)

3185. Lettres annonçant aux consuls de Montpellier la convocation des États de Languedoc dans cette ville pour le 14 novembre 1528, et les invitant à faire le nécessaire. Paris, 26 septembre 1528. | 1528. 26 septembre.

*Copie. Archives municipales de Montpellier*, AA. États de Languedoc.

3186. Provisions de l'office de vice-amiral de Guyenne en faveur de François de Caussans, pour exercer cette charge en l'absence du marquis de Saluces. Paris, 28 septembre 1528. | 28 septembre.

*Enreg. au Parl. de Bordeaux, le 28 novembre 1528. Arch. de la Gironde*, B. 30 *bis*, fol. 115 v°. 1 page 1/2.

3187. Mandement à Guillaume Prudhomme, trésorier de l'épargne, lui faisant savoir qu'il est fait remise aux habitants de Saint-Ange au pays d'Alençon, en considération des dommages que la grêle et les orages leur ont causés, de 50 livres tournois sur la somme qu'ils auront à payer pour la taille. Paris, 28 septembre 1528. | 28 septembre.

*Original. Bibl. nat.*, ms. fr. 25721, n° 293.

3188. Don à Guillaume de Meinpeny, conseiller du roi, naguère abbé de Saint-Satur, d'une somme de 75 livres tournois sur les exploits et amendes du Parlement. Paris, 28 septembre 1528. | 28 septembre.

*Arch. nat., Comptes de l'épargne*, KK. 96, fol. 639. (*Mention.*)

3189. Lettres de jussion à la Chambre des Comptes de Paris pour la réception de Jean Courtin, pourvu, le 25 septembre, d'un office de correcteur, bien qu'il n'ait pas encore rendu ses comptes de receveur des aides en l'élection de Beauvais. 28 septembre 1528. | 28 septembre.

*Enreg. à la Chambre des Comptes, le 2 octobre 1528, anc. mém.* 2 E, fol. 110. *Arch. nat., invent.* PP. 136, p. 340. (*Mention.*)

3190. Mandement à Jean Grolier, trésorier des guerres, de donner à Jean La Guette, commis | 30 septembre.

au payement de l'extraordinaire des guerres, la somme de 6,250 livres tournois. Paris, 30 septembre 1528. 1528.

*Original. Bibl. nat.*, ms. fr. 25721, n° 294.

3191. Mandement à René Thizart, trésorier des guerres, de donner à Jean La Guette, commis au payement de l'extraordinaire des guerres, la somme de 10,000 livres tournois. Paris, 30 septembre 1528. 30 septembre.

*Original. Bibl. nat.*, ms. fr. 25721, n° 295.

3192. Confirmation et vidimus des privilèges accordés par les rois de France à l'archevêque, aux évêques, abbés et prieurs de la province de Narbonne[1]. Saint-Germain-en-Laye, septembre 1528. Septembre.

*Enreg. à la Chancellerie de France. Arch. nat., Trésor des Chartes*, JJ. 243, n° 522, fol. 153. 6 pages.

3193. Lettres portant amortissement général pour toutes les possessions de l'abbaye de Nonenque en Rouergue. Saint-Germain-en-Laye, septembre 1528. Septembre.

*Enreg. à la Chancellerie de France. Arch. nat., Trésor des Chartes*, JJ. 243, n° 484, fol. 142 v°. 1 page.

3194. Institution de deux foires par an et d'un marché chaque semaine à Bulles-en-Beauvaisis. Saint-Germain-en-Laye, septembre 1528. Septembre.

*Enreg. à la Chancellerie de France. Arch. nat., Trésor des Chartes*, JJ. 243, n° 472, fol. 139 v°. 1 page.

3195. Lettres de naturalité accordées à Pierre Jean Botequari et à Benedicto Dedio Tajutti, de Florence, établis à Marseille et à Montpellier. Saint-Germain-en-Laye, septembre 1528. Septembre.

*Arch. départ. de l'Hérault*, B. 341, fol. 95 v°. 4 pages.

[1] Les lettres vidimées sont : 1° de Philippe le Bel, août 1302; 2° de Charles VI, du 28 janvier 1391 et du 23 octobre 1392. Elles ne sont pas publiées dans le *Recueil des Ordonnances*.



IMPRIMERIE NATIONALE.

3196. Lettres de ratification de la vente et cession faite par le roi au duc de Ferrare des vicomtés, terres et seigneuries de Caen, Falaise et Bayeux, moyennant 91,354 écus soleil et 8 sous tournois. Paris, septembre 1528. 1528. Septembre.

*Enreg. au Parl. de Rouen, le 19 novembre 1528. Arch. nat.*, *Chambre des Comptes de Paris*, P. 2305, p. 125. 9 pages 1/2.

*Double*, P. 2305, p. 137. 6 pages 1/2.

3197. Confirmation et vidimus des privilèges des ouvriers monnayeurs du serment de l'empire. Paris, septembre 1528. Septembre.

*Enreg. au Parl. de Paris, sauf restriction, le 16 juillet 1538. Arch. nat.*, X[1a] 8613, fol. 105. 14 pages, dont 12 pour les lettres des rois Jean II, Charles VI, Charles VII, Louis XI et Charles VIII.

*Enreg. à la Chambre des Comptes de Paris, anc. mém.* FF, fol. 39.

3198. Lettres de sauvegarde octroyées au chapitre de Langres. Paris, septembre 1528. Septembre.

*Enreg. à la Chancellerie de France. Arch. nat., Trésor des Chartes*, JJ. 241, n° 273, fol. 331 v°. 4 pages.

3199. Permission aux habitants de Boynes de se clore de murs, tours, fossés et autres fortifications. Paris, septembre 1528. Septembre.

*Enreg. à la Chancellerie de France. Arch. nat., Trésor des Chartes*, JJ. 243, n° 488, fol. 143 v°. 1 page.

3200. Création d'un marché hebdomadaire et de deux foires annuelles à Viarmes, en faveur de Guillaume de La Fontaine, seigneur du lieu, commissaire de l'artillerie. Paris, septembre 1528. Septembre.

*Enreg. à la Chancellerie de France. Arch. nat., Trésor des Chartes*, JJ. 243, n° 564, fol. 147 v°. 1 page.

*Enreg. au Châtelet de Paris, le 1er février 1529. Arch. nat., Bannières*, Y. 8, fol. 243. 2 pages.

3201. Institution d'un marché hebdomadaire et de Septembre.

deux foires annuelles à Warigny, au bailliage de Vitry. Paris, septembre 1528. 1528.

*Enreg. à la Chancellerie de France. Arch. nat., Trésor des Chartes*, JJ. 243, n° 489, fol. 143 v°. 1 page.

3202. Confirmation des statuts et privilèges des maîtres couturiers de Chalon-sur-Saône, contenant le vidimus des lettres de Charles VIII et du texte des statuts, donnés à Dijon, le 8 mars 1487 [1]. Melun, septembre 1528. Septembre.

*Enreg. à la Chancellerie de France. Arch. nat., Trésor des Chartes*, JJ. 245, n° 238, fol. 66 v°. 3 pages.

3203. Pouvoirs donnés à Jean de Selvé, premier président au Parlement de Paris, Jacques Minut, premier président du Parlement de Toulouse, Mathieu de Longuejoue, maître des requêtes, Charles de La Mothe, Jean de Vailly, Guy de Bretay, Léonard Gay et autres commissaires du roi de procéder contre les financiers accusés de malversations. Paris, 4 octobre 1528. 4 octobre.

*Arch. nat.*, KK. 338, *Comptes des deniers provenant des arrêts de la Tour carrée*, fol. 12 v°. 8 pages.

3204. Don à Louis de Balzergues, Jean de Cadriou, Jean de Parcy, Louis de Bigaud, Philibert de Bousquet, Jean Ormal, Gaspard de Tavanes, Jean de Terrières, Lyon de Crennes, Mathieu de Granval, Claude de Montigny, Charles de Bonneval, Maximilien d'Oreille et Pierre Bressart, dit Brisanbourg, pages de l'écurie du roi, d'une somme de 840 livres tournois, 30 écus à chacun, pour les aider dans leurs achats d'armes et de chevaux pour le service du roi. Paris, 4 octobre 1528. 4 octobre.

*Archives nat., Comptes de l'épargne*, KK. 96, fol. 639 v°, 640. (*Mention.*)

3205. Lettres ordonnant de payer à Jean Sapin, receveur général des finances, commis au payement des menus plaisirs du roi, la somme de 510 livres 5 octobre.

[1] Non publiées dans le *Recueil des Ordonnances*.

10 sous tournois pour le fait de son office. Paris, 5 octobre 1528. 1528.

*Archives nat., Comptes de l'épargne*, KK. 96, fol. 185 v°. (*Mention.*)

3206. Provisions de l'office de général des finances en Languedoc, au profit d'Antoine Bohier, office devenu vacant par la résignation de Guillaume de Beaune. 7 octobre 1529. 7 octobre.

*Enreg. à la Cour des Aides de Paris. Arch. nat.*, U. 665, *recueil Cromo*, fol. 253. (*Mention.*)

3207. Lettres faisant défense à tous usagers d'exercer leurs droits dans les forêts du roi en Poitou, jusqu'à ce qu'ils aient produit leurs titres. Villemomble, 7 octobre 1528. 7 octobre.

*Copie du XVI^e siècle. Arch. départ. de la Vienne, Maîtrise des Eaux et forêts de Poitiers*, liasse 1.

3208. Lettres de jussion pour l'exécution des lettres en date du 15 juin 1527, accordant à Robert Stuart et à Jacqueline de Longueville, sa femme, la jouissance viagère du comté de Beaumont-le-Roger. Fontainebleau, 14 octobre 1528. 14 octobre.

Attache de la Chambre des Comptes, du 1^er mars 1529 n. s.

*Enreg. à la Chambre des Comptes de Paris. Arch. nat.*, P. 2305, p. 269. 4 pages.

3209. Lettres adressées à la Cour des Aides de Paris et aux élus de Périgord, pour faire jouir la banlieue de la ville et cité de Périgueux de l'exemption des tailles et autres prérogatives. Fontainebleau, 15 octobre 1528. 15 octobre.

*Imp. Recueil de titres pour la cité de Périgueux*, Paris, 1775, p. 500.

3210. Don à Jean de Wissel, sommelier d'échansonnerie de la duchesse d'Angoulême, de 100 livres tournois sur les droits de rachats, profits de fiefs, etc., échus au roi dans le comté de Blois. Fontainebleau, 15 octobre 1528. 15 octobre.

*Arch. nat., Comptes de l'épargne*, KK. 96, fol. 641. (*Mention.*)

3211. Lettres ordonnant de payer à Jean Sapin, receveur général des finances, commis au payement des menus plaisirs du roi, la somme de 92 livres 15 sous tournois pour le fait de son office. Fontainebleau, 16 octobre 1528. — 1528. 16 octobre.

*Archives nat., Comptes de l'épargne*, KK. 96, fol. 186 v°. (*Mention.*)

3212. Provisions d'un office de conseiller clerc au Parlement de Paris vacant par la mort de Pierre Legendre, données en faveur de Jean Ravier, auparavant conseiller au Parlement de Dijon. Fontainebleau, 20 octobre 1528. — 20 octobre.

*Présentées au Parl. de Paris le 13 novembre 1528. Arch. nat.*, X[1a] 1532, reg. du Conseil, fol. 2. (*Mention.*)

3213. Mandement aux prévôt des marchands et échevins de Paris de presser la levée des 150,000 livres tournois, quote-part de la ville de Paris pour la rançon du roi. Fontainebleau, 23 octobre 1528. — 23 octobre.

*Original. Arch. nat.*, K. 953, n° 40.

3214. Déclaration du roi en faveur du prévôt des marchands et des échevins de Paris, portant que l'impôt de 150,000 livres pour sa rançon, qui doit être levé sur tous les bourgeois et habitants de la ville, sans distinction de privilégiés, ne pourra préjudicier à l'avenir aux privilèges, franchises et libertés de la ville de Paris. Fontainebleau, 23 octobre 1528. — 23 octobre.

*Original. Arch. nat.*, K. 953, n° 41.

3215. Lettres portant donation à vie des seigneuries de Lamballe et de Moncontour, du comté de Penthièvre, de la vicomté de Loyaux et des ports d'entre le Couesnon et l'Arguenon, en faveur de Claude de Lorraine, duc de Guise. Fontainebleau, 23 octobre 1528. — 23 octobre.

*Enreg. à la Chambre des Comptes de Bretagne. Archives de la Loire-Inférieure*, B. *Mandements royaux*, I, fol. 361.

3216. Lettres autorisant les officiers du bailliage de — 28 octobre.

Paris siégeant à l'hôtel de Nesle à prélever annuellement une somme de 40 livres sur leurs amendes pour être affectée à leur chauffage. Fontainebleau, 28 octobre 1528. 1528.

*Enreg. au Châtelet de Paris. Arch. nat., Bannières*, Y. 8, fol. 289. 2 pages.

3217. Lettres portant concession aux habitants du Havre-de-Grâce des mêmes privilèges dont jouissent ceux de la ville de Dieppe, nonobstant l'opposition du Parlement de Rouen. Paris, octobre 1528. Octobre.

*Enreg. à la Chambre des Comptes de Paris, anc. mémorial* 2 E, fol. 124.

IMP. Borély, *Hist. de la ville du Havre*, t. I, p. 487.

3218. Institution de trois foires annuelles et d'un marché hebdomadaire à Béton-Bazoches, en faveur de Louis Fretel, seigneur du lieu. Paris, octobre 1528. Octobre.

*Enreg. à la Chancellerie de France. Arch. nat., Trésor des Chartes*, JJ. 241, n° 267, fol. 323. 2 pages.

3219. Lettres patentes en faveur des marchands de Gênes. Fontainebleau, octobre 1528. Octobre.

*Minute. Bibl. nat.*, ms. fr. 3096, fol. 133.

3220. Confirmation de l'amortissement général accordé aux religieux de l'abbaye de Cercamp, au diocèse d'Amiens. Fontainebleau, octobre 1528. Octobre.

*Enreg. à la Chancellerie de France. Arch. nat., Trésor des Chartes*, JJ. 243, n° 498, fol. 149. 1 page 1/2.

3221. Permission à Guyon Guillemin et à sa femme de faire édifier une justice patibulaire à trois piliers dans leurs seigneuries de Kerembart et de Tremondac. Fontainebleau, octobre 1528. Octobre.

*Enreg. à la Chancellerie de France. Arch. nat., Trésor des Chartes*, JJ. 243, n° 500, fol. 146 v°. 1 page.

3222. Permission à Jacques de Lopriac de dresser une justice patibulaire à trois piliers dans sa sei- Octobre.

gneurie de Queblen. Fontainebleau, octobre 1528. 1528.

*Enreg. à la Chancellerie de France. Arch. nat., Trésor des Chartes*, JJ. 243, n° 499, fol. 146 v°. 1 page.

3223. Lettres confirmant François de Marguerites, seigneur de Sénégas, huissier de la chambre du roi et capitaine commandant le château de Leucate, dans le gouvernement de cette place. Fontainebleau, 1^er^ novembre 1528. 1^er^ novembre.

*Enreg. à la Chambre des Comptes de Montpellier. Arch. départ. de l'Hérault*, B. 342, fol. 1. 5 pages.

3224. Lettres de don à François de Marguerites, huissier de la chambre du roi, capitaine du château de Leucate, de l'usufruit des revenus de la terre et seigneurie dudit Leucate, sis en Languedoc. Fontainebleau, 1^er^ novembre 1528. 1^er^ novembre.

*Enreg. à la Chambre des Comptes de Paris, le 5 janvier suivant, anc. mém.* 2 E., fol. 142. *Arch. nat., invent.* PP. 136, p. 342. (*Mention.*)

3225. Lettres de don à Antoine de La Rochandry, sieur de Vernon, de 1,230 livres tournois sur les exploits et amendes du Parlement de Paris. Fontainebleau, 1^er^ novembre 1528. 1^er^ novembre.

*Archives nat., Comptes de l'épargne*, KK. 96, fol. 641 v°. (*Mention.*)

3226. Évocation par-devant des commissaires spéciaux de divers procès pendants au Parlement et en la Chambre des Comptes, touchant les malversations sur le fait des finances. Fontainebleau, 4 novembre 1528. 4 novembre.

*Copie collationnée faite par ordre de la Cour des Aides de Paris, le 20 avril 1779. Archives nat.*, Z^1a^ 526.

3227. Mandement au trésorier de l'épargne de payer à Vincent de Bouchez, lapidaire de Lyon, la somme de 1,640 livres tournois pour diamants, rubis et autres pierres précieuses fournies au roi. Fontainebleau, 6 novembre 1528. 6 novembre.

*Archives nat., Comptes de l'épargne*, KK. 96, fol. 553 v° (*Mention.*)

3228. Lettres de don à François de La Trémoïlle de 700 livres tournois sur les lods et ventes et autres droits seigneuriaux échus au roi dans le comté de Poitou. Fontainebleau, 8 novembre 1528. — 1528. 8 novembre.

*Archives nat., Comptes de l'épargne,* KK. 96, fol. 642. (*Mention.*)

3229. Lettres de don à Antoine Du Prat, cardinal archevêque de Sens, chancelier de France, de 2,400 livres tournois sur les exploits et amendes du Grand Conseil. Fontainebleau, 9 novembre 1528. — 9 novembre.

*Archives nat., Comptes de l'épargne,* KK. 96, fol. 643. (*Mention.*)

3230. Lettres pour l'exécution d'un arrêt du Conseil privé, portant règlement sur le fait des finances et particulièrement des trésoriers ordinaires et extraordinaires des guerres. Fontainebleau, 11 novembre 1528. — 11 novembre.

*Enreg. à la Chambre des Comptes de Paris, le 24 novembre 1528. Arch. nat.,* P. 2305, p. 248. 3 pages.

*Doubles,* P. 2552, fol. 191 v°; ADIX. 122, n° 52.

3231. Don à Philippe de Sarrebruck, veuve de Charles de Silly, sieur de La Rocheguyon, et à ses deux enfants mineurs, Louis et Jacques de Silly, de 500 livres tournois sur les lods et ventes, quints et requints et autres droits seigneuriaux échus au roi en sa recette ordinaire de Senlis. Fontainebleau, 11 novembre 1528. — 11 novembre.

*Archives nat., Comptes de l'épargne,* KK. 96, fol. 644. (*Mention.*)

3232. Provisions d'un office de conseiller lai au Parlement de Bordeaux pour Bertrand de Moncault, conseiller clerc. Paris, 16 novembre 1528. — 16 novembre.

*Enreg. au Parl. de Bordeaux (s. d.) Arch. de la Gironde,* B. 30 *bis,* fol. 116. 3 pages.

3233. Lettres ordonnant de payer à Jean Sapin, receveur général des finances, commis au paye- — 20 novembre.

ment des menus plaisirs du roi, la somme de 1,950 livres tournois pour le fait de son office. Saint-Germain-en-Laye, 20 novembre 1528. 1528.

*Archives nat., Comptes de l'épargne*, KK. 96, fol. 187. (*Mention.*)

3234. Don à Jean de Montdoucet, valet de chambre ordinaire du roi, de 1,200 livres tournois, sur les droits de rachats, profits de fiefs et autres droits seigneuriaux échus au roi à cause de la terre et seigneurie de Marcoussis. Saint-Germain-en-Laye, 20 novembre 1528. 20 novembre.

*Archives nat., Comptes de l'épargne*, KK. 96, fol. 644 v°. (*Mention.*)

3235. Mandement au trésorier de l'épargne de payer à Philippe Chabot, sieur de Brion, amiral de France et gouverneur de Bourgogne, sur l'octroi de 40,000 livres tournois récemment accordées au roi par les trois états du duché de Bourgogne, les 22,500 livres tournois restant dues sur une somme de 40,000 livres que le roi lui avait donnée en récompense de ses services, par lettres de mars 1526. Saint-Germain-en-Laye, 22 novembre 1528. 22 novembre.

*Archives nat., Comptes de l'épargne*, KK. 96, fol. 645 v°. (*Mention.*)

3236. Lettres concédant en don à Antoine de Brigneulx, écuyer de l'écurie du roi, et à Gillette de Guiny, son épouse, la jouissance viagère des terres et seigneuries d'Auray et de Quiberon, diocèse de Vannes. Saint-Germain-en-Laye, 23 novembre 1528. 23 novembre.

*Enreg. à la Chambre des Comptes de Bretagne. Archives de la Loire-Inférieure*, B. *Mandements royaux*, I, fol. 401.

3237. Mandement à Guillaume Prudhomme, trésorier de l'épargne, de faire payer à Jean Stuart, duc d'Albany, gouverneur et lieutenant général du Bourbonnais, de l'Auvergne et de la 23 novembre.

Marche, la somme de 6,000 livres tournois qui lui est due pour l'année 1527. Saint-Germain-en-Laye, 23 novembre 1528. — 1528.

*Original. Bibl. nat.*, ms. fr. 25721, n° 299.

3238. Lettres ordonnant l'exécution des constitutions des trois états de Provence, d'après lesquelles les villes d'Aix, Marseille, Arles, Salon et les terres adjacentes doivent contribuer aux dépenses des armées royales. Saint-Germain-en-Laye, 24 novembre 1528. — 24 novembre.

*Enreg. à la Chambre des Comptes d'Aix, le 4 février suivant. Arch. des Bouches-du-Rhône*, B. 28 (*Paris*), fol. 347 v°. 3 pages.

3239. Renouvellement de la donation des revenus de la terre et seigneurie de Jugon en Bretagne, faite le 22 septembre 1526, à Antoine de Montbourcher, chevalier, seigneur du Plessis-Bordage et de l'Argentaie, échanson du roi, pour lui tenir lieu d'une pension de 600 livres. Saint-Germain-en-Laye, 24 novembre 1528. — 24 novembre.

*Enreg. à la Chambre des Comptes de Bretagne. Archives de la Loire-Inférieure*, B. *Mandements royaux*, I, fol. 369.

3240. Provisions de l'office de trésorier des menus plaisirs en faveur de Claude Aligre, secrétaire de la reine mère, au lieu et place de Philibert Babou le jeune. Saint-Germain-en-Laye, 25 novembre 1528. — 25 novembre.

*Copie collationnée. Registre de comptes des menus plaisirs. Arch. nat.*, KK. 100, fol. 2. 3 pages.

3241. Don au cardinal Du Prat, archevêque de Sens, chancelier de France, de la somme de 8,200 livres tournois, à prendre sur le produit de la décime, pour le récompenser de la peine qu'il a prise comme délégué du pape pour la levée de cette décime. Saint-Germain-en-Laye, 25 novembre 1528. — 25 novembre.

*Original. Bibl. nat.*, ms. fr. 25721, n° 300.

3242. Don de 60 livres tournois à Jean Marie, serviteur du sieur de Granges, ambassadeur du roi — 25 novembre.

près la Ligue grise, pour l'aider à vivre à la cour où il reçoit et distribue les lettres et avis envoyés par son maître. Saint-Germain-en-Laye, 25 novembre 1528. 1528.

*Archives nat., Comptes de l'épargne,* KK. 96, fol. 647. (*Mention.*)

3243. Don à Jacques Blondel, valet tranchant du roi, de 720 livres tournois sur les droits seigneuriaux échus au roi dans son comté de Boulogne. Saint-Germain-en-Laye, 26 novembre 1528. 26 novembre.

*Archives nat., Comptes de l'épargne,* KK. 96, fol. 647 v°. (*Mention.*)

3244. Mandement au trésorier de l'épargne de payer à Jean Hotman, orfèvre de Paris, 1,660 livres tournois pour une coupe d'or dont le roi a fait présent à Jean Statelle, évêque de Transylvanie, ambassadeur du roi de Hongrie en France. Saint-Germain-en-Laye, 27 novembre 1528. 27 novembre.

*Archives nat., Comptes de l'épargne,* KK. 96, fol. 554 v°. (*Mention.*)

3245. Lettres de don de l'office de conseiller du roi et maître des comptes à Montpellier pour Bernard Pavée. Saint-Germain-en-Laye, 28 novembre 1528. 28 novembre.

*Enreg. à la Chambre des Comptes de Montpellier. Arch. départ. de l'Hérault,* B. 341, fol. 14.

3246. Permission à Bertrand de Cacé et de Boschaux d'ajouter un pilier à ses justices patibulaires desdites seigneuries. Paris, novembre 1528. Novembre.

*Enreg. à la Chancellerie de France. Arch. nat., Trésor des Chartes,* JJ. 243, n° 512, fol. 149 v°. 1 page.

3247. Permission à Tanneguy de Lopriac d'élever une justice patibulaire à trois piliers dans ses seigneuries de Penanguern et de Kermassonnet, en Bretagne. Paris, novembre 1528. Novembre.

*Enreg. à la Chancellerie de France. Arch. nat., Trésor des Chartes,* JJ. 241, n° 280, fol. 340. 2 pages.

3248. Confirmation de l'exemption des fouages et autres subsides accordés à ceux des habitants de Guérande qui se distingueront au tir à l'arc et à l'arbalète. Saint-Germain-en-Laye, novembre 1528. — 1528. Novembre.

*Enreg. à la Chancellerie de France. Arch. nat., Trésor des Chartes*, JJ. 243, n° 523, fol. 154. 1 page.

3249. Lettres d'amortissement accordées à Jean de Laval, seigneur de Châteaubriant, et à Françoise de Foix, sa femme, pour la fondation qu'ils ont faite d'une chapelle en l'honneur de Saint-Sébastien, dite la Chapelle-au-Duc, près le château de Châteaubriant. Saint-Germain-en-Laye, novembre 1528. — Novembre.

*Enreg. à la Chancellerie de France. Arch. nat., Trésor des Chartes*, JJ. 243, n° 520, fol. 152. 1 page 1/2.

3250. Création de deux foires annuelles à Arthel en Nivernais, en faveur de Guillaume de Marry, seigneur dudit lieu et de la Bussière. Saint-Germain-en-Laye, novembre 1528. — Novembre.

*Enreg. à la Chancellerie de France. Arch. nat., Trésor des Chartes*, JJ. 243, n° 511, fol. 149 v°. 1 page.

3251. Création de quatre foires annuelles et d'un marché hebdomadaire à Prat, dans les Pyrénées, en faveur de Germain de Mauléon. Saint-Germain-en-Laye, novembre 1528. — Novembre.

*Enreg. à la Chancellerie de France. Arch. nat., Trésor des Chartes*, JJ. 243, n° 493, fol. 145. 1 page.

3252. Lettres de sauvegarde en faveur de François de Saint-Séverin, fils mineur et héritier de Jules de Saint-Séverin, chambellan ordinaire du roi et héritier de Galéas de Saint-Séverin, grand écuyer de France. Saint-Germain-en-Laye, 1er décembre 1528. — 1er décembre.

*Enreg. au Châtelet de Paris, le 14 décembre 1528. Arch. nat., Bannières*, Y. 8, fol. 241 v°. 2 pages.

3253. Renouvellement de la donation des terres et seigneuries appartenant aux frères de Blois — 5 décembre.

dans les paroisses d'Edern et de Briziac, diocèse de Quimper, faite à Charles de Quelenec, vicomte du Fou, chambellan du roi, pour en jouir sa vie durant, comme son père; et mandement aux gens des comptes de le mettre en possession sans délai. Saint-Germain-en-Laye, 5 décembre 1528. 1528.

*Enreg. à la Chambre des Comptes de Bretagne. Archives de la Loire-Inférieure*, B. *Mandements royaux*, I, fol. 371.

3254. Lettres ordonnant au Parlement de Paris de recevoir Jean Ravier, ci-devant conseiller au Parlement de Dijon, à l'office de conseiller clerc, dont il a eu les provisions le 20 octobre précédent (n° 3212), quoique lai et marié. Saint-Germain-en-Laye, 8 décembre 1528. 8 décembre.

*Présentées au Parl. de Paris, le 11 décembre 1528. Arch. nat.*, X[1a] 1532, *reg. du Conseil*, fol. 21 v°. (*Mention.*)

3255. Lettres de don à Pierre Lambert, président des comptes du duc de Savoie et son ambassadeur auprès de François Ier, d'une somme de 1,000 écus d'or soleil, en récompense de ses services dans la négociation de l'alliance entre la France et la Savoie et pour subvenir aux frais de son ambassade. Saint-Germain-en-Laye, 8 décembre 1528. 8 décembre.

*Archives nat., Comptes de l'épargne*, KK. 96, fol. 648. (*Mention.*)

3256. Lettres adressées au conseil de ville d'Angers, concernant la contribution de 6,000 livres demandée pour la rançon des fils de France. Saint-Germain-en-Laye, 10 décembre 1528. 10 décembre.

*Arch. de la mairie d'Angers*, BB. 19, fol. 54.

3257. Provisions de l'office de lieutenant général et gouverneur de Paris, en faveur de Jean de La Barre, comte d'Étampes, prévôt de Paris, au lieu du marquis de Saluces, décédé. Saint-Germain-en-Laye, 11 décembre 1528. 11 décembre.

*Enreg. au Parl. de Paris, sauf réserve, le 15 dé-*

*cembre 1528. Arch. nat.*, X[1a] 8612, fol. 117 v°, 1 page 1/2. 1528.

*Enreg. au Bureau de la ville de Paris. Arch. nat.*, H. 1779, fol. 30. 2 pages.

IMP. *Registres du Bureau de la ville de Paris*, gr. in-4°, 1886, t. II, p. 48.

3258. Provisions de trésorier général des finances en Bretagne, octroyées à Palamèdes Gontier, notaire et secrétaire du roi. Saint-Germain-en-Laye, 11 décembre 1528. 11 décembre.

*Enreg. à la Chambre des Comptes de Bretagne. Archives de la Loire-Inférieure*, B. *Mandements royaux*, I, fol. 346.

3259. Lettres accordant aux prévôt des marchands et échevins de Paris continuation de l'octroi sur le vin, jusqu'à concurrence de la somme de 16,000 livres tournois, laquelle devra être appliquée aux travaux nécessaires pour rendre l'Ourcq navigable jusqu'à la Marne. Saint-Germain-en-Laye, 13 décembre 1528. 13 décembre.

*Enreg. au Parl. de Paris, avec modification touchant la manière de lever ledit octroi, le 8 janvier 1529 n. s. Arch. nat.*, X[1a] 8612, fol. 120 v°. 2 pages 1/2.

3260. Provisions en faveur de Jean Parajau de l'office de premier président de la Chambre des Comptes de Bretagne. Saint-Germain-en-Laye, 15 décembre 1528. 15 décembre.

*Enreg. à la Chambre des Comptes de Bretagne. Archives de la Loire-Inférieure*, B. *Mandements royaux*, I, fol. 345.

3261. Lettres permettant à Antoine Pertseschausses, archiprêtre de Ruffec et prieur de Sainte-Christine et Champdoiseau, son annexe, de faire juger par le conservateur des privilèges royaux de l'Université de Poitiers un procès qu'il avait intenté à plusieurs ravisseurs des biens de son prieuré. Paris, 17 décembre 1528. 17 décembre.

*Copie du* XVI*e siècle. Arch. départ. de la Vienne, abbaye de Fontaine-le-Comte*, liasse 29.

3262. Don à Nicolas de Senlis, pour services rendus 18 décembre.

au roi sous le duc de Vendôme, et en dédommagement des pertes éprouvées par lui à la guerre, d'une somme de 500 livres tournois. Beynes, 18 décembre 1528. — 1528.

*Archives nat., Comptes de l'épargne,* KK. 96, fol. 649. (*Mention.*)

3263. Lettres ordonnant de payer à Jean Sapin, receveur général des finances, commis au payement des menus plaisirs et affaires de la chambre du roi, la somme de 256 livres 15 sous tournois pour le fait de son office. Saint-Germain-en-Laye, 20 décembre 1528. — 20 décembre.

*Archives nat., Comptes de l'épargne,* KK. 96, fol. 188. (*Mention.*)

3264. Don à Jules-Antoine d'Aquaviva (de Hacquevie), marquis de Bellante, de 1,230 livres tournois, en récompense des services qu'il a rendus au roi en tenant son parti dans le royaume de Naples. Saint-Germain-en-Laye, 20 décembre 1528. — 20 décembre.

*Archives nat., Comptes de l'épargne,* KK. 96, fol. 649 v°. (*Mention.*)

3265. Lettres de relief d'adresse et de surannation des provisions de l'office de bailli de Rouen données, le 10 juin 1522, en faveur de Jean d'Estouteville, et des lettres de rétablissement au compte de la recette ordinaire de Rouen des parties rayées, employées pour les gages dudit d'Estouteville. 21 décembre 1528. — 21 décembre.

*Enreg. à la Chambre des Comptes de Paris, le 23 février suivant. Arch. nat., invent.* PP. 136, p. 343. (*Mention.*)

3266. Lettres de ratification du traité conclu à Londres avec le roi d'Angleterre pour transporter de Flandre en Italie la guerre contre l'empereur. Saint-Germain-en-Laye, 22 décembre 1528. — 22 décembre.

*Imp.* Rymer, *Fœdera, acta publica, etc.,* 3ᵉ édit., 1741, t. VI, part. II, p. 112, col. 2.

3267. Pouvoir conféré à Jean Du Bellay, évêque de Bayonne, ambassadeur en Angleterre, de re- — 22 décembre.

cevoir les sommes que doit verser Henri VIII pour soutenir la guerre contre l'empereur en Italie, et d'en donner quittance. Saint-Germain-en-Laye, 22 décembre 1528. 1528.

*Imp.* Rymer, *Fœdera, acta publica, etc.*, t. VI, part. II, p. 113, col. 1.

3268. Confirmation des franchises des habitants de Marseille et de leur dispense de contribuer aux charges et impôts divers de la Provence. Saint-Germain-en-Laye, 22 décembre 1528. 22 décembre.

*Enreg. à la Chambre des Comptes d'Aix. Arch. des Bouches-du-Rhône*, B. 28 (*Paris*), fol. 367. 3 pages.

3269. Lettres portant cession à la duchesse d'Angoulême du duché d'Auvergne, en échange du duché de Nemours. Saint-Germain-en-Laye, 22 décembre 1528. 22 décembre.

*Enreg. au Parl. de Paris, sauf modifications et restrictions, le 4 janvier 1529 n. s. Arch. nat.*, $X^{1a}$ 8612, fol. 119. 3 pages.

3270. Lettres de don du duché de Nemours, y compris les châtellenies de Château-Landon, Pont-sur-Seine et Nogent-sur-Seine, à Philippe de Savoie, comte de Genevois, au lieu des terres et seigneuries de Montréal, Châtel-Gérard et Châteauvieux, au bailliage d'Auxois, que le roi lui avait hypothéquées en garantie du payement de 60,000 livres promises à ce prince à l'occasion de son mariage avec Charlotte d'Orléans. Saint-Germain-en-Laye, 22 décembre 1528. 22 décembre.

*Enreg. au Parl. de Paris, sauf réserve, le 4 février 1529 n. s. Arch. nat.*, $X^{1a}$ 8612, fol. 121 v°. 5 pages 2/3.

*Enreg. à la Chambre des Comptes de Paris, le 8 mars 1529 n. s. Arch. nat.*, P. 2305, p. 217. 12 pages.

*Doubles*, P. 2305, p. 229; P. 2536, fol. 169. 14 pages 1/2.

*Enreg. à la Cour des Aides de Paris, le 15 décembre 1529. Arch. nat., recueil Cromo*, U. 665, fol. 253. (*Mention.*)

*Copie du* XVI*e siècle. Bibl. nat.*, ms. fr. 3915, fol. 70.

3271. Nomination de François Grolier à l'office d'élu du Lyonnais, occupé par son père Antoine Grolier, pour qu'il en jouisse pendant l'absence de ce dernier et après sa mort. Saint-Germain-en-Laye, 22 décembre 1528. 1528. 22 décembre.

*Copie. Bibl. nat.*, ms. fr. 2702, fol. 144 v°.

3272. Commission adressée à Nicolas Viole, conseiller maître, et à Jean Fraguier, auditeur en la Chambre des Comptes de Paris, pour examiner les comptes des décimes et de l'octroi de 120,000 livres accordé au roi par le clergé, en 1523, et ajourner par-devant eux, à la requête du procureur général du roi, les évêques de Séez, d'Avranches et de Coutances, de Bayeux, de Lisieux et d'Évreux, en reddition de comptes. 23 décembre 1528. 23 décembre.

*Enreg. à la Chambre des Comptes de Paris. Arch. nat., invent.* PP. 136, p. 343. (*Mention.*)

3273. Don à l'abbaye de Longchamp de 23 livres tournois de rente sur le domaine de Paris, en récompense de deux loges appartenant à ladite abbaye qui avaient été appliquées au bâtiment du Châtelet. Paris, 26 décembre 1528. 26 décembre.

*Original. Arch. nat.*, K. 84, n° 5.
*Enreg. à la Chambre des Comptes de Paris, le 3 mars 1529 n. s.* P. 2305, p. 1153. 12 pages.

3274. Lettres ordonnant aux jurats de la Réole de payer leur quote-part des frais de guerre fixée à 700 livres. Saint-Germain-en-Laye, 31 décembre 1528. 31 décembre.

*Arch. municipales de la Réole.*
Imp. *Archives historiques de la Gironde*, t. I, p. 315.

3275. Création de quatre foires par an et d'un marché chaque semaine à Aprey en Champagne. Saint-Germain-en-Laye, décembre 1528. Décembre.

*Enreg. à la Chancellerie de France. Arch. nat., Trésor des Chartes*, JJ. 243, n° 513, fol. 149 v°. 1 page.

3276. Création de deux foires l'an et d'un marché Décembre.

chaque semaine à Draize, dans les Ardennes, en faveur de l'abbaye de Signy. Saint-Germain-en-Laye, décembre 1528. 1528.

*Enreg. à la Chancellerie de France. Arch. nat., Trésor des Chartes,* JJ. 243, n° 509, fol. 148 v°. 1 page.

3277. Création de deux nouvelles foires et d'un marché le mardi de chaque semaine à Saigues, en faveur de Jean et de Joachim de Chabanes, barons de Curton. Paris, décembre 1528. Décembre.

*Enreg. à la Chancellerie de France. Arch. nat., Trésor des Chartes,* JJ. 243, n° 514, fol. 150. 1 page.

3278. Confirmation d'un diplôme de Louis VII, de l'an 1174[1], en faveur de l'évêque d'Agde, par lequel il permet à celui-ci de fortifier la ville épiscopale et lui concède des droits et immunités spéciaux. *Datum* (blanc) *in mense* (blanc) *anno 1528*. (Texte latin.) 1528.

*Enreg. à la Chancellerie de France. Arch nat., Trésor des Chartes,* JJ. 244, n° 179, fol. 292. 4 pages 1/2.

3279. Confirmation par le roi du don fait par la régente des seigneuries de Perreux et Ambérieux. Saint-Germain-en-Laye, 14e année du règne[2] (1er janvier-31 décembre 1528). 1528.

*Original. Bibl. nat.,* ms. fr. 25721, n° 282.

3280. Mandement défendant aux habitants et officiers de Gourdon de contrevenir à l'arrêt qui supprime, jusqu'à nouvel ordre, la sénéchaussée de cette ville, et d'appeler les personnes qui doivent ressortir au siège principal de Cahors. 1528. 1528.

*Arch. municipales de Cahors,* liasse 38, n° 43.

(1) Le diplôme de Louis VII est publié dans le *Gall. christ.*, t. VI, Instr., col. 326 (sous l'année 1173), *ex Archivo Agathensi.*

(2) Le haut et le côté droit de la pièce manquent. Il n'y a plus ni la date du jour et du mois, ni le nom du donataire.

3281. Provisions, en faveur de Jean Nolet, de l'office de maître particulier des Eaux et forêts. Saint-Germain-en-Laye, 1er janvier 1528. 1er janvier.

*Enreg. au Parl. de Toulouse. Arch. de la Haute-Garonne, Édits*, reg. 3, fol. 211. 1 page.

3282. Ordonnance, en 17 articles, relative à l'abréviation des procès et à la procédure du Parlement de Paris. Saint-Germain-en-Laye, 3 janvier 1528. 3 janvier.

*Enreg. au Parl. de Paris, le 18 janvier suivant. Arch. nat.*, X1a 8612, fol. 124 v°. 7 pages.
*Imp. Bibl. nat., pièce contenue dans le n°* Inv. Réserve F. 1822.
Isambert, *Anciennes lois françaises*, in-8°, t. XII, p. 307 (sous la date inexacte du 13 janvier).

3283. Don de l'office de juge-mage en la sénéchaussée de Rouergue, en faveur d'Amaury Caissiels. Saint-Germain-en-Laye, 3 janvier 1528. 3 janvier.

*Enreg. au Parl. de Toulouse. Arch. de la Haute-Garonne, Édits*, reg. 3, fol. 212. 2 pages.

3284. Déclaration portant règlement pour l'établissement de deux gardes au buisson des Fouillarges, en Poitou. Saint-Germain-en-Laye, 3 janvier 1528. 3 janvier.

*Enreg. à la Chambre des Comptes de Paris, anc. mémorial* 2 E, fol. 155. *Arch. nat., invent.* PP. 136, p. 344. (*Mention.*)
*Imp.* Blanchard, *Compilation chronologique, etc.*, t. I, col. 479. (*Mention.*)

3285. Autorisation donnée aux habitants du plat pays de Lyonnais de s'imposer pour couvrir les dépenses des vivres qu'ils doivent fournir aux gens de guerre. Saint-Germain-en-Laye, 5 janvier 1528. 5 janvier.

*Copie. Bibl. nat.*, ms. fr. 2702, fol. 147.

3286. Lettres de réception de foi et hommage fait entre les mains du roi par Louis d'Orléans, 5 janvier.

duc de Longueville, des comtés de Tancarville et de Gournay, des baronnies de Montville, Blanzy, etc., et de l'état de grand chambellan de Normandie. Saint-Germain-en-Laye, 5 janvier 1528. 1529.

*Enreg. à la Chambre des Comptes de Paris. Arch. nat., invent.* PP. 136, p. 344. (*Mention.*)

3287. Création d'un maître de chaque métier dans toutes les villes du royaume où il y a maîtrise jurée, à l'occasion de la naissance de Jeanne de Navarre, nièce du roi. Saint-Germain-en-Laye, 7 janvier 1528. 7 janvier.

*Enreg. au Parl. de Paris, le 10 juin 1529. Arch. nat.*, X[1a] 8612, fol. 131 v°. 1 page 2/3.
*Enreg. au Châtelet de Paris, le 19 juin 1529. Arch. nat., Bannières*, Y. 8, fol. 248. 2 pages.
*Enreg., sur mandement spécial donné à Bordeaux le 9 mai 1537, au Parl. de Bordeaux, le 1er juin 1537. Arch. de la Gironde*, B. 30 *bis*, fol. 301. 5 pages.

3288. Lettres de don de 400 livres de pension à Simon de La Rabuterie, écuyer, et à sa femme, à la survivance l'un de l'autre, sur la connétablie de Bordeaux. 7 janvier 1528. 7 janvier.

*Enreg. à la Chambre des Comptes de Paris, le 8 octobre 1529, anc. mém.* 2 E, fol. 59. *Arch. nat., invent.* PP. 136, p. 344. (*Mention.*)

3289. Lettres ordonnant de mettre sous la main du roi et de l'évêque de Langres tous les fiefs relevant de cet évêché, dont les foi et hommages n'auraient pas été faits. Paris, 8 janvier 1528. 8 janvier.

*Original. Arch. départ. de la Haute-Marne, évêché de Langres*, liasse 24, n° 43.

3290. Mandement aux gens des comptes de Bretagne de laisser jouir le comte de Laval, gouverneur de Bretagne, des revenus de la terre et seigneurie de Rennes, suivant les lettres de don qu'il en a obtenues. Saint-Germain-en-Laye, 13 janvier 1528. 13 janvier.

*Enreg. à la Chambre des Comptes de Bretagne. Archives de la Loire-Inférieure*, B. *Mandements royaux*, II, fol. 365.

3291. Mandement à Guillaume Prudhomme, trésorier de l'épargne, de rembourser au chancelier Du Prat la somme de 10,000 livres par lui prêtée au roi. Saint-Germain-en-Laye, 13 janvier 1528. — 1529. 13 janvier.

*Copie. Bibl. nat.*, coll. Fontanieu, portef. 214 (à la date.)

3292. Mandement à Guillaume Prudhomme de donner à Gaillard Spifame la somme de 4,000 livres tournois, dont celui-ci avait fait l'avance pour les affaires du roi. Saint-Germain-en-Laye, 13 janvier 1528. — 13 janvier.

*Original. Bibl. nat.*, ms. fr. 25721, n° 301.

3293. Mandement à Guillaume Prudhomme, trésorier de l'épargne, de payer à Nicolas de Noble, facteur d'Antoine et Louis Bonvisi, marchands, la somme de 400 livres tournois qu'il doit faire parvenir à Benoît Théocrène, précepteur du dauphin prisonnier en Espagne. Saint-Germain-en-Laye, 13 janvier 1528. — 13 janvier.

*Original. Bibl. nat.*, ms. fr. 25721, n° 302.

3294. Mandement à Guillaume Prudhomme de payer à Lancelot Du Ravyer, gentilhomme de la fauconnerie royale, la somme de 600 livres tournois dont il lui est fait don. Saint-Germain-en-Laye, 13 janvier 1528. — 13 janvier.

*Original. Bibl. nat.*, ms. fr. 25721, n° 303.

3295. Mandement à Guillaume Prudhomme l'autorisant à prendre, à titre de remboursement, une somme de 10,000 livres tournois qu'il avait, sur l'ordre du roi, donnée de ses deniers à Pierre d'Apestigny. Saint-Germain-en-Laye, 13 janvier 1528. — 13 janvier.

*Original. Bibl. nat.*, ms. fr. 25721, n° 304.

3296. Lettres de placet pour l'enregistrement des bulles apostoliques nommant le cardinal Antoine Du Prat, archevêque de Sens et chancelier de France, à l'évêché d'Albi, vacant par — 14 janvier.

le décès d'Aymar Gouffier. Saint-Germain-en-Laye, 14 janvier 1528. 1529.

*Original. Bibl. nat.*, ms. fr. 4658, fol. 25.

3297. Mainlevée des biens de l'évêché d'Albi en faveur du titulaire, Antoine Du Prat, cardinal archevêque de Sens et chancelier de France. Saint-Germain-en-Laye, 14 janvier 1528. 14 janvier.

*Original. Bibl. nat.*, ms. fr. 4658, fol. 16.

3298. Lettres portant continuation pendant dix ans des octrois de la ville de Lyon. Paris, 15 janvier 1528. 15 janvier.

*Original. Arch. municip. de Lyon*, série CC.

3299. Autorisation accordée aux habitants de Lisieux, pour une nouvelle période de huit ans, de prendre au grenier à sel 40 sous tournois par muid de sel vendu, à la condition d'employer le produit de cette taxe aux fortifications de la ville. Saint-Germain-en-Laye, 18 janvier 1528. 18 janvier.

*Copie. Bibl. nat.*, ms. fr. 25721, n° 296.

3300. Don de 205 livres à Pierre de La Chapelle, envoyé d'Angleterre vers le roi par Jean Du Bellay, évêque de Bayonne, ambassadeur de France. Saint-Germain-en-Laye, 20 janvier 1528. 20 janvier.

*Biblioth. nat.*, ms. Clairambault 1215, fol. 67. (*Mention.*)

3301. Lettres de don au roi de Navarre de l'office d'amiral de Guyenne, vacant par le décès du marquis de Saluces. Saint-Germain-en-Laye, 22 janvier 1528. 22 janvier.

*Enreg. au Parl. de Paris, sans date. Elles se trouvent entre deux actes enreg., le premier le 19 novembre 1529, le second le 20 janvier 1530. Arch. nat.*, X[1a] 8612, fol. 199 v°. 1 page 1/4.

*Copie collat. du XVIIIe siècle. Arch. nat.*, K. 171, n° 3.

3302. Continuation pendant dix ans, en faveur du chapitre de Saint-Martin de Tours, de la jouis- 22 janvier.

sance de deux muids de franc-salé par an. 22 janvier 1528. | 1529.

*Enreg. à la Chambre des Comptes de Paris. Arch. nat., invent.* PP. 136, p. 344. (*Mention.*)

*Bibl. de Tours*, ms. 1295, appendice, p. 137. (*Mention.*)

3303. Lettres d'évocation au Grand Conseil d'un procès pendant au Parlement de Grenoble entre les habitants de Montélimart et le procureur des trois états du Dauphiné, au sujet d'une cotisation que les premiers prétendaient contraire à leurs franchises et exemptions. Saint-Germain-en-Laye, 22 janvier 1528. | 22 janvier.

*Original. Archives municipales de Montélimart (Drôme).*

IMP. L'abbé C.-U.-J. Chevalier, *Cartulaire municipal de Montélimart*, in-8°, 1871, p. 336.

3304. Mandement à Guillaume Prudhomme, trésorier de l'épargne, de payer à Nicolas Jousserant, Louis Faron et Marin Fritot, sommeliers de paneterie de Louise de Savoie, la somme de 250 livres tournois prise sur les droits à percevoir à la suite de l'acquisition par Pierre de Saint-Lô de la seigneurie de Gonneville. Saint-Germain-en-Laye, 22 janvier 1528. | 22 janvier.

*Original. Bibl. nat.*, ms. fr. 25721, n° 305.

3305. Mandement à la Chambre des Comptes pour l'enregistrement du don du comté de Beaumont-le-Roger fait à Robert Stuart, seigneur d'Aubigny, le 15 juin 1527 (n° 2678). Saint-Germain-en-Laye, 23 janvier 1528. | 23 janvier.

*Original. Bibl. nat.*, ms. fr. 2977, p. 17.

3306. Mandement du roi aux prévôt des marchands et échevins de Paris de presser la rentrée des 150,000 livres tournois imposées à la ville de Paris pour sa part de la rançon du roi et de ses fils. Paris, 28 janvier 1528. | 28 janvier.

*Original. Arch. nat.*, K. 953, n° 44.

3307. Création d'une foire annuelle, le 16 août, à Vieux-Marché (basse Bretagne), en faveur du | Janvier.

sieur de Châteaubriand. Saint-Germain-en-Laye, janvier 1528. 1529.

*Enreg. à la Chancellerie de France. Arch. nat., Trésor des Chartes*, JJ. 243, n° 527, fol. 157. 1 page.

3308. Confirmation des privilèges des manants et habitants de la paroisse de Dixmont, au bailliage de Sens. Paris, janvier 1528. Janvier.

*Vidimus. Bibl. nat*, ms. lat., nouv. acquis. 2559, n° 2.

3309. Création de deux foires annuelles et d'un marché hebdomadaire à Saint-Genest en Champagne, en faveur de l'abbaye de la Reposte. Paris, janvier 1528. Janvier.

*Enreg. à la Chancellerie de France. Arch. nat., Trésor des Chartes*, JJ. 244, n° 17, fol. 22 v°. 1 page.

3310. **Lettres portant règlement pour les privilèges des habitants de Gap. Saint-Germain-en-Laye, 1er février 1528.** 1er février.

*Enreg. à la Chambre des Comptes de Grenoble, le 3 novembre 1548.*

Imp. Blanchard, *Compilation chronologique des ordonnances, etc.*, t. I, col. 479. (*Mention.*)

3311. **Mandement à Guillaume Prudhomme, trésorier de l'épargne, de payer à Louis de Brézé, gouverneur de Normandie, la somme de 16,000 livres tournois qui lui a été allouée pour sa pension et les dépenses de son gouvernement pendant l'année finie le 31 décembre 1527. Paris, 1er février 1528.** 1er février.

*Original. Bibl. nat.*, ms. fr. 25721, n° 306.

3312. Mandement au trésorier de l'épargne de payer à Pierre de Warty, gentilhomme de la chambre, 615 livres pour le voyage qu'il va faire auprès du roi d'Angleterre. Paris, 1er février 1528. 1er février.

*Biblioth. nat.*, ms. Clairambault 1215, fol. 67. (*Mention.*)

3313. Provisions de l'office de grand sénéchal de Guyenne en faveur d'Antoine de La Roche- 2 février.

foucauld, seigneur de Barbezieux. Paris, 2 février 1528. 1529.

*Enreg. au Parl. de Bordeaux, le 14 décembre 1529. Arch. de la Gironde,* B. 30 *bis*, fol. 127. 2 pages 1/2.

3314. Lettres octroyant aux doyen et chapitre de Sens la permission de réparer les ponts-levis et la clôture de la maison seigneuriale d'Ervy. Paris, 4 février 1528. 4 février.

*Arch. départ. de l'Yonne,* G. 1282.

3315. Provisions en faveur de Noël Ramare, médecin de la duchesse d'Angoulême, de l'office de gouverneur et visiteur général des mines de Dauphiné, Diois, Valentinois et Provence. 4 février 1528. 4 février.

*Enreg. à la Chambre des Comptes de Paris, le 12 février 1529 n. s., anc. mém.* 2 E, fol. 157. *Arch. nat., invent.* PP. 136, p. 345. (*Mention.*)

3316. Mandement à Guillaume Prudhomme de faire payer par le receveur des amendes et exploits du Parlement de Rouen, la somme de 643 livres tournois qui est encore due à Jean Feu, président, et à Jean Le Sueur, conseiller au Parlement de Rouen, pour être venus à Paris siéger dans la commission qui a jugé les procès d'Émery Lopin et d'autres personnages. Paris, 7 février 1528. 7 février.

*Original. Bibl. nat.,* ms. fr. 25721, n° 307.

3317. Don et assignation d'une rente de 300 livres à prendre sur les revenus de l'île d'Indret, diocèse de Nantes, au profit de Jeanne de Casault, femme d'Olivier Baraton, pour les services qu'elle a rendus à la reine défunte. Paris, 8 février 1528. 8 février.

*Enreg. à la Chambre des Comptes de Bretagne. Archives de la Loire-Inférieure,* B. *Mandements royaux,* I, fol. 354.

3318. Lettres confirmant les consuls de Montpellier dans le privilège dont ils jouissent de fournir 8 février.

de sel le grenier de cette ville. Paris, 8 février 1528. 1529.

*Copie. Archives départ. de l'Hérault*, B. 341, fol. 159, 3 pages.

*Copie. Archives municip. de Montpellier, Grand Thalamus*, fol. 270.

(Voir les lettres datées de Cognac, le 6 mars 1520 n. s., ci-dessus n° 1152.)

3319. Mandement au Parlement de Paris pour l'enregistrement de l'édit de janvier 1521 n. s. (n° 1313), concernant les privilèges des trésoriers, chantres et chanoines de la Sainte-Chapelle de Paris. Paris, 10 février 1528. 10 février.

*Enreg. au Parl. de Paris, le 4 août 1534. Arch. nat.*, X[1a] 8612, fol. 361.

3320. Mandement au trésorier de l'épargne de payer à Claude Dodieu, ambassadeur du roi à Florence, 2,500 livres pour les dépenses qu'il a faites. Paris, 10 février 1528. 10 février.

*Biblioth. nat.*, ms. Clairambault 1215, fol. 67. (*Mention.*)

3321. Lettres attribuant au Parlement de Paris la connaissance du procès intenté par les moines de Pontigny à M. de La Baume, comte de Montrevel, et à ses adhérents, qui sont entrés de force dans leur monastère, sous prétexte d'exécuter les ordres du roi et de voir s'il n'y avait pas des gens de guerre et des ennemis cachés. Paris, 12 février 1528. 12 février.

*Archives départ. de l'Yonne*, H. 1419.

3322. Lettres de don à Charles de Coucy, chevalier, s[r] de Bury, écuyer de l'écurie du roi, sa vie durant, des terres et seigneuries de Saint-Macaire et de Puymirol, en Guyenne. Paris, 15 février 1528. 15 février.

Avec l'attache de la Chambre des Comptes, du 10 mars 1528.

*Enreg. à la Chambre des Comptes de Paris. Arch. nat.*, P. 2305, p. 257. 4 pages.

3323. Lettres accordant une prolongation de dix ans aux consuls et habitants de Lyon, pour la levée 15 février.

du dixième du vin vendu en détail et du barrage du pont du Rhône, pour en employer le produit aux fortifications et aux réparations dudit pont. Paris, 15 février 1528. 1529.

*Original. Arch. de la ville de Lyon*, série CC.
*Copie. Arch. départ. du Rhône, Chapitre métropolitain, Arm. Abram*, vol. 6, n° 25.

3324. Lettres supprimant en Bretagne l'office de général des finances créé par Charles VIII, et dont avait joui François de Cardonne et son gendre, Philibert Tissart, qui en fut privé pour malversations. Paris, 16 février 1528. 16 février.

*Enreg. à la Chambre des Comptes de Bretagne. Archives de la Loire-Inférieure*, B. *Mandements royaux*, I, fol. 350.

3325. Commission à Gilles de Commacre, président de la Chambre des Comptes de Bretagne, de dresser et d'expédier aux receveurs particuliers des fouages et impôts et aux fermiers généraux des domaines les états de leurs recettes et de leurs fermes, comme le faisait le général des finances auparavant. Paris, 16 février 1528. 16 février.

*Enreg. à la Chambre des Comptes de Bretagne. Archives de la Loire-Inférieure*, B. *Mandements royaux*, I, fol. 352.

3326. Lettres relevant Victor Brodeau, secrétaire de la reine de Navarre, de l'obligation de prouver à la Chambre des Comptes l'emploi qu'il avait fait des 205 livres dont il avait eu assignation sur le trésorier de l'épargne, par lettres du 15 septembre précédent (n° 3165). Le roi certifie que cette somme, destinée en apparence à l'achat de tableaux, devait être remise et le fut en réalité à certain personnage de Flandre dont il veut taire le nom. Paris, 17 février 1528. 17 février.

*Copie. Arch. nat., Comptes de l'épargne*, KK. 96, fol. 665. 1 page.

3327. Mandement à Guillaume Prudhomme, trésorier 17 février.

de l'épargne, de payer, sur le produit des droits perçus à la vente de la terre de Marle, la somme de 150 livres tournois à trois fourriers ordinaires du roi. Paris, 17 février 1528. 1529.

*Original. Bibl. nat.*, ms. fr. 25721, n° 308.

3328. Lettres par lesquelles le droit à la nomination de certains offices de receveurs subalternes et de clavaires que s'attribuaient les trésoriers généraux de Languedoc est retiré à ceux-ci pour être exercé par le roi. Paris, 20 février 1528. 20 février.

*Archives départ. de l'Hérault*, B. 343, fol. 208. 2 pages.

3329. Provisions de secrétaire et notaire en la Chambre des Comptes de Bretagne octroyées à Antoine Dessefort, receveur ordinaire de Nantes, en récompense de ses services. Paris, 22 février 1528. 22 février.

*Enreg. à la Chambre des Comptes de Bretagne. Archives de la Loire-Inférieure*, B. *Mandements royaux*, I, fol. 378.

3330. Création de trois foires annuelles à Beaulieu, près Loches, outre celle qui y existait déjà, en faveur de Jean de Bourdeille, abbé dudit lieu. Paris, février 1528. Février.

*Enreg. à la Chancellerie de France. Arch. nat., Trésor des Chartes*, JJ. 244, n° 54, fol. 71. 1 page.

3331. Création d'un marché hebdomadaire et de deux foires annuelles à Maule-sur-Maudre. Paris, février 1528. Février.

*Enreg. au Châtelet de Paris, le 19 avril 1529. Arch. nat., Bannières*, Y. 8, fol. 247. 2 pages.

3332. Institution de deux foires annuelles et d'un marché hebdomadaire à Villemouzon-en-Donziois, en faveur de frère Claude d'Ancienville, commandeur d'Auxerre. Paris, février 1528. Février.

*Enreg. à la Chancellerie de France. Arch. nat., Trésor des Chartres*, JJ. 244, n° 30, fol. 38 v°. 2 pages.

3333. Lettres de naturalisation octroyées à Jean Dar- Février.

riagne, espagnol originaire de Bilbao, établi à Nantes depuis son jeune âge. Paris, février 1528. 1529.

*Enreg. à la Chambre des Comptes de Bretagne. Archives de la Loire-Inférieure, B. Mandements royaux*, I, fol. 348.

3334. Confirmation des privilèges, lettres d'érections, de coutumes, etc., octroyés par les rois de France aux comtes de Caraman, donnée en faveur de Jean de Foix, comte de Caraman. Vanves, février 1528. Février.

*Enreg. à la Chancellerie de France. Arch. nat., Trésor des Chartes*, JJ. 244, n° 54, fol. 74. 1 page.

3335. Mandement à la Chambre des Comptes de Paris de taxer les gages de Noël Ramare, pour son office de gouverneur et visiteur des mines du Dauphiné, Diois, Valentinois et Provence, à la somme de 365 livres par an. 2 mars 1528. 2 mars.

*Enreg. à la Chambre des Comptes de Paris, le 17 mars suivant, anc. mém.* 2 E, fol. 160. *Arch. nat., invent.* PP. 136, p. 346. (*Mention.*)

3336. Confirmation des privilèges accordés par Charles VIII et Louis XII à la ville de Joigny et mandement à la Chambre des Comptes d'enregistrer les lettres d'exemption d'impôt données en décembre 1518 (n° 924), en faveur des habitants de cette ville, avec prorogation pour dix ans de ce privilège. Paris, 5 mars 1528. 5 mars.

*Original. Arch. communales de Joigny.*

*Enreg. à la Chambre des Comptes de Paris, le 13 juin 1529. Archives nat.*, P. 2537, fol. 8, et P. 2553, fol. 8 v°. (*Mentions.*)

3337. Mandement à Guillaume Prudhomme, trésorier de l'épargne, de payer pour ses travaux à Robert Saguere, jardinier du roi, la somme de 394 livres 6 sous tournois. Paris, 5 mars 1528. 5 mars.

*Original. Bibl. nat.*, ms. fr. 25721, n° 309.

3338. Lettres de création de l'office de prévôt des maréchaux de France, dans le gouvernement de Guyenne. Paris, 7 mars 1528. — 1529. 7 mars.

*Enreg. au Parl. de Bordeaux, le 16 avril 1529. Arch. de la Gironde*, B. 30 *bis*, fol. 118 v°. 3 pages.

3339. Confirmation des lettres de sauvegarde octroyées aux religieux du prieuré de Sainte-Barbe-en-Auge. Paris, 8 mars 1528. — 8 mars.

*Mentionnée dans un acte du 15 mai 1537. Arch. du Calvados*, série H, *Prieuré de Sainte-Barbe-en-Auge*. (*Non inventorié*.)

3340. Mandement aux gens des comptes de Bretagne de mettre à exécution les lettres du 26 décembre 1523, portant donation des revenus de la terre et seigneurie de Saint-Aubin-du-Cormier, diocèse de Rennes, à Jean d'Acigné, baron de Coëtmen, pour en jouir comme son père, sa vie durant. Paris, 8 mars 1528. — 8 mars.

*Enreg. à la Chambre des Comptes de Bretagne. Archives de la Loire-Inférieure*, B. *Mandements royaux*, I, fol. 366.

3341. Ordonnance relative à un procès entre les religieux de Molesme et les religieuses du Puits-d'Orbe. Paris, 8 mars 1528. — 8 mars.

*Archives départ. de la Côte-d'Or*, H. 279.
Imp. L'abbé Jobin, *Histoire du prieuré de Jully-les-Nonnains*, in-8°, 1881, p. 387.

3342. Provisions, en faveur de François de La Tour, vicomte de Turenne, de l'office de gouverneur et lieutenant général en l'Ile-de-France, vacant par la mort du marquis de Saluces. Paris, 10 mars 1528. — 10 mars.

*Enreg. au Parl. de Paris, le 24 mars 1529 n. s. Arch. nat.*, X[1a] 8612, fol. 129. 2 pages 1/2.

3343. Provisions de l'office d'huissier au Parlement de Paris en faveur de Pierre Regnault, en survivance de Mathieu Machéco, son beau-père. Paris, 10 mars 1528. — 10 mars.

*Présentées au Parlement, le 2 avril 1529. Arch. nat.*, X[1a] 1532, fol. 186 v°. (*Mention*.)

3344. Mandement au trésorier de l'épargne de payer à Jean Statelle, ambassadeur du roi de Hongrie, et à Antoine de Raincon, seigneur de Germolles, chambellan du roi, 40,000 livres qu'ils doivent porter au roi de Hongrie, chargé de les employer à une entreprise secrète. Fontainebleau, 15 mars 1528. 1529. 15 mars.

*Bibl. nat.*, ms. Clairambault 1215, fol. 67 v°. (*Mention.*)

3345. Mandement à Guillaume Prudhomme, trésorier de l'épargne, de rembourser à Antoine Le Viste, président au Parlement de Paris, la somme de 1,000 livres tournois qu'il avait, sur l'ordre du roi, donnée à Pierre d'Apestigny. Fontainebleau, 17 mars 1528. 17 mars.

*Original. Bibl. nat.*, ms. fr. 25721, n° 310.

3346. Lettres donnant permission aux religieux de Saint-Antoine-de-Viennois de faire des quêtes et de recueillir des aumônes dans toute l'étendue du royaume. Saint-Germain-en-Laye (*sic*), 17 mars 1528. 17 mars.

*Vidimus du 31 mars 1529. Arch. de la Vienne, Grand-Prieuré d'Aquitaine*, liasse 1006.

3347. Lettres commettant au sénéchal de la province, et non au Parlement, la répression des abus relatifs aux exportations de blés en Provence. Blois, 20 mars 1528. 20 mars.

*Enreg. à la Chambre des Comptes d'Aix. Arch. des Bouches-du-Rhône*, B. 28 (*Paris*), fol. 362 v°. 1 page.

3348. Lettres enjoignant aux Parlements de Toulouse et de Bordeaux de livrer entre les mains de Bertrand d'Ornezan, baron de Saint-Blancard, 350 prisonniers valides pour le service des galères. Blois, 24 mars 1528. 24 mars.

*Copie. Archives municip. de Toulouse*, ms. 153, p. 731.

3349. Création de deux foires par an et d'un marché chaque semaine à Chailly, au duché de Bour- Mars.

gogne, en faveur d'Hugues de Loges, seigneur du lieu. Fontainebleau, mars 1528. 1529.

*Enreg. à la Chancellerie de France. Arch. nat., Trésor des Chartes*, JJ. 243, n° 543, fol. 161. 1 page.

3350. Création de trois foires annuelles et d'un marché chaque semaine à Poix-Terron dans les Ardennes, en faveur de Jean de Boutillat, seigneur d'Acy et de Poix. Paris, mars 1528. Mars.

*Enreg. à la Chancellerie de France. Arch. nat., Trésor des Chartes*, JJ. 243, n° 542, fol. 160 v°. 1 page.

3351. Institution de deux foires annuelles et d'un marché hebdomadaire à Vendenay (*sic*), au bailliage de Vitry. Paris, mars 1528. Mars.

*Enreg. à la Chancellerie de France. Arch. nat., Trésor des Chartes*, JJ. 243, n° 549, fol. 164. 1 page.

3352. Lettres de naturalité accordées à Jules-César de Lescalle de Bourdonis, docteur en médecine, natif de Vérone et habitant depuis quatre ans la ville d'Agen. Paris, mars 1528. Mars.

*Copies du XVIII<sup>e</sup> siècle. Bibl. nat.*, mss. fr. 2831, fol. 143, et 3911, fol. 83.

3353. Lettres de jussion à la Chambre des Comptes pour l'enregistrement pur et simple du don des terres et seigneuries de Saint-Macaire et de Puymirol, fait le 15 février précédent (n° 3322) à Charles de Coucy, sieur de Bury, écuyer d'écurie du roi. Bury, 31 mars 1529. 31 mars.

*Enreg. à la Chambre des Comptes de Paris, le 27 avril 1529. Archives nat.*, P. 2305, p. 775. 4 pages 1/2.

3354. Remise faite à Jean de Belleville, chevalier, chambellan ordinaire du roi, des droits de rachat et autres devoirs seigneuriaux advenus au roi à l'occasion du décès du seigneur de La Trémoïlle, pour ses terres de Puybéliard et Chantonnay. Bury, 31 mars 1529. 31 mars.

*Copie. Bibl. municip. de Poitiers*, coll. dom Fonteneau, t. XL, p. 250.

3355. Ordonnance interdisant le cours des gros testons aux armes de Savoie. Blois, 8 avril 1529. 1529. 8 avril.

*Original sur parchemin, dans les minutes d'ordonnances de la Cour des Monnaies. Arch. nat.*, $Z^{1b}$ 536. *Enreg. à la Cour des Monnaies, le 21 mai 1529. Arch. nat.*, $Z^{1b}$ 62, fol. 218. 1 page.

3356. Mandement touchant la nomination des consuls de la ville de Cahors. Blois, 10 avril 1529. 10 avril.

*Arch. mun. de Cahors (Lot)*, liasse 12, n° 20.

3357. Lettres confirmant le don de 192 livres tournois de rente sur le duché de Bretagne, accordé aux religieuses de la Madeleine-lès-Orléans, le 11 janvier 1527 n. s. (n° 2545). Blois, 13 avril 1529. 13 avril.

*Original. Arch. départ. du Loiret*, série H, fonds de la Madeleine.

3358. Lettres permettant de faire assigner au Parlement le principal du collège des Lombards, à Paris, afin d'y faire déterminer le nombre des boursiers dudit collège. Blois, 14 avril 1529. 14 avril.

*Orig. Archives nat., Trésor des Chartes*, J. 736, n° 22.

3359. Don de 1,900 livres à Jean de Taillon[1], vice-chancelier d'Angleterre et ambassadeur auprès du roi de France. Amboise, 18 avril 1529. 18 avril.

*Biblioth. nat.*, ms. Clairambault 1215, fol. 68. (*Mention.*)

3360. Pouvoirs conférés à Denis Poillot, président au Parlement de Paris, Adrien Du Drac, Jean Hennequin, Bonaventure de Saint-Barthélemy, Pierre Brulart, Jacques Boulant et François Le Charron, adjoints aux commissaires précédemment nommés pour juger les financiers accusés de malversations. Blois, 23 avril 1529. 23 avril.

*Copie. Arch. nat.*, KK. 338, *Comptes des deniers provenant des arrêts de la Tour carrée*, fol. 18. 2 pages 1/2.

[1] Il s'agit de John Tayler, ambassadeur en France de 1525 à 1529, mort en 1534. (*State Papers*, Henry VIII, t. VII, p. 154.)



IMPRIMERIE NATIONALE.

3361. Mandement aux gens des comptes de Bretagne d'enregistrer sans délai la donation d'une rente de 300 livres sur l'île d'Indret, au profit de Jeanne de Casault. Blois, 24 avril 1529. — 1529. 24 avril.

*Enreg. à la Ch. des Comptes de Bretagne. Arch. de la Loire-Inférieure*, B. *Mand. royaux*, I, fol. 354.

3362. Mandement à Martin Binet, canonnier ordinaire de l'artillerie du roi, d'aller dans les élections de Lyonnais, de Forez et de Beaujolais, et de lever 80 chevaux rouliers ou de trait et 13 charrettes pour servir au transport de l'artillerie envoyée en Italie. Blois, 24 avril 1529. — 24 avril.

*Copie. Bibl. nat.*, ms. fr. 2702, fol. 148 v°.

3363. Mandement à Jean Garrault, commis dans le diocèse d'Orléans à la levée du subside demandé en 1523 au clergé du royaume, lui faisant savoir que, sur la demande de la reine de Navarre, il est fait remise aux religieuses du prieuré de la Madeleine, près Orléans, de la somme de 210 livres 7 sous 6 deniers à laquelle elles avaient été taxées. Blois, 24 avril 1529. — 24 avril.

*Original. Bibl. nat.*, ms. fr. 25721, n° 311.

3364. Mandement au trésorier de l'épargne de faire payer 700 livres tournois aux religieuses du couvent des Minimes du Plessis-lès-Tours et 300 livres à celles du couvent d'Amboise, pour les messes et fondations diverses faites tant par le roi que par ses prédécesseurs. Blois, 26 avril 1529. — 26 avril.

*Original. Bibl. nat.*, ms. fr. 25721, n° 312.

3365. Mandement au trésorier de l'épargne de payer à Marc de La Rue et à Jean Teste, anciens argentiers du roi, la somme de 158 livres 10 sous 8 deniers qu'il devait donner à Agathe Drouet, lavandière de la maison du roi. Blois, 26 avril 1529. — 26 avril.

*Original. Bibl. nat.*, ms. fr. 25721, n° 313.

3366. Déclaration portant que les gentilshommes mis — 28 avril.

en possession des domaines royaux ne nommeront pas aux bénéfices et aux charges, et qu'ils recevront leurs revenus par les mains des receveurs et officiers ordinaires. Amboise, 28 avril 1529. 1529.

*Enreg. à la Chambre des Comptes de Bretagne. Archives de la Loire-Inférieure*, B. *Mandements royaux*, I, fol. 353.

3367. Lettres d'assignation de 6,000 livres sur le trésor de Provence accordées à Raphaël Rostang, de Marseille, pour les réparations des galères et galéasses qu'il entretient au service du roi. Amboise, 28 avril 1529. 28 avril.

*Enreg. à la Chambre des Comptes d'Aix. Arch. des Bouches-du-Rhône*, B. 28 (*Paris*), fol. 375. 4 pages.

3368. Lettres d'abolition octroyées à Guillaume de Beaune, général des finances, fils de Jacques de Beaune de Semblançay. Mont, près Blois, avril 1529. Avril.

*Enreg. à la Chancellerie de France. Arch. nat., Trésor des Chartes*, JJ. 243, n° 553, fol. 166. 4 pages.

IMP. P. Clément, *Enguerrand de Marigny, Semblançay, le chevalier de Rohan*, Paris, Didier. *Pièces justificatives*.

3369. Lettres permettant à Charlotte d'Argouges, veuve de Philippe de Monlon, et à Jean Le Clerc, seigneur de Gaudin, d'exploiter le péage de Châteauneuf-sur-Loire. Blois, avril 1529. Avril.

*Enreg. à la Chancellerie de France. Arch. nat., Trésor des Chartes*, JJ. 243, n° 534, fol. 168. 2 pages.

3370. Création de trois foires par an et d'un marché chaque semaine à Reilhaguet, dans le Quercy, en faveur de Jacques Galyot de Genouilhac, maître de l'artillerie, seigneur du lieu. Blois, avril 1529. Avril.

*Enreg. à la Chancellerie de France. Arch. nat., Trésor des Chartes*, JJ. 243, n° 563, fol. 171. 1 page.

3371. Don à Jean de Dinteville, bailli de Troyes, de la tierce partie de la seigneurie de Saint-Bris-en-Auxerrois, adjugée au roi par droit d'aubaine. Blois, avril 1529. 1529. Avril.

*Enreg. à la Chancellerie de France. Arch. nat., Trésor des Chartes*, JJ. 245, nº 57, fol. 7. 1 page.

3372. Lettres portant défense au procureur général du roi sur le fait des gabelles de ne rien attenter au préjudice de l'arrêt du Grand Conseil, permettant aux habitants de Montauban l'usage du sel poitevin et bordelais, conformément à leurs privilèges. Blois, [avril?] 1529 [1]. Avril.

Imp. *Inventaire des titres de l'hôtel de ville de la cité royale de Montauban*, liasse R, fol. 36, Samuel Dubois, imprimeur-libraire de ladite ville, 1662. (*Mention.*)

3373. Création de trois foires annuelles à Thueyts en Vivarais. Amboise, avril 1529. Avril.

*Enreg. à la Chancellerie de France. Arch. nat., Trésor des Chartes*, JJ. 243, nº 560, fol. 170. 1 page.

3374. Établissement en la ville de Béziers d'un lieutenant du sénéchal de Carcassonne et autres officiers nécessaires pour l'administration de la justice. Amboise, 1er mai 1529. 1er mai.

*Enreg. au Parl. de Toulouse. Arch. de la Haute-Garonne, Édits*, reg. 3, fol. 215. 7 pages.

3375. Provisions de l'office de clerc et auditeur des Comptes à Montpellier pour Aubert Ricard. Amboise, 1er mai 1529. 1er mai.

*Enreg. à la Chambre des Comptes de Montpellier. Archives départ. de l'Hérault*, B. 341, fol. 18. 3 pages 1/2.

3376. Don de l'office de juge d'appeaux en la sénéchaussée de Toulouse à Jacques de Lautrec, office tenu auparavant par Raymond de Morlhon. La Bourdaisière, 4 mai 1529. 4 mai.

*Enreg. au Parl. de Toulouse. Arch. de la Haute-Garonne, Édits*, reg. 3, fol. 213. 1 page.

[1] L'inventaire porte cette date incomplète. On voit par le présent catalogue que des actes furent donnés l'an 1529 à Blois, en avril, en mai ou en mars (1530 n. s.).

3377. Mandement au trésorier de l'épargne de payer 4,000 livres à Jean Du Bellay, évêque de Bayonne, ambassadeur de François Ier auprès du roi d'Angleterre. La Bourdaisière, 7 mai 1529. — 1529. 7 mai.

*Biblioth. nat.*, ms. Clairambault 1215, fol. 67. (*Mention.*)

3378. Lettres autorisant les Lyonnais à tirer 3,000 ânées de blé des pays de Dauphiné, Viennois, Forez, Vivarais et Velay. La Bourdaisière, 11 mai 1529. — 11 mai.

*Copie. Arch. de la ville de Lyon*, série GG.

3379. Lettres enjoignant au bailli de Chalon de laisser sortir les blés achetés par les Lyonnais. La Bourdaisière, 11 mai 1529. — 11 mai.

*Original. Arch. de la ville de Lyon*, série GG.

3380. Lettres enjoignant au capitaine Godefroy de faciliter la sortie des blés achetés en Bourgogne par les Lyonnais. La Bourdaisière, 12 mai 1529. — 12 mai.

*Original. Arch. de la ville de Lyon*, série GG.

3381. Mandement au trésorier de l'épargne de payer à Louis de Brézé, gouverneur de Normandie, 1,000 livres tournois dont le roi lui fait don. La Bourdaisière, 17 mai 1529. — 17 mai.

*Original. Bibl. nat.*, ms. fr. 25721, no 314.

3382. Ordonnance de règlement touchant les évocations des procès pendants devant les cours souveraines. La Bourdaisière, 18 mai 1529. — 18 mai.

*Enreg. au Parl. de Bordeaux, le 23 juin 1529. Arch. de la Gironde*, B. 30 *bis*, fol. 120. 8 pages.

*Enreg. au Parl. de Paris, comme extrait des registres du Parl. de Bordeaux, le 1er avril 1546 n. s.* (voir mars 1545.) *Arch. nat.*, X1a 8615, fol. 221. 4 pages.

*Enreg. au Parl. de Toulouse. Arch. de la Haute-Garonne, Édits*, reg. 3, fol. 245. 3 pages 1/2.

Imp. *Pièce in-12. Arch. nat.*, ADI. 17. 11 pages.

Fontanon, *Édits et ordonnances, etc.*, in-fol., t. I, p. 584.

Isambert, *Anc. lois françaises*, in-8°, t. XII, p. 312.

3383. Lettres relatives à la publication et à l'exécution des lettres accordées à la Chambre des Comptes de Provence au sujet de son différend avec le Parlement d'Aix. La Bourdaisière, 19 mai 1529. — 1529. 19 mai.

*Enreg. à la Chambre des Comptes d'Aix, le 26 mars 1532. Arch. des Bouches-du-Rhône*, B. 32 (*Scorpionis*), fol. 91. 2 pages.

3384. Don de l'office de bailli du Gévaudan à Guy de Maugiron, lieutenant du comte de Saint-Paul en Dauphiné. La Bourdaisière, 19 mai 1529. — 19 mai.

*Enreg. au Parl. de Toulouse. Arch. de la Haute-Garonne, Édits*, reg. 3, fol. 223. 1 page 1/2.

3385. Mandement aux élus sur le fait des aides et tailles en l'élection de Lyonnais de laisser les habitants de Lyon jouir et user paisiblement de leurs privilèges, franchises et exemptions en ce qui concerne les charrois de guerre et d'artillerie. La Bourdaisière, 19 mai 1529. — 19 mai.

*Original. Archives de la ville de Lyon*, AA. 24, fol. 1.

3386. Lettres accordées à l'Université de Caen pour faire assigner au Grand Conseil les prélats de Normandie sur le fait des nominations. La Bourdaisière, 20 mai 1529. — 20 mai.

*Original. Arch. départ. du Calvados*, série D, *Université de Caen* (non inventoriée).

3387. Commission à Pierre d'Apestigny, général des finances et receveur des parties casuelles, de faire payer par la ville d'Amboise les 200 livres, reste des 500 livres que le roi avait été contraint d'imposer à ladite ville. Beauvais, 21 mai 1529. — 21 mai.

*Original scellé. Arch. municip. d'Amboise*, CC. 47.

3388. Mandement aux gens des comptes de Bretagne de saisir les biens de Jean de Lespinay, seigneur de Lespinay et de Trémar, trésorier receveur général de Bretagne, et de Guillaume, son fils, receveur ordinaire du comté de Nantes, — 22 mai.

tous deux redevables de grandes sommes, et de les mettre aux enchères. La Bourdaisière, 22 mai 1529. 1529.

*Enreg. à la Chambre des Comptes de Bretagne. Archives de la Loire-Inférieure*, B. *Mandements royaux*, I, fol. 366.

3389. Lettres enjoignant au bailli de Forez de fournir immédiatement aux Lyonnais une partie des 3,000 ânées de blé qu'ils étaient autorisés à acheter. La Bourdaisière, 22 mai 1529. 22 mai.

*Original. Arch. de la ville de Lyon*, série GG.

3390. Lettres enjoignant au bailli de Viennois de fournir immédiatement aux Lyonnais une partie des 3,000 ânées de blé qu'ils étaient autorisés à acheter. La Bourdaisière, 22 mai 1529. 22 mai.

*Original. Arch. de la ville de Lyon*, série GG.

3391. Lettres autorisant les Lyonnais à tirer du Forez 1,000 ânées de blé. Romorantin, 30 mai 1529. 30 mai.

*Original. Arch. de la ville de Lyon*, série GG.

3392. Lettres autorisant les Lyonnais à tirer du Dauphiné 1,000 ânées de blé. Romorantin, 30 mai 1529. 30 mai.

*Original. Arch. de la ville de Lyon*, série GG.

3393. Lettres autorisant les Lyonnais à tirer du Velay 500 ânées de blé. Romorantin, 30 mai 1529. 30 mai.

*Original. Arch. de la ville de Lyon*, série GG.

3394. Mandement au trésorier de l'épargne de payer à François, marquis de Saluces, 19,000 livres tournois, tant pour le récompenser des services qu'il a rendus que pour le mettre à même d'entrer en possession du marquisat, comme héritier de son frère. Romorantin, 31 mai 1529. 31 mai.

*Original. Bibl. nat.*, ms. fr. 25721, n° 315.

3395. Lettres de naturalisation octroyées à Michel Mai.

Marquier, originaire d'Espagne, domicilié à Nantes. Amboise, mai 1529. 1529.

*Enreg. à la Chambre des Comptes de Bretagne. Archives de la Loire-Inférieure*, B. *Mandements royaux*, I, fol. 368.

3396. Lettres de sauvegarde octroyées à l'abbesse et aux religieuses de Rozoy, dit Ville-Chasson, au diocèse de Sens. Blois, mai 1529. Mai.

*Enreg. à la Chancellerie de France. Arch. nat., Trésor des Chartes*, JJ. 244, n° 210, fol. 343 v°. 4 pages.

3397. Pouvoirs donnés par le roi à sa mère, la duchesse d'Angoulême et d'Anjou, de traiter en son nom avec l'archiduchesse d'Autriche, douairière de Savoie, etc. (Paix de Cambrai.) Romorantin, 2 juin 1529 [1]. 2 juin.

*Enreg. à la Chambre des Comptes de Paris. Arch. nat.*, P. 2305, p. 1059, et P. 2553, fol. 95 v°. 5 pages 1/2.

IMP. Rymer, *Fœdera, acta publica, etc.*, 3e édit., in-fol., 1741, t. VI, part. II, p. 136, col. 1.

3398. Déclaration de François Ier par laquelle il accorde à sa mère, la duchesse d'Angoulême, le pouvoir d'instituer une Chambre des Comptes à Moulins. Fontainebleau, 8 juin 1529. 8 juin.

*Enreg. au Parl. de Paris, le 26 juillet 1529. Arch. nat.*, X1a 8612, fol. 132 v°. 2 pages 2/3.

3399. Lettres donnant pouvoir à messire Anne de Montmorency, grand maître et maréchal de France, de traiter au nom du roi et de Louise de Savoie, mère du roi, avec le duc de Calabre, de Lorraine et de Bar, et Renée de Bourbon, au sujet de la dot de cette dernière et de ses droits aux biens de la maison de Bourbon. Fontainebleau, 10 juin 1529. 10 juin.

*Enreg. à la Chambre des Comptes de Paris. Arch. nat.*, P. 2306, p. 255, et P. 2537, fol. 208. 3 pages.

*Copie. Bibl. nat.*, coll. Fontanieu, portefeuille 216, à la date.

(Voir ci-dessous au 20 juillet, n° 3425.)

[1] Ces lettres sont transcrites avec le traité de Cambrai, aux différentes sources indiquées ci-dessous, au 5 août 1529 (n° 3436).

3400. Mandement à Jean Laguette, commis au payement de l'extraordinaire des guerres, de donner 300 écus d'or à Antoine de Brevieu, chargé de conduire dans le Lyonnais des gens de guerre réunis à la Charité-sur-Loire et dans les lieux voisins. Paris, 13 juin 1529. | 1529. 13 juin.

*Original. Bibl. nat.*, ms. fr. 25721, n° 316.

3401. Nomination de François Le Charron à l'office de greffier de l'élection du Lyonnais, pour l'exercer en l'absence et après la mort de son père, Jacques Le Charron. Paris, 14 juin 1529. | 14 juin.

*Copie. Bibl. nat.*, ms. fr. 2702, fol. 150.

3402. Mandement au trésorier de l'épargne de faire payer par Georges Hervoët, commis à l'office de trésorier des guerres, 90 livres tournois à Guillaume Brisart, homme d'armes placé sous la conduite du duc d'Albany, qu'une maladie contractée dans le voyage de Naples avait empêché d'assister aux dernières montres. Chantilly, 18 juin 1529. | 18 juin.

*Original. Bibl. nat.*, ms. fr. 25721, n° 317.

3403. Commission à certains conseillers au Parlement de Paris pour procéder à la vérification du nombre des boursiers qui doivent être entretenus au collège des Lombards. Paris (*sic*), 21 juin 1529. | 21 juin.

*Original. Arch. nat., suppl. du Trésor des Chartes*, J. 736, n° 24.

(Voir ci-dessus, 14 avril 1529, n° 3358.)

3404. Déclaration rendue en faveur de Jean de Hangest, évêque et comte de Noyon, pair de France, lui permettant de jouir des revenus et droits dudit évêché à dater du jour de la prestation de son serment de fidélité entre les mains de la régente. Compiègne, 23 juin 1529. | 23 juin.

*Enreg. à la Chambre des Comptes de Paris. Arch. nat.*, P. 2305, p. 863. 6 pages.

*Idem*, P. 2537, fol. 17 v°; ADIX. 122, n° 70.



IMPRIMERIE NATIONALE.

3405. Mandement aux gens des comptes de Bretagne d'enregistrer les lettres de donation, comprenant le comté de Penthièvre, les seigneuries de Lamballe et de Moncontour, la vicomté de Loyaux avec les ports d'entre le Couesnon et l'Arguenon, en faveur de Claude de Lorraine, duc de Guise, gouverneur de Champagne. Compiègne, 23 juin 1529. 1529. 23 juin.

*Enreg. à la Chambre des Comptes de Bretagne. Archives de la Loire-Inférieure, B. Mandements royaux*, I, fol. 362.

3406. Mandement à Jean Grolier, trésorier des guerres, de payer 135 livres à Lambert Guydon, 45 livres à Jacques Du Bois et à Mathurin de Chartres, hommes d'armes de la compagnie du seigneur de Villebon, pour leurs appointements du quartier d'avril-juin 1528, bien qu'ils n'aient pas assisté à la montre. Compiègne, 23 juin 1529. 23 juin.

*Original. Bibl. nat.*, ms. fr. 25721, n° 318.

3407. Mandement au trésorier de l'épargne de payer la somme de 4,100 livres à Gabriel de Gramont, évêque de Tarbes, pour un voyage qu'il va faire à Rome comme ambassadeur du roi auprès du pape. Compiègne, 25 juin 1529. 25 juin.

*Biblioth. nat.*, ms. Clairambault 1215, fol. 67. (*Mention.*)

3408. Mandement au trésorier de l'épargne de payer 123 livres à Jean Guynecher, chevaucheur, envoyé en Angleterre pour y porter à l'évêque de Bayonne des lettres du roi. Compiègne, 25 juin 1529. 25 juin.

*Biblioth. nat.*, ms. Clairambault 1215, fol. 67. (*Mention.*)

3409. Mandement au trésorier de l'épargne de payer la somme de 1,200 livres à Lazare de Baïf, envoyé à Venise comme ambassadeur du roi. Noyon, 25 juin 1529. 25 juin.

*Biblioth. nat.*, ms. Clairambault 1215, fol. 67. (*Mention.*)

3410. Don de l'office de gouverneur de Montpellier, en faveur de Pierre de Gaudète, en remplacement de Nicolas de Mazis. Noyon, 26 juin 1529. — 1529. 26 juin.

*Enreg. au Parl. de Toulouse. Arch. de la Haute-Garonne, Édits*, reg. 3, fol. 213. 2 pages.

3411. Mandement au trésorier de l'épargne de payer la somme de 1,800 livres à Louis Des Barres, maître d'hôtel du roi, pour les dépenses qu'il a faites du 1er janvier 1527 au 31 août 1528 comme ambassadeur du roi auprès du duc de Savoie. Noyon, 26 juin 1529. — 26 juin.

*Biblioth. nat.*, ms. Clairambault 1215, fol. 67. (*Mention.*)

3412. Lettres portant cession et don de terrains et édifices du domaine aux échevins et habitants du Mans, pour construire un hôtel de ville. Amboise, juin 1529. — Juin.

*Enreg. à la Chancellerie de France. Arch. nat., Trésor des Chartes*, JJ. 245¹, n° 44, fol. 1 v°. 1 page.

3413. Confirmation des statuts de la confrérie des étuviers de Toulouse, avec le texte desdits statuts. Paris, juin 1529. — Juin.

*Enreg. à la Chancellerie de France. Arch. nat., Trésor des Chartes*, JJ. 245¹, n° 60, fol. 8 v°. 3 pages.

3414. Confirmation des privilèges, franchises et exemptions, octroyés par Louis XII à A. de Maynier d'Oppède, pour le château et la ville d'Oppède. Paris, juin 1529. — Juin.

*Enreg. à la Chancellerie de France. Arch. nat., Trésor des Chartes*, JJ. 245¹, n° 48, fol. 3. 1 page.

3415. Création de quatre foires par an et d'un marché chaque semaine à Courgenay, en faveur des abbé et religieux de Vauluisant, seigneurs dudit lieu. Paris, juin 1529. — Juin.

*Enreg. à la Chancellerie de France. Arch. nat., Trésor des Chartes*, JJ. 244, n° 176, fol. 286 v°. 1 page.

3416. Lettres portant changement de jour pour la foire existante, et établissement d'une nouvelle — Juin.

foire annuelle et d'un marché hebdomadaire à la Neuville-au-Pont en Champagne. Paris, juin 1529. 1529.

*Enreg. à la Chancellerie de France. Arch. nat., Trésor des Chartes*, JJ. 245[1], n° 49, fol. 3 v°. 1 page.

3417. Création d'une foire annuelle à Cassagnes-Bégonhès, dans le Rouergue. Noyon, juin 1529. Juin.

*Enreg. à la Chancellerie de France. Arch. nat., Trésor des Chartes*, JJ. 245[1], n° 68, fol. 11. 1 page.

3418. Mandement à Jean Laguette, commis au payement de l'extraordinaire des guerres, de donner à Étienne Martineau, chargé du payement des frais extraordinaires de l'artillerie, 10,000 livres tournois qu'il doit employer en partie à payer la fonte d'artillerie qui va être faite à Lyon. Coucy, 3 juillet 1529. 3 juillet.

*Original. Bibl. nat.*, ms. fr. 25721, n° 319.

3419. Lettres enjoignant aux consuls de Lyon d'obéir en tout au vicomte de Turenne, lieutenant général, qui vient faire passer l'armée en Italie. Coucy, 4 juillet 1529. 4 juillet.

*Original. Archives de la ville de Lyon*, AA. 20, fol. 88.

3420. Lettres portant défenses aux habitants et officiers de Gourdon d'appeler les causes des habitants de Caniac, Lentilhac, Thédirac, Montgesti, la Mothe-Cassel et autres lieux qui, par arrêt du Grand Conseil, ressortissent au siège principal de Cahors. Coucy, 5 juillet 1529. 5 juillet.

*Arch. municip. de Cahors, Livre nouveau*, t. III, p. 37.

3421. Mandement à Jean Laguette, commis au payement de l'extraordinaire des guerres, de donner les 410 livres que le trésorier de l'épargne lui a remises à Arnoul, comte de Mandreset, capitaine de lansquenets, chargé de distribuer cette somme à huit autres capitaines de lansquenets venus avec lui d'Allemagne. Coucy, 9 juillet 1529. 9 juillet.

*Original. Bibl. nat.*, ms. fr. 25721, n° 320.

3422. Mandement au trésorier de l'épargne de faire payer par Jean Grolier, trésorier des guerres, à divers hommes d'armes et archers de la compagnie du seigneur de Mouy ce qui leur est dû pour leurs gages du quartier d'avril-juin 1528, bien qu'ils n'aient pas assisté à la montre. Coucy, 9 juillet 1529. — 1529. 9 juillet.

*Original. Bibl. nat.*, ms. fr. 25721, nº 321.

3423. Mandement à Jean Laguette, commis au payement de l'extraordinaire des guerres, de donner 1,000 livres tournois à Hans Brimbach, capitaine de lansquenets, comme acompte d'une plus grande somme qui lui a été promise pour les 4,000 lansquenets qu'il est chargé d'amener. La Fère-sur-Oise, 11 juillet 1529. — 11 juillet.

*Original. Bibl. nat.*, ms. fr. 25721, nº 322.

3424. Lettres en faveur de Louis Guillard, évêque de Chartres, lui permettant de jouir des revenus et droits dudit évêché à dater du jour de la prestation de son serment de fidélité entre les mains de la régente. Coucy, 12 juillet 1529. — 12 juillet.

*Enreg. à la Chambre des Comptes de Paris. Arch. nat.*, P. 2305, p. 869. 3 pages 1/2.
*Idem*, P. 2537, fol. 20.

3425. Confirmation d'une transaction conclue, le 10 juin 1529, par Anne de Montmorency, maréchal de France, pour et au nom du roi et de sa mère, avec les procureurs d'Antoine, duc de Lorraine et de Bar, et de Renée de Bourbon, sa femme, touchant la dot de cette dernière et le droit de succession par elle prétendu aux biens de la maison de Bourbon et de Montpensier. La jouissance des terres de Mercœur, Fromental, Blesle et Gerzat est conférée au duc et à la duchesse. Coucy, 20 juillet 1529. — 20 juillet.

Mandement au Parlement pour l'enregistrement des lettres précédentes. Caen, 13 avril 1532.

*Enreg. au Parl. de Paris, le 6 septembre 1533. Arch. nat.*, X[1a] 8612, fol. 308, 312 vº. 12 pages.
*Enreg. à la Chambre des Comptes de Paris, le*

14 *décembre 1535. Arch. nat.*, P. 2306, p. 253. 19 pages. 1529.

*Copie collationnée du XVIe siècle. Arch. nat., suppl. du Trésor des Chartes*, J. 954, n° 19. — *Autre, id.*, J. 955, n° 23.

*Autres. Bibl. nat.*, ms. fr. 3044, fol. 75, et coll. Fontanieu, portefeuille 216 (à la date du 21 juillet.)

3426. Lettres ordonnant la publication de la sentence d'interdiction prononcée par le sénéchal de Rennes contre Jean de La Chapelle, pour sa prodigalité et dissipation, à la requête de Marguerite de Kassalion, sa femme. Paris, 21 juillet 1529. 21 juillet.

*Publiées au Châtelet de Paris, le 26 juillet 1529. Arch. nat., Bannières*, Y. 9, fol. 4 v°. 2 pages.

3427. Lettres de don à Claude de Bombelles, notaire et secrétaire du roi et son valet de chambre ordinaire, de 240 livres tournois pour ses gages de valet de chambre de l'an 1528, parce qu'il avait été omis par erreur sur l'état des officiers de la maison du roi. Fontainebleau, 23 juillet 1529. 23 juillet.

*Arch. nat., Comptes de la maison du roi*, KK. 99, fol. 215 v°. (*Mention.*)

3428. Lettres attribuant au Parlement de Paris la connaissance du différend survenu entre l'abbaye de Pontigny et le conseiller Ruzé, au sujet de la navigabilité du Serein, proclamée par ce dernier après une enquête irrégulière et à l'instigation des prévôts des marchands de Paris et de Chablis. Paris, 24 juillet 1529. 24 juillet.

*Arch. départ. de l'Yonne*, H. 1425.

3429. Mandement à Jean Laguette, commis au payement de l'extraordinaire des guerres, de donner au comte de Hacq, capitaine de lansquenets, 300 écus d'or pour tout ce qui pouvait lui être encore dû. La Fère-sur-Oise, 27 juillet 1529. 27 juillet.

*Original. Bibl. nat.*, ms. fr. 25721, n° 323.

3430. Mandement à Jean Laguette, commis au payement de l'extraordinaire des guerres, de payer au sei- 31 juillet.

gneur Pomponio Trivulce (de Trevolse) 70 écus d'or à titre de remboursement d'une pareille somme qu'il avait donnée à un courrier partant de Lyon pour aller à Venise porter des lettres du roi à Théodore Trivulce, maréchal de France. La Fère-sur-Oise, 31 juillet 1529. 1529.

*Original. Bibl. nat.*, ms. fr. 25721, n° 324.

3431. Confirmation des privilèges, franchises et libertés accordés par les comtes de Blois à l'abbesse et aux religieuses de la Garde-Notre-Dame, autrement de la Guiche. Coucy, juillet 1529. Juillet.

*Enreg. à la Chancellerie de France. Arch. nat., Trésor des Chartes*, JJ. 244, n° 221, fol. 358. 7 pages.

3432. Établissement de deux foires annuelles et d'un marché hebdomadaire à Hartennes, en faveur de Jean de Sailly, seigneur du lieu. Coucy, juillet 1529. Juillet.

*Enreg. à la Chancellerie de France. Arch. nat., Trésor des Chartes*, JJ. 245 [1], n° 56, fol. 6 v°. 1 page.

3433. Édit portant règlement pour la juridiction du Grand Conseil. Juillet 1529. Juillet.

Imp. R. Choppin, *De domanio Franciæ*, lib. II, tit. 15, n° 7. (*Mention.*)
Blanchard, *Compilation chronologique, etc.*, t. I, col. 480. (*Mention.*)

3434. Mandement à Jean Laguette, commis au payement de l'extraordinaire des guerres, de payer à Philippe de Piissima, capitaine de lansquenets, 50 livres tournois pour tout ce qui pouvait lui être encore dû. La Fère-sur-Oise, 1er août 1529. 1er août.

*Original. Bibl. nat.*, ms. fr. 25721, n° 325.

3435. Don de 500 livres tournois fait à Thomas Cardi, écuyer, qui, sur la demande du roi, lui avait été envoyé par le marquis de Mantoue. La Fère-sur-Oise, 3 août 1529. 3 août.

*Original. Bibl. nat.*, ms. fr. 25721, n° 326.

3436. Traité de paix conclu entre François Ier et l'empereur Charles-Quint, à Cambrai, le 5 août 1529. 1529. 5 août.

Lettres de ratification du traité par le roi de France. Paris, 20 octobre 1529.

*Original scellé. Ratifications de l'empereur Charles-Quint et du pape Clément VII* (15 mars 1530). *Archives nat.*, *Trésor des Chartes*, J. 667, nos 1 et 2.

*Autre expédition. Biblioth. nat.*, ms. fr. 2952, fol. 76.

*Enreg. au Parl. de Paris, le 19 novembre 1529. Arch. nat.*, X1a 8612, fol. 144-194. 102 pages, dont 61 pour le traité de Madrid [1].

*Enreg. à la Chambre des Comptes de Paris, le 30 novembre 1529. Archives nat.*, P. 2305, p. 895; P. 2337, fol. 24 v°. 172 pages 1/2.

*Enreg. au Parl. de Dijon, le 20 décembre 1529. Arch. de la Côte-d'Or, Parl.*, reg. II, fol. 90.

*Enreg. à la Chambre des Comptes de Dijon. Ibid.*, reg. B. 18, fol. 231.

*Enreg. au Parl. de Bordeaux, sur mandement spécial du 4 octobre 1529. Arch. de la Gironde*, B. 30 *bis*, fol. 125.

*Copies. Arch. nat.*, *Trésor des Chartes*, J. 666, nos 12-3 et 16; — *supplément du Trésor des Chartes*, J. 806.

*Autre copie du XVIe siècle. Bibl. nat.*, ms. fr. 3033, fol. 66.

Imp. Fr. Léonard, *Recueil des traitez de paix*, t. II, p. 346.

Dumont, *Corps diplomatique*, in-fol., 1726, t. IV, part. II, p. 7 [2].

Rymer, *Fœdera, acta publica, etc.*, 3e édit. in-fol., 1741, t. VI, part. II, p. 129, col. 2.

3437. Provisions et réception de Jean Robertet, sieur de La Mothe-Jolivet, secrétaire des finances, en l'office de conseiller maître à la Chambre 6 août.

[1] Le traité de Madrid du 14 janvier 1526 est transcrit sur le registre en tête de celui de Cambrai, immédiatement après les lettres de ratification.

[2] L'éditeur du *Corps diplomatique* a fait imprimer, à la suite du texte des traités de Madrid et de Cambrai, les actes d'enregistrement à la Chambre des Comptes de Lille, de la part de l'empereur, aux Parlements de Paris, de Rouen, de Dijon, de Toulouse, de Grenoble et d'Aix, de la part du roi de France, ainsi que les ratifications de divers États particuliers du royaume et autres pièces importantes.

des Comptes de Paris, au lieu de Jean Harlus. 6 août 1529. 1529.

*Enreg. à la Chambre des Comptes de Paris, le 26 août suivant, anc. mém.* 2 F, fol. 58. *Arch. nat., invent.* PP. 136, p. 351. (*Mention.*)

3438. Ratification par François Ier des engagements pris en son nom à Cambrai, le 6 août précédent, par le cardinal Du Prat et le maréchal de Montmorency, de rembourser à Henri VIII, roi d'Angleterre, certaines sommes que ce prince avait prêtées à l'empereur Charles-Quint, cet engagement étant l'une des conditions de la mise en liberté des enfants de France, otages en Espagne. Crèvecœur, 8 août 1529. 8 août.

*Original en latin. Arch. nat., suppl. du Trésor des Chartes*, J. 921, n° 21.

3439. Lettres adressées aux gouverneurs des provinces, aux amiraux et vice-amiraux, leur notifiant la paix générale conclue entre le Saint-Siège, la France, l'Empire, l'Angleterre, la Hongrie et la Bohême, par l'entremise de la duchesse d'Angoulême et de l'archiduchesse d'Autriche. 10 août 1529. 10 août.

*Copie. Bibl. nat.*, coll. Moreau, ms. 263, fol. 39 (d'après le registre des délibérations de la ville de Péronne, de l'année 1529, fol. 6).

3440. Nomination de Dauphin Faure, dit Baillot, à l'office d'élu dans l'élection de Périgord, en remplacement de François-Mathieu Darnier. Cambrai, 12 août 1529. 12 août.

*Copie. Bibl. nat.*, ms. fr. 25721, n° 336.

3441. Mandement itératif aux gens des comptes de Bretagne de laisser jouir le comte de Laval, gouverneur de Bretagne, des revenus de la terre et seigneurie de Rennes, suivant les lettres de donation qu'il a obtenues. Saint-Quentin, 13 août 1529. 13 août.

*Enreg. à la Chambre des Comptes de Bretagne. Archives de la Loire-Inférieure*, B. *Mandements royaux*, I, fol. 365.



IMPRIMERIE NATIONALE.

3442. Mandement aux élus du Lyonnais de mettre à la criée et de bailler au plus offrant les fermes dudit pays pour l'année 1529. Saint-Quentin, 13 août 1529[1]. 1529. 13 août.

*Copie. Bibl. nat.*, ms. fr. 2702, fol. 140 v°.

3443. Confirmation des lettres du don fait par les tuteurs et curateurs du comte de Foix, de l'office de sénéchal de Comminges à François de Mauléon, baron et seigneur dudit lieu, en remplacement de Germain de Mauléon, son père, ces dernières datées de Cambrai, le 17 juillet 1529. Saint-Quentin-en-Vermandois, 14 août 1529. 14 août.

Nouvelles lettres de confirmation données à Châteaubriant, le 20 juin 1532.

*Enreg. au Parl. de Toulouse. Arch. de la Haute-Garonne, Édits*, reg. 4, fol. 2. 6 pages.

3444. Mandement au trésorier de l'épargne de payer à Jean Hotman, orfèvre, 1,971 livres 16 sous 9 deniers pour de la vaisselle d'argent dont le roi a fait don à Guillaume Fitz-William, grand trésorier d'Angleterre, venu récemment en France, et qu'il lui fait porter par son serviteur Jean de Poix. Saint-Quentin, 14 août 1529. 14 août.

*Bibl. nat.*, ms. Clair. 1215, fol. 67 v°. (*Mention.*)

3445. Mandement au trésorier de l'épargne de payer 804 livres 10 sous 6 deniers à Jean Hotman, orfèvre, pour de la vaisselle d'argent que le roi charge Nicolas de Saint-Martin, secrétaire du duc de Suffolk, de faire porter à Guillaume Quenil[2], ancien ambassadeur du roi d'Angleterre auprès du roi de France. Saint-Quentin, 14 août 1529. 14 août.

*Bibl. nat.*, ms. Clair. 1215, fol. 68. (*Mention.*)

[1] On lit en note : «Ces lettres n'ont estées mises à exécution pour ce que toutes les fermes avoyent jà estées baillées pour huit années.»

[2] Il s'agit de William Knighte, évêque de Bath, secrétaire d'État, ambassadeur à Rome en 1527, en France en 1529. Il faisait partie avec Suffolk et sir William Fitz-William de l'ambassade extraordinaire chargée des négociations de la paix de Cambrai. (*State papers*, Henry VIII, t. VII, p. 184, n. 1.)

3446. Lettres portant exemption en faveur de l'Université d'Orléans de contribuer à la rançon du roi et de ses fils. Saint-Quentin, 15 août 1529. 1529. 15 août.

*Copie collationnée du XVII^e siècle. Arch. départ. du Loiret*, série D, Université.

3447. Pouvoirs donnés à Jean Du Bellay, évêque de Bayonne, et à Guillaume Du Bellay, son frère, pour régler conformément au traité de Cambrai le remboursement des sommes avancées à l'empereur par le roi d'Angleterre, en échange de joyaux baillés en gage par François I^er. Saint-Quentin-en-Vermandois, 16 août 1529. 16 août.

IMP. Rymer, *Fœdera, acta publica, etc.*, 3^e édit., in-fol., 1741, t. VI, part. II, p. 121, col. 2.

3448. Mandement au trésorier de l'épargne de payer 615 livres à Guillaume Du Bellay, seigneur de Langey, chargé de porter au roi d'Angleterre la nouvelle de la conclusion du traité de Cambrai et de traiter avec ce prince d'autres affaires. Saint-Quentin, 16 août 1529. 16 août.

*Biblioth. nat.*, ms. Clairambault 1215, fol. 67 v°. (*Mention.*)

3449. Lettres portant don à Renzo de Cère, à sa femme et à ses enfants, leur vie durant, de la ville, châtellenie, terre et seigneurie de Pontoise. La Fère-sur-Oise, 16 août 1529. 16 août.

*Enreg. à la Chambre des Comptes de Paris. Arch. nat.*, P. 2305, p. 1183. 7 pages.

3450. Mandement au trésorier de l'épargne de payer 4,001 livres 5 sous 6 deniers à Jean Hotman, orfèvre, pour de la vaisselle d'argent que le roi charge Nicolas de Saint-Martin, secrétaire du duc de Suffolk, de porter à son maître, en reconnaissance des services qu'il a rendus lors de son récent voyage en France. Saint-Quentin, 16 août 1529. 16 août.

*Biblioth. nat.*, ms. Clairambault 1215, fol. 68. (*Mention.*)

3451. Lettres de commission adressées à Philippe 18 août.

Chabot, sieur de Brion, amiral de France, à Mathieu de Longuejoue, maître des requêtes, et à Gilbert Bayard, secrétaire des finances, pour se rendre auprès de l'empereur, recevoir de ses mains la ratification du traité de Cambrai et assister au serment qu'il prêtera de l'observer fidèlement. La Fère, 18 août 1529. 1529.

*Imp.* Dumont, *Corps diplomatique*, in-fol., 1726, t. IV, part. II, p. 17.

3452. Lettres portant pouvoir à Philippe Chabot, seigneur de Brion, amiral de France, d'ordonner des dépenses nécessaires pendant son voyage à Plaisance auprès de l'empereur, pour la ratification du traité de Cambrai, et assignation de ces deniers sur Palamèdes Gontier, trésorier de Bretagne. Coucy, 20 août 1529. 20 août.

*Copie du XVI^e siècle. Arch. nat., Comptes dudit voyage*, KK. 103, fol. 2 v°, 2 pages 1/2.
*Copie du XVI^e siècle. Bibl. nat.*, ms. fr. 4601, fol. 1.

3453. Lettres pour le payement des gages et droits de Charles Du Solier, seigneur de Morette, nommé président de la Chambre des Comptes en remplacement de Gilles Berthelot. Coucy, 20 août 1529. 20 août.

*Enreg. à la Chambre des Comptes, le 8 août 1530.*
*Copie. Arch. nat.*, P. 2537, fol. 107 v°. 2 pages.

3454. Mandement au trésorier de l'épargne de payer 1,800 livres à Gilbert Bayard, secrétaire des finances, chargé d'aller en Italie demander à l'empereur la ratification du traité de Cambrai et de passer ensuite en Espagne pour y recevoir le dauphin et le duc d'Orléans. Coucy, 20 août 1529. 20 août.

*Bibl. nat.*, ms. Clairambault 1215, fol. 67 v°. (*Mention.*)

3455. Mandement au trésorier de l'épargne de payer 1,800 livres à Mathieu de Longuejoue, maître des requêtes, chargé d'aller en Italie demander à l'empereur la ratification du traité 20 août.

de Cambrai et de passer ensuite en Espagne pour y recevoir le dauphin et le duc d'Orléans. Coucy, 20 août 1529. 1529.

*Bibl. nat.*, ms. Clairambault 1215, fol. 67 v°. (*Mention.*)

3456. Lettres ordonnant la levée de 4 décimes pour aider au payement de la rançon du roi et de ses enfants. Coucy, 22 août 1529. 22 août.

*Enreg. au Châtelet de Paris. Arch. nat.*, *Bannières*, Y. 8, fol. 252, 2 pages.

3457. Mandement au trésorier de l'épargne de payer 2,000 livres tournois au seigneur de Bonvois, qui va auprès de l'empereur en Italie avec le sieur de Brion, amiral de France, pour la ratification du traité de Cambrai. Coucy, 22 août 1529. 22 août.

*Original. Bibl. nat.*, ms. fr. 25721, n° 327.

3458. Lettres portant continuation pour huit ans, à partir du 1er octobre 1529, en faveur des consuls de Lyon, du bail à ferme des aides, impositions et gabelles de ladite ville et des faubourgs, du consentement de Robert Albisse, précédent fermier, avec mandement de notification aux généraux des finances. Coucy, 23 août 1529. 23 août.

*Vidimus. Arch. de la ville de Lyon*, série CC.
*Copie. Bibl. nat.*, ms. fr. 2702, fol. 152 v°.

3459. Réduction accordée aux Lyonnais sur la somme qu'ils avaient à payer pour la rançon du dauphin et du duc d'Orléans, otages en Espagne. Coucy, 23 août 1529. 23 août.

*Original. Archives de la ville de Lyon*, AA. 20, fol. 86.

3460. Don de 50 livres fait à Guillaume Coëssot, prévot des maréchaux en Normandie, en récompense de ses services. Coucy, 23 août 1529. 23 août.

*Original. Bibl. nat.*, ms. fr. 25721, n° 328.

3461. Lettres interdisant, en vertu du concordat, 27 août.

l'élection d'une prieure au monastère de Lancharre, diocèse de Chalon, en remplacement de Marguerite de Busseuil. Nantouillet, 27 août 1529. — 1529.

*Copie. Archives départ. de Saône-et-Loire*, H. 392, n° 1.

3462. Établissement de deux foires annuelles et d'un marché hebdomadaire à Villers-Outréau, en faveur de Claude de Tourrote, bailli de Cambrésis, seigneur du lieu. Cambrai, août 1529. — Août.

*Enreg. à la Chancellerie de France. Arch. nat., Trésor des Chartes*, JJ. 245¹, n° 63, fol. 9 v°. 1 page.

3463. Lettres de suppression de deux prébendes du chapitre de l'église collégiale de Saint-Quentin-en-Vermandois. Saint-Quentin, août 1529. — Août.

*Enreg. à la Chancellerie de France. Arch. nat., Trésor des Chartes*, JJ. 245¹, n° 71, fol. 12. 2 pages.

3464. Permission à Tristan de Carné de faire dresser des justices patibulaires à trois piliers, avec ceps et colliers, dans ses seigneuries de Carné, de la Touche et de Limac. Saint-Quentin, août 1529. — Août.

*Enreg. à la Chancellerie de France. Arch. nat., Trésor des Chartes*, JJ. 245¹, n° 75, fol. 13. 1 page.

3465. Établissement de deux foires par an et d'un marché chaque semaine à Beauru-en-Laonnais, en faveur de Jean de Longueval, vicomte héréditai dudit lieu. Coucy, août 1529. — Août.

*Enreg. à la Chancellerie de France. Arch. nat., Trésor des Chartes*, JJ. 245¹, n° 62, fol. 9 v°. 1 page.

3466. Lettres portant mandement à tous les baillis, sénéchaux et prévôts du royaume de faire savoir et publier que tous les sujets du roi qui ont souffert quelque dommage, dans leurs personnes ou leurs biens, par suite de l'état de guerre entre François Ier et Charles-Quint, — 7 septembre.

aient à faire parvenir leurs réclamations aux commissaires des deux souverains réunis à Cambrai. Chantilly, 7 septembre 1529. 1529.

*Original. Arch. nat., Trésor des Chartes*, J. 668, n° 12.

3467. Lettres adressées à l'évêque de Mende. Le roi lui annonce la conclusion de la paix avec l'empereur et l'invite à faire opérer le recouvrement des sommes imposées dans le diocèse pour le payement de sa rançon. Paris, 11 septembre 1529. 11 septembre.

*Arch. départ. de la Lozère*, G. 713.

3468. Mandement au trésorier de l'épargne de payer à Galéas Visconti 1,500 livres tournois pour les dépenses qu'il a faites en Italie pendant les derniers mois de juin, juillet et août. Paris, 11 septembre 1529. 11 septembre.

*Original. Bibl. nat.*, ms. fr. 25721, n° 329.

3469. Mandement aux élus du Lyonnais, leur faisant savoir que la part de leur élection dans l'imposition de 3,261,000 livres tournois mise sur tout le royaume pour l'année commençant le 1er janvier suivant, est de 31,148 livres 5 sous 8 deniers tournois. Paris, 11 septembre 1529. 11 septembre.

*Copie. Bibl. nat.*, ms. fr. 2702, fol. 154.

3470. Lettres à l'adresse du prévôt de Paris, ordonnant la convocation du ban et de l'arrière-ban. Paris, 12 septembre 1529. 12 septembre.

*Enreg. au Châtelet de Paris. Arch. nat., Bannières*, Y. 8, fol. 250 v°. 1/2 page.

3471. Lettres autorisant les Lyonnais à tirer 500 émines de blé de la province de Bourgogne. Paris, 13 septembre 1529. 13 septembre.

*Original. Archives de la ville de Lyon*, série GG.

3472. Lettres autorisant les Lyonnais à tirer 800 ânées de blé du Dauphiné. Paris, 13 septembre 1529. 13 septembre.

*Original. Archives de la ville de Lyon*, série GG.

3473. Lettres autorisant les Lyonnais à tirer des pays d'Auvergne, Forez et Velay 1,500 ânées de blé. Paris, 13 septembre 1529. — 1529. 13 septembre.

*Original. Archives de la ville de Lyon*, série GG.

3474. Lettres de don à Méry Liénard, garde-vaisselle du roi, de 300 livres tournois pour ses gages d'une année, son nom ayant été omis par erreur sur l'état des officiers de la maison du roi. Paris, 13 septembre 1529. — 13 septembre.

*Arch. nat., Comptes de la maison du roi*, KK. 99, fol. 215. (*Mention.*)

3475. Lettres pour l'établissement d'un octroi sur le vin à Paris, destiné à parfaire le payement des 150,000 livres tournois que la ville s'était engagée à fournir pour sa part de contribution à la rançon du roi. Paris, 14 septembre 1529. — 14 septembre.

*Enreg. au Parl. de Paris, sauf réserve et modifications, le 27 septembre 1529. Arch. nat.*, X[1a] 8612, fol. 134. 4 pages.

*Délibérations touchant l'enregistrement. Idem*, X[1a] 1532, *reg. du Conseil*, fol. 467 v°.

3476. Lettres enjoignant au sieur des Loges, lieutenant au gouvernement de Bourgogne, de faciliter aux Lyonnais l'achat de 500 émines de blé. Paris, 15 septembre 1529. — 15 septembre.

*Original. Archives de la ville de Lyon*, série GG.

3477. Lettres enjoignant au capitaine Godefroy de faciliter les achats de blé des Lyonnais en Bourgogne. Paris, 15 septembre 1529. — 15 septembre.

*Original. Archives de la ville de Lyon*, série GG.

3478. Lettres adressées aux baillis de Montferrand, Forez et Velay et au sénéchal d'Auvergne, leur enjoignant de faciliter l'achat de 1,500 ânées de blé par les Lyonnais. Paris, 15 septembre 1529. — 15 septembre.

*Original. Archives de la ville de Lyon*, série GG.

3479. Provisions d'un office de conseiller lai au Parlement de Paris, en faveur de Guillaume — 16 septembre.

Abot, licentié en lois, au lieu de Nicole Lecoq, nommé président en la Chambre des Généraux des aides. Paris, 16 septembre 1529. 1529.

*Reg. du Conseil du Parl. de Paris du 17 décembre 1529. Arch. nat.*, X[1a] 1533, fol. 48. (*Mention.*)

3480. Provisions en faveur de Jacques Spifame d'un office de conseiller clerc au Parlement de Paris, vacant par le décès de Charles de Chancey. Paris, 16 septembre 1529. 16 septembre.

*Reg. du Conseil du Parl. de Paris du 17 décembre 1529. Arch. nat.*, X[1a] 1533, fol. 48. (*Mention.*)

3481. Provisions de l'office de conseiller et général maître des monnaies en faveur de Claude Montparlier, sur la résignation de Germain de Marle. Paris, 17 septembre 1529. 17 septembre.

*Enreg. à la Chambre des Comptes de Paris. Arch. nat.*, P. 2553, fol. 157. 2 pages.

3482. Ordonnance interdisant le cours des gros testons et demi-gros testons de titre inférieur, fabriqués dans le comté d'Asti. Paris, 20 septembre 1529. 20 septembre.

*Original sur parchemin, dans les minutes d'ordonnances de la Cour des Monnaies. Arch. nat.*, Z[1b] 536.

3483. Lettres de décharge, adressées à la Chambre des Comptes de Blois, du contrat de mariage de Louis duc d'Orléans et de Valentine de Milan, remis au roi par un des maîtres de ladite Chambre. Paris, 20 septembre 1529. 20 septembre.

*Original. Archives nat.*, K. 554, dossier XVII, pièce unique.

3484. Don à Anne de Tende, comtesse de Villars, dame d'honneur de Louise de Savoie, de 2,148 livres 8 sous pour une coupe d'or qu'elle céda au roi à Compiègne, en 1527, et que celui-ci offrit au cardinal d'Yorck, légat d'Angleterre. Paris, 20 septembre 1529. 20 septembre.

*Original mutilé. Biblioth. nat.*, ms. fr. 25721, n° 332.

*Biblioth. nat.*; ms. Clairambault 1215, fol. 68. (*Mention.*)

3485. Mandement au trésorier de l'épargne de payer à Pothon Raffin, sénéchal d'Agenais et capitaine de cent archers, 15 livres 6 sous tournois qu'il avait déboursés pour la nourriture et la conduite d'un prisonnier à la Bastille. Paris, 21 septembre[1] 1529. — 1529. 21 septembre.

*Original. Bibl. nat.*, ms. fr. 25721, n° 330.

3486. Lettres portant don aux Filles-Dieu de Paris de quatre amendes de 66 livres parisis chacune, pour l'année échue le 6 août 1529, et autant pour l'année suivante. Paris, 22 septembre 1529. — 22 septembre.

*Enreg. à la Chambre des Comptes de Paris. Arch. nat.*, P. 2305, p. 885. 3 pages 1/2.

3487. Déclaration portant que les natifs de Luxeuil, ville de Franche-Comté, unie au comté de Champagne par Charles VIII, sont naturels Français. Paris, 25 septembre 1529. — 25 septembre.

*Enreg. à la Chambre des Comptes de Paris, le 8 octobre 1529. Arch. nat.*, P. 2537, fol. 23 v°. 3 pages.

3488. Lettres ordonnant de lever la somme de 25,000 livres sur tous les Lyonnais, privilégiés ou non, pour contribuer à la rançon du roi. Paris, 25 septembre 1529. — 25 septembre.

*Copie. Archives de la ville de Lyon*, CC. 136.

3489. Confirmation des privilèges et franchises des habitants de Talant-lès-Dijon. Fontainebleau, septembre 1529. — Septembre.

*Enreg. à la Chancellerie de France. Arch. nat., Trésor des Chartes*, JJ. 244, n° 225, fol. 364 v°. 1/2 page.

3490. Confirmation des privilèges des prévôts, clercs et ouvriers des monnaies. Paris, septembre 1529. — Septembre.

*Enreg. à la Cour des Aides de Normandie, le 9 février 1530 n. s. Arch. de la Seine-Inférieure, Mémoriaux*, 2e vol., fol. 21. 16 pages.

[1] Cette date de mois n'est pas certaine; la pièce est lacérée en cet endroit et en plusieurs autres.

3491. Création de deux foires annuelles à Saint-Antonin-de-Rouergue. Paris, septembre 1529. — 1529. Septembre.

*Enreg. à la Chancellerie de France. Arch. nat., Trésor des Chartes*, JJ. 244, n° 222, fol. 361 v°. 1 page.

3492. Création d'une nouvelle foire, outre les quatre y existant, et d'un marché hebdomadaire à Cocural, dans le Rouergue, en faveur d'Antoine Cat, écuyer, seigneur du lieu. Paris, septembre 1529. — Septembre.

*Enreg. à la Chancellerie de France. Arch. nat., Trésor des Chartes*, JJ. 244, n° 224, fol. 363 v°. 2 pages.

3493. Création de deux foires annuelles à Saint-Lumine-de-Contais en Bretagne, en faveur de Michel de La Touche, seigneur du lieu. Paris, septembre 1529. — Septembre.

*Enreg. à la Chancellerie de France. Arch. nat., Trésor des Chartes*, JJ. 244, n° 233, fol. 375. 1 page 1/2.

3494. Lettres de naturalité accordées à Louis de Canossa, évêque de Bayeux, et à Barthélemy de Canossa, son neveu, originaires d'Italie. Paris, septembre 1529. — Septembre.

*Enreg. à la Chancellerie de France. Arch. nat., Trésor des Chartes*, JJ. 244, n° 211, fol. 345 v°. 1 page 1/2.

3495. Bulles de Clément VII pour la réformation de l'abbaye de la Chaise-Dieu. Rome, calendes d'octobre 1529. — 1er octobre.

*Enreg. au Parl. de Paris, le 14 février 1564 n. s. Arch. nat.*, X1a 8625, fol. 237 v°. 6 pages.

3496. Lettres ordonnant l'exécution en France et en Bretagne des bulles apostoliques, établissant quatre décimes pour la délivrance du dauphin et du duc d'Orléans, tenus en otage par l'empereur. Paris, 2 octobre 1529. — 2 octobre.

Avec le texte de la bulle de Clément VII

adressée au cardinal de Sens. Rome, 17 des calendes de septembre 1529. 1529.

*Original. Bibl. nat.*, ms. fr. 4658, n° 29.
Imp. *Bibl. nat.*, ms. fr. 25721, n°s 333 et 334.
*Arch. nat.*, K. 84, n° 7. Placards vélin.

3497. Mandement au trésorier de l'épargne de payer 10,000 livres tournois à Guillaume de Beaune, ancien receveur général de la généralité de Langue d'oïl, à titre de remboursement d'une pareille somme par lui prêtée au roi. Paris, 3 octobre 1529. 3 octobre.

*Original, Bibl. nat.*, ms. fr. 25721, n° 335.

3498. Lettres ordonnant le payement, dans le délai de trois mois, des quints, requints, lods et ventes, et autres droits et devoirs seigneuriaux, pour aider au payement de la rançon de François Ier. Paris, 4 octobre 1529. 4 octobre.

*Enreg. au Châtelet de Paris, le 16 octobre 1529.*
*Arch. nat.*, *Bannières*, Y. 8, fol. 253. 3 pages.
*Ibid.*, *Livre rouge*, Y. 6x, fol. 167.

3499. Mandement au bailli de Viennois de faire publier dans son ressort que tous ceux qui devaient des lods, ventes et autres droits au roi eussent à les déclarer dans trois mois. Paris, 4 octobre 1529. 4 octobre.

*Enreg. au Parl. de Grenoble, le 29 octobre 1529.*
*Arch. de l'Isère, Chambre des Comptes de Grenoble*, reg. B. 2908, cah. 321. 8 pages.

3500. Lettres de jussion et mandement au Parlement de Bordeaux pour l'enregistrement des traités de Madrid et de Cambrai, avec pouvoirs au procureur du roi près ladite cour d'y donner son consentement. Paris, 4 octobre 1529. 4 octobre.

*Enreg. au Parl. de Bordeaux. Arch. de la Gironde*, B. 30 *bis*, fol. 125. 2 pages.
Imp. Dumont, *Corps diplomatique*, in-fol., 1726, t. IV, part. II, p. 24.

3501. Lettres de jussion au Parlement de Toulouse pour la vérification et l'enregistrement des 4 octobre.

traités de Madrid et de Cambrai. Paris, 4 octobre 1529. 1529.

*Imp.* Dumont, *Corps diplomatique*, in-fol., 1726, t. IV, part. II, p. 23.

3502. Pouvoirs adressés au procureur du roi près le Parlement de Toulouse pour donner son consentement à l'enregistrement des traités de Madrid et de Cambrai. Paris, 4 octobre 1529. 4 octobre.

*Imp.* Dumont, *Corps diplomatique*, t. IV, part. II, p. 24.

3503. Lettres adressées au bailli de Chartres, lui ordonnant d'assembler les trois états de son bailliage pour leur faire ratifier les traités de Madrid et de Cambrai. Paris, 4 octobre 1529. 4 octobre.

*Imp.* Dumont, *Corps diplomatique*, in-fol., 1726, t. IV, part. II, p. 37.

3504. Lettres semblables adressées pour le même objet au bailli de Senlis. Paris, 4 octobre 1529. 4 octobre.

*Imp.* Dumont, *Corps diplomatique*, in-fol., 1726, t. IV, part. II, p. 39.

3505. Lettres semblables adressées au bailli d'Amiens. Paris, 4 octobre 1529. 4 octobre.

*Imp.* Dumont, *Corps diplomatique*, in-fol., 1726, t. IV, part. II, p. 41.

3506. Lettres adressées au bailli de Montferrand, lui ordonnant de réunir les trois états de son bailliage pour leur faire ratifier le traité de Cambrai. Paris, 4 octobre 1529. 4 octobre.

*Original. Arch. nat.*, *Trésor des Chartes*, J. 668, n° 13.

3507. Semblables lettres adressées au bailli de Saint-Pierre-le-Moustier pour le même objet. Paris, 4 octobre 1529. 4 octobre.

*Original. Bibl. nat.*, ms. fr. 2952, fol. 5.
*Copie. Bibl. nat.*, coll. Fontanieu, portef. 217.

3508. Déclaration portant révocation des lettres du 14 septembre précédent (n° 3475), établissant un octroi sur le vin à Paris, et règlement 5 octobre.

nouveau pour la levée de l'aide imposée sur le vin, dont le produit sera recouvré par Claude Lesueur et Jean Rouvet, marchands de Paris, jusqu'au parfait remboursement de 25,000 écus soleil qu'ils avancent au roi. Paris, 5 octobre 1529. 1529.

*Enreg. au Parl. de Paris, sauf restrictions et modifications, le 12 octobre 1529. Arch. nat.*, X[1a] 8612, fol. 136. 5 pages.

*Cour des Aides. Copie collationnée du 16 août 1779. Arch. nat.*, Z[1a] 526.

*Copie du* XVIe *siècle. Arch. nat., Cartulaire de Paris*, KK. 1012, fol. 84.

3509. Commission à l'archevêque d'Aix et au sieur du Puy-Saint-Martin, lieutenant au gouvernement de Provence, en l'absence du comte de Tende, gouverneur, pour se transporter à Marseille, y assembler les consuls et bourgeois et les inviter à contribuer pour 3,000 écus d'or soleil à la somme de 1,200,000 écus que le roi doit payer à l'empereur pour la délivrance de ses enfants. Paris, 5 octobre 1529. 5 octobre.

IMP. *Le règlement du sort, contenant la forme et la manière de procéder à l'élection des officiers de la ville de Marseille*, s. n. d'auteur, Marseille, 1654, in-4°, p. 137. (*Bibl. nat.*, Lk[7] 4715.)

3510. Mandement au trésorier de l'épargne de payer 287 livres à Gabriel de Cardaillac, serviteur du seigneur de Genouilhac, grand écuyer de France, chargé de conduire au roi d'Angleterre deux mules et un mulet. Paris, 5 octobre 1529. 5 octobre.

*Bibl. nat.*, ms. Clairambault 1215, fol. 67 v°. (*Mention.*)

3511. Provisions de l'office de clerc et auditeur à la Chambre des Comptes de Montpellier, en faveur de Jacques Guilhen. Paris, 6 octobre 1529. 6 octobre.

*Enreg. à la Chambre des Comptes de Montpellier. Arch. départ. de l'Hérault*, C. 341, fol. 20. 3 pages 1/2.

3512. Lettres adressées au conseil de ville d'Angers, 12 octobre.

pressant l'envoi de 6,000 livres pour la rançon 1529.
des fils de France. Paris, 12 octobre 1529.

*Copie. Archives de la ville d'Angers*, BB. 19, fol. 85.

3513. Mandement au trésorier de l'épargne de payer 15 octobre.
1,440 livres à Pierre de La Garde, conseiller au Parlement de Toulouse, envoyé en Portugal comme ambassadeur du roi de France. Paris, 15 octobre 1529.

*Bibl. nat.*, ms. Clairambault 1215, fol. 67 v°. (*Mention.*)

3514. Lettres de ratification par François Ier du traité 20 octobre.
de Cambrai. Paris, 20 octobre 1529.

(Voir ci-dessus, 5 août 1529, n° 3436.)

3515. Mandement à Jean Grolier, trésorier des guerres, 20 octobre.
de payer à François de Luzy, homme d'armes de la compagnie du seigneur d'Alègre, 90 livres tournois pour sa paye des quartiers d'octobre-décembre 1528 et de janvier-mars 1529, bien qu'il n'ait pas assisté aux montres. Paris, 20 octobre 1529.

*Original. Bibl. nat.*, ms. fr. 25721, n° 337.

3516. Mandement au trésorier de l'épargne de faire 25 octobre.
payer par le trésorier des guerres à Antoine de Villars, archer de la compagnie du seigneur Gaguin de Gonzague, 45 livres tournois pour ses gages du quartier de janvier-mars 1529, bien qu'il n'ait pas assisté à la montre. Paris, 25 octobre 1529.

*Original. Bibl. nat.*, ms. fr. 25721, n° 338.

3517. Création faite, sur la demande du sire de La 26 octobre.
Trémoïlle, d'un prévôt des maréchaux avec un lieutenant et six archers dans la vicomté de Thouars, et nomination à cette charge d'Étienne Le Jude. Paris, 26 octobre 1529.

*Copie. Bibl. nat.*, ms. fr. 25721, n° 339.

3518. Mandement au trésorier de l'épargne de payer 26 octobre.

410 livres à Gilles de La Pommeraye, échanson ordinaire du roi, pour les dépenses qu'il fera en Flandre, où il est envoyé comme ambassadeur. Paris, 26 octobre 1529. 1529.

*Bibl. nat.*, ms. Clairambault 1215, fol. 67 v°. (*Mention.*)

3519. Édit portant attribution au Grand Conseil, en première instance, et en dernier ressort sur les appellations des sentences rendues aux Requêtes de l'Hôtel, de la connaissances des différends et procès intentés pour raison des offices royaux de toute nature. Paris, octobre 1529. Octobre.

*Enreg. au Grand Conseil, le 25 octobre 1529. Arch. nat.*, Grand Conseil, V⁵ 1047. 2 pages.

*Copie du XVI^e siècle. Bibl. nat.*, ms. fr. 5124, fol. 173.

*Impr. In-4°, pièce, 4 pages. Arch. nat.* AD I, 17.

*Idem. Bibl. nat.*, *in-4°*. F. paquets.

Isambert, *Anc. lois françaises*, in-8°, t. XII, p. 332 (sous la date du 25 octobre).

3520. Ordonnance portant que les habitants de Templeux-le-Fossé, Hancourt, Guyencourt et Marquaix seront tenus de faire le guet à Templeux, et dispensés de le faire à Péronne, accordée à la requête de Jean d'Estourmel, seigneur de Templeux. Paris, octobre 1529. Octobre.

*Enreg. à la Chancellerie de France. Arch. nat., Trésor des Chartes*, JJ. 245, n° 228, fol. 368 v°. 1 page.

3521. Création de deux foires annuelles et d'un marché hebdomadaire à Paulhaguet en Auvergne. Paris, octobre 1529. Octobre.

*Enreg. à la Chancellerie de France. Arch. nat., Trésor des Chartes*, JJ. 244, n° 231, fol. 374. 1 page 1/2.

3522. Lettres en faveur de Louis d'Angerant, seigneur de Boisrigault, ambassadeur du roi en Suisse, portant que son fils, né en Suisse pendant cette mission, jouira cependant des droits reconnus Octobre.

aux personnes nées en France. Paris, octobre 1529. 1529.

*Enreg. à la Chancellerie de France. Arch. nat., Trésor des Chartes*, JJ. 244, n° 229, fol. 370 v°. 2 pages.

3523. Bulles du pape Clément VII, contenant des statuts et ordonnances pour le chapitre de Saint-Ursin de Bourges. Bologne, le jour des nones de novembre 1529. 5 novembre.

*Enreg. au Parl. de Paris, avec les lettres de confirmation de Henri II, du mois de décembre 1547, le 8 août 1548. Arch. nat.*, X[1a] 8616, fol. 186 v°. 9 pages 1/2.

3524. Mandement au trésorier de l'épargne de payer à Jean Hotman, orfèvre, 1,998 livres 10 sous 6 deniers pour une chaîne en or dont le roi a fait don à François Bryan, ambassadeur du roi d'Angleterre. Paris, 7 novembre 1529. 7 novembre.

*Biblioth. nat.*, ms. Clairambault 1215, fol. 68. (*Mention.*)

3525. Mandement au Parlement de Paris d'enregistrer et de publier le traité de Cambrai (5 août 1529) et celui de Madrid, et d'en faire faire la transcription sur les doubles qui lui sont envoyés, les originaux se trouvant entre les mains de l'amiral de Brion, chargé de faire ratifier ces traités par l'empereur. Paris, 8 novembre 1529. 8 novembre.

*Enreg. au Parl. de Paris, sur le reg. du Conseil du 15 novembre suivant. Arch. nat.*, X[1a] 1533, fol. 5. 1 page 1/2.

3526. Mandement au Parlement de Rouen pour l'enregistrement et l'exécution du traité de Cambrai. Paris, 8 novembre 1529. 8 novembre.

Imp. Dumont, *Corps diplomatique*, in-fol., 1726, t. IV, part. II, p. 22.

3527. Commission adressée à Bonaventure de Saint-Barthélemy, président au Parlement de Paris, et à Léonard Gay, conseiller au Grand Con- 12 novembre.

seil, pour s'informer, conjointement avec le sieur de Belleforière, maître d'hôtel du roi, des prises faites par les sujets du roi de France sur ceux de l'empereur, et réciproquement, depuis le *prétendu* traité de Madrid. Paris, 12 novembre 1529. 1529.

*Original. Arch. nat., suppl. du Trésor des Chartes*, J. 994, n° 4.

3528. Lettres de garantie données par François Ier à Henri VIII, roi d'Angleterre, pour une somme de 512,222 écus d'or avancée par ce prince pour servir à la rançon des enfants du roi de France. Paris, 12 novembre 1529. 12 novembre.

(Texte latin.)

*Enreg. à la Chambre des Comptes de Paris. Arch. nat.*, P. 2553, fol. 135 v°; ADIX. 122, n° 77. 6 pages.

3529. Lettres prescrivant l'exécution de l'article du traité de Madrid relatif au rétablissement d'Augustin Grimaldi de Monaco en l'évêché de Grasse, avec mandement au sénéchal, au Parlement et à la Chambre des Comptes de Provence. Paris, 12 novembre 1529. 12 novembre.

*Imp. Gallia christ. nova*, t. III, Instr., col. 228.

3530. Lettres levant les défenses faites par les barons, châtelains et bannerets de la sénéchaussée de Lyon aux laboureurs de sortir leurs blés pour les vendre à Lyon, avec permission auxdits laboureurs de les vendre en cette ville ou ailleurs. Paris, 14 novembre 1529. 14 novembre.

*Original. Archives de la ville de Lyon*, série GG.

3531. Lettres portant mandement au lieutenant général du bailli de Montferrand d'informer de l'abondance du blé en Dauphiné et d'aviser aux moyens de secourir la ville de Lyon, en proie à la disette. Paris, 14 novembre 1529. 14 novembre.

*Original. Archives de la ville de Lyon*, série GG.

3532. Lettres de jussion à la Chambre des Comptes de Paris pour l'enregistrement et l'exécution 15 novembre.

des traités de Madrid et de Cambrai. Paris, 15 novembre 1529. 1529.

*Enreg. à la Chambre des Comptes de Paris. Arch. nat.*, P. 2305, p. 1070. 2 pages 1/2.
*Idem*, P. 2537, fol. 100 v°; ADIX. 122, n° 73.

3533. Mandement au Parlement de Grenoble de faire publier la paix de Cambrai. Paris, 15 novembre 1529. 15 novembre.

*Original à la Chambre des Comptes de Grenoble. Arch. de l'Isère*, B. 3187.
Imp. Dumont, *Corps diplomatique*, in-fol., 1726, t. IV, part. II, p. 23.

3534. Mandement semblable adressé au Parlement de Provence, à Aix. Paris, 15 novembre 1529. 15 novembre.

Imp. Dumont, *Corps diplomatique*, in-fol., 1726, t. IV, part. II, p. 21.

3535. Mandement au trésorier de l'épargne de payer 820 livres à Guillaume Du Bellay, seigneur de Langey, pour un voyage qu'il va faire auprès du roi d'Angleterre. Paris, 18 novembre 1529. 18 novembre.

*Bibl. nat.*, ms. Clairambault 1215, fol. 67 v°. (*Mention.*)

3536. Lettres de confirmation des privilèges du pays de Languedoc avec garanties nouvelles, en considération des derniers traités de paix. Paris, 19 novembre 1529. 19 novembre.

*Vidimus du gouverneur de Montpellier, du 12 décembre 1530. Arch. départ. de l'Hérault*, C. États de Languedoc, coll. dom Pacotte, t. VI.

3537. Ratification par le roi de l'indemnité votée par les États de Languedoc à Charles-Quint. Paris, 19 novembre 1529. 19 novembre.

Imp. *Bulletin hist. et philolog. du Comité des travaux hist.* (communication de M. Soucaille), année 1886, n° 3-4, p. 307. (*Mention.*)

3538. Lettres d'adresse à la Cour des Aides de Paris 20 novembre.

pour l'enregistrement du traité de Cambrai. Paris, 20 novembre 1529. 1529.

*Enreg. à la Cour des Aides, le 10 janvier 1530 n. s. Arch. nat., recueil Cromo, U. 665, fol. 254-256. (Mention.)*

3539. Provisions en faveur d'Antoine Helin, licencié en lois, ci-devant conseiller au Parlement de Bordeaux, d'un office de conseiller lai au Parlement de Paris, au lieu de Gassiot de Lacombe, nommé au Parlement de Bordeaux. Paris, 21 novembre 1529. 21 novembre.

*Registre du Conseil du Parlement de Paris, du 1er juillet 1530. Arch. nat.,* X[1a] 1533, fol. 281. *(Mention.)*

3540. Don de 8,000 livres à Jean-Joachim de Passano, seigneur de Vaux, en reconnaissance des services qu'il a rendus au roi dans les diverses ambassades dont il a été chargé. Paris, 23 novembre 1529. 23 novembre.

*Biblioth. nat.,* ms. Clairambault 1215, fol. 68. *(Mention.)*

3541. Mandement au trésorier de l'épargne de payer à Jean-Joachim de Passano, seigneur de Vaux, 5,752 livres qui lui sont encore dues sur les 7,802 livres qu'on devait lui donner pour son dernier voyage en Italie. Paris, 23 novembre 1529. 23 novembre.

*Bibl. nat.,* ms. Clairambault 1215, fol. 67 v°. *(Mention.)*

3542. Mandement au gouverneur et aux élus du Lyonnais d'imposer les habitants dudit pays pour couvrir les frais d'étapes des lansquenets qui sont passés en 1529. Paris, 23 novembre 1529. 23 novembre.

*Copie. Bibl. nat.,* ms. fr. 2702, fol. 159.

3543. Mandement au trésorier de l'épargne de payer 5,108 livres 12 sous 6 deniers à Jean Hotman, orfèvre, pour de la vaisselle d'argent dont le roi a fait don à Charles de Poupet, seigneur de la Chaux, chambellan de l'em- 24 novembre.

pereur, envoyé auprès du roi pour la ratification qui a eu lieu à Notre-Dame de Paris, le 20 octobre, des traités de Madrid et de Cambrai. Paris, 24 novembre 1529. 1529.

*Biblioth. nat.*, ms. Clairambault 1216, fol. 68. (*Mention.*)

3544. Lettres ordonnant aux généraux des Monnaies d'examiner des testons forgés à la monnaie de Crémieu, qui ont été envoyés en Rouergue par des marchands des villes impériales qui se trouvaient à Lyon, lesquels testons ont été saisis par les officiers des lieux, comme n'étant pas de bon aloi. Vanves, 27 novembre 1529. 27 novembre.

*Enreg. à la Chambre des Comptes de Grenoble. Arch. de l'Isère*, B. 2831, fol. 103. 6 pages.

3545. Lettres adressées à la duchesse d'Angoulême et de Bourbonnais, mère du roi, lui ordonnant de réunir les trois états de Bourbonnais pour leur faire ratifier le traité de Cambrai. Fontainebleau, 30 novembre 1529. 30 novembre.

IMP. Dumont, *Corps diplomatique*, in-fol., 1726, t. IV, part. II, p. 29.

3546. Protestation du roi en forme de lettres patentes contre les traités de Madrid et de Cambrai en ce qui concerne le duché de Milan, le comté d'Asti et la seigneurie de Gênes[1]. Paris, novembre 1529. Novembre.

IMP. Fr. Léonard. *Recueil de traitez de paix*, t. II, p. 367.
Dumont, *Corps diplomatique*, in-fol., 1726, t. IV, part. II, p. 52.
Isambert, *Anciennes lois françaises*, in-8°, t. XII, p. 337.

3547. Bulles de Clément VII donnant provisions de légat en France à Antoine Du Prat, archevêque de Sens, chancelier de France. Bologne, calendes de décembre 1529. 1er décembre.

(1) La fin manque.

Lettres de confirmation du roi. Dannemarie, 19 décembre 1529. 1529.

Acte de prestation de serment du nouveau légat. Fontainebleau, 17 décembre 1529.

*Enreg. au Parl. de Paris, sans indication de date.* *Arch. nat.*, X[1a] 8612, fol. 198. 3 pages.

*Enreg. au Parl. de Bordeaux, le 5 avril 1530 n. s.* *Arch. de la Gironde*, B. 30 *bis*, fol. 134. 5 pages.

*Enreg. au Parl. de Toulouse. Arch. de la Haute-Garonne*, *Édits*, reg. 3, fol. 219. 8 pages.

3548. Lettres de décharge du roi au cardinal Du Prat des quatre décimes que le pape l'a chargé de lever sur le royaume de France pour la délivrance du dauphin et du duc d'Orléans, otages en Espagne, et dont ledit cardinal a confié le recouvrement à Pierre d'Apestigny, trésorier et receveur général des finances extraordinaires. Fontainebleau, 4 décembre 1529. 4 décembre.

*Original. Bibl. nat.*, ms. fr. 4658, n° 23.

3549. Lettres portant mandement pour l'exécution d'un article du traité de Cambrai touchant le renvoi devant le grand conseil de l'empereur des procès pendants devant les cours de justice du royaume, concernant des fiefs, terres et seigneuries, rentes et héritages situés en Flandre et en Artois et intéressant des sujets de l'empereur, habitants de ces deux comtés. Fontainebleau, 10 décembre 1529. 10 décembre.

*Registre du Conseil du Parl. de Paris, du 1er février 1530 n. s. Arch. nat.*, X[1a] 1533, fol. 75. (*Mention.*)

3550. Ordonnance portant règlement pour le cours des écus couronne et autres espèces y désignées, et prohibant les monnaies de titre inférieur. Fontainebleau, 10 décembre 1529. 10 décembre.

*Enreg. au Châtelet de Paris, le 20 décembre 1529.* *Arch. nat.*, *Bannières*, Y. 8, fol. 254 v°. 2 pages.

3551. Ordonnance prohibant la fabrication de la vais- 10 décembre.

selle et de tous ouvrages d'or et d'argent. Fontainebleau, 10 décembre 1529. 1529.

*Enreg. au Châtelet de Paris, le 20 décembre 1529.* *Arch. nat., Bannières*, Y. 8, fol. 255 v°. 2 pages.
*Vidimus du 17 décembre 1529, dans la série des Orfèvres à la Cour des Monnaies. Arch. nat.*, $Z^{1b}$ 639.
*Copie. Arch. de la Préfecture de police*, coll. Lamoignon, t. VI, fol. 215.

3552. Ordonnance autorisant l'apport par les marchands et le dépôt entre les mains des commissaires royaux des masses et lingots d'or, et en interdisant l'exportation. Fontainebleau, 10 décembre 1529. 10 décembre.

*Enreg. au Châtelet de Paris, le 20 décembre 1529.* *Arch. nat., Bannières*, Y. 8, fol. 256 v°. 2 pages.

3553. Lettres autorisant, par dérogation aux défenses de fabriquer de la vaisselle d'or et d'argent, les orfèvres à travailler de leur métier, jusqu'à concurrence de deux marcs d'argent. Fontainebleau, 10 décembre 1529. 10 décembre.

*Enreg. au Châtelet de Paris, le 20 décembre 1529.* *Arch. nat., Bannières*, Y. 8, fol. 257 v°. 2 pages.

3554. Déclaration portant envoi de commissaires à Rouen, Toulouse, Lyon, Tours, Bordeaux et Bourges, chargés de recevoir les espèces d'or frappées de décri, suivant le tarif spécifié. Fontainebleau, 10 décembre 1529. 10 décembre.

*Vidimus sur parchemin, dans les minutes d'ordonnances de la Cour des Monnaies. Arch. nat.*, $Z^{1b}$ 536.

3555. Ordonnance suspendant la fabrication des monnaies en Dauphiné et en Provence. Fontainebleau, 10 décembre 1529. 10 décembre.

*Enreg. à la Chambre des Comptes de Grenoble.* *Arch. de l'Isère*, B. 2832, fol. 117. 2 pages.

3556. Provisions de l'office de conseiller clerc au Parlement de Bordeaux, en faveur d'Annet de Plains, conseiller au Grand Conseil. Fontainebleau, 10 décembre 1529. 10 décembre.

*Enreg. au Parl. de Bordeaux, le 25 juin 1530.* *Arch. de la Gironde*, B. 30 bis, fol. 138. 3 pages.

3557. Octroi de la garde du sceau en la chancellerie de Toulouse à Jacques Rivière, conseiller au Parlement, en l'absence des évêques de Mende et de Nîmes, gardes en chef dudit sceau. Fontainebleau, 11 décembre 1529. — 1529. 11 décembre.

Reçu et prêté serment au Parlement de Toulouse le 15 décembre 1530.

*Enreg. au Parl. de Toulouse. Arch. de la Haute-Garonne, Édits*, reg. 3, fol. 244.

3558. Lettres pour l'exécution de la traite de 500 ânées de blé du Dauphiné, accordée à la ville de Lyon. Fontainebleau, 11 décembre 1529. — 11 décembre.

*Original. Archives de la ville de Lyon*, série GG.

3559. Lettres portant continuation pour six ans, en faveur des habitants d'Harfleur, de la modération à 100 sous tournois de la redevance de 99 livres tournois par eux due au roi à cause de l'hôtel de ville et des halles dudit Harfleur. 12 décembre 1529. — 12 décembre.

*Enreg. à la Chambre des Comptes de Paris, le 30 mars 1533, anc. mém.* 2 G, fol. 103. *Arch. nat., invent.* PP. 136, p. 355. (*Mention.*)

3560. Mandement au trésorier de l'épargne de payer à Philibert Babou, trésorier de France, 2,050 livres pour le voyage qu'il va faire en Espagne auprès du dauphin et du duc d'Orléans. Fontainebleau, 13 décembre 1529. — 13 décembre.

*Bibl. nat.*, ms. Clairambault 1215, fol. 67 v°. (*Mention.*)

3561. Lettres de garantie des obligations souscrites à Guillaume Prudhomme, trésorier de l'épargne, par le roi de Navarre, le cardinal Du Prat, Anne de Montmorency, l'amiral Chabot, l'archevêque de Bourges et Jean de La Barre, gouverneur de Paris, pour le remboursement des vaisselles d'or et d'argent prêtées au roi pour parfaire les 1,200,000 livres qu'il devait payer à l'empereur pour la rançon — 14 décembre.

de ses fils. Fontainebleau, 14 décembre 1529. 1529.

*Original. Arch. nat., Trésor des Chartes*, J. 669, n° 27.
*Copie du* XVIII*e siècle. Bibl. nat.*, ms. fr. 6545, fol. 266.

3562. Lettres de commission à François de La Tour, vicomte de Turenne, nommé ambassadeur auprès de Charles-Quint, pour l'exécution du traité de mariage de François Ier avec Éléonore d'Autriche. Fontainebleau, 14 décembre 1529. 14 décembre.

IMP. C. Justel, *Hist. généal. de la maison d'Auvergne*, in-fol., 1645, Preuves, p. 248.
E. Baluze, *Hist. généal. de la maison d'Auvergne*, in-fol., Paris, 1708, t. II, p. 751.

3563. Mandement au trésorier de l'épargne de payer 410 livres à Gilles de La Pommeraye, échanson ordinaire du roi, pour les dépenses qu'il va faire en Flandre, où il est envoyé comme ambassadeur. Fontainebleau, 14 décembre 1529. 14 décembre.

*Bibl. nat.*, ms. Clairambault 1215, fol. 67 v°. (*Mention.*)

3564. Lettres adressées au conseil de ville d'Angers, pressant l'envoi de 6,000 livres demandées pour la rançon des fils de France. Fontainebleau, 15 décembre 1529. 15 décembre.

*Copie. Arch. de la mairie d'Angers*, BB. 19, fol. 104.

3565. Pouvoirs donnés à Pierre Lizet, premier président au Parlement, à Mathieu de Longuejoue, seigneur d'Iverny, maître des requêtes de l'hôtel, et à Jean Briçonnet, président des comptes, de déterminer et régler tous les échanges de terres auxquels pourra donner lieu l'exécution du traité de Cambrai. Fontainebleau, 16 décembre 1529. 16 décembre.

*Enreg. à la Chambre des Comptes de Paris. Arch. nat.*, P. 2305, p. 1105. 9 pages.

3566. Lettres enjoignant au sénéchal de Lyon de faire connaître aux Lyonnais l'article du traité de 16 décembre.

Madrid concernant le mariage du roi avec Éléonore de Portugal et de leur en faire promettre l'observation. Fontainebleau, 16 décembre 1529. 1529.

*Original. Arch. de la ville de Lyon*, AA. 5, n° 15.

3567. Lettres enjoignant au sénéchal de Toulouse de convoquer les habitants de la ville pour leur donner communication du traité de Madrid et des engagements pris en leur nom. Fontainebleau, 16 décembre 1529. 16 décembre.

*Copies. Arch. municip. de Toulouse*, ms. 222, p. 431, et ms. 439, fol. 114.

3568. Mandement au trésorier de l'épargne de payer à François de La Tour, vicomte de Turenne, 3,075 livres pour le voyage qu'il va faire en Espagne auprès du dauphin, du duc d'Orléans et d'Éléonore d'Autriche. Fontainebleau, 16 décembre 1529. 16 décembre.

*Bibl. nat.*, ms. Clairambault 1215, fol. 67 v°. (*Mention.*)

3569. Mandement au trésorier de l'épargne de payer à Guillaume Bochetel, secrétaire du roi, 410 livres pour le voyage qu'il va faire en Espagne avec François de La Tour, vicomte de Turenne, auprès du dauphin et du duc d'Orléans. Fontainebleau, 16 décembre 1529. 16 décembre.

*Bibl. nat.*, ms. Clairambault 1215, fol. 67 v°. (*Mention.*)

3570. Permission au cardinal Du Prat d'exercer sa charge de légat du Saint-Siège en France. Dannemarie, 19 décembre 1529. 19 décembre.

*Enreg. au Parl. de Paris. Arch. nat.*, X[1a] 8612, fol. 198.

*Enreg. au Parl. de Bordeaux, le 5 avril 1530 n. s. Archives de la Gironde*, B. 30 *bis*, fol. 136. 2 pages.

(Voir ci-dessus, au 1er décembre 1529, n° 3547.)

3571. Lettres commettant à Marguerite, duchesse d'Alençon, reine de Navarre, sœur du roi, la tu- 24 décembre.

telle de René et de Claude de Rohan, suivant la dernière volonté de leur mère, Anne, comtesse de Porhoët, dame de Rohan et de Léon. Nogent-sur-Seine, 24 décembre 1529. 1529.

*Copie du XVIII^e siècle. Arch. nat., Preuves de l'hist. de la maison de Rohan*, ms. de dom Morice, MM. 759, p. 905.

*Imp.* Dom Morice, *Hist. de Bretagne*, Preuves, in-fol., t. III, p. 988.

3572. Provisions de l'office de lieutenant criminel de la prévôté de Paris, vacant par le décès de Gilles Maillard, en faveur de Jean Morin, lieutenant général du bailliage. Nogent-sur-Seine, 28 décembre 1529. 28 décembre.

*Enreg. au Châtelet de Paris, le 12 février 1530 n. s. Arch. nat., Bannières*, Y. 8, fol. 260. 2 pages.

3573. Lettres en faveur de Guillaume de Plaisance, natif de Franche-Comté, contenant que ce pays ne doit pas être considéré comme étranger et que ses habitants n'ont pas besoin de lettres de naturalité. Nogent-sur-Seine, 28 décembre 1529. 28 décembre.

*Enreg. à la Chambre des Comptes de Paris, le 10 septembre 1540. Arch. nat.*, P. 2537, fol. 331 v°.

3574. Exemption de fouages pour huit ans octroyée aux paroissiens de Châteauneuf, diocèse de Saint-Malo, afin de les aider à réparer les ruines d'un incendie qui avait dévoré cent vingt des meilleures maisons de la ville. Nogent-sur-Seine, 29 décembre 1529. 29 décembre.

*Enreg. à la Chambre des Comptes de Bretagne. Archives de la Loire-Inférieure*, B. *Mandements royaux*, I, fol. 382.

3575. Pouvoirs donnés par l'empereur Charles-Quint à quatre commissaires de se rendre au Parlement de Paris, au Châtelet et autres juridictions du royaume pour réclamer le renvoi en son grand conseil d'Artois des procès pendants en appel, concernant ses sujets des comtés de Flandre et d'Artois, en exécution 31 décembre.

du traité de Cambrai. Bruxelles, 31 décembre 1529. 1529.

*Enreg. au Parl. de Paris, sans indication de date. Arch. nat.*, X[1a] 8612, fol. 201 v°.

(Voir ci-dessus, au 10 décembre 1529, n° 3549.)

3576. Donation en toute propriété à Louis de Perreau, chevalier, seigneur de Castillon, l'un des gentilshommes de la chambre du roi, des terres et seigneuries de Trémar et de Lespinay, paroisses de Plessé et de Guenrouet, diocèse de Nantes, lesquelles furent confisquées sur feu Jean de Lespinay, trésorier receveur général de Bretagne, et sur son fils Guillaume, receveur de Nantes. Fontainebleau, décembre 1529. Décembre.

*Enreg. à la Chambre des Comptes de Bretagne. Archives de la Loire-Inférieure*, B. *Mandements royaux*, I, fol. 374.

3577. Don aux religieux de la Trinité ou Mathurins de Fontainebleau de 200 livres de rente, à prendre sur les revenus de la seigneurie de Moret, pour les dédommager de ce que le roi leur avait pris pour l'agrandissement du château et du parc de Fontainebleau. Fontainebleau, décembre 1529. Décembre.

*Original. Arch. départ. de Seine-et-Marne*, H. 425.

*Enreg. à la Chancellerie de France. Arch. nat., Trésor des Chartes*, JJ. 245[1], n° 162, fol. 41 v°. 1 page 1/2.

*Copie collat. du XVIIIe siècle. Arch. nat.*, K. 171, n° 7.

3578. Création de deux foires annuelles et d'un marché hebdomadaire à Coublanc (Champagne), en faveur de Jean d'Anglure, seigneur du lieu. Fontainebleau, décembre 1529. Décembre.

*Enreg. à la Chancellerie de France. Arch. nat., Trésor des Chartes*, JJ. 245[1], n° 86, fol. 16 v°. 1 page.

3579. Lettres d'anoblissement octroyées à Antoine de Faye, de Pérac en Poitou, et à sa postérité. Fontainebleau, décembre 1529. Décembre.

*Enreg. à la Chancellerie de France. Arch. nat., Trésor des Chartes*, JJ. 245[1], n° 104, fol. 22 v°. 1 page.

3580. Établissement de deux foires par an et d'un marché chaque semaine à Castelnaud-de-Grattecambe. Nogent-sur-Seine, décembre 1529. — 1529. Décembre.

*Enreg. à la Chancellerie de France. Arch. nat., Trésor des Chartes, JJ. 245* ¹, n° 88, fol. 17, 1 page.

3581. Lettres confirmatives des franchises et privilèges des francs-bréments de Caen. 1529. — 1529.

*Mentionnées dans une requête des francs-bréments adressée à l'intendant. Arch. du Calvados*, C. 2104.

3582. Mandement à Jean Laguette, trésorier des guerres, de payer à N....., en Italie, 7,500 livres tournois. Paris,... [1] 1529. — 1529.

*Original. Bibl. nat.*, ms. fr. 25721, n° 340.

## 1530. — Pâques, 17 avril.

3583. Lettres de dispense accordées à Jean Morin, lieutenant criminel en la prévôté de Paris, pour exercer simultanément les deux offices de lieutenant général du bailliage et de lieutenant criminel de la prévôté. Troyes, 4 janvier 1529. — 1530. 4 janvier.

*Enreg. au Châtelet de Paris, le 12 février 1530 n. s. Arch. nat., Bannières*, Y. 8, fol. 259. 1 page.

3584. Provisions de la charge d'avocat du roi au Parlement de Paris en faveur de Guillaume Poyet. Troyes, 4 janvier 1529. — 4 janvier.

*Original scellé. Arch. nat., suppl. du Trésor des Chartes*, J. 963, n° 25.

3585. Lettres notifiant aux gens des comptes et au bailli de Rouen la prestation des foi et hommage faite ce jour au roi par Roger d'Heugleville pour sa terre d'Heugleville. Paris, 4 janvier 1529. — 4 janvier.

*Vidimus de Jean Guarin, lieutenant du vicomte de Rouen. Bibl. nat.*, ms. fr. 26122, fol. 1219.

[1] Cette pièce est mutilée en plusieurs endroits.

3586. Déclaration portant que le pouvoir d'amiral de Guyenne donné, le 22 janvier 1529 n. s. (n° 3301), au roi de Navarre s'étend également sur les pays de Saintonge, Aunis, Poitou et le gouvernement de la Rochelle. Troyes, 5 janvier 1529. — 1530. 5 janvier.

*Enreg. au Parl. de Paris, le 20 janvier 1530 n. s. Arch. nat.*, X[1a] 8612, fol. 200 v°. 1 page 2/3.

3587. Commission à Léonard Gay, conseiller au Grand Conseil, et à Bonaventure de Saint-Barthélemy, conseiller au Parlement, pour remplacer deux autres commissaires à Cambrai, chargés d'examiner et de juger, avec les délégués de l'empereur, les réclamations des particuliers qui ont éprouvé des dommages par le fait de la guerre entre François Ier et Charles-Quint. Troyes, 5 janvier 1529. — 5 janvier.

*Original. Arch. nat., Trésor des Chartes*; J. 671, n° 16[1].

3588. Mandement au trésorier de l'épargne de payer à Gabriel de Gramont, évêque de Tarbes et ambassadeur du roi auprès du pape et de l'empereur, 4,100 livres pour les dépenses qu'il fera dans l'accomplissement de sa charge. Troyes, 5 janvier 1529. — 5 janvier.

*Bibl. nat.*, ms. Clairambault 1215, fol. 68 v°. (*Mention.*)

3589. Mandement au trésorier de l'épargne de payer à Antoine de Clermont 1,640 livres pour les dépenses nécessitées par sa charge d'ambassadeur auprès du pape et de l'empereur. Troyes, 5 janvier 1529. — 5 janvier.

*Bibl. nat.*, ms. Clairambault 1215, fol. 68 v°. (*Mention.*)

3590. Lettres autorisant la levée des droits de souchet et de boucherie à Condom, pour la réparation des murailles. Dijon, 19 janvier 1529. — 19 janvier.

*Original. Arch. municip. de Condom*, série AA.

3591. Mandement au trésorier de l'épargne de payer 266 livres 10 sous à Jean Guillart, chevau- — 23 janvier.

cheur, pour le voyage qu'il va faire en Espagne vers le vicomte de Turenne, ambassadeur du roi auprès de l'impératrice. Dijon, 23 janvier 1529. 1530.

*Bibl. nat.*, ms. Clairambault 1215, fol. 68 v°. (*Mention.*)

3592. Lettres prorogeant de deux mois le délai de trois mois, primitivement accordé, pour la déclaration des quints, requints et autres droits et devoirs seigneuriaux dus pour ventes et mutations dans le ressort de la prévôté de Paris. Dijon, 24 janvier 1529. 24 janvier.

*Enreg. au Châtelet de Paris, le 24 janvier 1530, et par les Trésoriers de France, le 3 mars 1530.*

*Arch. nat., Châtelet de Paris, Bannières*, Y. 8, fol. 260 v°. 3 pages.

*Idem, Livre rouge*, Y. 6[4], fol. 168.

3593. Lettres ordonnant une somme de 2,300 livres tournois à François Le Saumaire, commis au payement des mortes-payes de Bourgogne, pour employer au fait de sa commission. Dijon, 25 janvier 1529. 25 janvier.

*Archives nat., Comptes du voyage de l'amiral de Brion à Plaisance*, KK. 103, fol. 6. (*Mention.*)

3594. Mandement au trésorier de l'épargne de payer 2,445 livres 13 sous à Pierre Le Mussier, serviteur de Pierre Mangot, orfèvre, pour une chaîne en or dont le roi a fait don à Georges Boleyn, vicomte de Rochefort, ancien ambassadeur du roi d'Angleterre. Dijon, 29 janvier 1529. 29 janvier.

*Biblioth. nat.*, ms. Clairambault 1215, fol. 69. (*Mention.*)

3595. Commission à Guillaume Du Bellay et à Jean-Joachim de Passano de traiter avec les fondés de pouvoir du roi d'Angleterre d'une suspension temporaire de la pension que François Ier payait à ce prince. Dijon, 29 janvier 1529. 29 janvier.

Imp. Rymer, *Fœdera, acta publica, etc.*, 3e édit. in-fol., 1741, t. VI, part. II, p. 142, col. 1.

3596. Commission aux mêmes pour régler la quantité et le mode de délivrance du sel que François Ier s'est engagé à bailler chaque année au roi d'Angleterre. Dijon, 29 janvier 1529. — 1530. 29 janvier.

*Imp.* Rymer, *Fœdera, etc.*, t. VI, part. II, p. 142, col. 2.

3597. Commission et pouvoirs adressés aux mêmes pour prendre, au nom du roi, l'engagement formel de rembourser au roi d'Angleterre diverses sommes avancées pour la délivrance des fils de France. Dijon, 29 janvier 1529. — 29 janvier.

*Imp.* Rymer, *idem*, *ibid.*

3598. Commission aux mêmes pour traiter du recouvrement de joyaux baillés en gage par l'empereur au roi d'Angleterre. Dijon, 29 janvier 1529. — 29 janvier.

*Imp.* Rymer, *idem*, p. 143, col. 2.

3599. Confirmation des privilèges, franchises et libertés accordés par les rois de France aux notaires, sergents et officiers des foires de Champagne et de Brie. Troyes, janvier 1529. — Janvier.

*Enreg. à la Chancellerie de France. Arch. nat., Trésor des Chartes*, JJ. 245[1], n° 100, fol. 21. 1 page.

3600. Confirmation des privilèges du chapitre de Saint-Quiriace de Provins. Troyes, janvier 1529. — Janvier.

*Enreg. à la Chancellerie de France. Arch. nat., Trésor des Chartes*, JJ. 245[1], n° 96, fol. 20. 1 page.

3601. Édit portant règlement pour l'office d'usager des forêts du comté de Blois. Troyes, janvier 1529. — Janvier.

*Enreg. à la Chambre des Comptes de Blois, le 10 mars 1530 n. s.*

*Imp.* Blanchard, *Compilation chronologique, etc.*, in-fol., t. I, col 481. (*Mention.*)

3602. Création de quatre foires annuelles et d'un marché hebdomadaire à Murat, dans le comté de la Marche, en faveur de Charles, bâtard de Chauvigny, seigneur du lieu. Troyes, janvier 1529. — Janvier.

*Enreg. à la Chancellerie de France. Arch. nat., Trésor des Chartes*, JJ. 245[1], n° 114, fol. 25 v°. 1 page.

3603. Don à Antoine de Clermont, premier baron de Dauphiné, des biens confisqués par jugement criminel sur Jacques et François Rivoire. Troyes, janvier 1529. 1530. Janvier.

*Enreg. à la Chancellerie de France. Arch. nat., Trésor des Chartes*, JJ. 245 [1], n° 212, fol. 58 v°.
1 page.

3604. Confirmation des lettres de priviléges accordées aux habitants de Joinville par Claude de Lorraine, duc de Guise, baron de Joinville, gouverneur de Champagne. Joinville, janvier 1529. Janvier.

*Enreg. à la Chancellerie de France. Arch. nat., Trésor des Chartes*, JJ. 245 [1], n° 210, fol. 58.
1 page.
IMP. J. Collin, *Tablettes historiques de Joinville*, 1857, p. 185.

3605. Ordonnance concernant la nomination et les fonctions des huissiers et sergents dans les ressorts des Parlements de Toulouse, Bordeaux, Dijon et Rouen. Dijon, janvier 1529. Janvier.

*Enreg. à la Chancellerie de France. Arch. nat., Trésor des Chartes*, JJ. 245 [1], n° 136, fol. 31.
2 pages.

3606. Confirmation des priviléges, franchises et libertés des habitants d'Échevronne et de Changey, villages contigus et dépendant de la châtellenie de Vergy, dans le duché de Bourgogne. Dijon, janvier 1529. Janvier.

*Enreg. à la Chancellerie de France. Arch. nat., Trésor des Chartes*, JJ. 245 [1], n° 111, fol. 24 v°.
1 page.

3607. Confirmation des priviléges, franchises et libertés des habitants de Montréal, dans l'Avallonais. Dijon, janvier 1529. Janvier.

*Enreg. à la Chancellerie de France. Arch. nat., Trésor des Chartes*, JJ. 245 [1], n° 95, fol. 20.
1 page.
*Arch. départ. de l'Yonne*, E. 587.

3608. Confirmation et vidimus des lettres de Philippe VI, datées de Paris, le 28 décembre Janvier.

1339 [1], en faveur du chapitre de Saint-Quiriace de Provins, touchant les collations de prébendes. Dijon, janvier 1529. 1530.

*Enreg. à la Chancellerie de France. Arch. nat., Trésor des Chartes*, JJ. 245 [1], n° 112, fol. 25. 2 pages.

3609. Création de quatre foires chaque année et d'un marché hebdomadaire à Coulmier-le-Sec, dans le Châtillonnais. Dijon, janvier 1529. Janvier.

*Enreg. à la Chancellerie de France. Arch. nat., Trésor des Chartes*, JJ. 245 [1], n° 98, fol. 20 v°. 1 page.

3610. Lettres d'institution de deux foires annuelles à Mussy-l'Évêque en Champagne. Dijon, janvier 1529. Janvier.

*Enreg. à la Chancellerie de France. Arch. nat., Trésor des Chartes*, JJ. 245 [1], n° 97, fol. 20. 1 page.

3611. Lettres confirmant le droit de souquet des consuls de Montauban. Dijon, [janvier [2]] 1529. Janvier.

Imp. *Inventaire des titres et documents de l'hôtel de ville de la cité royale de Montauban*, Samuel Dubois, imprimeur libraire de ladite ville, 1662. (*Mention.*)

3612. Lettres enjoignant de faire procéder d'office à la levée du dixième du revenu d'une année de tous les fiefs et arrière-fiefs de la prévôté de Paris, conformément aux engagements contractés par les nobles de cette prévôté. Dijon, 1er février 1529. 1er février.

*Enreg. au Châtelet de Paris, le 12 février 1530 n. s. Arch. nat., Bannières*, Y. 8, fol. 258. 2 pages.

3613. Nouvelles lettres de jussion pour l'exécution des lettres en date du 25 janvier 1528 n. s. (n° 2851), relatives au comte de Carpi. Dijon, 1er février 1529. 1er février.

*Enreg. à la Chambre des Comptes de Paris. Arch. nat.*, P. 2305, p. 838. 2 pages 1/2.

(1) Les lettres de Philippe de Valois ne figurent point dans le *Recueil des Ordonnances*.

(2) Le mois et le quantième ne sont pas indiqués. Ces lettres pourraient aussi bien être de février.

3614. Provisions de l'office de notaire et secrétaire près la Chambre des Comptes de Bretagne, octroyées à Jean Boulomer. Dijon, 4 février 1529. — 1530. 4 février.

*Enreg. à la Chambre des Comptes de Bretagne. Archives de la Loire-Inférieure*, B. *Mandements royaux*, I, fol. 376.

3615. Lettres portant assignation des 300,000 écus d'or donnés en dot à la reine Eléonore, en vertu du traité de Cambrai, sur les pays de Quercy, d'Agenais, Villefranche et les quatre châtellenies du Rouergue. Dijon, 7 février 1529. — 7 février.

*Original. Bibl. nat.*, ms. fr. 20433, fol. 87.
*Enreg. à la Chambre des Comptes de Paris. Arch. nat.*, P. 2305, p. 561. 7 pages.
*Idem*, P. 2536, fol. 329 v°; P. 2537, fol. 111; ADIX. 122, n° 56.

3616. Pouvoirs donnés à Gilles de La Pommeraye, Antoine Hellin et Jean Billon à l'effet de poursuivre devant le grand conseil de l'empereur, à Malines, la vérification et l'enregistrement des traités de Madrid et de Cambrai. Dijon, 7 février 1529. — 7 février.

*Enreg. à la Chambre des Comptes de Paris. Arch. nat.*, P. 2305, p. 747. 1 page 1/2.
*Double*, P. 2552, fol. 367 et 372.
IMP. Dumont, *Corps diplomatique*, in-fol., 1726, t. IV, part. II, p. 18.

3617. Mandement au trésorier de l'épargne de payer à Gilles de La Pommeraye, ambassadeur du roi en Flandre, auprès de Marguerite, archiduchesse d'Autriche, 410 livres pour les dépenses de sa charge. Dijon, 7 février 1529. — 7 février.

*Bibl. nat.*, ms. Clairambault 1215, fol. 68 v°. (*Mention.*)

3618. Lettres enjoignant aux cours souveraines d'entériner la confirmation des privilèges de l'Université d'Orléans accordée par le roi au mois d'août 1520. Paris, 10 février 1529. — 10 février

*Copie collat. du XVI^e siècle. Arch. départ. du Loiret*, série D, Université.

3619. Déclaration touchant la perpétuité des offices royaux ordinaires des États de Provence. Autun, 13 février 1529. 1530. 13 février.

*Enreg. à la Chambre des Comptes d'Aix, le 21 février 1530. Archives des Bouches-du-Rhône*, B. 32 (*Scorpionis*), fol. 1. 1 page.

3620. Traité conclu avec le roi d'Angleterre touchant la redevance annuelle de sel que François Ier s'est engagé de payer à ce prince. Londres, 14 février 1529. 14 février.

IMP. Rymer, *Fœdera, acta publica, etc.*, 3e édit. in-fol., 1741, t. VI, part. II, p. 148, col. 2.

3621. Traité avec le roi d'Angleterre touchant divers points relatifs à la délivrance des enfants de France et à la remise aux ambassadeurs de François Ier d'un joyau en forme de fleur de lis orné de pierreries. Londres, 14 février 1529. 14 février.

IMP. Rymer, *Fœdera, acta publica, etc.*, 3e édit. in-fol., 1741, t. VI, part. II, p. 150, col. 2.

3622. Traité avec le roi d'Angleterre au sujet des engagements à prendre par François Ier pour une somme de 50,000 couronnes d'or qu'il devait à Henri VIII. Londres, 18 février 1529. 18 février.

IMP. Rymer, *Fœdera, acta publica, etc.*, 3e édit. in-fol., 1741, t. VI, part. II, p. 149, col. 2.

3623. Lettres de décharge données par le roi aux gens des comptes de certains actes du Trésor des chartes, y énumérés, qui lui ont été délivrés pour les remettre à l'empereur, suivant une clause du traité de Cambrai. Moulins, 19 février 1529. 19 février.

*Enreg. à la Chambre des Comptes de Paris. Arch. nat.*, P. 2552, fol. 295. 2 pages.

3624. Pouvoirs donnés par le roi à Anne de Montmorency, grand maître de France, et à François de Tournon, archevêque de Bourges, à l'effet de traiter, à Bayonne, de la délivrance du dauphin et du duc d'Orléans, et de pour- 21 février.

suivre l'exécution des traités de Madrid et de Cambrai. Moulins, 21 février 1529. 1530.

*Minute. Arch. nat., suppl. du Trésor des Chartes*, J. 921, n° 29.

*Enreg. à la Chambre des Comptes de Paris. Arch. nat.*, P. 2305, p. 554. 7 pages.

*Idem*, P. 2536, fol. 326 v°.

3625. Pouvoirs donnés par le roi à Anne de Montmorency de prêter serment, en son nom, devant l'empereur ou ses délégués, qu'il observera fidèlement le traité de Cambrai. Moulins, 21 février 1529. 21 février.

*Original scellé. Arch. nat., Trésor des Chartes*, J. 667, n° 7.

3626. Mandement au Parlement de Grenoble de faire publier un édit donné à Paris, le 29 mars 1528 n. s. (n° 2924), par lequel, conformément au concordat conclu avec le pape Léon X, le roi défend à tous juges d'avoir égard aux provisions de bénéfices qui contiendraient des clauses contraires audit concordat. Moulins, 22 février 1529. 22 février.

*Enreg. à la Chambre des Comptes de Grenoble. Arch. de l'Isère, original*, B. 3187.

3627. Provisions de l'office de bailli d'Autun en faveur de Simon de Loges, fils de Hugues de Loges, s[r] de la Boullaye, en son vivant titulaire de ladite charge. Moulins, 25 février 1529. 25 février.

*Copie du XVIe siècle. Bibl. nat.*, ms. fr. 5124, fol. 131 v°.

3628. Lettres octroyant aux officiers de la Chambre des Comptes de Dijon, outre leurs gages ordinaires, les mêmes épices qu'à ceux de Paris, sous la condition de réduire de vingt les féries du calendrier en usage chez eux. Dijon, février 1529. Février.

*Enreg. à la Chambre des Comptes de Dijon. Arch. de la Côte-d'Or*, reg. B. 18, fol. 278.

*Enreg. à la Chancellerie de France. Arch. nat., Trésor des Chartes*, JJ. 245[1], n° 354, fol. 97. 5 pages.

(Voir ci-dessous, au 20 mars 1531 n. s.)

3629. Création de deux foires annuelles et d'un marché chaque semaine à Lambesc, en faveur de Claude, duc de Guise, seigneur de Lambesc. Dijon, février 1529. — 1530. Février.

*Enreg. à la Chancellerie de France. Arch. nat., Trésor des Chartes*, JJ. 245 [1], n° 117, fol. 26. 1 page.

3630. Création de quatre foires annuelles et d'un marché hebdomadaire à Saint-Thibault-en-Auxois. Dijon, février 1529. — Février.

*Enreg. à la Chancellerie de France. Arch. nat., Trésor des Chartes*, JJ. 245 [1], n° 118, fol. 26 v°. 1 page.

3631. Lettres en faveur des habitants de Vitteaux, leur permettant de fortifier leur bourg. Dijon, février 1529. — Février.

*Enreg. à la Chancellerie de France. Arch. nat., Trésor des Chartes*, JJ. 245, n° 115, fol. 25 v°. 1 page.

3632. Lettres de rémission en faveur des serviteurs de Jacques de Beaune de Semblançay et de son fils, Guillaume de Beaune. Autun, février 1529. — Février.

*Enreg. à la Chancellerie de France. Arch. nat., Trésor des Chartes*, JJ. 245 [1], n° 142, fol. 33. 2 pages.

3633. Lettres portant que le s[r] de La Trémoille ayant, quinze ans auparavant, pour fortifier Chalon-sur-Saône, fait abattre l'hôpital Saint-Éloi de ladite ville, il en sera établi un autre au faubourg Saint-Laurent, sur l'emplacement choisi par les habitants et accepté par le gouverneur de Bourgogne. Moulins, février 1529. — Février.

*Original. Arch. communales de Chalon (Saône-et-Loire)*, GG. 56.
*Enreg. à la Chancellerie de France. Arch. nat., Trésor des Chartes*, JJ. 245 [1], n° 161, fol. 41. 2 pages.

3634. Création d'un marché chaque semaine à Oulx, en Dauphiné. Moulins, février 1529. — Février.

*Enreg. à la Chancellerie de France. Arch. nat., Trésor des Chartes*, JJ. 245 [1], n° 167, fol. 43. 1 page.
(Voir ci-dessous, mars 1529, n° 3655.)

3635. Institution de trois foires par an et d'un marché chaque samedi à Recey-sur-Ource, en faveur de Claude d'Anglure, seigneur du lieu. Moulins, février 1529. — 1530. Février.

*Enreg. à la Chancellerie de France. Arch. nat., Trésor des Chartes*, JJ. 245 [1], n° 116, fol. 26. 1 page.

3636. Lettres de sauvegarde octroyées aux abbé et religieux de Saint-Loup de Troyes. Moulins, février 1529. — Février.

*Enreg. à la Chancellerie de France. Arch. nat., Trésor des Chartes*, JJ. 245 [1], n° 183, fol. 47 v°. 2 pages.

3637. Pouvoirs donnés par le roi à François de La Tour, vicomte de Turenne, à l'effet de confirmer en son nom le traité de mariage avec la reine Éléonore, sœur de l'empereur. Blois, 7 mars 1529. — 7 mars.

*Original et copie. Arch. nat.*, K, 84, n°s 9 et 10.
*Enreg. à la Chambre des Comptes de Paris. Arch. nat.*, P. 2305, p. 763. 5 pages.
*Idem*, P. 2536, fol. 426, et P. 2552, fol. 376 v°.
IMP. C. Justel, *Hist. généal. de la maison d'Auvergne*, in-fol., 1645, Preuves, p. 252.
É. Baluze, *Hist. généal. de la maison d'Auvergne*, in-fol., Paris, 1708, t. II, p. 752.

3638. Lettres confirmatives du don viager des terres et seigneuries de Saint-Macaire et de Puymirol en Guyenne, accordé, le 15 février 1529 n. s. (n° 3322), à Charles de Coucy, s[r] de Bury, gentilhomme de la chambre du roi, sauf la dîme dudit Saint-Macaire. Elles portent, en outre, que sa future épouse, Suzanne de Belleville, en aurait aussi la jouissance viagère, même après la mort de son mari. Blois, 8 mars 1529. — 8 mars.
Avec l'attache de la Chambre des Comptes du 6 juin 1531.

*Enreg. à la Chambre des Comptes de Paris. Arch. nat.*, P. 2305, p. 1231. 6 pages.

3639. Mandement au trésorier de l'épargne de payer 8,500 livres 6 sous 6 deniers à Claude Dodieu, conseiller au Parlement, qui a été — 8 mars.

ambassadeur du roi à Florence du 1er juillet 1527 au 31 août 1529. Blois, 8 mars 1529. 1530.

*Bibl. nat.*, ms. Clairambault 1215, fol. 68 v°. (*Mention.*)

3640. Mandement aux gens des comptes de Bretagne d'enjoindre, sous peine de poursuites, à Guillaume de Lespinay, héritier de Jean de Lespinay, trésorier receveur général du duché de Bretagne, de rendre sans délai les comptes de la charge du défunt. Blois, 10 mars 1529. 10 mars.

*Enreg. à la Chambre des Comptes de Bretagne. Archives de la Loire-Inférieure*, B. *Mandements royaux*, I, fol. 377.

3641. Déclaration portant que les commissions de la Chambre des Comptes de Paris concernant la perception des fruits des bénéfices vacants en régale seront adressées aux trésoriers et chanoines de la Sainte-Chapelle du Palais à Paris. 12 mars 1529. 12 mars.

*Enreg. à la Chambre des Comptes de Paris, anc. mém.* 2 F, fol. 38.

Imp. Blanchard, *Compilation chronologique*, etc., in-fol., t. I, col. 482. (*Mention.*)

3642. Don à Marie d'Albret, comtesse de Nevers et de Dreux, et à François de Clèves, comte d'Eu, son fils, des revenus et émoluments des greniers et chambres à sel y désignés. 14 mars 1529. 14 mars.

*Enreg. à la Chambre des Comptes de Paris, le 6 avril suivant, anc. mém.* 2 F, fol. 5. *Arch. nat., invent.* PP. 136, p. 358. (*Mention.*)

3643. Confirmation donnée par le roi, en présence de Guillaume Des Barres, secrétaire de l'empereur, de son mariage avec Éléonore d'Autriche conclu à Madrid, le 25 février précédent, par l'entremise de François, vicomte de Turenne, fondé de pouvoirs de François Ier. Blois, 15 mars 1529. 15 mars.

Imp. C. Justel, *Hist. généal., de la maison d'Auvergne*, in-fol., 1645, Preuves, p. 245.

3644. Mandement au Parlement de Provence d'appliquer à Boniface Séguiran, sr de Vauvenargues, 15 mars.

d'Aix, qui avait suivi le parti de Charles de Bourbon, le bénéfice de grâce avec restitution de biens stipulé pour tous les partisans du connétable dans les traités de paix conclus avec l'empereur. Blois, 15 mars 1529. 1530.

*Enreg. au Parl. de Provence. Arch. de ladite cour, à Aix*, reg. in-fol. papier de 1,026 feuillets, p. 79. *Enreg. à la Chambre des Comptes d'Aix, le 26 juin 1535. Arch. des Bouches-du-Rhône*, B. 31 (*Salamandra*), fol. 270 v°. 1 page.

3645. Déclaration portant qu'après le décès du roi, la reine Éléonore pourra se retirer en Espagne. Blois, 17 mars 1529. 17 mars.

*Copie du XVIII^e siècle. Bibl. nat.*, ms. fr. 23290, fol. 258 v°.

3646. Nomination d'Étienne Besnier à la charge de receveur général des finances dans la généralité d'Outre-Seine et Yonne, en remplacement de Jean Ruzé, destitué. Blois, 20 mars 1529. 20 mars.

*Original. Bibl. nat.*, ms. fr. 25721, n° 341.

3647. Lettres portant mandement au Parlement de Paris de nommer un tuteur et curateur aux enfants de France[1], au dauphin, héritier universel de la feue reine, et aux autres pour telle part que les coutumes du pays leur donnent au comté de Montfort. Blois, 21 mars 1529. 21 mars.

*Registre du Conseil du Parl. de Paris, du 26 mars 1530 n. s. Archives nat.*, X^1a 1533, fol. 156 v°. (*Mention.*)

3648. Mandement au trésorier de l'épargne de payer à Guillaume Du Bellay, seigneur de Langey, 1,182 livres pour un voyage qu'il a fait auprès du roi d'Angleterre, pour le recouvrement de la bague appelée *la fleur de lys*. Blois, 26 mars 1529. 26 mars.

*Bibl. nat.*, ms. Clairambault 1215, fol. 68 v°. (*Mention.*)

[1] Le 26 mars, la cour donna cette charge à l'un de ses présidents, Charles Guillart.



IMPRIMERIE NATIONALE.

3649. Ordonnance prescrivant plusieurs réformes en matières financière, judiciaire et administrative, rendue à la requête et sur la proposition des États de Bretagne. Blois, 29 mars 1529. 1530. 29 mars.

*Enreg. à la Chambre des Comptes de Bretagne. Archives de la Loire-Inférieure*, B, *Mandements royaux*, II, fol. 52. 7 pages.

*Enreg. au Parl. de Bretagne, à Rennes, le 3 octobre 1530.*

*Copie du* XVI*e siècle. Biblioth. nat.*, ms. fr. 2832, fol. 3.

IMP. Dom Morice, *Histoire de Bretagne*, in-fol. 1746, Preuves, t. III, p. 990.

3650. Don au duc d'Albany de l'usufruit de la terre et seigneurie de Saint-Sulpice, sise en la sénéchaussée de Toulouse. 29 mars 1529. 29 mars.

*Enreg. à la Chambre des Comptes de Paris, anc. mém.* 2 F, fol. 62. *Arch. nat., invent.* PP. 136, p. 358. (*Mention.*)

3651. Lettres portant don à Marie de Luxembourg, duchesse de Vendôme, veuve de François, comte de Saint-Paul, du duché de Valois, du comté de Castres, des terres et seigneuries de Montfort-l'Amaury, Chauny, Dourdan, Montereau, Provins, etc., en compensation de ses terres de Flandre et d'Artois cédées à l'empereur par le traité de Cambrai. Blois, mars 1529. Mars.

*Original. Arch. nat., Trésor des Chartes*, J. 671, n° 13[3].

*Enreg. au Parl. de Paris, le 29 mars 1530 n. s. Arch. nat.*, X[1a] 8612, fol. 202 v°. 14 pages 1/2.

*Enreg. à la Chambre des Comptes de Paris, anc. mém.* FF, fol. 139. *Arch. nat.*, ADIX. 122, (*Mention.*)

3652. Établissement de trois foires par an et d'un marché chaque semaine à Arfeuilles en Bourbonnais. Blois, mars 1529. Mars.

*Enreg. à la Chancellerie de France. Arch. nat., Trésor des Chartes*, JJ. 245[1], n° 159, fol. 40 v°. 1 page.

3653. Établissement de trois foires par an et d'un mar- Mars.

ché chaque semaine à Bard-le-Régulier, en Bourgogne. Blois, mars 1529. 1530.

*Enreg. à la Chancellerie de France. Arch. nat., Trésor des Chartes*, JJ. 245 [1], n° 166, fol. 42 v°, 1 page.

3654. Établissement de trois foires annuelles et d'un marché hebdomadaire à Noyen-sur-Sarthe. Blois, mars 1529. Mars.

*Enreg. à la Chancellerie de France. Arch. nat., Trésor des Chartes*, JJ. 245 [1], n° 168, fol. 43. 1 page.

3655. Établissement dans la ville d'Oulx, en Dauphiné, d'un marché qui se tiendra le samedi de chaque semaine. Blois, mars 1529. Mars.

*Enreg. à la Chambre des Comptes de Grenoble, le 17 août 1531. Arch. de l'Isère*, B. 2994, fol. 41. (Voir ci-dessus, février 1530, n° 3634.)

3656. Établissement de quatre foires par an et d'un marché chaque semaine à Pizy, dans l'Avallonnais, en faveur de Jacques Aux-Épaules, seigneur du lieu. Blois, mars 1529. Mars.

*Enreg. à la Chancellerie de France. Arch. nat., Trésor des Chartes*, JJ. 245 [1], n° 154, fol. 39. 1 page.

3657. Établissement d'une seconde foire annuelle et d'un marché hebdomadaire à Trets en Provence, pour aider cette ville à se relever de ses ruines. Blois, mars 1529. Mars.

*Enreg. à la Chancellerie de France. Arch. nat., Trésor des Chartes*, JJ. 245 [1], n° 164, fol. 42. 1 page.

3658. Lettres approuvant l'établissement du papegaut en la ville de Guéméné, diocèse de Vannes, et octroyant à celui qui remportera le prix une exemption de taille et de fouage valable une année, et une franchise de billot pour dix tonneaux de vin. Paris, mars 1529. Mars.

*Enreg. à la Chambre des Comptes de Bretagne. Archives de la Loire-Inférieure*, B. *Mandements royaux*, I, fol. 399.

3659. Mandement au trésorier de l'épargne de payer à Nicolas de Troyes, argentier, 2,491 livres 18 sous 4 deniers tournois pour les besoins de 4 avril.

sa charge et en particulier pour acheter des draps de soie qui serviront à l'habillement du dauphin et du duc d'Orléans, à leur arrivée d'Espagne. Tours, 4 avril 1529. 1530.

*Original. Bibl. nat.*, ms. fr. 25721, n° 342.

3660. Déclaration portant que les terres du domaine données comme compensation aux sujets du roi qui se sont dessaisis des leurs au profit de l'empereur et pour la rançon des fils du roi seront libérées d'abord de toutes charges, hypothèques, etc. Lusignan, 8 avril 1529. 8 avril.

*Copie collat. du XVIII^e siècle. Arch. nat.*, K. 171, n° 4.

3661. Lettres de surannation confirmant au chancelier Du Prat la permission de dresser des fourches patibulaires dans ses seigneuries de Nantouillet et de Marchemoret, à lui accordée au mois de juin 1528 (n° 3039). Paris (*sic*), 11 avril 1529. 11 avril.

*Enreg. au Châtelet de Paris. Bibl. nat.*, *Bannières*, Y. 8, fol. 263.

3662. Lettres déclarant révoquées et annulées les aliénations de portions du domaine faisant partie des terres données comme compensation aux sujets du roi qui avaient engagé les leurs pour la rançon de ce prince et de ses fils. Lusignan, 13 avril 1529. 13 avril.

*Enreg. au Parl. de Paris, le 21 avril 1530. Arch. nat.*, X^1a 8612, fol. 210. 2 pages 1/2.
*Enreg. à la Chambre des Comptes de Paris, le 10 mai 1530. Arch. nat.*, P. 2305, p. 853 et 857. 3 pages.
*Idem*, P. 2537, fol. 16; ADIX. 122, n° 66.
*Copie de mai 1530. Arch. nat.*, K. 84, n° 16.

3663. Lettres de décharge adressées à la Chambre des Comptes de Paris pour certains actes du Trésor des Chartes délivrés par ladite cour au roi pour les remettre à l'empereur, suivant une clause du traité de Cambrai. Lusignan, 14 avril 1529. 14 avril.

*Enreg. à la Chambre des Comptes de Paris. Arch. nat.*, P. 2552, fol. 300. 4 pages.

3664. Mandement à la Chambre des Comptes de Bretagne pour l'enregistrement du don fait à Antoine de Brigneux, écuyer, des terres et seigneuries d'Auray et de Quiberon, diocèse de Vannes. Lusignan, 14 avril 1529. 1530. 14 avril.

*Enreg. à la Chambre des Comptes de Bretagne. Archives de la Loire-Inférieure*, B. *Mandements royaux*, I, fol. 402.

3665. Lettres de sauvegarde octroyées à la fabrique et aux confréries de l'église paroissiale de Saint-Sauveur de la Rochelle. Châtellerault, avril 1529. Avril.

*Enreg. à la Chancellerie de France. Arch. nat., Trésor des Chartes*, JJ. 245[1], n° 191, fol. 50 v°. 2 pages.

3666. Confirmation de la cession des terres de Lorris et de Boiscommun, faite par les commissaires du roi à Antoine d'Aussy, seigneur de La Tour, en compensation de sa terre de la Tour, sise au comté de Flandre, qu'il avait engagée à l'empereur pour la rançon du roi. Lusignan, avril 1529. Avril.

*Enreg. au Parl. de Paris, le 21 avril 1530. Arch. nat.*, $X^{1a}$ 8612, fol. 211. 20 pages 1/2.

3667. Confirmation de la cession des terres et seigneuries de Châtillon-sur-Marne et de Château-Thierry faite par les commissaires du roi à Robert de La Marck, maréchal de France, et à Guillemette de Sarrebrück, sa femme, en compensation de leur terre d'Artois qu'ils avaient engagée à l'empereur pour la rançon du roi. Lusignan, avril 1529. Avril.

*Enreg. au Parl. de Paris, le 21 avril 1530. Arch. nat.*, $X^{1a}$ 8612, fol. 222. 16 pages.

3668. Confirmation de la cession des terres de Tournant, Torcy-en-Brie, Montlhéry, près Paris, et Fontenay-le-Comte, en Poitou, faite par les commissaires du roi à François d'Escars, seigneur de la Vauguyon, et à sa femme, Isabeau de Bourbon, en compensation de leurs terres Avril.

d'Artois qu'ils avaient engagées à l'empereur pour la rançon du roi. Lusignan, avril 1529. 1530.

*Enreg. au Parl. de Paris, le 21 avril 1530. Arch. nat.*, $X^{1a}$ 8612, fol. 230. 19 pages.

*Enreg. à la Chambre des Comptes de Paris, le 23 avril 1530. Arch. nat.*, P. 2305, p. 1073. 45 pages.

3669. Confirmation de la cession de 800 arpents dans la forêt de Gault, près Sézanne, faite par les commissaires du roi à Alpin de Béthune, seigneur de Mareuil, en compensation de sa terre d'Artois engagée à l'empereur pour la rançon du roi et la délivrance des enfants de France. Lusignan, avril 1529. Avril.

*Enreg. au Parl. de Paris, le 21 avril 1530. Arch. nat.*, $X^{1a}$ 8612, fol. 242. 13 pages.

3670. Confirmation de la cession des terres et seigneuries de Corbeil, Bois-Senart, Gournay, Poissy, Triel, etc., faite par les commissaires du roi à Antoine Du Bois, évêque de Béziers, abbé de Saint-Lucien de Beauvais, en récompense de sa terre d'Esquerdes et autres terres (longuement énumérées), sises au comté de Flandre, qu'il avait engagées à l'empereur pour la rançon du roi. Lusignan, avril 1529. Avril.

*Enreg. au Parl. de Paris, le 21 avril 1530. Arch. nat.*, $X^{1a}$ 8612, fol. 250. 22 pages.

3671. Provisions de l'office de sénéchal de Lyon en faveur de Jean d'Albon, seigneur de Saint-André, au lieu d'Henri Bohier. Lusignan, 18 avril 1530. 18 avril.

*Enreg. à la Chambre des Comptes de Paris, le 15 mars 1531, anc. mém.* 2 F, fol. 382. *Arch. nat.*, P. 2553, fol. 158, et invent. PP. 136, p. 361. (*Mentions.*)

3672. Mandement au trésorier de l'épargne de payer à François de La Tour, vicomte de Turenne et gouverneur de l'Ile-de-France, envoyé en Espagne pour y traiter du mariage de la reine Éléonore avec le roi et de la délivrance du dauphin et du duc d'Orléans, 20075 livres en plus de ce qu'il avait touché à Fontainebleau, 23 avril.

au mois de décembre, au moment de son départ. Angoulême, 23 avril 1530. 1530.

*Bibl. nat.*, ms. Clairambault 1215, fol. 68 v°. (*Mention.*)

3673. Lettres relatives à la cession faite à l'empereur, conformément au traité de Cambrai, par le duc de Vendôme, comte de Saint-Pol, des terres qu'il possédait en Flandre. Angoulême, 24 avril 1530. 24 avril.

*Original. Arch. nat.*, K. 84, n° 13.

3674. Lettres de don et confirmation de l'office de capitaine de la ville de Lyon pour Antoine de Varey, s^r de Belmont, présenté par les consuls. Angoulême, 24 avril 1530. 24 avril.

*Copie. Arch. de la ville de Lyon*, AA. 151, fol. 42 v°.

3675. Mandement au trésorier des guerres de payer de leurs gages divers hommes d'armes et divers archers de la compagnie du marquis de Saluces, pour les quartiers de janvier-mars et avril-juin 1528, bien qu'ils n'aient pas assisté aux montres. Angoulême, 26 avril 1530. 26 avril.

*Original. Bibl. nat.*, ms. fr. 25721, n° 343.

3676. Lettres en faveur de François d'Escars, seigneur de la Vauguyon, au sujet de la ratification qu'on lui réclamait de la cession, par lui faite au profit de l'empereur, des terres qu'il possédait aux Pays-Bas. Angoulême, 27 avril 1530. 27 avril.

*Original. Arch. nat.*, K. 84, n° 14.

3677. Ordonnance prescrivant pour la Chambre des Comptes de Dijon les mêmes règlements que pour celle de Paris. Angoulême, 30 avril 1530. 30 avril.

*Enreg. à la Chambre des Comptes de Dijon, le 2 septembre suivant. Arch. de la Côte-d'Or*, reg. B. 18, fol. 127 v°.

3678. Lettres portant don du comté de Mortain et de la vicomté d'Auge à Louise de Bourbon, femme de Louis de Bourbon, prince de la Roche-sur-Yon, pour la récompenser des terres qui Avril.

lui appartenaient et qui ont été délaissées à l'empereur par le traité de Cambrai. Angoulême, avril 1530. 1530.

*Enreg. à la Chambre des Comptes de Paris, anc. mém.* coté 2 F, fol. 158. *Arch. nat., invent.* PP. 136, p. 361. (*Mention.*)
Imp. In-4°, *pièce. Arch. nat.*, ADI. 17. 11 pages.

3679. Édit de réunion de la ville et du château de Saignon au comté de Forcalquier. Angoulême, avril 1530. Avril.

*Enreg. à la Chancellerie de France. Arch. nat., Trésor des Chartes*, JJ. 245[1], n° 207, fol. 57 v°. 1 page.

3680. Permission aux habitants de Séez d'entourer leur ville de murs, tours, fossés et autres fortifications. Angoulême, avril 1530. Avril.

*Enreg. à la Chancellerie de France. Arch. nat., Trésor des Chartes*, JJ. 245[1], n° 202, fol. 56 v°. 1 page.

3681. Édit de création d'un quatrième office de secrétaire de la Chambre des Comptes de Grenoble, et règlement pour ses fonctions. Angoulême, 1er mai 1530. 1er mai.

*Enreg. à la Chambre des Comptes de Grenoble. Original. Arch. de l'Isère*, B. 3187.

3682. Provisions en faveur du cardinal Du Prat, archevêque de Sens, de la capitainerie du château que le roi fait construire près de Notre-Dame de Boulogne-lès-Paris. Angoulême, 6 mai 1530. 6 mai.

*Original, Bibl. nat.*, ms. fr. 4658, n° 21.

3683. Mandement au receveur de l'extraordinaire des guerres de payer 800 livres tournois à Guillaume Féau, seigneur d'Izernay, valet de chambre du roi, envoyé vers l'archiduchesse d'Autriche et chargé de prendre part avec les ambassadeurs du roi aux négociations relatives à la cession de diverses terres qui devait être faite à l'empereur dans les Pays-Bas, en vertu des derniers traités. Angoulême, 7 mai 1530. 7 mai.

*Original. Arch. nat.*, K. 84, n° 15.

3684. Lettres portant cession par le roi de tous les droits qu'il avait et pouvait avoir sur les royaume de Naples, duché de Milan, état de Gênes et comté d'Asti, et commission donnée à Anne de Montmorency d'en remettre les titres à l'empereur ou à ses délégués. Angoulême, 8 mai 1530. 1530. 8 mai.

*Enreg. à la Chambre des Comptes de Paris. Arch. nat.*, P. 2305, p. 577. 5 pages.
*Idem*, P. 2536, fol. 336.
*Copie du XVI<sup></sup>e siècle. Arch. nat., Trésor des Chartes*, J. 670, n° 5.

3685. Mandement au trésorier de l'épargne de donner 10,675 livres à Julien Bonacorsi, commis au payement des cent gentilshommes de l'hôtel du roi, pour qu'il les paye de leurs gages du quartier de juillet-septembre 1529. Angoulême, 9 mai 1530. 9 mai.

*Original. Bibl. nat.*, ms. fr. 25721, n° 344.

3686. Mandement au trésorier de l'épargne de payer à Jean Du Bellay, évêque de Bayonne, 4,276 livres 5 sous 6 deniers pour les dépenses qu'il a faites pendant son ambassade auprès du roi d'Angleterre. Angoulême, 12 mai 1530. 12 mai.

*Bibl. nat.*, ms. Clairambault 1215, fol. 68 v°. (*Mention.*)

3687. Lettres ordonnant l'ouverture d'une enquête *de commodo et incommodo* au sujet de la création de six offices de vendeurs de bétail à Rouen. Angoulême, 14 mai 1530. 14 mai.

*Arch. nat., Grand Conseil*, V[5] 1048, *à la date du 14 juin 1531.* (*Mention.*)

3688. Confirmation de l'exemption de l'imposition foraine et des droits de rêve et haut passage, accordée par le roi Louis XI aux habitants d'Auxonne. Angoulême, 16 mai 1530. 16 mai.

*Enreg. à la Chambre des Comptes de Dijon, le 31 mai suivant. Arch. de la Côte-d'Or*, reg. B. 18, fol. 124.



IMPRIMERIE NATIONALE.

3689. Déclaration portant que Louise de Bourbon et son fils, Louis de Bourbon, prince de La Roche-sur-Yon, jouiront par provision du duché de Châtellerault et du comté de Forez, de la seigneurie de Beaujolais et du pays de Dombes, faisant partie de la succession du connétable de Bourbon, en exécution d'une clause des traités de Madrid et de Cambrai. Angoulême, 17 mai 1530. — 1530. 17 mai.

Suivie de la ratification de la duchesse d'Angoulême. Même date.

*Enreg. au Parl. de Paris, le 21 mai 1530. Arch. nat.*, X[1a] 8612, fol. 262. 8 pages.

*Enreg. à la Chambre des Comptes de Paris. Arch. nat.*, P. 2305, p. 1119. 8 pages 1/2.

*Idem*, P. 2537, fol. 101 v°.

3690. Lettres de prohibition aux troupes de passage de maltraiter les sujets du roi ou d'en tirer des deniers en dehors des formes ordinaires. Angoulême, 23 mai 1530. — 23 mai.

*Enreg. à la Chambre des Comptes d'Aix, le 12 juillet 1530. Arch. des Bouches-du-Rhône*, B. 29 (*Sagitt.*), fol. 59. 2 pages.

3691. Lettres portant promesse d'hypothèques sur des terres sises aux duché de Brabant, comté de Flandre et autres pays de la domination de l'empereur, pour la rente annuelle de 25,500 écus d'or que le roi s'est engagé à payer en échange de la mise en liberté du dauphin et du duc d'Orléans. Angoulême, 25 mai 1530. — 25 mai.

*Enreg. à la Chambre des Comptes de Paris. Arch. nat.*, P. 2305, p. 627. 6 pages.

3692. Lettres par lesquelles François Ier, en exécution d'une clause du traité de Cambrai, promet d'engager à l'empereur, au lieu des terres de Louis de Clèves, situées en Flandre et estimées à 1,500 écus d'or de rente, d'autres domaines équivalents dans le même pays. Angoulême, 25 mai 1530. — 25 mai.

*Original scellé. Arch. nat.*, Trésor des Chartes, J. 670, n° 1.

*Enreg. à la Chambre des Comptes de Paris. Arch. nat.*, P. 2552, fol. 317. 5 pages.

3693. Articles accordés entre Anne de Montmorency, maréchal de France, commissaire de François Iᵉʳ, et le connétable de Castille, commissaire de l'empereur, pour la délivrance des enfants de France, conformément au traité de Cambrai. 26 mai 1530. 1530. 26 mai.

*Imp.* Fr. Léonard, *Recueil de traitez de paix*, t. II, p. 375.
Dumont, *Corps diplomatique*, in-fol., 1726, t. IV, part. II, p. 63.

3694. Ordonnance confirmant en Dauphiné la juridiction en première instance des seigneurs bannerets, promettant la réouverture des ateliers monétaires de la province, sous certaines garanties, et faisant défense aux juges ecclésiastiques de connaître des actions réelles. Angoulême, 27 mai 1530. 27 mai.

*Enreg. au Parl. de Grenoble, le 26 septembre 1530. Arch. de l'Isère, Chambre des Comptes*, B. 2832, fol. 26. 12 pages.

3695. Lettres ordonnant la disjonction des élections de Saint-Jean-d'Angely et de Niort. Angoulême, 27 mai 1530. 27 mai

*Enreg. à la Cour des Aides de Paris, le 14 juin 1544. Arch. nat., recueil Cromo*, U. 665, fol. 309. (*Mention.*)

3696. Lettres de confirmation des privilèges des habitants de Marseille. Angoulême, 27 mai 1530. 27 mai.

*Imp. Le règlement du sort, contenant la forme et la manière de procéder à l'élection des officiers de la ville de Marseille*, s. n. d'auteur, Marseille, 1654, in-4°, p. 124. (*Mention.*)
(Voir ci-dessous, n° 3702.)

3697. Provisions, en faveur de Claude de Beauvilliers, de l'office de bailli et gouverneur de Blois. Barbezieux, 30 mai 1530. 30 mai.

*Vidimus de Michel Poirier, notaire à Blois, daté du 18 novembre suivant. Bibl. de Blois*, Pièces originales provenant de la coll. Joursanvault, n° 1649.

3698. Révocation de tous les arrêts rendus contre le Mai.

connétable de Bourbon et ses adhérents, avant et depuis sa sortie du royaume, et depuis sa mort, en exécution d'une clause du traité de Cambrai. Angoulême, mai 1530. 1530.

*Original. Arch. nat.*, K. 85, n° 3[2].

*Enreg. au Parl. de Paris, le 21 mai 1530. Arch. nat.*, $X^{1a}$ 8612, fol. 261. 1 page 1/4.

*Imp.* Isambert, *Anc. lois françaises*, in-8°, t. XII, p. 344.

3699. Confirmation de la cession du comté de Pontauthou, de la vicomté de Pontaudemer et de la seigneurie de Châteauneuf, faite par les commissaires du roi à Louis de Clèves, en compensation de ses terres de Flandres engagées à l'empereur pour la rançon du roi. Angoulême, mai 1530. Mai.

*Enreg. au Parl. de Paris, le 3 juin 1530. Arch. nat.*, $X^{1a}$ 8612, fol. 266. 16 pages 1/2.

3700. Édit de création d'un office de trésorier receveur perpétuel de la ville de Bordeaux. Mai 1530. Mai.

Édit de suppression dudit office, octobre 1543.

*Parl. de Bordeaux. Arch. de la Gironde*, B. 31, fol. 382. (*Mention.*)

3701. Confirmation d'un traité conclu entre Pierre Lizet, premier président du Parlement, et autres commissaires du roi, d'une part, et François d'Escars, seigneur de la Vauguyon, sénéchal de Bourbonnais, d'autre; celui-ci ayant cédé à l'empereur plusieurs terres qu'il possédait en Artois, reçoit en compensation la seigneurie d'Usson. Angoulême, mai 1530. Mai.

*Enreg. à la Chancellerie de France. Arch. nat., Trésor des Chartes*, JJ. 245 [1], n° 258, fol. 72 v°. 2 pages.

3702. Confirmation des privilèges, franchises et libertés accordés par les rois de France et les comtes de Provence aux habitants de Marseille, et concession aux consuls de cette ville Mai.

d'une juridiction sur les infracteurs desdits privilèges. Angoulême, mai 1530. 1530.

*Enreg. à la Chancellerie de France. Arch. nat., Trésor des Chartes*, JJ. 245¹, n° 250, fol. 70. 2 pages.
*Enreg. à la Chambre des Comptes d'Aix* (avec la date du 27 mai). *Archives des Bouches-du-Rhône*, B. 29 (*Sagitt.*), fol. 72. 4 pages.

3703. Permission aux habitants de Châtres (aujourd'hui Arpajon) d'entourer leur ville de fortifications, accordée à la requête de René d'Illiers, seigneur de Marcoussis. Angoulême, mai 1530. Mai.

*Enreg. à la Chancellerie de France. Arch. nat., Trésor des Chartes*, JJ. 245¹, n° 242, fol. 68. 1 page.
*Enreg. au Châtelet de Paris, le 3 août 1530. Arch. nat., Bannières*, Y. 8, fol. 264. 2 pages.

3704. Lettres permettant aux habitants de Dannemoine en Tonnerrois de fortifier leur ville. Angoulême, mai 1530. Mai.

*Enreg. à la Chancellerie de France. Arch. nat., Trésor des Chartes*, JJ. 245¹, n° 264, fol. 74. 1 page.

3705. Établissement de trois nouvelles foires annuelles, outre les deux existant déjà, à Mirambeau (Saintonge), et de trois autres, plus un marché hebdomadaire à Plassac, en faveur de Jacques de Pons, baron desdits lieux. Angoulême, mai 1530. Mai.

*Enreg. à la Chancellerie de France. Arch. nat., Trésor des Chartes*, JJ. 245¹, n° 262 *bis*, fol. 73 v°. 1 page.

3706. Institution de quatre foires par an et d'un marché chaque semaine à Lizant en Poitou, en faveur de Philippe Jay, seigneur de Boisséguin et de Lizant, sénéchal de Civray. Angoulême, mai 1530. Mai.

*Enreg. à la Chancellerie de France. Arch. nat., Trésor des Chartes*, JJ. 245¹, n° 220, fol. 60 v°. 1 page.

3707. Création de trois foires annuelles et d'un marché hebdomadaire à Nonette en Auvergne. Angoulême, mai 1530. Mai.

*Enreg. à la Chancellerie de France. Arch. nat., Trésor des Chartes*, JJ. 245¹, n° 211, fol. 58. 1 page.

3708. Établissement de trois foires annuelles et d'un marché hebdomadaire à Ségonzac (Périgord), en faveur d'Élie Vigier, seigneur du lieu. Angoulême, mai 1530. 1530. Mai.

*Enreg. à la Chancellerie de France. Arch. nat., Trésor des Chartes*, JJ. 245 [1], n° 205, fol. 57. 1 page.

3709. Confirmation des privilèges, franchises et exemptions accordés aux prédécesseurs de Guy de Maugiron, à cause de sa seigneurie de Moulians, sise à Vienne. Angoulême, mai 1530. Mai.

*Enreg. à la Chancellerie de France. Arch. nat., Trésor des Chartes*, JJ. 245 [1], n° 204, fol. 57. 1 page.

3710. Confirmation des privilèges, libertés, conventions, etc., accordés aux ancêtres d'Antoine d'Oraison, vicomte de Cadenet. Angoulême, mai 1530. Mai.

*Enreg. à la Chancellerie de France. Arch. nat., Trésor des Chartes*, JJ. 245 [1], n° 206, fol. 57. 1 page.

3711. Lettres de don à Jean Breton des biens et héritages confisqués au profit du roi sur Arnaud-Guillaume Daugeroux, condamné à mort par arrêt du Parlement de Toulouse du 7 mai 1530. Mai 1530. Mai.

*Enreg. à la Chambre des Comptes de Paris, le 22 décembre 1530, anc. mém.* 2 F, fol. 271. *Arch. nat., invent.* PP. 136, p. 362. (*Mention.*)

3712. Commission du roi pour faire assigner les sujets de l'abbaye de la Merci-Dieu et leur faire donner déclaration des héritages qu'ils tenaient de l'abbaye et des cens et redevances auxquels ils étaient obligés. Paris, 1er juin 1530. 1er juin.

*Original. Arch. de la Vienne*, la Merci-Dieu, liasse 2.

3713. Lettres portant restitution à Jean, comte de Penthièvre, conformément aux articles particuliers des traités de Madrid et de Cambrai, des 13 juin.

biens confisqués sur son père, mort au service de l'empereur. Bordeaux, 13 juin 1530. 1530.

*Arch. de la Gironde, Fonds de notaires, Charier.*
IMP. *Arch. hist. de la Gironde*, t. VIII, p. 525.

3714. Don du revenu de la terre et seigneurie de Toufou, diocèse de Nantes, à Madeleine d'Assérac, comtesse de Vertus, dame d'Avaugour, pour en jouir sa vie durant. Bordeaux, 13 juin 1530. 13 juin.

*Enreg. à la Chambre des Comptes de Bretagne. Archives de la Loire-Inférieure*, B. *Mandements royaux*, I, fol. 408.

3715. Lettres par lesquelles François Ier constitue Anne de Montmorency son procureur général pour traiter avec les députés de l'empereur de la délivrance de ses enfants. Thouars-lès-Bordeaux, 14 juin 1530. 14 juin.

*Original. Bibl. nat.*, ms. fr. 2997, fol. 32.

3716. Pouvoirs donnés à Jean-Joachim de Passano, sr de Vaux, de traiter avec les commissaires du roi d'Angleterre de la transformation en pension annuelle, payable en deniers, de la redevance de sel que François Ier s'était engagé à fournir à Henri VIII. Bordeaux, 16 juin 1530. 16 juin.

Avec le texte du traité spécial conclu à Hamptoncourt, le 2 décembre 1530.

IMP. Nicolas Camuzat, *Meslanges historiques, ou recueil de plusieurs actes, traitez, lettres missives, etc.*, Troyes, 1619, in-8°, fol. 59. (Bibl. nat., L4a 4.)

3717. Ordonnance rendue à la requête des consuls de Lyon, portant défenses à tous marchands de vendre aux foires de Lyon et dans le royaume des drogueries et épices chargées de gomme, terre rouge, et sophistiquées, à peine de punition corporelle. Bordeaux, 18 juin 1530. 18 juin.

*Original. Arch. de la ville de Lyon*, série CC.
*Enreg. à la Chambre des Comptes de Grenoble. Arch. de l'Isère*, B. 2910, cah. 113, 4 pages.
*Copie. Arch. de la ville de Lyon*, série FF.

3718. Mandement à la Chambre des Comptes d'allouer au compte de Claude Aligre, trésorier des menus plaisirs, la somme de 69,867 livres 10 sous 3 deniers par lui déboursés en 1529, et dont il doit fournir les quittances, sauf pour 19,230 livres qu'il a remises au roi de la main à la main, « pour en disposer tant au jeu que ailleurs à son plaisir ». Bordeaux, 20 juin 1530. — 1530. 20 juin.

*Arch. nat., Comptes des menus plaisirs*, KK. 100, fol. 17 v°. (*Mention.*)

3719. Mandement semblable pour une somme de 17,320 livres 14 sous 9 deniers, montant de la dépense des quatre premiers mois de l'année 1530, dont 2,779 livres 10 sous remis au roi. Bordeaux, 20 juin 1530. — 20 juin.

*Arch. nat., Comptes des menus plaisirs*, KK. 100, 2ᵉ partie, fol. 5 v°. (*Mention.*)

3720. Lettres permettant à Jacques Babou, évêque d'Angoulême, maître des requêtes de l'hôtel, d'exercer cet office et de tenir en même temps son évêché et ses autres dignités ecclésiastiques. Bordeaux, 21 juin 1530. — 21 juin.

*Registre du Conseil du Parl. de Paris, du 24 janvier 1531 n. s. Arch. nat.*, X¹ᵃ 1534, fol. 86 v°. (*Mention.*)

IMP. Blanchard, *Les généalogies des maistres des requestes de l'hôtel*, in-fol., 1670, p. 262. (*Mention.*)

3721. Maintien des privilèges du Parlement de Toulouse et exemption de certaine cotisation mise sur les officiers de ladite cour par les capitouls, en payant toutefois la somme de 2,800 livres, sans que l'avenir puisse être engagé. Bordeaux, 23 juin 1530. — 23 juin.

*Enreg. au Parl. de Toulouse. Arch. de la Haute-Garonne, Édits*, reg. 3, fol. 229, 3 pages.

3722. Nouveau mandement enjoignant aux gens des comptes de Bretagne d'enregistrer sans délai les lettres portant donation à Antoine de Brigneux, écuyer, des terres et seigneuries d'Au- — 28 juin.

ray et de Quiberon, diocèse de Vannes. Bordeaux, 28 juin 1530. 1530.

*Enreg. à la Chambre des Comptes de Bretagne. Archives de la Loire-Inférieure*, B. *Mandements royaux*, I, fol. 403.

3723. Indult accordé par le pape Clément VII à Louis de Bourbon, cardinal archevêque de Sens. Rome, le 4 des calendes de juillet 1530. 28 juin.

Lettres du roi pour l'enregistrement et l'exécution dudit indult. Paris, 6 février 1534.

*Enreg. au Parl. de Paris, le 2 mars 1535 n. s., sauf réserves. Arch. nat.*, X[1a] 8612, fol. 345. 4 pages.

3724. Lettres ratifiant la suppression faite par la régente de l'office de contrôleur des deniers communs et d'octroi au pays de Quercy. Bordeaux, [juin] 1530. Juin.

Imp. *Inventaire des titres et documents de l'hôtel de ville de la cité royale de Montauban*, Samuel Dubois, impimreur-libraire de ladite ville, 1662. (*Mention.*)

3725. Confirmation de privilèges et franchises, et incorporation au domaine de la couronne, accordées aux habitants de Portel en Languedoc. Bordeaux, juin 1530. Juin.

*Enreg. à la Chancellerie de France. Arch. nat., Trésor des Chartes*, JJ. 245[1], n° 226, fol. 62 v°. 1 page.

3726. Établissement d'un marché le samedi de chaque semaine à Brignoles en Provence (le texte porte Brinholle et Brinchgnolle). Bordeaux, juin 1530. Juin.

*Enreg. à la Chancellerie de France. Arch. nat., Trésor des Chartes*, JJ. 245[1], n° 263, fol. 74. 1 page.

3727. Établissement de quatre foires annuelles à Molles, dans le Bourbonnais, en faveur de Balthazar de Severet, seigneur du lieu. Bordeaux, juin 1530. Juin.

*Enreg. à la Chancellerie de France. Arch. nat., Trésor des Chartes*, JJ. 245[1], n° 243, fol. 68. 1 page.



IMPRIMERIE NATIONALE.

3728. Institution de deux foires par an et d'un marché chaque semaine à Prayssas, dans l'Agenais. Bordeaux, juin 1530. — 1530. Juin.

*Enreg. à la Chancellerie de France. Arch. nat., Trésor des Chartes*, JJ. 245[1], n° 265, fol. 74 v°. 1 page.

3729. Création de quatre foires annuelles à Preuilly (Touraine), en faveur de Louis de Clermont, seigneur du lieu. Bordeaux, juin 1530. — Juin.

*Enreg. à la Chancellerie de France. Arch. nat., Trésor des Chartes*, JJ. 245[1], n° 244, fol. 68 v°. 1 page.

3730. Lettres d'amortissement d'une rente cédée aux religieuses de Port-Royal par Antoine Juge, élu de Coutances, en échange de divers droits sur le village de Meudon. Bordeaux, juin 1530. — Juin.

*Enreg. à la Chancellerie de France. Arch. nat., Trésor des Chartes*, JJ. 245[1], n° 259, fol. 75 v°. 2 pages.

3731. Lettres de garde gardienne en faveur des religieuses de la chapelle des Haudriettes, à Paris. Paris (*sic*), 14 juillet 1530. — 14 juillet.

*Enreg. au Châtelet de Paris, le 8 août 1530. Arch. nat., Bannières*, Y. 8, fol. 265. 3 pages.

3732. Ordonnance sur le fait de la gendarmerie, des gens d'armes et des archers des compagnies, pour le soulagement du peuple. Bordeaux, 15 juillet 1530. — 15 juillet.

*Copie du XVI^e siècle. Bibl. nat.*, ms. fr. 5295, fol. 80 v°.

*Imp.* Pierre Rebuffi, *Les édits et ordonnances des rois de France*, in-fol., Lyon, 1573.

Fontanon, *Les édits et ordonnances*, in-fol., Paris, 1611, t. III, p. 90.

Isambert, *Anc. lois françaises*, in-8°, t. XII, p. 346.

*Pièce, à la Bibl. nat., inv. Réserve*, F. 618, F. 850 et F. 1537.

3733. Lettres portant que les provisions de bailli de Gévaudan, octroyées à Guy de Maugiron le 19 mai 1529 (n° 3384) seront exécutées mal- — 15 juillet.

gré leur surannation. Bordeaux, 15 juillet 1530. 1530.

*Enreg. au Parl. de Toulouse. Arch. de la Haute-Garonne, Édits*, reg. 3, fol. 225 v°.
*Bibl. nat.*, ms. fr. 4402, fol. 54 v°, n° 130. (*Mention.*)

3734. Lettres mandant au chapitre de l'église cathédrale de Limoges d'homologuer l'échange que le vicomte de Bridiers, premier gentilhomme de la chambre, entend faire, avec les prévôt et religieux de la Souterraine, des droits de juridiction de ceux-ci sur la ville contre une rente assise sur la vicomté. Saint-André de Bordeaux, 17 juillet 1530. 17 juillet.

IMP. *Bull. de la Société archéol. du Limousin*, t. X, p. 95.

3735. Création d'un nouveau maître de chaque métier dans toutes les villes du royaume, à l'occasion de la naissance de Jean de Navarre, neveu du roi, né au château de Blois. Angoulême, 24 juillet 1530. 24 juillet.

*Enreg. au Parl. de Paris, avec modifications, le 21 novembre 1530. Arch. nat.*, X[1a] 8612, fol. 274 v°. 1 page 2/3.
*Enreg. au Châtelet de Paris, le 10 décembre 1530. Arch. nat., Bannières*, Y. 8, fol. 267. 2 pages.
*Enreg. au Parl. de Bordeaux, en conséquence d'un mandement royal du 13 novembre 1534. Arch. de la Gironde*, B. 30 *bis*, fol. 214 v°. 5 pages.

3736. Mandement au trésorier de l'épargne de payer à Guy Milletot, receveur général des finances en Bourgogne, 2,224 livres 6 sous 2 deniers avec lesquels il doit payer, pour les quartiers de janvier-mars et d'avril-juin, les présidents, clercs et officiers de la Chambre des Comptes de Dijon. Bordeaux, 24 juillet 1530. 24 juillet.

*Original. Bibl. nat.*, ms. fr. 25721, n° 345.

3737. Mandement au trésorier de l'épargne de payer à Gilles de La Pommeraye, ambassadeur du roi en Flandre auprès de Marguerite, archi- 25 juillet.

duchesse d'Autriche, 410 livres pour les dépenses de sa charge. 25 juillet 1530. 1530.

*Bibl. nat.*, ms. Clairambault 1215, fol. 68 v°. (*Mention.*)

3738. Confirmation des privilèges, franchises et libertés accordés par les rois aux maire, jurats et habitants de Bordeaux. Saint-André de Bordeaux, juillet 1530. Juillet.

*Enreg. à la Chancellerie de France. Arch. nat., Trésor des Chartes*, JJ. 245[1], n° 304, fol. 84. 1 page.

3739. Édit d'abolition de l'office de trésorier et receveur de la ville de Bordeaux. Saint-André de Bordeaux, juillet 1530. Juillet.

*Enreg. au Parl. de Bordeaux, le 18 juillet 1530. Arch. de la Gironde*, B. 30 *bis*, fol. 143 v°. 5 pages.
*Arch. municip. de Bordeaux, Livre des Privilèges.*

3740. Confirmation des statuts et ordonnances promulgués par le roi René, comte de Provence, pour régler la juridiction de la « Cour rigoureuse de la Chambre des raisons de la ville d'Aix, tant au fait de marchandise que ès promesses d'entre les contrahans ». Bordeaux, juillet 1530. Juillet.

*Enreg. à la Chancellerie de France. Arch. nat., Trésor des Chartes*, JJ. 245[1], n° 352, fol. 96. 4 pages.
*Enreg. à la Chambre des Comptes de Provence, le 10 juillet 1531. Arch. des Bouches-du-Rhône*, B. 28 (*Paris*), fol. 591. 5 pages.

3741. Établissement de deux foires par an et d'un marché chaque semaine à Savennières (Anjou), en faveur de Péan de Brie, seigneur du lieu. Bordeaux, juillet 1530. Juillet.

*Enreg. à la Chancellerie de France. Arch. nat., Trésor des Chartes*, JJ. 245[1], n° 262, fol. 73 v°. 1 page.

3742. Ordonnance contre les corsaires barbaresques. Angoulême, juillet 1530. Juillet.

Imp. Charrière, *Négociations avec le Levant*, t. I, *additions*, p. cxxxiii. (Collection des documents inédits.)

3743. Lettres autorisant la construction d'une chapelle sur l'emplacement du couvent et de l'église des frères mineurs de Marseille, démolie lors du siège de cette ville par le connétable de Bourbon, et amortissant les rentes allouées pour la dotation du chapelain. Angoulême, juillet 1530. — 1530. Juillet.

*Enreg. à la Chancellerie de France. Arch. nat., Trésor des Chartes*, JJ. 245 [1], n° 305, fol. 84. 1 page 1/2.

3744. Création d'une seconde foire annuelle à Braisne-sur-Vesle, en faveur de Robert de La Marck, seigneur de Fleuranges et dudit lieu, maréchal de France. Angoulême, juillet 1530. — Juillet.

*Enreg. à la Chancellerie de France. Arch. nat., Trésor des Chartes*, JJ. 245 [1], n° 260, fol. 73. 1 page.

3745. Établissement de deux foires annuelles à Linards (Limousin), en faveur de Charles de Gaing, seigneur du lieu. Angoulême, juillet 1530. — Juillet.

*Enreg. à la Chancellerie de France. Arch. nat., Trésor des Chartes*, JJ. 245 [1], n° 261, fol. 73 v°. 1 page.

3746. Lettres en faveur de François de Rochechouart-Mortemart. Le droit d'usage et de chauffage qu'il possédait dans la forêt de Chavagne en Poitou, pour sa maison de la Tour-aux-Cognons, est transféré à sa maison de Lussac. Angoulême, juillet 1530. — Juillet.

*Enreg. à la Chancellerie de France. Arch. nat., Trésor des Chartes*, JJ. 245 [1], n° 325, fol. 89. 1 page.

3747. Lettres de rétablissement de quatre foires annuelles et d'un marché hebdomadaire à Charroux (Poitou), en faveur de Pierre Chasteignier, abbé de Charroux. Cognac, juillet 1530. — Juillet.

*Enreg. à la Chancellerie de France. Arch. nat., Trésor des Chartes*, JJ. 245 [1], n° 296, fol. 82. 1 page.

3748. Lettres portant modification du corps de ville de la Rochelle, réduisant à vingt le nombre — Juillet.

des échevins, et nommant le baron de Jarnac maire de ladite ville. La Fère (*sic*)[1], juillet 1530. 1530.

*Imp.* Le P. Arcère, *Histoire de la Rochelle*, la Rochelle, 1756, in-4°, t. I, p. 311. (*Mention.*)

3749. Lettres de jussion pour l'enregistrement de l'édit du 1er mai 1530 (n° 3681) portant création d'un quatrième office de secrétaire de la Chambre des Comptes de Grenoble. Cognac, 1er août 1530. 1er août.

*Enreg. à la Chambre des Comptes de Grenoble.*
*Imp.* Blanchard, *Compilation chronologique, etc.*, t. I, col. 484. (*Mention.*)
C.-U.-J. Chevalier, *Ordonnances relatives au Dauphiné*, in-8°, 1871, p. 84. (*Mention.*)

3750. Indult accordé par le pape Clément VII au cardinal de Lorraine pour la collation des bénéfices dépendant de son archevêché et de ses abbayes. Rome, calendes d'août 1530. 1er août.

Lettres pour l'entérinement dudit indult. A l'abbaye de Longpont, 4 mai 1534.

*Enreg. au Parl. de Paris, sauf restrictions, le 14 juillet 1534. Arch. nat.*, X1a 8612, fol. 352. 6 pages.

3751. Mandement aux élus du Lyonnais de faire publier et de bailler au plus offrant, pour un an à partir du 1er octobre, les fermes dudit pays. Cognac, 1er août 1530. 1er août.

*Copie. Bibl. nat.*, ms. fr. 2702, fol. 160 v°.

3752. Mandement au trésorier de l'épargne de faire délivrer à Jean Laguette, chargé du payement de l'extraordinaire des guerres, 6,780 livres tournois avec lesquelles il doit payer 100 hommes de guerre et archers placés sous la conduite du seigneur de Chandio, grand prévôt de France, pour les quartiers de janvier-mars et d'avril-juin 1530. Cognac, 2 août 1530. 2 août.

*Original. Bibl. nat.*, ms. fr. 25721, n° 346.

[1] Le nom de lieu démontre l'inexactitude de cette date. Il faut se reporter aux années 1529 et 1535 pour trouver des actes de François Ier donnés à la Fère en juillet.

3753. Lettres portant renouvellement du don précédemment fait aux Filles-Dieu de Paris de quatre amendes de 60 livres parisis à prendre chaque année, pendant six ans. Cognac, 7 août 1530. 1530. 7 août.

*Enreg. à la Chambre des Comptes de Paris, le 12 octobre 1530. Arch. nat.*, P. 2305, p. 1241. 3 pages 1/2.

3754. Pouvoirs donnés à Jean Du Bellay, évêque de Bayonne, et à Jean-Joachim de Passano, seigneur de Vaux, pour faire un nouveau traité avec l'Angleterre. Cognac, 8 août 1530. 8 août.

*Original, texte latin. Arch. nat., suppl. du Trésor des Chartes*, J. 922, nos 1 et 2.

3755. Mandement au trésorier de l'épargne de payer à Jean Du Bellay, évêque de Bayonne, 1,515 livres pour les dépenses d'un voyage qu'il va faire en Angleterre. Cognac, 8 août 1530. 8 août.

*Bibl. nat.*, ms. Clairambault 1215, fol. 68 v°. (*Mention.*)

3756. Mandement au trésorier de l'épargne de payer à François de La Tour, vicomte de Turenne, 1,694 livres qui lui étaient encore dues pour ses divers voyages en Espagne auprès de la reine et pour l'avoir accompagnée jusqu'à Bordeaux à son entrée en France. Cognac, 8 août 1530. 8 août.

*Bibl. nat.*, ms. Clairambault 1215, fol. 68 v°. (*Mention.*)

3757. Lettres portant décharge en faveur d'Anne de Montmorency, maréchal et grand maître de France, de la somme de 1,200,000 écus soleil par lui payée, à Bayonne, aux envoyés de l'empereur, pour la rançon du roi et de ses fils. Cognac, 9 août 1530. 9 août.

Avec les comptes de la rançon.

*Copie du XVIe siècle. Archives nat., Trésor des Chartes*, J. 666, n° 28.

*Vidimus donné par Barillon, notaire et secrétaire du roi, à Amboise, le 27 octobre 1530. Bibl. nat.*, ms. fr. 2982, fol. 18.

3758. Lettres portant approbation des comptes de Guillaume Prudhomme, trésorier de l'épargne, en ce qui concerne la rançon du roi. Cognac, 9 août 1530. — 1530. 9 août.

Avec l'état desdits comptes.

*Copie du XVIe siècle. Archives nat., Trésor des Chartes*, J. 666, n° 26.

3759. Permission à Pierre de Lagarde, conseiller au Parlement de Toulouse, d'exercer en même temps l'office de conseiller et maître des requêtes ordinaires de l'hôtel de la reine. Matha, 10 août 1530. — 10 août.

*Enreg. au Parl. de Toulouse. Arch. de la Haute-Garonne, Édits*, reg. 3, fol. 225. 2 pages.

3760. Lettres portant commission à Antoine Le Viste et Denis Poillot, présidents, Christophe Hennequin, Adrien Du Drac, André Guillart et Robert Dauvet, conseillers au Parlement de Paris, pour achever la rédaction des coutumes de Montargis, Lorris, Gien, Sancerre et autres lieux, et les faire publier. Saint-Jean-d'Angely, 18 août 1530. — 18 août.

*Enreg. à la suite du texte desdites coutumes. Arch. nat., Parl. de Paris*, X1a 9283.

3761. Provisions de l'office de conseiller clerc au Parlement de Bordeaux en faveur de Pierre de Beaune. Saint-Jean-d'Angely, 18 août 1530. — 18 août.

*Enreg. au Parl. de Bordeaux, le 27 août 1530. Arch. de la Gironde*, B. 30 *bis*, fol. 141 v°. 3 pages.

2762. Commission de secrétaire du roi signant en finances pour Guillaume Bochetel, notaire et secrétaire de la chambre du roi. Abbaye de Celles, 22 août 1530. — 22 août.

*Enreg. à la Chambre des Comptes de Paris, le 1er septembre suivant. Arch. nat.*, P. 2553, fol. 116 v°, d'après l'ancien mém. 2 F, fol. 272. 1 page.

*Idem*, P. 2537, fol. 116 (texte, sous la date du 26 août).

*Idem, invent.* PP. 136, p. 365. (*Mention*, sous la date du 2 août.)

3763. Provisions de l'office d'avocat général au Parle- — 22 août.

ment de Bordeaux pour Bernard de Lahet. Celles, 22 août 1530. | 1530.

*Enreg. au Parl. de Bordeaux, le 26 août 1530. Arch. de la Gironde*, B. 30 *bis*, fol. 140. 3 pages.

3764. Induit accordé par le pape Clément VII à François de Tournon, cardinal archevêque d'Embrun. Rome, le 9 des calendes de septembre 1530. | 24 août.

Lettres prescrivant au Parlement l'entérinement et l'exécution dudit induit. Paris, 6 février 1534.

*Enreg. au Parl. de Paris, le 2 mars 1535 n. s., sauf réserves. Arch. nat.*, X[1a] 8612, fol. 347. 4 pages.

3765. Mandement au trésorier de l'épargne de payer 180 livres à Guillaume Dalmes, héraut d'armes, pour ses dépenses dans le voyage qu'il va faire avec le duc d'Albany, envoyé par le roi auprès du pape. Montreuil-Bonin, 24 août 1530. | 24 août.

*Bibl. nat.*, ms. Clairambault 1215, fol. 68 v°. (*Mention.*)

3766. Mandement aux élus du Lyonnais de contraindre les habitants des paroisses qui s'y refusaient, à payer leur part des frais d'étapes pour le passage des lansquenets. Paris, 28 août 1530. | 28 août.

*Copie. Bibl. nat.*, ms. fr. 2782, fol. 159 v°.

3767. Création de deux foires annuelles et d'un marché hebdomadaire à Gémozac en Saintonge. Cognac, août 1530. | Août.

*Enreg. à la Chancellerie de France. Arch. nat., Trésor des Chartes*, JJ. 245[1], n° 298, fol. 82 v°. 1 page.

3768. Confirmation des lettres de privilèges accordées par Louis XI aux évêques de Grenoble. Saint-Jean-d'Angely, août 1530. | Août.

*Enreg. à la Chancellerie de France. Arch. nat., Trésor des Chartes*, JJ. 245[1], n° 300, fol. 83. 1 page.

3769. Création d'une nouvelle foire annuelle et d'un marché hebdomadaire à Tonnay-Boutonne en Saintonge, en faveur de François de Mau- | Août.

mont, baron de Tonnay. Saint-Jean-d'Angely, août 1530. 1530.

*Enreg. à la Chancellerie de France. Arch. nat., Trésor des Chartes*, JJ. 245 [1], n° 297, fol. 82 v°. 1 page.

3770. Lettres ordonnant que Christophe de Hérouart, lieutenant général du bailli de Chartres, soit réintégré dans son office de juge des cas royaux, régales et matières privilégiées des ville, duché et bailliage de Chartres, dont il avait été privé par arrêt du Parlement du 5 juillet précédent. 12 septembre 1530. 12 septembre.

*Registre du Conseil du Parl. de Paris, du 22 septembre 1530. Arch. nat.*, $X^{1a}$ 1533, fol. 445. (*Mention.*)

3771. Mandement au Parlement de Paris de procéder de suite, malgré les vacations, à la vérification et entérinement des lettres de la veille, données en faveur de Christophe de Hérouart. 13 septembre 1530. 13 septembre.

*Registre du Conseil du Parl. de Paris, du 22 septembre 1530. Arch. nat.*, $X^{1a}$ 1533, fol. 445. (*Mention.*)

3772. Lettres renvoyant aux Eaux et forêts (siège de la Table de marbre) l'appel interjeté au Parlement de Paris par les religieux de Saint-Médard de Soissons, les habitants de Rethondes et le sieur d'Offémont, au sujet des droits d'usage prétendus dans la forêt de Saint-Pierre de Rethondes. Chenonceau, 19 septembre 1530. 19 septembre.

*Enreg. aux Eaux et forêts. Arch. nat.*, Z. 4578, fol. 42 v°. 4 pages.

3773. Provisions de l'office de conseiller correcteur en la Chambre des Comptes de Paris, pour Geoffroy Le Roux, au lieu de Jean Foucault. 23 septembre 1530. 23 septembre.

*Enreg. à la Chambre des Comptes de Paris, le 1er décembre 1530, anc. mém.* 2 F, fol. 251. *Arch. nat., invent.* PP. 136, p. 366. (*Mention.*)

3774. Provisions de l'office de conseiller auditeur en 26 septembre.

la Chambre des Comptes de Paris, pour Pierre Parent, secrétaire du roi, au lieu de Claude de La Cloche. 26 septembre 1530. 1530.

*Enreg. à la Chambre des Comptes de Paris, le 2 décembre 1530, anc. mém.* 2 F, fol. 252. *Arch. nat., invent.* PP. 136, p. 366. (*Mention.*)

3775. Mandement au trésorier de l'épargne de payer de ses gages, depuis le 18 avril 1529, date de sa nomination, Charles de Hémart, conseiller au Grand Conseil, bien que, par suite d'une maladie, il n'ait pu prêter serment que le 31 août suivant. Amboise, 29 septembre 1530. 29 septembre.

*Original. Bibl. nat.*, ms. fr. 25721, n° 347.

3776. Établissement de quatre foires par an et d'un marché chaque semaine au Langon (bas Poitou), en faveur de Jacques de La Roche, seigneur du lieu. Dissay, septembre 1530. Septembre.

*Enreg. à la Chancellerie de France. Arch. nat., Trésor des Chartes*, JJ. 245 [1], n° 308, fol. 85. 1 page.

3777. Établissement d'un marché chaque semaine à Villeneuve-de-Berg en Vivarais. Véretz, septembre 1530. Septembre.

*Enreg. à la Chancellerie de France. Arch. nat., Trésor des Chartes*, JJ. 245 [1], n° 311, fol. 85 v°. 1 page.

3778. Confirmation des privilèges, franchises et exemptions de l'abbaye de Saint-Ruf, près Valence (Dauphiné). Amboise, septembre 1530. Septembre.

*Enreg. à la Chancellerie de France. Arch. nat., Trésor des Chartes*, JJ. 245 [1], n° 310, fol. 85 v°. 1/2 page.

3779. Nouvelle confirmation des statuts de la Chambre des Comptes d'Aix. Amboise, 12 octobre 1530. 12 octobre.

*Enreg. à la Chambre des Comptes de Provence, le 10 juillet 1531. Arch. des Bouches-du-Rhône*, B. 28 (*Paris*), fol. 594. 3 pages.
(Voir ci-dessus, juillet 1530, n° 3740.)

3780. Lettres réglant les conditions et le tarif de la vente du sel. Amboise, 15 octobre 1530. 1530. 15 octobre.

*Enreg. au Parl. de Grenoble, le 10 décembre 1530. Arch. de l'Isère, Chambre des Comptes de Grenoble,* B. 2908, cah. 331. 16 pages.

3781. Lettres enjoignant aux baillis de Troyes et de Sens de constater les désastres causés par l'incendie de la ville de Joigny qui avait eu lieu cette année même. Amboise, 15 octobre 1530. 15 octobre.

*Expédition originale. Archives communales de Joigny.*

3782. Lettres confirmant la déclaration du roi de Navarre, gouverneur de Guyenne, interprétative de l'ordonnance de Bordeaux sur le fait de la police, vivres et munitions des gens de guerre et archers des ordonnances du roi et de leurs chevaux. Amboise, 16 octobre 1530. 16 octobre.

*Copie. Arch. municipales de Cahors,* liasse 31, n° 9.

3783. Mandement aux gens des comptes de Bretagne d'enregistrer sans délai les lettres portant donation à Antoine de Brigneux, écuyer, et à son épouse, Gillette de Guiny, des terres et seigneuries d'Auray et de Quiberon, leur vie durant. Amboise, 16 octobre 1530. 16 octobre.

*Enreg. à la Chambre des Comptes de Bretagne. Archives de la Loire-Inférieure,* B. *Mandements royaux,* I, fol. 403.

3784. Lettres du roi, en qualité d'administrateur des biens de son fils le dauphin, comte de Blois, par lesquelles il accorde un délai de six mois à Claude de Beauvillier pour prêter serment devant la Chambre des Comptes de Blois, à cause de son office de bailli et gouverneur de Blois. Amboise, 16 octobre 1530. 16 octobre.

*Bibl. de Blois. Pièces originales provenant de la coll. Joursanvault,* n° 1651.

3785. Mandement au trésorier de l'épargne de faire donner à Julien Bonacorsi 21,350 livres tournois pour qu'il paye de leurs gages, pour les 16 octobre.

quartiers de janvier-mars et d'avril-juin 1530, les cent gentilshommes de l'hôtel du roi. Amboise, 16 octobre 1530. 1530.

*Original. Bibl. nat.*, ms. fr. 25721, n° 348.

3786. Mandement aux élus du Lyonnais, leur faisant savoir que leur élection a été taxée à 29,237 livres 18 sous 9 deniers pour sa part de la taille de 3,061,000 livres tournois imposée à tout le royaume. Amboise, 16 octobre 1530. 16 octobre.

*Copie. Bibl. nat.*, ms. fr. 2702, fol. 161.

3787. Statuts des maîtres bouchers de Châteaudun, donnés par Louis de Longueville, marquis de Rothelin, comte de Dunois, le 19 octobre 1530. 19 octobre.

*Enreg. au Parl. de Paris, le 18 août 1676. Arch. nat.*, X[1a] 8672, fol. 264. 12 pages.

3788. Ordonnance ampliative de celle du 15 juillet précédent (n° 3732) touchant les gens de guerre. Amboise, 23 octobre 1530. 23 octobre.

*Copie du* XVI*e siècle. Bibl. nat.*, ms. fr. 5295, fol. 85 v°.

3789. Lettres fixant la taxe des vivres à fournir aux troupes et divers points les concernant. Amboise, 23 octobre 1530. 23 octobre.

*Enreg. à la Chambre des Comptes d'Aix. Archives des Bouches-du-Rhône*, B. 29 (*Sagitt.*), fol. 106. 13 pages.

3790. Lettres ordonnant une enquête sur la fabrication des monnaies, soit dans le royaume, soit en Dauphiné. Amboise, 24 octobre 1530. 24 octobre.

*Enreg. au Parl. de Grenoble, le 31 décembre 1530. Arch. de l'Isère, Chambre des Comptes de Grenoble*, B. 2832, fol. 73. 9 pages.

3791. Lettres interdisant le cours d'écus de deux sortes fabriqués à Florence, inférieurs de titre et de poids. Amboise, 24 octobre 1530. 24 octobre.

*Vidimus sur parchemin, dans les minutes d'ordonnances de la Cour des Monnaies. Arch. nat.*, Z[1b] 536.

3792. Lettres portant commission pour l'arrestation de Pierre Gaignard, maître particulier de la mon- 24 octobre.

naie de Bordeaux, convaincu de fraudes dans la fabrication des monnaies. Amboise, 24 octobre 1530. 1530.

*Original sur parchemin. Série des règlements de la Cour des Monnaies. Arch. nat.*, $Z^{1b}$ 364.

3793. Lettres portant prolongation de la durée de la foire de Pâques, à Guingamp en Bretagne. Amboise, octobre 1530. Octobre.

*Enreg. à la Chancellerie de France. Arch. nat., Trésor des Chartes*, JJ. 245 [1], n° 331, fol. 90 v°. 1 page.

3794. Institution de deux foires chaque année et d'un marché de quinzaine en quinzaine à Doazit, dans les Landes. Amboise, octobre 1530. Octobre.

*Enreg. à la Chancellerie de France. Arch. nat., Trésor des Chartes*, JJ. 245 [1], n° 329, fol. 90. 1 page.

3795. Établissement de deux foires par an et d'un marché chaque semaine à Montaut, dans les Landes. Amboise, octobre 1530. Octobre.

*Enreg. à la Chancellerie de France. Arch. nat., Trésor des Chartes*, JJ. 245 [1], n° 328, fol. 89 v°. 1 page.

3796. Confirmation des droits de justice que Guigues Guiffrey, seigneur du Thouet, prévôt de l'hôtel, possédait au Thouet en Dauphiné, en vertu d'un privilège accordé à ses ancêtres par le dauphin Jean. Amboise, octobre 1530. Octobre.

*Enreg. à la Chancellerie de France. Arch. nat., Trésor des Chartes*, JJ. 245 [1], n° 330, fol. 90. 1 page.

3797. Déclaration portant que ceux qui seront convaincus d'avoir volé dans les maisons royales seront punis de mort. Blois, 1er novembre 1530. 1er novembre.

IMP. *s. l. n. d., pièce in-4°, Bibl. nat.*, Recueil factice d'actes royaux, 4° F. (Paquets).

Pierre de Miraulmont, le *Prévôt de l'Hôtel et Grand Prévôt de France*, Paris, in-8°, 1610, p. 314.

3798. Lettres accordant à Raoul Lebay la remise d'une somme de 85 livres tournois due par lui sur la 11 novembre.

ferme de la prévôté de la Basse-Beauce. Bury, 11 novembre 1530. 1530.

*Bibl. de Blois. Coll. Joursanvault*, n° 1652.

3799. Prorogation pour huit ans d'une exemption de tailles, aides, impôts, billots et subsides, octroyée aux habitants de la Guerche, diocèse de Rennes. Blois, 12 novembre 1530. 12 novembre.

*Enreg. à la Chambre des Comptes de Bretagne. Archives de la Loire-Inférieure*, B. *Mandements royaux*, I, fol. 398.

3800. Mandement à la Chambre des Comptes de Paris de recevoir purement et simplement Pierre Parent, pourvu, le 26 septembre précédent (n° 3774), d'un office de conseiller auditeur, et de lui accorder les mêmes gages et droits que si son office était d'ancienne création. 12 novembre 1530. 12 novembre.

*Enreg. à la Chambre des Comptes de Paris, anc. mém.* 2 F. *Arch. nat., invent.* PP. 136, p. 366. (*Mention.*)

3801. Lettres de Louise, duchesse d'Angoulême, mère du roi, portant don à la comtesse de Tende et de Villars de la terre du Châtelard, en Dombes, et de celles de Marignane et de Gignac, en Provence. Blois, 16 novembre 1530. 16 novembre.

*Enreg. au Parl. de Paris, le 14 février 1554 n. s., sur mandement du roi Henri II. Arch. nat.*, X[1a] 8618, fol. 376 v°. 1 page 1/4.

3802. Lettres relatives à la publication et à l'exécution des lettres accordées à la Chambre des Comptes de Provence, au sujet de son différend avec le Parlement. Blois, 17 novembre 1530. 17 novembre.

*Enreg. à la Chambre des Comptes d'Aix, le 26 mars 1532. Arch. des Bouches-du-Rhône*, B. 32 (*Scorpionis*), fol. 94. 2 pages.

3803. Lettres portant permission à Étienne Sacaley, président des enquêtes au Parlement de Toulouse, d'exercer cet office nonobstant la résignation volontaire par lui faite, en faveur de son neveu Sacaley, de son office de conseil- 18 novembre.

ler clerc en ladite cour. Blois, 18 novembre 1530. 1530.

*Enreg. au Parl. de Toulouse. Arch. de la Haute-Garonne, Édits*, reg. 3, fol. 227. 2 pages.

3804. Mandement au trésorier de l'épargne de payer à Pierre Mangot, orfèvre, 1,024 livres pour une chaîne en or dont le roi a fait don à Jean de Vaulcbourg [1], envoyé vers lui, au mois d'août précédent, par le roi d'Angleterre. Blois, 18 novembre 1530. 18 novembre.

*Bibl. nat.*, ms. Clairamb. 1215, fol. 69. (*Mention.*)

3805. Mandement aux gens des comptes de Bretagne de procéder sans délai à l'enregistrement des lettres portant donation de la terre et châtellenie de Toufou à la comtesse de Vertus. Blois, 19 novembre 1530. 19 novembre.

*Enreg. à la Chambre des Comptes de Bretagne. Archives de la Loire-Inférieure*, B. *Mandements royaux*, I, fol. 409.

3806. Don au bâtard Du Fay, garde de la ville de Verdun, de la somme de 1,000 livres tournois à prendre sur les droits de garde imposés chaque année aux habitants de cette ville, en payement de deux années de ses gages depuis le 14 mars 1529 n. s., date de ses provisions. Chambord, 24 novembre 1530. 24 novembre.

*Arch. nat., Acquits sur l'épargne*, J. 960, n° 50. (*Mention.*)

3807. Don à Louis de Lavardin, s^r^ de Renay, de 300 livres tournois pour ses gages de commissaire des guerres des quartiers de juillet 1529 à mars 1530, bien qu'il n'ait pas vaqué durant ce temps au fait de sa charge. Chambord, 24 novembre 1530. 24 novembre.

*Arch. nat., Acquits sur l'épargne*, J. 960, n° 50. (*Mention.*)

3808. Lettres de décharge pour Thomas Roullon, 24 novembre.

[1] Il s'agit de John Wellysburn, qui a fait partie de la mission extraordinaire venue en France en janvier précédent. (*State papers*, Henry VIII, t. VII, p. 230, 238, 250.)

receveur des amendes des Eaux et forêts, d'une somme de 7,365 livres 14 sous 6 deniers qu'il a payée, sur l'ordre du s^r de Warty, grand maître des Eaux et forêts de France, pour la réformation de certaines forêts. Chambord, 24 novembre 1530. 1530.

*Arch. nat., Acquits sur l'épargne*, J. 960, n° 50. (*Mention.*)

3809. Don à Pierre de Sarçay, archer de la garde du roi, des biens de feu Richard Duchemin, aventurier, exécuté par sentence du s^r de Chandio, grand prévôt des maréchaux de France. Chambord, 24 novembre 1530. 24 novembre.

*Arch. nat., Acquits sur l'épargne*, J. 960, n° 50. (*Mention.*)

3810. Lettres attribuant à Jacqueline Du Fresnoy, veuve du s^r de Morsan, la garde noble de leurs deux enfants, Jean et Jeanne Le Sens. Chambord, 24 novembre 1530. 24 novembre.

*Arch. nat., Acquits sur l'épargne*, J. 960, n° 50. (*Mention.*)

3811. Don à [Benoît Tagliacarne, dit] Théocrène, précepteur des enfants de France, d'une somme de 800 livres sur les revenus casuels. Chambord, 24 novembre 1530. 24 novembre.

*Arch. nat., Acquits sur l'épargne*, J. 960, n° 50. (*Mention.*)

3812. Don au s^r Millet d'une somme de 800 livres pour ses gages de médecin ordinaire du roi, pour l'année courante. Chambord, 24 novembre 1530. 24 novembre.

*Arch. nat., Acquits sur l'épargne*, J. 960, n° 50. (*Mention.*)

3813. Don de 100 écus sur les revenus casuels en faveur de François d'Autun. Chambord, 24 novembre 1530. 24 novembre.

*Arch. nat., Acquits sur l'épargne*, J. 960, n° 50. (*Mention.*)

3814. Don de l'office de capitaine de la tour de Villeneuve-lès-Avignon et de maître des ports et 28 novembre.



IMPRIMERIE NATIONALE.

passages de la sénéchaussée de Beaucaire, en faveur de Pierre de Bourdic, en remplacement de Jacques de Villeneuve. Cléry, 28 novembre 1530. 1530.

*Enreg. au Parl. de Toulouse. Arch. de la Haute-Garonne, Édits*, reg. 3, fol. 226. 1 page.

3815. Lettres de protection et de sauvegarde accordées au chapitre de Saint-Hilaire-le-Grand de Poitiers. Paris (*sic*), 29 novembre 1530. 29 novembre.

*Copie du XVI^e siècle. Arch. départ. de la Vienne*, G. 104.

3816. Mandement au trésorier de l'épargne de payer 100 livres à Étienne Vallet, roi d'armes, et 50 livres à Geoffroy Luppion, envoyés en Angleterre par le roi pour annoncer qu'un tournoi serait donné à Paris au mois de février, à l'occasion de l'entrée de la reine. Orléans, 30 novembre 1530. 30 novembre.

*Bibl. nat.*, ms. Clairambault 1215, fol. 68 v°. (*Mention.*)

3817. Lettres portant transfert et changement de jours des foires créées à Saint-Guedas-de-Cohignac, Rochefort et Questembert (Bretagne), en faveur de Tristan de Carné, maître d'hôtel de la reine. Bury, novembre 1530. Novembre.

*Enreg. à la Chancellerie de France. Arch. nat., Trésor des Chartes*, JJ. 245[1], n° 347, fol. 94 v°. 1 page.

3818. Traité passé entre François I^er et Henri VIII, roi d'Angleterre, touchant la redevance annuelle de sel que le roi de France s'était engagé à payer à celui-ci, la transformant en une pension payable en argent monnayé. Hamptoncourt, 2 décembre 1530. 2 décembre.

IMP. Nicolas Camuzat, *Meslanges historiques ou recueil de plusieurs actes, traitez, lettres missives, etc.*, Troyes, 1619, in-8°, fol. 59. (Bibl. nat., L^46 4.)
Dumont, *Corps diplomatique*, in-fol., 1726, t. IV, part. II, p. 74.

3819. Commission au viguier de Toulouse pour l'audition de témoins et l'instruction d'une en- 7 décembre.

quête dans le procès entre Bernard de Marca, maître de la monnaie de Toulouse, et Guillaume Mercadier. 7 décembre 1530. 1530.

*Original sur parchemin dans les règlements de la Cour des Monnaies. Arch. nat.*, $Z^{1b}$ 364.

3820. Provisions de l'office de maître de l'hôpital des Quinze-Vingts en faveur de Guidon Duval, prêtre, avec mandement au prévôt de Paris de lui faire prêter serment et de le mettre en possession dudit office. Fontainebleau, 8 décembre 1530. 8 décembre.

*Original. Arch. des Quinze-Vingts, à Paris*, n° 1068.

3821. Mandement au trésorier des guerres de payer de leurs gages, pour les quartiers de janvier-mars et d'avril-juin 1528, divers archers de la compagnie du comte de Maulévrier, gouverneur de Normandie, bien qu'ils n'aient pas assisté aux montres. Fontainebleau, 12 décembre 1530. 12 décembre.

*Original. Bibl. nat.*, ms. fr. 25721, n° 349.

3822. Mandement au trésorier de l'épargne de faire donner à Victor Barguin, trésorier de Louise de Savoie, 6,635 livres tournois pour les gages des officiers des filles du roi, Madeleine et Marguerite de France, pour leur chambre aux deniers, leur argenterie et leur écurie, depuis le 26 octobre 1529 jusqu'au 31 décembre 1530. Fontainebleau, 14 décembre 1530. 14 décembre.

*Original. Bibl. nat.*, ms. fr. 25721, n° 350.

3823. Mandement au trésorier de l'épargne de payer 40 livres à Jean Lambert, serviteur d'Oudart Du Biez, gouverneur et capitaine de Boulogne, envoyé auprès du roi par Jean-Joachim de Passano, ambassadeur en Angleterre, pour lui porter des lettres au sujet de ses affaires avec Henri VIII. Fontainebleau, 16 décembre 1530. 16 décembre.

*Bibl. nat.*, ms. Clairambault 1215, fol. 68 v°. (*Mention.*)

3824. Prolongation pour six ans de l'octroi d'un denier 20 décembre.

pite tournois, à prendre sur chaque minot de sel vendu dans les greniers et chambres à sel du royaume, accordé au chapitre de Senlis, pour continuer les réparations de son église, à charge toutefois de payer 75 livres tournois à l'église Saint-Aignan d'Orléans. Bois de Vincennes, 20 décembre 1530. 1530.

*Copie. Bibl. nat., coll. Moreau*, ms. 263, fol. 83 (d'après les arch. de l'église de Senlis, titres généraux, liasse 27, cote 22).

3825. Lettres portant nomination de commissaires pour la recherche des portions du domaine qui ont été aliénées ainsi que du prix de l'aliénation, afin de procéder ensuite à leur réunion. Paris, 21 décembre 1530. 21 décembre.

IMP. C.-U.-J. Chevalier, *Ordonnances relatives au Dauphiné*, in-8°, 1871, n° 710. (*Mention.*)
(Voir au 29 décembre suivant, n° 3832.)

3826. Bulle de Clément VII permettant au trésorier et aux chanoines de la Sainte-Chapelle de se faire représenter aux synodes par procureurs. Avignon, le 12 des calendes de janvier 1530. 21 décembre.

*Enreg. au Parl. de Paris, avec la ratification d'Henri II, le 14 février 1553 n. s. Archives nat.*, X[1a] 8618, fol. 49. 1 page.

3827. Évocation au Grand Conseil d'un procès relatif au prieuré de Saint-Denis-des-Conquerets, pendant au Parlement de Toulouse, entre Michel Antoine et Jean Beaule, religieux augustins. Paris, 26 décembre 1530. 26 décembre.

*Enreg. au Parl. de Toulouse. Arch. de la Haute-Garonne, Édits*, reg. 3, fol. 228. 2 pages.

3828. Lettres donnant commission à Jean Vaillant, conseiller au Grand Conseil, Charles Le Coq, président en la Chambre des Monnaies, Nicolas Lecointe, général des monnaies, Jean Guillen, ancien maître de la monnaie de Lyon, et Nicolas Doublet, changeur à Paris, pour procéder à une enquête sur les abus commis au 29 décembre.

fait des monnaies. Saint-Germain-en-Laye, 29 décembre 1530. 1530.

*Enreg. à la Cour des Monnaies. Arch. nat.*, Z[1b] 62, fol. 218 v°, 2 pages.

3829. Mandement au Parlement de Paris pour l'enregistrement de la bulle du pape Clément VII du 13 septembre 1527 (n° 2749), par laquelle il est permis au roi de faire instruire et parfaire le procès à ses officiers clercs pour quelque faute que ce soit qu'ils aient commise en l'exercice de leurs offices, nonobstant le privilège de cléricature. Saint-Germain-en-Laye, 29 décembre 1530. 29 décembre.

*Enreg. au Parl. de Paris*, le 20 *avril* 1531. *Arch. nat.*, X[1a] 8612, fol. 275 v°. 1 page.
Imp. Isambert, *Anc. lois françaises*, in-8°, t. XII, p. 349.

3830. Semblable mandement adressé au Parlement de Bretagne. Saint-Germain-en-Laye, 29 décembre 1530. 29 décembre.

*Original scellé. Arch. nat., suppl. du Trésor des Chartes*, J. 1025, n° 12.

3831. Semblable mandement adressé au Parlement de Provence, à Aix. Saint-Germain-en-Laye, 29 décembre 1530. 29 décembre.

*Original scellé. Arch. nat., suppl. du Trésor des Chartes*, J. 1044, n° 35.

3832. Lettres prescrivant de faire la recherche de tous les biens du domaine qui avaient été aliénés et d'en établir le prix, pour ensuite procéder à leur réunion. Saint-Germain-en-Laye, 29 décembre 1530. 29 décembre.

*Chambre des Comptes de Grenoble. Arch. de l'Isère, Liber informationum super alienationibus domanii Dalphinatus*, fol. 73. 5 pages.
(Voir au 21 décembre précédent, n° 3825.)

3833. Établissement de deux nouvelles foires annuelles et d'un marché hebdomadaire à Vergy, dans Décembre.

960

le duché de Bourgogne. Fontainebleau, décembre 1530. 1530.

*Enreg. à la Chancellerie de France. Arch. nat., Trésor des Chartes*, JJ. 245 [1], n° 358, fol. 99. 1/2 page.

3834. Lettres de règlement pour la punition des notaires qui fabriqueront de faux contrats, et des témoins coupables de fausses dépositions. 1530. 1530.

*Enreg. au Parl. de Toulouse (s. d.). Arch. de la Haute-Garonne, Édits*, reg. 3, fol. 242. 2 pages.
(Voir mars 1532 n. s.)

www.ingramcontent.com/pod-product-compliance
Lightning Source LLC
Chambersburg PA
CBHW031536210326
41599CB00015B/1917
*9782014491227*